GABRIEL SEIBERTH

Anwalt des Reiches

Zeitgeschichtliche Forschungen

Band 12

Anwalt des Reiches

Carl Schmitt und der Prozess „Preußen contra Reich" vor dem Staatsgerichtshof

Von

Gabriel Seiberth

Duncker & Humblot · Berlin

Die Deutsche Bibliothek – CIP-Einheitsaufnahme

Seiberth, Gabriel:
Anwalt des Reiches : Carl Schmitt und der Prozess „Preußen contra Reich“ vor dem Staatsgerichtshof / Gabriel Seiberth. – Berlin : Duncker und Humblot, 2001
(Zeitgeschichtliche Forschungen ; Bd. 12)
Zugl.: Berlin, Freie Univ., Diss., 2000
ISBN 3-428-10444-7

Umschlagbild: Die Vertreter des Reiches.
Lithographie des Prozesszeichners Emil Stumpp,
veröffentlicht im Dortmunder Generalanzeiger vom 19. Oktober 1932
(Nr. 259, 2. Blatt)

Fremddatenübernahme: Selignow Verlagsservice, Berlin
Druck: Berliner Buchdruckerei Union GmbH, Berlin
Printed in Germany

ISSN 1438-2326
ISBN 3-428-10444-7

Gedruckt auf alterungsbeständigem (säurefreiem) Papier
entsprechend ISO 9706 ♾

Vorwort

Das Erscheinen dieser Arbeit, die im Juli 2000 am Fachbereich Politische Wissenschaften des Otto-Suhr-Instituts der Freien Universität Berlin als Dissertation angenommen wurde, gibt dem Autor Gelegenheit, sich bei denjenigen zu bedanken, die zum Gelingen dieses Vorhabens in unterschiedlicher Weise beigetragen haben. Allen voran gilt dieser Dank meinem Doktorvater Prof. Dr. Peter Steinbach, der meine Beschäftigung mit diesem Themenkreis von Anfang an unterstützt und gefördert hat.

Für inhaltliche Hinweise, ausgiebige Diskussion und reichhaltige Anregung danke ich Prof. Dr. Wolfram Pyta und Dr. Lutz Berthold. Ohne Letzteren hätte ich mich nie mit diesem Thema befasst, ohne Ersteren hätte die Arbeit nicht die jetzige Form gefunden. Prof. Pyta ist auch zu danken, dass er die Arbeit als Zweitgutachter betreut und durch intensiven Austausch vorangebracht hat.

Diskussionsmöglichkeiten, Kontakte und Anregungen boten mir Prof. Dr. Ulrich K. Preuss, Prof. Dr. Ernst-Wolfgang Böckenförde, Prof. Dr. Heinrich August Winkler, Prof. Dr. Herfried Münkler und Prof. Dr. Eberhard Kolb. Diesen Diskussionen verdanke ich wichtige Impulse.

Zum Thema Carl Schmitt erhielt ich Informationen und Hinweise in erster Linie von Prof. Dr. Helmut Quaritsch, Günter Maschke, und besonders Dr. Christian Tilitzki, die mir ihr Wissen ohne Umschweife zur Verfügung gestellt haben.

Prof. Dr. Joseph H. Kaiser und Dr. Dieter Weber waren mir bei der Auswertung des Nachlasses von Carl Schmitt im Düsseldorfer Hauptstaatsarchiv behilflich. Ohne den Einblick in diese Materialien und Unterlagen, insbesondere das Tagebuch Carl Schmitts, wäre diese Arbeit so nicht realisierbar gewesen.

Nicht zuletzt gilt mein Dank Prof. Dr. jur. h. c. Norbert Simon, der die Drucklegung dieser Arbeit ermöglichte.

Für Nachsicht, Geduld und Anteilnahme in der vierjährigen Entstehungszeit der Arbeit verdienen Ute Seiberth, Hermann Seiberth und Agnes Kolf hier genannt zu werden.

Berlin, Januar 2001 *Gabriel Seiberth*

Inhaltsverzeichnis

Einleitung

Das Thema der vorliegenden Studie ist die Beteiligung des Staatsrechtlers Carl Schmitt an der Verteidigung des sogenannten „Preußenschlages“ vom 20. Juli 1932 vor dem Staatsgerichtshof in Leipzig. Dieser Prozess, den die preußische Regierung nach ihrer Absetzung durch eine Notverordnung des Reichspräsidenten angestrengt hatte, ist der größte Verfassungsstreit in der jüngeren deutschen Verfassungsgeschichte. Dass Schmitt hier als Vertreter der Reichsregierung auftrat, ist bekannt. Die Prozessakten und stenografischen Mitschriften der gesamten Verhandlung liegen in beeindruckender Geschlossenheit vor. Wenig bekannt sind dagegen die Umstände, unter denen Schmitt in diese exponierte Position des Reichsvertreters gelangte, denn das Fehlen klärender Quellen verwehrte eine verlässliche Aussage über die Intentionen, die der Heranziehung Schmitts durch die Reichsregierung zugrunde lagen. Die Kenntnis dieser Intentionen ist für die Bewertung seiner Rolle bei den Vorgängen des Jahres 1932 aber umso wichtiger, als er nicht nur für die Prozessvorbereitung und die Plädoyers als Sachverständiger verpflichtet wurde, sondern auch wachsenden Einfluss auf die strategischen Planungen der Regierungen Papen und Schleicher in Verfassungsfragen gewann. Ausgehend von seinem Engagement im Preußen-Prozess avancierte er später unter Kanzler Schleicher – als externer Sachverständiger der Mittelsmänner des politischen Generals – zum wichtigsten Berater der Reichsregierung in Verfassungsfragen. Diese Position als Verfassungsberater lässt sich wiederum nur durch die Kenntnis seines Karriereverlaufs als Ratgeber in staatsrechtlichen Belangen in Qualität und Umfang präzise erfassen. Daher sollen im Folgenden auf der Grundlage neuer Quellen aus dem Nachlass Schmitts die einzelnen Stationen dieser Karriere nachgezeichnet werden. Hierbei steht der Prozess vor dem Staatsgerichtshof als bedeutendster und öffentlichkeitswirksamster Teil seiner Tätigkeit im Mittelpunkt. Eine Rekonstruktion von Schmitts Rolle als Gutachter und Berater der Reichsregierung verspricht dabei nicht nur Aufschluss über seine eigenen Motive und Intentionen in der Reichskrise der Weimarer Endzeit, sie weckt auch Hoffnung, Rückschlüsse auf Ziele und Vorstellungen der Reichsregierung, bzw. einzelner Regierungsmitglieder ziehen zu können, die bislang teilweise im Dunkeln geblieben waren. Die intime Kenntnis der politischen Erwägungen, von der Schmitts Hinterlassenschaften zeugen, machen diese zu einer verfassungshistorischen Quelle ersten Ranges.

Die Arbeit verfolgt also nicht nur ein biographisches Interesse. Sie möchte vielmehr den politischen Akteur Schmitt ins Visier nehmen, um Aufschlüsse über diejenigen historischen Ereignisse zu erhalten, an denen der Staatsrechtler beteiligt war – insbesondere natürlich den berühmten Prozess vor dem Staatsgerichtshof[1] –, und die nicht zuletzt das Schicksal der Weimarer Republik entscheidend mitbeeinflussten. Daher führen die biographischen Elemente der Arbeit gewissermaßen als Leitfaden durch die politischen Ereignisse um den 20. Juli 1932. Das bedeutet aber gleichzeitig auch, dass nach Schmitts Motiven nur insofern gefragt wird, als sie sich auch tatsächlich in strategischen Planungen für die Reichsregierung niedergeschlagen haben. Ob sich Schmitts politische Beweggründe in diesen Konzeptionen erschöpften, oder ob er eventuell darüber hinausgehende Fernziele verfolgte, spielt für diese Fragestellung keine Rolle. Hier interessiert nur, was auch tatsächlich zur Kenntnis politischer Entscheidungsträger gelangte bzw. auf eine konkrete politische Beeinflussung abzielte.[2]

---

[1] Der Prozess „Preußen contra Reich" war ohne Zweifel der größte Verfassungsstreit zwischen Reich und Land in der neueren deutschen Verfassungsgeschichte. Entsprechend äußerten sich bereits Zeitgenossen. Walter Jellinek urteilte, es handele sich „wohl um die bisher wichtigste an den Staatsgerichtshof für das Deutsche Reich gelangte Streitsache". (Ders., Zum Konflikt zwischen Preußen und dem Reich, in: Reichsverwaltungsblatt und Preußisches Verwaltungsblatt, 27. August 1932, Nr. 35, Band 53, S. 681.) Der Rechtsstreit dürfte deshalb auch so gut dokumentiert sein wie kaum ein anderes Verfahren. Neben zahlreichen detaillierten Prozessberichten aus der Tages- und Fachpresse, liegen sowohl die 28 ausgetauschten Schriftsätze mit insgesamt 667 Aktenseiten vor wie eine komplette stenographische Niederschrift der mündlichen Verhandlung, und dies, obwohl das Reich aus Sparsamkeitsgründen keine Stenographen bestellt hatte. Allerdings hatte ein einziger, vom Vorstand der SPD entsandter, Stenograph die gesamte sechstägige Verhandlung alleine aufgenommen. (S. Zum Geleit in Preußen contra Reich vor dem Staatsgerichtshof. Stenogrammbericht der Verhandlungen vor dem Staatsgerichtshof in Leipzig vom 10. bis 14. und vom 17. Oktober 1932. Mit einem Vorwort von Ministerialdirektor Dr. Brecht, Neudruck 1976). Dieser ungewöhnlichen Leistung ist das Vorliegen des verfassungsgeschichtlichen Dokumentes zu verdanken. Abgesehen von den Vertretern der Reichsseite wurde die Übertragung von allen Teilnehmern durchgesehen. Die Reichsvertreter hatten nach Rücksprache mit Regierungsbeamten von einer Korrektur abgesehen. Da es sich bei diesen kleinen Korrekturen aber nur um stilistische Verbesserungen handelte, tut das der Relevanz und Zuverlässigkeit der Unterlagen keinen Abbruch. Das über 500 Seiten starke Dokument ist, versehen mit einem Vorwort von Arnold Brecht, als Buch veröffentlicht worden: „Preußen Contra Reich" (s. o.). Eine anschauliche Schilderung der Verhandlung findet sich in einem Prozessbericht von Walter Jellinek, der selbst ein Wunschkandidat für die Prozessvertretung gewesen war. (Walter Jellinek, Der Leipziger Prozess, in: Reichsverwaltungsblatt und Preußisches Verwaltungsblatt, 12. November 1932, Nr. 46, Band 53, S. 901–908.) Der Prozess ist aber auch in einer weiteren Hinsicht bemerkenswert: Die Prozessvertreter waren allesamt hohe Regierungsbeamte oder Staatsrechtslehrer. Herkömmliche Rechtsanwälte fehlten. Zwar war das Auftreten von Rechtsgelehrten vor den Schranken des Gerichtes an sich nichts Neues (auch Jellinek und Triepel waren zuvor im gleichen Jahr in dem Verfahren über die erste preußische Sparverordnung aufgetreten), aber noch nie zuvor stand vor dem höchsten Gericht Professor gegen Professor. Diese Professoralisierung des Streites trug allerdings nicht zu strenger Sachlichkeit und Klarheit bei, sondern verwandelte den Gerichtssaal zeitweise in ein staatsrechtliches Seminar, was den Vorsitzenden Richter mehrfach zum Eingreifen veranlasste.

[2] Einige Schmittkenner meinen, dass Schmitt eine politische Ordnung erstrebte, die sich wesentlich von der Weimarer Verfassung unterschied. Diese Vorstellungen, so geben auch diese Autoren zu, seien aber inhaltlich vollkommen unbestimmt geblieben. (S. etwa Maschke, „La légalité tue". Einige Bemerkungen, in: Dietrich Murswiek, Ulrich Storost und Heinrich

Bereits Heinrich Muth hatte darauf hingewiesen, dass Schmitt der seltene Fall eines Staatsrechtslehrers sei, der versuche, die „Hand am ‚Pulsschlag der Zeit' zu halten" und aus seinen juristischen Fachkenntnissen heraus Analysen und Lösungen zu bieten. Diese Lösungsangebote könnten zunächst einmal nur von den Zeitumständen her richtig erfasst werden, da sie „situationsgebunden" seien. Von dieser Prämisse aus kritisierte Muth die systematischen werkimmanenten Darstellungen, da diese an Punkten, an denen ein Eingehen auf geschichtliche Vorgänge unerlässlich sei, dies nur „ganz oberflächlich und mit spürbarer Missachtung zeitgeschichtlicher Forschungsergebnisse" getan hätten.[3] Als Beispiel nannte Muth ausdrücklich die Behandlung des sog. „Preußenschlages". Diese Beschreibung der Situation ist im Wesentlichen auch heute noch zutreffend. Deshalb ist das Ziel der vorliegenden Arbeit, – im Gegensatz zu einer werkimanenten Perspektive – die Aktivitäten Schmitts für die Reichsleitung im Sommer 1932 und den Folgemonaten exakt in ihren geschichtlichen Kontext einzuordnen. Schmitts Engagement soll aus den Zeitumständen heraus dargestellt und seine Position entlang der politischen Ereignisse entwickelt werden. Hierbei kann sowohl auf den Nachlass Schmitts als auch auf andere zeitgeschichtlich relevante Archivmaterialien und Hinterlassenschaften zurückgegriffen werden. Die Ergebnisse dieser Arbeit sollen gleichzeitig Einblicke in die Gedankenwelt der „Strategiefabrik" des Generals von Schleicher, des starken Mannes der Präsidialregime, geben und Rückschlüsse auf die quellenmäßig schwer zu fassenden Ziele und Vorstellungen seiner politischen Beratungsmannschaft erlauben.

Grundlage und Ausgangspunkt dieser Analyse sind neuere Untersuchungen über die Präsidialkabinette, die das Profil Schleichers und seiner verfassungspolitischen Zielsetzungen anhand neuer Quellen maßgeblich geschärft haben. Eberhard Kolb und Wolfram Pyta lieferten 1992 eine „Re-Interpretation" der Vorgänge am Ende der Weimarer Republik, wobei sie den bislang stiefmütterlich behandelten Aspekt

---

A. Wolff (Hg.), Staat – Souveränität – Verfassung, Festschrift für Helmut Quaritsch zum 70. Geburtstag, Berlin 2000, S. 193 ff., hier S. 200.) Solche möglichen restaurativen Ambitionen gehören aufgrund ihrer politischen Unbestimmtheit aber allenfalls in den Bereich von Schmitts persönlicher Meinungsbildung. Sie sind daher für die biographische Schmittforschung unzweifelhaft von besonderem Interesse. An der Suche nach Schmitts „Arcanum", die innerhalb dieser Forschungsrichtung einen breiten Raum einnimmt, will sich diese Arbeit aber nicht beteiligen. Daher sind Privatmeinungen, so lange sie nicht im politischen Raum geäußert werden, in diesem Zusammenhange irrelevant. Dass Schmitt mit restaurativen Bestrebungen nicht offen und unzweideutig hervortrat, ist unbestritten. Die mehrfach erhobenen Vorwürfe in diesem Sinne sind mehr oder weniger plausible Spekulationen. Gerade aufgrund der inhaltlichen Unbestimmtheit von Schmitts politischen Fernzielen ist es hier erforderlich, seine konkreten politischen Ziele aus den zur Verfügung stehenden Materialien herauszuarbeiten und alles, was sich nicht aktenmäßig belegen lässt, auszublenden, denn Ziel dieser Arbeit ist Rekonstruktion, nicht Interpretation. Wenn die vielbehauptete verfassungstranszendierende Intention Schmitts hier nicht vorkommt, so ist das im Umkehrschluss natürlich auch kein Beleg dafür, dass es sie nicht gegeben haben könnte.

[3] Muth, Carl Schmitt in der deutschen Innenpolitik des Sommers 1932, in: Historische Zeitschrift 1971, Beiheft 1, S. 125, S. 85.

des „Staatsnotstandes“ in den Vordergrund stellten.[4] Die beiden Historiker kritisierten an der älteren Forschung, dass diese „begreiflicherweise ganz im Banne des 30. Januar 1933“ gestanden hätte. Der Fehler der einseitig auf die Machtergreifung fixierten ex-post-Perspektive sei vor allem, dass die Monate der Präsidialkabinette Papen und Schleicher einen „lediglich episodenhaften Charakter“ gewannen und damit in die Perspektive eines „Intermezzos mit feststehendem Ausgang“ gerückt wurden. Bei einer „Re-Interpretation“ der Vorgänge zwischen Mai 1932 und Januar 1933 solle dagegen nicht die Vorstellung dominieren, die Entwicklung habe zwangsläufig auf eine Regierung Hitler zugeführt. Vielmehr seien nun die – wenn auch nur begrenzt vorhandenen – „Alternativen und Handlungsmöglichkeiten der Exponenten der Präsidialkabinette“ zu erörtern.[5] In Bezug auf Papen und Schleicher bedeutete dies, ernsthaft die Intentionen zu überprüfen, die sie bei ihrem Handeln geleitet hatten. Die beiden Historiker kamen dabei zu dem Ergebnis, dass in der Re-

[4] Eberhard Kolb/Wolfram Pyta, Die Staatsnotstandsplanungen unter den Regierungen Papen und Schleicher, in: Winkler (Hg.), Die deutsche Staatskrise 1930–1933, München 1992, S. 155–181, hier S. 156 ff.

[5] Einen in diese Richtung gehenden Versuch stellt auch die Arbeit von Peter Blomeyer, Der Notstand in den letzten Jahren von Weimar. Die Bedeutung von Recht, Lehre und Praxis der Notstandsgewalt für den Untergang der Weimarer Republik und die Machtübernahme durch die Nationalsozialisten, 1999 dar. Auch er ist der Meinung, dass in der Weimarer Staatskrise durchaus Spielräume bestanden. Insbesondere glaubt er, dass ein in der Verfassung nicht enthaltenes Notstandsrecht unter Umständen den einzigen Ausweg zur Erhaltung der Substanz des bedrohten Staatswesens hätte bieten können. Als argumentatives „Rüstzeug“ dient ihm dabei nicht zuletzt die Positivismuskritik Carl Schmitts. In rechtssystematischer Hinsicht kann Blomeyer diesem Thema vieles abgewinnen und liefert eine überzeugende und in sich schlüssige Darstellung. Allerdings verstellt er sich bezüglich der Ereignisse, die hier von Interesse sind, den Blick. In Unkenntnis der Ergebnisse der neueren historischen Forschung übersieht er, dass die Präsidialkabinette Papen und insbesondere Schleicher genau den von ihm favorisierten Weg einzuschlagen versuchten. In einer Rezension des Buches formuliert Wolfram Pyta als gewichtiger Vertreter dieser neuen Sicht auf die Präsidialregime sehr zutreffend: „Eigentlich hätte sich die Behandlung der Präsidialkabinette Papen und Schleicher als Krönung des über viele hundert Seiten entwickelten Ansatzes angeboten: Seit der Installierung Papens im Juni 1932 herrschte eine veritable Verfassungslähmung, der mit intrakonstitutionellen Aushilfen gar nicht mehr beizukommen war, sondern höchstens noch mit einem Zugriff auf überpositives Notstandsrecht.“ Wolfram Pyta, Rezension von Peter Blomeyer, Der Notstand in den letzten Jahren von Weimar, in: Zeitschrift für Geschichtswissenschaft, 48. Jg. 2000, Heft 2, S. 183 ff. Dabei hat Blomeyer selbst die Maxime hierfür prägnant formuliert: „In der Situation der Verfassungslähmung darf jedes Verfassungsorgan [...] das zur Rettung der Verfassung erforderliche auch unter Überschreitung ihrer positivrechtlichen Schranken unternehmen.“ (S. 318). Dazu Pyta: „Hätte es von dieser Position aus nicht nahegelegen, wenn der Reichspräsident als wichtigstes Verfassungsorgan den Reichstag mit seiner nationalsozialistischen Schlüsselposition auf diesem Wege ausgeschaltet hätte? Obgleich Blomeyer ‚sogar die Weiterentwicklung der Weimarer Verfassungsordnung zu einem reinen Präsidialsystem‘ (S. 482) – und darauf wäre ein solcher Schritt hinausgelaufen – prinzipiell für als gerechtfertigt erachtet, sperrt er sich gegen eben jene verfassungspolitische Konsequenz, weil er den beiden betreffenden Präsidialkabinetten schlichtweg den Willen abspricht, ein Minimun an demokratischer und rechtsstaatlicher Ordnung bewahren zu wollen. So zutreffend diese Ansicht grosso modo für Papen und sein reaktionäres Umfeld auch sein mag – für den politischen General Schleicher trifft dieses Verdikt hingegen nicht zu.“ Pyta, Rezension, S. 184 f.

gierung Papen eine Übereinstimmung nur in den Nahzielen bestand, während dahinter grundsätzliche Unterschiede bei den Fernzielen versteckt waren. Die Mitglieder des Kabinetts Papen seien sich in der politischen Zielsetzung einer weiteren Entmachtung von Parteien und Reichstag sowie einer „Zähmung" der NSDAP durch „Heranführung an den Staat" absolut einig gewesen. Aber diese Einigkeit habe doch Divergenzen verborgen, die vorerst nicht wirksam wurden, ohne deren klare Diagnostizierung aber die Vorgänge im Herbst 1932 nicht verstanden werden könnten. Mit Papen sei ein Mann an die Spitze des Kabinetts gelangt, der – im völligen Einvernehmen mit Reichsinnenminister von Gayl – sehr viel mehr und durchaus etwas anderes gewollt habe als nur jene Rechtsverlagerung unter Schaffung einer „neuen" Tolerierungsmehrheit. Für Papen und Gayl sei die eigentliche *raison d'être* des Kabinetts eine substantielle Verfassungsreform mit dem Ziel einer Umkonstitutionierung der parlamentarischen Republik in einen konservativ-autoritären „Neuen Staat" stark vorkonstitutionellen Gepräges gewesen.[6] Demgegenüber sei es dem „Kanzlermacher" und Reichswehrminister Schleicher „sehr viel pragmatischer" vor allem darum gegangen, „im Rahmen des bestehenden Machtgefüges die NS-Bewegung zu zähmen und die SA als Personalreserve seinen ehrgeizigen Rüstungsplänen dienstbar zu machen".[7] Schleicher habe also – anders als Papen und Gayl – nur an taktische Akzentverschiebungen gedacht und nicht an die Schaffung eines vorkonstitutionellen „Neuen Staats". Schleichers etatistische Konzepte, so ihr Urteil, hätten in diesem Sinne im Gegensatz zu den vorkonstitutionellen Phantasien Papens und Gayls eine gangbare Alternative zur späteren Ernennung Hitlers dargestellt. Schleichers Plan einer „befristeten Ausschaltung des Reichstages" und einer von der Reichswehr gestützten Präsidialdiktatur hätte nämlich „nach menschlichem Ermessen" eine transitorische Lösung der Staatskrise geboten, weil Schleicher und die anderen Reichswehrführer keine „dauerhafte Militärdiktatur" anstrebten. Die Mög-

---

[6] Die Ziele Papens und Schleichers hat Wolfram Pyta in einem Vortrag in Stuttgart näher untersucht. Bei Papen kam er dabei zu dem Ergebnis, dass die Quellen durchaus den Schluss zuließen, dass dieser die Restauration der Hohenzollernmonarchie ernsthaft anstrebte und zu diesem Zweck ein Zwei-Stufen-Programm entwickelte. Im ersten Schritt sollte die politische Macht beim Reichspräsidenten monopolisiert werden, um im zweiten einen Hohenzollern wieder zurück auf den Thron zu rufen. Über die Tagung liegt ein Bericht von Andreas Rödder vor. Hier heißt es zusammenfassend: „Seit Ende August 1932 verfolgte Papen einen Plan zur Wiedereinführung der Monarchie. Diese setzte die Monopolisierung der politischen Macht beim Reichspräsidenten voraus, die wiederum den Verfassungsbruch einschloss." (S. Andreas Rödder, Reflexionen über das Ende der Weimarer Republik. Die Präsidialkabinette 1930–1932/33. Krisenmanagement oder Restaurationsstrategie?, in: Vierteljahrshefte für Zeitgeschichte, 47. Jg., Heft 1, 1999, S. 87–101, hier S. 96. Die Idee einer Verfassungsreform war an sich nichts Anstößiges. Die Notwendigkeit einer solchen Reform der Verfassung – oder zumindest ihre Überarbeitung in wesentlichen Punkten – wurde auch von den Parteien der Weimarer Koalition gesehen (dazu Kapitel V. „Reichs- und Verfassungsreform"). Anstößig, so Berthold (Ders., Staatsnotstand, S. 29) sei jedoch die Verquickung der Verfassungsreform mit der bei Papen und Gayl geplanten Parlamentsausschaltung – zumal dann, wenn sich ihr Inhalt wie ein Auszug aus dem deutschnationalen Parteiprogramm las

[7] Kolb/Pyta, S. 160.

lichkeit einer „späteren Wiederherstellung parlamentarischer Regierungsweise", nach dem Abflauen der Wirtschaftskrise und dem damit einhergehenden Einflussverlust der extremistischen Parteien, wäre nicht „verschüttet" worden – wie im Fall einer Übertragung der Staatsmacht auf Hitler und seine Partei oder einer Umkonstitutionierung der Republik zum „autoritären Obrigkeitsstaat" Papens und Gayls.[8]

Nicht endgültig zu klären war bislang, ob die Hinzuziehung Schmitts vor dem Hintergrund von Papens Verfassungsreformplänen zu sehen war, oder ob Schmitt auf der Seite Schleichers stand, der diese Pläne rundheraus ablehnte. Bisher war die Forschung überwiegend der Auffassung, Schmitts Ziel sei in der Überwindung der Weimarer Staatsordnung zu sehen und nicht in deren Erhalt. Erst durch die Auslotung der Handlungsspielräume im Zuge der „Re-Interpretation" der Weimarer Endphase erhielt die Frage, welche Zielsetzungen mit dem Reichseingriff des 20. Juli und der Hinzuziehung Schmitts verbunden waren, eine neue Bedeutung. Wolfram Pyta konnte nämlich aufgrund des Nachlasses von Schmitt zeigen, dass der Staatsrechtler im Rahmen der sogenannten „Staatsnotstandsplanung" voll auf der Linie Schleichers stand.[9] Dieser Befund wurde durch die Arbeit von Lutz Berthold untermauert.[10] Damit verlor die These, Schmitt habe die Zerstörung der Weimarer Republik erstrebt und aktiv in diese Richtung gearbeitet, stark an Plausibilität. Berthold kommt demgegenüber vielmehr zu dem Ergebnis, dass Schmitts Aktivitäten auf die „Wiederherstellung geordneter Verfassungsverhältnisse" zielten und nicht etwa auf deren „weitere Erosion".[11] Er gelangt in Bezug auf Schmitts Beratungen der Reichsregierung bei der sog. Staatsnotstandsplanung sogar – in Übereinstimmung mit Pyta – zu dem Ergebnis, dass durch die Realisierung dieser Pläne die „Machtergreifung" Hitlers womöglich hätte verhindert werden können.[12]

Wenn es aber zutrifft, dass Schmitt in den Krisenmonaten der Weimarer Republik auf die Restitution verfassungsmäßiger Zustände und die Abwehr einer nationalsozialistischen Regierung hinarbeitete, so wird damit implizit auch die herrschende

---

[8] Ebd. S. 181.

[9] Wolfram Pyta, Verfassungsumbau, Staatsnotstand und Querfront: Schleichers Versuche zur Fernhaltung Hitlers von der Reichskanzlerschaft August 1932 bis Januar 1933, in: Pyta u. a. (Hg.), Festschrift Kolb, 1998; ders., Konstitutionelle Demokratie statt monarchischer Restauration, 1999; Wolfram Pyta/Gabriel Seiberth, Die Staatskrise der Weimarer Republik im Spiegel des Tagebuchs von Carl Schmitt, in: Der Staat, 38. Band 1999, Heft 3 (S. 423–448) und Heft 4 (S. 594–610). Vgl. auch den Bericht über eine Stuttgarter Historikertagung zur Emeritierung von Eberhard Jäckel: Rödder, 1999.

[10] Lutz Berthold, Carl Schmitt und die Staatsnotstandsplanung, Berlin 1999.

[11] Berthold, S. 76.

[12] Auch Heinrich August Winkler kommt zu einem übereinstimmenden Ergebnis. Grundlage dieser Rettung hätte aber eine dosierte Umgehung einzelner Verfassungsartikel sein müssen. Mit Bekenntnissen zur Unverletzlichkeit der Verfassung sei der Zustand der Verfassungslähmung nicht zu überwinden gewesen: „Abweichungen von einzelnen Verfassungsartikeln waren unvermeidbar, wenn der Angriff der Verfassungsgegner abgeschlagen werden sollte." (H. A. Winkler, Weimar 1918–1933, 1994, S. 607 f.) In dieser Perspektive schien Schleichers Konzeption einen durchaus praktikablen Weg zu weisen.

Deutung des „Preußenschlages“ zur Disposition gestellt. Diese geht davon aus, dass die Reichsaktion des 20. Juli 1932 die Axt an die Wurzeln der demokratischen Verfassung legen sollte und so der nationalsozialistischen Machtergreifung direkten Vorschub leistete. Es ist schwer vorstellbar, dass Schmitt im Juli die Unterminierung der Verfassung wollte und in dem Zeitraum von August 1932 bis Januar 1933 deren Wiederherstellung. Freilich wäre theoretisch auch solch ein tiefer intentionaler Bruch denkbar, beziehungsweise ein Changieren zwischen den beiden Optionen Verfassungsbruch oder Stabilisierung des Status quo. Jedenfalls zeigen diese Erwägungen, dass eine erneute, quellengestützte Rekonstruktion der Vorgänge um den 20. Juli 1932 unerlässlich ist, wenn man auf diese Fragen eine abschließende Antwort sucht. Mit anderen Worten: die „Re-Interpretation“ der Weimarer Endzeit muss auch auf die Phase März bis August 1932 angewendet werden.

Wenn der Schleicher-Kreis mit der Staatsnotstandsplanung tatsächlich auf dem Wege einer autoritären Zwischenlösung die Grundlagen der Weimarer Verfassung retten wollte, wie passt dazu dann das bisherige Bild des „Preußenschlages“ als Markstein der Zerstörung der Weimarer Republik? Muss man diesen Vorgang nicht auch in die Neubestimmung der Präsidialkabinette einbeziehen? Ist nicht, der scharfen Trennung zwischen den Zielen Papen und Schleichers folgend, eine differenziertere Bewertung der Akteure erforderlich? Wäre es in diesem Sinne schließlich nicht denkbar, dass der Reichswehrminister abweichende und durchaus anders zu bewertende Ziele verfolgte als der Reichskanzler und sein Innenminister? Diese Fragen machen deutlich, dass eine ausführliche Spezialuntersuchung über Carl Schmitt und den „Preußenschlag“ sowie den Prozess vor dem Staatsgerichtshof in diesem Kontext als Desiderat zu gelten hat. Ohne genaue Kenntnis der Planungen im Umfeld des 20. Juli 1932 lässt sich nämlich die Phase der Auflösung der Weimarer Republik nicht in allen Dimensionen nachvollziehen. Auch der Vorgang der „Staatsnotstandsplanung“ wird durch die gründliche Durchleuchtung der Preußenaktion und des anschließenden Prozesses erst richtig verständlich, da beide Ereignisse nicht nur personell und inhaltlich eng miteinander verknüpft waren, sondern zu einem guten Teil parallel stattfanden. Somit erscheint insbesondere die Frage nach der Bedeutung des „Preußenschlages“ für Schmitt und den Schleicher-Kreis als der tatsächliche Prüfstein für die Frage, welche verfassungspolitische Konzeption der General und sein engstes Umfeld in den letzten Monaten der Weimarer Republik verfolgten.

I. Ausgangssituation und Forschungsstand

Am 25. Januar 1933, fünf Tage vor der Ernennung Hitlers zum Reichskanzler, notierte Schmitt in sein Tagebuch: „[...] traurig, deprimiert. Der 20. Juli ist dahin."[1] Diesen Vermerk hatte der Staatsrechtler unter dem Eindruck der sich überstürzenden Ereignisse in eine eng beschriebene Kladde notiert.[2] Die Formulierung lässt auf eine zentrale Bedeutung der Ereignisse des 20. Juli 1932 für ihn schließen, sie ist aber die einzige und etwas unvermittelte Erwähnung des von Schmitt so genannten „Preußenschlages"[3] in diesem Zeitraum. Direkte Anhaltspunkte zur Deutung der Notiz finden sich in den Aufzeichnungen nicht. Aber auch von anderer Seite, und zwar ohne Kenntnis von Schmitts Diarium, war diese Episode von einem Zeitgenossen berichtet worden. Ernst Rudolf Huber, ein enger Mitarbeiter von Schmitt in der fraglichen Zeit,[4] schilderte Mitte der 80er Jahre in Übereinstimmung mit der Tagebuchnotiz, Schmitt sei Ende Januar 1933 in den Ruf ausgebrochen: „Der 20. Juli ist dahin!".[5] Die Kongruenz zwischen dem Tagebuch und dem Bericht eines Zeitzeugen zeigt, dass Schmitt diesen Befund nicht nur in der Abgeschiedenheit seiner Gelehrtenkammer dem Tagebuch anvertraute, sondern dass seine Einschätzung im Kreise der politischen Freunde geteilt wurde. Wo sich das Tagebuch allerdings hinsichtlich einer Begründung ausschweigt, da kann der Zeitgenosse aus eigener Erfah-

---

[1] Hauptstaatsarchiv Düsseldorf (im Folgenden HStAD), Nachlass Schmitt (= RW 265). Fundort: HStAD/RW 265–21640.

[2] Da diese Notizen nur für ihn selbst bestimmt waren, hatte er sie in einer – selbst für Spezialisten außerordentlich schwer zu entziffernden – Kurzschriftvariante verfasst, die er erst in den 60er Jahren teilweise selbst in Kurrentschrift übertrug. Dabei entging er jedoch nicht der Versuchung, im Rückblick hier und da stilistische Korrekturen vorzunehmen, um die vormals rein privaten Notizen in Erwartung einer Auswertung Dritter zu überarbeiten. Die fragliche Passage veränderte er dabei sinngemäß in: „Das ganze eine traurige Sache. Der 20. Juli ist dahin." Zum Tagebuch und zur Quellenkritik die Vorbemerkung bei Pyta/Seiberth, Teil 1, S. 423 ff.

[3] „Wir nannten es ‚Preußenschlag'", schrieb Schmitt am 9.6.1960 an Rudolf Morsey als Antwort auf die Frage, ob er das Vorgehen gegen Preußen für einen Staatsstreich gehalten habe (HStAD/RW 265–166). Vgl. Andreas Koenen, Der Fall Carl Schmitt. Sein Aufstieg zum „Kronjuristen des Dritten Reiches", Darmstadt 1995, S. 191, FN 127. Zum Ursprung des Signums „Preußenschlag" vgl. Thomas Trumpp: Franz von Papen. Der preußisch-deutsche Dualismus und die NSDAP in Preußen. Ein Beitrag zur Vorgeschichte des 20. Juli 1932, Diss. 1963, S. 155, FN 132 und S. 156. Schmitt hatte den von den Prozessvertretern geprägten Begriff „Preußenschlag" so weit ich sehe zum ersten Mal in einem Vortrag am 4.11.1932 öffentlich verwendet. Vgl. Schmitt: Konstruktive Verfassungsprobleme, abgedruckt in: Schmitt, ed. Maschke, 1995, Staat, Großraum, Nomos, S. 56.

[4] Ernst-Rudolf Huber, Carl Schmitt in der Reichskrise der Weimarer Endzeit, in: Helmut Quaritsch (Hg.), Complexio Oppositorum – Über Carl Schmitt, 1988, S. 40 f.

[5] Huber, 1988, S. 38.

rung Deutungshinweise beitragen. Zur Erläuterung dieses Ausrufes hatte Huber bei seiner Schilderung nämlich hinzugefügt, dass er Ausdruck für die „symbolhafte Bedeutung“ gewesen sei, die das Ereignis für den Staatsrechtslehrer gehabt habe. Deshalb gab sich der ehemalige Schüler und Mitarbeiter gewiss, dass der 20. Juli für den Lehrer das „Grunderlebnis seines damaligen staatspolitischen Wirkens“ gewesen sei: „Für alles, was Schmitt im folgenden halben Jahr politisch bewegte, war der ‚20. Juli‘ das Schlüsselwort.“[6]

Folgt man diesem Urteil eines Zeitgenossen und besonders engen Weggefährten, so maß Schmitt dem Reichseingriff in Preußen, der – gestützt auf den Abs. 1 und den Abs. 2 des Artikels 48 der Weimarer Verfassung – die geschäftsführende Landesregierung der Weimarer Koalition (SPD, Zentrum, Staatspartei) ihrer Ämter enthob und damit der zugespitzten Krisensituation innerhalb des größten deutschen Landes begegnen wollte, einen geradezu zentralen Stellenwert für das Schicksal der Weimarer Demokratie bei. Aus der biographischen Perspektive kann der Befund, dass der „Preußenschlag“ für den aufstrebenden Staatsrechtler eine besondere Bedeutung hatte, zunächst nicht überraschen, hatte Schmitt doch dessen Verteidigung in dem vielbeachteten Prozess vor dem Staatsgerichtshof im Oktober 1932 übernommen. Dies war sein größter und weithin sichtbarer Erfolg in der von ihm über Jahre aktiv angestrebten Rolle als Berater, Gutachter und Prozessvertreter der Reichsregierung.

Die Schilderung Hubers legt aber nahe, dass Schmitt der Preußenaktion eine weit über den persönlichen Karriereerfolg hinausgehende politische Bedeutung beimaß. Worin genau diese aber bestand und warum sie am 25. Januar 1933, als sich die Ernennung Hitlers zum Reichskanzler abzuzeichnen begann, nach Schmitts Auffassung „dahin“ war, bleibt allerdings der Deutung anheimgestellt. Auch bleibt zu klären, warum Schmitt diese Erkenntnis „traurig, deprimiert“ gestimmt hatte.

Um diese Frage zu beantworten liegt es zunächst nahe, die Veröffentlichungen Schmitts zu befragen. Aus der Zeit vor 1933 ergeben sich hier aber nur wenige Anhaltspunkte, was sich freilich recht zwanglos aus dem Umstand erklärt, dass Schmitts letzte selbständige Publikation in der Weimarer Zeit bereits vor dem 20. Juli 1932 abgeschlossen worden war. Abgesehen von seinen Plädoyers vor dem Staatsgerichtshof hatte er sich nur in Vorträgen kurz zum Problem des 20. Juli 1932 geäußert. Am 4. November 1932, zwölf Tage nach dem Leipziger Urteil zum Prozess „Preußen contra Reich“, sprach Schmitt auf der Hauptversammlung des „Vereins zur Wahrung der chemischen Industrie“ und am 23. November 1932 vor den Mitgliedern des „Vereins zur Wahrung der gemeinsamen wirtschaftlichen Interessen in Rheinland und Westfalen“, dem sogenannten „Langnamverein“. Auch aus diesen beiden, recht knapp gehaltenen Ausführungen zum Thema ergibt sich nur ein vages Bild. In dem ersten Vortrag unter dem Titel „Konstruktive Verfassungsprobleme“ kam Schmitt u. a. auf das „Problem Reich-Preußen“ zu sprechen und merkte an,

---

[6] Ebd.

dass durch den „Preußenschlag vom 20. Juli eine bedeutende Korrektur eingetreten" sei.[7] In diesem Sinne wurde der Gedanke in dem „Langnam"-Vortrag, der weit größere öffentliche Beachtung fand,[8] weitergeführt. Seinen Zuhörern sagte Schmitt dort, der Preußenschlag habe „die schlimmste Fehlkonstruktion der Weimarer Verfassung, den Dualismus von Reich und Preußen, im Kern gefasst und an einer wichtigen Stelle korrigiert".[9] Auch wenn die Aktion durch das Urteil des Staatsgerichtshofes „verunstaltet" worden sei, wäre sie als „einziges Aktivum" in der Reichskrise zu betrachten und gelte ihm als ein Ausdruck für „Mut zum Handeln". Zwar zeigt sich hier tatsächlich eine übergeordnete Bedeutung, die Schmitt der Aktion für das Schicksal der Weimarer Republik offenbar zusprach, gleichwohl bleiben diese Bemerkungen inhaltlich unbestimmt und interpretationsbedürftig.

Daraus folgt, dass sich aus Schmitts Wortmeldungen in der Weimarer Zeit nicht unmittelbar und ohne interpretierende Analyse extrahieren lässt, welche politische Bedeutung er mit dem Reichseingriff in Preußen verbunden hatte. Daher kann nur eine detaillierte historisch-politische Rekonstruktion des entsprechenden Kontextes unter Auswertung aller zur Verfügung stehenden Quellen einen verlässlichen Aufschluss über die Motivwelt des umstrittenen Staatsrechtlers gewähren. Bevor man sich aber dieser Rekonstruktion ex-ante zuwendet, lohnt es sich, einen Blick auf Schmitts Interpretation der Vorgänge aus der ex-post-Perspektive zu werfen, denn rückblickend war der politisierende Hochschullehrer zu verschiedenen Zeiten ausführlich, wenn auch aus durchsichtigen Beweggründen, auf den politischen Sinn der Aktion zu sprechen gekommen.

Bereits ein halbes Jahr nach dem in Frage stehenden Tagebucheintrag, offensichtlich jedoch unter dem Eindruck eines vollständig veränderten politischen Koordinatensystems stehend, hatte er eine erste ausführliche Darlegung der politischen Motive des „Preußenschlages" geliefert.[10] Am 22. Juli 1933, ein Jahr nach dem Reichseingriff und fast genau vier Monate nach dem Ermächtigungsgesetz Hitlers (23.3.1933), veröffentlichte er an prominenter Stelle – auf der ersten Seite der Sonntagsausgabe des „Westdeutschen Beobachters" – einen ganzseitigen Artikel mit dem programmatischen Titel: „1 Jahr deutsche Politik. Rückblick vom

---

[7] Vgl. Schmitt: Konstruktive Verfassungsprobleme, in: Schmitt, Staat, Großraum, Nomos, 1995, S. 56.

[8] Die Nachweise bei Andreas Koenen, S. 202, FN 187.

[9] Vgl. Schmitt, Gesunde Wirtschaft im starken Staat, in: Mitteilungen des Vereins zur Wahrung der gemeinsamen wirtschaftlichen Interessen in Rheinland und Westfalen, Jg. 1932, Nr. 1, Heft 21 n. F., S. 14f. Abgedruckt u. a. in: Staat, Großraum, Nomos, S. 71–91.

[10] Kurze Anmerkungen zum „Preußenschlag" aus der Zeit nach der Machtergreifung finden sich in Schmitts Kölner Antrittsvorlesung vom 20. Juni 1933, (vgl. Schmitt: Reich, Staat, Bund, in: Positionen und Begriffe im Kampf gegen Weimar-Genf-Versailles 1923–1939, 1940 (1. Aufl.), 1994 (3. Aufl.), S. 217–226, hier S. 224), in seinem Kommentar zu dem „Reichsstatthaltergesetz", (ders.: Das Reichsstatthaltergesetz, in: Das Recht der nationalen Revolution, Schriftenreihe, hg. v. Dr. Georg Kaisenberg und Dr. Franz Albrecht Medicus, Mai 1933, S. 9ff. und ders., Staatsgefüge und Zusammenbruch des zweiten Reiches, in: Der deutsche Staat der Gegenwart, Heft 6, 1934, S. 47.)

20. Juli 1932 – Von Papen über Schleicher zum ersten deutschen Volkskanzler Adolf Hitler".[11] Schmitt, der sich – nach schnellem Aufstieg in der Hierarchie des neuen Staates – in der Position des preußischen Staatsrats befand,[12] gab den neuen Machthabern zu verstehen, dass der 20. Juli 1932 in direkter Linie mit der Machtergreifung Hitlers stünde und gewissermaßen den Weg für sie geebnet hätte: „Am 20. Juli 1932 hat die wachsende Kraft der nationalsozialistischen Bewegung zum ersten Mal einen offenen staatsrechtlichen Umbruch bewirkt. [...] Preußen, ein Großstaat von vierzig Millionen Einwohnern, ein mächtiger Befehlsmechanismus und Verwaltungsapparat, wurde der Regierung Braun-Severing in wenigen Sekunden aus der Hand geschlagen. Das Weimarer System verlor damit seine Hauptfestung in der es sich seit Jahren parteipolitisch zu verschanzen gesucht hatte und erhielt einen tödlichen Stoß." Die Kanzlerschaft Hitlers erschien damit, wie Schmitt nahe legte, in der „logischen" Konsequenz der von Papen und Schleicher am 20. Juli eingeleiteten Entwicklung.

Schon in den Erläuterungen zu seiner kommentierten Fassung des „Reichsstatthaltergesetzes" vom April/Mai 1933 – die Schmitts Mitarbeit im neuen System besiegelte – hatte er die Reichsintervention gegen Preußen in eine Linie mit dem „zweiten Gesetz zur Gleichschaltung der Länder mit dem Reich" vom 7. April 1933 gestellt: „Der Preußenschlag vom 20. Juli 1932 hat zum ersten Male das Recht des Reiches auf eine einheitliche innerpolitische Staatsführung durchzusetzen versucht [...]".[13] Später veröffentlichte er, wohl um diese Interpretation zu untermauern, in seiner 1939 erschienenen Textsammlung „Positionen und Begriffe im Kampf gegen Weimar-Genf-Versailles 1923–1939", seine „Schlussrede vor dem Staatsgerichtshof in Leipzig"[14] neben Aufsätzen wie „Wesen und Werden des Faschistischen Staates" und „Der Führer schützt das Recht". Diese letztgenannte Aufsatzsammlung illustriert anschaulich das Ausmaß seines Engagements für die neuen Machthaber.[15]

---

[11] Westdeutscher Beobachter, Nr. 176, 9. Jg., 23. Juli 1933, S. 1.

[12] Vgl. „Kölner Universitätsprofessor Dr. Carl Schmitt in den Preußischen Staatsrat berufen", in: Westdeutscher Beobachter, Jg. 9, Nr. 165, 12. Juli 1933. S. auch: Schmitt, „Zur Bedeutung des neuen Staatsrats", in: Westdeutscher Beobachter, Nr. 169, 16. Juli 1933.

[13] Vgl. Schmitt, Das Reichsstatthaltergesetz, S. 8.

[14] Vgl. Schmitt. Positionen und Begriffe, S. 204 ff. In einer Fußnote auf Seite 205 wies Schmitt auf seine früheren Äußerungen zum Problem des „Preußenschlages" hin, wobei er seinen Aufsatz im Westdeutschen Beobachter nicht erwähnte. Auch seine beiden Vorträge „Konstruktive Verfassungsprobleme" und „Gesunde Wirtschaft im starken Staat" (s. o.) nahm Schmitt nicht in seine Aufzählung auf.

[15] Aus der umfangreichen Literatur über Schmitts Verhalten in der Zeit von 1933–1945: Joseph W. Bendersky, The expendable Kronjurist. Carl Schmitt and National Socialism 1933-1936, Journal of Contemporary History, April 1979, Vol. 14, No. 2, pp. 309–328; Bernd Rüthers, Entartetes Recht. Rechtslehre und Kronjuristen im Dritten Reich, 2. Aufl. München 1989; Dazu auch die Kontroverse: Anna Lübbe, Aus der Geschichte lernen? Eine Kritik pädagogischer Geschichtsschreibung am Beispiel von Bernd Rüthers, Wir denken die Rechtsbegriffe um ... Weltanschauung als Auslegungsprinzip, 1987, in: Rechtshistorisches Journal, 1988, Band 7, S. 417–423; Rüthers, Bernd, Aus der Geschichte lernen? Eine Erwiderung. Rechtshistorisches Journal, 1989, Jg. 8, S. 381–395; Rüthers, Bernd, Carl Schmitt im Dritten

Während Schmitts Anpassung an den Nationalsozialismus allgemein bekannt ist, streiten sich die Experten bis heute darüber, ob dieses Engagement als logische Konsequenz seines Denkens oder als Bruch mit seinen Weimarer Lehren zu bewerten ist. Es ist oft darauf verwiesen worden, dass Schmitt nach seiner – für viele überraschend steilen – Karriere in der NS-Hierarchie bestrebt war, auch seine Weimarer Zeit in ein entsprechendes Licht zu rücken. Auch ist bekannt, dass er 1936 Gegenstand von heftigen Angriffen seitens einiger nationalsozialistischer Kollegen und des Sicherheitsdienstes SD wurde, die ihn letztlich seine politischen Ämter kosteten.[16] Interessant für diesen Zusammenhang ist aber der Umstand, dass man in SS- und SD-Kreisen den „Preußenschlag" und die Rolle Schmitts in der Weimarer Endzeit in einem durchaus gegensätzlichen Sinne interpretierte als der „Staatsrat" selbst. In der SS-Zeitschrift „Das Schwarze Korps" wurde Schmitt von einem anonymen „Sachkenner"[17] mit dem Hinweis auf die „Wandlungen der wandelbaren Lehre des Prof. Schmitt" insbesondere auch wegen seiner Rolle in dem Preußen-Prozess angegriffen: „An der Seite des Juden Jacobi focht Carl Schmitt im Prozess Preußen-Reich für die reaktionäre Zwischenregierung Schleicher."[18] Mit der Datierung nahm man es nicht so genau, fand doch der Prozess während der Kanzlerschaft Papens statt. An anderer Stelle wurde daher gleich summarisch gegen „den Brü-

---

Reich, 2. Aufl. München 1990; Dazu die Besprechung: Bill Scheuermann, Carl Schmitt and the Nazis, in: German Politics and Society, Summer 1991, No. 23, pp. 71–79; Lothar Gruchmann, Nationalsozialistische Großraumordnung. Die Konstruktion einer „Deutschen Monroe-Doktrin", Stuttgart 1962. Günter Maschke, Zum ‚Leviathan' von Carl Schmitt, in: Carl Schmitt, Der Leviathan in der Staatslehre des Thomas Hobbes, Hg. ders., Köln 1982; Volker Neumann, Vom Entscheidungs- zum Ordnungsdenken. Carl Schmitts Rechts- und Staatstheorie in der nationalsozialistischen Herausforderung, in: Archiv für Rechts- uns Sozialphilosophie (Beiheft), 1982, Nr. 18, S. 152–162; Manfred Lauermann, Begriffsmagie. „Positionen und Begriffe" als Kontinuitätsbehauptung. Bemerkungen anlässlich der Neuauflage 1988, in: Hans-Georg Flikkinger (Hg.), Die Autonomie des Politischen – Carl Schmitts Kampf um einen beschädigten Begriff, 1990, S. 97–127; Alfons Söllner, Kronjurist des Dritten Reiches. Das Bild Carl Schmitts in den Schriften der Emigranten, in: Jahrbuch für Antisemitismusforschung, 1992, Band 1, S. 191–246; Karl Graf Ballestrem, Carl Schmitt und der Nationalsozialismus. Ein Problem der Theorie oder des Charakters? in: Oscar W. Gabriel u. a. (Hg.), Der demokratische Verfassungsstaat, Theorie, Geschichte, Probleme – Festschrift für Hans Buchheim zum 70. Geburtstag, 1992, S. 115–132; Matthias Schmoeckel, Ortung und Ordnung. Carl Schmitt im Nationalsozialismus, in: Aus Politik und Zeitgeschichte, 13. Dezember 1996, Band 51, S. 34-47; Maus, Ingeborg, Zur „Zäsur" von 1933 in der Theorie Carl Schmitts, in: Kritische Justiz, 1969, Nr. 2, S. 113-124. Christian Tilitzki, Carl Schmitt – Staatsrechtslehrer in Berlin. Einblicke in seinen Wirkungskreis anhand der Fakultätsakten 1934–1944, in: Siebte Etappe, Oktober 1991, S. 62 ff.

[16] Deren Liste bei Manfred Lauermann, Versuch über Carl Schmitt im Nationalsozialismus, in: Carl Schmitt und die Liberalismuskritik, K. Hansen/H. Lietzmann (Hg.), Opladen 1988, S. 37–53, hier S. 37 f. Vgl. auch die Literatur in FN 26, vor allem aber Bendersky, Theorist for the Reich, Princeton 1983, S. 219 ff.; Koenen, S. 631 ff. und Raphael Gross, Politische Polykratie. Die legendenumwobene SD-Akte Carl Schmitt, in: Tel Aviver Jahrbuch für deutsche Geschichte, Band XXIII, 1994, S. 115–143.

[17] So das Vorwort der Redaktion.

[18] „Es wird immer noch peinlicher", in: Das Schwarze Korps, 10. Dezember 1936, Folge 50, S. 2.

ning-Papen-Schleicher-Staat“[19] agitiert. Wie Schmitts Engagement für diese Reichsregierungen weltanschaulich zu deuten sei, erläuterten einige Monate später ausführlich die vertraulichen „Mitteilungen zur weltanschaulichen Lage“ des „Amtes Rosenberg“: Während Schmitt 1933 den Nationalsozialismus bejaht habe, hätte er demgegenüber noch 1932 auf die „Illegalität“ der „Nationalsozialisten, Kommunisten, Gottlosen oder was immer“ hingewiesen.[20] Als besonders schwerer Vorwurf nahm sich der lapidare Hinweis aus, der Staatsrechtler habe die NSDAP durch den Nachweis, dass „die Verwirklichung der nationalsozialistischen Idee notwendig illegal sei“, bekämpfen wollen.[21] Mit dem „Halbjuden Jacobi“, so wurde diese These konkretisiert, habe er nämlich gegen die herrschende Lehre die Behauptung aufgestellt, es sei nicht möglich, dass etwa eine nationalsozialistische Mehrheit im Reichstag auf Grund eines Beschlusses mit Zweidrittelmehrheit nach dem Art. 76 durch verfassungsänderndes Gesetz „grundlegende politische Entscheidungen der Verfassung“, also etwa das „Prinzip der parlamentarischen Demokratie“, ändern könne, denn eine solche Verfassungsänderung sei dann „Verfassungswechsel, nicht Verfassungsrevision“.[22]

In den folgenden Passagen wurden ausführlich diejenigen Abschnitte aus Schmitts Schrift „Legalität und Legitimität“ referiert, die für die Rechtfertigung eines Verbots der NSDAP in Anspruch genommen werden konnten.[23] Schmitt, so hieß es weiter, habe zudem gegenüber den „vielen Gutachten und gerichtlichen Urteilen über die Legalität oder die Illegalität der nationalsozialistischen Organisationen“ betont, dass die Antwort auf die Frage nach der Legalität von Nationalsozialisten, und Kommunisten nicht aus einzelnen isolierten Verfassungsartikeln, Bestimmungen, Gelegenheitsgesetzen oder Notverordnungen gegeben werden könne, sondern „nur aus dieser grundsätzlichen Auffassung des Legalitätssystems und insbesondere des Art. 76 der R. V.“[24] Damit, so fassten die Mitteilungen zusammen, habe Schmitt die Auffassung vertreten, dass ohne die von ihm gelieferte juristische Begründung

---

[19] Mitteilungen zur weltanschaulichen Lage, Nr. 1/3. Jahr, 8. Januar 1937, abgedruckt und eingeleitet von Günter Maschke in: „Das ‚Amt Rosenberg‘ gegen Carl Schmitt. Ein Dokument aus dem Jahr 1937“, in: Zweite Etappe, Bonn 1988, S. 96–111, hier, S. 110.

[20] Gemeint ist: Legalität und Legitimität, 1932, in: Schmitt, Verfassungsrechtliche Aufsätze aus den Jahren 1924–1954. Materialien zu einer Verfassungslehre, Berlin 1958 (1. Aufl.), 1985 (3. Auflage), 263–350, hier S. 302.

[21] Alle Zitate bei Maschke, 1988, S. 101 f.

[22] Gemeint ist Schmitt, Verfassungslehre, München und Leipzig 1928, S. 24–26, bzw. 103–105 und 391.

[23] Etwa der vielzitierte Satz aus „Legalität und Legitimität“: „Es ist nicht der Sinn der Verfassungsbestimmungen über die Verfassungsrevision ein Verfahren zur Beseitigung des Ordnungssystems zu eröffnen, das durch die Verfassung konstituiert werden sollte.“ Schmitt, Legalität, in: Verfassungsrechtliche Aufsätze, S. 102.

[24] Ebd., S. 302 f. Der Art. 76 regelte das Prozedere von Verfassungsänderungen und wurde von der herrschenden Lehre dahin ausgelegt, dass er zu jeder Änderung „unabhängig von der politischen Tragweite“ (Anschütz) ermächtigte. Diese Interpretation war die Grundlage für Hitlers Legalitätstaktik.

„die Terrorisierung der nationalsozialistischen Bewegung nicht möglich" sei.[25] Jede Bevorzugung der bestehenden Staatsform oder gar der jeweiligen Regierungsparteien sei im Sinne der herrschenden Lehre nämlich verfassungswidrig. Das gelte auch für Versammlungsverbote gegen extreme Parteien und die Unterscheidung von legalen und revolutionären Parteien nach ihrem Programm gemäß Art. 76 Weimarer Verfassung.[26] Für diese von Schmitt attackierte Lehre könne es keine wegen ihres Zieles oder des Inhaltes ihrer Bestrebungen illegalen Parteien oder Organisationen geben. Deshalb das Fazit des Sicherheitsdienstes: Erst er, Schmitt, ebnete der „‚neuen' Lehre" der Regierung Brüning[27] den „Weg zu ihren Gewaltmaßnahmen".[28] Schmitt wurde somit durch den Sicherheitsdienst geradezu zum Inspirator des Präsidialsystems und seines der NSDAP verhassten Wegbereiters Brüning stilisiert. In den Präsidialregimen, die Schmitt juristisch abzusichern geholfen hatte, sah die NSDAP seinerzeit die Hauptbedrohung für die Verwirklichung ihrer Umsturzziele. Im Zusammenhang mit Schmitts Eintreten für die Präsidialkabinette, so die Mitteilungen weiter, habe man eine interessante Veränderung in dessen Auffassung vom Umfange der Macht des Reichspräsidenten in Anwendung des Art. 48 der Weimarer Verfassung feststellen können. Im Anschluss an die Praxis, die einer Begrenzung dieser Befugnis auf vorübergehende Maßnahmen widersprach, habe auch Schmitt die Kompetenz des Art. 48 auf Rechtsverordnungen mit Gesetzeskraft ausgedehnt. In Widerspruch zu den „Kronjuristen der Demokratie", Gerhard Anschütz und Richard Thoma, habe sich Schmitt aber Anfang 1933[29] gesetzt, als er die Rechte aus Art. 48 ins „Maßlose" ausgedehnt habe.

Festgehalten werden kann, dass das Amt Rosenberg, der Sicherheitsdienst und die SS, aber auch dezidierte Nationalsozialisten unter den Kollegen wie etwa Paul Ritterbusch,[30] nicht bereit waren, Schmitts Darstellung über den 20. Juli als Wegbereitung des Nationalsozialismus unwidersprochen hinzunehmen. Vielmehr insistierte man darauf, dass Schmitt mit seinem Engagement für die Reichsregierung

---

[25] Maschke 1988, S. 102.

[26] Der hier referierte Passus stammt aus dem „Hüter der Verfassung" von 1931 (erstmals in diesem Sinne allerdings bereits in: Schmitt, Hugo Preuß – Sein Staatsbegriff und seine Stellung in der deutschen Staatslehre, in: Recht und Staat in Geschichte und Gegenwart, Band 72, 1930, S. 32, FN 20). Vgl. Schmitt, Hüter, S. 113. Schmitt erachtete diesen Abschnitt aber für so bedeutend, dass er ihn ein Jahr später, obwohl, wie er später anmerken sollte, „weder lange noch Selbst-Zitate" sein Stil seien als „Protest" und „Beschwörung" (Verfassungsrechtliche Aufsätze, S. 345) wortwörtlich wiederholte. Ebd., S. 303.

[27] Gemeint ist der Übergang zu einem Präsidialsystem, das dann von Papen und Schleicher weitergeführt und in seiner antiparlamentarischen Stoßrichtung ausgeweitet wurde.

[28] Maschke 1988, S. 102.

[29] Im Text 1933, gemeint ist aber die Zeit *vor* der Machtübernahme Hitlers, nämlich die bereits 1932 beginnenden Staatsnotstandsplanungen, die aber erst im Januar 1933 ruchbar geworden waren.

[30] Als Protagonisten des „Diktaturexperiments gewisser Parteien, Klassen und Interessen", das durch den „Begriff des Politischen" gestützt worden sei, benennt Ritterbusch Schmitt erstmals 1936; vgl. C. Tilitzki, Zwei Miszellen, Schmittiana VI, 1998, S. 178, Anm. 36.

1932 der „reaktionären Zwischenregierung Schleicher“ gedient habe. Allein dieser Vorwurf konnte für Schmitts neue Position als Staatsrat unangenehme Folgen zeitigen, da für die Leser des „Schwarzen Korps“ allein die Nennung des Namens ‚Schleicher‘ genügte, um den Staatsrechtler zu diskreditieren. Immerhin wurde der letzte Reichskanzler der Weimarer Republik bekanntlich 1934 zusammen mit seiner Frau ermordet.[31] Zusätzlich hatte das Amt Rosenberg seinen Lesern aber deutlich gemacht, dass Schmitts Verfassungsauslegung den Nationalsozialisten weit mehr missfiel als die der führenden liberalgesinnten Staatsrechtslehrer, denn Schmitt habe – anders als Anschütz und Thoma – einer „maßlosen“ Ausdehnung des Artikels 48, gemeint ist eine präsidiale Kampfregierung gegen die NSDAP unter Außerachtlassung wesentlicher Verfassungsbestimmungen, das Wort geredet. In der Vorstellung einer von den Parteien und dem Parlament losgelösten Präsidialregierung, mit der diese extensive Auslegung verbunden war, sahen die Nationalsozialisten auch rückblickend die größte Gefahr für die Realisierung ihrer staatspolitischen Ziele. Während die herrschende liberaldemokratische Verfassungsinterpretation der NSDAP nämlich die Pforte zur Macht unter der Voraussetzung öffnen wollte, dass die formale Legalität gewahrt blieb, war von Vertretern des Präsidialregimes ein Verbot dieser Partei erwogen worden.

Aus dieser Episode lassen sich bereits wichtige Schlussfolgerungen für die hier verfolgte Fragestellung ableiten. So zeigt sich etwa, dass Schmitt versuchte, seine Weimarer Arbeiten im Sinne der neuen Machthaber umzudeuten und gewissermaßen einen „Kontinuitäts-Nachweis“ seiner politischen Position beizubringen. Demgegenüber waren seine Widersacher bestrebt, ihm Opportunismus und Wandelbarkeit nachzuweisen, um ihn unter Verweis auf eine frühere Gegnerschaft gegen den Nationalsozialismus zu diskreditieren.

Da Schmitts Selbstdarstellung nach 1933 also handfesten politischen Interessen folgte, ist bei der Beurteilung solcher Äußerungen quellenkritische Vorsicht geboten. Auch wird man sich kaum der Einsicht verschließen können, dass die von dem Amt Rosenberg einigermaßen willkürlich zusammengetragenen Theorieversatzstücke aus den Jahren 1930–1932 einen Schmitt präsentierten, der nicht gerade als kompromissloser Vorkämpfer der nationalsozialistischen Idee aufgefallen war. Deshalb liegt die Frage nahe: War Schmitt, wie er sich nach 1933 selbst verstanden wissen wollte, Vordenker und Wegbereiter des Dritten Reiches, oder hatte er, wie es der NS-Sicherheitsdienst 1937 glauben machen wollte, bis 1933 die NSDAP bekämpft und sich erst nach 1933 auf die Seite der Sieger geschlagen?

Zur weiteren Verdichtung dieses Interpretationsproblems soll zunächst ein Blick auf den Forschungsstand geworfen werden. In der Schmitt-Forschung wurde zunächst eine eindeutige Antwort im ersteren Sinne gegeben. Schmitt, so meinte man, habe sich tatsächlich schon in den Weimarer Jahren als entschiedener Wegbereiter

[31] Vgl. Theodor Eschenburg, Zur Ermordung des Generals von Schleicher, Dokumentation, in: Vierteljahrshefte für Zeitgeschichte, 1953, 1. Jg., S. 71–96.

des Dritten Reiches hervorgetan. Der Politologe Jürgen Fijalkowski, der hier stellvertretend für einen ideologiekritischen Ansatz genannt sei, hatte im Hinblick auf Schmitts politische Philosophie von einer „vorgängigen Option" für den Nationalsozialismus gesprochen.[32] Fijalkowski und viele andere Nachkriegs-Interpretatoren gingen von einer nationalsozialistischen Disposition des Weimarer Staatsrechtlers aus, die gleichsam „vorreflektorisch" gewesen sei. In diesem Sinne, so die Stoßrichtung des Vorwurfs, habe Schmitt ein geistiges Klima geschaffen, das der Zerstörung der Weimarer Demokratie und der Machtergreifung der nationalsozialistischen Diktatur direkten Vorschub leistete. In diesen Zusammenhang passte, dass auch viele Historiker in den Präsidialkabinetten, die Schmitt theoretisch flankierte, nur die Zerstörung der Weimarer Republik und die Wegbereitung des Nationalsozialismus sahen.[33] Insbesondere auch der „Preußenschlag" wurde in diesem Lichte gedeutet. Dieses Ereignis und nicht erst die „Machtergreifung" selbst, so meinten manche gar, markiere den eigentlichen Endpunkt der Weimarer Republik.

Der Standpunkt Fijalkowskis wurde aber bereits wenige Jahre später energisch zurückgewiesen. Es sei eine „unzulässige Simplifikation", hieß es in der Fußnote einer systematischen Betrachtung, „Schmitts Werk bis zum Jahre 1933 auf die, allen rationalen Deduktionen vorausliegende, politische Option für den totalen Führerstaat nationalsozialistischer Prägung" zu reduzieren.[34] Hasso Hofmann hielt diesen Versuchen entgegen, dass es sich verbiete, die zahlreichen Wendungen und offensichtlichen Wandlungen Schmitts einfach auf einen „schrankenlosen Opportunismus" zurückzuführen. Es ginge nicht an, sein Werk zu disqualifizieren, bevor noch die eigentliche Untersuchung begonnen habe. Die Tatsache des mehrfachen Bruchs in der

---

[32] Jürgen Fijalkowski, Die Wendung zum Führerstaat. Ideologische Komponenten in der politischen Philosophie Carl Schmitts, Köln/Opladen 1958.

[33] Vgl. nur: Hans Mommsen: „Im politischen Sinne gelangte die Weimarer Republik mit der Gleichschaltung Preußens am 20. Juli 1932 und der Absetzung der amtierenden sozialdemokratischen Koalitionsregierung unter Otto Braun an ihr Ende." Hans Mommsen (S. 54) in der Aussprache zu dem Referat von Gerhard Schulz: „Bemerkungen zur Wegscheide zwischen parlamentarischer und autoritärer Entwicklung in der Geschichte der Weimarer Republik", in: Schriften des Historischen Kollegs: Die deutsche Staatskrise 1930–1933, Kolloquien 26, 1992, S. 39 ff.; Karl Dietrich Bracher: „Die Gleichschaltung Preußens ist [...] als entscheidender Wendepunkt im Prozess der von der Demokratie zur Diktatur führenden Machtverschiebung in die Geschichte eingegangen. Sie bedeutete den Verlust der politischen Selbständigkeit für ein deutsches Land mit der Bevölkerungszahl Frankreichs, recht eigentlich den Untergang Preußens." (S. Bracher: Die Auflösung der Weimarer Republik, 5. Aufl. 1971, S. 510 f.); Martin Broszat: „Der eigentliche Sinn des Preußenschlages, der nur vordergründig mit der Wiederherstellung von Ordnung und Sicherheit begründet war, trat in den folgenden Wochen und Monaten deutlich zutage. Fast überall in Preußen wurden sozialdemokratische und demokratische Regierungs- und Polizeipräsidenten oder Landräte ihrer Ämter enthoben und durch konservative Beamte ersetzt. Das Bollwerk der Republik war geschleift, schon ehe die Nationalsozialisten Anfang Februar 1933 mit Hermann Göring (als Nachfolger Brachts) das Kommando über die preußische Polizei und innere Verwaltung übernahmen." Ders.: Die Machtergreifung. Der Aufstieg der NSDAP und die Zerstörung der Weimarer Republik, 3. Aufl. 1990, S. 149 f.

[34] Hasso Hofmann, Legitimität gegen Legalität. Der Weg der politischen Philosophie Carl Schmitts, Neuwied und Berlin 1964, S. 16, FN 42.

Entwicklung sei vielmehr als „sachliches Problem“ anzugehen, da es ja immerhin denkbar sei, dass die Brüche – wenigstens bis zu einem nicht unerheblichen Grade – Konsequenzen einer – möglicherweise ungelösten – „Sachproblematik“ seien.[35]

Bereits die Antworten, welche die genannten Autoren zum Problem der Kontinuität oder des Bruchs in Schmitts theoretischen Positionen gegeben haben, illustrieren, dass sich jede Erforschung der Schmittschen Standpunkte in einer mehrfach problematischen Situation befindet. Wenn Schmitts theoretische Entwicklung keineswegs geradlinig verlief, sondern sich durch mannigfaltige Zäsuren auszeichnete, dann lässt sich schwerlich sagen, in welcher Phase man gewissermaßen den „authentischen“ Schmitt vor sich hat. Es wurde auch keine abschließende, allseits akzeptierte Antwort auf die Frage gefunden, ob diese Entwicklung einer inneren Logik folgte, oder ob sie vielmehr als Folge eines opportunistischen „Occasionalismus“ zu betrachten sei. Hinzu kommt, dass Schmitt selbst, wie sich auch im Weiteren zeigen wird, seine eigenen Positionen mehrfach rückblickend stilisiert und dabei in diametrale Richtungen ausgedeutet hat. Deshalb wird man seine rückschauenden Äußerungen kaum zum Ausgangspunkt für eine Untersuchung nehmen können. Man ist vielmehr auf eine von diesen Aussagen abstrahierende ex-ante-Analyse angewiesen.

Angesichts dieser Gemengelage nimmt es nicht Wunder, dass das Urteil der Forschung über Schmitts Verhältnis zur Weimarer Verfassung keineswegs einheitlicher ausfällt als dessen divergierende Selbststilisierungen ex post. Vielmehr finden sich in der Schmitt-Literatur die unterschiedlichsten, oft einander ausschließenden Interpretationen. Man könnte sogar sagen, dass es kaum eine unumstrittene Frage zur theoretischen Deutung des Werkes gibt. Freilich erwies sich dieser zum Teil beispiellos vehemente, nicht immer sachliche Deutungsstreit als ausgesprochen produktiv, so dass viele Probleme von Spezialstudien beleuchtet, die meisten relevanten Quellen herangezogen und nahezu alle Aspekte berücksichtigt wurden.

Der Hauptstreit drehte sich lange darum, ob das Jahr 1933 für Schmitt tatsächlich eine Zäsur in seinem Denken bedeutete. Vor allem die Kritische Theorie und verwandte Forschungsansätze hoben hervor, dass sich bezüglich der „gesellschaftlichen Funktion“ der Schmittschen Theorie kein Bruch erkennen lasse. In diesem Sinne versuchte etwa Ingeborg Maus, die „einheitliche gesellschaftliche Funktion der Theorie Carl Schmitts gerade in scheinbar widersprüchlichen juristischen Argumentationen vor und nach 1933 aufzuweisen,“[36] denn der Versuch, Schmitts Theorie im Sinne einer Folge abrupter Positionswechsel zu interpretieren, enthalte „die Weigerung, die Kontinuität in der realen gesellschaftlichen Entwicklung vor und nach 1933 wahrzunehmen.“[37] Die Grundlage dieser Forschungsrichtung war der Gedan-

---

[35] Ebd., S. 8.

[36] Maus, 1969, S. 114. Vgl. auch dieselbe, Bürgerliche Rechtstheorie und Faschismus. Zur sozialen Funktion und aktuellen Wirkung der Theorie Carl Schmitts, München 1976; Zur Kritik: Helmut Rumpf, Carl Schmitt und der Faschismus. Rezension von Ingeborg Maus, Bürgerliche Rechtstheorie und Faschismus, 1976, in: Der Staat, 1978, Band 17, S. 233 ff.

[37] Maus, 1969, S. 124.

ke, dass Schmitt zwar auf einer vordergründigen Ebene seine Theorie modifizierte, dass dies aber gerade Ausdruck einer tieferliegenden Kontinuität auf der Ebene der gesellschaftlichen Entwicklung gewesen sei. Die Vertreter dieser Richtung sahen daher in Schmitts Denken eine folgerichtige Evolution. Stefan Breuer formulierte zugespitzt: „Das Jahr 1933 mag daher eine Zäsur im Denken und Handeln Carl Schmitts gewesen sein – jedoch bestenfalls in dem Sinne, in dem zwei eine Zäsur zwischen eins und drei ist."[38]

Angesichts der um Person und Werk kreisenden Debatten stellt sich die Frage, ob man zumindest für zentrale Problemfelder von einem Erkenntnisstand ausgehen darf, der keine Kontroversen in dieser Heftigkeit mehr provoziert. Eine Übersicht über die seiner Meinung nach „gesicherten Ergebnisse" der Schmitt-Forschung hat der Politologe Karl Graf Ballestrem in einer neueren Arbeit geliefert.[39] Auch er vertritt dabei die These, dass die Werke aus der Zeit vor 1933 (d. h. aus der Zeit seiner Gegnerschaft zur NSDAP) eine Reihe fundamentaler Überzeugungen erkennen ließen, aus deren Sicht es als konsequent erscheine, den Nationalsozialismus – sobald er die Macht ergriffen und seinen konkreten Ordnungs- und Gestaltungswillen erwiesen habe – als Retter aus der Not zu begrüßen und ihm bereitwillig zu dienen.[40] Andererseits zeige eine vierzigjährige Schmitt-Forschung, „dass die These vom geistigen Wegbereiter äußerst fragwürdig und die vom Kronjuristen einfach falsch" sei. Zu den „gesicherten Erkenntnissen" rechnet er in diesem Sinne vier Punkte, denen als Zusammenfassung des Forschungsstandes hier gefolgt werden soll:

1. Schmitt habe sich bis Anfang 1933 für die Erhaltung der Weimarer Republik und ihrer verfassungsmäßigen Autoritäten (vor allem für die Erhaltung der Macht des Reichspräsidenten als des letzten Garanten der bestehenden Ordnung) eingesetzt. Im Juli 1932 habe er die Auffassung vertreten, dass die Verfassung keine gleichen Chancen für Verfassungsfeinde garantiere und deshalb die radikalen Parteien (KPD und NSDAP) verboten werden müssten.

2. Schmitt habe allem Anschein nach bis Anfang 1933 weder mit der Ideologie noch mit der Politik der Nationalsozialisten sympathisiert. Er sei nicht Parteimitglied gewesen, und in seinen Schriften finde sich kein Hinweis auf nationalsozialistisches Gedankengut.

3. Auch in der Zeit der größten Nähe zum Nationalsozialismus, den Jahren 1933–1936, sei Schmitt keineswegs – wie vorher unter den Kabinetten Papen und Schleicher – ein Kronjurist des Dritten Reiches gewesen. Sowohl auf die Politik als auch auf die Ideologie des Nationalsozialismus habe er keinen nennenswerten Einfluss gehabt.

---

[38] Stefan Breuer, Rezension von Joseph W. Bendersky, 1983, in: Kritische Justiz, 1984, Band 17, S. 110 ff. Vgl. auch ders., Rezension von Volker Neumann, Der Staat im Bürgerkrieg, 1980, in: Kritische Justiz, 1982, Jg. 15, Heft 3, S. 310 ff.

[39] Ballestrem 1992.

[40] Ebd., S. 119.

4. Als Folge der Angriffe von Seiten nationalsozialistischer Kollegen im Jahre 1936, im Zuge derer er als Leiter der Reichsfachgruppe Hochschullehrer des Bundes Nationalsozialistischer Deutscher Juristen abberufen und die von ihm herausgegeben Deutsche Juristen-Zeitung Ende 1936 eingestellt wurde, habe Schmitt sich bedroht gefühlt und sei in eine Art von innerer Emigration gegangen. Zu innenpolitischen Fragen habe er fast nichts mehr geschrieben, sondern sei auf völkerrechtliche Themen ausgewichen. Bei seinen Freunden, die z. T. zum Widerstand gehörten (etwa Johannes Popitz), habe er ab 1937 als Kritiker des Nationalsozialismus gegolten.[41]

Es ist hier nicht der Ort, den unterschiedlichen Ebenen von Kontinuität oder Bruch nachzugehen, da in dieser Arbeit historisch-politische und nicht philosophisch-theoretische Probleme im Mittelpunkt stehen. Für die zu untersuchende Fragestellung wird man aber im Anschluss an Ballestrems Fazit, das mittlerweile weitgehend *communis opinio* ist, von einer Zäsur im Handeln Schmitts ausgehen können. Insofern können seine selbststilisierende Kontinuitätsthese aus dem Jahr 1933 und die in ähnliche Richtung gehenden Auffassungen früherer Autoren als durch die neuere Forschung widerlegt gelten.

Unabhängig von möglichen tieferliegenden Kontinuitätslinien, die auch gerne in Schmitts Katholizismus gesehen werden,[42] oder Konstanten in der gesellschaftlichen Funktion seiner Theorie, ist man sich über den tiefen Bruch in Schmitts staatsrechtlichen Positionen auch weitgehend einig.[43] So wies Henning Ottmann auf die

[41] Ebd., S. 115 f.

[42] Koenen, 1995; ders., Visionen vom Reich. Das politisch-theologische Erbe der Konservativen Revolution, in: A. Göbel u. a. (Hg.), Metamorphosen des Politischen, 1995, S. 53 ff.; Zu Koenen s. auch die kritischen Rezensionen: Kurt Sontheimer, Schlüsselfigur der Konservativen Revolution. Der Fall Carl Schmitt, Andreas Koenens angestrengter Versuch, die Rolle des Staatsrechtlers als Wegbereiter des Dritten Reiches zu klären, Die Zeit, 13. Oktober 1995, Nr. 42; Heinz Hürten, Der katholische Carl Schmitt. Rezension von Andreas Koenen, Der Fall Carl Schmitt – sein Aufstieg zum Kronjuristen des Dritten Reiches, 1995, in: Historisches Jahrbuch, 1996, Jg. 116, Band 2, S. 496 ff.; Ansonsten u. a. Jakob Hessing, Götter, Grabenkriege und Gelehrte. Metaphysik des Armageddon – Carl Schmitt als politischer Theologe und geistiger Zeitgenosse, in: Frankfurter Allgemeine Zeitung, 3. Januar 1995; Lutz Berthold, Wer hält zur Zeit den Satan auf? Zur Selbstglossierung Carl Schmitts, in: Leviathan – Zeitschrift für Sozialwissenschaft, 1993, Jg. 21, Heft 2, S. 285 ff.; Ernst-Wolfgang Böckenförde, Rezension von Hasso Hofmann, Legitimität gegen Legalität, in: Die öffentliche Verwaltung, Oktober 1967, Heft 19, S. 688 ff.; ders. Auf dem Weg zum Klassiker. Carl Schmitt in der Diskussion – Politische Theologie als Fluchtpunkt seines Werkes, in: Frankfurter Allgemeine Zeitung, 11. Juli 1997, Nr. 158, S. 35. Dagegen: Bernd Rüthers, Retter vor dem Antichrist? Carl Schmitt als politischer Theologe, in: Frankfurter Allgemeine Zeitung, 28. November 1997, Nr. 277, S. 15; Heinrich Meier, Carl Schmitt, Leo Strauss und der „Begriff des Politischen". Zu einem Dialog unter Abwesenden, Stuttgart 1988; Ders. Die Lehre Carl Schmitts. Vier Kapitel zur Unterscheidung Politischer Theologie und Politischer Philosophie, Stuttgart 1994. Dazu auch die kritische Rezension von Dirk van Laak, Eigentlich beliebig. Heinrich Meiers Versuch, Carl Schmitt als politischen Theologen vorzuführen, in: Die Zeit, 20. Januar 1995, Nr. 4.

[43] Volker Neumann etwa betont, dass der Umstand, 1933 sei eine politische Entscheidung gefallen, auch von denen nicht bestritten werde, die die Kontinuitätsmerkmale im Verhältnis

absonderlichen theoretischen Begleiterscheinungen von Schmitts „Akkomodation" an den Nationalsozialismus hin.[44] So sei es etwa in hohem Grade befremdlich, dass der Schmitt, der 1932 den Geist des Art. 76 WRV, der Verfassungsänderungen jeder Art zuließ, angriff und mit Recht angegriffen habe, sich 1933 auf exakt diesen Artikel berief, um die „Legalität" der nationalsozialistischen Revolution zu begründen und damit zu erklären, die Weimarer Verfassung sei – legaliter – abgeschafft und außer Geltung gesetzt.[45] Dabei sei eine Antwort auf die Grundfrage aller Schmitt-Deutung „occasionelles Denken oder Kontinuität" nicht leicht zu haben. Wer bloße Occasionalität behaupte, müsse die Leitmotive Schmittschen Denkens bis zu einem Dezisionismus verflüchtigen, der sich für alles und jedes entscheiden kann; und wer reine Kontinuität erkennen wolle, müsse einen kurzen Weg konstruieren, der vom Antiliberalismus oder Antimarxismus zum Nationalsozialismus führt.[46] Passender scheine es zu sein, von „Kontinuität und Wandlung" oder teilweise auch von „mehr

---

zur vorangegangenen Präsidialdiktatur besonders betonen. Schmitt sei jedenfalls an der unmittelbaren Vorbereitung dieser Entscheidung nicht beteiligt gewesen. Was immer man auch über seine Rolle als Kronjurist Schleichers im Einzelnen Kritisches anmerken könne und müsse, in seinen Publikationen finde sich auch nicht der kleinste Hinweis auf die Förderung der Kanzlerschaft Hitlers oder auch nur der Partizipation der NSDAP an der staatlichen Macht. (Volker Neumann, Vom Entscheidungs- zum Ordnungsdenken, in: ARSP, Beiheft 18, Recht, Rechtsphilosophie und Nationalsozialismus, Vorträge aus der Tagung der deutschen Sektion der Internationalen Vereinigung für Rechts- und Sozialphilosophie vom 11. und 12. Oktober 1982, S. 156. Bei Volker Neumann lässt sich allerdings einige Jahre früher auch das Gegenteil lesen. In einem Aufsatz von 1976 polemisierte er gegen die „streitbare Demokratie" („in der das Misstrauen gegen die Volkssouveränität Orgien feiert"), indem er darauf verwies, dass deren Spiritus rector Schmitt an der Verteidigung des „Staatsstreichs gegen Preußen" beteiligt war, bei dem eine der letzten „Machtpositionen der Weimarer Republik gegen die Nazis" eliminiert worden sei. Vgl. Volker Neumann, Die innerstaatliche Feinderklärung – Eine Anmerkung zur Freund-Feind Theorie Carl Schmitts und ihrer Aktualität, in: Demokratie und Recht, 4. Jg., Heft 4, 1976, S. 353–366, hier S. 363. Vgl. auch ders., Der Staat im Bürgerkrieg – Kontinuität und Wandlung des Staatbegriffs in der politischen Theorie Carl Schmitts, Frankfurt/Main und New York, 1980.) An anderer Stelle heißt es bei Neumann, Schmitt sei ein Gegner der Ernennung Hitlers gewesen und habe das politische Programm Schleichers, der bereit gewesen sei, es auf „Hauen und Stechen" mit den Nazis ankommen zu lassen, unterstützt, nämlich den Reichstag aufzulösen, den Staatsnotstand auszurufen und NSDAP und KPD zu verbieten. Volker Neumann, Verfassungstheorien politischer Antipoden: Otto Kirchheimer und Schmitt, in: Kritische Justiz, Band 14, 1981, S. 252. Gegen den ideologiekritischen Ansatz und die These von der „sozialen Funktion" wendet Neumann ein, dass dadurch der Blick für theoretische Nuancen verstellt werde. Daher halte er einen Zugang zu den Weimarer Arbeiten Schmitts für fruchtbarer, der die unbestreitbare Nähe der Theorie zur Zeitgeschichte in der Absicht angehe, die begriffliche Verarbeitung politischer Herausforderungen theorieimmanent zu rekonstruieren. Dass ein solcher Ansatz Schmitts Engagement im Dritten Reich nicht aus seiner in Weimar entwickelten Theorie widerspruchsfrei ableiten könne, er vielmehr auf die Kategorie des „Bruches" verwiesen sei, möge ihn in den Augen des Ideologiekritikers desavouieren. (Ebd., S. 254.) Dem stehen aber Erkenntnisgewinne bei der historischen Rekonstruktion der politischen Ereignisse gegenüber.

[44] Henning Ottmann, Carl Schmitt – Leben und Werke, in: Karl Graf Ballestrem/Henning Ottmann (Hg.), Politische Philosophie des 20. Jahrhunderts, 1990, S. 61–87.

[45] Ottmann 1990, S. 72.

[46] Ebd., S. 73.

Wandel als Kontinuität" zu sprechen. So habe Schmitt die eigene Terminologie früherer Jahre zwischen 1933 und 1936 teilweise fallengelassen. Er habe es sorgfältig vermieden, in Bezug auf den nationalsozialistischen Staat von einer „Diktatur" zu sprechen, denn damit wäre die Frage der Zeitweiligkeit der Ermächtigung und ihrer Beauftragung thematisch geworden; statt dessen habe er das spezifische Vokabular von „Führung" und „Artgleichheit" übernommen. Die „Homogenität", die bisher für die beliebige „Gleichartigkeit" gestanden habe, sei zur „Artgleichheit" geworden, und Schmitt habe sich zu den „Rassisten und Antisemiten" gesellt, als deren Gesinnungsgenosse er bis 1933 nicht zu erkennen gewesen sei. Besonders augenfällig sei die Verabschiedung des Dezisionismus gewesen, der einem „konkreten Ordnungs- und Gestaltungsdenken" gewichen sei. Vom früher alleinseligmachenden Dezisionismus habe es plötzlich geheißen, er schwebe in der Gefahr, „durch die Punktualisierung des Augenblicks das in jeder großen politischen Bewegung enthaltene ruhende Sein zu verfehlen."[47]

Danach ließe sich bilanzieren, dass der deutlichste Bruch in Schmitts politischer Intention zu suchen ist.[48] Während er, wie zahlreiche Autoren betonen, noch im Sommer 1932 die juristische Begründung für ein Verbot von NSDAP und KPD geliefert hatte, wurde er ungefähr ab März/April 1933 zum wortreichen Verfechter der zuvor bekämpften Ordnung.[49]

In der folgenden Arbeit geht es nicht darum, die Beweggründe für diesen Frontwechsel herauszuarbeiten. Es soll vielmehr untersucht werden, wie Schmitt in dem Zeitraum zwischen Juli 1932 und Januar 1933 zu der Weimarer Verfassung und dem Problem der Vermeidung Hitlers gestanden hatte. Auch Schmitt selbst war nicht entgangen, dass ihm seine Bemühungen um den Nachweis einer Kontinuität vor und nach 1933 in der bundesrepublikanischen Zeit zum Nachteil gereichten. Er vertrat

---

[47] Ebd., S. 73 f.

[48] So etwa der Heidelberger Rechtsprofessor und Koellreuter-Schüler Carl-Hermann Ule: „Um so mehr muss es überraschen und befremden – und es hat auch kritische Zeitgenossen, wie der Verfasser dieser Arbeit aus eigener Kenntnis weiß, bestürzt –, dass Schmitt unmittelbar nach dem Erlass des Ermächtigungsgesetzes mit Arbeiten an die Öffentlichkeit trat, die sich von seiner bisher eingehaltenen antinationalsozialistischen Linie entfernten." (Vgl. ders., Zum Begriff des Kronjuristen, in: Deutsches Verwaltungsblatt, 15. Januar 1993, Heft 2, S. 77–82, hier S. 80.)

[49] Volker Neumann konstatiert deshalb: „In der Endphase der Weimarer Republik unterstützte Schmitt die Präsidialkabinette, insbesondere die Strategie General von Schleichers, der jedes politische Abenteuer einkalkulierte, um die Nazis von der Staatsgewalt fernzuhalten. Um so unverständlicher erscheint sein Frontwechsel im Frühjahr 1933." (ders., Carl Schmitt und die Linke, in: Die Zeit, Nr. 28 vom 8. Juli 1983, S. 32.) Zur Erklärung dieses Umschwenkens verweist Neumann auf die „nicht abwegige" Selbsteinschätzung Schmitts, er habe den Nationalsozialismus geistig beeinflussen und lenken wollen. Übereinstimmend betont Reinhard Mehring die inhärente Konsequenz des Umschwenkens von 1933: „Schmitt optierte während der Weimarer Republik nicht für den totalen Führerstaat, wie man gemeint hat; sein systematischer Abschluss des Liberalismus zwang ihm aber eine dialektische Begrüßung des Kommenden ab." (ders., Carl Schmitts Lehre von der Auflösung des Liberalismus: Das Sinngefüge der „Verfassungslehre" als historisches Urteil, in: Zeitschrift für Politik, 38 n. F., 1991, S. 201–216, hier S. 215.)

deshalb in seiner Selbstdeutung nach 1945 auch eine diametral entgegengesetzte Position. Nun betonte er im Sinne einer impliziten Zäsur-These seine anfängliche Gegnerschaft gegen den Nationalsozialismus: „Die undankbarste Rolle“, so hieß es etwa 1947 über den Sinn und Zweck der Preußenaktion, „ist die des Hüters einer demokratischen Verfassung gegenüber undemokratischen Parteien, die mit demokratischen Mitteln arbeiten. Das war meine, Schleichers und Johannes Popitz‘ Situation beim Preußenschlag vom 20. Juli 1932.“[50] Hier erscheint die übergeordnete Bedeutung des 20. Juli 1932 gerade in der Abwehr der NSDAP, nämlich jener undemokratischen Partei, die als einzige mit konsequent demokratischen Mitteln den Weimarer Staat überwinden wollte.

Mit der rückblickenden Kennzeichnung des Jahres 1933 als politische „Zäsur“ nahm Schmitt die Intention einer Verteidigung der Grundlagen der Verfassung von Weimar für sich in Anspruch. Dies brachte er 1958 in der Sammlung seiner „Verfassungsrechtlichen Aufsätze“ zum Ausdruck, deren einzelne Beiträge er – ebenso wie in seiner vorherige Aufsatzsammlung „Positionen und Begriffe“, freilich in umgekehrter Stoßrichtung – mit Erläuterungen versehen hatte. Den Wiederabdruck seiner Schrift „Legalität und Legitimität“ kommentierte er z. B. mit den Worten: „Meine staatsrechtlichen Auffassungen ergeben sich aus meinen Schriften, nicht aus Gerüchten und Kombinationen, und auch nicht *ex post* durch Rückblendungen aus späteren, ganz anders strukturierten Situationen, die überhaupt erst durch den Zusammenbruch der Weimarer Legalität entstanden sind.“[51] Während in „Positionen und Begriffe“ noch die Kontinuität vor und nach der Machtergreifung bewiesen werden sollte, wollte er den Zusammenbruch der Weimarer Legalität nun als Bruch verstanden wissen. Wenn man diesen Bruch in Rechnung stelle, so die Ratio seiner späteren Argumentation, würden sich rückblickende Konstruktionen von selbst verbieten.

Statt dessen berief sich Schmitt bekanntlich darauf, dass es die „Kernthese“ seiner Abhandlung gewesen sei, dass die Legalität einer Partei nur dann verneint werden könne, wenn die Befugnis zu Verfassungsänderungen begrenzt sei: Der Vorgang, dass eine Partei durch die Tür der Legalität eintrete, um diese Tür dann hinter sich zu schließen, also der Modellfall einer legalen Revolution, sei hier ein für allemal erkannt und festgehalten.[52] Daher verstand er die Schrift als einen „verzweifelten Versuch“, das Präsidialsystem, „die letzte Chance der Weimarer Verfassung“, vor einer Jurisprudenz zu retten, die es ablehne, nach Freund oder Feind der Verfassung zu fragen.[53] Diese Ausführungen wollte er nun als einen „Protest und eine Beschwörung“ verstanden wissen. Der Schluss der Schrift sei ein Warnruf, der letzte Satz – „Dann rächt sich die Wahrheit“ – ein wahrer Notschrei. Der Schrei sei damals aber ungehört verhallt.[54]

---

[50] Eintrag vom 15.1.1949, Eberhard Freiherr von Medem (Hg.), Carl Schmitt, Glossarium – Aufzeichnungen der Jahre 1947–1951, 1991, S. 214.

[51] Schmitt, Verfassungsrechtliche Aufsätze, S. 350.

[52] Ebd., S. 345.

[53] Ebd.

Die verfahrene verfassungsrechtliche Situation in den letzten Wochen und Monaten der Weimarer Republik, die als Folge einer Verkettung von Umständen zu der Ernennung Hitlers zum Reichskanzler geführt hatte, schilderte Schmitt nun ebenfalls aus der Zäsur-Perspektive. Für diesen Zusammenhang interessant ist dabei sein Eingehen auf den 20. Juli 1932: In der entscheidenden Woche vom 23. zum 30. Januar 1933 habe es festgestanden, dass der Reichstag von Neuem aufgelöst werden müsse. Er sei nur noch ein Schauplatz für Aktionen und Demonstrationen negativer Mehrheiten gewesen. Bei der wiederholten Auflösung habe es sich nicht um eine Illegalität gehandelt, die Frage sei nur gewesen, welche Reichsregierung in dem bevorstehenden Wahlkampf die staatliche Macht in der Hand haben und die Prämien auf dem legalen Machtbesitz für sich einsetzen würde: die Regierung von Schleicher oder Hitler. Diese Prämien und die daraus resultierende Macht einer seit dem 20. Juli 1932 mit dem Reichskommissariat Preußen verbundenen Reichsregierung seien sehr groß gewesen. Kurz vor dem 30. Januar habe die Reichsregierung aber vor einem falschen Legalitätsbegriff kapituliert. Die Drohung mit Prozessen vor dem Staatsgerichtshof sei zu einer wirksamen, legalen Waffe geworden. Hier war also die Funktion des 20. Juli 1932 wieder dahingehend benannt worden, dass durch das Reichskommissariat in Preußen eine Akkumulation der staatlichen Machtmittel herbeigeführt worden sei, auf die sich die Regierung im Kampf gegen die Verfassungsfeinde hätte stützen können. Die entscheidende Frage sei deshalb gewesen, wer diese Machtmittel in die Hand bekomme.

Da Schmitt diese Machtakkumulation, wie er betonte, in Hinblick auf die Regierung Schleichers befürwortete, erschien die Ernennung Hitlers zum Reichskanzler, die diesem auch die ursprünglich gegen die NSDAP konzentrierten Machtmittel in die Hände spielte, nicht wie die Konsequenz aus den Plänen der Präsidialregierungen, sondern eher wie ein „Betriebsunfall". Jedenfalls war die Ernennung Hitlers nicht die wahrscheinlichste aller Lösungen. Schmitt schilderte die Situation, die nach seiner Auffassung zu der Machtübergabe an Hitler geführt hatte, wie folgt: „Nach dem offenen Brief des Prälaten Kaas vom 26. Januar 1933 musste die Ernennung Hitlers zum Reichskanzler als der wahre, legale Ausweg aus der Krise erscheinen. [...] So ließ sich (Hindenburg) denn als korrekter Mann belehren, und die Belehrung ging schließlich dahin, dass der Gegenstand seines Eides und seiner Treue nur ein Durchgangsverfahren war, nur eine Tür, die sich dem Eintritt jedes Feindes zu öffnen hatte, sobald dieser als ‚tragfähige Regierungskombination' auftrat und sich dadurch legal machte."[55]

---

[54] Ebd., S. 345. Schon in seinen als „Glossarium" bezeichneten Notizen aus der Nachkriegszeit hatte Schmitt in seiner für diese Zeit charakteristischen Verknüpfung von Apologie und Selbstmitleid reklamiert: „Sie schreiben heute in ihre Verfassungen, was sich aus meiner Schrift ‚Legalität und Legitimität' ergibt. Es wäre besser gewesen, sie hätten damals, im Sommer 1932, richtig gelesen und begriffen." (Eintrag vom 15.1.1949, Schmitt, Glossarium, S. 214.)

[55] Schmitt, Verfassungsrechtliche Aufsätze, S. 350.

Die Selbstinterpretationen Schmitts sind – nicht zuletzt durch ihre apologetische Funktion – einhellig zurückgewiesen worden.[56] Sie mussten vor dem Hintergrund von Schmitts wortreichem Kurswechsel ab Frühjahr 1933 als provokativ empfunden werden und stilisierend wirken. Aber es ließ sich umgekehrt nicht leugnen, dass seine durchweg „recht dick aufgetragenen Selbstverteidigungen ex post"[57] der historischen Wirklichkeit näher lagen als seine Selbstdeutung nach 1933.[58]

Unabhängig von der Frage, ob Schmitts Option nun richtig oder falsch sei, gelangen neuere Autoren zu dem Ergebnis, dass dessen apologetische Einschätzung von „Legalität und Legitimität" zumindest in der Hinsicht geteilt werden kann, dass sie die Verhinderung einer nationalsozialistischen Machtübernahme zum Gegenstand hatte.[59] So hat bereits Heinrich Muth in einem Aufsatz 1971 die rückblickenden Äu-

---

[56] Etwa Kurt Sontheimer in seiner Rezension der Verfassungsrechtlichen Aufsätze, Carl Schmitt – Seine „Loyalität" gegenüber der Weimarer Verfassung, in: Neue Politische Literatur, 1958, Band 3, Sp. 757–770.

[57] Muth, S. 87.

[58] So hat etwa der Philosoph Vittorio Hösle mit Blick auf Schmitts Ausführungen von 1958 konzediert, dieser habe 1932 tatsächlich einen „verzweifelten Versuch" unternommen, das Präsidialsystem, die letzte Chance der Weimarer Verfassung, zu retten. Zwar weist auch er Schmitts Selbstrechtfertigungen zurück. Anders als die ältere Forschung betont er aber, dass seine Legalitätsschrift auch ein solcher ernsthafter Versuch gewesen sei, die Weimarer Republik vor ihren Feinden zu retten. Es sei sogar zuzugeben, „dass eine Lektüre in diesem Sinne die sachlich fruchtbarste ist." (Vittorio Hösle, Carl Schmitts Kritik an der Selbstaufhebung einer wertneutralen Verfassung in Legalität und Legitimität, in: Deutsche Vierteljahrsschrift für Literaturwissenschaft und Geistesgeschichte, 61. Jg., 1987, LXI. Band, S. 1 ff.) Auch sei Schmitts These, dass die Legalität einer Partei nur dann verneint werden könne, wenn die Befugnis zu Verfassungsänderungen begrenzt ist, absolut zwingend: illegal könnten sonst nämlich nur die Handlungen einzelner Parteimitglieder genannt werden. (Ebd., S. 10.) Hösles Fazit geht aber dahin, dass Schmitts Kritik an der Selbstaufhebung einer wertneutralen Verfassung zwar zutreffend gewesen sei, dass er aber mit seiner Option der Stärkung der Präsidialkabinette aus dieser Erkenntnis die falschen Schlussfolgerungen gezogen habe. Diese Option sei geradezu gefährlich gewesen.

[59] Henning Ottmann urteilt in diesem Sinne, dass „Legalität und Legitimität" im Lichte von Schmitts Beratertätigkeit für Papen und Schleicher und deren Politik zu lesen sei, denn Schmitt, so betonte er, war in deren Staatsnotstandsplanungen unmittelbar eingebunden. Zwar sei die Legalitätsschrift als Angriff auf die bloße Legalität der Verfassung nicht unbedenklich gewesen, sie sei aber andererseits als Appell zur Verhinderung möglichen Missbrauchs der Legalität zu verfassungswidrigen Zwecken zu verstehen, denn Schmitt habe 1932 offen ein mögliches Verbot von KPD und NSDAP diskutiert. In diesem Sinne äußert sich auch Wolfgang Graf Vitzthum: „In *Legalität und Legitimität* hatte er [= Schmitt] sich, auch zum Missfallen der NSDAP, für ein Verbot der radikalen Parteien eingesetzt." (S. Graf Vitzthum, Hermann Broch und Carl Schmitt, in: Jürgen Heideking, Gerhard Hufnagel, Franz Knipping (Hg.), Wege in die Zeitgeschichte, Festschrift zum 65. Geburtstag von Gerhard Schulz, Berlin und New York 1989, S. 69–100, hier S. 81.) Die substantiellen Normen einer Verfassung, so Ottmann weiter, ließen sich – gemäß Logik dieser Schrift – nicht bewahren, wenn ein wertneutraler Mehrheitsfunktionalismus nach Belieben schalten und walten dürfe. Die Analyse Schmitts mache, im Prinzipiellen zurecht, darauf aufmerksam, dass eine Verfassung, die auch noch sich selbst gegenüber neutral sein soll, ihre legale Selbstaufhebung riskiere. Schmitt habe damals gegen die positivistische Staatsrechtslehre und die Deutung der Verfassung im Stile von Anschütz protestiert, und die Logik von „Legalität

ßerungen Schmitts als weitgehend zutreffend eingestuft. Schmitt habe zunächst einmal so Unrecht nicht, wenn er diesen „letzten Feldzug“ als einen „Verzweiflungsschritt“, als „Warnung“ und „Notschrei“ bezeichne. Ein Mann, der sich unter den politischen Verhältnissen des Sommers 1932 so leidenschaftlich in dieser Frage engagierte, habe unmöglich ein NS-Parteigänger sein können, denn er hätte mit der von ihm für falsch gehaltenen staatsrechtlichen Ansicht, der formalistischen Auffassung des Art. 76, gleichzeitig auch das Kernstück der nationalsozialistischen Machterringungstaktik bekämpft.[60]

In einem neueren Aufsatz hat der Staatsrechtler Dieter Grimm diesen Befund bestätigt. Schmitts Schrift von 1932 dürfe nicht als Plädoyer für den Nationalsozialismus verstanden werden. Sie liefere im Gegenteil die rechtliche Begründung für ein Verbot der extremen, auf den Umsturz der bestehenden Sozialordnung gerichteten, linken wie rechten Parteien. Insofern sei Schmitts spätere Deutung seiner Schrift als verzweifelter Versuch, das Präsidialsystem vor einer Jurisprudenz zu retten, die es ablehne, nach Freund und Feind der Verfassung zu fragen, nicht verfälschend.[61]

Nimmt man diese mittlerweile wohl herrschende Auffassung zum Ausgangspunkt einer Betrachtung, so muss als Grundlage für die Frage nach dem Stellenwert des Preußenschlages Schmitts Interpretation nach 1945 dienen. Das bedeutet, dass der „Preußenschlag“ nicht im Kontext einer Wegbereitung Hitlers gesehen werden muss, sondern ganz im Gegenteil im Zusammenhang mit dem Versuch der Aufrichtung eines Schutzwalles gegen die NSDAP und ihre Umsturzstrategie.[62]

---

und Legitimität“ scheine „heute, wo wir über die Notwendigkeit einer ‚wehrhaften Demokratie‘ ausreichend belehrt sind, untadelig zu sein.“ (Ottmann 1990, S. 72.)

[60] Muth, S. 95.

[61] Dieter Grimm, Verfassungserfüllung – Verfassungsbewahrung – Verfassungsauflösung. Positionen in der Staatsrechtslehre in der Staatskrise der Weimarer Republik, in: Winkler, Staatskrise, 1992, S. 183–201, hier S. 195.

[62] In diesem Sinne hat auch der Schmitt-Biograph Paul Noack die oben erwähnte Schilderung von Ernst Rudolf Huber verstanden, dass Schmitt Ende Januar 1933 in den Ruf ausgebrochen sei: „Der 20. Juli ist dahin“. Ein solcher Verzweiflungsschrei, so der Biograph, könne nur so gedeutet werden, dass Schmitt „schmerzhaft miterlebte, wie seine um Person und Amt des Reichspräsidenten zentrierte Staatskonstruktion nicht einen ‚Neuen Staat‘ sondern das ‚Dritte Reich‘ brachte, mit dem er bis dahin nichts zu tun haben wollte“. Er scheine auch darauf hinzudeuten, dass für Schmitt die versuchte „Gleichschaltung“ Preußens tatsächlich nicht allein ein Verfassungsbruch zugunsten eines besser funktionierenden Zentralstaates gewesen sei, sondern „das letzte Mittel, den dahinsiechenden Staat vor der NSDAP zu retten“. Deshalb sei Schmitt eines sicherlich nicht gewesen: „ein ‚Quartiermacher‘ des Nationalsozialismus.“ (Paul Noack, Carl Schmitt. Eine Biographie, Berlin 1993, S. 153 f.) Vittorio Hösle führt zur Stützung der in diese Richtung gehenden Thesen an, Schmitt habe noch am 19. Juli 1932 – neun Tage nach der Fertigstellung von „Legalität und Legitimität“ – in der „Täglichen Rundschau“ einen Wahlkampfaufruf gegen die NSDAP veröffentlicht. Im Januar 1933 habe er ferner in dem Aufsatz „Die Stellvertretung des Reichspräsidenten“ die Änderung von Art. 51 der WRV, die als Stellvertreter des Reichspräsidenten nicht mehr den Reichskanzler, sondern den Reichsgerichtspräsidenten bestimmte, aufs schärfste als Aushöhlung des liberalen Prinzips der Gewaltenteilung verurteilt. Diese Änderung beruhte auf einem nationalsozialistischen Antrag und

Vor diesem Hintergrund lässt sich das Problem, das sich bei der Frage nach der „übergeordneten“ Bedeutung der Preußenaktion für Schmitt stellt, folgendermaßen zuspitzen: Es ist nicht die Frage, ob dieser Staatsrechtler für oder gegen die Nationalsozialisten war, sondern für welche Option er in den Krisenjahren 1932/33 eintrat. Waren es die autoritären Ordnungsmodelle, die die reaktionären Verfassungsreformer Papen und Gayl unter Aufgabe der parlamentarisch-demokratischen Grundentscheidungen der Verfassung erstrebten oder waren es die pragmatischen Pläne des Krisenmanagers Kurt von Schleicher? Die Problemstellung lautet also: war Schmitt ein „Mann Papens“, der das Weimarer Gemeinwesen in einen autoritären Staat ständischer Prägung transformieren wollte, oder verfolgte er im Sinne Schleichers andere, nicht näher bezeichnete Ziele, die sich jedenfalls durch eine „Distanz zu den Plänen Papens“ auszeichneten?

Die dominierende Forschungsrichtung ging in dieser Frage davon aus, dass der Jurist eine autoritative Verfassungsreform im Sinne Papens erstrebt habe. Bereits Karl Dietrich Bracher hatte in seiner bedeutenden Studie über die Auflösung der Weimarer Republik diese Zuordnung vorgenommen.[63] Die solchen Ausführungen zugrunde liegende Vorstellung hatte Heinrich Muth ausführlich expliziert. Schmitts „Wirken und Wirkung“ in der Weimarer Endphase sei vor dem Hintergrund „trivialer Restaurationsvorstellungen“ zu betrachten.[64] Schmitt sei Ende 1932 ein Vertreter der „berufsständischen Ordnung“ im Sinne Papens gewesen. Auch Grimm ist der Auffassung, dass Schmitts Position vom Sommer 1932 Grund zu zweifeln gäbe, „ob es ihm tatsächlich wie Johannes Heckel um die Rettung der Weimarer Verfassung oder um eine andere autoritäre Ordnung“ gegangen sei.[65] Das Ziel Schmitts, so meint Grimm, sei nicht wie bei Heckel die „Außerachtlassung einzel-

---

war durch eine völlig heterogene Mehrheit im Dezember 1932 zustande gekommen. Sie war wesentlich gegen Schleicher gerichtet. Auch Schmitts Unterstützung des „Preußenschlages“ vom 20. Juli 1932 könne nicht als Ausdruck einer unmittelbaren Sympathie für die Nationalsozialisten gewertet werden; Schmitt hätte, wie Muth dargelegt habe, im Sommer 1932 höchstens den Deutschnationalen nahe gestanden, sei also „schlimmstenfalls ein Mann der Regierung Papen“ gewesen. Gegen Muths Einordnung hätte Bendersky allerdings geltend gemacht, dass Schmitt sich eher dem Kreis um General Schleicher verbunden fühlte. Für eine gewisse Distanz zu den Plänen Papens spreche in der Tat, dass Schmitt, wie Muth selbst zugebe, „zu keinem Zeitpunkt des Jahres 1932 als Propagandist irgendeines dieser Restaurationsvorschläge hervorgetreten ist“. (Hösle, 1987, S. 16.)

[63] Den Kern der Papenschen Ideologie, so meinte er, hätten die politisch-verfassungsrechtlichen Grundzüge einer Staatenordnung gebildet, die sich „in Anlehnung an Carl Schmitts Kritik der parteienparlamentarischen Demokratie“ die Überwindung der Interessenherrschaft durch einen bis zur Wirkungslosigkeit eingeschränkten Parlamentarismus zum Ziel gesetzt habe. (Bracher, Die Auflösung der Weimarer Republik, 2. Nachdr. der 5. Aufl. 1984, S. 473.) Schmitt, so Bracher an anderer Stelle, sei der „Kronjurist der Diktatur“, der den „Papen-Putsch“ mit seiner situationsgemäßen Auslegung der Verfassung zu verteidigen gewusst habe. (Ebd., S. 513.) Auch sei Schmitt vor dem „Langnamverein“, dessen Vorstellungen sich im Wesentlichen mit den Plänen Papen und Gayls deckten, mit seiner „prinzipiellen Polemik gegen den Parteienstaat“ aufgetreten. (Ebd., S. 582 FN 57.)

[64] Muth, S. 125.

[65] Grimm, S. 195.

ner Verfassungsnormen im Interesse der Rettung der Verfassung insgesamt" gewesen, sondern eine „andersartige Verfassung, für die der Notstand nur als Vehikel diente."[66] Deshalb sei Schmitt ein „Mann Papens" und dessen autoritären Verfassungsreformplänen zuzuordnen, während Heckels Auffassung mit dem Vorhaben Schleichers korrespondiere, die Grundlage der Weimarer Verfassung durch transitorische Diktatur zu retten.[67]

Gegen die Einordnung Schmitts in den Umkreis der „konservativen Revolutionäre" wurde aber früh Widerspruch laut.[68] Diese divergierende Interpretation scheint sich heute durchzusetzen.[69] Durch neue Studien, die sich auf bis dahin unbekannte

---

[66] Ebd., S. 196.

[67] Übereinstimmend ordnet Hans Mommsen in demselben Band Schmitt den „Konservativen Plänen zum Verfassungsumbau am Ende der Weimarer Republik" zu (S. 3). Vgl. Hans Mommsen, Regierung ohne Parteien. Konservative Pläne zum Verfassungsumbau am Ende der Weimarer Republik, in: Schriften des Historischen Kollegs: Die deutsche Staatskrise 1930–1933, Kolloquien 26, 1992, S. 1 ff.

[68] Der amerikanische Politologe Joseph W. Bendersky hatte etwa Heinrich Muth in einer Replik auf dessen Aufsatz (Joseph W. Bendersky, Carl Schmitt in the summer of 1932 – A reexamination, Revue européenne des scienes sociales, July 1978, No. 44, S. 39 ff. Ebenfalls erschienen im Canadian Journal of Political and Social Theory im selben Jahr.) eine irrtümliche Bewertung der Intention Schmitts vorgehalten: Obwohl Muth ausdrücklich den üblichen Vorwurf, Schmitt sei ein Prophet des Nationalsozialismus, zurückgewiesen hätte, habe er eine ebenso fragwürdige Interpretation geliefert, die Schmitt als Bündnispartner von Papen, Gayl und der DNVP erscheinen lasse. Auf Grundlage der zweifelhaften Prämisse, dass er ein Mann der Papen-Regierung gewesen sei, habe Muth Schmitts verfassungsrechtliche und politische Schriften im Sinne der Papen-Gayl-Pläne für eine reaktionäre Verfassungsreform gedeutet. Hier bestünde aber Grund zum Zweifeln, denn eine Beziehung Papen-Schmitt sei nicht nachweisbar. Die Verbindung Schmitts zur Reichsregierung sei nicht durch Papen oder Gayl zustande gekommen, sondern durch eine Figur, die sich geradezu zum Gegner von Papens politischen Zielen und Strategien entwickelt habe, nämlich General Kurt von Schleicher. Wo Papen gehofft habe die Krise zur Verwirklichung seiner reaktionären Bestrebungen zu instrumentalisieren, hätten Schmitt und Schleicher die Wiederherstellung von Stabilität und Sicherheit als erste Priorität angesehen. Pläne für eine sofortige Verfassungsrevision hätten der Auffassung Schmitts widersprochen, dass die Änderung der politischen Ordnung inmitten einer Krise mit unkalkulierbaren Risiken verbunden sei. Schmitt hätte dagegen auf Hindenburg, Schleicher und die Macht der Reichswehr gesetzt, die eine Stabilität garantieren konnten, unter welcher das Weimarer politische System unter Umständen wiederherzustellen gewesen sei. (Ebd., S. 39.)

[69] Auch Lutz Berthold weist in einer neuen Arbeit die Zuordnung Schmitts zum Umfeld der konservativen Revolution zurück: Es könne dahingestellt bleiben, ob die „konservative Revolution" unter den Bedingungen der modernen Industriegesellschaft mehr sein konnte als eine romantische Quichotterie. Sicher scheine ihm aber, dass der „scharfsinnige Jurist Carl Schmitt über das ‚Verfassungsgequatsche' Papens ebenso abschätzig geurteilt haben dürfte wie der machtbewusste General von Schleicher". Schmitt sei kein „konservativer Revolutionär" und kein „Mann Papens" gewesen. Die weit verbreitete Meinung, Schmitt sei unter die ‚antidemokratischen Wegbereiter' (Sontheimer) des Dritten Reiches zu zählen, beruhe auf dem Irrtum, der sich ganz einfach daraus erkläre, dass man Schmitts unrühmliches Verhalten nach der Machtergreifung immer wieder unkritisch auf die Interpretation seiner Schriften vor der Machtergreifung zurückprojiziert habe. (Berthold, Staatsnotstand, S. 77.) Der Historiker Wolfram Pyta bestätigt unabhängig, dass durch die intensive Auswertung des Nachlasses von

Materialien aus dem Schmitt-Nachlass stützen können, ist nämlich eine eindeutige Verortung der Position des Staatsrechtlers möglich. Die Untersuchungen zeigen, dass Schmitt ein „Mann Schleichers" war, dessen Aufgabe in dem Planungsstab des Reichswehrministers und späteren Reichskanzlers darin bestand, diejenigen Lösungsversuche auf ihre juristische Stichhaltigkeit abzuklopfen, die eine Bewältigung der Krise ohne gefährliche Experimente zu versprechen schienen. Daher wird Schmitt als politischer Akteur interessant.

Schmitt „erwiesen" sein dürfte, dass dieser ambitionierte Staatsrechtler eine „höchst bedeutsame Rolle als *der* Berater Schleichers in Verfassungsfragen" spielte. Er meint sogar, dass sich aus den archivalischen Hinterlassenschaften des Schmitt-Nachlasses das politische Kalkül Schleichers indirekt erschließen lasse. (Pyta, Verfassungsumbau, S. 174.) Zwar sei Schleicher, seinem Politikstil entsprechend, nie persönlich mit Schmitt zusammengetroffen, dafür hätten aber seine Mittelsmänner um so intensiver mit dem Berater im Verborgenen verkehrt. Die Entstehung und Festigung der Beziehung Schleicher-Schmitt sei charakteristisch für das konspirative Gebaren, das beide Personen gepflegt hätten. Hier habe sich das Verlangen des politisierenden Generals nach einer staatsrechtlichen Fundierung seines gewagten Kurses mit dem brennenden politischen Ehrgeiz eines nicht ausgelasteten Hochschullehrers getroffen, der als juristischer Experte des starken Mannes der deutschen Politik zu wirken trachtete. (Ebd., S. 177 f.) An anderer Stelle betont Pyta, es gehe aus Schmitts Nachlass unzweideutig hervor, dass dieser seit 1932 als inoffizieller Berater des Reichswehrministeriums in Verfassungsfragen fungiert habe: „Schmitt war zu diesem Zeitpunkt also eindeutig der Mann Schleichers; zu Reichskanzler Papen und Innenminister Gayl pflegte er keine auch nur vergleichbar engen Kontakte." (Pyta, Konstitutionelle Demokratie, S. 421.) Schmitt sei somit ein „politischer Insider" gewesen, der „insbesondere als Mitglied des Planungsstabes von General Schleicher intime Kenntnisse von den sich im Verborgenen abspielenden Vorgängen besaß". (Pyta/Seiberth, Teil 1, S. 429.) Unter Zuhilfenahme der Tagebücher Schmitts ließen sich nun „neue, wirklich abgesicherte Erkenntnisse" gewinnen, aufgrund derer „manche liebgewordenen Auffassungen" revidiert werden müssten. Auch Andreas Koenen kommt aufgrund intensiver Auswertung des Nachlasses zu dem Befund, Schmitt sei ein „Mann Schleichers" gewesen. (Koenen 1995, S. 211.) Diese nach Aktenlage zwingende Erkenntnis steht allerdings bei ihm in einem unreflektierten Widerspruch zu der Grundthese seiner Arbeit, nach der Schmitt einer der „Drahtzieher" der konservativen Revolution gewesen sei.

II. Der historische Kontext

Im Folgenden soll der historische Kontext vor dem Hintergrund der so zugespitzten Fragestellung untersucht werden. Die Ausgangsthese hierbei lautet, dass der Reichseingriff am 20. Juli keineswegs eine Vorbereitung des „Dritten Reiches" durch Ausschaltung der letzten preußischen Bastion bedeutete, sondern dass die Reichsregierung ganz im Gegenteil den Zugriff der NSDAP auf die preußischen Machtmittel verhüten wollte. Ein Reichseingriff in Preußen wäre von Seiten der preußischen Führung auch begrüßt worden, solange er sich auf eine Übernahme von Polizei, Justiz und Verwaltung beschränkt hätte, wie auch Brüning dies erwog. Die vehemente Ablehnung des Papenschen Vorgehens beruhte auf den restaurativen Plänen Papens und Gayls, die zwar mit dem Eingriff verbunden waren, mit denen die beiden Minister sich aber, wie hier gezeigt werden soll, bereits in der Ministerrunde nicht dauerhaft durchsetzen konnten. Hier soll die Auffassung vertreten werden, dass sich die Motive Schleichers auch im Falle des „Preußenschlages" von den Zielen Papens und Gayls wesentlich unterschieden und der General daher alles daran setzte, um beide auflaufen zu lassen. Diese Zusammenhänge sind von besonderer Bedeutung für die vorliegende Arbeit, da die Chronologie der Heranziehung Schmitts zum Prozessvertreter Rückschlüsse darüber erlaubt, welcher Personenkreis an seiner Heranziehung interessiert war und sich eine Unterstützung der eigenen politischen Konzeptionen erhoffte. Diese personelle Zuordnung soll in den folgenden Kapiteln anhand der zur Verfügung stehenden Dokumenten verifiziert werden.

Zunächst gilt es aber zu rekapitulieren, wie sich die Situation im Vorfeld des Reichseingriffs darstellte. Insbesondere sind die Vorstellungen Brünings und der preußischen Regierung herauszuarbeiten. Nur aus der Kenntnis dieser Zusammenhänge ist eine historische Beurteilung des Preußenkonfliktes möglich, die von den ideologischen Grabenkämpfen um die Ereignisse des 20. Juli 1932 abstrahiert. Die unmittelbare Vorgeschichte des Preußenschlages beginnt zwar erst im Juni 1932, die Idee einer Übernahme der preußischen Regierungsgewalt durch die Reichsregierung findet sich aber bereits in der Zeit der Kanzlerschaft Brünings. Diese Vorgänge seit April 1932 rücken den Reichseingriff vom 20. Juli gegenüber einer rückblickenden Betrachtung in ein anderes Licht. Deshalb soll im Folgenden der historische Kontext – ausgehend von der Preußenwahl im April 1932 – geschildert werden.

1. Die Situation in Preußen von April bis Juli 1932

Bereits unter der Regierung Brüning hatte sich die Situation in Preußen, dem weitaus größten Land, in immer dramatischerer Weise zugespitzt. Das einstmals so stabile, von einer sozialdemokratisch geführten Koalition regierte Preußen geriet ab April 1932 in den Strudel der Krise, die das Reich bereits zuvor erfasst hatte. Nun konnte das größte Land kein stabilisierender Gegenpol mehr sein, sondern drohte den Verfallsprozess durch eine – rechnerisch mögliche – Machtübernahme der NSDAP noch zu beschleunigen. Dieses bedrohliche Szenario veranlasste die unterschiedlichen politischen Gruppierungen, mögliche Notmaßnahmen zur Verhinderung der Gefahr durchzuspielen und in diesem Kontext wurde erstmals ernsthaft über eine Zusammenfassung der Machtmittel Preußens und des Reiches nachgedacht. Dieser Prozess, der in eine Situation führte, die es bestimmten Kreisen angebracht erscheinen ließ, durch eine Notstandsaktion des Reiches die preußische Unabhängigkeit vorübergehend aufzuheben, begann mit dem Verlust der preußischen Machtbasis durch die preußischen Landtagswahlen vom 24. April 1932. Die bisherige preußische Koalitionsregierung konnte sich nur durch einen „Trick" im Sattel halten und dadurch wenigstens die Geschäftsführung sichern. Der drohende Zugriff radikaler Parteien war so vorläufig abgewehrt worden. Die daraus resultierende Lage war aber äußerst instabil und konnte keinen Ausweg aus der Krise bieten. Dieser Situation entsprang die Überlegung der Reichsregierung, die Lage möglicherweise durch eine Übernahme der preußischen Zügel in den Griff zu bekommen. Für solche Erwägungen konnte man auf frühere Gedankenspiele zurückgreifen, die von der preußischen Regierung selbst angestellt worden waren.

Nach dem Verlauf der Reichspräsidentenwahlen war zu erwarten, dass die NSDAP auch bei den Landtagswahlen am 24. April 1932 in Preußen einen klaren Sieg davontragen würde. Es war nach dem ersten Wahlgang der Reichspräsidentenwahl aber auch vorauszusehen, dass die Weimarer Koalition die absolute Mehrheit zwar verlieren, die Rechte sie aber nicht erringen würde. Der preußische Landtag baute für diesen Fall in besonderer Weise vor. Nach Beendigung seiner eigentlichen Tätigkeit am 18. März wurde die Volksvertretung am 12. April 1932, zwölf Tage vor der Landtagswahl, noch einmal zu einer Eilsitzung einberufen. In dieser letzten Sitzung der 3. Wahlperiode änderte der Landtag mit der Mehrheit der Regierungsparteien seine Geschäftsordnung. Ein folgenschwerer Beschluss, der auf ungewöhnlichem Wege zustande gekommen war: Der Antrag wurde, gemäß einer Vereinbarung der Koalitionsparteien, ohne eine Begründungsrede eingebracht. Dass der Abgeordnete der Staatspartei Nuschke dann doch einige Worte zur Erläuterung vorbrachte, war nur dem Umstand geschuldet, dass die Zeit bis zu dem Eintreffen einer verspäteten Kollegin überbrückt werden sollte, auf deren Stimme man aufgrund der hauchdünnen Mehrheit zwingend angewiesen war.[1] In seiner improvisierten Rede fand Nuschke drastische Worte zur Rechtfertigung der geplanten Geschäftsordnungsänderung. Er führte aus, dass er es – nachdem am Vortag durch den Ministerpräsidenten festgestellt worden sei, die NSDAP würde außenpolitische

[1] Schreiben von E. Hamburger (New York) an Prof. Gerhard Schulz vom 11. Februar 1960. Zitiert nach Jürgen Bay, Der Preußenkonflikt 1932/33. Ein Kapitel aus der Verfassungsgeschichte der Weimarer Republik, Dissertation Erlangen 1956, S. 23.

Verwicklungen benutzen, um die innenpolitische Macht an sich zu reißen – für eine „absolute Notwendigkeit" halte, „nichts unversucht zu lassen, um Dilettanten und Verbrecher von der Regierung fernzuhalten."[2] Dieses ungewöhnliche Vorgehen zur Sicherung der knappen Abstimmungsmehrheit, wurde seitens der DNVP als „ungeheuerliche Schiebung" angegriffen.[3]

Der Hintergrund der Geschäftsordnungsänderung war folgender: Der Paragraph 20 Abs. 2 der Geschäftsordnung des preußischen Landtags vom 24. November 1921 sah im zweiten Wahlgang eine „Stichwahl" vor, für die eine einfache Mehrheit ausreichte. Nach Lage der Dinge war vorauszusehen, dass der Kandidat der Rechtsparteien im zweiten Wahlgang den Sieg über den Kandidaten der bisherigen Regierungskoalition davontragen würde. Damit war das große Ziel der NSDAP, die Macht in Preußen zu übernehmen, um von dort einen Feldzug auf das Reich zu starten, erstmals in greifbare Nähe gerückt. Um das zu verhindern, beantragte die Regierungsmehrheit, den zweiten Satz der Geschäftsordnung zu streichen. Da die Wahl des Ministerpräsidenten in der Geschäftsordnung des Landtags und nicht in der preußischen Verfassung geregelt war, konnte sie, auch im Hinblick auf diese für das Schicksal Preußens wesentliche Entscheidung, mit einfacher Mehrheit geändert werden. Der Urnengang aber geriet zur Zitterpartie. Die entscheidende Abstimmung endete, wie Otto Braun in seinen Memoiren hervorhob, „fast unentschieden".[4] Der Antrag wurde mit nur einer Stimme mehr als erforderlich angenommen. Dieser knappe Erfolg sicherte der Koalition ihre Macht. Nun durfte der Ministerpräsident nämlich nur noch mit absoluter, nicht wie bisher im zweiten Wahlgang mit relativer Mehrheit (Stichwahl), gewählt werden. Das war selbst für die mit Abstand stärkste Partei, die NSDAP, eine unübersteigbare Hürde.

Obgleich auch im Staatsministerium die Änderung der Geschäftsordnung prinzipiell befürwortet wurde, lehnten die preußischen Minister den Zeitpunkt der Änderung ab. In einer Erklärung distanzierten sie sich sogar ausdrücklich von dem Vorgang: „Da die Geschäftsordnung ein Internum des Landtags ist, hat das preußische Staatsministerium bei dieser Änderung in keinem Stadium mitgewirkt. Die Initiative zur Änderung ist auch nicht etwa vom Staatsministerium ausgegangen. Im Gegenteil – als die einzelnen Staatsminister um ihren Rat befragt wurden, haben sie, insbesondere der Ministerpräsident Braun und der Innenminister Severing, sich gegen eine Änderung im damaligen Zeitpunkt ausgesprochen. Das geschah nicht etwa, weil sie die Änderung für unzulässig hielten, sondern lediglich, weil ihnen der Mo-

[2] Sitzungsbericht des Preußischen Landtags, 285. Sitzung vom 12.4.1932, Bd. 17, Sp. 24899. S. auch die Wiedergabe dieser Äußerung in dem Schriftsatz der Reichsregierung vom 5. August 1932, S. 10. HStAD/RW 265–6 Nr. 13.

[3] So der DNVP-Abgeordnete Friedrich v. Winterfeld in der Landtagssitzung vom 12. April 1932, in: Verhandlungen des Landtags, 3. Wahlperiode, 17. Bd., Sp. 24869.

[4] Otto Braun, Von Weimar zu Hitler, 1949, S. 379. Das knappe Zustandekommen des Beschlusses war allerdings, wie etwa Gerhard Schulz feststellt, ein „Manko", das bei einer politischen Rechtfertigung *post festum* zu bedenken ist.

ment zur Durchführung ungeeignet schien."[5] Damit übereinstimmend hatte Braun auch in seinen Memoiren insistiert, dass er den „Rat" gegeben habe, die Änderung zu unterlassen.[6] In dieser Erklärung erschöpfte sich allerdings der halbherzige Widerspruch der Minister.

Die Intention dieser *ad hoc* durchgeführten Geschäftsordnungsänderung war die Verhinderung einer nationalsozialistischen Minderheitsregierung.[7] Obgleich auch prinzipielle Erwägungen[8] eine Änderung des Paragraphen 20 nahelegten, war das Motiv, das zur Realisierung dieser Vorstellungen führte, ein situatives. Die unmittelbare Stoßrichtung gegen die NSDAP war freilich verfassungsrechtlich problematisch. Zwar war die alte Landtagsmehrheit positiv-rechtlich dazu befugt, die Geschäftsordnung zu ändern, materiell war dieser Eingriff aber, wie die Kritiker betonten, ein Verstoß gegen den Zweck der Verfassung, die Regierbarkeit des Staates zu sichern.[9] Während ein Großteil der Historiker die Änderung wegen ihrer Intention der Verhinderung einer extremistischen Regierung begrüßte, gab es auch zahlreiche kritische Stimmen.[10] Dass der Beschluss, durch den der Opposition die Chancen-

---

[5] BA Nachl. Dietrich, Nr. 261, Anh. 9. Änderung der Geschäftsordnung des Landtags. Zitiert nach Hans-Peter Ehni, Bollwerk Preußen? Preußen-Regierung, Reich-Länder-Problem und Sozialdemokratie 1928–1932, 1975, S. 244, FN 8.

[6] Braun, S. 380. Severing dagegen erwähnt diesen Vorgang in seinen Memoiren bezeichnenderweise nicht.

[7] An diesem Zusammenhang kann nicht gezweifelt werden. Der stellvertretende Vorsitzende der SPD-Fraktion, Ernst Hamburger, von dem die Anregung zu der Geschäftsordnungsänderung ausging, bekannte sich uneingeschränkt zu dieser Absicht. So Briefe von Hamburger an Gerhard Schulz, 11. Februar und 6. März 1960, zitiert nach Gerhard Schulz, Von Brüning zu Hitler. Zwischen Demokratie und Diktatur, Band 3, S. 772, FN 542.

[8] So war prinzipiell geltend gemacht worden, dass der § 20 Geschäftsordnung im Widerspruch zu den Art. 45 und 22 der preuß. Verfassung stand, die die Wahl des Ministerpräsidenten regelten (Schreiben des Präsidenten des Preußischen Staatsrats Adenauer an Braun, zitiert nach Bay, S. 20, FN 96).

[9] Ernst-Rudolf Huber, Deutsche Verfassungsgeschichte seit 1789, Band VII: Ausbau, Schutz und Untergang der Weimarer Republik, 1984, S. 953.

[10] Auch rückblickend gab es Kritik. Friedrich Karl Fromme sprach etwa von einer „Einzelregelung mit Spezialtendenz von verfassungsrechtlich nicht ganz einwandfreiem Charakter". Ders., Von der Weimarer Verfassung zum Bonner Grundgesetz. Die verfassungspolitischen Folgerungen des Parlamentarischen Rates aus Weimarer Republik und nationalsozialistischer Diktatur, 1962, S. 103. Hans Schneider nannte die Änderung ein „politisches Manöver" mit dem der „Grundsatz der Chancengleichheit durchbrochen" worden sei. (Ders., Die Bedeutung der Geschäftsordnungen oberster Staatsorgane für das Verfassungsleben, in: Rechtsprobleme in Staat und Kirche – Festschrift für Rudolf Smend, 1952, S. 313 f.) Ernst Rudolf Huber bezeichnete die Änderung, zu der der alte Landtag am Tag der Entscheidung formalrechtlich zwar noch befugt gewesen sei, als „Missbrauch dieser Kompetenz", wenn dadurch der neue Landtag gehindert wurde, einen neuen Ministerpräsidenten unter den bisher geltenden Modalitäten zu wählen. Ein Beschluss, der darauf ziele, die künftige, mit Sicherheit anders als die bisherige zusammengesetzte Mehrheit der Möglichkeit zu entheben, die Regierungsmacht im bis dahin gültigen Verfahren zu übernehmen, widerspreche nämlich der parlamentarischen Grundregel, dass eine als sachlich geboten erscheinende Änderung der Normen über den Zugang zur Regierungsmacht erst für die übernächste Wahlperiode statthaft sei. (Ders., Verfassungsgeschichte, Band VII, S. 953.)

gleichheit genommen worden war, bei den Rechtsparteien einen Sturm der Entrüstung hervorrief, ist kaum überraschend. Die Stimmen der Kritiker reichten aber auch bis weit hinein in die Reihen der Regierungsparteien.[11] Die NSDAP-Fraktion reagierte sowohl mit hemmungsloser Agitation im Landtag, als auch mit einer Verfassungsklage vor dem Staatsgerichtshof.[12] Die Klage wurde in dem Urteil vom 20. Dezember 1932 mit der Begründung zurückgewiesen, es lasse sich zwar nicht das Ziel des alten Landtages verkennen, „die Übernahme der Regierung durch die Antragstellerin mindestens zu erschweren", der neue Landtag habe aber durch die Ablehnung des Antrags, die Geschäftsordnungsänderung wieder aufzuheben, diese Änderung gebilligt. Diese Entscheidung entsprach zwar der positiv-rechtlichen Gesetzeslage, überspielte aber das Problem.[13]

Die Geschäftsordnungsänderung ist in der Wirkung mit der Einführung eines konstruktiven Misstrauensvotums verglichen worden. Der Landtag konnte den amtierenden Regierungschef jetzt nur noch dadurch ablösen, dass er mit der Mehrheit der abgegebenen Stimmen einen Nachfolger wählte.[14] Dies ist aber die einzige Parallele. Dagegen hätte eine destruktive Mehrheit jederzeit die Geschäftsordnungsänderung aufheben können, und ein echter Zwang zur Konstruktion bestand somit nicht. Der Vergleich greift zu kurz.

---

11 Am bekanntesten von sozialdemokratischer Seite ist die Kritik von Julius Leber. Dieser hatte selbst im Juni 1933, also unter dem Eindruck der folgenden Ereignisse, geschimpft: „Die überhebliche Klugheit jener peinlichen Geschäftsordnungsänderung [...] war für jeden nicht ganz Blinden eine absolute Lächerlichkeit.", denn dem Problem des Rechtsradikalismus lasse sich nicht mit einem einfachen „Trick" wie der Geschäftsordnungsänderung, beikommen. (Vgl. Ders.: Gedanken zum Verbot der deutschen Sozialdemokratie (geschrieben im Juni 1933), in: Ein Mann geht seinen Weg. Schriften, Reden und Briefe von Julius Leber, 1952, S. 241.) Für das Zentrum übereinstimmend Emil Ritter: Der Weg des politischen Katholizismus in Deutschland, Breslau, 1934: „Die Änderung ist der wohl folgenschwerste Fehler, den die Zentrumspartei gemacht hat, solange sie besteht". Auch die demokratische Frankfurter Zeitung meinte, der Staat Preußen bedürfe eines solchen „Kunstgriffes" nicht. „Der beste Schutz Preußens ist die Maßlosigkeit und Arroganz der Nationalsozialisten". (FZ, Nr. 275, 13. April 1932, S. 1.) S. auch Stampfer, Die ersten 14 Jahre der deutschen Republik, 3. Aufl. 1953, S. 617. Selbst Giese bezeichnete es als höchst unklug, die Änderung unmittelbar vor den Landtagswahlen zu beschließen, Gutachtliche Äußerung für Preußen, BA kl Erw. 337-I, Arian Handakten, S. 266. Auch Anschütz ließ es dahingestellt bleiben, ob die Änderung „klugerweise nicht besser unterlassen worden wäre". Staatsrechtlich unzulässig sei sie aber nicht gewesen. (Gerhard Anschütz, Bemerkungen zu dem Klagebeantwortungsschriftsatz des Reichskanzlers vom 5. August 1932, 9. August 1932, S. 3. BA kl. Erw. 337–1, Arian-Handakten, fol. 425.)

12 Vgl. DJZ 38 (1933), Sp. 428 ff.

13 Hans Schneider, Die Bedeutung der Geschäftsordnungen, S. 314. Gleichwohl kritisiert Schneider das Urteil als „reine Legalitätsprüfung".

14 Bay, S. 26; Grund, S. 108; Winkler, Der Weg in die Katastrophe. Arbeiter und Arbeiterbewegung in der Weimarer Republik 1930 bis 1933, 1987, S. 542, Ders., Weimarer Republik, S. 457. Dagegen argumentierte Gerhard Schulz, der prinzipielle Unterschied zu einem konstruktiven Misstrauensvotum bestehe darin, dass es sich bei der Geschäftsordnung um eine veränderliche Norm handele, und dass sich die Regelung nach der Geschäftsordnungsänderung nur auf die Wahl des Ministerpräsidenten bezog. In dieser Hinsicht sei sie in der Motivation lediglich prohibitiv gewesen. Schulz, S. 771, FN 523.

Entgegen allen gewichtigen Einwänden trifft es sicher zu, dass sich die Änderung der Geschäftsordnung formalrechtlich nicht beanstanden ließ und darüber hinaus – wenn auch keinen Zwang zur Konstruktion – so doch einen wünschenswerten „Zwang zur Verständigung"[15] herbeiführte. Andererseits treffen die Kritiker einen wichtigen Punkt, wenn sie die Aktion im Widerspruch zu dem ungeschriebenen Verfassungszweck sehen, die Regierbarkeit des Staates zu gewährleisten, denn der umstrittene Vorgang war durchaus geeignet, in der Krisensituation die Parteienkämpfe zu verschärfen.[16] Demgegenüber wurde die Frage erhoben, ob die Machtübernahme durch eine Partei, die nach eigenem Bekunden die Machtmittel zum Umsturz der Gesamtverfassung einsetzen wolle, nicht durch einen „von den normalen Regeln abweichenden Notstandsakt" zulässigerweise verhindert werden kann.[17] Da es sich hierbei aber – unbestritten – um eine den Schutz des Gesamtstaates betreffende Aufgabe handelte, konnte eine solche Sicherungsmaßnahme nicht als Kurzschlussreaktion durch eine von einer Wahlniederlage bedrohten Landtagsmehrheit durchgeführt werden. Die Sicherung des Staatsganzen war Sache des Reichspräsidenten auf der Grundlage seiner Notstandsbefugnisse.[18] Diese Einschätzung, die ähnlich auch Brüning und Vertreter der preußischen Regierung geteilt hatten, lag nahe und war wohl – in einer den jeweiligen politischen Vorzeichen entsprechenden Ausprägung – von vielen Kritikern des preußischen Alleinganges so gesehen worden.

Am 24. April 1932 büßte die Koalition aus SPD, Zentrum und Staatspartei erwartungsgemäß ihre Regierungsmehrheit ein und erlebte ein beispielloses Debakel. Sie wurde, wie es die Beteiligten selbst sahen, in eine „aussichtslose Minderheit gedrängt".[19] Nach der alten Geschäftsordnung hätte die Regierung Braun durch eine Minderheitsregierung der Nationalen Rechten abgelöst werden können.[20] Man ging

---

[15] So der Staatsgerichtshof in seiner Entscheidung vom 20.12.1932, RGZ 139, Anh. S. 31.

[16] Schmitt, Die Verfassungsmäßigkeit der Bestellung eines Reichskommissars für das Land Preußen, DJZ 37, 15.8.1932, Sp. 958. Übereinstimmend Ulrich Scheuner: „Was das Problem der Voraussetzungen anlangt, so stimme ich Ihnen zu, dass die bloße Tatsache der Änderung der Geschäftsordnung in Preußen nicht als Grundlage eines Vorgehens ausreichte; aber sie bedeutet doch im Zusammenhang mit den späteren Ereignissen eine besondere Schwächung der Staatsautorität in Preußen, die dann ihrerseits wohl dazu beigetragen haben kann, die Unruhe in diesem Lande und das Zögern der Regierung einzugreifen, zu steigern." (Brief Scheuners an Schmitt vom 1. August 1932, HStAD-RW265–12432, S. 4.)

[17] Huber, Verfassungsgeschichte Band VII, S. 954 f.

[18] Ebd.

[19] Albert Grzesinski, „Im Kampf um die deutsche Republik" – Lebensweg eines heute Staatenlosen. Deutschsprachiges Manuskript von „La tragi-comédie de la République Allemande", Paris 1934. In BA kl. Erw. 144 Nr, 1, 22. Kapitel, S. 3. Gegenüber 229 von 450 Sitzen im Jahre 1928 bekamen sie nun nur noch 163 von 423. Das war zusammen nur ein Sitz mehr, als die NSDAP innehatte, die auf 162 Sitze gekommen war (1928 waren es noch 8 gewesen).

[20] Die Mehrheitsverhältnisse im neuen Landtag stellten sich wie folgt dar: Die Weimarer Koalition (Zentrum/SPD/Staatspartei) käme auf 163 Sitze, eine linkes Bündnis (SPD/KPD) immerhin auf 151. Auf der rechten Seite gab es folgende rechnerische Möglichkeiten: Die nationale Rechte (NSDAP/DNVP/CSVD) konnte 195 Sitze vorweisen, während Zentrum und nationale Rechte (DNVP/CSVD) lediglich auf 100 Sitze kamen. Die rechnerisch attraktivste

davon aus, dass der Kandidat der nationalen Opposition (womöglich Göring) sich im zweiten Wahlgang gegenüber dem Kandidaten der bisherigen Regierungskoalition (voraussichtlich Braun) hätte durchsetzen können. Das auf dieser Grundlage gebildete NS-Minderheitskabinett hätte sich dem ihm drohenden Misstrauensvotum einer oppositionellen Mehrheit durch rechtzeitigen Rücktritt entziehen können, um sich dann auf unabsehbare Zeit als „permanente Geschäftsregierung“ einzurichten. Nach herrschender Rechtsmeinung hätten der Geschäftsregierung die gleichen Befugnisse zugestanden wie einer ordentlichen Regierung. Die neue Regierung hätte also, gestützt auf die notstandsrechtlichen Befugnisse aus der „Dietramszeller Notverordnung“, unter Umgehung der Landtagsmehrheit regieren können. Durch die Geschäftsordnungsänderung war die Übernahme der Macht durch eine Minderheitsregierung Göringscher Provenienz aber verhindert worden. Jetzt konnte die NSDAP nur noch im Schulterschluss mit dem Zentrum an die Regierungsmacht gelangen. Da sich das Zustandekommen einer Koalitionsregierung NSDAP-Zentrum aufgrund der intransigenten Haltung der NSDAP als zunehmend unwahrscheinlicher erwies, war die Wahl einer neuen Regierung aber durch die Geschäftsordnungsänderung *de facto* verhindert worden.

Der neugewählte Landtag trat am 24. Mai zusammen und wählte in der Sitzung am Folgetag den Nationalsozialisten Kerrl zum Landtagspräsidenten. Am 2. Juni, mittlerweile war Papen Reichskanzler, brachte die KPD einen Misstrauensantrag gegen die geschäftsführende Regierung ein, der in Verfolgung einer konsequenten Destruktionsstrategie auch von den Nationalsozialisten und der DNVP geschlossen unterstützt wurde. Das Misstrauensvotum konnte zwar nur eine politische Demonstration sein, da die Regierung ja bereits zurückgetreten war, dieses destruktive Zusammenwirken der sich ansonsten im preußischen Landtag zum Teil handgreiflich bekämpfenden verfassungsfeindlichen Parteien setzte aber ein unübersehbares Zeichen für die Ausweglosigkeit der Situation im größten deutschen Land. Am 3. Juni wurde über einen Antrag der DNVP abgestimmt, die Geschäftsordnungsänderung vom 12. April aufzuheben.[21] In dieser Frage hatte die KPD die Position des „Züngleins an der Waage“. Eine von den Rechtsparteien gewünschte Rückkehr zur alten Geschäftsordnung war nur durch linksradikale Unterstützung möglich. Die geschäftsführende Regierung war also, wenn man so will, von der destruktiven Tolerierung der KPD abhängig. Da die KPD nicht die Bildung einer Rechtsregierung ermöglichen wollte, blieb ihr nichts anderes übrig, als von ihrer am 12. April geübten Obstruktionsstrategie abzuweichen und gegen den Antrag auf Übernahme der alten Geschäftsordnung für den neuen Landtag zu stimmen. Die preußische Geschäftsregierung, die sich nur durch die destruktive Unterstützung der KPD im Amt halten konnte, stand nun einem zu positiver Mehrheit unfähigen Parlament gegenüber, das

Koalitionsmöglichkeit war deshalb der Schulterschluss von Zentrum und NSDAP, der immerhin stolze 229 Mandate eingebracht hätte.

[21] Jeder neugewählte Landtag musste zu Beginn der Amtszeit über die Geschäftsordnung neu beschließen. Beim Ausbleiben eines Beschlusses galt die letzte Geschäftsordnung weiter.

sie mit Agitationsanträgen überschüttete.[22] Otto Braun stieg, wie er rückblickend mitteilte, „der Ekel hoch“ über dieses Zerrbild eines Parlaments.[23] Zwei Tage nach der Wahl war seine Regierung deshalb zurückgetreten[24], um einem sicheren Misstrauensvotum zuvorkommen. Seitdem blieb sie nach Art. 59 Abs. 2 der preußischen Verfassung als Minderheitsregierung auf unbestimmte Zeit im Amt.

Dem Ministerpräsidenten Otto Braun ging es bei diesem Rücktritt aber nicht nur darum, einem Misstrauensvotum zuvorzukommen. Er strebte vielmehr auch aus persönlichen Gründen mit aller Kraft aus dem Amt. Ebenso hätten die beiden sozialdemokratische Minister Severing (Inneres) und Grimme (Kultur) nach zeitgenössischen Berichten – unter Umständen, die sicherstellten, „dass die Grundgesetze der Verfassung nicht verletzt werden“[25] – gerne ihr Amt zur Disposition gestellt. Auch der Polizeipräsident Grzesinski, sonst kämpferisch, versichert in seinen Memoiren, er habe nicht an seinem Amt „geklebt“.[26] Schon vor der Wahl war Braun, wie er später berichtete, „fest entschlossen“ „ohne Rücksicht auf das Wahlergebnis aus dem Amt zu scheiden“.[27] Nach der Wahl vom 24. April fühlte er sich endgültig als „erledigter Mann“.[28] Er hatte die Absicht, so bald wie möglich die Amtsgeschäfte formell niederzulegen. Nach der preußischen Verfassung war aber eine Demission vor Ablösung durch eine neue Regierung nicht durchführbar.[29] Zudem stießen Brauns Rücktrittspläne auf den Widerstand in den Parteigremien. Bereits am Tag nach der Wahl konnte man in dem SPD-Parteiorgan „Vorwärts“ die Warnung lesen, der alte Steuermann könne das Schiff nicht verlassen, bevor ein neuer an seinem Platze steht.[30]

Im Juni fand der amtsmüde Ministerpräsident für sich einen „Ausweg aus der unhaltbar gewordenen Situation“. Nachdem seine formelle Amtsniederlegung an dem Druck der Partei gescheitert war, zog er sich am 4. Juni[31] „mit der festen Absicht

---

[22] Am 2. Juni hatten KPD und NSDAP das „verbrecherische“ Staatsministerium vor das Parlament zitiert. Als die Mehrheit der Minister nicht erschienen war, beantragte die NSDAP, diese vor dem Staatsgerichtshof anzuklagen. Der Antrag scheiterte am 15. Juni.

[23] Sitzungsberichte des Preußischen Landtags, Sp. 414.

[24] Beschluss in der Sitzung des Staatsministeriums am 26. April 1932. Für Otto Braun war die Demission die „in einem demokratischen Staate selbstverständliche Konsequenz“, s. Braun, Weimar, S. 379.

[25] Severing, Der Weg der Pflicht. Bemerkungen zur Preußenfrage, in: Vorwärts, 19. Heft, 8. Mai 1932, S. 1f. Severing bezog sich hierbei auf die Möglichkeit einer Koalition von NSDAP und Zentrum. Diese Haltung kann aber auch prinzipiell auf die Frage der Einsetzung eines Reichskommissars bezogen werden.

[26] Grzesinski, „Im Kampf um die deutsche Republik“, fol. S. 306.

[27] Braun, Weimar, S. 374.

[28] Ebd., S. 395.

[29] Art. 59, Abs. 2 der preußischen Verfassung verpflichtete die zurückgetretenen Minister, die Geschäfte bis zur Übernahme durch ein neues Kabinett weiterzuführen. Ein geschäftsführender Minister konnte daher nach herrschender Lehre sein Amt nicht niederlegen.

[30] Vorwärts, 25. April 1932.

[31] Der 4. Juni wird im Vorwärts Nr. 264 vom 7.6.1932 angegeben. In der Literatur wird gemeinhin der 6. Juni genannt. Dies erklärt sich daraus, dass der 4. Juni ein Samstag war und die

nicht mehr in das Amt zurückzukehren" in den Urlaub zurück.[32] Die preußischen Minister Severing und Grimme, die es ihm eigentlich gleichtun wollten, erhielten von Fraktion und Partei laut einem Bericht des SPD-Fraktionsvorsitzenden vom August 1932 nicht die „wiederholt" erbetene Erlaubnis, ihrem Chef nachfolgen zu dürfen.[33] Der Umstand, dass Otto Braun „die in einem demokratischen Staate selbstverständlichen Konsequenzen"[34] tatsächlich zog und mit seiner Regierung bei der ersten Sitzung des neuen Landtags am 24. Mai demissionierte, komplizierte die ohnehin schwierige Lage – ein „staats- und verfassungsrechtliches Neuland fragwürdiger Art".[35]

Da die führenden Männer der preußischen Sozialdemokratie an einen „geordneten Rückzug auf die Bänke der Opposition"[36] dachten, steht außer Zweifel, dass die Geschäftsordnungsänderung nicht aus dem Bestreben erfolgte, den Regierungsparteien den Machtbesitz zu sichern, dennoch war allen Beteiligten klar, dass die Aktion genau diesen Effekt haben würde. Wenn Braun sich also nicht öffentlich gegen sie aussprach – was bei seinem Ansehen in der Partei und den knappen Mehrheitsverhältnissen zu einem Scheitern der Aktion geführt hätte – dann nahm er diese Wirkung billigend in Kauf. Zudem musste für den Zeitgenossen, der nur die Äußerung Nuschkes kannte – dass „Dilettanten und Verbrechern" der Weg zur Macht verbaut werden müsse – eben dieser Eindruck der Machtsicherung entstehen. Alles in allem war die Situation in Preußen zunehmend aussichtsloser geworden.[37] Die preußische

---

Beurlaubung somit erst am Montag, dem 6. Juni 1932 wirksam wurde. Dazu auch Hagen Schulze, Otto Braun oder Preußens demokratische Sendung. Eine Biographie, 1977, S. 1004, FN 559.

[32] Braun, Weimar, S. 396. Nach der Amtsniederlegung Brauns führte der dienstälteste Minister Hirtsiefer (Ressort: Wohlfahrt und Ernährung) die Geschäfte. Er war der Lage allerdings kaum gewachsen.

[33] So Ernst Heilmann, Hindenburg gegen Nazidiktatur, in: Das Freie Wort, 34. Heft v. 21. August 1932, S. 3: „Die ‚Machtposition' der Sozialdemokratie beruht auf dem Willen des Volkes, und auf nichts anderem. Die ‚Machtpositionen' in Preußen sind am 24. April durch die Entscheidung des Volkes selbst verloren worden, nicht erst am 20. Juli. Otto Braun hatte bekanntlich unter Hinweis auf seine Erkrankung persönlich schon lange vor dem 20. Juli die Schlussfolgerung gezogen, auch aus der Wahrnehmung der Geschäfte auszuscheiden. Es ist kein Geheimnis, dass die Genossen Severing und Grimme Fraktion und Partei wiederholt um die Erlaubnis zum gleichen Schritt gebeten hatten; sie musste ihnen verweigert werden, weil uns auch die geschäftsführende Regierung für eine unbeeinflusste Durchführung der Reichstagswahl von hohem Wert erschien. Aber als eine Machtposition hat die Stellung der Minister in dem zurückgetretenen Kabinett niemand angesehen, am allerwenigsten die beteiligten Genossen." Severing selbst teilt in seinen Memoiren nichts über diese Rücktrittsabsichten mit. Allerdings betont Bay, Severings Memoiren erwiesen sich überhaupt als nicht besonders ergiebig und zuverlässig, sobald sie nicht auf frühere Aufzeichnungen gestützt seien. (s. ders., S. 121.)

[34] Braun, S. 379.

[35] Schulz, S. 773 f. Schulz faßt die abstruse Situation wie folgt: Preußen habe nur noch eine „geschäftsführende Regierung auf Abruf" gehabt. Dieser „Abruf" habe aber wegen der Hürde der Geschäftsordnungsänderung nicht erfolgen können.

[36] Ebd., S. 774.

[37] Gerhard Schulz, Preußenschlag oder Staatsstreich?, in: Der Staat, 17. Band, 1978, S. 555. Schulz charakterisierte die Situation folgendermaßen: „Nur die emotional verhärteten Kom-

Regierung hatte ihre letzte Kraft aufgebracht, um die Nationalsozialisten mit einem umstrittenen Manöver, das sich nur auf eine ganz knappe Mehrheit stützte, von der Alleinregierung fernzuhalten, und die maßgeblichen Minister waren nicht willens, die Geschäfte in Preußen weiterzuführen.

Angesichts dieser verfahrenen Sachlage in Preußen lag es nahe, mit einem Eingriff der Reichsregierung als mögliche Lösung zu liebäugeln. In diese Richtung waren auch schon relativ konkrete Überlegungen angestellt worden. Bereits Ende 1930 hatte sich Ministerpräsident Otto Braun in einer emotionalen Rundfunkrede an die Adresse des Reiches gewandt. Angesichts der Parlamentskrise befand er: „Mit dem jetzigen Parlament, verfälscht in seiner Wesensart durch Interessenvertreter ohne verantwortliche Bindung gegenüber dem Allgemeininteresse und gestört durch Parteien, die das Chaos und den Bürgerkrieg als Mittel zur Heilung der Not des deutschen Volkes ansehen, kann man leider diese Aufgabe [gemeint ist die „Meisterung der Gegenwart des deutschen Volkes"], nicht erfüllen. *So muss eine Reichsregierung*, die nicht gegenüber den entfesselten Leidenschaften und nackten Interessenvertretungen politisch abdanken, sondern wirklich im Namen des Volkes und zu seiner Selbstbewahrung vor politischem Irrsinn und staatlichem Zerfall *regieren* will, *zu außergewöhnlichen Maßnahmen* schreiten."[38] Der Umstand, dass der Ministerpräsident des größten Landes den Reichskanzler zu „außergewöhnlichen Maßnahmen" gegenüber dem Parlament drängte, ist zweifellos bemerkenswert. Braun glaubte jedoch im Sommer 1931 den Zeitpunkt gekommen, das „politische SOS-Notzeichen" zu geben und das „Notventil der Verfassung" zu öffnen.[39] Hintergrund dieser Forderung waren Überlegungen von preußischer Seite, der Reichskanzler könne über Art. 48 die preußische Polizei, sowie die Justiz- und Finanzverwaltung in die Hände des Reiches legen. Braun selbst wollte, zur Überwindung des Dualismus Preußen-Reich, das Amt des Vizekanzlers in der Reichsregierung übernehmen. Doch Brüning zögerte, diesen Weg zu beschreiten.[40]

In diesen Zusammenhang gehört auch eine ähnliche Erörterung des Staatspartei-Abgeordneten und preußischen Finanzministers Hoepker-Aschoff.[41] Dieser hatte, als Gegner der Geschäftsordnungsänderung, bereits seit Jahren einen besonderen Ausweg aus der preußischen Misere im Auge. In einer Sitzung des Gesamtvorstandes der

---

plexe eines mehrfach gebrochenen und zerbrochenen Geschichtsbewusstseins lassen noch die jahrzehntelange Verteidigung dieser Ruine einer Regierung für verständlich erscheinen, die weder leben noch sterben, auf keinen Fall regieren konnte und schweren Belastungen nicht gewachsen war, so dass ihr Abtreten lediglich eine Frage der Zeit und der Methode sein konnte – so oder so."

[38] Otto Braun, Erziehung zur Demokratie – Eine Rundfunkrede des preußischen Ministerpräsidenten, in: Vorwärts, 18. Dezember 1930, Morgenausgabe.

[39] Ebd.

[40] s. Huber, Verfassungsgeschichte VI, S. 760 f.

[41] Hermann Hoepker-Aschoff (1883–1954) DDP bzw. Staatspartei, 1921–1932 Abgeordneter im preußischen Landtag, 1925–1931 im Reichstag und preußischer Finanzminister; nach dem Krieg führendes Mitglied der FDP; seit 1951 Präsident des Bundesverfassungsgerichts.

Deutschen Staatspartei am 15. August 1931 waren diese Überlegungen erstmals aktenkundig geworden. Hoepker-Aschoff entwarf dabei folgendes Szenario: Die politische Entwicklung ginge in Richtung einer Loslösung von der parlamentarisch-demokratischen Regierungsweise. Es gebe nun für das Reich und Preußen zwei Möglichkeiten: Entweder eine autoritäre Regierung auf parlamentarischer Grundlage oder eine autoritäre Regierung losgelöst von diesem Fundament. Sollte es zu einer Verständigung kommen, so wäre eine autoritative Regierung auf parlamentarischer Grundlage denkbar, bei der es auf dem Wege über die Verwaltung zu einer Bereinigung des Verhältnisses zwischen Reich und Ländern mit Hilfe einer Reichsreform käme. Wenn aber eine Verständigung zwischen Braun und Brüning nicht zustandekomme, dann werde die autoritative Form der Reichsregierung vom Parlament abgehängt, und Brüning müsse den Schritt zum „Reichsdirektorium" machen. Preußen sei dann gesprengt, die preußischen Minister träten zurück. Da Braun die nächsten Wahlen nicht gewinnen werde, entstünden in Preußen „große Wirren". Die Situation liege dann so, „dass dieses Reichsdirektorium durch die Notwendigkeit gezwungen wird, die Hand auf Preußen zu legen und durch einen Reichskommissar verwalten zu lassen". Da das Reich Preußen in der Hand habe, sei die Alternative: entweder ein „Pakt zwischen Brüning und Braun" oder ein „Direktorium". Hoepker-Aschoff ließ seine Parteikollegen nicht im Zweifel darüber, dass es zu der autoritären Variante kaum mehr Alternativen gab: „Ich glaube, dass man die Dinge nicht anders sehen kann. Die parlamentarisch-demokratische Regierungsform muss ein Volk und einen Staat in das Unglück hineinführen. Wenn wir nicht eine starke Führung, eine Autorität der Regierung herausarbeiten können, so müssen wir uns mit einer Diktatur abfinden." Beruhigend fügte er aber hinzu: „Wenn sie in Form von Brüning kommt, ist sie tragbar, weil nicht ein Abenteurer diese Diktatur führen würde."[42] In einem aufsehenerregenden und umstrittenen Artikel vom 21. August 1931[43] in der Zeitschrift „Der deutsche Volkswirt" wurde der ehemalige preußische Finanzminister präziser.[44] Hier forderte er, die Justizverwaltung im ganzen Reichsgebiet, sowie die Polizei und Gemeindeaufsicht in den süddeutschen Ländern zur Reichsangelegenheit zu machen.[45] Damit sei, wie Braun in einer Rede vom 27. August kritisierte, ein Teil dessen, was er „seit Wochen" erwogen habe, in die Öffentlichkeit gelangt.[46] Hoepker-

---

[42] 15.8.1931: Ausführungen Hoepker-Aschoffs in der Sitzung des Gesamtvorstandes, Berlin Document Center, Staatspartei 775, Auszug aus dem maschinenschriftlichen Protokoll der Sitzung in: Matthias/Morsey (Hg.), Das Ende der Parteien, 1960, S. 73 f., s. dazu auch Bay, S. 47 f. Selbst Hermann Dietrich hatte erklärt, dass angesichts der erwiesenen „Unfähigkeit des Parlaments" eine „gemäßigte Diktatur vielleicht das Beste sei". (Matthias/Morsey, S. 40.)

[43] Der Aufsatz wurde in allen juristischen Fachzeitungen ausgiebig und kontrovers diskutiert. Das ohnehin gespannte Verhältnis zwischen Hoepker-Aschoff und Otto Braun verschlechterte sich aufgrund des Umstandes, dass Hoepker-Aschoff diesen Artikel ohne die Zustimmung Brauns veröffentlicht hatte. So Brecht in einem Brief an Gerhard Schulz vom 30. Dezember 1958, BA Koblenz Nachlass Brecht N 1089/35, S. 4.

[44] Hoepker-Aschoff, Reichsreform, in: Der Deutsche Volkswirt, Jg. 5, Nr. 47, 1931, S. 1579–1581.

[45] Siehe dazu Poetzsch-Heffter, Preußen und die Reichsreform, in: Reichsverwaltungsblatt und Preußisches Verwaltungsblatt, 26. September 1931, Nr, 39, Band 52.

Aschoff forderte eine „kühne Handlung", die kaum anders denkbar sei als so, dass die Mächtegruppen, welche „heute die Reichsgewalt und die preußische Staatsgewalt verkörpern", sich zusammenfänden und eine gemeinsame Führung und eine Verwaltungsgemeinschaft auf den wichtigsten Gebieten herstellten.[47] Der Vorschlag der Einsetzung eines Reichskommissars wurde in einem Vorentwurf von Arnold Brecht und Fritz Poetzsch-Heffter für eine „Verordnung des Reichspräsidenten über die Vereinfachung der heutigen Gesamtverwaltung" festgehalten. Brecht gab später[48] unumwunden zu: „In diesem Vorentwurf gingen wir in unserem Wunsche, die Reichsreform zu fördern, über die Grenzen des Artikels 48 wohl schon hinaus [...]". Allerdings, so seine bemerkenswerte Argumentation, habe das „Volenti non fit iniuria"[49] diesen Schritt in Bezug auf Preußen wohl gerechtfertigt. Zumindest die vorübergehende Übernahme der polizeilichen Exekutive durch einen Reichskommissar sei aber auch verfassungsrechtlich möglich gewesen.[50]

Wegen der zentralen Bedeutung dieser hier von Brecht mitgeteilten Pläne sei folgendes als Zwischenbilanz festgehalten: Bei ihrer Suche nach einem Ausweg aus dem preußischen Dilemma „klebte" die Regierung nicht am Wortlaut des Verfas-

---

[46] Zitiert nach ebd., S. 767.

[47] Im Einzelnen empfahl er: „1. Der preußische Innenminister wird gleichzeitig Reichsinnenminister. Das Reich übernimmt die Polizeiverwaltung und die Gemeindeaufsicht in Preußen. Dies kann durch Notverordnungen verfügt werden, weil der Artikel 48 in Notzeiten dem Reichspräsidenten das Recht gibt, nicht nur die Befugnisse des Reichsgesetzgebers und des Landesgesetzgebers auszuüben, sondern auch die Landesverwaltung an sich zu nehmen. [...] 2. Der Reichsjustizminister übernimmt die Betreuung der preußischen Justizverwaltung. Auch dies kann durch Notverordnungen verfügt werden in der Form, dass die Reichsregierung die Leitung der Justizverwaltung für das Land Preußen ausübt. 3. Die preußische Steuerverwaltung geht auf das Reich über. Dieser Übergang kann auf Grund der Reichsabgabenordnung durch einen preußischen Antrag ohne weiteres herbeigeführt werden." (Hoepker-Aschoff, Reichsreform, S. 1580 f.)

[48] Brecht hatte den Entwurf im August 1932 veröffentlicht, Ders., Stationen der Reichsreform, VZ, 21. August 1932, Morgen, Nr. 401, S. 1 f. Der am 3. August 1931 entstandene Vorentwurf sah Folgendes vor: 1) Die Reichsregierung (oder ein Reichskommissar) übernimmt die Leitung der Polizei. 2) Die Reichsregierung übernimmt die Aufsicht über die Gemeinden. 3) Die Reichsregierung übernimmt die Leitung der mit der Veranlagung und Erhebung von Abgaben befassten Verwaltungen. 4) Die Reichsregierung übt die Leitung der Justizverwaltung für die Länder aus.

[49] „Dem, der es so haben will, geschieht kein Unrecht". Ein auf den römischen Juristen Ulpian zurückgehender Rechtssatz: „Nulla est iniuria, quae in volentem fiat" („Kein Unrecht ist, was einem, der es so will, geschieht"). Die Übertragung dieses Rechtssatzes auf das Staatsrecht ist eine gewagte Konstruktion, die recht anschaulich zeigt, dass die preußische Seite gegenüber der staatlichen Notwendigkeit nicht in den Verdacht der „Paragraphenreiterei" geraten wollte.

[50] Selbst später im Prozess vor dem Staatsgerichtshof im Oktober 1932 hatte Brecht die Forderung nach einem endgültigen Entwurf für die Überwindung des Dualismus Preußen-Reich wiederholt. Die sogenannte Fehlkonstruktion der Weimarer Verfassung auf dem Gebiet des Verhältnisses von Preußen und Reich, so betonte er, sei keine Pflichtverletzung des Landes Preußen. Ihre Beseitigung sei eine Frage der Politik, eine Frage der „Vorlegung von Entwürfen zur Änderung der Verfassung, auf die wir längst warten". Es seien Hilfsmaßnahmen gewesen, die man inzwischen gemacht habe; denen hätte „unbedingt jetzt sofort der endgültige Entwurf folgen müssen." (PcR, S. 182.)

sungstextes. Man war offenbar zu der Überzeugung gelangt, dass sich die Probleme nicht würden lösen lassen, wenn man stur auf dem Buchstaben der Verfassung beharrte. Man schätzte die Lage so ein, dass zur Überwindung der Krise extra-legale Maßnahmen nötig werden würden. Wenn die Reichsregierung in dem vorgeschlagenen Sinne tätig geworden wäre, hätte man eine Verfassungsüberschreitung gebilligt. Dieser Umstand muss auch bei einer Beurteilung der kommenden Ereignisse berücksichtigt werden.

Die linksliberale Staatspartei (bis Sommer 1930 DDP) war eine wichtige Zugkraft für den Gedanken eines „Reichsdirektoriums“. Der Reichstagsabgeordnete und württembergische Wirtschaftsminister Reinhold Maier[51], der zur Reichsleitung der Staatspartei gehörte, trug etwa einige programmatische Äußerungen bezüglich eines Präsidialsystems vor, wobei er aber auf das Problem eines Kommissariats selbst nicht einging. Maier mahnte dabei zwar zur unbedingten Verfassungstreue,[52] fühlte sich aber trotzdem zu der Einschränkung genötigt: „Wir sind keine Formaldemokraten und lassen uns durch den Namen Präsidialregierung nicht schrecken. Wir sahen es schon unter der Regierung Brüning als ein Zeichen der Qualität der Verfassung an, dass in ihr für Notzeiten eine Ausweichstelle von der parlamentarischen zur autoritären Demokratie geschaffen wurde.“[53] Der „bestdurchdachte Parlamentarismus“ müsse „Schiffbruch leiden“, wenn „über die Hälfte der Parlamentsmitglieder Todfeinde des Parlamentarismus sind und sich nur besinnen, wie sie ihn lahm legen“. Nachdem die antiparlamentarischen Kräfte diesen Tatbestand erzwungen hätten, sei es gar nicht zu verhindern, „dass der Schwerpunkt auf den Reichspräsidenten übergeht“. Hinter dieser Taktik, einerseits den Parlamentarismus in jahrelangem Kampf zu erschlagen, andererseits die Konsequenz der Präsidialregierung ebenfalls abzulehnen, würden sich die Pläne verbergen, die „auf Mattsetzung des Staates als solchen hinauslaufen.“[54]

Hier wird eine Position deutlich, die in gleicher Weise auch für führende Sozialdemokraten galt. Eine von dem Parlament losgelöste Reichsleitung wurde als ein Ausweg aus dem Dilemma gesehen, solange diese Regierung prinzipiell im Rahmen der Verfassung blieb und nicht in den Verdacht politischer Einseitigkeiten geriet.

Diese kurze Schilderung der Entwicklung des Gedankens an ein Reichskommissariat zeigt, dass die Idee auf preußischer Seite gewichtige Verfechter aufweisen konnte. Die Streitfrage war weniger das „Ob“ als das „Wie“ der Einsetzung eines Reichskommissars. Die Kontroverse drehte sich vor allem um die verfassungsmäßi-

---

[51] Nach dem 2. Weltkrieg Ministerpräsident in Baden-Württemberg, Mitglied des Bundestages und Bundesvorsitzender, später Ehrenvorsitzender der FDP.

[52] „Die Reichsregierung darf an der Verfassung nicht drehen und deuteln. Der Reichspräsident darf sich an ihr keine Silbe abhandeln lassen.“

[53] Entwurf I. Wirtschaftsminister Dr. Maier auf der süddeutschen Demokratentagung in Bietigheim: Für den nationalen Rechtsstaat, gegen Parteidiktatur – Der Anspruch Süddeutschlands auf Führung. Nachlass Dietrich, BA N 1004/224, fol. 399 ff.

[54] Ebd. fol. 403.

gen Kompetenzen, die einem Reichskommissar zur Verfügung stehen konnten und um die Frage, wer diese Machtkonzentration herbeiführen solle. Solange es sich nicht um einen politischen „Abenteurer" handelte, konnte die Reichsregierung auf die Unterstützung maßgeblicher preußischer Stellen zählen. Für die preußische Minderheitsregierung gab es angesichts der aussichtslosen parlamentarischen Lage zwei Möglichkeiten: 1) Aufgrund der „Dietramszeller Notverordnung"[55] des Reichspräsidenten konnte die gesamte Regierungsarbeit in Preußen auf Notverordnungen nach Artikel 48, Abs. 4 umgestellt werden. Damit wären die Maßnahmen des Geschäftsministeriums der Einflussnahme des Landtages entzogen worden, da er die aufgrund der Reichsverfassung erlassenen Verordnungen als Reichsrecht nicht aufheben konnte.[56] 2) Die Reichsregierung konnte Kommissare einsetzen, die, gestützt auf die Ausnahmegewalt des Reichspräsidenten, Art. 48 Abs. 2, die Geschäfte führten. In beiden Fällen war der Weg über die Reichsregierung notwendig. Die zweite Möglichkeit verwehrte dem preußischen Landtag zudem die Gelegenheit, die preußische Regierung durch Anträge zu schikanieren, die Volksvertretung als Agitationsbühne zu missbrauchen und Parteipropaganda mit den höheren Weihen der Oppositionsarbeit zu verbrämen.

Und in der Tat gibt es Hinweise dafür, dass die preußische Regierung einem solchen Reichseingriff, wie in Punkt 2 beschrieben, keineswegs ablehnend gegenüber stand. Die „Denkfigur Reichskommissar" erschien auch in gemäßigten Kreisen als Ausweg aus einer parlamentarischen Sackgasse.[57] So hatte etwa Erich Koch-Weser eine „Verreichlichung" Preußens gefordert.[58] Der Breslauer Staatsrechtler Ludwig

---

[55] Diese Verordnung gab folgende Ermächtigung: „Auf Grund von Art. 48 der Reichsverfassung wird verordnet: Die Landesregierungen sind ermächtigt, alle Maßnahmen, die zum Ausgleich des Haushaltes von Ländern und Gemeinden erforderlich sind, im Verordnungswege vorzuschreiben. Sie können dabei von dem bestehenden Landesrecht abweichen". Zur Entstehung der Dietramszeller Notverordnung s. Schulz, Von Brüning zu Hitler, S. 487 ff.

[56] Eine solche Vorgehensweise war erwogen worden. Am Tage nach der Preußenwahl berichtete Dertinger in einem Informationsbericht, dass ihm „ganz offen aus der Umgebung des Kanzlers gesagt und aus der Umgebung von Otto Braun bestätigt" worden sei, dass man wahrscheinlich die ganze Regierungsarbeit in Preußen auf Notverordnungen nach Art. 48 Abs. 4 der Weimarer Reichsverfassung umstellen werde, „um die Maßnahmen des Geschäftsministeriums der Einflussnahme des Landtags zu entziehen". (Informationsbericht vom 25. April 1932 BA Zsg. 101/25, fol. 84 f.)

[57] Über Brauns Angebot des preußischen Landtags-Ministerpräsidiums an Brüning, s. H. Schulze, Otto Braun, S. 107.

[58] Erich Koch-Weser, Die Präsidialgewalt, VZ, 5. Mai 1932, S. 1. Auch von rechts kamen solche Forderungen, aber natürlich mit völlig anderer Stoßrichtung, wie hier und da freimütig bekannt wurde. So hatte der Jungkonservative Karl Lohmann im rechten „Deutschen Volkstum" geschrieben: „Und mag auch ein Reichskommissar in Preußen eingesetzt werden oder Preußen im Reiche aufgehen, so doch nicht, um Herrn Brauns ‚Reichsreformpläne' vom August vorigen Jahres mit allen seinen Nebenabsichten zu verwirklichen!" (Karl Lohmann, Nothelfer des Systems?, in: Deutsches Volkstum, 2. Maiheft 1932, S. 417.) Der Herausgeber des „Deutschen Volkstums", Wilhelm Stapel, hatte am 15. Juni die „atemberaubende Labilität" der politischen Situation beklagt: „Jeden Augenblick kann das Ganze ins Rutschen kommen." Die NSDAP zeige einen „Machtwillen", dem „Parlament, Partei, Legalität, Verhandlung mit der Regierung"

Waldecker[59] hatte in einem Artikel, der Ende Juni in der SPD-nahen „Justiz" erschien, die Überlegungen zur Einsetzung eines Reichskommissars für Preußen, die von verschiedenen Seiten geäußert worden waren, aufgegriffen und einer kritischen Würdigung unterzogen.[60] Waldecker, der solche Überlegungen als verfassungswidrig zurückwies, berichtete, man habe immerhin bereits längere Zeit vor den Reichspräsidentenwahlen in „politischen Kreisen" von einem bevorstehenden Regierungswechsel in Preußen gesprochen und dabei auf die schwierige politische Lage hingewiesen. Dabei spiele es keine Rolle, wer diesen Gedanken erstmals geäußert habe und mit welcher Absicht. Die Bildung einer geschäftsführenden Regierung habe man nicht als Ausweg für den Fall einer Wahlniederlage der preußischen Regierung gehalten. Deshalb sei im Fall einer längeren Dauer des Zwischenzustandes ein Eingreifen des Reichspräsidenten und die Einsetzung eines Reichskommissars für Preußen „vielleicht oder mutmaßlich die einzige Lösung". Zumindest sei der Kommissar ein Ausweg aus dem „Circulus vitiosus", in dem sich die preußische Regierung seit den Wahlen des 24. April 1932 befände. Da die Regierung Braun nicht bereit sei, sich als „Platzhalter" zur Verfügung zu stellen, so werde, wenn eine neue Regierungsbildung nicht möglich sei, „die Frage der Einsetzung eines Reichskommissars für Preußen akut". Damit würden die „Machtmittel Preußens der Reichsregierung zur Verfügung gestellt".[61]

Die Tendenz in den von Waldecker nicht näher qualifizierten „politischen Kreisen", die Einsetzung eines Reichskommissars für die Lösung des preußischen „Circulus vitiosus" zu halten, wurde auch von anderen Seiten beschrieben. Als Interessenten einer solchen Lösung wurden hier ausdrücklich die „Demokraten und Sozialdemokraten", also DDP und SPD, genannt. Das Hugenberg-Blatt „München-Augsburger Abendzeitung", das dem Reichskommissar seit längerem besondere Aufmerksamkeit schenkte, berichtete am 27. April 1932: die Reichsregierung werde „im Falle des Nichtzustandekommens einer Zusammenarbeit zwischen Zentrum und NSDAP das tun, was schon heute der Wunschtraum der Demokraten und

---

nichts anderes sei als „Mittel zur Machtergreifung." Sie stehe außerhalb des Parteigetriebes, benutze es aber virtuos. Niemand könne wissen, was der Nationalsozialismus „eigentlich will". In dieser labilen Situation sei das „Gezerre um Preußen" nichts anderes als eine „Weimarer Fatalität". Deshalb forderte Stapel in der Preußen-Frage pauschal: „Entweder bekommt der Reichskanzler Preußen in die Hand und wird (ob nun in persona oder durch einen Stellvertreter) preußischer Ministerpräsident, oder der Teufel ist los." Ob das im Wege eines Kommissariats oder einer Reichsreform geschehen sollte, war nicht gesagt. (Wilhelm Stapel, Geht es noch mit der Verfassung? In: Deutsches Volkstum, 2. Juniheft 1932, S. 505–507, hier S. 506.)

[59] Die preußische Regierung hatte Waldecker in Bezug auf diesen Artikel um die Übernahme der Vertretung vor dem Staatsgerichtshof in der Sache „Preußen contra Reich" ersucht. S. Ludwig Waldecker, Zum 10. Oktober 1932. Ein Schlusswort, in: Die Justiz, Band VIII, Heft 1, Oktober 1932, S. 22 ff. Zwar hatte Waldecker dies abgelehnt, er war allerdings auf Ersuchen Brechts immerhin gutachtlich tätig geworden. Vgl. Gutachterliche Äußerung von Ludwig Waldecker, HStAD RW 265–6.

[60] Ludwig Waldecker, Ein Reichskommissar für Preußen? in: Die Justiz, VII. Band, Juli/August 1932, Heft 10/11, S. 427 ff.

[61] Waldecker, Reichskommissar, S. 428 f.

Sozialdemokraten ist: man wird die Reichsaufsicht über Preußen herbeizuführen versuchen, was mit einem Weiterverbleiben der Regierung Braun-Severing gleichbedeutend ist".[62] Im „Völkischen Beobachter" befand der NS-Parteijurist Hans Frank, der „Ruf nach dem Reichskommissar", den jetzt die „Marxisten und ihr höriger Anhang" ausstießen, um „eine nationalsozialistische Regierung auszuschalten", sei „verfassungsrechtlicher Wahnwitz".[63]

Die Zeitschrift des Herrenklubs, „Der Ring", berichtete in einem Leitartikel zum Ergebnis der Preußenwahl ähnliches.[64] Der anonyme Verfasser, der mutmaßlich über verwandte Quellen wie Waldecker verfügte, ging davon aus, dass die SPD „grundsätzlich nichts dagegen" hätte, wenn eine Einigung zwischen Zentrum und NSDAP zustandekäme. Die einzige Sorge der SPD gelte dem Umstand, dass das Innenressort und das Landtagspräsidium – somit die Verfügungsgewalt über die Polizei und die Entscheidung über Neuwahlen – der NSDAP in die Hände fallen könnte. Weite Kreise, so betonte er, würden aber nicht mit einer Verständigung rechnen. Braun jedenfalls sei „fest entschlossen, nach Ablauf einer gewissen Frist für die Verhandlungen zwischen Zentrum und Nationalsozialismus auch das Amt des geschäftsführenden Ministerpräsidenten niederzulegen." Falls die SPD diesem Beispiel nicht folgen sollte, so könne für die preußische Regierung eine Situation entstehen, der sie „verfassungsmäßig nicht mehr gewachsen" sei. Das sei der „Augenblick, in welchem das Reich zugreifen könnte, um die Geschäfte in Preußen über einen Reichskommissar zu führen". Doch damit nicht genug: „Dieser Ausgang", so vermutete der Anonymus weiter, „wäre dem jetzigen Ministerpräsidenten wohl kaum unangenehm und vielleicht ist die Erwartung dieses Ausganges nicht gleichgültig für seinen Entschluss, die unwürdige Rolle eines Ministerpräsidenten von Moskaus Gnaden[65] nicht weiter zu spielen." Der Umstand, dass Braun tatsächlich später sein Amt niederlegte, spricht für die Vertrauenswürdigkeit der offenkundig inoffiziellen Informationen des Verfassers.[66]

Berichte solcher Art waren auch im Mai, zwei Monate vor dem Reichseingriff in Preußen, allerorts zu lesen.[67] Angesichts solcher Darstellungen ist Jürgen Bay zuzu-

[62] „Reichsaufsicht über Preußen?", München-Augsburger Abendzeitung, Nr. 108, 27. April 1932, S. 2.

[63] „Das deutsche Volk erwartet die unverzügliche Neuwahl seines Reichstages und nicht verfassungswidriges Spielen mit dem Gedanken eines ‚Reichskommissars' für das nationalsozialistische Preußen". Völkischer Beobachter, Nr. 119 vom 28. April 1932, S. 1.

[64] „Im taktischen Ringen", Der Ring 5, 1932, S. 287 f.

[65] Gemeint ist der Umstand, dass die Aufrechterhaltung der Geschäftsordnungsänderung von dem taktisch bedingten Stillhalten der KPD abhing.

[66] So auch Bay, S. 63 f.

[67] Am 1./2. Mai meldete sogar die offizielle „Bayerische Staatszeitung", dass man, wenn sich keine neue Regierung bilden würde, „über kurz oder lang mit einer kommissarischen Verwaltung Preußens durch das Reich rechnen" müsse. („Die preußischen Klippen", Bayerische Staatszeitung und Bayerischer Staatsanzeiger, Nr. 100, 1./2. Mai 1932, S. 1.) Andere Organe machten sogar die preußischen Stellen selbst als treibende Kraft hinter diesen Plänen aus. Am 7. Mai berichtete die „Korrespondenz der Bayerischen Volkspartei", dass bei einem Scheitern

stimmen, wenn er folgert: „Es ist also nicht auszuschließen, dass Braun, der mit aller Macht aus dem Amt strebte, seine Geschäfte in der Erwartung niederlegen wollte, dadurch die Einsetzung eines Kommissars und die faktische Vereinigung von Reich und Preußen herbeizuführen, die er auf dem Wege von Verwaltungsgemeinschaften und Personalunionen schon früher angestrebt hatte.“[68] Ein Hinweis könnte dessen überraschende und sehr beiläufig geäußerte Bemerkung anlässlich der Vorstandssitzung des Landtages nach Bekanntgabe seiner Amtsniederlegung sein: Neben seinem Autoritätsverlust spiele bei seinem Rücktrittsentschluss auch die Überlegung eine Rolle, dass es besser sei, „wenn die früher oder später erfolgende Reichsexekution sich seinem Stellvertreter, dem Zentrumsmann Hirtsiefer, gegenübersähe als ihm.“[69] Der Reichskommissar erschiene in dieser Perspektive als „Ausweg aus einer parlamentarischen Sackgasse“. Daraus könne sich auch erklären, dass der sozialdemokratische „Vorwärts“ in auffälliger Weise die Reichskommissariatspläne, die in anderen, auch demokratischen Blättern diskutiert worden waren, zu diesem Zeitpunkt geflissentlich ignorierte.[70] Die Parteipresse wurde nicht, wie von Seiten der Nationalsozialisten, gegen eine mögliche Einsetzung eines Reichskommissars in Preußen mobilisiert. Im Gegenteil, ein solcher Protest wurde auf Betreiben der Parteiführung sogar hintertrieben. So hatte etwa der preußische Polizeipräsident Albert Grzesinski bereits am 12. Juni einen Artikel mit der Überschrift „Was tut die preußische Staatsregierung?“ veröffentlichen wollen,[71] in dem es hieß, man hätte erwarten dürfen, dass die preußische Regierung gegen den Reichskommissarsplan „von vornherein den notwendigen Protest mit der notwendigen Deutlichkeit“

---

der Regierungsbildung die Einsetzung eines Kommissars „von preußischer Seite dem Reiche nahegelegt“ werden solle. („Gegen den Reichskommissar in Preußen“. Zitiert nach der München-Augsburger Abendzeitung, Nr. 118./119., 7./8. Mai 1932, S. 2.) Der Regensburger Anzeiger, Sprachrohr des bayerischen Ministerpräsidenten Held, sekundierte entrüstet, die geschäftsführende Regierung rufe „selbst nach einem Reichskommissar“, um sich der Pflicht zu entziehen, die Wahl eines neuen Ministerpräsidenten zu bewerkstelligen. (Zitiert nach Frankfurter Zeitung, „Ein Reichskommissar für Preußen?“, 8. Juni 1932, S. 1.) Die DNVP-nahe „DAZ“ sprach am 20. Mai in diesem Zusammenhang von der „Theorie von dem ‚Vakuum‘, das ein Eingreifen des Reiches nach sich ziehen“ müsse. „Will Braun doch bleiben?“ DAZ, Nr. 229/230, 20. Mai 1932, S. 1. Selbst die liberaldemokratische, den preußischen Regierungsparteien nahestehende „VZ“ bestätigte, wenn auch vorsichtiger, solche Berichte. Am 25. Mai hieß es: „Vorläufig sieht man keine Möglichkeit einer Neubildung der preußischen Regierung, und da das geschäftsführende Kabinett Braun nicht über eine gewisse zeitliche Grenze hinaus amtieren kann und will, kann sich das Reich eines Tages vor die Notwendigkeit gestellt sehen, in Preußen einzugreifen.“ Der Umstand, dass selbst die sonst sehr zurückhaltende „VZ“ solche Überlegungen aufgriff, zeigt den Grad der Verbreitung, den solche Ideen mittlerweile erlangt hatten.

68 Bay, S. 65 f.

69 Ernst Heilmann, Nach Otto Wels – Otto Braun, in: Das Freie Wort, 4. Jg., Heft 38, 18.9.1932. Dazu auch Hagen Schulze, Otto Braun, S. 731.

70 Wie Hagen Schulze, Otto Braun, S. 731, feststellt gab man sich uninteressiert an den Reichskommissariatsplänen. Erst am 4. Juni 1932, also bereits nach dem Sturz Brünings bemerkte der „Vorwärts“ lakonisch: „Reichskommissar für Preußen? Dazu fehlen die Voraussetzungen“. (Vorwärts, Nr. 259, 4.6.1932.)

71 Grzesinski, „Im Kampf um die deutsche Republik“, fol. S. 292.

vorgebracht hätte. Er empfahl weiterhin, die Öffentlichkeit zu informieren.[72] Auf Betreiben des Fraktionsvorsitzenden Ernst Heilmann nahm er von einer Veröffentlichung aber Abstand.[73] Grzesinski fühlte sich von seinem Dienstvorgesetzten Severing den „Mund verboten".[74]

Zusammenfassend lässt sich sagen, dass die preußische Regierung offensichtlich von der ihr durch die Geschäftsordnungsänderung vorläufig gesicherten Machtposition keinen Gebrauch für eigene Bestrebungen machen wollte. Sie hätte im Gegenteil die Verfügungsmacht über die preußische Polizei unter bestimmten Umständen durchaus gerne an eine unabhängige Reichsregierung abgegeben.[75] Die preußische Regierung war ebenso an einer Beendigung des unhaltbaren preußischen Zustandes durch Reichsintervention interessiert, wie die Reichsregierung.

2. Brünings Plan für die Einsetzung eines Reichskommissars

Angesichts dieser Situation lag es auf der Hand, dass auch innerhalb der Regierung Brüning entsprechende Überlegungen angestellt wurden. Dies überrascht umso weniger, wenn man sich die gesamtpolitische Lage vergegenwärtigt. Der Kampf um Preußen war seit den Landtagswahlen von 1928 ein wesentlicher Bestandteil des Ringens um die Macht im Reich. Aufgrund seines Gebietsumfanges (2/3 der Fläche), seiner Bevölkerungsstärke (3/5 der Einwohner) und seines Wirtschaftspotentials besaß Preußen eine dominierende staatspolitische Funktion. Die Situation dieses Landes musste also für die Reichsregierung von erheblichem Interesse sein – besonders, weil seine Polizei ein bedeutendes Machtpotential (rund 80.000 Mann) darstellte und das Reich dagegen außer über die Reichswehr (100.000 Mann) über keinerlei Exekutive verfügte. Die Reichsregierung hing gegenüber den 17 Landespolizeibehörden gewissermaßen „in der Luft".[76] Sie war, wie man so sagt, ein „Koloss auf tönernen Füßen". Die enorme Machtposition, welche die Regierung in Preußen und die damit verbundene Verfügungsgewalt über die preußische Polizei mit sich brachte, bewog auch die NSDAP im Frühling 1932 zu

[72] Zitiert nach Bay, S. 121.

[73] Das Manuskript trägt den handschriftlichen Vermerk Grzesinskis: „Nicht erschienen, weil ich von Versendung selbst abgesehen habe. E. H. (= Ernst Heilmann) hatte mich gebeten, von der Veröffentlichung Abstand zu nehmen." (Zitiert nach Bay, S. 123.)

[74] Grzesinski, „Im Kampf um die deutsche Republik", fol. S. 292.

[75] Schulze, Otto Braun, S. 738, 1005, Anm. 593 urteilt, die sozialdemokratischen Minister seien „ihre Ämter nur zu gern losgeworden". Der Berliner Polizeipräsident Grzesinski erklärte am 8. Juli in einem Interview mit der „VZ", in Berlin herrsche kein Bürgerkrieg, aber die Polizei sei mit ihren Kräften am Ende.

[76] Schmitt, Die Weimarer Verfassung, in: Staatsbürgerkunde und höhere Schule. Eine Vortragsreihe, veröffentlicht von der Arbeitsgemeinschaft Hochschule und höhere Schule für Niederschlesien und Oberschlesien im Selbstverlag, Breslau 1931, S. 42 f.

einer Strategie, in der die Eroberung des Reichs über Preußen vorgesehen war. Preußen, so brachte der „Völkische Beobachter" diese Erwägungen auf den Punkt, sei „machtpolitisch der Schlüssel zu Deutschland".[77]

Die drohende Gefahr einer Alleinregierung der NSDAP in Preußen hatte die alte Landtagsmehrheit durch die umstrittene Geschäftsordnungsänderung zunächst gebannt. Sie hatte aber kaum die Kraft, ihr vormals „letztes großes Bollwerk, die Zitadelle der Demokratie und Republik"[78] alleine zu halten und zu verteidigen. Angesichts der ausweglosen Situation in Preußen bestand also sowohl für das Reich wie für Preußen ein prinzipielles Interesse an einem unterstützenden Reichseingriff. So wurde die Situation von Brüning auch eingeschätzt. Bereits am 7. April äußerte Reichswirtschaftsminister und Vizekanzler Hermann Dietrich dem Staatssekretär Schäffer gegenüber, er habe vom Reichskanzler gehört, wenn die Wahlen in Preußen „schief gehen, dann übernimmt er [= Brüning] die preußischen Dinge auf das Reich."[79] Der gut informierte Journalist Georg Dertinger[80] hatte am 11. April 1932, einen Tag vor der geplanten Änderung der Geschäftsordnung, die Situation Brünings folgendermaßen charakterisiert: Gehe aufgrund der Mithilfe der Kommunisten die Beseitigung der Stichwahl des preußischen Ministerpräsidenten durch und erringe die Opposition der Rechten nicht die absolute Mehrheit, dann seien die Verhältnisse ja sehr klar, dann bleibe das Kabinett Braun. Wenn der neue Landtag der geschäftsführenden Regierung alle Gesetze und Verordnungen zerschlage, „dann hat das Reich den gewünschten Anlass einzugreifen und die Homogenität zwischen Reich und Preußen herzustellen".[81] Der Reichskanzler war sich der dem Reich von einem Machtwechsel in Preußen drohenden Gefahr voll bewusst. Die „München-

---

[77] „Zum nächsten Schlag bereit! Das Ziel: Die Eroberung der Länder", (Völkischer Beobachter, Nr. 109, 17./18. April 1932, S. 1.) Der Schlachtruf der NSDAP zum „Sturm auf Preußen" (J. Goebbels: Die Welle steigt, in: Der Angriff vom 11. April 1932) im Wahlkampf zu der Aprilwahl lautete deshalb: „Wer Preußen hat, hat das Reich". J. Goebbels: Preußen muss wieder preußisch werden, 1932 (Flugschrift zur Landtagswahl). Goebbels notierte in sein Tagebuch: „Hauptsache ist, dass wir den Preußenkampf gewinnen". (Elke Fröhlich (Hg.), Die Tagebücher von Joseph Goebbels – Sämtliche Fragmente, Teil I, Aufzeichnungen 1924–1941, Band 2 (1.1.1931–31.12.1936), 1987, S. 155.)

[78] Text aus einem Aufruf der preußischen Staatsregierung vom 6. August 1931. S. Schulthess' Europäischer Geschichtskalender, n. F. 34. Jg. 1918–49. Jg. 1933, München 1922–1934, hier Jg. 1931, S. 176.

[79] Aufzeichnung Schäffers, 7. April; IfZ, Nachl. Schäffer/Tagebuch. S. auch Schulz, Von Brüning zu Hitler, S. 770.

[80] Georg Dertinger war Volkspartei-Mitglied und unterhielt ausgezeichnete Beziehungen zum Herrenklub. Seine und Dr. Kauschs Informationsberichte an den „Demokratischen Pressedienst" von Karl Brammer stützten sich zumeist auf Informationen aus dem engen Regierungsumfeld und hatten somit oftmals einen offiziösen Charakter. Deshalb sind sie für die Beschreibung der Überlegungen in Regierungskreisen eine wichtige Quelle, auch wenn sie zum Teil spekulativ und überzogen wirken. Dertinger war nach dem Krieg einer der Gründer der Ost-CDU, die sich maßgeblich auf sein Betreiben hin der SED unterordnete. Zur Belohnung wurde er im Jahr 1949 DDR-Außenminister. 1954 wurde er wegen angeblicher Spionage zu 15 Jahren Zuchthaus verurteilt und 1964 begnadigt.

[81] „Die Hindenburgwahl", Informationsbericht vom 11.4.1932, BA Zsg. 101 Nr. 15, fol. 59.

Augsburger Abendzeitung“ hatte bereits am 2./3. April 1932 berichtet, dass der „Gedanke an einen Reichskommissar“ an Raum gewinne, da man „auch in schwarzroten Kreisen“ nicht sicher sei, ob es gelingen werde, „auf dem Wege der Geschäftsordnung die Regierung Braun-Severing bei veränderten Mehrheitsverhältnissen doch noch zu retten“.[82] Die knappe, aber erfolgreiche Änderung der Geschäftsordnung enthob Brüning zunächst der Notwendigkeit, solche umstrittenen Überlegungen in der Öffentlichkeit anzustellen. Deshalb hatte er in seinem engsten Kreis die Geschäftsordnungsänderung offenbar als eine vorübergehende Lösung dieses drängenden Problems begrüßt.[83] Allerdings mussten gegenüber der Praktikabilität dieser Lösung Bedenken angebracht erscheinen. Brüning wusste, dass es mit der Prävention einer nationalsozialistischen Machtübernahme durch die Geschäftsordnungsänderung noch nicht getan war. Es galt sicherzustellen, dass die NSDAP weder in Form einer Minderheits- noch einer Koalitionsregierung die Verfügungsgewalt über die preußische Polizei erhalten konnte. Deshalb plante der Reichskanzler, wie er auch später immer wieder betonte, bereits im Mai 1932, die preußische Polizei und Justiz durch Einsetzung von Kommissaren per Notverordnung dem Reich zu unterstellen,[84] wenn ein „Stillstand der Staatsmaschinerie“[85] – aufgrund der Destruktionspolitik des Landtages – eintreten sollte.[86]

Der „zuverlässigste Mitarbeiter, Mittelsmann und Kontaktmann“[87] Brünings, der Reichsverkehrsminister Treviranus, hatte den Kanzler immer wieder in dieser An-

---

[82] „Treviranus – Reichskommissar für Preußen?“, in: München-Augsburger Abendzeitung, 2./3. April 1932, Nr. 83/4, S. 2.

[83] So Gottfried Treviranus in einem Brief an Jürgen Bay, vom 27. Dezember 1965. Zitiert nach Bay, S. 25.

[84] In seinen Memoiren bekannte sich Brüning zu dem Ziel, im Falle einer rechtsradikalen Machtübernahme die Justizverwaltung und die preußische Polizeiverwaltung notstandsrechtlich dem Reich zu sichern, um „die Polizei [...] intakt und schlagkräftig zu halten“. (Brüning, Memoiren 1918–1934, Stuttgart 1970, S. 569 f.)

[85] Informationsbericht vom 17. März 1932 BA Koblenz, Zsg. 101/25, fol. 31 f.

[86] Eidesstattliche Erklärung für Papen vom 17. Januar 1949 (BA, kl. Erw. 242/7: Abschrift). Zitiert bei Trumpp, S. 77, FN 94. J.-W. Wheeler-Bennett, der von Brüning und Treviranus schon wenige Jahre nach den Ereignissen Materialien erhalten hatte (Ders., Der Hölzerne Titan. Paul von Hindenburg, Tübingen 1969), spricht nur von der Unterstellung der preußischen Polizei unter das Reichsinnenministerium. Nach ihm hat Brüning diesen Plan dem Reichspräsidenten vor dessen Abreise nach Neudeck am 12. Mai vorgetragen. Brüning dagegen gibt in seinem Brief an Dr. Pechel (Deutsche Rundschau 70, 1947, Heft 7, S. 9) an, Hindenburg habe seine Unterschrift unter die entsprechende Verordnung am 29. Mai in der ausschlaggebenden Unterredung vor seinem Rücktritt verweigert (Brüning nennt als Datum dieser Unterredung irrtümlich den 30. Mai). Neben der preußischen wäre auch die Kontrolle der Polizei- und Justizverwaltung der anderen norddeutschen Länder dem Reich unterstellt worden. Damit sollte zugleich ein erster Schritt auf die Reichsreform, wie sie der Verfassungsausschuss der Länderkonferenz vorgeschlagen hatte, verwirklicht werden. Zu Brünings Plänen zur Einsetzung eines Reichskommissars in Preußen s. im Einzelnen auch Bay, S. 47 ff. Zu den unterschiedlichen Zielen, die mit dem Kommissar von Brüning zu verschiedenen Zeiten verfolgt wurden, Ebd., S. 67.

[87] So Horst Möller, Gottfried Reinhold Treviranus. Ein Konservativer zwischen den Zeiten, in: Um der Freiheit willen. Eine Festgabe für und von Johannes und Karin Schauff zum 80. Geburtstag, hrsg. von Paulus Gordan, 1983, S. 121.

gelegenheit bedrängt: Nach einem Sieg der Rechten, so seine Forderung, solle das Reich auf Preußen Einfluss nehmen.[88]

Auch wenn Brüning den Plan einer „Einflussnahme auf Preußen", worunter man nur einen Reichskommissar verstehen konnte, nicht selbst vorantrieb, so zeigt die Erwägung eines solchen Plans in seinem engsten Umfeld, dass eine entsprechende Vorgehensweise jedenfalls intensiv erörtert wurde. Außerdem erweist sich, dass nicht die Einsetzung eines Kommissars als solche strittig war, sondern nur Zeitpunkt, Voraussetzungen und Befugnisse. Brüning sah sich aufgrund der geglückten Geschäftsordnungsänderung und der sich im Landtag abzeichnenden Unmöglichkeit ihrer Wiederaufhebung zunächst nicht gezwungen, derartig problematische Schritte zu diskutieren. Ob dadurch der erwogene Reichskommissar gegen eine Rechtsregierung allerdings endgültig überflüssig geworden sei, schien zumindest fraglich.[89]

Post festum bekannte sich Brüning offen zu den damals vertraulich behandelten Überlegungen zur Einsetzung eines Reichskommissars. Dabei ließ er keinen Zweifel daran, dass er damit über die Wiederherstellung der öffentlichen Sicherheit und Ordnung hinausgehende Ziele verfolgte.[90] Der Zweck dieser Überlegungen war,

---

[88] So berichtete es jedenfalls Dertinger. Informationsbericht vom 17. März 1932, BA ZSg. 101/25, fol. 31 f. Anlässlich eines Essens habe Treviranus diese in einem Artikel in der „Königsberger Allgemeinen" niedergelegten Ansichten gegenüber „verschiedenen Persönlichkeiten" geäußert. Dertinger fügte aber hinzu, dass der politisierende Verkehrsminister damit auf „allgemeine Ablehnung" gestoßen sei. Insbesondere solle der Reichskanzler nicht für einen solchen Gedanken zu haben sein. Brüning habe vielmehr die Auffassung vertreten, dass ein „Einwirken des Reiches auf Preußen erst dann in Frage komme, wenn eine Regierungsbildung in Preußen sich als unmöglich herausstellen sollte, und wenn der Stillstand der Staatsmaschinerie drohe." Solange in Preußen einigermaßen ordentliche Zustände herrschten, wolle Brüning offenbar von irgendwelchen Einwirkungen auch auf eine Rechtsregierung in Preußen Abstand nehmen. Zu dem Vorschlag von Treviranus und die Beurteilung s. Bay, S. 56 ff.

[89] Deshalb schrieb Dertinger in einem Brief vom 20. April 1932 an den deutschnationalen Zeitungsverleger v. Neuhaus, dass auch bei einem geschäftsführenden Ministerium Braun unter Umständen die Einsetzung eines Reichskommissars nötig werde, denn sollten sich „aus der Zusammensetzung des Landtags Schwierigkeiten ergeben, durch die die preußische geschäftsführende Regierung immer wieder in die Minderheit gerät", dann würde man „allerdings wohl vom Reich her zum Einsetzen eines Reichskommissars schreiten". (Brief Dertingers an v. Neuhaus vom 20. April 1932. s. Informationsbericht vom 27. März 1932, fol. 31 f. Zur Zuordnung s. Bay, S. 58 f.) Auch der englische Botschafter in Berlin, Sir Horace Rumbold gab am 27. April 1932 London gegenüber die Einschätzung ab, das Reich könne, wenn keine neue Regierung gebildet werde, wegen seines Interesses an einer arbeitsfähigen Regierung in Preußen gezwungen sein könnte, „als äußerste Maßnahme" einen Reichskommissar nach Preußen zu schicken. (Sir H. Rumbold to Sir J. Simon, April 27, 1932. Zitiert nach Jürgen Bay, S. 61.)

[90] In seinem Brief an den Herausgeber der Deutschen Rundschau, Rudolf Pechel, hatte Brüning im Juni 1947 berichtet, er habe per Notverordnung eine Reichsreform gemäß dem Beschluss der Reichs-Länder-Konferenz von 1930 verwirklichen wollen, nämlich Preußen in seine Provinzen aufzuteilen, sowie die Justiz- und Polizeiverwaltung von ganz Norddeutschland auf das Reich zu übertragen, falls die NSDAP nach den preußischen Wahlen „intransigent in ihren Forderungen auf Posten in der preußischen Regierung" bleiben würde. (Brüning, Ein Brief, in: Deutsche Rundschau 70, 1947, Heft 7, S. 1 ff.) Im Einzelnen schilderte Brüning seine da-

antidemokratische Parteien von der Macht fernzuhalten und bei Schwierigkeiten infolge länger dauernder Geschäftsführung der Regierung Braun die ordnungsgemäße Verwaltung Preußens sicherzustellen. Allerdings konnte Brüning auf eine Unterstützung der preußischen Regierung sowohl in der Frage der geplanten Reichsreform, wie in der Frage der Einsetzung von Reichskommissaren, bauen. Der Zustimmung seines Kabinetts und des preußischen Ministerpräsidenten war er sich deshalb sicher.[91]

3. Der Kommissar der Regierung Papen

Ausgerechnet an dem Tag, an dem Waldecker seine Überlegungen über den möglichen Einsatz eines Reichsdirektoriums abgeschlossen hatte – am 25. Juni 1932 –, traf sich Severing zu einem vertrauensvollen Gespräch außerhalb des Protokolls mit Freiherr von Gayl, dem Innenminister der neuen Reichsregierung, um über eben diese Möglichkeit zu diskutieren. In dem Gespräch Severing-Gayl, über das in diesem Punkt leicht voneinander abweichende Berichte vorliegen, brachte Severing selbst das Gespräch auf die Gerüchte um die Einsetzung eines Reichskommissars. Er erklärte, laut der Schilderung Gayls, er habe sich „an dem Geschrei über die angeblich bevorstehende Einsetzung eines Reichskommissars für Preußen nicht beteiligt,[92] weil er persönlich der Ansicht sei, dass diese Maßregel sich nicht werde umgehen

---

maligen Pläne folgendermaßen: In der ersten Maiwoche 1932 habe er die Staatssekretäre des Reichsinnenministeriums, Zweigert und Joël, den Entwurf einer Notverordnung anfertigen lassen, deren Zweck es gewesen sei, „im Fall des Scheiterns aller politischen Koalitionsverhandlungen in den Länderregierungen die Polizei auf das Reich zu übernehmen". Die Länderparlamente könnten sich dann „mit Papieren und Beschlüssen amüsieren", ohne dass Ruhe und Ordnung gefährdet wären. Die Länder hätten schon bald die Beamtengehälter nicht mehr auszahlen können. Wenn die Nationalsozialisten trotz des Unmuts der Beamten weiterhin „vernünftige Koalitionsverhandlungen" abgelehnt hätten, wäre „die Zeit reif" geworden für ein Eingreifen des Reiches. Zunächst wären die Justizverwaltungen aller Länder durch Notverordnung auf das Reich übertragen worden. Der zweite Schritt sei die Einsetzung von Reichskommissaren in den Ländern gewesen, um die Verwaltungen in Ordnung zu bringen. Auf Grund dieser Planung habe er der Entwicklung gelassen, ja mit einem gewissen Optimismus entgegengesehen. S. Brüning, Memoiren, S. 569 f. Trotz ihres retrospektiven Charakters spricht alles für eine prinzipielle Zuverlässigkeit dieser Schilderung Brünings. Der Gesamtzusammenhang jedenfalls ist eindeutig: sowohl beim Scheitern der Koalitionsverhandlungen in Preußen, als auch beim Zustandekommen einer schwarz-braunen Regierung hätte das Reich nach Brünings Programm vorbeugend mit der Diktaturgewalt eingreifen müssen, um Polizei und Justiz auf das Reich zu übernehmen und um anschließend durch die Einsetzung von Reichskommissaren die Gesamtverwaltung in Ordnung zu bringen.

[91] Dazu Schulze, Otto Braun, S. 704 ff., 714 ff., 729 ff.

[92] Die Aussage, Severing habe sich an der Hetze gegen die Papen-Regierung nicht beteiligt ist durchaus nicht unglaubwürdig. Laut Ernst Thälmann habe Severing auf einer SPD-Bezirkskonferenz in Herford über die Regierung Papen ausdrücklich gesagt: „Ich warne davor, in den Männern dieses Kabinetts der Übel allergrößtes zu sehen." (Thälmann, Wie schaffen wir die Rote Einheitsfront? Thälmanns Antwort auf 21 Fragen von SPD-Arbeitern, Berlin 1932, S. 15.)

lassen".[93] Im weiteren Verlauf des Gesprächs habe er erklärt: „Warten Sie nicht mehr lange ab". Über den Umfang der kommissarischen Befugnisse sei aber „selbstverständlich nicht im einzelnen gesprochen" worden.[94] Severing beteuerte später, er habe lediglich geäußert, dass er die politische Gesamtlage so beurteile, dass die Wahl des 31. Juli einen nicht arbeitsfähigen Reichstag ergeben würde. „Wenn daraus größere Unruhen entstünden, dann könnte ich mir sehr wohl vorstellen, dass das Reich zu ihrer wirksamen Abwehr die eigenen Machtmittel mit den Polizeikräften des größten Gliedstaates zusammenfassen würde. Das Reich habe für eine derartige Maßnahme dann eine viel günstigere psychologische Situation, als wenn es ohne rechtlichen Grund gegen Preußen vorgehe".[95] Er habe dabei aber, betonte Severing ausdrücklich, nicht an die Absetzung der preußischen Regierung gedacht, sondern an einen Reichskommissar nach den Plänen Brünings.[96] Hierbei hatte es sich aber offenbar um ein Missverständnis gehandelt,[97] da Severings Bezugnahme auf die Pläne Brünings nicht eindeutig aus dem Gespräch hervorging. Die einzige definitive Differenz, die sich den Schilderungen des Gesprächs entnehmen ließ, war die Frage des Termins. Alles andere blieb unbestimmt und interpretationsfähig. So hatte Gayl in einer Erklärung zu den Ausführungen Severings bemerkt, sie bestätigten „voll die wesentlichen Punkte meiner früheren Angaben, denn sie enthalten vor allem die Bestätigung, dass auch Herr Minister Severing die Notwendigkeit, zur Wiederherstellung der öffentlichen Sicherheit die Machtmittel des Reichs und des größten Gliedstaates in einer Hand zusammenzufassen, sich sehr wohl vorstellen konnte".[98] Die Frage, „in welcher Form und mit welchen Befugnissen der Reichskommissar eingesetzt werden solle", sei dagegen „zwischen uns nicht näher erörtert" worden. Der Gedanke einer Personalunion sei zwar später grundsätzlich gestreift worden, dabei hätte man aber nicht ausdrücklich auf die Pläne Brünings Bezug genommen. Im Gegenteil: „Wenn Herrn Minister Severing nach seiner Darlegung der Plan vorgeschwebt hat, der vor einem Jahre zwischen dem Reichskanzler Brüning und dem Ministerpräsident Braun erörtert worden sein soll, so konnte mir dieser Gedanke nicht vorschweben, weil ich erst etwa zwei Monate später von ihm erfuhr."[99]

---

[93] So die Schilderung Gayls in einem im Prozess verlesenen Telegramm vom 11. Oktober 1932, PcR, S. 110.

[94] Gayl-Telegramm, PcR, S. 110.

[95] Erklärung Severings, PcR, S. 221 f.

[96] Als Voraussetzung für einen Reichseingriff betrachtete Severing „größere Unruhen". In der damaligen Situation hielt er die Voraussetzungen für die Einsetzung eines Reichskommissars für nicht gegeben, wie aus einem Votum hervorgeht, das Severing am 6. Juni 1932 dem Staatsministerium erstattete. (Auszug in PcR, S. 61, voller Text in Handakten Arian BA kl. Erw. 337/1, fol. 454 ff.) Severings Schluss: „Die Einsetzung eines Reichskommissars durch die Reichsregierung würde daher der Verfassung widersprechen; sie würde unter allen Umständen bedenkliche Folgen zeitigen." Mit dieser verfassungsrechtlichen Ablehnung kann aber nicht, wie Brecht im Prozess versuchte, der Beweis geführt werden, dass Severing grundsätzlich gegen die Einsetzung eines Kommissars war und nicht inoffiziell in diesem Sinne tätig wurde.

[97] So Brecht, in PcR, S. 297. Dass die Erklärung Gayls seine „subjektive Auffassung" wiedergäbe, wurde nicht bezweifelt. So Heller, S. 297.

[98] Erklärung Gayls zu der Erklärung Severings, PcR, S. 296.

Severings Auffassung erhellt ein Brief Arnold Brechts:[100] Es sei den preußischen Stellen immer unstrittig gewesen, dass die Absetzung der preußischen Regierung ein Verfassungsbruch wäre, da die Voraussetzungen für den Art. 48 Abs. 1 nicht vorgelegen hätten. Dagegen seien sich die Verfassungskenner in Preußen immer darüber klar gewesen, dass der Reichspräsident Reichskommissare zur Durchführung einzelner Maßnahmen, und sogar zur Übernahme ganzer Verwaltungszweige – wie der Polizei – bestellen könne, wenn er die Notwendigkeit für gegeben erachte, und wenn er es nicht etwa zur Beseitigung der Verfassung sondern zu ihrer Erhaltung täte.[101] Daher wäre Braun über die Einsetzung eines Reichskommissars nicht unglücklich gewesen.[102]

Achtet man auf dieses Konzert zeitgenössischer Stimmen, kann kein Zweifel darüber bestehen, dass die preußische Regierung solchen Überlegungen zur Einsetzung eines Reichskommissars, wie sie die Regierung Brüning angestrebt hatte, nicht nur nicht ablehnend gegenüberstand, sondern sogar von sich aus die neue Reichsregierung auf diese Möglichkeit aufmerksam gemacht hatte. Dabei hatte die preußische Regierung aber zu keinem Zeitpunkt ein solches Vorgehen im Auge, wie es am 20. Juli 1932 von der Regierung Papen durchgeführt worden war.[103] Angesichts der

---

[99] Ebd. Heinrich August Winkler stellt dazu fest: „Was immer Severing dem Reichsinnenminister wirklich gesagt hat: Gayl konnte aus seinen vertraulichen Äußerungen entnehmen, dass der preußische Innenminister im Ernstfall keine Bedenken gegen eine verfassungsrechtlich abgesicherte Übernahme der preußischen Polizei durch das Reich haben würde." Winkler, Katastrophe, S. 631.

[100] Brecht an Gerhard Schulz vom 6. Dezember 1957. BA Koblenz, Nachlass Brecht N 1089/25.

[101] Brecht an Hagen Schulze, 8. November 1971, BA Koblenz Nachlass Brecht, N 1089/25. Welche Pläne die preußische Regierung dabei verfolgt hatte, schilderte Brecht in einem Brief vom 6. Dezember 1957: „Wir haben innerhalb der preußischen Regierung oft erwogen, und gelegentlich auch in Besprechungen mit Vertretern der Reichsregierung erörtert, was von der Reichsreform durch Notverordnung vorweggenommen werden könnte. Der Gedanke, die Reichsreform durch Notverordnungen als Ganzes durchzuführen, ist meines Wissens niemals von preußischen Stellen, und bis zum Papenstreich auch nicht von Reichsstellen, erwogen oder auch nur erörtert worden, weil es ja klar war, dass die dazu nötigen Änderungen der Reichsverfassung und die Zustimmung des Reichsrats und des Reichstages nicht durch Notverordnung nach Artikel 48 ersetzt werden konnten." Erwogen wurde vielmehr das Folgende: „Es war ohne Verfassungsänderung möglich, alle preußischen Minister zu Reichsministern und alle Reichsminister zu preußischen Ministern zu ernennen, dabei die Zahl der Ministerien zu verringern, die Leitung verwandter Ministerien des Reichs und Preußens [...] in eine Hand zu legen und dann durch Notverordnung nach Art. 48 diejenigen verwaltungsmäßigen Vereinfachungen durchzuführen, die sich aus der Lage der Sache ergaben." Ein solches Vorgehen setze natürlich voraus, dass man versuche, eine endgültige Regelung durch verfassungsänderndes Gesetz in absehbarer Zeit folgen zu lassen.

[102] „Gegen eine Einsetzung von Reichskommissaren innerhalb der Grenzen der Reichsverfassung hätten Braun, Severing und andere preußische Minister keine grundsätzlichen Bedenken gehabt, abgesehen vielleicht von der Personenfrage (v. Papen)". Ebd.

[103] Auch Gayl hatte in seiner zweiten Erklärung unterstrichen, es sei „selbstverständlich", dass „Herr Minister Severing mich zu den Maßnahmen, die sich später zwangsläufig immer weiter entwickelten, und die ich damals noch gar nicht übersehen oder erwägen konnte, nicht gedrängt hat". PcR, S. 296.

folgenden Entwicklung kann man das Nichtzustandekommen der Allianz zwischen Braun und Brüning als die größte verpasste Chance zur Lösung der Reich-Länder-Problematik betrachten.

Am 1. Juni 1932, als das Reichskabinett Papen die Regierungsmacht übernahm, hatten sich die inneren Zustände in Deutschland, vor allem in Preußen, dramatisch verschärft, und die gewaltsamen Ausschreitungen ließen einen offenen Bürgerkrieg befürchten. Als die neu berufene Reichsregierung unter Papens Führung den Gedanken an eine Reichsintervention in Preußen aufnahm, konnte sie auf die Überlegungen der Regierung Brüning ebenso zurückgreifen[104] wie auf breite Erörterungen dieses Gedankens in der Öffentlichkeit.[105] Am 6. Juni 1932, dem Abend, als Braun seinen unbefristeten Urlaub antrat, verwies der Reichskanzler auf die mögliche Einsetzung eines Reichskommissars mit der Bemerkung, „auch Brüning habe sich mit einem ähnlichen Gedanken getragen".[106] Das sei aber wohl vor jener Geschäftsordnungsänderung des Landtags gewesen.[107] Auch in der Presse waren bereits einen Tag nach Papens Ernennung wieder Meldungen aufgetaucht, welche die Absicht der neuen Regierung ventilierten, einen Reichskommissar einzusetzen.[108]

Neben dem Verweis auf ähnliche Planungen der Regierung Brüning war für die neue Regierung wichtig, dass die preußische Staatsregierung eine prinzipielle Übereinstimmung in der Frage der Einsetzung eines Reichskommissars signalisiert hatte. Reichsinnenminister Gayl, der mit der konkreten Planung und Umsetzung der Aktion befasst war, hatte das bereits geschilderte Gespräch mit Severing am 25. Juni sehr beeindruckt: „Ich habe von der Unterredung den mich stark berührenden Eindruck mitgenommen, dass ein so erfahrener Mann wie Severing den Ernst der Lage im Juni 1932 ähnlich beurteilte wie ich selbst, und dass er selbst einen Weg wies, um ihm zu begegnen." Gemeint war die „Tatsache, dass der Herr Minister in der Unterredung vom Juni aus sich selbst heraus auf die kommende Notwendigkeit der Vereinigung der Machtmittel des Reichs und Preußens in deutlichen Worten hingewiesen" hatte.[109]

---

104 Laut der eidesstattlichen Erklärung Brünings für Papen vom 17. Januar 1949 (BA, kl. Erw. 242/7: Abschrift), zitiert nach Trumpp, S. 76 f. befand sich eine Abschrift des Entwurfs für die Brüningsche Notverordnung über die Einsetzung eines Reichskommissars für Preußen in Schleichers Besitz.

105 Zu den Presseberichten, die bereits einige Zeit vor dem Juli 1932 die Einsetzung eines Reichskommissars für Preußen diskutierten, s. M. Zahn, Öffentliche Meinung und Presse während der Kanzlerschaft Papens, Diss. Münster 1953, S. 236.

106 Zitiert nach Schulthess, Europäischer Geschichtskalender, 1932, S. 101. Siehe auch den Bericht in der Frankfurter Zeitung, „Ein Reichskommissar für Preußen?", 8. Juni 1932, NR. 420/1, S. 1. Dazu auch Bay, S. 48.

107 Ebd.

108 „Wie Papen konzentriert", VZ, Nr. 262, 1. Juni 1932, S. 1. „Sofortige Auflösung?", Berliner Tageblatt, Nr. 258, 2. Juni 1932, S. 1. Der Vorsitzende der SPD-Fraktion, Heilmann, sprach im Landtag davon, dass seine Partei „bald [...] auch in Preußen gewaltsam aus jeder Beteiligung an der Regierung [...] hinausgestoßen" werde. Sitzungsberichte des Preußischen Landtags, 4. Wahlperiode, 1. Band, Sp. 174.

109 Erklärung Gayls für den Staatsgerichtshof, PcR, S. 296.

Die Regierung Papen meinte wohl, aufgrund der prinzipiellen Übereinstimmung in der Frage der Einsetzung eines Polizeikommissars, das Ziel der Vereinigung der Reichs- und preußischen Staatsgewalt ohne nennenswerten Widerspruch verwirklichen zu können. Dabei wurden die fundamental unterschiedlichen Konzeptionen eines Reichskommissariats ignoriert oder in naiver Verkennung tatsächlich nicht gesehen. Die Reichsregierung verzichtete deshalb bei der Vorbereitung der entsprechenden Notverordnung auf verfassungsrechtlichen Rat. Wenn die Regierung also offenbar der Meinung war, auf vermeintliche preußische Vorstellungen zurückzugreifen, so übersah sie – ob absichtlich oder unabsichtlich sei dahingestellt –, dass ihre Planung einen durchaus anderen Akzent und eine andere Dimension hatte als Brünings Überlegungen. Auch Brecht schrieb im August 1932, Papen habe den Gedanken eines preußischen Vorschlages zur Einleitung der Reichsreform durch die Einsetzung von Reichskommissaren[110] aufgegriffen, „aber in anderer Form".[111] Die wichtige Einleitung der Reichsreform über die Vorlage eines Gesetzesentwurfs an die gesetzgebende Körperschaft sei weggefallen. An die Stelle der Vereinbarung *mit* Preußen sei der „überraschende Vorstoß *gegen* Preußen wegen angeblicher Pflichtverletzung" getreten. An die Stelle der verabredeten Übernahme bestimmter Aufgaben der preußischen Minister trat die „gewaltsame Entziehung *aller* Aufgaben und die förmliche Absetzung der Minister."[112]

Wollte die preußische Regierung Brüning noch zu einer kommissarischen Übernahme der Regierung ermuntern, so lag der Fall unter Papen ganz anders. Zum einen zweifelte man – wie sich zeigen sollte nicht zu unrecht – an Papens verfassungsgemäßer Gesinnung. Zum anderen war klar, dass sich die Aktion nun *gegen* die Sozialdemokratie kehren würde. Die Reichsreform hätte in Verbindung mit den nebulösen restaurativen Verfassungsplänen von Gayl und Papen einen fundamental anderen Charakter erhalten: Die Reform zur Stabilisierung der Weimarer Republik hätte sich nun *gegen* den in Weimar verfassten Staat gekehrt.

Der Konflikt zwischen Papen und der preußischen Regierung, trotz prinzipieller Übereinstimmung in den Hauptfragen, wird verständlich, wenn man sich die Genese von Papens Vorgehen vergegenwärtigt.

a) Zur unmittelbaren Vorgeschichte des Reichseingriffs

Thomas Trumpp hat bereits 1963 heraus gearbeitet, dass der „Preußenschlag", gelegentlich auch „Papenschlag" genannt, nicht auf den neuen Reichskanzler Franz von Papen, sondern auf ältere Vorstellungen des Reichswehrministers Schleicher

---

110 S. oben. Ansonsten Matthias/Morsey, S. 44 f.

111 Brecht, Stationen der Reichsreform, S. 1 f.

112 Ebd. Brüning kommentierte später: „Die Einsetzung eines Reichskommissars *gegen* den Willen der rechtmäßigen preußischen Regierung war verfassungswidrig." Brief Brünings an Kunrat v. Hammerstein aus dem Jahre 1946. Abgedruckt in K. v. Hammerstein, Spähtrupp, 1963, S. 26.

zurückging. Diese Überlegungen wurden später von Gayl aufgegriffen. Dennoch sahen viele Zeitgenossen in Schleicher den „,Wille(n)' des Kabinetts Papen" (Ernst Hamburger) und somit auch den eigentlichen Drahtzieher der Preußenaktion.[113]

In zeitgenössischen Berichten aus dem frühen Stadium der Eingriffspläne erschien Schleicher regelmäßig als Inspirator entsprechender Überlegungen. Eine wichtige Quelle sind in diesem Zusammenhang die Informationsberichte des Journalisten Dertinger. Dieser berichtete etwa am 7. Juni 1932, die Reichsregierung suche nach Vorwänden für die Einsetzung eines Reichskommissars. Als planendes Organ wurde aber wie selbstverständlich nicht das Innenministerium gehandelt, sondern vielmehr das Reichswehrministerium in der „Bendlerstraße". Die Militärs hätten vorübergehend daran gedacht, finanzielle Fragen zum Vorwand für das Eingreifen zu nehmen.[114] Am 9. Juni 1932 hieß es weiter, in der „Frage der Einsetzung eines Staatskommissars" sei die „Bendlerstraße im ersten Siegesrausch zu weit vorgeprellt" und habe „die verfassungsrechtlichen Fragen dabei allzu sehr unberücksichtigt gelassen".[115] Inzwischen habe man aber eingesehen, dass man bei der Suche nach dem „casus belli" vorsichtiger sein müsse. Auch das Nichtzustandekommen einer Ministerpräsidentenwahl sei keinesfalls ein ausreichender Grund zum Eingreifen der Reichsregierung. Am 15. Juni 1932 war einem Informationsbericht zu entnehmen, das Reichswehrministerium vertrete die Ansicht, „dass die politische Lage in erster Linie vom Problem Preußen beherrscht wird". Zwar sehe man „noch keinen Angriffspunkt für die Einsetzung eines Reichskommissars", sei aber „nach wie vor zu dieser Maßnahme entschlossen".[116] Im November, nach dem Sturz Papens, resümierte Dertinger,[117] Schleicher sei es gewesen, „der im Kabinett Papen am stärksten für rücksichtslose Maßnahmen sich einsetzte" und „für die Aktion gegen Preußen eintrat".[118]

Während also Schleicher bei dieser Planung als der eigentliche Urheber gelten konnte, wurde später die eigentliche Abwicklung von dem ressortmäßig zuständigen Innenministerium übernommen und erhielt dadurch ihre restaurative Note. Da-

[113] So hatte ihn etwa auch der Sozialdemokrat Heilmann als „Verantwortliche(n) für den 20. Juli" bezeichnet. Ernst Heilmann, Es gelingt nichts mehr, in: Das Freie Wort, 52. Heft vom 25. Dezember 1932, S. 3.

[114] BA Koblenz, Zsg 101/25, fol. 142.

[115] Informationsbericht vom 9. Juni 1932, BA Zsg. 101/25, fol. 147.

[116] BA Zsg 101/25, fol. 155.

[117] Informationsbericht vom 30. August 1932. BA Koblenz, Zsg 101/25, fol. 307.

[118] Ebd. fol. 310. In seinen Memoiren hatte Papen ebenfalls auf Schleicher als treibende Kraft hinter dem Reichskommissar verwiesen. Er, Papen, habe sich „dem Gedanken an drastische Maßnahmen (in Preußen)" widersetzt, solange es möglich gewesen sei. Nach seiner Rückkehr aus Lausanne Anfang Juli habe Schleicher ihm Material über die Zustände in Preußen übergeben, das den Eingriff notwendig gemacht habe. S. Papen, Memoirs, translated by B. Conwell, 1952, S. 188. Auch nach Meißners Darstellung war es der General, der auf eine solche Lösung drängte, Meißner, Staatssekretär unter Ebert, Hindenburg, Hitler, 1950, S. 235. Bay meint deshalb: „Schleicher, nicht Papen, war es deshalb auch, der im Juni und Juli als treibende Kraft hinter dem Reichskommissar für Preußen stand." (Ders., S. 75.)

her soll im Folgenden untersucht werden, wie diese Ziele der beiden Chefreformer im Kreise der Ministerrunde bewertet wurden, und wie „Kanzlermacher“ Schleicher auf die Ambitionen seines „Zöglings“ reagierte.

Am 9. Juli 1932 tauchte der konkrete Plan für einen Reichseingriff das erste Mal in den Regierungsakten auf. Gayl schilderte an diesem Tag in einem „Aktenvermerk“ die Situation innerhalb der Regierung: Nachdem in den ersten Julitagen die innenpolitische Lage in Preußen zu eskalieren schien und es sich gezeigt habe, dass gegen Terrorakte nicht mit genügender Schärfe vorgegangen werde, könne die „Notwendigkeit zu einem Eingreifen“ in den nächsten Tagen eintreten. Gayls Auffassung, dass „die Zeit zu einem Eingreifen vor der Tür stehe“, wurde von Schleicher geteilt . Auch Kanzler und Gesamtkabinett traten in den nächsten Tagen dieser Auffassung der Lage bei.[119]

Der konkrete Anstoß zum „Preußenschlag“ ging demnach von Gayl aus. Er argumentierte, die gefährliche Lage verlange ein Eingreifen des Reiches. Zudem unternähmen die zuständigen preußischen Stellen nichts gegen die KPD. Schleicher stimmte dem zu. Erst als diese beiden Reichsminister – bezeichnend ist, dass das Justizministerium nicht konsultiert wurde – übereingekommen waren, informierte man auch den Reichskanzler, der die Aktion vor dem Volk und dem Reichspräsidenten zu verantworten hatte. Zuletzt erfuhr das Kabinett von den Plänen. Es zeigte sich aber über diese Informationspolitik nicht verärgert und beschloss am 11. Juli, dem Reichspräsidenten eine entsprechende Verordnung zur Vollziehung vorzulegen.

Im Reichskabinett bestand von Anfang an volle Übereinstimmung darüber, dass die preußische Frage so bald wie möglich zu lösen sei. Dies ging aus der Kabinettsbesprechung vom 11. Juli 1932 hervor, in der die Frage des Reichskommissars erstmalig besprochen wurde. Papen eröffnete das Gespräch über den Komplex „Reichskommissariat“ mit der Bemerkung, die „zunehmenden Terrorakte“ seien eine „schwere Belastung für die Reichsregierung“; dem müsse dringend „Abhilfe geschaffen werden“. Dann überließ er das Wort dem Innenminister Gayl, der über die innere Lage berichtete. Die KPD, so betonte dieser, entfalte eine erhebliche Tätigkeit in Preußen. Die Abwehr sei unzureichend; in Preußen sei keine starke Staatsgewalt vorhanden; die Autorität der Regierung in Preußen sei stark erschüttert. Nach sehr sorgfältiger Überlegung sei er, Gayl, zu dem Ergebnis gekommen, „dass jetzt für die Reichsregierung der psychologische Moment zum Eingriff gekommen sei.“ Er schlage deshalb vor, dem Reichspräsidenten eine Verordnung zur Vollziehung vorzulegen, durch die für Preußen ein Reichskommissar eingesetzt werde. Nach seiner Auffassung sei „jetzt die historische Stunde gekommen, um die Beziehungen zwischen dem Reich und Preußen zu regeln.“ Eine Klage der jetzigen preußischen Staatsregierung halte er für möglich aber aussichtslos. Strengste Geheimhaltung sei vonnöten. Reichswehrminister Schleicher stimmte zu. Er betonte ebenfalls, dass die

---

[119] Nachlass Gayl 36, Bl. 8, zit. Akten der Reichskanzlei, Nr. 57, Anm. 8. Zuerst veröffentlicht bei Trumpp, S. 210 ff.

Autorität in Preußen erschüttert sei. Eine „Endlösung mit Bezug auf die Beseitigung des Dualismus Preußen-Reich" halte er für „notwendig."[120] Reichsjustizminister Gürtner wies darauf hin, „dass man die Einsetzung eines Reichskommissars vor allem für die Öffentlichkeit motivieren müsse. Der Reichswirtschaftsminister betonte „die Notwendigkeit einer Reichsreform". Eine „Verbindung des Reichskanzlers mit dem Reichskommissar für Preußen sei notwendig". Der Reichskommissar müsse als ein von den Parteien unabhängiger Beamter arbeiten. Staatssekretär Meißner betonte „die Wichtigkeit der Begründung" der zu erlassenden Verordnung.[121]

Über die Motive der Reichsregierung gibt ein Informationsbericht Dertingers vom 12. Juli 1932, der sich auf einen „maßgeblichen Beamten des Reichsinnenministeriums" stützt, interessanten Aufschluss.[122] Zwar habe der Informant keine konkreten Mitteilungen gemacht, er, Dertinger, habe aber folgende Eindrücke bezüglich der weiteren Pläne im Hinblick auf Preußen gewonnen: Die Reichsregierung wolle vor den Wahlen unter allen Umständen das Verhältnis Reich-Preußen bereinigen. Dabei wolle man darauf bedacht sein, dass in dem Vorgehen in erster Linie eine „grundsätzliche Note in Richtung einer Vorbereitung der Reichsreform zum Ausdruck" komme, während „eine parteipolitische Spitze nach Möglichkeit vermieden" werden solle. Man betrachte den Reichskommissar also als „Übergangserscheinung" bis zur beschleunigten Durchführung der „für die Überwindung des Dualismus zwischen Reich und Preußen notwendigen Maßnahmen".[123] Die entscheidende Frage, wann und unter welchen Umständen man zum Schlag gegen Preußen ausholen wolle, sei noch nicht beantwortet. Konkrete Vorstellungen lägen noch in keiner Weise vor. Gegenwärtig werde im Reichsinnenministerium die Rechtslage geprüft, ob und wie weit insbesondere Preußen an den Staatsgerichtshof appellieren könne, und inwieweit von dort aus etwa eine Absage für das Reich zu erwarten sei. Man werde die Entscheidung über den Weg danach zu treffen versuchen, dass Preußen überhaupt eine Anrufung des Staatsgerichtshofs unmöglich gemacht werde. Der Ansatzpunkt zum Eingreifen dürfte im Augenblick immer noch die geforderte Ruhe

---

120 Es ist damit aber nicht gesagt, dass Schleicher diese „Endlösung" bereits durch den Eingriff des 20. Juli oder im Zuge der durch diese Verordnung ermächtigten Maßnahmen verwirklicht sah. Vielmehr könnte es auch heißen, dass Schleicher eine rechtliche Lösung in dem Sinne anstrebte, wie ihn die preußische Regierung im Anschluss an die Länderkonferenz forderte.

121 Akten der Reichskanzlei Papen, Band 1, Dok. Nr. 57, S. 204 ff.

122 Informationsbericht vom 12. Juli 1932, BA Zsg. 101/25, fol. 202.

123 In dem Bulletin vom 13. Juli 1932 wurde die aktuelle Entwicklung folgendermaßen geschildert: Eine Änderung der Lage sei noch nicht eingetreten. Gleichzeitig wolle man mit der Einsetzung des Reichskommissars auch gewisse Vorbereitungsmaßnahmen verbinden, die eine „endgültige Regelung des Verhältnisses zwischen Reich und Preußen grundsätzlich bezwecken" sollten. Es seien Juristen mit der Prüfung beschäftigt, ob und wie weit Preußen gegenüber solchen Reichsmaßnahmen etwa ein Klagerecht beim Staatsgerichtshof habe und wie die Maßnahmen im einzelnen juristisch gefasst werden müssten, um ein obsiegendes Urteil des Reichsgerichts sicherzustellen. Die behauptete juristische Prüfung lässt sich nicht nachweisen. Gutachten von Verfassungsrechtlern oder Ministerialbeamten wurden nicht angefertigt. Mit „Juristen" sind vermutlich Beamte des Reichsinnenministeriums gemeint, die den Minister für die Ministerbesprechungen präparierten.

und Ordnung sein. Wie im Einzelnen diese Pläne umgesetzt würden, sei nach dem Eindruck Dertingers aber noch vollkommen unentschieden.

Wenn man von der Zuverlässigkeit der Informationen ausgeht, ist dieser Bericht in folgender Hinsicht sehr interessant: Man bezeichnete hier das Kommissariat als „Übergangserscheinung“ für die beschleunigte Durchführung der zur „Überwindung des Dualismus zwischen Reich und Preußen notwendigen Maßnahmen“. Der Begriff „Maßnahmen“ dürfte hier nicht juristisch gemeint sein, also notverordnungsrechtliche Anordnungen meinen, sondern sich auf eine angestrebte gesetzliche Regelung beziehen. Das bedeutet, dass man offenbar eine Reichsreform im Wege der Gesetzgebung erstrebte, wie sie auch von der Länderkonferenz gefordert wurde. Allerdings dürften die Auffassungen je nach Person und Interessenlage durchaus unterschiedlich gewesen sein. Wenn in der Ministerialbürokratie vielleicht eine solche Strategie erwogen worden war – z. B. von Erich Zweigert –, so muss das nicht für den Reichskanzler und den Innenminister gelten. Wenn Gayl von einem „psychologischen Moment“ sprach und der „historischen Stunde“, um die „Beziehungen zwischen Reich und Preußen zu regeln“, so lässt das auf eine andere Gesinnung schließen. Man muss also zwischen den unterschiedlichen Intentionen der Protagonisten scharf unterscheiden, was sich im Rückblick freilich recht schwierig ausnimmt. Relativ klar scheint nach den Ministerbesprechungen lediglich zu sein, dass Papen und Gayl Ziele verfolgten, die den Verfassungsrahmen sprengen würden und daher politisch als „Staatsstreich“ qualifiziert werden können.[124] Bei Papen und Gayl scheint daher erst

---

[124] Andererseits verweist Henning Grund, „Preußenschlag“ und Staatsgerichtshof im Jahre 1932, 1976, zurecht auf den Umstand, dass sich auch die Reichsregierung selbstverständlich „im klaren gewesen“ sei, dass „für die endgültige Beseitigung des strukturellen Dualismus Reich-Preußen, für die Wiederherstellung ständiger Personalunionen in der Staatsleitung Preußens und des Reiches nach Bismarckschem Muster und schließlich für die Schaffung des ‚Neuen Staates‘ andere Wege als derjenige über Art. 48 RV gefunden werden“ müssten. Das „beweise“ die nachhaltige Betonung des vorübergehenden Charakters der Maßnahmen gegenüber dem Staatsgerichtshof. Näher als die Auffassung, dass die Reichsregierung eine Reichsreform geplant habe, liege die Annahme, „dass auch in den Augen der Reichsregierung ihre Aktion nur eine sich im Rahmen der Verfassung bewegende Vorstufe der Reformplanverwirklichung sein sollte“. Die Aktion sei wesentlich mitveranlasst durch das bisherige Fehlschlagen aller Bemühungen, die Reichsreform durch eine Verfassungsänderung auf dem hierfür von der Verfassung vorgesehenen Wege herbeizuführen. Sie konnte und sollte aber nach Grunds Auffassung nur der Vorbereitung einer Wiederherstellung dauerhafter Verbindungen Preußen-Reich dadurch dienen, dass sie „eben wirklich für die innere Befriedung sorgte und damit die Vorteile einer engen Zusammenarbeit Preußens und des Reiches, die schon theoretisch allgemein gesehen wurden, auch noch in der Praxis dokumentierte.“ Nicht aber habe der „Preußenschlag“ bereits selbst diese Verfassungsrevision sein sollen. Die Betonung des vorübergehenden Charakters vor dem Staatsgerichtshof, darin ist Grund zu widersprechen, gestattet freilich keine Rückschlüsse auf die *anfängliche* Intention Papens und Gayls. Zutreffend sind die Ausführungen Grunds dagegen mit einiger Sicherheit im Hinblick auf die Person des letztverantwortlichen Reichspräsidenten, der zu keiner Zeit an die Durchführung oder Einleitung einer Reichsreform gedacht hatte und somit entsprechenden Plänen auch kein Placet geben konnte. (Ebd., S. 139 f.) Da diese verfassungswidrigen Motive, die bei Papen und Gayl wohl eine Rolle spielten, nicht die einzig ausschlaggebenden waren, reicht der Umstand, dass an eine autoritäre

unmittelbar nach dem Reichseingriff ein Umdenken in diesem Sinne stattgefunden zu haben. Schleicher dagegen wird zwar anfangs eventuell auch an eine Reichsreform gedacht haben, keinesfalls war der Hintergrund dabei allerdings eine Reichsreform im Zuge einer umfassenden Verfassungsreform wie bei Papen und Gayl. Eher dürften dem pragmatischen Schleicher die Pläne Brünings und Brauns vorgeschwebt haben. Dafür spricht jedenfalls rückblickend, dass Otto Braun im Dezember in Schleicher den geeigneten Partner für die Verwirklichung dieser Pläne sah.[125]

Deshalb liegt der im Weiteren ausführlich zu erläuternde Schluss nahe, dass die systemsprengenden Ziele Papens und Gayls nicht konsequent durchdacht waren und daher beim unerwarteten Auftreten einer konsequenten juristischen Gegenwehr fallengelassen wurden. Jedenfalls hatte Papen am 29. Oktober bei einem Gespräch mit Otto Braun und Hindenburg ausgeführt: „Wenn man sich die Beseitigung des unhaltbaren Dualismus zum Ziele setzt, ist es zweckmäßig und praktisch, schon jetzt einen Zustand zu schaffen, der ein Urteil darüber erlaubt, wie diese Frage später dauernd auf dem gesetzgeberischen Wege geregelt wird."[126] Hier war also nur noch von einer späteren gesetzlichen Regelung die Rede und nicht von einem Oktroi via Art. 48.

Papen und Gayl fuhren am 13. Juli 1932 zu Hindenburg nach Neudeck. Ein Eingriffstermin war nicht festgelegt. Zwar war der greise Präsident wohl prinzipiell an einer Überwindung des Dualismus Preußen-Reich interessiert[127], ihm war es aber wichtiger, nicht als Verfassungsbrecher in Verruf zu geraten.[128] Auch als es um das Einschreiten in Preußen ging, hatte er – laut den Erinnerungen eines Mannes aus dem Schleicher-Umfeld – erklärt, er könne sich nur zu einer Unterschrift entschließen, „wenn er sich auf einwandfreie Tatbestände stützen könne, die ihn nötigenfalls vor dem Staatsgerichtshof rechtfertigen würden."[129] Wie es gelungen war, Hindenburg im Beisein Meißners, der ja schwere Bedenken gegen die Rechtmäßigkeit einer auf Art. 48 Abs. 1 gestützten Verordnung geäußert hatte, zu der Blankounterschrift zu bewegen, ist ungeklärt.[130] Hätte Meißner die Verfassungsmäßigkeit in der glei-

---

Reichsreform gedacht wurde nicht aus, um den Eingriff als Ermessensmissbrauch zu qualifizieren. Auch eine Ermessensüberscheitung wäre nur gegeben, wenn an den Zielen festgehalten worden wäre. Daher treffen die Ausführungen Grunds für die Zeit zwischen dem Reichseingriff und dem Prozess wohl uneingeschränkt zu.

[125] Dazu unten.

[126] S. Aufzeichnung Meißners, zitiert nach Bay, S. 211.

[127] Andreas Dorpalen, Hindenburg in der Geschichte der Weimarer Republik, 1966, S. 323.

[128] Gayl berichtete, dass Hindenburg seinen Eid sehr ernst nahm und sich bei jeder ungewöhnlichen Maßregel von deren verfassungsrechtlicher Unbedenklichkeit überzeugen wollte. Gayl zitierte ihn mit den Worten: „Wenn ich in den Spiegel sehe, will ich darin keinen Eidbrecher sehen." (Niederschrift Gayl, abgedr. bei Trumpp, Aktenbeilage XXIV, S. 212 ff.)

[129] Eugen Ott in einem Brief an den Sohn v. Papens im Dezember 1949, abgedr. bei Wolfgang Kalischer, Hindenburg und das Reichspräsidentenamt im ‚nationalen Umbruch' (1932–1934), Phil. Diss. Berlin 1957, S. 55.

[130] Der Darstellung von Hans Otto Meißner und Harry Wilde zufolge war es die „Überredungskunst Papens", die die Zustimmung Hindenburgs erwirkte. S. Hans-Otto Meißner/Harry

chen Form bezweifelt, wie zuvor in den Ministerbesprechungen, wo er ein Ultimatum an die preußische Regierung auf Grund des Fehlens einer offensichtlichen Widersetzlichkeit für notwendig erachtet hatte, so hätte Hindenburg die Verordnung vermutlich nicht unterschrieben.[131]

Die letzten Bedenken gegen das Inkraftsetzen der streng sekretierten Notverordnung wurden durch die Vorgänge des „Altonaer Blutsonntags" am 17. Juli 1932 beseitigt, die den gesuchten „Anlass" darstellten.[132] Die Ohnmacht der preußischen Polizei gegenüber diesen Ausschreitungen bot nach Ansicht der Reichsregierung den Beweis, dass die preußische Regierung nicht fähig oder willens war, gegen den linken Radikalismus vorzugehen. Damit sah man das Vorliegen der beiden Tatbestände des Art. 48 (Pflichtverletzung des Landes gegenüber dem Reich und erhebliche Gefährdung der öffentlichen Sicherheit und Ordnung) für gegeben an. Am 18. Juli entschied das Kabinett, die geheime Verordnung des Reichspräsidenten zum Vollzug zu bringen. Hinzu kam, dass an diesem Tag das endgültige Scheitern der preußischen Koalitionsverhandlungen bekannt wurde. Die führenden Sozialdemokraten wussten Severing zufolge spätestens seit dem 16. Juli, dass mit der Einsetzung eines Reichskommissars gerechnet werden musste.[133]

Wilde: Die Machtergreifung – Ein Bericht über die Technik des nationalsozialistischen Staatsstreichs, 1958, S. 91. Dieser Darstellung ist aber nicht vorbehaltlos zu vertrauen.

[131] So auch Brüning in einer Äußerung gegenüber Kalischer am 18.11.1954: „Ich bin fest davon überzeugt, wenn Meißner Hindenburg gesagt hätte, dass Papen verfassungswidrig handeln würde, dann hätte der Alte Herr ihn (Papen) zurückgerufen und zum Teufel gejagt." (zitiert nach Kalischer, Hindenburg, S. 55 Anm. 36.) Es liegt nahe, anzunehmen, dass Hindenburg mit Verweis auf die gestörte öffentliche Sicherheit und Ordnung überzeugt worden war. (Meißner, Staatssekretär, S. 236.) Dafür spricht unter anderem auch die retrospektive Schilderung von Papen, der behauptete, er hätte Hindenburg lediglich ein Vorgehen gemäß Art. 48 Abs. 2 vorgeschlagen. Das ist zwar falsch, da der vom Kabinett gebilligte Entwurf Gayls beide Absätze zitierte, aber es könnte ein Hinweis darauf sein, dass nur die Tatbestände des Abs. 2 in Verbindung mit dem Hinweis auf die besondere Dringlichkeit eines Einschreitens in der Argumentation von Papens Vortrag eine Rolle spielten. Nach Meißners Erinnerung habe dieser jedenfalls zu Hindenburg gesagt, dass die Zustände in Preußen „unhaltbar" seien und „zu einer Auflösung der staatlichen Ordnung" hin trieben. Zudem soll er sich auf einen „Staatsrecht(l)er von Rang" berufen haben. (Meißner/Wilde: Machtergreifung, S. 91.) Die behauptete Pflichtverletzung Preußens war demgegenüber offenbar zurückgetreten. Wieso Meißner der Verordnung in dieser Form zustimmte, ist mit dieser Überlegung freilich auch nicht zu erklären.

[132] Von der Suche nach einem „besonderen Anlass" spricht Gayl in einem undatierten Aktenvermerk. Zit. nach Trumpp, S. 212.

[133] Am Vormittag dieses Tages hatte Severing dem Parteivorstand der SPD einen Bericht abgegeben, in dem er betonte, dass „die Indizien sich mehrten, die auf die Einsetzung eines Reichskommissars in Preußen noch vor der Wahl hindeuteten. Es sei nicht ausgeschlossen, dass Schleicher, Papen und Gayl von einer solchen Aktion eine Prestigeeinbuße der Sozialdemokratie erhofften, zugleich damit aber auch eine Verbesserung der Atmosphäre mit den Rechtskreisen anstrebten. Für die Haltung der sozialdemokratischen Minister in der Preußenregierung und der sie stützenden Parteien komme es maßgeblich darauf an, in welchen Formen die Einsetzung erfolgen würde, ob die verfassungsmäßigen Bestimmungen gewahrt blieben oder ob sich Schleicher stark genug fühlen würde, sich darüber hinwegzusetzen." (Severing,

Die Ministerrunden lassen sich folgendermaßen bewerten: Die Initiative ging in den entscheidenden Besprechungen stets von Gayl aus. Er versuchte, aus der Regierungskrise in Preußen argumentativ Kapital zu schlagen. Die Schwächung der preußischen Staatsgewalt hielt er für den „psychologisch" geeigneten Moment zum Eingreifen. Verfassungsrechtliche Erwägungen spielten keine Rolle. Das Wort von der „historischen Stunde" lässt keinen Zweifel daran, dass man sich zu Großem berufen fühlte und sich dabei offenbar im Namen der Legitimität rechtlicher Fesseln enthoben sah. Man wollte, wie zuvor Brüning, eine fundamentale Reichsreform einleiten, um die Beziehungen zwischen Reich und Preußen, unter Einschluss einer grundlegenden Verwaltungsreform, einer abschließenden Regelung zuzuführen. Es ist allerdings schwer vorstellbar, dass dabei die Einsetzung der Reichskommissare schon die geforderte Reform darstellen sollte, da die dekretierte Zusammenfassung von Reich und Preußen, soweit sie sich auf den Art. 48 stützte, nur vorübergehenden Charakter haben konnte. Die erwähnten Berichte Dertingers, nach denen der „Preußenschlag" die *Vorstufe der Reichsreform* darstellen sollte, belegen diese Vermutung. Allerdings ließen die Ministerbesprechungen die genaue Erörterung dieser Frage in auffälliger Weise vermissen. Daher ist es nicht auszuschließen, dass die Minister völlig unterschiedliche, zum Großteil unrealistische und zudem sich widersprechende Zielvorstellungen verfolgten. So lässt sich etwa unterstellen, dass Gayl und Papen den Schlag im Wesentlichen als Vorstufe ihrer geplanten „fundamentalen Verfassungsreform" ansahen, während für Schleicher die Überwindung der akuten Gefahrenlage im Mittelpunkt stand. Wenn Schleicher eine – in verfassungsmäßigen Formen nicht durchführbare – „Endlösung mit Bezug auf die Beseitigung des Dualismus Reich-Preußen" forderte, so lässt diese eindeutig klingende, aber in Wahrheit sehr interpretationsfähige Äußerung die Ambivalenz der Planungen deutlich werden, denn sie sagte über die Methode der Verwirklichung und den Zeithorizont überhaupt nichts aus. Vielmehr stellte diese Forderung einen Minimalkonsens dar, den nahezu alle politischen Richtungen unterstützen konnten. Daher liegt nahe, dass die Äußerung eher psychologische als juristische Hintergründe hatte. Außerdem konnten damit durchaus auch die Pläne Brünings und der preußischen Seite nach einer

---

Lebensweg, Bd. 2, S. 347.) Siehe auch übereinstimmend die Aufzeichnungen von Otto Wels zum 20. Juli 1932, in: Anpassung oder Widerstand? Aus den Akten des Parteivorstands der deutschen Sozialdemokratie 1932/33. Hg. u. bearb. von Hagen Schulze, 1975, S. 3–14. Laut einem späteren Bericht von Severings Ministerialrat Hans Hirschfeld hatte dieser am 18. 7. auf Grund von Informationen, die er in der Nacht vom 17. zum 18. „aus der Umgebung des Reichskanzlers erhielt", Severing, Grzesinski und den SPD-Vorstand informiert, dass die Einsetzung eines Reichskommissars unmittelbar bevorstehe. (Hans E. Hirschfeld, Preußens Ausklang, in: Jahrbuch Preußischer Kulturbesitz 6, 1968, S. 90.) Was hier ausgesprochen wurde, ist für das Verständnis der Situation von besonderer Bedeutung: Es ging der preußischen Regierung um die „Form", in der die Einsetzung eines Reichskommissars erfolgen sollte. Prinzipiell war man mit der Übernahme zentraler Machtmittel auf das Reich einverstanden. Grzesinski berichtet in seinen Memoiren, dass Severing am Tage vor dem Reichseingriff von „durchaus zuverlässiger Seite" sogar über den Termin „ins Bild gesetzt" worden sei. Severing habe dies aber ignoriert. (Albert Grzesinski, „Im Kampf um die deutsche Republik" – Lebensweg eines heute Staatenlosen, Schmitt. 11 (fol. 289). BA Koblenz kl. Erw. 144/1.)

gesetzlichen Regelung der Reichsreform gemeint sein, die ihren Ausdruck in den Beschlüssen der „Länderkonferenz“ gefunden hatten. Justizminister Gürtner, an dem es gewesen wäre, verfassungsrechtliche Bedenken zu äußern, sorgte sich seinerseits auch nur um psychologische Aspekte, nämlich darum, wie man die Aktion in der Öffentlichkeit motivieren könne. Einzig der Verfassungskommentator Meißner wies auf die „Wichtigkeit der Begründung“ der zu erlassenden Notverordnung hin. Er war es auch, der die Bedenken bezüglich der Anwendung des Art. 48 Abs. 1 formulierte. Zudem wies er darauf hin, dass man aufgrund des Fehlens einer Widersetzlichkeit den Prozess vor dem Staatsgerichtshof verlieren könne. Meißner konnte sich mit seinen Bedenken aber nicht durchsetzen. Schleicher und Gayl hatten eingewendet, dieser Weg (gemeint ist offenbar die Erteilung einer Mängelrüge) könne nicht gegangen werden. Statt sich juristisch vorzubereiten, hatte man für die Eventualität eines bewaffneten Widerstands vorgesorgt. Justizförmigen Widerstand im Rahmen der Verfassung erachtete man bezeichnenderweise als „aussichtslos“. Eine Begründung für diese Einschätzung blieb man freilich schuldig. Deshalb gilt *summa summarum*: Den Reichsministern kam es nicht auf die rechtlichen Aspekte der geplanten Verordnung an, sondern auf psychologische Erwägungen. Dass Hindenburg am 14. Juli in Neudeck eine Blankovollmacht unterschrieb, deutet darauf hin, dass er mit dieser psychologisierenden Argumentation überzeugt werden konnte.

Offenbar war sich die Reichsregierung ihrer Sache auch deshalb so sicher, weil sie eine preußische Zustimmung unterstellte. Die für die demokratische Preußenregierung alles entscheidende „Formfrage“, die für die geschäftsführenden Minister das *hic rhodus, hic salta* darstellte, spielte für die Reichsminister nur eine untergeordnete Rolle. Man meinte, der Zeitpunkt sei günstig, um ohne besondere Rücksichtnahme seine eigenen Interessen durchsetzen zu können. Besonders bezeichnend in diesem Zusammenhang ist die mangelnde juristische Vorbereitung des Vorgehens.[134]

---

[134] Der preußische Vertreter, Ministerialdirektor Brecht, gab später im Prozess vor dem Staatsgerichtshof eine aufschlussreiche Charakterisierung des Zustandekommens der Verordnung: Weder Meißner, der den Reichspräsidenten in Verfassungsfragen gerade auf dem Gebiete des Art. 48 ständig beraten habe, noch Zweigert, der höchste Fachbeamte mit der Aufgabe der Auslegung und der Wahrung der Grenzen der Reichsverfassung, noch der Staatssekretär des Reichsjustizamts seien zugezogen oder um Gutachten ersucht worden. Die Verordnung sei lediglich auf Grund der Informationen, die Papen und Schleicher mündlich dem Reichsinnenminister übermittelt hätten, erlassen worden. „Keine schriftlichen Gutachten, keine Gegenäußerung von Preußen, keine vorherige Anhörung von Preußen.“ (Brecht in PcR, S. 18.) Zwar war dieser Behauptung von der Gegenseite sofort widersprochen worden, Brecht hielt aber daran fest und kündigte an, die Staatssekretäre Meißner und Zweigert als Zeugen zu benennen, falls es darauf ankomme. Die Frage wurde im Prozess nicht geklärt. Zwar ist aus den Protokollen der Ministerbesprechungen bekannt, dass Meißner und Zweigert in die Planungen eingeschaltet worden sind, beide zeigten sich aber sehr zurückhaltend. Formelle Gutachten wurden dagegen tatsächlich zu keinem Zeitpunkt angefordert. Meißner bestand im Gespräch aber auf einer vorherigen Mängelrüge und Zweigert betonte, dass „die Zuständigkeit des Staatsgerichtshofs im Falle einer Klage entweder des Landtages oder der durch die Verordnung abgesetzten preußischen Regierung nicht zu bestreiten“ sei. Über diese mündlichen Bedenken der höchsten Fachbeamten hatte man sich jedoch hinweggesetzt. Auch sind keine

Über die Motive der Reichsregierung lässt sich nur mutmaßen. Fest steht, dass es sich bei der Motivstruktur um eine ganzes Geflecht von Vorstellungen und Zielsetzungen handelte. Neben dem Wunsch nach einer autoritären Reichsreform, wie ihn einige Minister hegten, dürften dabei aber folgende Beweggründe handlungsleitend gewesen sein: Zuvorderst wollte man die öffentliche Sicherheit und Ordnung wiederherstellen; die preußische Polizei sollte dem drohenden Zugriff durch die Nationalsozialisten entzogen und statt dessen noch vor der Reichstagswahl in die Hände des Reiches überführt werden. Das war nicht nur für die kraftvolle Bekämpfung der aktuellen Krisenlage erforderlich, sondern auch unbedingt notwendig, um bei der geplanten Regierungsbeteiligung der NSDAP über die, wie Gayl es formuliert hatte, „straff zusammengefassten Machtmittel des Reiches“[135] zu verfügen. Dieses Motiv ist in den Ministerbesprechungen nicht genannt worden, es ergibt sich aber aus verschiedenen noch zu explizierenden Einzelmomenten und aus rückblickenden Einschätzungen von Beteiligten beider Seiten.[136] Schon die Pläne Brünings hatten dieses Ziel gehabt.[137] Da solche Motive die Störung der Gesamtlage zum Gegenstand hatten, wurden sie auf den Abs. 2 des Art. 48 gestützt. Zusätzlich war aber auch der Abs. 1 zitiert worden. Dies war wohl zum Einen als Reaktion auf frühere Fälle geschehen, bei denen man sich auf Art. 48 allgemein berufen hatte, später aber der Abs. 1 als korrekte Grundlage angenommen wurde; zum Anderen wollte man offenbar den preußischen Ministerpräsidenten und den Innenminister rechtskräftig absetzen, da die geschäftsführende Regierung, wie behauptet wurde, den Anforderungen nicht mehr gewachsen sei und ihre Pflichten nicht mehr erfüllen könne oder wolle.

förmlichen Gutachten von Fachbeamten oder Wissenschaftlern bekannt geworden. Bezeichnend ist hierfür ist auch, was noch zu zeigen sein wird, dass die Berater der Reichsregierung erst *post eventum* hinzugezogen wurden.

135 So die Formulierung Gayls in einer undatierten Niederschrift. Zitiert nach Trumpp, S. 214. Gayl analysierte die Situation rückblickend folgendermaßen: Der stürmische Vormarsch der NSDAP habe die Lage geschaffen, dass nur auf dem Weg über die NSDAP das Kabinett Papen die Aussicht auf Mehrheiten hatte und damit eine „dornenvolle aber nicht ganz aussichtslose Zukunft“ für das „Regieren in verfassungsmäßigen Formen“ möglich sei. Als Papen aber erkannt habe, dass die Hoffnung auf Heranziehung der NSDAP getrogen habe, seien nur noch zwei Wege übrig geblieben: „Entweder er beteiligte die NSDAP sofort an der Regierung im Bewusstsein von ihr bald aus dem Sattel gehoben zu werden und nur noch für kurze Zeit Platzhalter zu sein, oder diktatorisch gegen alle Parteien mit den straff zusammengefassten Machtmitteln des Reichs zu regieren und die Weimarer Verfassung zum alten Eisen zu werfen. Dazu musste erst die Macht der Länderregierungen, vornehmlich Preußens gebrochen werden“. In dieser wohl 1933 angefertigten Rückschau war die „straffe Zusammenfassung“ der Machtmittel als Grundlage für den Kampf gegen die NSDAP genannt worden.

136 Auch Christoph Gusy nennt als Beweggrund für den Reichseingriff das Motiv der Verhinderung einer NSDAP-Regierung: „Gleichzeitig sollte einer Koalition aus Nationalsozialisten und Zentrum vorgebeugt werden.“ (Gusy, Die Weimarer Reichsverfassung, Tübingen 1997, S. 265.) Zwar war dieses Motiv vom Kabinett nirgends genannt worden, aber auch Gusy hält diese rückblickende Begründung für so plausibel, dass er sie in den Rang eines Motivs *ex ante* erhebt.

137 So auch Bay, S. 259 über die Pläne Brünings: „Preußen sollte dem Reich zugespielt werden, ehe es in die Hände der Nationalsozialisten fiel“. Dieses zentrale Motiv war auch bei Papen nicht verlorengegangen.

Offenbar gedachte man ferner, mit diesem Schritt der NSDAP zu signalisieren, dass es der Regierung mit dem angekündigten Schwenk zur Rechten hin, also dem Einbindungskurs, ernst war.

Neben diesen situativen Zielen gab es auch noch strukturelle, die weder von Art. 48 Abs. 1 noch Abs. 2 gedeckt waren. Man wollte den Dualismus Preußen-Reich, der allgemein als Gefahrenquelle Nummer eins für die Reichsverfassung betrachtet wurde, überwinden. Dieses Ziel stimmte mit preußischen Forderungen und den Ergebnissen der Länderkonferenz grundsätzlich überein. Inhaltlich gab es aber erhebliche Differenzen. Gerade über solche prozeduralen Fragen wollte sich die Reichsregierung allerdings hinwegsetzen. Da das Ziel der Überwindung des Dualismus auf legalem Wege nicht verwirklicht werden konnte, wollte man Fakten schaffen, die eine Lösung, sei es *praeter* oder *intra legem*, vorbereiteten. Eng verknüpft mit diesem Ziel war daher auch die Durchführung einer Verwaltungsreform in Preußen.

Die Ministerbesprechungen lassen also erkennen, in welchem Maße die Aktion in Preußen zwar auf eine lange Reihe von entsprechenden Überlegungen zurückgreifen konnte, das Vorgehen selbst aber nicht sorgfältig geplant, sondern *ad hoc* und unter großem Zeitdruck verwirklicht worden war. Bei der konkreten Planung hatte man sich nur von politischen, nicht aber von juristischen Erwägungen leiten lassen, so dass man von einer völlig unzureichenden Vorbereitung sprechen darf.

b) Der Eingriff am 20. Juli 1932

Am Abend vor dem Reichseingriff wurden die Einzelheiten des Vorgehens erörtert.[138] Am folgenden Tag, einem Mittwoch, trat dann die „Verordnung des Reichspräsidenten, betreffend die Wiederherstellung der öffentlichen Sicherheit und Ordnung im Gebiet des Landes Preußen"[139] in Kraft. Sie verfügte „aufgrund des Artikels 48 Abs. 1 und 2 der Reichsverfassung", dass „für die Geltungsdauer der Verordnung" der Reichskanzler zum Reichskommissar für Preußen bestellt werde. Dieser sei damit ermächtigt, „die Mitglieder des Preußischen Staatsministeriums ihres Amtes zu entheben". Er sei weiter ermächtigt, „selbst die Dienstgeschäfte der Preußischen Ministerpräsidenten zu übernehmen und andere Personen als Kommissare des Reichs mit der Führung der Preußischen Ministerien zu betrauen". Dem Reichskanzler stünden „alle Befugnisse des Preußischen Ministerpräsidenten" zu: „Der Reichskanzler und die von ihm mit der Führung der Preußischen Ministerien betrauten Personen üben die Befugnisse des Preußischen Staatsministeriums aus." Auf welche Ereignisse das Reich sein Einschreiten gegen Preußen stützte, ging aus dem Wortlaut der Verordnung nicht hervor. Nähere Hinweise auf die tatsächlichen Umstände fehlen. Aus der Tatsache, dass auf Art. 48 Abs. 1 und

[138] Niederschrift Gayl, zitiert nach Trumpp, S. 212.

[139] Reichsgesetzblatt 1932 I, S. 377.

Abs. 2 Bezug genommen wurde, ergab sich aber, dass das Reich sowohl eine Pflichtverletzung Preußens wie eine erhebliche Störung bzw. Gefährdung der öffentlichen Sicherheit und Ordnung für gegeben ansah. Interessant ist jedoch, dass die Verordnung sich selbst nur als Maßnahme „zur Wiederherstellung der öffentlichen Sicherheit und Ordnung" charakterisierte.

Für die Sozialdemokratie, die trotz aller Hinweise auf die kommenden Ereignisse durch die Geschehnisse überrollt wurde, war dies die Stunde höchster Not. Während die Partei lange alle Warnungen mit Stillschweigen bedacht hatte, schreckte sie nun umso fassungsloser auf. Der „Vorwärts", der bislang die Frage der Einsetzung eines Reichskommissars geflissentlich übergangen hatte, richtete am Morgen des 20. Juli eine späte aber um so deutlichere Warnung an die Adresse der Reichsregierung, die nun gewissermaßen ins Leere lief: „Der Reichskommissar kann nicht Ordnung schaffen", hieß unter der Schlagzeile „Hände weg von Preußen! Nazi-Kerrl fordert Reichskommissar". „Er *soll* nach den Wünschen derer, die ihn fordern, es auch gar nicht tun. Seine Einsetzung soll nur ein weiterer Schritt auf dem Wege zum Krieg aller gegen alle sein, der sich immer weiter ausbreitet, je mehr sich die Reichsregierung den nationalsozialistischen Wünschen gefügig zeigt. Reichskommissar ist Staatsstreichkommissar, in den Augen der verfassungstreuen Bevölkerung ein Gewalthaber ohne Recht. Reichskommissar bedeutet nicht Ordnung, sondern Chaos, nicht weniger Blut, sondern mehr – niemand kann sagen, wie viel! Reichskommissar ist der Name des Instruments, mit dem eine gewalttätige Minderheit nach der politischen Macht greift. Hände weg von Preußen!"

Hier tauchte ein Motiv auf, das im Prozess zu einem wichtigen Instrument der Anklage werden sollte: die Behauptung, dass die Aktion eine Vorleistung an die Nationalsozialisten darstelle. Zudem fällt der aggressive Ton auf, der vielleicht sozialdemokratische Arbeiter auf einen möglichen Widerstand einstimmen sollte. Auch wurde die Einsetzung eines Reichskommissars *per se* als verfassungswidrig bezeichnet („Reichskommissar ist Staatsstreichkommissar", „Gewalthaber ohne Recht"). Die Reichsregierung musste deshalb auch bei den preußischen Ministern eine unnachgiebige Haltung befürchten.

Am Morgen hatten Papen, Gayl und Staatssekretär Planck die preußischen Minister Hirtsiefer (Landwirtschaftsminister, zugleich stellvertretender preußischer Ministerpräsident), Severing (Innenminister) und Klepper (Finanzminister) zu einer Besprechung geladen. Sie unterrichteten die Minister von der Absetzung Brauns und Severings, ohne jedoch anzugeben, auf welche Ereignisse sich die Verordnung stützte. In dieser Sitzung machte Papen zunächst nur in beschränktem Umfang von der durch die Verordnung erteilten Ermächtigung Gebrauch, die preußischen Minister „ihres Amtes zu entheben". Wie geplant setzte er nur Braun ab, dessen Dienstgeschäfte er selbst übernahm, und Severing, an dessen Stelle Bracht als Kommissar trat. Dies entsprach dem Vorgehen, das der Reichskanzler am Vortag in Anwesenheit von Staatssekretär Planck dem württembergischen Reichsratsbevollmächtigten, Ministerialdirektor Widmann, angekündigt hatte. Papen hatte hier mitgeteilt, dass die Reichsregierung am folgenden Tag einen Reichskommissar in Preußen einsetzen würde. Die blutigen Gefechte in Altona, bedenkliche Anzeichen für eine Zusammenarbeit von SPD und KPD sowie die Unordnung der preußischen Finanzen hätten es notwendig gemacht, dass er, der Reichskanzler, als Reichskommissar in Preußen bestellt werde. Braun, Severing und Klepper sollten durch Notverordnung ihres Amtes „enthoben" werden. „Die übrigen preußischen Minister könnten im Amte bleiben; darüber werde mit ihnen am Mittwoch Vormittag verhandelt; wenn sie nicht wollten, träten an ihre Stelle die betreffenden Staatssekretäre."[140] Die Erklärung Severings, er werde nur der Gewalt weichen, war das Stichwort für den Erlass der „Verordnung des Reichspräsidenten, betreffend die Wiederherstellung der öffentlichen Sicherheit und Ordnung in Groß-Berlin und Provinz Brandenburg". Allerdings sollte die Äußerung Severings nicht viel mehr als symbolischen Wert haben.[141] Sie folgte auch keinem politischen Masterplan. Der preußische Innenminister war vielmehr mit der sehr allgemeinen Maßgabe seines Parteivorstandes in die Besprechung mit der Reichsregierung gegangen, die Grundlage der Reichsverfassung möge nicht verlassen werden.[142] Es wäre also durchaus breiter Spielraum für Verhandlungen vorhanden gewesen. Bezeichnend für die völlige Offenheit der Situation ist der Umstand, dass selbst Severings Staatssekretär Abegg, nicht wusste, „wie sich die preußische Regierung verhalten werde"[143], als der Minister sich am 20. Juli in der Reichskanzlei befand.

Pläne für einen tatsächlichen, gewaltsamen Widerstand gab es nicht, da die preußische Regierung die Entfesselung eines blutigen Bürgerkrieges fürchtete.[144] Die

---

[140] Aufzeichnung von Ministerialdirektor Widmann vom 20. Juli 1932. Abgedruckt in: Waldemar Besson, Württemberg und die deutsche Staatskrise 1928–1933, Stuttgart 1959, S. 405 f. (Dok. 14).

[141] Laut Carl Mierendorff habe Severing mit der symbolischen Auflehnung einen „möglichst weithin vernehmbaren scharfen Protest" ausdrücken wollen, obwohl es klar gewesen sei, dass „die republikanische Macht in Preußen faktisch bereits am 24. April verlorenen gegangen" sei. (S. Sozialistische Monatshefte 76, 1932, S. 656.) Übereinstimmend notierte der tschechoslowakische Diplomat Camill Hoffmann am 23. Juli 1932 in sein Tagebuch: „Nirgends Widerstand. Auch Severings Erklärung, dass er nur der Gewalt weiche, Theater. Er hat ein Schriftstück unterschrieben, dass er der Gewalt weiche, und ist gewichen". (Johann Wilhelm Brügel/Norbert Frei: Berliner Tagebuch 1932–1934, Vierteljahrshefte für Zeitgeschichte, 36. Jg. 1988, S. 148.)

[142] Bay, S. 123, S. 261 FN 1405.

[143] Harry Graf Kessler, Tagebücher 1918–1937, hg. v. W. Pfeiffer-Belli, Frankfurt a. M. 1961, S. 678.

[144] Dabei ließ sich die preußische Regierung von den Gedanken leiten, die der Berliner Professor Hans Peters, Rechtsvertreter der preußischen Zentrumsfraktion im Prozess vor dem Staatsgerichtshof, später in folgende Worte kleidete: „Als am 20. Juli 1932 die Preußische Staatsregierung abgesetzt worden war und damit der damals maßlosen Hetze von rechts her ein Ventil geöffnet werden sollte, bestand nur die Möglichkeit, entweder mit Gewalt dem für verfassungswidrig erachteten Vorgehen des Reiches die Spitze zu bieten und damit einen Bürgerkrieg zu entfachen, bei dem Reichswehr, Polizei und die privaten Kampfverbände der verschiedenen Richtungen sich gegenseitig zerfleischt hätten, oder auf dem verfassungsmäßig vorgesehenen Wege unter gewissen Opfern an äußerem Prestige und an durch die Macht der Tatsachen geschaffenem inneren Einfluss die moralische und rechtliche Rehabilitierung der Preu-

Staatsminister beschränkten sich vielmehr auf formalen Protest. In einem Brief verliehen sie ihrer Auffassung Nachdruck, die Maßnahmen der Reichsregierung seien verfassungswidrig.[145] Nachdem Papens Einladung zur Mitarbeit an die verbliebenen Minister eingetroffen war, fügten die Minister noch den Absatz an, dass sie infolge der Verfassungswidrigkeit der Maßnahmen nicht an der geplanten Sitzung der Staatsregierung teilnehmen würden. Das interpretierte Papen als Ablehnung der angebotenen Zusammenarbeit und enthob daher unter Berufung auf dieses Schreiben noch am selben Tag auch die übrigen preußischen Minister von der Führung der laufenden Geschäfte, da sie seiner Einladung nicht Folge geleistet und damit seinen Wunsch, mit ihnen zusammenzuarbeiten, durchkreuzt hätten.[146] An ihre Stellen traten die entsprechenden Staatssekretäre, nun in der Funktion von Reichskommissaren. Es ist zu vermuten, dass Papen sein Angebot zur Mitarbeit durchaus ernst gemeint hatte. Um diesen Eindruck zu verstärken, vermeldete Papen an anderer Stelle, dass sich das Kommissariat in dem Moment erledigt habe, in dem sich der preußische Landtag auf eine neue Regierung einigen könne.[147]

Gegen Mittag ließ die Reichsregierung in einer Pressekonferenz eine amtliche Mitteilung über das Einschreiten in Preußen[148] bekanntgeben, in der erstmals die wesentlichen Gesichtspunkte enthalten waren, auf die die Reichsregierung ihr Vorgehen stützen wollte. Am Abend trat Papen mit einer Rundfunkrede[149] an die Öffentlichkeit, um den Reichseingriff zu rechtfertigen. Er betonte, die Reichsregie-

ßenregierung zu versuchen. Die Minister entschieden sich, ohne zu zögern, in weiser Zurückhaltung und im Interesse unseres schwergeprüften Vaterlandes für den zweiten Weg, der zwar manchem Draufgänger im eigenen Lager als Schlappheit und Hilflosigkeit erschien, der aber zweifellos mehr Charakterstärke und Staatsklugheit bewies als die Entfesselung eines in seinen Folgen unübersehbaren Blutvergießens." (Hans Peters, Die Bedeutung des Leipziger Urteils, Germania, 62. Jg. 1932, Nr. 299 vom 27. Oktober 1932.)

145 Brecht, PcR, S. 49. Vollständiger Abdruck des Briefes in PcR, S. 485.

146 PcR, S. 482 f. ebenso Rundfunkrede Papens, PcR, S. 482 ff.

147 In der Besprechung mit Vertretern der süddeutschen Länder, bei denen deren Bedenken zerstreut werden sollten, betonte Papen, dass es sich bei dem geplanten Vorgehen nicht um eine Maßnahme gegen den Föderalismus handele. Die Maßnahme richte sich auch nicht gegen eine geschäftsführende Regierung als solche, sondern gegen Preußen, weil dort die sogenannte geschäftsführende Regierung die Geschäfte eben nicht mehr führen könne. Man denke aber keineswegs daran, in Preußen eine Rechtsregierung durchzudrücken. Das beweise schon die Wahl des dem Zentrum zugehörigen, ständigen Stellvertreters des Reichskommissars Bracht sowie die Tatsache, dass außer Braun, Severing (Klepper sollte, gemäß telefonischer Mitteilung der Reichskanzlei von Mittwoch Vormittag, ebenfalls vorläufig noch im Amte bleiben) die übrigen preußischen Minister im Amte bleiben könnten. In der Notverordnung, fügte er hinzu, werde im übrigen der vorläufige, vorübergehende Charakter der Maßnahme besonders betont. Wenn etwa nach den Wahlen in Preußen eine arbeitsfähige Regierung gegründet werden könne, so werde auch das Kommissariat erledigt sein. (Waldemar Besson, Württemberg, S. 406 (Dok. 14).)

148 Abgedruckt bei Ernst-Rudolf Huber, Dokumente zur deutschen Verfassungsgeschichte, Band 3: Dokumente der Novemberrevolution und der Weimarer Republik 1918–1933, 1966, Dokument Nr. 445, S. 508 f. und in PcR, S. 482.

149 S. Anlageheft zur Erklärung der Reichsregierung vom 5. August 1932, S. 10. RW 265–6/Nr. 13.

rung beschränke sich auf die notwendigsten Maßnahmen, die im preußischen Staatsgebiet zur Wiederherstellung geordneter Rechtszustände erforderlich seien. Das Vorgehen selbst begründete er folgendermaßen: Die preußische Regierung sei am 19. Mai zurückgetreten und führe seitdem nur noch die laufenden Geschäfte; der neue Landtag sei aufgrund der von der alten Mehrheit durchgeführten Geschäftsordnungsänderung nicht in der Lage, eine neue Regierung zu wählen; die geschäftsführende Regierung sei entscheidend von der taktischen Haltung der KPD abhängig, da diese im preußischen Landtag eine Schlüsselstellung einnehme. Diese Vorgänge allein hätten die Regierung nicht zu einem Eingreifen veranlasst. Es käme hinzu, dass die staatsfeindliche KPD in Preußen nicht mit allen Mitteln bekämpft werde. Da man sich in maßgeblichen politischen Kreisen nicht entschließen könne, „die politische und moralische Gleichsetzung von Kommunisten und Nationalsozialisten aufzugeben“, sei „jene unnatürliche Frontenbildung entstanden, die die staatsfeindlichen Kräfte des Kommunismus in eine Einheitsfront gegen die aufstrebende Bewegung der NSDAP“ einreihe. Die Reichsregierung sei von dem Augenblick an zu eigenem Handeln verpflichtet gewesen, von dem die zuerst nur aus parteitaktischen Gründen erfolgte Einschaltung der Kommunisten in eine Einheitsfront auch auf Maßnahmen verantwortlicher Regierungsstellen übergegriffen habe, denn die Entwicklung der politischen Verhältnisse in Preußen habe dazu geführt, dass „eine Reihe von maßgebenden Persönlichkeiten“ die „innere Unabhängigkeit“ verloren habe, um die erforderlichen Maßnahmen zur Bekämpfung der staatsfeindlichen KPD zu treffen. Dadurch würde die Autorität des Staates in einer Weise untergraben, „die für die Sicherheit des Reiches unerträglich ist“. Die Maßnahmen der Reichsregierung hätten sich somit nicht gegen die Selbständigkeit des Landes Preußen gerichtet, dessen verfassungsmäßiger Bestand nicht angetastet werde.

Die Rede lässt Folgendes deutlich werden: Papen hatte die Behauptung aufgestellt, die Kommunisten seien die Hauptverursacher der Unruhen, um die Nationalsozialisten nicht vor der Öffentlichkeit bloßzustellen. Damit wollte er erkennbar die Chance, dass sein Kabinett von der NSDAP toleriert werden könnte, nicht endgültig zunichte machen. Dieses Angebot an die NSDAP hatte er aber in versteckten Andeutungen mit der Drohung flankiert, andernfalls gegen die NSDAP mit gleicher Härte vorzugehen, wie gegen die KPD. Später sagte er nämlich in seiner Rundfunkrede, Ruhestörer, gleichgültig von welcher Seite sie kämen, würden von der Reichsregierung so scharf in die Schranken gewiesen, dass dem Volke die Austragung des Wahlkampfes ermöglicht werde.[150] Damit war auch gesagt, dass die Regierung den Anteil, den die Nationalsozialisten an den Unruhen trugen, sehr wohl registriert hatte.[151] In der amtlichen Rechtfertigung der Notverordnung vom 20. Juli 1932 wurden die Argumente aus der Rundfunkerklärung wiederholt und erhielten teilweise eine weitere Zuspitzung.

---

[150] PcR, S. 482 ff.

[151] So Grund, S. 30.

Es fällt auf, dass in diesen beiden Begründungen der Reichsregierung, wie bereits in der Besprechung mit den süddeutschen Ländern vom 19. Juli, nur noch von vorübergehenden Maßnahmen gesprochen wurde. Auch betonte Papen, dass die Selbständigkeit des Landes nicht angetastet werde. Dies lässt auf einen Wandel gegenüber den in den Ministerbesprechungen geäußerten Zielen schließen. Könnten sich die Äußerungen im Vorfeld der Aktion noch als taktisch bedingte Aussagen verstehen lassen, vermittels derer die Kritiker beruhigt werden sollten, so wird man das für die Aussagen im Umfeld des Preußen-Prozesses schwerlich behaupten können, denn sie dienten zur Grundlage für eine Entscheidung, über die sich auch die Reichsregierung nicht mehr ohne weiteres hinwegsetzen konnte. Deshalb machen spätestens die gleichlautenden Ausführungen vor dem Staatsgerichtshof endgültig deutlich, dass die Reichsregierung ihre diesbezüglichen Pläne, wenn sie sie tatsächlich jemals ernsthaft verfolgt haben sollte, fallen ließ. Die angestrebte „endgültige Beseitigung des Dualismus Preußen-Reich“ stand nun jedenfalls nicht mehr auf der Tagesordnung.

Auf der Grundlage dieses Zwischenergebnisses soll im Folgenden die Rolle Schmitts bei der Verteidigung der Preußenaktion untersucht werden. Dabei ist zunächst zu klären, wie Schmitt in die exponierte Position des Prozessvertreters gelangt war. Hierfür ist ein Exkurs notwendig, der das politische Netzwerk rekonstruiert, in das Schmitt zunehmend eingebunden wurde.

III. Schmitt und der „Preußenschlag“

1. Schmitt und die Vorgeschichte des „Preußenschlages“

In diesem Abschnitt soll, ausgehend von dem Zwischenergebnis, dass Papen und Schleicher sehr unterschiedliche Vorstellungen mit dem Eingriff in Preußen verbanden, genauer untersucht werden, welchem der beiden konträren Lager der populäre Staatsrechtler zuzurechen ist. Die These, die hier vertreten wird, lautet, dass Schmitts Kontakte ausschließlich zum Umfeld des politischen Generals bestanden, wobei dieser durch Schmitt eine Stärkung seines eigenen Kurses erhoffte und daher dessen Hinzuziehung betrieb. Die Implikationen, die diese Zuordnung hat, werden im Verlauf des Kapitels ebenfalls ausführlich dargestellt.

Seinen ersten öffentlichen Auftritt als Rechtsberater hatte Schmitt in dem Leipziger Prozess vor dem Staatsgerichtshof. Wie der Staatsrechtler, der spätestens ab 1930 versuchte, in seinen Schriften die Politik der jeweiligen Reichsregierungspartei zu stützen, in diese exponierte Situation gelangen konnte, war bislang nicht im Einzelnen zu klären. Darüber bietet aber der jetzt zugängliche Nachlass, insbesondere das von Schmitt geführte Tagebuch[1] Aufschluss. Um die genaue Beschaffenheit der Kontakte Schmitts zu durchleuchten, lohnt es sich, die Genese seiner Beratertätigkeit für die Reichsregierung etwas ausführlicher zu rekonstruieren.

Die erste Heranziehung Schmitts durch die Reichsregierung fand zu Beginn derjenigen Entwicklung statt, welche die gesamte Regierungszeit der letzten drei Weimarer Jahre dominieren sollte: die Notverordnungspraxis des Reichspräsidenten nach Art. 48 Abs. 2 in Verbindung mit dessen Vollmacht zur Auflösung des Reichstages nach Art. 25. Die Situation für die Reichsregierung, damals Kabinett Hermann Müller, hatte sich zu Beginn des Jahres 1930 dramatisch zugespitzt. Aufgrund der Mehrheitssituation im Reichstag war es zunehmend schwieriger geworden, notwendige Haushaltsgesetze zu verabschieden.

---

[1] Schmitt hatte von seiner Studienzeit bis ins hohe Alter mit einigen Unterbrechungen Tagebuch geführt. Der politisch interessanteste Teil der vorwiegend privaten Aufzeichnungen ist zweifellos der Zeitraum 1931–1934. Vom 1.5.1931 bis zum 30.6.1934 hatte Schmitt relativ regelmäßig Tagebuch geführt. Zwar überwiegen auch hier private Notizen, was *ein* Grund dafür ist, dass er es in einer für Außenstehende quasi unlesbaren individuellen Variante der Gabelsberger Stenografie anfertigte (zu dem Problem der Stenografie s. Laak, Findbuch, Einleitung; Medem, Glossarium, Vorwort), ab 1932 führte Schmitt aber auch immer detaillierter über seine Kontakte zu Regierungskreisen Buch. Diese politischen Notate verlieren sich erst wieder 1934. Zwar geht Schmitt in seinen Aufzeichnungen selten auf Inhalte ein, es lassen sich aber auf der Grundlage dieser Notizen erstmals seine Kontakte präzise bestimmen. Die Entzifferung der Aufzeichnungen wurde von Freiherr von Medem in Zusammenarbeit mit dem Stenografen Heinrich Mauermann durchgeführt. Im Einzelnen Pyta/Seiberth.

Kurz vor der Regierungsübernahme Brünings, Ende Januar 1930, war der Staatssekretär Erich Zweigert mit dem Ersuchen um eine Stellungnahme zu dem Zustimmungsgesetz zum deutsch-polnischen Liquidationsabkommen an Schmitt herangetreten.[2] Dieses Liquidationsabkommen drohte die parlamentarische Zustimmung zu den Haager Young-Verträgen zu gefährden.[3] Die Staatsrechtler Erich Kaufmann, Heinrich Triepel und der frühere Reichsgerichtspräsident Walter Simons hatten sich bereits in einer für die Reichsregierung negativen Weise geäußert. Nun hatte man sich an Gerhard Anschütz und Schmitt gewandt, da man sich von ihnen erhoffte, dass sie die Verfassungsmäßigkeit der im Zustimmungsgesetz vorgesehenen Entschädigungsregelung anerkannten.[4] Anschütz und Schmitt entsprachen diesen Erwartungen.[5]

Nach dem Übergang von Müller zu Brüning wurde Schmitt aber in einer ungleich wichtigeren Sache herangezogen: Am 28. Juli 1930 erstellte er für die Regierung Brüning ein Gutachten,[6] welches dieser für die Beschreitung des neuen Weges als Präsidialkabinett von großer Hilfe sein musste.[7] Schmitt war offenbar in seiner Eigenschaft als namhaftester Gegner eines Notverordnungsrechts des Reichspräsidenten um diese Stellungnahme gebeten worden. Man erwartete von ihm augenscheinlich eine Zusammenfassung derjenigen Argumente, die gegen eine Notverordnungspraxis sprechen konnten.[8] Dass Schmitt sich auf die Seite der herrschenden Lehre stellte und somit noch bestehende Zweifel zerstreute, war daher von besonderer Bedeutung. Der Kernsatz des Gutachtens, mit dem Schmitt seine bisherige Auffassung[9] der neuen Situation angepasst hatte, lautete: In einer zehnjährigen Praxis sei das Notverordnungsrecht des Reichspräsidenten, das Schmitt 1924 noch bestritten hatte, zu den übrigen Befugnissen des Reichspräsidenten „hin-

---

[2] Das geht aus der Korrespondenz Schmitts mit Zweigerts Ministerialrat Hans-Heinrich Lammers hervor (HStAD/RW 265–424/399).

[3] Dazu Huber, Verfassungsgeschichte VII, S. 716 ff.

[4] Zu den Nachweisen im Einzelnen Koenen, S. 130 f.

[5] Das Gutachten von Carl Schmitt zur Ratifikation völkerrechtlicher Verträge und zu innerstaatlichen Auswirkungen der Wahrnehmung auswärtiger Gewalt vom 3. Februar 1930 (HStAD/RW 265–399, teilweise abgedruckt in Verfassungsrechtliche Aufsätze, S. 124–136) und das „Rechtsgutachten betreffend den Entwurf eines Gesetzes über die Abkommen zur Regelung von Fragen des Teils X des Vertrages von Versailles“ von Gerhard Anschütz wurden vom Reichsministerium des Innern als Manuskript gedruckt, dazu Huber, Verfassungsgeschichte VII, S. 707; 717, während die ablehnenden Gutachten nicht von offizieller Seite der Öffentlichkeit bekannt gegeben wurden.

[6] „Verfassungsrechtliches Gutachten über die Frage, ob der Reichspräsident befugt ist, auf Grund des Art. 48 Abs. 2 RV. Finanzgesetz-vertretende Verordnung zu erlassen. Berlin, den 28. Juli 1930. gez. Professor. Dr. Carl Schmitt“. HStAD/RW 265–7. Abgedruckt mit geringfügigen Änderungen in Schmitt, Der Hüter der Verfassung, 1931, S. 117–131.

[7] S. dazu Heinrich Muth, S. 99 ff.

[8] So die richtige Vermutung Muths, S. 100.

[9] Schmitt, Die Diktatur des Reichspräsidenten, Referat auf der Tagung der deutschen Staatsrechtslehrer zu Jena, April 1924, Veröffentlichungen der Vereinigung der Deutschen Staatsrechtslehrer, Heft 1, S. 63 ff. Vgl. auch das Co-Referat von Erwin Jacobi, S. 105 ff.

zugetreten“[10]. Am 30. Juli 1930 schrieb der Ministerialdirektor Dr. Dorn an den Reichskanzler Brüning, das Ergebnis dieses Gutachtens sei „um so erfreulicher“, „als Prof. Schmitt einer der wenigen Staatsrechtslehrer gewesen ist, die es bisher grundsätzlich ablehnten, eine Verordnungsgewalt des Reichspräsidenten auf der Grundlage des Artikels 48 anzuerkennen.“ Er fügte hinzu: „Falls von anderer Seite etwa Bedenken geltend gemacht werden sollten, wird dieses Gutachten uns daher eine wesentliche Stütze sein“.[11] Der Schlusssatz von Schmitts Gutachten war programmatisch und fasste auch den Grund für seinen Positionswechsel zusammen: „Die geltende Reichsverfassung gibt einem mehrheits- und handlungsunfähigen Reichstag alle Rechte und Möglichkeiten, deren ein Parlament bedarf, um sich als *den* maßgebenden Faktor der staatlichen Willensbildung durchzusetzen. Ist das Parlament aber nicht mehrheits- und entscheidungsfähig,[12] so liegt es nicht im Sinn einer republikanischen Verfassung, die Formeln und Begriffe, die nach früherem Verfassungsrecht der Volksvertretung als Waffe gegen eine *monarchische* Regierung dienten, nunmehr zu benutzen, um eine *republikanische* Regierung handlungsunfähig zu machen.“ Auch Richard Thoma pflichtete dem Ergebnis Schmitts in einem weiteren Gutachten vom 7. Oktober 1930[13] bei – und revidierte damit ebenfalls eine vorherige Auffassung in Bezug auf den Maßnahmen-Charakter des Art. 48 Abs. 2.[14] Am 23. März 1932 schlossen sich dann auch Anschütz und Jellinek[15] in ihren Gutachten über „Reichskredite und Diktatur“ der Ansicht Schmitts an. Damit war auch in schuldrechtlicher Hinsicht einer extensiven Auslegung des Art. 48 keine Grenze mehr gesetzt. Jellinek betonte, die Verfassung müsse als politisches Werk im „staatsmännischen Geiste“ „vernünftig“ ausgelegt werden. So hatten, wie der Vertreter des Finanzministeriums in der Reichsschuldenverwaltung, Ministerialrat Walther Bayrhofer, betonte, „die ersten vier Staatsrechtslehrer Deutschlands (Anschütz, Thoma, Schmitt und Jellinek)“ sich „auf den der Reichsregierung günstigen Standpunkt gestellt“.[16] Hatte Schmitt, der bis dato exponiertes-te Kritiker eines Notverordnungsrechts, durch die spektakuläre Revision seiner ei-

[10] So vor allem in einem Zusatz vom November 1930 zu seinem Gutachten vom 29. Juli 1930, in dem er auf die Stellungnahme von Thoma eingeht. HStAD/RW 265–7.

[11] Dorn an den Reichskanzler, 10. Juli 1930, BA Koblenz R 43 I/1870.

[12] S. dazu auch Friedrich Glum, Parlamentskrise und Verfassungslücke, in: Deutsche Juristen-Zeitung, 1930, Jg. 35, Sp. 1413 ff.

[13] Rechtsgutachten über die Verfassungsmäßigkeit der Verordnung des Reichspräsidenten zur Behebung finanzieller, wirtschaftlicher und sozialer Notstände vom 26. Juli 1930, 7.10.1930, HStAD/RW 265–7.

[14] In dem von Nipperdey herausgegebenen Band, „Die Grundrechte und Grundpflichten der Reichsverfassung“, 1929 hatte er noch argumentiert, dass Maßnahmen aus Art. 48 Abs. 2 „immer einen individualisierenden Charakter“ hätten. Dies sei nicht mehr haltbar. Vielmehr seien auch Maßnahmen aufgrund des Art. 48 möglich, die „ganz generell normieren und der Absicht nach auf Dauer gemünzt sind“. Vgl. Gutachten, S. 20. Ebenso seinen Aufsatz im Handbuch des Deutschen Staatsrechts, § 71.

[15] Reichskredite und Diktatur. Zwei Rechtsgutachten von Dr. Gerhard Anschütz und Dr. Walter Jellinek, Tübingen 1932.

[16] Zitiert nach G. Schulz, Von Brüning zu Hitler, S. 787.

genen Auffassung im Sinne der herrschenden Lehre einer verfassungspolitisch fragwürdigen Entwicklung Vorschub geleistet? Zu dieser naheliegenden Frage lässt sich Folgendes sagen: Zwar hatte Schmitt in seinem Referat von 1924 die Ableitung eines Notverordnungsrechts aus Art. 48 Abs. 2 grundsätzlich kritisiert, seine Auslegung legte dem Gebrauch des Art. 48 aber keine weiterreichenden Beschränkungen im Vergleich zur herrschenden Lehre auf, sondern gab ihm lediglich eine andere Begründung. Zwar hatte Schmitt vehement bestritten, dass die Befugnis des Reichspräsidenten zum Erlass von Maßnahmen gemäß Art. 48 Abs. 2 ein „allgemeines Notverordnungsrecht", d. h. ein „provisorisches Gesetzgebungsrecht" beinhalte.[17] Für die Dauer eines akuten polizeilichen Notstandes hatte seine Interpretation dem Reichspräsidenten aber eine sehr weitreichende Kompetenz zum Erlass der zur Wiederherstellung der öffentlichen Sicherheit und Ordnung „nötigen Maßnahmen" eingeräumt. Diese weitgefasste Handlungsvollmacht kam im Endeffekt dem Ergebnis der herrschenden Auffassung gleich. Wenn Schmitt 1930 argumentierte, das gesetzesvertretende Notverordnungsrecht sei aufgrund der Rechtsprechung und einer zehnjährigen Regierungspraxis zu den übrigen Befugnissen „hinzugetreten", so anerkannte er nur eine formelle Rechtssetzungsbefugnis, die von einem akuten polizeilichen Notstand unabhängig war, und zugleich die „Entwicklung eines spezifisch wirtschaftlichen und finanziellen Not- und Ausnahmezustands". Was er übernahm, war nicht eine im Wesentlichen neue Kompetenz, sondern nur eine andere Dimension und Begründung derselben. Diese Frage war von erheblicher theoretischer, aber von relativ geringer praktischer Bedeutung.[18]

Stellt man nun die Frage nach der verfassungsrechtlichen Zulässigkeit eines solchen Notverordnungsrechts, so wird man der Begründung Schmitts für seinen Inter-

[17] „Es ist nicht der Zweck des Art. 48 Abs. 2, dem Reichspräsidenten ein solches allgemeines Notverordnungsrecht zu geben". Veröffentlichungen der Deutschen Staatsrechtslehrer, 1924, S. 99. Abdruck in Schmitt, Die Diktatur, 2. Aufl. 1928, S. 248.

[18] Dazu u. a. Achim Kurz, Demokratische Diktatur? Auslegung und Handhabung des Artikels 48 der Weimarer Reichsverfassung 1919–25, Berlin 1992, S. 174 ff. Ebenso Ders., Zur Interpretation des Artikels 48 Abs. 2 WRV 1930–33. Ein Überblick, in: Offene Staatlichkeit. Festschrift für Ernst-Wolfgang Böckenförde zum 65. Geburtstag, hg. v. Rolf Grawert, Bernhard Schlink, Rainer Wahl, Joachim Wieland, 1995, S. 398. Außerdem: Muth, 1971, S. 91 ff. Schmitt und Jacobis Interpretation stellte zwar eine – im Ansatz – radikale Neuinterpretation des Art. 48 Abs. 2 dar, in der Praxis führte sie allerdings – bei abweichender Begründung – im Wesentlichen zu den gleichen Ergebnissen wie die herrschende Lehre. Bei dieser fand die Interpretation jedoch wenig Anklang. Ausdrücklich angeschlossen hatten sich dieser Begründung Hermann Heller und Richard Thoma. Ebenso einige jüngere Staatsrechtler, wie der Schmitt-Schüler Ernst Forsthoff. Dazu Kurz, S. 175 f. Rückblickend war die von der h. L. als „Durchbrechungslehre" bezeichnete Auslegung oft scharf kritisiert worden. Ihr wurde vorgeworfen, einer maßlosen Ausdehnung der Diktaturgewalt des Art. 48 Vorschub geleistet zu haben. Kurz ist aber zuzustimmen, dass sich das für die Rezeption in den 20er Jahren nicht bestätigen lässt: in der zeitgenössischen Diskussion habe die neue Lehre im Gegenteil eher eine Restriktion der präsidialen Diktaturgewalt bewirkt. Bei der Kontroverse um den Artikel 48 habe es sich um einen Streit darüber gehandelt, „wie die im Zuge eines ‚diktatorischen' Eingreifens des Reichspräsidenten auftretenden Widersprüche zu den Normen der Reichsverfassung benannt werden sollten." (S. 176). Es ging also um die Begründung und nicht um das Ergebnis. Die Unterschiede zur h. L. waren terminologisch, nicht tatsächlich.

pretationswandel – obwohl erkennbar eine Notkonstruktion – doch nicht eine gewisse Triftigkeit absprechen können. Die durch Rechtsprechung und herrschende Lehre sanktionierte erweiterte Anwendung der Ausnahmegewalt ab 1930 stellte zwar einen Wandel der Notstandskompetenz dar[19] aber keinen Widerspruch zum Wortlaut, zum Zweck und zur Entstehungsgeschichte der Verfassung.[20]

Nachdem das überraschend positive Gutachten Schmitt als wertvollen Unterstützer des Regierungskurses ausgewiesen hatte, versuchte er auch persönlich in die engeren Regierungszirkel vorzudringen und systematisch Kontakte zu Regierungsvertretern aufzubauen. Er suchte, wie es ein enger Begleiter aus jenen Tagen später treffend ausdrückte, die „unmittelbare Verbindung zu den Zentralen der staatspolitischen Entscheidungsmacht“.[21] In diesen Zusammenhang gehört augenscheinlich auch die im Jahre 1928 erfolgte Annahme der Professur an der für einen Juristen eher uninteressanten Handelshochschule in Berlin, die ihn in die räumliche Nähe der Entscheidungsträger gebracht hatte.[22] Gezielt schickte Schmitt seine Aufsätze an Beamte und Funktionäre aus Regierungskreisen, um seine Schriften als theoretische Unterstützung des Regierungskurses zu empfehlen. Am 8. April 1929 dankte ihm der Staatssekretär Meißner für die Zusendung des Aufsatzes „Der Hüter der Verfassung“.[23] Er habe die Ausführungen und die Charakterisierung des Reichspräsidenten als „neutrale und vermittelnde Gewalt“ mit besonderem Interesse gelesen. Aus seiner zehnjährigen Praxis im Haus des Reichspräsidenten könne er der Auffassung nur beipflichten, dass die beiden Reichspräsidenten in großem Umfange vermittelnde,

---

[19] Obgleich bereits unter Friedrich Ebert der Art. 48 relativ umfassend angewendet worden war. Dazu Ulrich Scheuner, Die Anwendung des Art. 48 der Weimarer Reichsverfassung unter den Präsidentschaften Ebert und Hindenburg, in: Hermens/Schieder (Hg.), Staat, Wirtschaft und Politik in der Weimarer Republik, Festschrift für Brüning, Berlin 1967, S. 261 ff.

[20] S. dazu die rechtsdogmatische Prüfung der Zulässigkeit der Diktaturmaßnahmen im Juli 1930 durch Thomas Wisser, Die Diktaturmaßnahmen im Juli 1930 – Autoritäre Umwandlung der Demokratie?, in: Grawert u. a. (Hg.), Offene Staatlichkeit – Festschrift Böckenförde, Berlin 1995, S. 415 ff., hier S. 433 f. Deshalb kommt Wisser in seiner retrospektiven Überprüfung der Maßnahmen zu dem Ergebnis: „Weder Verfassungsbruch noch Verfassungswandel kennzeichnete den Gebrauch der Diktaturkompetenz im Sommer 1930, sondern deren gewollt umfassender Charakter“. Die gemeinhin konstatierte „innen- und verfassungspolitische Wende [...] zu einer autoritären Regierungsform“, die damit durch die Regierung Brüning eingeleitet wurde, war ebenfalls von der Verfassung gedeckt, wenn nicht gar – für Notzeiten – gewollt, denn die Reichsverfassung vom 11. August 1919 statuiere mit Bedacht kein rein parlamentarisches System, sondern habe der Republik eine duale Struktur gegeben, die neben dem Reichstag auch den Reichspräsidenten als Repräsentanten des Volkswillens bestimme. „Die Weimarer Republik war eben – auch – eine Präsidialrepublik“. Es ist Wisser daher zuzustimmen, wenn er in seiner Untersuchung zu dem Fazit kommt: „Aus einer Aktivierung der Kompetenzen des Reichspräsidenten folgte somit keineswegs ein Niedergang ‚der Republik‘. Das ‚Notverordnungsregime‘ war allenfalls ein Symptom der tiefen gesellschaftlichen Krise dieser Republik, nicht Wegbereiter oder Motor ihres Endes. Einer einigen republikanischen Mehrheit wäre es immer möglich gewesen, einen anderen Kurs zu steuern. Ohne eine solche Mehrheit aber bot die präsidiale Seite der Verfassung die einzige Möglichkeit für die Republik zu ‚überwintern‘ [...]“.

[21] Huber, Reichskrise, 1988, S. 36.

[22] Dazu Pyta, 1998, S. 178.

[23] Brief Meißner an Schmitt vom 8. April 1929. HStAD/RW 265–2160.

Krisen und Schwierigkeiten vermeidende oder beilegende Tätigkeiten entfaltet hätten – und zwar mehr als darüber in die Öffentlichkeit gelangt sei. Dies werde auch in Zukunft geschehen, und so werde sich allmählich eine Staatspraxis bilden, die der Lehre von der neutralen und vermittelnden Gewalt Verwirklichung gebe.

Ein weiteres, wenn auch folgenloses Beispiel für Schmitts versuchte Einflussnahme auf die Staatspolitik ist ein Wahlrechtsentwurf, den Schmitt im August und September 1930 konzipiert hatte. Im August 1930 legten Staatsrechtler und Politiker – unter anderem Walter Jellinek, Richard Thoma und der damalige Reichsinnenminister Joseph Wirth[24] – dem Reichsrat insgesamt neun sehr unterschiedliche Entwürfe für eine Wahlrechtsreform vor.[25] Auf Initiative des Berliner Vertreters der „Kölnischen Volkszeitung“, Walter Croll, trafen sich auch die preußischen Staatssekretäre August Müller und Johannes Popitz im August und September mit dem Staatsrechtler Schmitt, um ihrerseits einen Vorschlag für einen Volksentscheid zur Änderung des Reichstagswahlrechts auszuarbeiten. Schmitt war dabei für die rechtstechnische Umsetzung bestimmt worden.[26] Der geplante Entwurf kam wohl nie zustande, aber die Episode zeigt, wie Schmitt sich schon zu diesem Zeitpunkt um direkten Einfluss auf die praktische Politik bemühte und versuchte, seinen juristischen Sachverstand anzudienen. Allerdings bewegten sich diese frühen Versuche zur politischen Einwirkung durchaus im Rahmen dessen, was für Staatsrechtslehrer üblich war und ging nicht über das Engagement einiger seiner Kollegen hinaus. Aber Schmitt, von unbändigem Geltungsdrang getrieben, war dies noch nicht genug. Er erstrebte den unmittelbaren Kontakt zur Reichsleitung.

In der folgenden Zeit versuchte Schmitt in unterschiedlichen Kontexten, für die neue Regierung Brüning zu werben.[27] Dies zeigt etwa der Bericht über einen Vortrag, den Schmitt unmittelbar nach der Ernennung Brünings zum Reichskanzler in einem Kreis von politisch Interessierten gehalten hatte. Der Club nannte sich „Quiriten“ und versammelte in regelmäßigem Abstand eine Reihe junger Leute, um der Rede eines mehr oder minder prominenten Gastes zu lauschen.[28] Durch Vermittlung Moritz Julius Bonns, einem Kollegen von der Handelshochschule, wurde auch

[24] S. Reichsrat-Tagungen 1930 – Nr. 151: Entwurf eines Reichswahlgesetzes (37 Seiten). Mit dem Entwurf von Joseph Wirth setzte sich der Staatsrechtler Heinrich Pohl in seinem Referatstext für die Staatsrechtslehrertagung 1931 in Halle auseinander. S. dazu Veröffentlichungen der Vereinigung der Deutschen Staatsrechtslehrer 1931 und die Auseinandersetzung mit diesen Thesen bei Arnold Köttgen, Die achte Tagung der Vereinigung deutscher Staatsrechtslehrer, in: AöR, n. F. 21, 1932, S. 419 ff.

[25] Zu den Entwürfen vgl. etwa auch Erwin Jacobi, Reform des parlamentarischen Wahlrechts, in: DJZ, 38. Jg., Heft 1, 1933, Sp. 37 ff.

[26] Das geht aus einem Brief (oder Briefentwurf) an Walter Croll vom 4. September 1930 hervor. S. den Teilabdruck bei Piet Tommissen, Bausteine zu einer wissenschaftlichen Biographie (Periode: 1888–1933), in: Helmut Quaritsch (Hg.), Complexio Oppositorum – Über Carl Schmitt, Berlin 1988, S. 90.

[27] Auch in seinen Tagebuchnotizen notierte er des öfteren, er habe Brüning gesprächsweise „verteidigt“, z. B. gegenüber A. E. Günther 14.12.1931.

Schmitt zu einem Referat geladen. Der Mitorganisator Theodor Eschenburg,[29] ein Berliner Historiker und Referent in der Grundsatzabteilung für Politik eines Wirtschaftsvereins, schildert diesen Vortrag in seinen Erinnerungen.[30] Er beschreibt, wie Schmitt zu einem Zeitpunkt, als das Parlament schon an den Rand gedrängt worden war und das Regieren mit Notverordnungen und präsidialen Entscheidungen begann, eine Vorlesung „über das Problem“ gehalten habe, „wie das parlamentarische System in ein präsidial-plebiszitäres umgewandelt werden könne, und zwar ohne Änderung der Verfassung“.[31] Und in der Tat war dies exakt die Problematik, die den Berliner Staatsrechtler umtrieb.

Am 14. November 1930 sprach Schmitt im „Überseeklub“ in Hamburg über den „Ausnahmezustand“.[32] Hier konkretisierte er seine Auffassung über die Regierung

[28] Referenten waren unter anderem der ehemalige Reichskanzler und Außenminister Stresemann und der ehemalige Reichskanzler und Finanzminister Luther. Aber auch Groener und Freiherr von Gayl konnten für ein Referat in dem Kreis gewonnen werden.

[29] Mit Theodor Eschenburg traf sich Schmitt auch in der Folgezeit noch einige Male. Vor allem aber mit dessen Mentor Alexander Rüstow hatte Schmitt bis zum März 1933 einen engen, ja freundschaftlichen Kontakt. (S. Tagebuch Schmitt.) Rüstow hatte bereits im Juli 1929 in einer Vortragsreihe in der Deutschen Hochschule für Politik, in der Schmitt zuvor über den „Mangel eines pouvoir neutre in Deutschland“ gesprochen hatte, den „Hüter der Verfassung“ zustimmend diskutiert und eine „Diktatur im Rahmen der Demokratie“ gefordert. (S. den Abdruck von Waldemar Besson, Zur Frage der Staatsführung in der Weimarer Republik, Vierteljahrshefte für Zeitgeschichte, 7. Jg. 1959, S. 85–111.) Zur Auseinandersetzung mit Schmittschen Begriffen (hier zum „totalen Staat“) vgl. auch Rüstow, Interessenpolitik oder Staatspolitik?, in: Der deutsche Volkswirt, Zeitschrift für Politik und Wirtschaft, 7. Jg. (1932/33), 1. Halbband, Nr. 6 (vom 11.11.1932), S. 169–172. Vgl. auch die sehr positive Bezugnahme auf Schmitts Theorem des „totalen Staates“ aus Stärke bzw. aus Schwäche, in: ders., Die staatspolitischen Voraussetzungen des wirtschaftlichen Liberalismus, abgedruckt in: Alexander Rüstow, Rede und Antwort, Ludwigsburg, 1963, S. 249–258, zu Schmitt, S. 254 ff.

[30] Theodor Eschenburg, Also hören Sie mal zu – Geschichte und Geschichten, Berlin 1995, S. 261 ff.

[31] Schmitt habe ein „in sich geschlossenes Konzept für die autoritäre Veränderung des politischen Systems“ vorgelegt, dessen Angelpunkt der Reichspräsident gewesen sei. Dieser stünde im Mittelpunkt eines ganzen, auf plebiszitärer Grundlage aufgebauten Systems der Neutralisierung der politischen, vor allem aber der parteipolitischen Kräfte. Auf den Reichspräsidenten sei die Staatsordnung des Reiches in demselben Maße angewiesen, in dem die Tendenzen des pluralistischen Staates ein normales Funktionieren des Gesetzgebungsstaates erschweren oder gar unmöglich machen würden. Dieses Konzept, eine „kommissarische Diktatur“, keine Diktatur im „vulgären Sinne“, wie Schmitt betonte, habe als er „Verteidigung der Weimarer Republik“ verstanden. Er hätte die Unabhängigkeit und Neutralität der Reichspräsidenten Ebert und Hindenburg gelobt und keinen Zweifel daran gelassen, dass „gegen die verfassungsfeindlichen Parteien von rechts und links entschlossen vorgegangen“ werden müsse. Bedenken gegen sein Plädoyer für eine Stärkung der Staatsspitze habe er gelten lassen, meinte aber, dass sie überschätzt würden. Ein starker Kanzler wie Brüning, ein Reichspräsident wie Hindenburg und ein Reichswehrminister wie Groener böten die Gewähr dafür, dass der Ausnahmezustand nicht missbraucht würde. Und nur mit dessen Hilfe, so seine Botschaft, „könne die Staatskrise gemeistert, die Republik gerettet“ werden.

[32] S. den Zeitungsbericht „Über den Ausnahmezustand“ vom 15. Januar 1930 in einer Hamburger Tageszeitung (Morgenausgabe), deren Titel auf Schmitts Handkopie in HStAD/RW 265–204/9 nicht zu erkennen ist.

Brüning. Zunächst umriss er das Problemfeld des Ausnahmezustandes: Eine sachliche Betrachtung dieses politischen Phänomens sei deshalb besonders schwierig, weil in der gegenwärtigen Situation eine einigermaßen klare und allgemein anerkannte Vorstellung über den Normalzustand fehle, demgegenüber der Ausnahmezustand eben nur eine Ausnahme und eine vorübergehende Unterbrechung wäre.[33] Die Regierungs- und Verordnungsmethoden der Regierung Brüning seien durch das Versagen des Reichstages erzwungen und könnten nur in einem ungenauen Sinne als Diktatur bezeichnet werden. Aber selbst diese „vorsichtige Praxis“ sei „genötigt“, sich auf wirtschaftliches Gebiet zu begeben und wirtschaftliche Maßnahmen zu treffen. Schmitt kam zu dem Ergebnis: „Die Ausnahmezustandspraxis der gegenwärtigen Reichsregierung ist bisher außerordentlich zurückhaltend gewesen, sie ist gewiss alles andere als eine totale Diktatur.“[34]

In diesem Sinne hatte er sich auch in einem Vortrag im Rahmen des von der Verwaltungs-Akademie Berlin Anfang 1931 veranstalteten „Kursus über die Notverordnung“ geäußert, der in den zentralen Punkten auf sein Gutachten zurückging.[35] Die Pointe seiner Ausführungen war die Feststellung, dass die Entwicklung des Ausnahmezustandes zum gesetzesvertretenden Notverordnungsrecht auffällig und eindeutig der Gesamtentwicklung des gegenwärtigen Staates und seiner Verfassung entspreche. Darin zeige sich, dass sie „alles andere als eine Diktatur im revolutionären Sinne oder ein Staatsstreich“ sei. Sie brächte nicht ein neues staatliches Prinzip zur Geltung, sondern suchte die geltende Verfassung in einer schwierigen Situation

---

[33] Ebd. Was richtigerweise als Normalzustand gelten solle, sei dagegen heftig umstritten und außerdem sehr verworren. Halte man etwa frühere Zeiten einer von jeder staatlichen Einmischung freien Wirtschaft für das Normale, müsse man die Ausnahmebefugnis verwenden um den Staat wieder auf ein Minimum zu beschränken. Finde man den gegenwärtigen Zustand im Grunde als richtig und normal (wie das die Interessenten des Status quo zu allen Zeiten getan hätten), so müsse man die diktatorischen Mittel benutzen, um ihn zu wahren und zu verteidigen. Denke man schließlich einen künftigen Zustand der Dinge, so liege es im Sinne des Ausnahmezustandes, die neue, erhoffte Ordnung anzubahnen. In einer solchen Verwirrung und abnormen Situation könne es leicht dazu kommen, dass der Ausnahmezustand selbst das Normale wird. Man hätte dann einen „totalen Ausnahmezustand“ und eine „totale Diktatur“, die sich auf alle menschlichen Gebiete erstrecke. Von solchen extremen Dingen sei „die gegenwärtige Reichsregierung heute [aber] noch weit entfernt“.

[34] Ebd. Zudem sei die Diktatur verfassungsmäßig und habe den „Vorteil der Legalität“. In einem Staat, der zu einem großen und wesentlichen Teil Beamtenstaat sei und bei einem Volk von so großem „Legalitätssinn“ sei das von größter Bedeutung und müsse als „unmittelbar politischer Faktor“ in Rechnung gestellt werden.

[35] Schmitt, Die staatsrechtliche Bedeutung der Notverordnung, insbesondere ihre Rechtsgültigkeit, Notverordnung und öffentliche Verwaltung (Vorträge in der Verwaltungs-Akademie, Berlin, 1. Dezember 1930), Berlin 1931. Diese Vorlesungsreihe entstand aus „Anregungen“, die von „Behörden und Beamten“ ausgingen, die sich mit der Bitte an die Verwaltungsakademie gewandt hatten, „ihnen bei der Auslegung der Notverordnung des Reichspräsidenten durch einen von ihr einzurichtenden Sonderkursus zu Hilfe zu kommen“. Referenten waren u. a. Reichsjustizminister a. D. Eugen Schiffer, Ministerialdirektor Lutz Graf Schwerin van Krosigk, Ministerialdirektor von Leyden, Staatssekretär i. e. R. Johannes Popitz und Schmitt. S. das Vorwort des Präsidenten der Verwaltungs-Akademie, Reichsminister a. D. Eugen Schiffer, S. 4.

gegen das Versagen einer ihrer zentralen Stellen, und zwar der gesetzgebenden Körperschaft, zu schützen. Bei einer unvoreingenommenen Betrachtung erscheine diese Entwicklung dem Gesamtcharakter des Staates so auffällig kongruent, dass die „heutige Praxis des Art. 48 vielmehr als das spezifische Mittel zum Schutz und zur Verteidigung gerade dieser Verfassung angesehen werden muss“.[36]

In die internationale Debatte war diese Auffassung durch den späteren Assistant Professor of Politics in Harvard, Carl Joachim Friedrich, gebracht worden. In den New Yorker „Foreign Affairs“ hatte dieser bereits im Oktober 1930 einen Aufsatz mit dem Titel „Dictatorship in Germany?“[37] geschrieben, in dem er ausdrücklich an Schmitts Ausführungen über Art. 48 auf der Staatsrechtslehrertagung 1924 in Jena anknüpfte.[38] Die derzeitigen Maßnahmen der Regierung Brüning, so beruhigte er die amerikanischen Leser, würden die Verfassung nicht antasten und daher auch die internationalen Beziehungen nicht betreffen. Es handele sich auch nicht um die Etablierung einer Diktatur.[39] Wie Carl Schmitt gezeigt habe, sei der Art. 48 durchaus adäquat angewendet worden. Es handele sich bei den durchgeführten Maßnahmen um die Aufrechterhaltung der Verfassung. Unter diesen Bedingungen sei Deutschland zu beglückwünschen für die Weisheit seiner Verfassungsgeber, von denen die Verfassung mit allen notwendigen Mechanismen ausgestattet worden sei, um eine solche temporäre Krise zu meistern.

Nicht nur in Vorträgen und privaten Zusammentreffen, sondern auch in seinen staatsrechtlichen Seminaren behandelte Schmitt die aktuellen politischen Probleme. Diese Praxisnähe war der Grund für die Anwesenheit einer Reihe von Fachleuten, die seine Seminare regelmäßig besuchten.[40] Über diese intensive Zusammenarbeit gewann Schmitt Kontakte zum Regierungslager.[41] Die Verbindung zu den Reichs-

[36] Ebd., S. 34.

[37] Carl Joachim Friedrich, Dictatorship in Germany?, in: Foreign Affairs, No. 1, Vol. 9, October 1930, S. 118–132.

[38] Ebd., S. 129, FN 15. Friedrich hatte in den Jahren 1931 und 1932 mit Schmitt, wie aus dem Tagebuch hervorgeht, einen regelmäßigen Kontakt. Schmitt versuchte dem Assistant Professor of Politics in Harvard durch die Vermittlung Walter Jellineks eine Honorarprofessur in Heidelberg zu vermitteln. (S. Brief Schmitt an Jellinek vom 26. Juni 1932, BA Koblenz, Nachlass Jellinek, N 1242/25 sowie den entsprechenden Tagebucheintrag.)

[39] Ebd., S. 131 f.

[40] So zum Beispiel der Anwalt und SPD-Syndikus Ernst Fraenkel, der auf Schmitt in dem Seminar einen „guten Eindruck“ machte (Tagebuchnotiz vom 7.5.1931) und mit dem er sich daher auch privat austauschte (Tagebucheintrag vom 23.7. und vom 4.8.1931).

[41] Nach 1945 hatte er diese Kontakte und das Zustandekommen wie folgt beschrieben: Seine Theorie des Art. 48 der WRV habe erst 1929 zu einer persönlichen Zusammenarbeit mit der Reichswehr geführt, die allerdings sehr eng wurde und zu einer persönlichen Freundschaft mit zwei bedeutenden Mitarbeitern des Generals Schleicher führte, nämlich mit dem damaligen Major im Reichswehrministerium Erich M. Marcks (Juli 1932 - Jan. 1933 Pressechef bei Schleicher, Juni 1944 in den ersten Tagen der Invasion in der Normandie gefallen) und dem damaligen Major, später Oberstleutnant (ebenfalls RWM) Eugen Ott (seit 1934 erst deutscher Militärattaché, dann Botschafter in Tokio). Erich Marcks, Eugen Ott und Erwin Planck seien damals als die „‚Drei Musketiere‘ Schleichers“ hinter den Kulissen sehr berühmt gewesen.

wehroffizieren hatte der promovierte Historiker und inoffizielle Mitarbeiter im Reichswehrministerium, Horst Michael, hergestellt,[42] der regelmäßig an Schmitts Seminaren teilnahm. Michael war Assistent des namhaften Berliner Historikers Erich Marcks, dessen gleichnamiger Sohn Major der Reichswehr war, im Reichswehrministerium arbeitete und im November 1932 Reichspressechef werden sollte.

Bei Michael traf Schmitt Anfang 1931 auch erstmals auf diesen hohen Beamten des Reichswehrministeriums.[43] Bereits bei diesem Treffen scheinen Schmitt und Marcks über konkrete Regierungsfragen gesprochen zu haben, wobei der Major ein reges Interesse an dem Schmittschen Werk gezeigt hatte. Schmitt revanchierte sich für dieses Interesse mit der Übersendung seines Buches „Die Diktatur“. Am 11. Mai 1931 bedankte sich Marcks für Schmitts Darlegungen, die ihn „außerordentlich interessiert“ hätten.[44] Er habe das Buch deshalb an die Spezialbearbeiter im Reichswehrministerium weitergeleitet. Man müsse nämlich die Studien darauf richten, wie man den Art. 48 im Notfall handhaben könne.[45]

1931 veröffentlichte Schmitt die um Auszüge aus Aufsätzen und Vorträgen von 1929 und 1930 erweiterte Version seines Aufsatzes über den „Hüter der Verfassung“ als selbständige Publikation. Das Buch, das – wie Schmitt später betonte – in „unmittelbarem Kontakt mit hervorragenden Sachkennern, insbesondere mit dem Referenten des für Verfassungsfragen federführenden Reichsministeriums des Innern, Staatssekretär Zweigert“ entstand,[46] war ein nachdrückliches Plädoyer für Brüning und den neuen Regierungskurs und stand, wie er später betonte, im Dienst der Reichswehrpläne. Das Gutachten für Brüning hatte Schmitt mit kleinen Veränderungen in den Text eingearbeitet und damit der Öffentlichkeit bekannt gemacht. Für die neue Regierung musste es von Interesse sein, wenn Schmitt als bekannter Staatsrechtslehrer nahezu vorbehaltlos seine früheren Lehren in ihrem Sinne ergänzte und

---

Vgl. „Betrifft: Die Stellung der Reichswehr bis 1933 im Rahmen meiner Neutralisierungs-Konstruktionen.“ Aus: Armin Mohler (Hg.), Carl Schmitt – Briefwechsel mit einem seiner Schüler, Berlin 1995, S. 32 f.

[42] S. dazu Wolfram Pyta, Verfassungsumbau, 1998.

[43] So teilte Marcks Schmitt in einem Brief vom 11. Mai 1931 mit, er würde gerne die bei Dr. Michael „angesponnene Bekanntschaft“ einmal wieder fortsetzen. HStAD/RW 265–9024.

[44] Major Marcks an Schmitt vom 11. Mai 1931, HStAD/RW 265–9024.

[45] Marcks betonte, besonders der Anhang über Art. 48 (es handelt sich um das in der 2. Auflage 1928 hinzugefügte Referat auf der Staatsrechtslehrertagung Jena von 1924) sei deshalb von ganz besonderem Wert. Er dürfe wohl annehmen, dass Schmitt die Erwägungen über das Ausführungsgesetz zu Art. 48 heute selber nur als wissenschaftlich-theoretische Erörterung ansehen würde. In der Entstehungszeit des Buches hätte man ja vielleicht noch damit rechnen können, wieder in normale Zeitläufte einzubiegen. Man werde sich aber heute das hauptsächliche formale Machtmittel des Reiches nicht durch irgendwelche Beschränkungen für den Notfall unbrauchbar machen lassen. Auch der Auffassung über das Recht zu Notverordnungen des Reichspräsidenten sei die fortschreitende Entwicklung nicht gefolgt. Aber auch hier sei Schmitt, wie man aus anderen Schriften entnehmen könne, ja der Meinung, dass eine „ungeschriebene und organische Verfassungsentwicklung“ einer theoretischen und schriftlich niedergelegten vorzuziehen sei.

[46] Schmitt, Verfassungsrechtliche Aufsätze, 1958, S. 100.

öffentlich auf einen regierungsfreundlichen Kurs umschwenkte. Neben der Lehre vom Reichspräsidenten als „pouvoir neutre“ war es vor allem seine Begründung der Zulässigkeit finanzgesetzvertretender Notverordnungen, die Schmitt als einen Mann der Regierung Brüning empfahl.[47] Die Abhandlung blieb deshalb auch nicht ohne die erhoffte Wirkung. Schmitt war nun als ein Mann der Regierung Brüning bekannt[48] und in aller Munde. Johannes Popitz hatte das Buch – „einem Wunsche der Schriftleitung folgend“ – bei seinem Erscheinen am 17. April 1931 in der Zentrumszeitung „Germania“ ausführlich rezensiert.[49] Damit wollte er es einem „größeren Leserkreis“ zugänglich machen. Der Staatssekretär a. D. hatte den Lesern des Zentrums-Blattes die Ausführungen Schmitts nachdrücklich anempfohlen und ihnen damit einen offiziösen Anstrich verliehen.[50]

Auch der Kontakt zu Regierungskreisen wurde durch die Veröffentlichung weiter befördert. Am 5. Februar erhielt Schmitt eine Einladung von Major Ott, die ihn, wie er notierte, „sehr freute“.[51] Drei Tage später, am 8. Februar 1932, dankte Ott dem Professor für die Übersendung dieses Buches, das er „in diesen Kampftagen um den Reichspräsidenten mit besonders großem Interesse gelesen“ habe.[52] Im Gegenzug schickte er Schmitt „einige Beiträge zum Artikel 48 aus unserer Praxis“. Zwei der fünf Akten seien „vertraulich“ und dürften „ohne unser Einverständnis“ nicht verwendet werden. Am nächsten Tag dankte Schmitt dem Leiter der Wehrmachtsabteilung für die Übersendung der internen Denkschrift über den militärischen Ausnahmezustand vom September 1923 bis Februar 1924 sowie die „vertraulichen“ Anlagen. Die Bekanntschaft mit diesem Material sei für ihn sehr „wertvoll“.[53] Für die Informationen revanchierte er sich mit dem Hinweis auf einen Vortrag, den er am 11. Februar 1932 an der Universität Hamburg über Art. 48 halten werde. Er sei vom „Reichs- und Preußischen Verwaltungsblatt“ gebeten worden, dessen Inhalt zu veröffentlichen.[54] Er habe, ließ er seinen Verbindungsmann zum Reichswehrministerium wissen, den „lebhaften Wunsch“, diesem vorher den Gegenstand des Vortrages

---

[47] siehe auch: Carl Schmitt, Die staatsrechtliche Bedeutung der Notverordnung.

[48] So war es nicht überraschend, dass Schmitt etwa in Bezug auf seine beamtenpolitischen Auffassungen im November 1931 pauschal als „Apologet der Reichsregierung“ bezeichnet wurde, Allgemeine Beamten-Correspondenz vom 5.11.1931.

[49] Johannes Popitz, Wer ist der Hüter der Verfassung? Germania, 17. April 1931.

[50] Einem Briefpartner hatte Schmitt dazu nach 1945 mitgeteilt: „Die Abstützung der Neutralisierungskonstruktion von der zivilen Seite her geschah ebenfalls mit vollem Problembewusstsein, durch einen anderen persönlichen Freund von mir, den Staatssekretär im Reichsfinanzministerium, Johannes Popitz, der meinem Buch ‚Der Hüter der Verfassung‘ durch einen Aufsatz in der „Germania“ vom 19. April 1931, zu einem großen Erfolg verhalf (den Aufsatz, der ein großes verfassungsgeschichtliches Dokument ist, habe ich noch im Original des Zeitungsblattes).“, in: Mohler, Briefwechsel, S. 32 f.

[51] Tagebucheintrag vom 5.2.1932.

[52] Ott an Schmitt vom 8. Februar 1932, HStAD/RW 265–10741.

[53] Schmitt an Erich Marcks vom 9. Februar 1932, HStAD/RW 265–13351.

[54] Es handelt sich um: Schmitt, Grundsätzliches zur heutigen Notverordnungspraxis, in: Reichsverwaltungsblatt und Preußisches Verwaltungsblatt, 27. Februar 1932, Band 53, Nr. 9, S. 161-165.

zu schildern. Deshalb schlug er vor, nach seiner Rückkehr den Major in seinem Büro anzurufen, um den Text vor der Veröffentlichung noch einmal durchzusprechen. Außerdem merkte er an, was „als Symptom von Interesse sei“, dass die Forderung nach einem Ausführungsgesetz gemäß Art. 48 wieder aufgetaucht sei. Dieser Vorgang ist bedeutsam, zeigt er doch, dass Schmitt spätestens ab Februar 1932 seine Publikationen mit den Vertretern des Reichswehrministeriums abstimmte. Zudem erhielt Schmitt vertrauliche Informationen aus der Stabsstelle des sich zunehmend als „Verfassungsministerium“ profilierenden Reichswehrministeriums, die sich mit Fragen der Handhabung des Art. 48 beschäftigten. Dieser Informationsfluss war stetig, wie ein Eintrag aus dem März 1932 illustriert. Schmitt notierte, er habe bei Marcks im Reichswehrministerium angerufen und ihm die Akten für Ott zurückgebracht.[55] Daraus wird ersichtlich, dass er seit Anfang des Jahres 1932 regelmäßig in Regierungsinterna eingeweiht wurde. Im Gegenzug stellte er seine Veröffentlichungen – obgleich, wie er betonte, weiterhin „theoretische Erörterungen“ – in den Dienst der politischen Planungen des „Verfassungsministeriums“.

Zu zentralen Fragen der Notverordnungspraxis hatte sich Schmitt wiederholt in seinen wissenschaftlichen Publikationen geäußert. Eine besonders heftige Kontroverse löste seine Stellungnahme zu Brünings beamtenpolitischen Maßnahmen[56] aus. Die Notverordnung zu Gehaltskürzungen vom 5. Juni 1931 nahm Schmitt zum Anlass für eine Stellungnahme in der Deutschen Juristen-Zeitung.[57] Auf der Grundlage seiner Theorie der „institutionellen Garantien“[58] argumentierte er, dass die in der Verfassung besonders geschützten „wohlerworbenen Beamtenrechte“ keineswegs dahingehend ausgelegt werden könnten, dass Gehaltskürzungen nicht möglich seien. „Staat und Beamtentum“, so schloss er, seien „zu eng miteinander verbunden, als dass man die finanzielle Lage des einen von dem vermögensrechtlichen Standard des anderen auf die Dauer trennen könnte“.[59] Solche Ausführungen stießen erwartungsgemäß auf entschiedene Ablehnung seitens der Betroffenen. Die „Allgemeine Beamten-Correspondenz“, die sich selbst als „Unabhängiger Nachrichtendienst für Beamtenpolitik“ bezeichnete, machte sich zum beredten Vorkämpfer ihrer Klientel. Einen Rundfunkvortrag Schmitts über „Verfassungsstaat und Staatsnotstand“[60] vom 4. November 1931 nahm sie zum Anlass für eine Ab-

[55] Tagebucheintrag vom 11.3.1932.

[56] Besondere Bedeutung hatten die Notverordnungen vom 5. Juni und vom 24. August 1931. Vgl. Bracher, Auflösung, 1984, S. 162 ff.

[57] Schmitt, Wohlerworbene Beamtenrechte und Gehaltskürzungen, in: DJZ, 15. Juli 1931, 38. Jg., Heft 14, Sp. 917 ff. (Abdruck in: Verfassungsrechtliche Aufsätze, S. 174 ff.) Vgl. dazu auch den großen Bericht in der Deutschen Gemeindezeitung, Band 70, Nr. 21, vom 1. November 1931. Unter dem Titel „Wohlerworbene Rechte, institutionelle Garantien und Staatsnotrecht“ waren die Theorien von Schmitt und Hans Kelsen gegenübergestellt worden.

[58] Schmitt, Verfassungslehre, 1928, S. 172. Ders., Freiheitsrechte und institutionelle Garantien, in: Rechtswissenschaftliche Beiträge zum 25jährigen Bestehen der Handels-Hochschule Berlin, Berlin 1931. Abdruck in: Verfassungsrechtliche Aufsätze, S. 140 ff.

[59] Schmitt, Beamtenrechte, Sp. 921.

[60] Gesendet in der „Deutschen Welle“ am 4.11.1931, Text in HStAD/RW 265–204/5.

rechnung mit dem „Apologeten der Reichsregierung“.[61] Der Vortrag lasse „in geradezu peinlicher Weise“ jede „wissenschaftliche Vertiefung“ vermissen. Seine Lehre von den institutionellen Garantien zeitige „katastrophale Folgen“ und sei in Beamten- und Fachkreisen bereits heftig kritisiert worden. „Wie die Reichsregierung auf so mangelhaft fundierte Konstruktion hin ihre Beamtenpolitik aufbauen kann, blieb zudem eine völliges Rätsel“.[62]

Die Beschäftigung mit der Frage der Zulässigkeit finanzgesetzvertretender Notverordnungen hatte Schmitt zu einer verstärkten Behandlung wirtschaftspolitischer Fragen veranlasst. Zusammen mit seinem Gesinnungsgenossen Popitz versuchte er, in dieser Hinsicht auf Brüning direkt Einfluss zu nehmen. Welchen genauen Zweck diese Versuche haben sollten, lässt sich aus den zur Verfügung stehenden Quellen leider nicht rekonstruieren.[63]

Hatten sich somit alle Versuche von Popitz und Schmitt, mit Brüning in direkten Kontakt zu treten, zerschlagen, so unternahm Schmitt doch auch weiterhin alles, um dessen Politik zu verteidigen. Eine bedeutsame, wenn auch wenig breitenwirksame[64] Gelegenheit hierzu war die Tagung der Staatsrechtslehrer in Halle vom 27. bis 29. Oktober 1931.[65] In Fachkreisen führte die Frage der Zulässigkeit einer Notverordnungsregierung zu einem Eklat, der die Staatsrechtslehrer in zwei Lager spaltete.[66] An den beiden Verhandlungstagen, am 28. und 29. Oktober 1931, standen sich

[61] „Allgemeine Beamten-Correspondenz“ von 5.11.1931.

[62] In einem Antwortschreiben an die Redaktion verlieh Schmitt seinem Unverständnis darüber Ausdruck, dass man in der „heutigen Lage“ die Alternative proklamieren könne: „nicht Institution, sondern Geld“. Schmitt an die Beamten-Correspondenz, BA Koblenz, Nachlass 171, Nr. 68, Bl. 188.

[63] Die Tagebucheintragungen geben nur die personellen Eckdaten wieder, während inhaltliche Fragen offen bleiben müssen. Am 20. Juli 1931 telefonierte Schmitt mit Popitz über Brüning. Am 26. kaufte er sich Zeitungen, in denen von Brünings Heimkehr von der Londoner Konferenz zu lesen war, und notierte: „Der arme Brüning. Hätte ihm beinahe geschrieben“ (Tagebucheintrag vom 26.7.1931). Hintergrund ist die z. T. zugespitzte Berichterstattung über Verhandlungen in Paris und London. Im Vorfeld hatten rechte Zeitungen gemutmaßt, es handele sich um Brünings „Fahrt ins Verderben“. Es wurde offen von einem bevorstehenden Rücktritt gesprochen. (Zitiert nach Berliner Tageblatt, 26. Juli 1931, S. 1). Zwar erwies sich die Konferenz nicht als „Fahrt ins Verderben“, im Gegenteil, Brüning gewann Sympathien und konnte „echte Fortschritte“ verzeichnen; in der Sache hatte das Treffen allerdings wenig erbracht. Im Zusammenhang damit berichtete die „VZ“ über die Probleme, die für Brüning aus dem Volksentscheid gegen die preußische Regierung erwachsen konnten (VZ, 26. Juli 1932, S. 1). Die sog. „nationale Opposition“ (Stahlhelm, DNVP, NSDAP u. a.) wollte mit diesem Entscheid die sofortige Auflösung des preußischen Landtages erreichen. Die KPD forderte, nachdem die für die Einleitung eines Volksentscheids erforderliche Zahl von Eintragungen knapp überschritten worden war, ihre Mitglieder und Anhänger auf, an der Abstimmung teilzunehmen. Zwar blieb der Entscheid erfolglos, hier formierte sich aber deutlich diejenige Front von Republikgegnern, die sich situationsabhängig aus destruktiven Motiven zusammenschloss um das verhasste Regime niederzukämpfen. In welcher Weise Schmitt brieflich seine Unterstützung anbieten wollte, ist leider nicht bekannt. Sicher ist dagegen, dass es nicht zu dieser Form der direkten Ansprache kam. (S. Pyta/Seiberth, Teil 1, S. 430 f.)

[64] Die großen Tageszeitungen berichteten nicht über diese Tagung.

[65] Einen prinzipiellen Bericht gibt Köttgen, Die achte Tagung, S. 404 ff.

die Streitparteien unversöhnlich gegenüber. Die Sympathisanten von Brünings Notverordnungspolitik sahen sich dabei mit einer sehr heterogenen Gruppe von Gegnern der extensiven Anwendung des Art. 48 Abs. 2 konfrontiert: sowohl die demokratischen wie die deutschnationalen Staatsrechtler lehnten die Notverordnungspraxis strikt ab und bildeten, wie Schmitt empfand, eine „geschlossene Front“.[67] Am Morgen des zweiten Verhandlungstages, dem 29. Oktober 1931, wurde „aus der Mitte der Versammlung“, wie es im Protokoll hieß, außerhalb der Tagesordnung eine Aussprache über die „Handhabung des sogenannten Notverordnungsrechts“ beantragt. Das Ergebnis wurde in Form einer Resolution veröffentlicht. Dieser Vorgang war beispiellos und der Streit um das Zustandekommen der Resolution zeigt, wie uneins die Zunft mittlerweile war.[68]

Wenn das Jahr 1931 Schmitt nicht den erwünschten Kontakt zu den Ministern der Regierung Brüning brachte, so schloss er doch Bekanntschaft mit verschiedenen politischen Akteuren.[69] Auch der Kontakt zum Schleicher-Kreis intensivierte sich zusehends und nahm zwischen den wichtigsten Protagonisten die Form einer persönlichen Freundschaft an. Marcks und Ott gingen bei Schmitt ein und aus. Man traf sich, telefonierte oder telegrafierte regelmäßig, in entscheidenden Situationen mehr-

[66] Zu der theoretischen Bedeutung dieses „Methodenstreites“ vgl. Rudolf Smend, Die Vereinigung der Deutschen Staatsrechtslehrer und der Richtungsstreit, in: Festschrift für Ulrich Scheuner zum 70. Geburtstag, hg. v. Horst Ehmke, Joseph H. Kaiser u. a., 1973, S. 575-589; Manfred Friedrich, Der Methoden- und Richtungsstreit – Zur Grundlagendiskussion der Weimarer Staatsrechtslehre, in: AöR, 1977, Jg. 102, Heft 1, S. 161–209; Ders., Die Grundlagendiskussion in der Weimarer Staatslehre, in: Politische Vierteljahresschrift, 1972, Jg. 13, S. 582–598.

[67] Bilfinger schrieb in einem Brief an Schmitt vom 26. Juli 1932 dazu: „Ich habe den klaren Eindruck, namentlich seit Oktober 1931 in Halle, dass zwischen der Nutznießerkamarilla und den mir an sich weit näher stehenden Vertretern des rechts gerichteten Liberalismus beinahe eine geschlossene Front entstanden ist, die Sie in Ihrem Brief richtig andeuten.“ HStAD/RW 265–1366.

[68] Schmitt notierte in sein Tagebuch: „Mehrmals heftige Diskussion über unsere Resolution und (mit Bilfinger und anderen) überstimmt. Sah die Gemeinheit und Bösartigkeit von [Karl] Rothenbücher, [Erich] Kaufmann und [Rudolf] Smend. War nicht geschickt genug, aber mutig. Die Resolution wurde beschlossen, es ist ganz gleichgültig“ (Tagebucheintrag vom 29.10.1931). In der Resolution hieß es, die Staatsrechtslehrervereinigung spreche ihre „Überzeugung aus, dass es die Aufgabe der Regierungen des Reiches und der Länder sei, strenger als bisher darüber zu wachen, dass das Mittel der Notverordnung nicht missbraucht werde durch die Einfügung von Bestimmungen, welche weder mit dem Schutze der öffentlichen Sicherheit und Ordnung noch mit der Behebung der gegenwärtigen Notlage auch nur in mittelbarem Zusammenhang stehen.“ (Veröffentlichungen 1931, S. 1). Die „Zerrissenheit“ der Staatsrechtslehrer wurde gemeinhin als „Methodenstreit“ bezeichnet. Dieser Streit war aber, wie Ernst Forsthoff betonte, kein Streit um Methoden, sondern vielmehr ein „Streit um die Sache selbst“. (S. Friedrich Grüter (= Ernst Forsthoff), Krisis des Staatsdenkens, in: Deutsches Volkstum, 1931, Heft 3, S. 169 ff.)

[69] So beherbergte er etwa 1931 den ehemaligen Reichswehrminister Otto Geßler in seinem Haus. Der Kontakt zu Otto Geßler geht aus dessen Buch „Die Träger der Reichsgewalt“ von 1931 hervor, in dem der Reichswehrminister a. D. im Vorwort seinem „aufrichtigen Bedürfnis“ Ausdruck verlieh, Schmitt nicht nur für die „gewährte Gastfreundschaft“ zu danken, sondern vor allem für die „reiche Anregung“.

mals täglich. Bei einem Empfang, zu dem Major Marcks am 15.12.1931 in seine Privatwohnung in der Kurlandstraße eingeladen hatte, traf Schmitt auf den Chef der Heeresleitung, General Kurt Freiherr von Hammerstein-Equord und sprach mit ihm über „Verfassung und Diktatur".[70]

Die Verbindungen Schmitts zu der Verfassungsabteilung des Reichswehrministeriums waren sogar auf recht kuriose Weise publik geworden. Die SPD-Zeitung „Sächsisches Volksblatt" berichtete am 21. Mai 1932 unter der Überschrift „Die Clique und ihr Plan" von Schmitts Kontakt zu den Reichswehrgenerälen. Sein bedeutendstes Werk „Die Diktatur" sei „die Bibel unserer Generäle". Prof. Schmitt wisse warum, und er wisse auch, „warum sein Rat in Angelegenheiten der Verfassung und ihrer Auslegung der Verfassungsabteilung des Reichswehrministerium unentbehrlich geworden ist".[71] Angesichts dieser Situation kann es nicht überraschen, dass auch bei seiner letzten selbständigen Weimarer Publikation, „Legalität und Legitimität", deren Abfassung Schmitt im Februar bereits begonnen hatte, die Kontakte zu dem Schleicher-Umfeld eine entscheidende Rolle spielten. Schmitt gab später an, dass Gespräche mit dem General Kurt Freiherr von Hammerstein-Equord „wesentlich" zu seiner Theorie von Legalität und Legitimität beigetragen hätten.[72] Hammerstein-Equord, Schleicher-Vertrauter und Chef der Heeresleitung, war mit dem Ulmer Reichswehrprozess von 1930, bei dem Hitler seinen bekannten Legalitätseid leistete, sowie mit dem Verbot von SA und SS befasst und hatte sich in diesem Zusammenhang praktische Erfahrungen zu dem Themenkomplex angeeignet, die für Schmitt von höchstem Interesse sein mussten. Schmitt war zum Zeitpunkt der Erstellung seiner Schrift „Legalität und Legitimität" anscheinend bereits in Fragestellungen und Überlegungen von Schleichers Verfassungsministerium eingeweiht. Deshalb konnte auch für den Schmitt-Vertrauten Huber der „aus einer Reihe von Einzelmomenten" resultierende Eindruck entstehen, Schmitt sei an der Vorbereitung des Eingriffes vom 20. Juli 1932 beteiligt gewesen.[73] Allerdings sind ihm streng geheime Planungen, wie der Reichseingriff, mit Sicherheit nicht *en detail* mitgeteilt worden. Dagegen spricht die schon fast paranoide Vorsicht, mit der der Reichsinnenminister, der überall feindliche Agenten vermutete, die Geheimhaltung der Notverordnung betrieb. Man kann Schmitt daher vor dem Preußen-Prozess selbst noch nicht als politischen Akteur bezeichnen.

In der Studie „Legalität und Legitimität", die 10 Tage vor dem Preußenschlag abgeschlossen war,[74] ging Schmitt u. a. ausführlich auf die desolate Situation in Preu-

---

[70] In den nächsten Tagen erfuhr er von einer Studentin (Hella Ehrick), die über gute politische Kontakte verfügte, dass Hammerstein von ihm „entzückt" sei. Tagebucheintrag vom 17.12.1931.

[71] Sächsisches Volksblatt vom 21.5.1932.

[72] Schmitt an Margret Boveri, 12. Januar 1965, Nachlass Boveri, Berliner Staatsbibliothek (trägt noch keine Signatur, da in Bearbeitung). Der Verfasser dankt Christian Tilitzki, Berlin, für den Hinweis.

[73] Huber bezeichnete diese Darstellung als „Vermutung begründeter Art", er hatte also keinen Beweis für diese Auffassung. (Huber, Reichskrise, 1988, S. 61.)

ßen nach den Landtagswahlen vom 24. April 1932 ein. Der Angelpunkt seiner Beschreibung der politischen Situation, wie sie sich Anfang des Jahres 1932 darstellte, war die „Theorie der politischen Prämien auf den legalen Machtbesitz". Schmitt kontrastierte die funktionalistische Verfassungsauslegung mit einer materiellen Staats- und Verfassungsinterpretation, zwischen denen es sich zu entscheiden gelte. Auch eine funktionalistische Staats- und Legalitätsauffassung komme nicht um die Annahme eines „materiellen Gerechtigkeitsprinzips" herum: der „unbedingt gleichen Chance politischer Machtgewinnung".[75] Wenn allerdings ein ernstlicher Zweifel bestehe, dass die neugewählten Parteien ihrerseits ihren Konkurrenten die gleiche Chance offen halten würden, so müsse die herrschende Partei ihren Gegnern zuvorkommen und die Tür der Macht hinter sich verriegeln. Die „innere Rechtfertigung" sei dann „offenbar nicht mehr das demokratische Mehrheitsprinzip, sondern nur noch der faktische Besitz der einmal legal erworbenen Macht". Als Beispiel für seine Theorie der Prämien auf den legalen Machtbesitz hatte Schmitt die Geschäftsordnungsänderung am 12. April 1932 angeführt.[76]

Öffentlichkeitswirksam wurde seine Theorie der gleichen Chance politischer Machtgewinnung durch zwei Vorabveröffentlichungen aus der im September erschienenen Schrift. Am 15. Juli wurde ein Teil des Kapitels „Legalität und gleiche

---

[74] Schmitt hatte in einer Vorbemerkung der im September erschienen Buchausgabe dieser Schrift ausdrücklich vermerkt, sie habe am 10. Juli 1932 abgeschlossen vorgelegen. Solche Vorbemerkungen waren in diesen kurzlebigen Zeiten, insbesondere bei Zeitschriftenaufsätzen, aber auch bei kurzen aktuellen Abhandlungen, durchaus üblich. Die Datierung wird sowohl durch das Tagebuch wie durch einen Brief von Schmitt an Walter Jellinek bestätigt. Am 1[illegible]. Juli notierte Schmitt, er habe das Manuskript von „Legalität und Legitimität" abgeschickt. Am 18. Juli hatte er dann die Korrekturen des Manuskripts gelesen und wieder abgeschickt. In dem Brief an Jellinek vom 26. Juni 1932 (BA Koblenz, Nachlass Jellinek, N 1242/25) schreibt Schmitt, er habe eine kleine Abhandlung über „Legalität und Legitimität" geschrieben. In dem Zeitraum bis zum 10. Juli dürften also nur noch Ergänzungen eingefügt worden sein.

[75] S. auch seine Teile des Buches „Legalität und Legitimität" wiedergebenden Vorträge in Frankfurt vom 2. Juni 1932 („Die konkrete Verfassungslage der Gegenwart", gehalten in der Aula der Frankfurter Universität", dazu der nicht näher zu bestimmende Zeitungsbericht vom 3. Juni „Um die Legalität", HStAD/RW 265–430) und vom 3. Juli 1932 in München („Demokratie und autoritärer Staat", gehalten im „Jung-Akademischen Klub" in München, dazu ein nicht identifizierbarer Artikel einer Münchner Zeitung vom 4. Juli 1932. HStAD/RW 265–204/9). In beiden Vorträgen werden im Wesentlichen Gedanken des Buches „Legalität und Legitimität" referiert. Auf diesen Gedanken basiert auch ein Rundfunkvortrag mit dem Titel „Was ist legal?". Der maschinenschriftliche Text findet sich in HStAD/RW 265–197/5. Es handelt sich hier wahrscheinlich um einen Vortrag vom 22.2.1931, um den Schmitt am 15.1.1932 von dem Zentrumsmann Schwering gebeten worden war (Tagebuchnotiz).

[76] Eine Mehrheitspartei könne für die Wahlen und Abstimmungen der kommenden Wahlperiode die wahlgesetzlichen Regelungen zu ihrem Vorteil und zum Nachteil des innerpolitischen Konkurrenten treffen: „Sie kann, wie es die knappe Mehrheit des Preußischen Landtags am Ende der Wahlperiode durch Beschluss vom 12. April 1932 gemacht hat, mit Hilfe einer Änderung der Geschäftsordnung für die folgende Wahlperiode die Wahl eines Ministerpräsidenten absichtlich erschweren, um dem Gegner die Chance zu nehmen und sich die Chance für das Geschäftsministerium, das heißt für die Weiterführung des legalen Machtbesitzes trotz nicht mehr vorhandener Mehrheit, zu verbessern." (Legalität, in VA, S. 292.)

Chance politischer Machtgewinnung“ in dem jungkonservativen „Deutschen Volkstum“ abgedruckt.[77] Am 19. Juli, einen Tag vor dem „Preußenschlag“, wurde dieser Vorabdruck in der „Täglichen Rundschau“ unter dem Titel: „Der Missbrauch der Legalität“ übernommen.[78] Die Passage über die Situation in Preußen und die Geschäftsordnungsänderung vom 12. April war in den Abdrucken nicht enthalten. Dafür hatte die Redaktion – offenbar in Absprache mit Schmitt[79] – anlässlich der bevorstehenden Reichstagswahl vom 31. Juli 1932 eine deutliche Warnung vor einem nationalsozialistischen Wahlsieg angefügt. Die Redaktion schrieb als Einleitung, man entnehme „einem Aufsatz des 2. Julihefts der Halbmonatsschrift ‚Deutsches Volkstum‘ in dem der bekannte Staatsrechtler Prof. Dr. Schmitt zu den Möglichkeiten der Machtergreifung nach dem 31. Juli Stellung nimmt“, den abgedruckten Abschnitt. An den Schluss des Textes wurde unter dem Titel „Unsere Nutzanwendung“ ein „Redaktionsschwanz“[80] angefügt: „Wer den Nationalsozialisten am 31. Juli die Mehrheit verschafft, obwohl er nicht Nationalsozialist ist und in dieser Partei nur das kleinere Übel sieht, der handelt *töricht*. Er gibt dieser weltanschaulich und politisch noch gar nicht reifen Bewegung die *Möglichkeit*, die Verfassung zu ändern, das Staatskirchentum einzuführen, die Gewerkschaften aufzulösen usw. Er liefert Deutschland dieser Gruppe völlig aus. Deshalb: es war bisher unter Umständen gut, die Widerstandsbewegung Hitlers zu fördern, am 31. Juli ist es überaus gefährlich, weil die 51 Prozent der NSDAP eine ‚politische Prämie‘ von unabsehbarer Tragweite geben.“ Diese „Nutzanwendung“ entsprach in ihrer antinationalsozialistischen Stoßrichtung der Intention des abgedruckten Textes.

Zwar konnte die Geschäftsordnungsänderung – die ja erklärtermaßen dazu dienen sollte, „Verbrecher und Dilettanten“ von der Regierung fernzuhalten – im Prinzip als eine legitime Maßnahme gelten, da sie die Machtübernahme einer radikalen Partei verhindern wollte. Schmitt befürchtete aber, dass es die Parteienkämpfe nur noch steigern würde, wenn eine Partei versuche, die andere durch offenkundig politisch motivierte Geschäftsordnungsmanipulation von der Regierung fernzuhalten. Eine solche, den Gesamtstaat betreffende, Entscheidung wie die Fernhaltung einer

---

[77] Schmitt; Legalität und gleiche Chance politischer Machtgewinnung, in: Deutsches Volkstum, 2. Juliheft 1932. Das Deutsche Volkstum erschien am 1. und 15. des Monats.

[78] Schmitt, Der Missbrauch der Legalität, in: Tägliche Rundschau vom 19. Juli 1932.

[79] Schmitt selbst hatte in einem Interview von 1972 den Eindruck erweckt, er selbst habe die Adnote angefügt: „Ich selber hatte im Sommer 1932 schon in ‚Legalität und Legitimität‘ ausdrücklich die Theorie von den ‚politischen Prämien auf den legalen Machtbesitz‘ aufgestellt und im Hinblick auf die Situation des Jahres 1932 erklärt, die Ernennung eines Nationalsozialisten oder eines Kommunisten zum Reichskanzler sei verfassungswidrig. Das steht ausdrücklich in der Schlussbemerkung eines Aufsatzes in der ‚Täglichen Rundschau‘ vom 19. Juli 1932.“ (Carl Schmitt im Gespräch mit Dieter Groh und Klaus Figge, 6. Februar 1972, in: Tommissen (Hg.), Over en in Zake Carl Schmitt, 1975, S. 100.) Man mag dem entnehmen, dass die Adnote in Übereinstimmung mit Schmitt erstellt worden war.

[80] Dass es sich hier um einen Redaktionszusatz und nicht eine Anfügung Schmitts handelt, wird schon durch den Satz „Unsere Nutzanwendung“ nahegelegt. Auch Bendersky spricht von einer „editorial note“ (Bendersky, Theorist, S. 153).

Partei von der Regierung sei Sache des Reichspräsidenten und nicht Sache einer vom Machtverlust bedrohten Partei. Diese Äußerungen lagen auf der Linie seiner vorherigen Veröffentlichungen und es wäre eine weit überzogene Interpretation, darin einen Beleg sehen zu wollen, dass Schmitt in Details der Planung eingeweiht gewesen sei. Die Geschäftsordnungsänderung war ein vieldiskutierter Vorgang, zu dem eine aktuelle politische Abhandlung Stellung nehmen musste. Die Möglichkeit der Einsetzung eines Reichskommissars, die zu diesem Zeitpunkt schon in der Presse diskutiert wurde, hatte Schmitt demgegenüber mit keinem Wort erwähnt. Sein Buch „Legalität und Legitimität“ stieß – auch wenn es den Reichseingriff nicht antizipierte – auf das größte Interesse in den Schleicher-Kreisen. Erich Marcks schrieb am 6. September 1932, dass sich die Presseabteilung der Reichsregierung seit 14 Tagen darum bemühe, das Buch „in kleiner Münze unter das Volk zu bringen“.[81] Er, Marcks, wolle Schmitt persönlich dafür danken, dass er das Buch geschrieben habe. Es sei „ein vorzügliches Arsenal im Kampf um die Zukunft“ und er hoffe, dass Schmitt die „politische Benutzung nicht unsympathisch“ sein werde. – Davon konnte freilich keine Rede sein.

Neben seinen Kontakten zum Reichswehrministerium verfügte Schmitt aber auch über Ansprechpartner im Innenministerium. Dort kannte er den für Verfassungsfragen zuständigen Staatssekretär Zweigert. Auch von dieser Seite erhielt er Zugang zu Regierungsinterna.[82] Interessante Gesprächspartner standen ihm darüber hinaus in verschiedenen politischen Zirkeln zur Verfügung, wie der „Deutschen Gesellschaft 1914“ oder dem nach den Veranstaltern General von Seeckt, Walter Simons und Wilhelm Solf benannten „Se-Si-So-Klub“. Hier trafen sich Politiker, Wissenschaftler und Publizisten zum Gedankenaustausch. Neben einigen ehemaligen Reichsministern gehörten u. a. auch Johannes Popitz und der DJZ-Herausgeber Otto Liebmann zu den regelmäßigen Gästen.[83]

Den ersten öffentlichen Auftritt, der ihn in Fühlung mit Mitgliedern der Reichsregierung brachte, hatte Schmitt aber erst im Zuge des Preußen-Prozesses. Vor dem „Preußenschlag“ war Schmitt nicht bei anstehenden Entscheidungen konsultiert worden.[84] Die Planung des „Preußenschlages“ lief unter so hoher Geheimhaltungs-

---

[81] Erich Marcks an Schmitt vom 6. September 1932, HStAD/RW 265–9027.

[82] Interne Papiere der Reichsregierung finden sich in HStAD/RW 265–206.

[83] Zu den Zirkeln im Einzelnen Koenen, S. 139 ff.

[84] An dieser Auffassung ändert auch der Hinweis in den Dokumenten Meißners nichts, Papen habe Hindenburg am 14. Juli in Neudeck unter Berufung auf einen „Staatsrecht(l)er von Rang“ (Meißner/Wilde, Machtergreifung, S. 91) von der Unterzeichnung der Notverordnung überzeugen wollen. Zwar wurde bislang hinter diesem „Staatsrecht(l)er von Rang“ immer Schmitt vermutet, der Beweis konnte aber nie erbracht werden. Hans-Otto Meißner, der sich bei seiner Arbeit „Die Machtergreifung“ auf die Notizen seines Vaters stützte, konnte auch nichts zur Klärung dieser Frage beitragen. (Brief Meißner an Bay, zitiert nach ders. S. 119, FN 606.) Schmitt habe auf eine diesbezügliche schriftliche Anfrage nicht geantwortet. (Ebd.) Selbst wenn hier Schmitt gemeint gewesen sein sollte, so würde die Äußerung nur besagen, dass dieser signalisiert hatte, er würde die Einsetzung eines Reichskommissars in Preußen für verfassungsmäßig erachten.

stufe, dass selbst Schmitt außen vor geblieben war. Es kann bereits aus der Kenntnis der Entstehungsgeschichte der Notverordnung als sicher gelten kann, dass Schmitt nicht über Details informiert war. Einem Bericht Gayls zufolge hatten nämlich bis zur Vorlage beim Reichspräsidenten „nur sechs Augen den Inhalt der Verordnung gesehen“.[85] Nicht einmal Papen und Schleicher hatten vorher von dem genauen Text des Verordnungsentwurfs Kenntnis. Während es allein nach diesen Quellen als gesichert erscheint, dass Schmitt an der Vorbereitung der Aktion nicht beteiligt war, so kann es doch als wahrscheinlicher gelten, dass er über seine Kanäle zum „Bendlerblock“ von Schleichers prinzipiellen Erwägungen zur Einsetzung eines Reichskommissars in Preußen informiert wurde. Immerhin traf er sich, ausweislich des Tagebuches, regelmäßig mit dem Kontaktmann Horst Michael. Diese Informationen – wenn Schmitt sie überhaupt erhalten hat – blieben allerdings mit Sicherheit vage und unbestimmt.

Die Annahme, dass Schmitt in die Planung des „Preußenschlages“ nicht eingeschaltet war, wird durch seine Tagebuchaufzeichnungen bestätigt. Bis zum Tage des Reichseingriffes finden sich keinerlei Notizen über Besprechungen mit Regierungsvertretern.[86] Marcks oder Ott konsultierten ihn wegen des anvisierten Vorgehens gegen die Preußenregierung überhaupt nicht. Nur zwei Treffen fanden vor dem „Preußenschlag“ am 20. Juli 1932 statt, bei denen aber die eigentlich spannenden Fragen noch nicht einmal gestreift wurden, was den ehrgeizigen Staatsrechtler ziemlich enttäuscht hatte.[87]

---

[85] So der Bericht Gayls über die Abfassung des „Entwurfs der Verordnung“, den er „zur unbedingten Geheimhaltung“ in seiner Wohnung „von einer sicheren Verwandten schreiben lassen“ musste. „Das zur Herstellung der Durchschläge benutzte Kohlepapier vernichtete ich eigenhändig. Die Reinschrift und einen Durchschlag trug ich am Leibe, den zweiten Durchschlag der Ministerialdirektor Gottheiner. Die zur Zustellung an die preußischen Minister bestimmten Ausfertigungen wurden gleicherweise gefertigt. Nur so gelang es, die Geheimhaltung zu gewährleisten. Bis zur Vorlage beim Reichspräsidenten hatten nur sechs Augen den Inhalt der Verordnung gesehen“, neben Gayl und Gottheiner nur seine Tochter, die seinen Berliner Haushalt führte. (BA Koblenz, Nachlass Gayl/53. Zitiert nach Akten der Reichskanzlei. Das Kabinett von Papen 1. Juni bis 3. Dezember 1932, 1. Bd., bearbeitet von Karl-Heinz Minuth, 1989, S. 206, s. auch Schulz, Von Brüning zu Hitler, S. 928, FN 135.)

[86] Das letzte Treffen mit einem Mitarbeiter des Reichswehrministeriums fand am 16. Juli statt. An diesem Tag besuchte Michael Schmitt gemeinsam mit seinem Freund und Co-Autor Karl Lohmann. Abends kam Giselher Wirsing vom Tat-Kreis. Marcks oder Ott sprach Schmitt im Zeitraum vom 1. bis 20. Juli nicht. Mit Lohmann und Michael dürfte Schmitt über deren Publikation „Der Reichspräsident ist Obrigkeit – Ein Mahnruf an die evangelische Kirche“ gesprochen haben, die im August 1932 erschien.

[87] Am 1. März 1932 war Schmitt abends zu Major Ott geladen, wo er auch Marcks und „dem jungen [Erwin] Planck (dem Freund Brünings)“ begegnete. Er notierte: „Nett unterhalten, aber eigentlich ergebnislos. Sehr traurig darüber nach Hause“. Die nächste Unterredung mit Marcks und Ott, am 30. Mai 1932, nahm einen ähnlichen Verlauf: „Abends mit [Horst] Michael, Erich Marcks und Oberstleutnant Ott sehr nett. [...] War aber zu müde, eigentlich überflüssiges Gespräch“. Vgl. Pyta/Seiberth, S. 433 f.

2. Die Bestellung Schmitts zum Prozessvertreter

Von dem Eingriff selbst hatte Schmitt, wie alle anderen, erst aus der Zeitung erfahren. Auch bestand an diesem Tag keinerlei Kontakt zu Regierungskreisen.[88] Schmitt notierte: „Traurig, dass ich nicht dabei war". Das zeigt, dass Schmitt in keiner Weise von Regierungsvertretern konsultiert wurde. Der Umstand, dass Schmitt bedauerte, nicht dabei gewesen zu sein, legt nahe, dass er sich demgegenüber durchaus Hoffnungen gemacht hatte, an den Planungen beteiligt zu werden.

Danach verlief alles sehr zügig. Bereits am folgenden Tag wurde Schmitt von dem DJZ-Herausgeber Otto Liebmann angerufen, der ihn um einen Aufsatz über das Vorgehen der Reichsregierung bat.[89] Doch Schmitt bat sich bis zum nächsten Tag Bedenkzeit aus, da er, gemäß der seit einiger Zeit geübten Abstimmungspraxis, in diesen Fragen erst Rücksprache mit dem Leiter der Wehrmachtsabteilung im Reichswehrministerium nehmen wollte. Deshalb rief er den Oberstleutnant an, der ihn „gleich zu sich bat". „Aufgeregt" ging Schmitt zu dieser ersten knappen Lagebesprechung mit Ott. Auch Marcks kam kurz hinzu. Dann fuhr Schmitt mit ihm ins Reichsministerium des Innern, wo er sich mit Zweigert und Gottheiner über die „verfassungsrechtliche Frage" aussprach. Am nächsten Tag sagte er dem DJZ-Herausgeber die Anfertigung des Aufsatzes zu und begann sogleich mit dessen Abfassung.[90] Wie sich hier zeigt, konnte Schmitt seine langfristig aufgebauten Kontakte zu den wichtigsten Vertretern des Reichswehrministeriums nutzen, um *ad hoc* zum juristischen Berater berufen zu werden; allerdings liefen diese Verbindungen nicht über Regierungsvertreter, sondern über Mittelsmänner Schleichers.

Auf Veranlassung des Generals hatten seine Offiziere schon zu Beginn der Notverordnungspraxis Kontakte zu Staatsrechtlern angebahnt, die für die Regierung als Rechtsberater von Bedeutung sein konnten. Schleichers Bestreben traf auf Schmitts Interesse an einer unmittelbaren Einwirkung auf die Reichsregierung. Diese frühe Fühlungnahme erwies sich als ein kluger Schachzug. Deshalb konnten die Reichsvertreter unmittelbar mit der Arbeit beginnen und hatten dadurch einen wichtigen zeitlichen Vorsprung. Ott berichtete rückblickend, es sei Schleicher gewesen, der den „Beraterstab" Schmitt, Jacobi, Bilfinger aus „Sorge" um Art. 48 „herangezogen" hatte, um „im Einzelfall zu prüfen, ob der Art. 48 zu Recht angewandt werde".[91] Diese Mitteilung darf man wohl nicht allzu wörtlich nehmen. Erstens hatte nicht Schleicher

[88] Dies ergibt sich aus Schmitts Schilderung: Am 20. Juli, einem Mittwoch, ging er zusammen mit einem ungarischen Gast über den Kurfürstendamm. Hier sah er „aufgeregt" in der B.Z. die „Ankündigung, dass Papen zum Reichskommissar für Preußen ernannt ist". Tagebucheintrag vom 20. Juli 1932. An dem gesamten Tag fand kein Kontakt zu Regierungskreisen statt. (S. Pyta/Seiberth, Teil 1, S. 434 f.)

[89] Tagebucheintrag vom 21. Juli 1932.

[90] Tagebucheintrag vom 22. Juli 1932.

[91] Eugen Ott: „Aus der Vorgeschichte der Machtergreifung des Nationalsozialismus". Vortrag vor dem Rhein-Ruhr-Klub am 19. Mai 1965. Ungedruckt. Typoskript in HStAD/RW265–422/9.

selbst den Kontakt hergestellt, sondern seine Mittelsmänner, und zweitens war es Schmitt gewesen, der, wie sich zeigen wird, seinerseits Jacobi und Bilfinger hinzuzog. Richtig ist dagegen, dass es Schleicher war, der auf den Aufbau eines Beraterstabes gedrängt hatte, während weder Papen noch Gayl anfangs an eine juristische Flankierung ihres Vorgehens einen Gedanken verschwendet hatten, was symptomatisch für die erstaunlich unprofessionelle Vorbereitung der Preußenaktion ist. Papen und Gayl waren offenbar von der massiven juristischen Gegenwehr überrascht und zunächst völlig überfordert. Für den Fall eines Generalstreiks oder eines bewaffneten Widerstands hatte man das Reichswehrministerium vorsorgen lassen, aber an juristische Beratung wurde keinen Moment gedacht. Man hatte in der gebotenen Eile – über den Antrag auf einstweilige Verfügung sollte bereits in wenigen Tagen entschieden werden – offenbar gehofft, die Professoren Anschütz und Jellinek, die bereits als Gutachter für die Reichsregierung tätig geworden waren,[92] für eine abermalige Vertretung gewinnen zu können.[93] Auch dies ist ein beredter Ausdruck für die Konzeptionslosigkeit des Kanzlers und des federführenden Ministers, denn Anschütz hatte sich bereits von der preußischen Regierung verpflichten lassen, was seiner politischen Position ohnehin näher lag, als ein Engagement für die Papen-Regierung; und Jellinek zögerte, sich für eine derart umstrittene Sache herzugeben.[94] Während Papen und Gayl unter dem Druck der Ereignisse an der Vertretungsfrage gescheitert waren, konnte das Reichswehrministerium, das dem Ministerium des Innern seinen Rang als „Verfassungsministerium“ fast restlos abgelaufen hatte, seinen favorisierten und von langer Hand aufgebauten Kandidaten problemlos platzieren. Immerhin war es dem Innenministerium noch gelungen, den Staatsrechtler Fritz

---

[92] Dazu oben.

[93] Dies ist aus der Äußerung Papens in der Ministerbesprechung vom 25. Juli 1932 zu schließen, in der er erklärte, es sei bereits veranlasst, dass Schmitt, Bilfinger und Jacobi als Vertreter bzw. Gutachter hinzugezogen würden. Er fügte hinzu, es sei ihm geraten worden, die Professoren Anschütz und Jellinek mündlich über den Standpunkt der Reichsregierung zu unterrichten. Diese Äußerung kann nur so gedeutet werden, dass man auch an diese beiden Staatsrechtler als Gutachter bzw. Vertreter gedacht hatte.

[94] Später erklärte Jellinek in einem Prozessbericht, dass er das Auftreten von Staatsrechtslehrern vor dem Staatsgerichtshof als Parteienvertreter als prinzipielles Problem erachtete: „Können Männer der Wissenschaft sich überhaupt einer Prozesspartei mit Haut und Haaren verschreiben?“ (Walter Jellinek, Leipziger Prozess, S. 904.) Zu Jellineks Auffassung über den Prozess s. auch: Jellinek, Zum Konflikt. Zudem konnte Jellinek den Standpunkt der Reichsregierung nicht teilen. In einer Stellungnahme am 27. August hatte er deshalb seiner Hoffnung Ausdruck verliehen, dass der Staatsgerichtshof, wie später auch geschehen, zu einem Kompromiss käme: „[...] ich persönlich würde es begrüßen, wenn die Sachlage den Staatsgerichtshof zwänge, zwischen Reichsexekution und Diktatur zu unterscheiden. Die Entscheidung könnte dann so lauten: ‚Soweit die Verordnung des Reichspräsidenten sich auf RVerf. Art. 48 Abs. 1 stützt, ist sie nach Sachlage verfassungswidrig, im übrigen wird der Antrag des Landes Preußen zurückgewiesen.‘ [...] Mit einer solchen Entscheidung würde die alte preußische Regierung von dem kränkenden Vorwurf reichsfeindlichen Verhaltens reingewaschen werden, das Prestige des Reichspräsidenten würde nicht leiden, da seine Verordnung als Maßnahme der Diktatur aufrecht erhalten bliebe, und der Staatsgerichtshof würde sich nicht der Missdeutung aussetzen, dass er alles hinnehme, was auf Grund des Art. 48 dekretiert wird.“ (S. Jellinek, Zum Konflikt, S. 684.)

Poetzsch-Heffter als Gutachter zu gewinnen, was der Reichsinnenminister nicht ohne Stolz in der Kabinettssitzung vom 28. Juli bekanntgegeben hatte.[95] Aber auch dieser Erfolg wird wohl eher Zweigert zu verdanken gewesen sein, da dieser durch die Bekanntschaft mit Brecht aus gemeinsamen Reichskanzleitagen auch den Kontakt zu dem mit Brecht eng vertrauten Poetzsch-Heffter hergestellt haben dürfte.

Abgesehen von der Machtfrage werden sich Papen und Gayl aber rasch in die Notwendigkeit gefügt haben. Erstens hatten sie keine Alternative präsentieren können, und zweitens verfügte Schmitt zweifellos über beste Voraussetzungen für die Prozessvertretung. Er galt in Regierungskreisen wie Anschütz und Jellinek als einer der „vier ersten Staatsrechtler“[96] und war ebenso wie seine beiden Kollegen in der Entscheidungssituation des Jahres 1930 mit einem für die Regierung positiven Gutachten hervorgetreten.[97] Es blieb bei alledem aber immer deutlich, dass Schmitt ein Mann des Reichswehrministeriums war, der zu dem Reichskanzler und seinem Innenminister keine wesentlichen Kontakte unterhielt, was letzteren durchaus ein Dorn im Auge gewesen sein dürfte, da sie in der wichtigen Frage der Prozessvertretung marginalisiert wurden, was durchaus symptomatische Bedeutung hatte. Die Hinzuziehung Schmitts war von Papen und Gayl jedenfalls als Affront zu werten. Dies und der Umstand, dass Papen mit der Beiziehung nichts zu tun hatte, wird durch die Äußerung von Horst Michael verdeutlicht, Schleicher habe „in der Kabinettssitzung auf den Tisch geschlagen“, um Schmitt „als Gutachter durchzusetzen“.[98] Dadurch wird deutlich, dass Papen vor vollendete Tatsachen gestellt worden war. Zudem klingt ein weiterer Aspekt an, den Schleicher mit der Bestellung Schmitts bezweckte: durch die engen Kontakte zum Reichswehrministerium konnten die Prozessvertreter ein Gegengewicht gegen den Reichskanzler und Innenminister bilden, deren Engagement Schleicher zunehmend gegen den Strich ging.[99]

Nachdem seine Beauftragung gesichert war, bekam Schmitt am 22. Juli den inoffiziellen Auftrag, eine Mannschaft für die Prozessvertretung zusammenzustellen.[100] Am 23. Juli hatte er sich in diesem Zusammenhang mit konkreten juristischen, den bevorstehenden Prozess betreffenden Fragen an seinen Hallenser Kollegen Carl Bilfinger gewandt. Dieser antwortete am 24. Juli 1932, dass er, wenn man ihn brauche, bereit sei und dies dann allen anderen Rücksichten vorginge. Bilfinger galt als

[95] AdR, Das Kabinett von Papen, Band 1, S. 334. Näheres dazu vorn.

[96] Genannt wurden: Anschütz, Thoma, Schmitt und Jellinek. S. Schreiben der Reichsregierung an die Reichsschuldenverwaltung vom 29. März 1932. Zitiert nach Schulz, S. 787.

[97] Dazu im Einzelnen Muth, S. 99 ff.

[98] Tagebucheintrag vom 5.8.1932.

[99] Auch Wolfram Pyta betont, dass die Hinzuziehung Schmitts allein auf den Schleicher-Kreis zurückzuführen war: „Den dazu erforderlichen Findungsprozess hatten weder Papen noch Innenminister Gayl gesteuert, sondern der Reichswehrminister, also Kurt von Schleicher“. (S. Pyta, Verfassungsumbau, S. 177.)

[100] Diese Funktion Schmitts wird aus den Briefen Bilfingers an Schmitt ersichtlich. Vgl. Schreiben vom 24., 26. Juli und 6. August. HStAD/RW 265–1365, 1366 und 1367. Am 6. August schrieb er, er habe Schmitt „nochmals für die Beiziehung in dieser Sache zu danken“.

Föderalismusexperte[101], nachdem er 1924 neben Anschütz das Referat „Der deutsche Föderalismus in Vergangenheit, Gegenwart und Zukunft“ auf der Versammlung der „Vereinigung der Deutschen Staatsrechtslehrer“ übernommen hatte.[102] Des Weiteren wurde Jacobi, der das Co-Referat von Schmitt auf der Staatsrechtslehrertagung 1924 in Jena gehalten hatte und mit ihm eine extensive Auslegung des Art. 48 – die sog. Schmitt-Jacobische Theorie – verfocht, von dem neuen Prozesskoordinator hinzugezogen.[103]

Am 23. Juli wurde der Chef der Beratergruppe[104] von einem Journalisten, der offenbar von Marcks zur propagandistischen Vorbereitung der Verteidigung geschickt worden war, um eine Stellungnahme in seiner neuen Position als Reichsvertreter gebeten.[105] Schmitt „erkannte das Vorgehen der Reichsregierung für korrekt“. Auch Rudolf Smend, so notierte er weiter, solle gefragt werden. Diese Hinzuziehung von Smend war, wie es scheint, von Ott erwogen worden. Welchen Charakter die hier angesprochene Mitarbeit dieses Staatsrechtlers haben sollte, kann nicht mehr geklärt werden. Bilfinger schrieb jedenfalls am 26. Juli 1932, er warne aus einer Reihe sachlicher Gründe davor, dass auch Smend neben Schmitt, Jacobi und ihm selbst in dieser Sache arbeite.[106] Die anfänglich guten Beziehungen zwischen Smend und Schmitt hatten sich, wie das Tagebuch zeigt, zusehends verschlechtert. Auch Bilfinger verwies auf die Front, die sich in Halle gebildet hatte, und rechnete Smend der Gegenseite zu.

Im Weiteren galt es vor allem, Argumente für die Zurückweisung der einstweiligen Verfügung, die von der preußischen Regierung beantragt worden war, zusammenzustellen. Am nächsten Tag, dem 24. Juli, traf sich Schmitt abends um acht Uhr

---

[101] Dass Bilfinger für die Fragen zum Föderalismus zuständig war, bestätigt seine Stellungnahme zu der Preußenverordnung in der Deutschen Juristen-Zeitung in der er vor allem die föderalistische Seite des Problems, insbesondere die Frage des Reichsrats, behandelte. Bilfinger, Exekution, Diktatur und Föderalismus, DJZ, 37. Jg., 15. August 1932, Heft 16, Sp. 1017 ff. Dass es sich hierbei um eine Arbeitsteilung handelte, wobei Bilfinger die Fragen der bundesstaatlichen Befugnisse des Reichspräsidenten zu übernehmen hatte, ergibt sich aus einer Bemerkung Schmitts in seinem Tagebuch. Am Tag der Verkündung des Urteils notierte er: „Reichsrat verloren, wir waren sehr traurig. Bilfinger ist der Besiegte“. (Tagebuch 25.10.1932.)

[102] Veröffentlichungen der Vereinigung der Deutschen Staatsrechtslehrer, 1924.

[103] Jacobi bedankte sich am 16. November 1932 schriftlich bei Schmitt für die Heranziehung, nachdem das Honorar von 10.000 RM eingetroffen war. Er sei über die Höhe des Honorars erschreckt gewesen und habe gleich daran gedacht, einen Teil an die Hindenburg-Spende zu überweisen. HStAD/RW 265–6485.

[104] Schmitt fungierte in diesem Kreis als „Obmann“, wie Bilfinger in einem Brief vom 6. August das Verhältnis der drei Staatsrechtler charakterisierte. Jacobi und Bilfinger waren nur „beigezogen“ worden, wofür sie Schmitt besonders dankbar waren. So Bilfinger in dem Brief vom 6. August 1932, HStAD/RW 265–1367. Auch Jacobi wollte seinen Dank am 16. November 1932 schriftlich zum Ausdruck bringen.

[105] Um wen es sich handelt, ist nicht zu klären. Möglicherweise handelt es sich um einen Vertreter der Deutschen Allgemeinen Zeitung, die als erste Schmitts Aufsatz in der DJZ teilweise abgedruckt hatte.

[106] Brief Bilfinger an Schmitt vom 26. Juli 1932, HStAD/RW 265–1366.

zu einem Gespräch mit Marcks, Ott und Schütze über die preußische Klage beim Staatsgerichtshof. Schmitt war von Ott, wie er notierte, „begeistert". Erst in der Ministerbesprechung vom 25. Juli, als die Arbeit Schmitts für die Regierung schon in vollem Gange war, wurden die übrigen Minister über die Beiziehung der drei Staatsrechtslehrer in Kenntnis gesetzt. Wohl um den düpierten Kanzler nicht noch weiter vor seinem Kabinett bloßzustellen, hatte sich Schleicher nach dem – nicht aktenkundigen – Machtwort bei der Präsentation seiner Kandidaten im Hintergrunde gehalten und Papen das Wort überlassen.[107] Anlässlich der Bekanntgabe der Prozessvertreter konnte dieser dann weiterhin mitteilen, dass Schmitt am 29. Juli einen Artikel in der DJZ erscheinen lassen werde,[108] in dem er der Reichsregierung Recht gebe.[109] Auch wurde jetzt – nachdem man in dieser Frage lange untätig geblieben war – angemerkt, dass Gutachter hinzugezogen werden müssten. Dabei dachte Papen an die Ministerialräte Trapp vom Reichsfinanzministerium und Schütze vom Preußischen Innenministerium. Gayl führte aus, dass er zusammen mit Schmitt das Gerippe der „Denkschrift", gemeint ist die Gegenerklärung der Reichsregierung vom 5. August, herstellen wolle. Das tatsächliche Material solle in Anlagen zusammengefasst werden.[110] Dieser Aktionismus war wohl ein Versuch des an die Seite gedrängten Kanzlers und seines Innenministers, wenigstens in der Konzeption der Verteidigungslinie wieder Einfluss auf die Ereignisse zu bekommen.

Der von Papen angekündigte Aufsatz war aber – was dieser nicht wusste – bereits fertig, da der Schleicher-Kreis alles Erforderliche in die Wege geleitet hatte. Ohne diese Kontakte des Schleicher-Kreises hätte die Regierung also bezüglich der juristischen Verteidigung auf dem Trockenen gesessen. Deshalb konnte Schmitt am

---

107 Das hatte zu dem oft geäußerten Missverständnis geführt, Schmitt sei ein „Mann Papens" gewesen.

108 Der Artikel war allerdings nicht im Auftrag der Reichsregierung verfasst worden. Die Schriftleitung der DJZ hatte die „Ansicht eines unserer ersten Rechtsgelehrten" erbeten. Vgl. die Adnote des Aufsatzes in der DJZ. Dieser Vorgang ist nicht weiter ungewöhnlich, da die DJZ alle führenden Staatslehrer um Stellungnahmen gebeten hatte. Weil Schmitt aber zu diesem Zeitpunkt schon über seine Beiziehung unterrichtet war, stellt dieser Vorgang bereits eine Vorbereitung der Prozessvertretung dar. Ulrich Scheuner schrieb am 1. August 1932 an Schmitt, er habe diesen Beitrag mit größtem Interesse und aufrichtiger Freude gelesen. Das Prinzip des Nichteingreifens in schwebende Rechtsstreitigkeiten, sei bei hochpolitischen Streitfällen sowieso seit langem beinahe aufgegeben. Scheuner an Schmitt, 1. August 1932, HStAD/RW265–12432, S. 1.

109 Der Artikel war von dem Schriftleiter Otto Liebmann erbeten worden, wie aus der redaktionellen Vorbemerkung hervorgeht. Das Heft mit den Artikeln von Schmitt und v. Dryander (Zum Verhältnis von Reichs- und Landesgewalt) hatte Liebmann dann an Papen geschickt, mit der Versicherung, es werde „auch weiterhin" sein „Bestreben sein, die Stellung des gegenwärtigen Kabinetts weitestgehendst zu unterstützen". (Schreiben vom 28. Juli 1932. BA Koblenz, Akten der Reichskanzlei, Reich 43 I/1871.) Mit Schreiben vom 12. November 1932 (BA Koblenz., Akten der Reichskanzlei, Reich 43 I, Bd. 2281, pag. 317) übersandte er dann das Heft mit den Aufsätzen von Poetzsch-Heffter, Graf Westarp und v. Campe zum Preußenprozess.

110 S. Akten der Reichskanzlei, Dok. Nr, 85, S. 318. In der Anlage befanden sich u. a. die „Darstellung der Durchführung der Verordnung vom 20. Juli 1932", die „Rede des Polizeipräsidenten Grzesinski am 26. Juni 1932" und eine „Feststellung des Reichskommissars Dr. Bracht".

25. Juli bereits die Korrekturen entgegennehmen, mit denen er aber nicht recht zufrieden war.[111] Einen vollen Erfolg hatte er dagegen in einer anderen Sache vorzuweisen: Der Staatsgerichtshof war der Argumentation der Reichsregierung gefolgt und hatte am 25. Juli den Antrag auf einstweilige Verfügung in Übernahme des Schmittschen Arguments, dadurch würde „eine Teilung der Staatsgewalt in Preußen“ herbeigeführt, zurückgewiesen. Am nächsten Tag, dem 26. Juli, trat Schmitt erstmals mit dem Innenminister in Verbindung. Im Taxi fuhr er ins Innenministerium, wo er sich mit Zweigert und Gottheiner traf. Zusammen ging man zu Gayl, um mit ihm das angekündigte „Gerippe“ der Klageerwiderung zu erstellen. Schmitt notierte über diese Begegnung: „Schlug Jacobi und Bilfinger als Gutachter vor. Stolz um 2 nach Hause, nachdem beide noch für morgen Mittag bestellt waren.“ Was der frisch gekürte Prozessvertreter augenscheinlich nicht wusste, war, dass die Entscheidung hierüber schon vorher gefallen und bereits von Papen in der Ministerbesprechung verkündet worden war. Während Schmitt die Zustimmung Gayls zu diesem Vorschlag als persönlichen Erfolg wertete, hatte der Schleicher-Kreis im Hintergrund die entscheidenden Weichen gestellt.

In den nächsten Tagen lief die Prozessvorbereitung des nun vollzähligen Stabes auf Hochtouren. Am 27. Juli traf man sich um fünf Uhr nachmittags im Reichsministerium des Innern zur großen Sitzung mit Zweigert, Gottheiner, Lammers und „zwei anderen“ die bis halb neun dauerte. Die drei Professoren waren „sehr stolz mitzuarbeiten“. Am 28. Juli erhielt Schmitt von Liebmann das Vorabexemplar der DJZ vom 1. August 1932 mit seinem Rechtfertigungsaufsatz. Abends rief Zweigert an, um zu dem Aufsatz, der offenbar ganz den gemeinsamen Vorstellungen entsprach, zu gratulieren.[112] Man hatte wohl entschieden, die publizistische Vorbereitung so schnell wie möglich zu beginnen und gab ein Exemplar an die Presse. Am nächsten Tag erschien der von Papen angekündigte Artikel dann in gekürzter Fassung als Vorabdruck in der „Deutschen Allgemeinen Zeitung“ unter dem Titel: „Ist der Reichskommissar verfassungsmäßig?“.[113] Die „Vossische Zeitung“ („VZ“) brachte eine Zusammenfassung unter dem Titel: „Staatsrechtslehrer Schmitt für den Reichskommissar“.[114] Während es bei der „VZ“ im Untertitel korrekt „Der ‚Makel‘ der geänderten Geschäftsordnung“ hieß, berichtete am darauffolgenden Tag die „Tägliche Rundschau“ unter dem reißerischen Titel: „Der ‚Makel‘ der abgesetzten Preußenregierung“ über den Abdruck in der „DAZ“.[115] Am 1. August 1932 erschien der Artikel „Die Verfassungsmäßigkeit der Bestellung eines Reichskommissars für das Land Preußen“ dann in voller Länge in der DJZ.[116] Der Aufsatz, den der Staats-

---

[111] Tagebucheintrag vom 25.7.1932.

[112] Eintrag vom 28.7.1932.

[113] DAZ, „Ist der Reichskommissar verfassungsmäßig?“ vom 29. Juli 1932.

[114] VZ, 29. Juli 1932.

[115] Tägliche Rundschau, 30. Juli 1932.

[116] Carl Schmitt, Die Verfassungsmäßigkeit der Bestellung eines Reichskommissars für das Land Preußen, in: DJZ, 1. August 1932, Jg. 37, Heft 15, Sp. 953–958.

rechtler in Abstimmung mit Zweigert und dem Schleicher-Kreis ausgearbeitet hatte, machte die Wandlung in der Zielsetzung der Reichsregierung deutlich, die sich unmittelbar nach der Durchführung der Aktion ergeben hatte: Schmitt betonte gleich zu Anfang seiner Ausführungen, dass bei einer Ausdehnung der Reichsgewalt infolge des Art. 48 der Umfang der Landesgewalt „für die Zeit der außerordentlichen Maßnahmen zurückgedrängt wird, ohne dass das Reich in den Staatsorganismus als solchen eingreift".[117] Damit war den Zielen, wie sie in den Ministerbesprechungen vor dem Preußenschlag geäußert worden waren, eine klare Absage erteilt – offenbar mit Segen des Reichskanzlers und seines Innenministers. Eine „endgültige Beseitigung" des Dualismus Preußen-Reich und die damit verbundene Reichsreform war durch diese Interpretation nicht gedeckt. Auch die dauerhafte Absetzung der Regierung war demzufolge unmöglich. Bilfinger betonte übereinstimmend, dass die Amtsenthebung der Regierung im Zusammenhang der Verordnung nicht mehr bedeute, als die „Suspendierung der Minister vom Dienst". Es handele sich dabei um „vorläufige Akte der Reichsgewalt".[118] Zudem verwies er auf die Erklärung der Reichsregierung auf der vom Kanzler präsidierten Länderkonferenz in Stuttgart vom 23. Juli 1932, in der betont wurde, „die Einsetzung eines Reichskommissars in Preußen stelle nur eine vorübergehende Maßnahme dar."[119] Nach dieser Lesart war also auch die Suspendierung der Beamten zeitlich begrenzt.[120]

Während die einschlägigen Äußerungen in den Ministerbesprechungen vor dem Preußenschlag nahelegen, dass die Reichsminister ursprünglich mit der Preußenverordnung auch eine autoritäre Reichsreform verwirklichen wollten, so muss betont werden, dass nach der preußischen Klage derartige Überlegungen keine Rolle mehr spielten. Wenn so etwas tatsächlich jemals ernsthaft erwogen wurde, so war man von den diesbezüglichen Plänen wieder abgerückt. Ein Umstand, der bei genauerer Betrachtung durchaus plausibel ist: In den Ministerbesprechungen unmittelbar vor dem „Preußenschlag" hatte die Reichsregierung eine Klage der preußischen Regierung vor dem Staatsgerichtshof für aussichtslos gehalten. Das änderte sich offenbar unter dem Eindruck der Besprechung mit den preußischen Ministern: Bereits in Pa-

[117] Schmitt, Verfassungsmäßigkeit, Sp. 953.

[118] Bilfinger, Exekution, Sp. 1019.

[119] Ebd., Sp. 1017.

[120] In dieser Frage hatte sich Schmitt bereits 1924 deutlich ausgesprochen: Der Reichspräsident könne zwar nach Art. 48 „wie man mit einem ungenauen Ausdruck sagt, Beamte suspendieren oder ihres Amtes entheben", dies seien aber nur „Maßnahmen", die nicht die spezifische Rechtskraftwirkung eines im Disziplinarverfahren ergangenen Urteils hätten. Der durch die Maßnahme enthobene Beamte bleibt staatsrechtlich in einer beamtenrechtlichen Beziehung. Wenn dagegen Personen auf Grund des Art. 48 mit der Führung von Amtsgeschäften betraut werden, so entsteht keine beamtenrechtliche Position. Die Stellung beruht auf einer Maßnahme und bleibt abhängig von dem, was jeweils nach Lage der Sache für zweckmäßig erachtet wird. S. Schmitt Veröffentlichungen der Staatsrechtslehrer 1924, S. 100. Vgl. auch die Bemerkung in dem preußischen Schriftsatz vom 10. August 1932 in Bezug auf diese Stelle, selbst Schmitt hätte die „endgültige Ernennung und Absetzung von Beamten für unzulässig erklärt". (Ebd. S. 43 (fol. S. 130).)

pens Rundfunkerklärung wurde der temporäre Charakter der Maßnahmen unterstrichen. Als die preußische Regierung noch am Abend des 20. Juli ihre Klage beim Staatsgerichtshof einreichte, stellte sich für die Reichsregierung erstmals eindringlich die Frage nach der Verteidigung der Aktion. Offenbar war man von der Geschlossenheit der juristischen Gegenwehr überrascht. In dieser Konstellation dürfte kurzfristig die folgenschwere Entscheidung gefallen sein, mögliche verfassungswidrige Motive der Preußenaktion nicht weiter zu verfolgen. Eine juristische Verteidigung hätte unter diesen Voraussetzungen auch nur negativ ausfallen können. Deshalb zwang die Entscheidung, sich auf einen Prozess einzulassen, bereits zu einem Fallenlassen aller offenen oder verdeckten verfassungswidrigen Ziele.

Die Äußerungen der Prozessvertreter, die in einem offenen Widerspruch zu früheren Bestrebungen des Kabinetts stehen, waren ein Ausdruck für dieses juristische Umdenken der Regierungsseite, an dem die Berater selbst wohl einen nicht unmaßgeblichen Anteil hatten. Das lässt jedenfalls die Genese von Schmitts Beiziehung vermuten: Am Tage des Reichseingriffes war von Seiten des Reichswehrministeriums kein Kontakt zu dem sorgfältig aufgebauten Chefberater angebahnt worden. Am darauffolgenden Tag war er dagegen auf seinen Anruf hin direkt zum Leiter der Wehrmachtsabteilung bestellt worden. Dies ist ein Hinweis auf eine Änderung der Lageeinschätzung, die zwischen dem 20. und dem 21. Juli 1932 stattgefunden haben muss. Während sich die Regierung in den vorbereitenden Ministerbesprechungen ihrer Sache sehr sicher war und wohl glaubte, auf staatsrechtliche Konsultation verzichten zu können, änderte die Entschiedenheit der juristischen Gegenwehr der preußischen Regierung offenbar schlagartig diese Auffassung. Vor dem Hintergrund der preußischen Klage hatten sich moderatere Männer wie Zweigert, der schon in den Ministerbesprechungen – gegen einige Kabinettsmitglieder – die Zulässigkeit der Klageerhebung vor dem Staatsgerichtshof seitens der abgesetzten preußischen Regierung oder des Landtages betont hatte[121], allem Anschein nach durchsetzen können.

Auch Henning Grund hat vor allem „aufkommende rechtliche Bedenken“ als Ursache für den Gesinnungswandel der Reichsregierung ausgemacht: „Wenn die Reichsregierung später behauptete, die Verordnung vom 20. Juli 1932 habe nur zu vorübergehenden Amtsenthebungen ermächtigt und nur solche habe Papen ausgesprochen, so fehlt es für beide Behauptungen an einer Grundlage. [...] Die später durch die Reichsregierung vorgenommene einschränkende Auslegung ihres Vorgehens als einer Art ‚Suspension‘ der Minister konnte sich auf objektive Umstände stützen und war offensichtlich durch aufkommende rechtliche Bedenken hinsichtlich der erfolgten Aktion bedingt.“[122]

---

[121] So Zweigert in der Ministerbesprechung vom 12.7.1932, Akten der Reichskanzlei, S. 211. Gayl hatte demgegenüber in der Ministerbesprechung vom 11. Juli 1932 die für die Selbstsicherheit der Reichsregierung charakteristische Fehleinschätzung abgegeben, eine Klage der jetzigen Preußischen Staatsregierung vor dem Staatsgerichtshof halte er „für möglich, aber aussichtslos“. (Ebd. S. 206.)

[122] Grund, S. 73.

In der Literatur ist im Hinblick auf die in den Ministerbesprechungen geäußerten verfassungswidrigen Ziele üblich, bei der Aktion des 20. Juli 1932 von einem „Staatsstreich" oder abgeschwächt von einem „staatsstreichähnlichen Manöver" (Kolb) zu sprechen.[123] Dabei werden zwei Sphären vermengt. Verfassungsjuristisch soll ein „Staatsstreich" hier vor allem durch einen offenen Verfassungsbruch gekennzeichnet werden. Ein solcher offener Verfassungsbruch lag am 20. Juli 1932 aber nicht vor. Vielmehr war es, wie allgemein anerkannt wurde, für den Reichspräsidenten durchaus möglich, bei Vorliegen bestimmter Voraussetzungen, gestützt auf die beiden Vollmachten des Artikels 48, eine Landesregierung abzusetzen und, auf Grundlage einer entsprechenden Verordnung des Reichspräsidenten, die Landesgewalt kommissarisch in die Hände der Reichsregierung zu überführen. In den Worten Walter Jellineks: „Die reine Rechtsfrage, wenn man darunter die Frage versteht, ob überhaupt tatsächliche Verhältnisse denkbar sind, bei deren Vorhandensein Reichspräsident und Reichskanzler so wie geschehen handeln durften, ist ohne weiteres zugunsten des Reiches zu entscheiden."[124] Es war darüber hinaus nach herrschender Meinung sogar erlaubt, bei Vorliegen der entsprechenden Tatbestände, eine Landesregierung vollständig und endgültig abzusetzen.[125] Die Streitfrage war nicht, ob eine solche Maßnahme abstrakt möglich war, sondern ob die tatsächlichen Voraussetzungen dafür vorlagen, und diese Frage hatte, auf Antrag einer der Parteien, der Staatsgerichtshof zu entscheiden. Solange die Leipziger Richter dies nicht getan hatten, war jeder Zweifel an der Rechtmäßigkeit der Aktion nur eine unmaßgebliche Privatmeinung bzw. die Rechtsauffassung einer der Streitparteien. Solange das von der Verfassung vorgesehene Procedere eingehalten wurde, kann von einem offenen „Staatsstreich" juristisch jedenfalls keine Rede sein. Juristisch wäre es etwa ein Staatsstreich gewesen, die Aktion aus offenkundig sachwidrigen Erwägungen unter Außerachtlassung der Verhältnismäßigkeit der Mittel durchzuführen oder aber den Staatsgerichtshof an der Wahrnehmung seines verfassungsmäßigen Amtes zu hindern. An diesen Weg der Durchführung eines konsequenten Staatsstreiches war aber, zumindest soweit das zu erkennen ist, zu keinem Zeitpunkt gedacht.[126] Man hatte sich in der Reichsregierung vielmehr über die Verfassungsmäßigkeit der Vorstellungen offenbar nur sehr unzureichend Rechenschaft abgelegt und dabei durch allgemeine Formeln die unterschiedlichen Vorstellungen in der Ministerrunde in der Schwebe gehalten. Da das Vorgehen nach herrschender Rechtsauffassung im Prinzip zulässig war und ein offensichtlicher Ermessensmissbrauch nicht angenommen werden konnte, soll hier also nicht von einem „Staatsstreich" gesprochen werden.

---

123 Dagegen allerdings Rudolf Morsey, Zur Geschichte des „Preußenschlages" am 20. Juli 1932, in: Vierteljahrshefte für Zeitgeschichte, 1961, 9. Jg., S. 430–439, der in Anschluss an einen Brief von Schmitt diesen Terminus vermied. Schmitt hatte Morsey zum Thema 20. Juli geschrieben: „Wir nannten es ‚Preußenschlag'". Mit diesem Terminus sollte jeder Anklang an einen Staatsstreich verhindert werden.

124 Walter Jellinek, Zum Konflikt, S. 681.

125 Nachweise bei Grund, S. 104.

126 So auch Grund, S. 140: Es seien keinerlei Anhaltspunkte für einen Willen der Reichsregierung ersichtlich gewesen, sich über den Spruch des Staatsgerichtshofs hinwegzusetzen.

Was Historiker – und Zeitgenossen – aber im Auge haben, wenn sie im Zusammenhang mit der Einsetzung des Reichskommissariats in Preußen von einem „Staatsstreich“ sprechen, ist das Motiv einer endgültigen Absetzung der politisch unliebsamen Regierung zur Schaffung einer autoritären Reichsreform. Der Vorwurf des Staatsstreiches, der schon von zeitgenössischen Gegnern der Reichsregierung erhoben wurde, war deshalb weniger ein *juristischer*, denn vielmehr ein genuin *politischer*. Juristisch gesehen wäre das Vorliegen eines *Vorwands*, also die Erreichung eines Zieles unter Vorspiegelung anderer Motive, nur ein *versteckter Ermessensmissbrauch*. Dieser wäre nicht zu beanstanden, solange die angegebenen – obschon nicht wahren – Beweggründe den erlassenen Akt rechtfertigen.[127] Da das Motiv einer Depossedierung der SPD zweifellos bei bestimmten Protagonisten eine Rolle gespielt hatte, ist dieser *politische* Vorwurf nicht von der Hand zu weisen. Dem Reichspräsidenten, der die Maßnahmen zu verantworten hatte, wurden solche Motive aber selbst von der Gegenseite nicht unterstellt. Die preußischen Vertreter hatten hier klar differenziert und auf diese Unterscheidung auch einen gewissen Nachdruck gelegt, der wohl nicht taktischer Natur war, sondern die allgemeine Auffassung widerspiegelte. So hatte Arnold Brecht vor dem Staatsgerichtshof betont: „Preußen will keinen Angriff gegen die Person des Herrn Reichspräsidenten richten. Die Herren preußischen Minister haben keinen Zweifel an dem grundsätzlichen Willen des Herrn Reichspräsidenten, die Verfassung zu wahren. [...] Wohl aber bestreiten sie auf das entschiedenste die Richtigkeit der Informationen, die dem Herrn Reichspräsidenten gegeben worden sind und die Richtigkeit der Auslegung der Reichsverfassung, die man ihm vorgetragen hat.“[128]

Wenn man also mit Blick auf die Äußerungen einzelner Reichsminister trotzdem von einem „Staatsstreich“ sprechen möchte, so müsste man vor dem Hintergrund der noch ausführlicher zu schildernden Umdeutungsaktion eigentlich von einem „steckengebliebenen Staatsstreich“ sprechen. Wie dem auch sei, es soll hier – trotz möglicher verfassungswidriger Motive des Reichskanzlers und seines Innenministers – nicht von einem „Staatsstreich“ gesprochen werden, da die systemsprengenden Absichten fallengelassen wurden und daher keine oder zumindest nicht die intendierte Wirkung entfalten konnten. Die faktische Inbesitznahme der preußischen Machtmittel, wie sie bis zur Machtübernahme Hitlers bestand, war durch den Reichsstaatsgerichtshof sanktioniert worden. Den *politischen* Vorwurf des „Staatsstreiches“ könnte man daher nur aufrechterhalten, wenn man ihn nicht nur gegen den Reichspräsidenten und die Reichsregierung, sondern auch gegen das Verfassungsgericht selbst richtete.[129]

---

[127] „Kann also das Reich seine Maßnahmen mit Tatsachen belegen, die ein Einschreiten nach RVerf. Art. 48 rechtfertigen, so muss es für den Staatsgerichtshof gleichgültig sein, ob das eigentliche Motiv des Einschreitens auf einem anderen Gebiet lag.“ (S. Walter Jellinek, Zum Konflikt, S. 683.)

[128] Vgl. dazu den Artikel: Preußen will Verständigung, in: VZ, 10. Oktober 1932, Abend-Ausgabe, S. 1.

Die hinsichtlich der Ziele der Preußen-Aktion veränderte Position der Reichsregierung wurde bereits in der amtlichen Begründung vom Mittag des 20. Juli deutlich. Hier wurde nämlich ausdrücklich von der „vorübergehenden Zusammenfassung der Machtmittel des Reiches und Preußens in der Hand des Reichskanzlers" gesprochen. Weiter hieß es unzweideutig: „Die Selbständigkeit des Landes Preußen im Rahmen der Reichsverfassung wird nicht angetastet." Ungelenk, aber nicht weniger deutlich folgte die Beteuerung: „Die Reichsregierung erwartet vielmehr, dass alsbald eine *baldige Beendigung* des auf Grund der Notverordnung geschaffenen Zustandes eintreten wird."[130] Diesen Satz hatte Papen in seiner Rundfunkrede am Abend des 20. Juli 1932 besonders hervorgehoben.[131] Auch Ausführungen Gayls am 23. Juli dokumentierten das auffällige Umschwenken der Regierung. Der Reichsinnenminister bekräftigte auf einer Besprechung mit den Ministerpräsidenten der außerpreußischen Länder in Stuttgart, es sei nicht die Absicht seiner Regierung, die Reichsreform jetzt schon in Angriff zu nehmen.[132] Die Einsetzung eines Reichskommissars stelle nur eine vorübergehende Maßnahme dar.[133]

Der Rückzug der Reichsregierung und die damit verbundene stufenweise Umdeutung der Aktion waren auch der Gegenseite nicht entgangen. In der Erklärung

---

[129] Das war in der frühen historischen Forschung auch geschehen. Gegen diese Auffassung wendet sich die mehrfach zitierte Dissertation von Henning Grund, in der er diesen Vorwurf mit einer positivrechtlichen juristischen Argumentation entkräften konnte. Heute ist die Ansicht Grunds wohl weitestgehend communis opinio.

[130] „Amtliche Begründung zur Verordnung des Reichspräsidenten, betreffend die Wiederherstellung der öffentlichen Sicherheit und Ordnung im Gebiete des Landes Preußen, vom 20. Juli 1932". „Unteranlage a" des Anlagenhefts zu der Gegenerklärung der Reichsregierung vom 5. August 1932, Bundesarchiv Berlin, Akten des Reichsjustizministeriums, Verfassung 1/9, Beiheft 3, Bd. 1, 6638, NR. 79.

[131] Rundfunkrede des Reichskanzlers vom 20. Juli 1932, „Unteranlage d" des Anlagenhefts zu der Gegenerklärung der Reichsregierung vom 5. August 1932, Bundesarchiv Berlin, Akten des Reichsjustizministeriums, Verfassung 1/9, Beiheft 3, Bd. 1, 6638, NR. 84, S. 13.

[132] Bay, S. 141.

[133] Zitiert nach Bilfinger, Exekution, Sp. 1017 f. Mit Blick auf diese Beteuerungen hatte der Herausgeber der Zeitschrift „Die Reichsreform" ausgeführt, es sei im Grunde ziemlich gleichgültig, ob Papen die Aktion des 20. Juli 1932 „in der Tiefe seines Inneren" als Auftakt zur Reichsreform, oder ob er sie zunächst überhaupt nicht „sub species reformationis" gesehen habe, denn es sei einfach nicht möglich, das Vorgehen des Reiches aus dem Komplex der Reichsreformprobleme herauszulösen. Die Betriebsamkeit, die Papen im Laufe seiner Amtszeit in Sachen der Reichs- und Verfassungsreform entwickelt habe, lasse jedoch den Schluss zu, dass er auch die Preußenaktion in den Dienst dieser „staatsmännischen Aufgabe" zu stellen gewillt war und sich vielleicht sogar darüber klar gewesen sei, dass sie so eine überzeugendere Legitimation erhalten konnte als durch eine formaljuristisch noch so einwandfreie Begründung. Immerhin sei das Reich aber offensichtlich bestrebt, streng verfassungsmäßig und „legal" vorzugehen. In wiederholten Äußerungen verantwortlicher Persönlichkeiten sei immer wieder betont worden, dass es sich lediglich um eine vorübergehende Maßnahme handele, die zur Wiederherstellung der gefährdeten oder gestörten Sicherheit und Ordnung im Rahmen des Art. 48 notwendig gewesen war. Keineswegs solle die staatsrechtliche Selbständigkeit des Landes Preußen beeinträchtigt werden. (Karl Lohmann, Der Stand der Reichsreform, Deutsches Volkstum, 2. Februarheft 1933, S. 173.)

des Preußischen Staatsministeriums vom 10. August 1932 hieß es: „Erst nach der Amtsenthebung von Braun und Severing änderte – offenbar mit Rücksicht auf den Gegenschritt der Preußischen Minister und den Hinweis auf Artikel 17 der Reichsverfassung – der Reichskanzler etwas die Taktik. Während Ministerpräsident Braun und der Minister des Innern Severing ihres ‚Amtes‘ enthoben worden waren, wählte er bei den übrigen sechs Ministern in dem späteren Briefe vom 20. Juli den Ausdruck, dass sie nur ihrer ‚laufenden Geschäfte‘ als Ressortminister, nicht aber ihres Amtes enthoben werden.“[134] In dem Schriftsatz vom 29. August 1932 kam man auf dieses zentrale Argument zurück. Dort hieß es: „Neu ist die Behauptung, dass die Amtsenthebung des Preußischen Ministerpräsidenten und der preußische Staatsminister nur als vorübergehende Suspension beabsichtigt sei [...]. Erst als die Reichsregierung darauf hingewiesen wurde, dass sie durch dieses Vorgehen ihre Lage vor dem Staatsgerichtshof gefährdet habe, ist der Versuch gemacht worden, die tatsächlichen Vorgänge umzudeuten.“[135]

Auch der Staatsgerichtshof legte in seiner Entscheidung dar, das Reich habe zwar im Prozess die Auffassung vertreten, dass die Verordnung in einem engeren Sinne zu verstehen sei und den Reichskommissar nur ermächtige, die preußischen Minister vorübergehend ihrer Ämter zu entheben, der Wortlaut der Verordnung, in der schlechthin von Amtsenthebung die Rede sei, spreche dagegen für eine weitere Auslegung. In keiner Verlautbarung finde sich der Hinweis auf die Natur der Enthebung als bloß vorübergehende Maßnahme. Demgegenüber könne der Umstand, „dass die Reichsregierung im weiteren Verlauf der Angelegenheit sich für die engere Auslegung entschieden“ habe,[136] nicht ins Gewicht fallen.[137]

---

[134] Erklärung des Preußischen Staatsministeriums vom 10. August 1932 auf die Gegenerklärung der Reichsregierung vom 5. August 1932, S. 10. Bundesarchiv Berlin, Akten des Reichsjustizministeriums, Verfassung 1/9, Beiheft 3, Bd. 1, 6638, NR. 108 ff.

[135] Erklärung des Preußischen Staatsministeriums vom 29. August 1932, S. 3 f.

[136] PcR, S. 510.

[137] Gotthard Jasper ist deshalb zuzustimmen, dass der Appell an die Legalität, den die preußischen Minister am 20. Juli 1932 beschlossen hatten, keineswegs bedeutungslos war: „Er stoppte Papens und Gayls weitergehende Reichsreformabsichten“. (Ders., Die gescheiterte Zähmung – Wege zur Machtergreifung Hitlers 1930–1935, 1986, S. 102.) Und in der Tat ist das eine zentrale Bedeutung der preußischen Klage. Zwar waren Papen und Gayl auch im August und September mit Verfassungsreformplänen an die Öffentlichkeit getreten, in denen die Überwindung des Dualismus Preußen-Reich gefordert wurde. Es war aber vor dem Hintergrund der preußischen Klage undenkbar, diese Reichsreformpläne auf kaltem Wege durchzusetzen. Eine in diese Richtung gehende Argumentation war schon von zeitgenössischen Stimmen vertreten worden. 1933 hatte der stellvertretende Vorsitzende der preußischen SPD-Fraktion, Ernst Hamburger, in der sozialistischen Zeitschrift „Die Gesellschaft“ einen Aufsatz veröffentlicht, in dem er die Auffassung vertrat, der Staatsgerichtshof habe – um einem politischen Bedürfnis von „Bürokratie und Justiz“ nach Systemstabilität Rechnung zu tragen – konsequent alle politischen Elemente aus dem Streitfall ausgesondert. In dieser Konsequenz habe es nicht nur gelegen, die preußischen Minister von jeder politischen Schuld freizusprechen, sondern auch „dem Restaurationsplan Papens das rechtliche Fundament“ zu verweigern. (Ernst Hamburger, Der politische Standort des Staatsgerichtshofs, in: Die Gesellschaft X, 1933, S. 132–140, hier S. 139.) Die Politik der Restauration habe auf dem Versuch basiert, aus den antidemokratischen Reservaten im

Dem ist beizupflichten, wenn sich die Reichsregierung auch nicht, wie gezeigt wurde, erst „im weiteren Verlauf" der Angelegenheit für die engere Auslegung entschieden hatte, sondern bereits mit der Entscheidung für die Austragung des Prozesses vor dem Staatsgerichtshof. Zwar verkündeten Papen und Gayl auch in der Folgezeit öffentlich ihre restaurativen Pläne, es wurden aber auf der Ebene der Ministerialbürokratie keinerlei Verfassungsreformentwürfe angefertigt. Völlig unklar blieb daher die Frage nach der Realisierung dieser Reformvorschläge. Da der „normale" Weg der Verfassungsänderung über Art. 76 durch die Mehrheitssituation im Reichstag verbaut war, blieb nur der Volksentscheid nach Art. 76, Absatz 1. Auch Justizminister Gürtner hatte diesen noch vor der Reichstagswahl als einzigen verfassungsmäßigen Weg gesehen. Die Anwendbarkeit des Art. 48 Abs. 2 hatte er verneint.[138] Was Gayl und Papen dagegen vorschwebte, war offenbar eine Verfassungsreform „von oben", wobei man sich auf einen überverfassungsmäßigen Staatsnotstand berufen wollte, der durch die Loslösung von dem Wortlaut der Verfassung ein ideales Einfallstor für restaurative Bestrebungen darstellte. In diesem Sinne hatte der Innenminister am 10. August 1932 im Kabinett freimütig einen Verfassungsoktroi angeregt. Hindenburg gegenüber war dieser Gedanke jedoch während eines Empfangs am 30. August nicht mehr wiederholt worden. Hier war nur noch von der Vorbereitung eines Plebiszits die Rede, was sich ebenfalls nicht konkretisierte. Diese Pläne, die aber innerhalb der Regierung keinen Konsens fanden und insbesondere von dem Reichswehrminister schlichtweg abgelehnt wurden, hatten aber zu keinem Zeitpunkt das Plazet des Reichspräsidenten.[139] Außerdem hatte sich hinter den Kulissen eine starke Front gegen die Reformer und ihre Pläne formiert. Die Überwindung des Dualismus Preußen-Reich im Zuge einer autoritären Verfassungsreform blieb also weiterhin das Ziel Papen und Gayls; nach der preußischen Klage war aber augenfällig, dass die Aktion des 20. Juli 1932 noch nicht selbst diese Reform sein konnte.[140] Alternative Wege blieben offen, die Pläne entsprechend vage.

Staate von Weimar die Gegenrevolution auszubauen und sie aus der Erweiterung ihres Wirkungskreises bis in die Legislative hinein rechtlich scheinbar legal in den autoritären antidemokratischen Staat ausgehen zu lassen. Diesem Versuch sei durch das Urteil des Staatsgerichtshofs die Rechtsfähigkeit abgesprochen worden: „Dadurch, dass er die Reichsregierung in Gestalt der Reichskommissare nicht zugleich als preußische Landesregierung anerkannte, verhinderte er den Abschluss eines Staatsvertrages zwischen dem Reich und Preußen, zwischen Papen als Reichskanzler und Papen als Reichskommissar zur Durchführung der einen Bestandteil der ‚Verfassungsreform' bildenden preußischen Reichslandpläne von Papen und Gayl."

138 Gespräch mit Ministerialdirektor Sperr vom 4. November 1932, zitiert nach Bay, S. 239.

139 Berthold, 1999, S. 29 f.

140 Bei den Versuchen, nach dem Leipziger Urteil doch noch zu einer Verwirklichung der angestrebten Reform zu gelangen, wollte sich Papen der Zustimmung der Länder und des Reichsrates versichern. Deshalb fand am 11. November 1932 eine Konferenz mit den Ländervertretern in der Reichskanzlei statt, auf der Papen betonte, er stehe der „Mehrzahl" der Länderwünsche „nicht ablehnend gegenüber" (Niederschrift über die Besprechung am 11. November 1932, AdR, Papen, Band 2, Dok. Nr. 204, S. 920 ff.) Auch hatte Papen hervorgehoben, dass seine Maßnahmen von Ende Oktober „keineswegs ein Stück Verfassungsreform, am allerwenigsten das Kernstück" antizipiert hätten. (Niederschrift über die Besprechung am 11. November, AdR, S. 920 ff.) Diese an frühere Zusicherungen in Richtung der süddeutschen

Das Urteil des Staatsgerichtshofs im Oktober hatte solchen Bestrebungen – wenn sie je eine Aussicht auf Verwirklichung gehabt haben sollten – jedenfalls eine endgültige Absage erteilt.[141] Die Pläne Papens und Gayls wurden damit zum politischen Wunschprogramm ohne Realisierungschance.[142]

Länder anknüpfende Rhetorik der Kontinuität im grundsätzlichen Verhältnis Reich-Länder zeigt, dass trotz aller Popularität der Reichsreformbestrebungen – auch Otto Braun hatte am 12. November in Gegenwart Gayls noch einmal betont, dass nach der Verfassung „zweifellos ein unzweckmäßiger Dualismus zwischen Reich und Preußen bestehe (Frankfurter Zeitung, Nr. 859 vom 13. November 1932, S. 2: „Die Länderfront gegen die Reichsregierung“.) – eine endgültige Umsetzung dieser Pläne mit Hilfe des Art. 48 nicht durchsetzbar war. Das hatten – wenn man tatsächlich je ernsthaft anderes angenommen haben sollte – auch Papen und Gayl eingesehen.

[141] Auch wenn der Vorsitzende des Staatsgerichtshofs, Erwin Bumke, laut einem Informationsbericht Dertingers vom 15. September 1932 angeblich „endlich zugestanden (habe) [...], dass möglicherweise ein Staatsnotstand eintreten kann, der die Ausschreibung von Neuwahlen verbietet.“ (BA Koblenz, Zsg 101/25, fol. 270. Dazu auch Bay, S. 241, FN 1280.) Denn selbst wenn der Staatsgerichtshof sich gegenüber der Proklamation eines Staatsnotstandes und der darauf mit Sicherheit folgenden Präsidentenanklage vor dem Verfassungsgericht zurückhaltend gezeigt hätte, so hätte dies keineswegs für einen Verfassungsoktroi gegolten.

[142] So urteilt auch Berthold: „Dabei hatten die Verfassungsbestrebungen Papens und Gayls so gut wie keine Realisierungschance.“ (Berthold, 1999, S. 29 f.)

IV. Der Prozess vor dem Staatsgerichtshof

Im Prozess vor dem Staatsgerichtshof, mit dem die preußische Regierung die reaktionären Ziele Papens von den höchsten Richtern stoppen lassen wollte, prallten die beiden Streitparteien mit voller Wucht aufeinander. Immer wieder versuchte die preußische Seite, die Aktion als reaktionären Erfüllungsdienst für die NSDAP darzustellen. Ausgehend von der zuvor genannten Feststellung, dass die preußische Regierung prinzipiell einem korrigierenden Reichseingriff nicht ablehnend gegenüberstand, soll im Folgenden untersucht werden, ob dies auch noch für die Zeit nach dem 20. Juli 1932 zutrifft. Außerdem sollen die Ausführungen, nach denen Schmitt mit der Aktion ein Vorgehen gegen die NSDAP verbunden hatte, zum Anlass für eine Erörterung der Frage genommen werden, ob die Hitler-Partei tatsächlich an einem Reichskommissariat in Preußen interessiert sein konnte, oder ob es ihren Machteroberungszielen nicht vielmehr unmittelbar zuwiderlief. Dies ist entscheidend für die Bewertung des Verfassungsstreits.

1. Ausgangslage und Prozess-Situation

Nach außen hin hatte die preußische Regierung, allen voran die SPD, kategorischen Widerstand gegen den Reichskommissar im Rahmen ihrer politischen Möglichkeiten geleistet. Hinter den Kulissen rückte man aber Schritt für Schritt von den Maximalforderungen ab und kam dem Reich im Sinne einer gütlichen Einigung erheblich entgegen. Noch am Abend des 20. Juli hatte die preußischen Regierung beim Staatsgerichtshof Anklage erhoben und „Antrag auf den Erlass einer einstweiligen Verfügung" gestellt. Hier hieß es: „Der Staatsgerichtshof möge anordnen, dass sich der durch Verordnung des Reichspräsidenten für das Land Preußen eingesetzte Reichskommissar einstweilen jeder Dienstausübung zu enthalten hat." Der Klage und dem Antrag des Preußischen Staatsministeriums schlossen sich ebenfalls am 20. Juli die Landtagsfraktionen der SPD und des Zentrums durch besondere, beim Staatsgerichtshof eingereichte Erklärungen an. Die „Klage des Freistaates Preußen, vertreten durch das Preußische Staatsministerium" vom 20. Juli 1932 erklärte die Einsetzung des Reichskommissars sowohl nach Art. 48 Abs. 1 wie Art. 48 Abs. 2 für unzulässig. Die Voraussetzungen des Abs. 1 lägen nicht vor, da von einer Nichterfüllung der Preußen nach der Reichsverfassung oder den Reichsgesetzen obliegenden Pflichten keine Rede sein könne. Aber auch das Vorliegen der Voraussetzungen des Abs. 2 sei zu verneinen. Die Klageschrift kam zu dem Ergebnis: „Die Einsetzung eines Reichskommissars in Preußen durch das Reich lässt sich [..] unter keinem Gesichtspunkt begründen. Dass die Voraussetzungen des Art. 48 für diese Maßnahmen nicht vorgelegen haben, musste auch das Reich erkennen. Wenn es die Einsetzung trotzdem gebilligt hat, so hat es nicht etwa im Rahmen des ihm zugebilligten Ermessens, sondern willkürlich gehandelt. Die von ihm getroffene Maßnahme steht daher nicht mit Art. 48 in Einklang. Die Einsetzung eines Reichskommissars ist daher verfassungswidrig und vermag keinerlei rechtliche Bedeutung für sich in Anspruch zu nehmen."[1] Das war die Maximalversion, die durchaus problematisch war, da sie dem Kommissar von vornherein pauschal jede rechtliche Bindung absprach. Dies erinnerte doch sehr an die ablehnende Haltung, die Papen aus dem Antwortschreiben der preußischen Minister herausgelesen hatte. Haltbar war dieser Standpunkt jedoch nicht und wurde deshalb in den nächsten Schriftsätzen zurückgenommen. Die Staatsminister antworteten am 21. Juli 1932[2] auch mit einer energischen Zurückweisung des Vorwurfes, sie hätten sich jeder Zusammenarbeit verweigert. Die Auslegung ihres Schreibens vom Vortag als Weigerung zu Kooperation mit dem Reichskommissar sei schlichtweg falsch. Man habe sich nicht der Zusammenarbeit verschlossen, sondern einer „Einladung unter falscher Firma"[3] widersprochen. Verhandlungen über eine praktische Zusammenarbeit mit dem Reichskommissar habe das Schreiben nicht entgegengestanden. Berücksichtigt man die Entstehungsgeschichte des Briefes, so erscheint diese Version durchaus glaubwürdig. Papen musste allerdings andere Schlüsse aus dem unglücklich formulierten Brief ziehen. Im ersten Absatz wurden grundsätzlich alle geplanten Maßnahmen als verfassungswidrig eingestuft. „Infolgedessen" sollte der Einladung zu Verhandlungen nicht Folge geleistet werden. Dass diese Ablehnung auf eine falsche Firmierung zurückging, konnte man dem Brief nicht entnehmen. Zudem hatte sich Severing ja vormittags geweigert, seine Stellung freiwillig zu räumen. Die Minister Hirtsiefer und Klepper hatten sich mit dieser Haltung einverstanden erklärt. So bestand aller Grund zu der Annahme, die übrigen Minister hätten sich der ablehnenden Haltung angeschlossen.

Mit der Zustellung der Entlassungsschreiben auch an die zunächst noch nicht abgesetzten Regierungsmitglieder sollten alle Minister endgültig und vollständig ihres Amtes enthoben sein. Neben Papen und Bracht wurden – von zwei Ausnahmen abgesehen – kooperationsbereite preußische Staatssekretäre als Kommissare berufen.

In Bezug auf die preußische Klage auf Erlass einer einstweiligen Verfügung war zu erwarten, dass der Staatsgerichtshof diesen Antrag zurückweisen würde. Bereits am 21. Juli 1932 hatte die Reichsregierung laut dem Bericht Dertingers die „Gewähr" dafür, dass sich eine Mehrheit der Reichsgerichtsräte gegen den Erlass einer einstweiligen Verfügung wenden werde.[4] Am 25. Juli wies der Staatsgerichtshof die

[1] HStAD/RW 265–6/13.

[2] PcR, S. 486.

[3] Brecht PcR, S. 20.

[4] Informationsbericht vom 21. Juli 1932. BA Zsg. 101/25, fol. 220 f.

Anträge dann tatsächlich mit der Begründung zurück, er habe sich „die Frage vorgelegt, ob er seinerseits irgendeinen Weg erkennen könne, um den von den Antragstellern vorgebrachten Beschwerden abzuhelfen, ohne der Entscheidung in der Hauptsache vorzugreifen und ohne die Nachteile heraufzubeschwören, die nach der Auffassung des Staatsgerichtshofs und nach der Erklärung des Vertreters der Reichsregierung die Folge der Anträge der Antragsteller sein würde." Die Antwort lautete: „Der Staatsgerichtshof vermag einen solchen Weg nicht zu sehen."[5] Als Begründung wurde betont, der Antrag der preußischen Regierung ziele dahin, „eine Teilung der Staatsgewalt in Preußen zwischen dem Reichskommissar und den von ihm eingesetzten Kommissaren einerseits, den jetzt klagenden Staatsministern andererseits herbeizuführen". Dieser Sinn des Antrags gehe aus den Ziffern hervor, die „das Recht der Vertretung Preußens im Reichsrat den jetzt klagenden Ministern belassen" wollten, also anstrebten, „die Befugnisse des Reichskommissars nach einer wesentlichen Richtung hin zu beschränken" sowie forderten, dass Beamtenernennungen und -absetzungen mit dauernder Wirkung dem Reichskommissar entzogen und den bisherigen Ministern vorbehalten bleiben sollten. Eine solche „Spaltung der Staatsgewalt in Preußen" sei nach Auffassung des Staatsgerichtshofs „unter den gegebenen Umständen in besonderem Maße geeignet, eine Verwirrung im Staatsleben herbeizuführen". Der Vertreter des Reichs habe darauf hingewiesen, dass eine „derartige Aufteilung der Staatsgewalt nach der Auffassung der Reichsregierung eine unerträgliche Lage herbeiführen würde".[6] Dieser Argumentation hatte sich der Staatsgerichtshof angeschlossen. Zwar waren sich die Reichsgerichtsräte, wie Dertinger von Gesprächen mit Vertretern des Staatsgerichtshofs berichtete, am 21. Juli noch nicht sicher, wie das Verfahren in einigen Monaten ausgehen werde,[7] die Reichsseite konnte aber in der aktuellen Situation dem Prozess relativ gelassen entgegensehen.[8]

Die Hauptaufgaben der kommissarischen Regierung waren zum Einen Entschärfung der Bürgerkriegslage und zum Anderen die Reform der preußischen Verwaltung und Justiz. Der Versuch einer Entschärfung der Bürgerkriegslage, besonders gestützt auf die Notverordnung „gegen politischen Terror" vom 9. August 1932, hatte Erfolg. Ab September 1932 trat, trotz des begonnenen Wahlkampfes, eine Entspannung der inneren Lage ein, wie sie seit Jahren nicht mehr hatte verzeichnet werden können.[9] Auch die Reform der preußischen Verwaltung und Justiz, an der die preußische Regierung seit längerer Zeit erfolglos gearbeitet hatte, gelang der Regierung Papen in kurzer Zeit. Dabei konnte sie zum Großteil auf Pläne der preußischen Regierung zurückgreifen. Hoepker-Aschoff vermerkte deshalb: „Die Kommissare

[5] Akten der Reichskanzlei, Dok. Nr. 71, FN 3, S. 264 ff. PcR, S. 487 ff.

[6] Ebd.

[7] Informationsbericht vom 21. Juli 1932. BA Zsg. 101/25, fol. 220.

[8] Auf diesen Umstand dürfte auch zurückzuführen sein, dass die Prozessvertreter in einer Rücksprache mit Eugen Ott am 13.9.1932 auf die Frage, ob es in der Prozesslage des Reiches gegen die alte Preußenregierung noch Schwierigkeiten gebe, geantwortet hatten: „Die Prozesslage ist ausgezeichnet". Notiz Ott, in: BA R 34I/1008, fol. 13.

[9] Zahn, Öffentliche Meinung u. Presse, S. 239.

haben in Preußen eine Reihe zweckmäßiger Maßnahmen durchgeführt: die Aufhebung der kleinen Amtsgerichte, die Zusammenlegung der kleinen Kreise, die Verwaltungsreform. Mit einer gewissen Bitterkeit muss man feststellen, dass alle diese Maßnahmen seit vielen Jahren bis zu den Einzelheiten vorbereitet waren, dass ihre Ausführung aber immer wieder an dem Widerstreit der Ressorts und dem Widerstand der Fraktionen scheiterte."[10] Die preußische Regierung begrüßte die erfolgreiche Verwirklichung ihrer Pläne und griff diese Maßnahmen deshalb konsequenterweise auch nicht vor dem Staatsgerichtshof an.

a) Haltung der preußischen Regierung zum „Preußenschlag": „Endgültige" Regelung durch Reichsreform

Da preußische Kreise, insbesondere auch Ministerpräsident Braun, wiederholt für eine Zusammenfassung der preußischen und der Reichsregierung eingetreten waren, ließ sich Papens Aktion nach dem Urteil Gotthard Jaspers durchaus „mit Zielen in Einklang bringen, für die auch Sozialdemokraten immer wieder eingetreten waren".[11] Das Dilemma der SPD werde noch deutlicher, so Jasper weiter, wenn man sich in Erinnerung rufe, dass die Übernahme der preußischen Polizei durch das Reich bereits in Brünings Zähmungskonzept eine Rolle gespielt habe. Schon seit den Aprilwahlen seien Erwägungen zur Sicherung der preußischen Polizei vor dem Zugriff der NSDAP immer akuter geworden. Severing seien diese Absichten nicht verborgen geblieben, und sie hätten unter Brüning auf sein Einverständnis rechnen können. Auch unter Papen und Schleicher sei diese „antinationalsozialistische Implikation" bei dem „Griff nach der preußischen Polizei keineswegs verlorengegangen".[12] So sehr Schleicher sich auch von Brüning gelöst habe: In seinem Zähmungskonzept gegenüber der NSDAP habe der Staatsstreich gegen Preußen für den starken Mann im Kabinett Papen ohne Frage diesen Sinn gehabt. Unter solcher Perspektive sei ein Widerstand gegen die Reichswehr als unsinnig erschienen. Da Severing gewusst habe, dass seine Position in Preußen über kurz oder lang unhaltbar werde und er mit der „Verreichlichung" der preußischen Polizei rechnete, habe die „latente Spitze gegen die NSDAP" Severing „anpassungsbereit" gemacht. Die politische Brüskierung habe für Braun und Severing auch weniger im Zugriff des Reiches auf die Polizei, sondern in der überraschenden Absetzung der Minister mit der fadenscheinigen Begründung einer Verfassungsverletzung gelegen. Die Anrufung des Staatsgerichtshofs durch die preußische Regierung, die gemeinhin als Ausdruck eines hilflosen Legalismus kritisiert werde, gewönne unter dieser Perspektive sogar eine „innere Logik".[13] Ludwig Biewer betont, dass mit dem Schritt Papens

[10] Hermann Hoepker-Aschoff, Nach dem Leipziger Urteil, in: Die Hilfe 38 (1932), S. 1059.

[11] Jasper, 1986, S. 100.

[12] Ebd.

[13] Ebd. S. 101. Auch Bay geht davon aus, dass die preußische Regierung in dem Reichseingriff „eine gewisse ‚Lösung', einen Ausweg aus ihren politischen Schwierigkeiten gesehen..."

gegen Preußen ein Ziel erreicht wurde, das viele ernstzunehmende Reichsreformpläne anstrebten: die Beseitigung des Dualismus zwischen Reich und Preußen und die erneuerte Personalunion zwischen den Regierungen beiderseits der Berliner Wilhelmstraße. Auch dieser Aspekt müsse bei der Beurteilung der Notverordnungen vom 20. Juli 1932 beachtet werden und nicht nur die tragische Folge, dass sie später Adolf Hitler und seinen Leuten als wichtiger Stützpunkt zu ihrer Machtergreifung diente, zumal die NSDAP die Notverordnung vom 20. Juli abgelehnt und bekämpft habe.[14] Diese Auswirkung müsse zwar ebenfalls in Rechnung gestellt werden. Sie dürfe aber nicht dazu führen, Hindenburg, Papen, Gayl und ihre Mitarbeiter zu Vorreitern des Nationalsozialismus zu degradieren, wenn sie auch leichtsinnig und unbedacht gehandelt haben mögen. Eine gerechte Beurteilung der Preußen-Aktion Papens ergebe sich nicht durch eine politologische Betrachtung aus heutiger Sicht, sondern aus dem Urteil von Zeitgenossen, die zu v. Papen in scharfer politischer Gegnerschaft standen.

Ein solches zeitgenössisches Urteil stellen die Schilderungen Arnold Brechts dar. Dieser hatte wiederholt betont, dass die Präsidialregime 1932 die Nationalsozialisten bekämpft hätten. Der „Preußenschlag“ sei der letzte Versuch zur Rettung der Weimarer Republik gewesen: am 20. Juli habe das Reich versucht, diktatorisch Ordnung herzustellen, um – gestützt auf das Militär – die totalitären Parteien niederzuhalten. Aus diesem Grund – so könnte man Brecht paraphrasieren – hätten die preußischen Minister in „Erkenntnis der tatsächlichen Machtverhältnisse und der Abwesenheit demokratischer Mehrheiten“ konsequenterweise gegen diesen Schritt des Reiches nicht nur nicht kämpfen sollen, sondern sich sogar „ohne Anrufung des

---

habe. Nicht in dem Kommissar mit den weitgehenden Befugnissen, wie er am 20. Juli eingesetzt worden sei, hätten die SPD und ihre preußischen Minister die Erlösung von der Regierungsverantwortung erblickt, sondern in der am 20. Juli eingeleiteten Reichsreform. Schon die preußischen Reformpläne vom Sommer 1931 seien nicht nur dem Wunsche entsprungen, Brüning für die kommenden Auseinandersetzungen mit den Nationalsozialisten eine breitere Machtbasis zu geben und die Reichsreform in Gang zu setzen, sondern auch aus der Voraussicht, dass die Landtagswahlen im Frühjahr 1932 der Weimarer Koalition eine Niederlage bringen werde. Preußen habe dem Reich zugespielt werden sollen, ehe es in die Hände der Nationalsozialisten fiel. Als die erwartete Niederlage eingetreten sei, habe ein nicht unerheblicher Teil der SPD in die Opposition gedrängt und der Ministerpräsident nicht nur aus persönlichen Gründen aus dem Amt gestrebt. Ein Reichskommissar, der das so entstehende „Vakuum“ in Preußen ausfüllen sollte, sei im Gespräch gewesen. Als Papen Kanzler wurde, habe Braun seine Absicht wahr gemacht, auch in der Erwartung, dass „früher oder später“ doch ein Reichskommissar eingesetzt werde. Severing und Grimme hätten ihrem Chef nachfolgen wollen. Bei dem Gespräch Mitte Juni hätte Severing daher geäußert, wenn ein Reichskommissar für Preußen bestimmt werden solle, dann möchte es nicht zu spät geschehen, aber auch nicht vor der Reichstagswahl am 31. Juli 1932. Eine doppelte Überraschung sei daher der Eingriff bereits am 20. Juli unter dem massiven Vorwurf einer Pflichtverletzung gewesen. Daher stellt Bay die sich aufdrängende Frage: „Wer weiß, wie Severing sich am Morgen des 20. Juli verhalten hätte, wäre Papen nicht so plump gewesen, die Amtsehre preußischer Staatsminister anzutasten mit der Behauptung, sie hätten ihre Polizei nicht im Griff und würden sich nicht reichstreu aufführen und er hätte es sich versagt, das Kabinett seiner Ämter und Würden zu entkleiden?“ (Bay, S. 260 ff.)

[14] Biewer, Reichsreformbestrebungen, S. 137. S. auch ders., Preußenschlag.

Staatsgerichtshofs", mit der „Errichtung einer Militärdiktatur einverstanden erklären oder stillschweigend abfinden sollen".[15] Voraussetzung sei allein gewesen, dass sich die „Diktatur auch gegen die Nationalsozialisten wendete, was ja tatsächlich zu erwarten war und [...] auch in erheblichem Umfange geschah." Während Papen und Gayl nämlich auf Verfassungsrevisionen abzielten, sei es Schleicher vor allem darum gegangen, die Verhältnisse zu stabilisieren, „ohne alle demokratischen Gewinne der Verfassung über Bord zu werfen". Deshalb hätten „Sozialdemokraten, besonders Braun, im Dezember 1932 und Januar 1933 weitgehende Versuche zu einer Verständigung mit Schleicher gemacht".

Die preußische Regierung war 1932 bereit, das Papensche *fait accompli* im Wesentlichen zu akzeptieren. In maßgebenden Kreisen der SPD und der Staatspartei war man gewillt, die zuvor beschriebene Haltung gegenüber einem Reichskommissar der Regierung Brüning grundsätzlich auf den Kommissar der Regierung Papen zu übertragen. Nur die Zentrumsminister mussten sich der strikten Gegnerschaft ihrer Partei gegen die Regierung Papen beugen. Dagegen versuchten SPD- und DDP-Vertreter die Zusammenarbeit gemäß den Plänen mit der Regierung Brüning wieder aufzunehmen. Die Begründung für die Ablehnung der Papen-Aktion formulierte der Fraktionsvorsitzende des Zentrums im preußischen Landtag in der Sitzung vom 30. August 1932: „Wir sind ohne Zweifel alle darüber einig, dass dieser Dualismus [Preußen-Deutschland] überwunden werden muss. Wir sind aber auch hoffentlich alle miteinander in der Überzeugung einig, dass es nach diesen Rezepten und mit diesen Methoden, die das Volk und seine Vertretung völlig mundtot machen und beiseite schieben, nicht gemacht werden kann und nicht gemacht werden darf."[16] Einzelne Vertreter von SPD, Staatspartei und DVP gingen aber noch einen Schritt weiter, indem sie zwar auch auf das Manko des Zustandekommens der Reichsexekution verwiesen, gleichzeitig aber diskutierten, ob der Eingriff als Grundlage für eine einvernehmliche Lösung unter gewissen Umständen akzeptiert werden könnte.[17]

---

[15] Brecht: Auflösung der Weimarer Republik, S. 302. Brecht hatte dies so nicht formuliert, sondern den Sachverhalt in eine rhetorische Figur gekleidet: „Immer wieder tadelt Bracher in seinem Buch die demokratischen Parteien im allgemeinen und die Sozialdemokraten im besonderen [...], dass sie an Legalitätsprinzipien festhielten, statt aus den Erkenntnissen der tatsächlichen Machtverhältnisse und der Abwesenheit demokratischer Mehrheiten die Konsequenz zu ziehen, rechtzeitig im Wege des Kompromisses eine nichtparlamentarische Herrschaft (also, parlamentarisch gesprochen, eine Diktatur) aufzurichten, die, gestützt auf das Militär, die totalitären Parteien niederhalten konnte. Am 20. Juli verlangte er von ihnen gerade das Umgekehrte, dass sie den Reichspräsidenten und Schleicher bei den Versuchen, diktatorisch Ordnung herzustellen, mit einem aussichtslosen Bürgerkrieg bekämpften. Von Brachers grundsätzlichem Standpunkt aus wäre es logischer gewesen, wenn er gesagt hätte, die preußischen Minister hätten am 20. Juli nicht nur nicht kämpfen, sondern sie hätten, ohne den Staatsgerichtshof anzurufen, sich mit der Errichtung einer Militärdiktatur einverstanden erklären oder stillschweigend abfinden sollen, vorausgesetzt, dass sich die Diktatur auch gegen die Nationalsozialisten wendete, was ja tatsächlich zu erwarten war und – nicht zuletzt unter dem Einfluss der schwebenden Staatsgerichtshofssache – auch in erheblichem Umfange geschah."

[16] So der Abg. Lauscher, Sitzungsberichte des Preußischen Landtags, 4. Wahlperiode, 1. Band, Berlin 1932, S. 1410.

In diese Richtung gehende Angebote waren zuvor in aller Öffentlichkeit der Reichsregierung unterbreitet worden. Bereits am 21. August 1932, also noch lange vor Prozessbeginn, hatte Brecht geschrieben: „Mancher wird geneigt sein, rechtliche und moralische Bedenken gegen das Vorgehen der Reichsregierung zurückzustellen, wenn nur politisch das Ziel der Reichsreform näher gerückt wird.“[18]

Das Angebot, die „große konstruktive Aufgabe der Reichsreform“ (Brecht) gemeinsam zu lösen, sollte nach den Vorstellungen von Hoepker-Aschoff und Brecht im Wege eines Vergleiches realisiert werden. Die von Papen erzwungene Vereinigung von Reich und Preußen wäre damit sanktioniert worden. So wäre man einer

---

[17] Ein DVP-Abgeordneter hatte in der Sitzung vom 30. August 1932 gesagt, er gebe zu, dass es „weite Kreise in Preußen gibt, die diesen Schritt der Reichsregierung als eine gewisse Erleichterung betrachtet haben“ da durch ihn „endlich mal den Mängeln abgeholfen“ werde, die „so manches Mal auch von uns hervorgehoben worden sind.“ So der Abgeordnete Stendel, Sitzungsberichte des Preußischen Landtags vom 30. August 1932, Sp. 1444. Hermann Dietrich, ehemaliger Reichsminister, Vizekanzler unter Brüning und Vorsitzender der linksliberalen Staatspartei, die ebenfalls eine „wirkliche Reichsreform, die den Dualismus zwischen Preußen und dem Reich beseitigt“ forderte, betonte in einem Artikel vom 25. September 1932, dass es sich im Reiche nach der Absetzung der preußischen Regierung gezeigt habe, dass ein solcher Zustand möglich und letzten Endes gut sei: „Die Frage Preußen ist zur Zeit – man mag es bedauern oder nicht – faktisch gelöst, indem das Reich die Verwaltung Preußens übernommen und darüber hinaus den Landtag einfach an die Wand gedrückt hat. Geht es jetzt ohne preußische Regierung und ohne preußischen Landtag, so könnte es vielleicht auch später nicht unmöglich sein.“ (Hermann Dietrich, Wohin geht der Weg? Neue Badische Landeszeitung, 77. Jg., Nr. 489, Morgen. Ein Exemplar des Artikels findet sich in dem Nachlass Dietrich, BA N 1004/224, fol. 309.) Der demokratische preußische Handelsminister Schreiber äußerte – ebenfalls in diesem Sinne: „Dass das Nebeneinander von Reich und Preußen mit seinen schädlichen Reibungsverlusten beseitigt werden muss, ist eine Forderung, die wir immer erhoben haben. In dieser Frage will – trotz der unmöglichen Methoden der Regierung von Papen – niemand von uns in den Zustand vor dem 20. Juli zurückkehren.“ (8-Uhr-Abendblatt, Nr. 254, vom 28. Oktober 1932, zitiert nach: Die Reichsreform, Bd. 1, 1933, S. 109, Anm. 1.) Ähnlich der Artikel „Preußen im Reich“, in: VZ, Nr. 515 vom 27. Oktober 1932, S. 1 f. Ebenfalls in diese Richtung gingen die Ausführungen seines Parteikollegen Hoepker-Aschoff. Da dieser, wie berichtet, schon 1931 für die Einsetzung eines Reichskommissars eingetreten war, setzte er sich entsprechend intensiv mit der Papenschen Variante dieses Vorhabens auseinander. In einem undatierten maschinenschriftlichen Manuskript, das noch vor dem Leipziger Prozess entstanden war, berichtete er zwar, dass selbst „Freunde einer Reichsreform“ den „Gewaltstreich“ des 20. Juli abgelehnt hätten. Auf der anderen Seite betonte er aber, dass man sich „bei der Beurteilung des Reichskommissariats von parteipolitischen Erwägungen freimachen“ müsse, denn: „einerlei, ob parteipolitische Beweggründe am 20. Juli eine Rolle gespielt haben, die Zusammenfassung der Regierungsgewalt des Reiches und Preußens ist eine von der Parteipolitik unabhängige Notwendigkeit“. Daher dürfe die Verbindung Reich-Preußen auch nicht wieder gelöst werden. Aber diese Verbindung sei eine Notmaßnahme, von der Verfassung nur für eine vorübergehende Zeit gerechtfertigt. Deshalb schlug er vor, gemäß den Plänen der Länderkonferenz, eine Verbindung der Reichsgewalt mit der preußischen Gewalt herzustellen. Der preußische Landtag sollte zu diesem Zweck vorerst von der Wahl eines Ministerpräsidenten absehen und die Reichsregierung zur Führung der Regierungsgeschäfte in Preußen ermächtigen. Die alten preußischen Minister würden dadurch von der Ihnen nach der Verfassung obliegenden Geschäftsführung befreit. Das sei mit der preußischen Verfassung in Einklang zu bringen. (Hermann Hoepker-Aschoff, Reich-Preußen. Nachlass Hoepker-Aschoff, BA N 1129/15, S. 4 f.)

[18] S. Brecht, Stationen der Reichsreform.

verfassungsrechtlichen Lösung fraglos nähergekommen. Bereits am 22. August 1932 wandte sich Hoepker-Aschoff deshalb brieflich an den Reichsinnenminister Gayl,[19] zu dem er ein gutes persönliches Verhältnis hatte[20], um ihm drei Tage später bereits einen ausgearbeiteten Vergleichsentwurf zu übermitteln.[21] Im Gegenzug für die weitgehenden Zugeständnisse, die hier gemacht wurden, sollte die Reichsregierung lediglich gewährleisten, dass die Geschäfte nach streng sachlichen Gesichtspunkten „keiner Partei zuliebe oder zuleide" geführt würden.[22] Natürlich sei er sich bewusst, hatte Hoepker-Aschoff am 21. August an Poetzsch-Heffter geschrieben, „dass bei einem solchen Vergleich manche rechtliche Zweifel, vor allem im Hinblick auf die Preußische Verfassung" auftauchen würden. Aber die Geschichte lehre nun einmal, „dass bei allen staatsrechtlichen Fortbildungen einmal der Verfassung Gewalt angetan" werden müsse und dieser Vorstoß „später sanktioniert" werde.[23] Was Hoepker-Aschoff vorschlug, war nichts anderes als eine nachträgliche „Legalisierung" der gewaltsamen Absetzung der preußischen Minister durch eine Quasi-Indemnität des preußischen Landtages. Gewisse „Gewalt" gegen die Verfassung

---

[19] Ankündigung des Besuches in dem Schreiben Hoepker-Aschoffs vom 21. August 1932 an Poetzsch-Heffter; Abschrift als Anlage I zu dem Schreiben Brechts vom 27. August 1932 an Braun (Nachlass Braun). Zitiert nach Bay, S. 181.

[20] Hoepker-Aschoff umschrieb das mit dem Satz, er habe sich mit Gayl „immer recht gut vertragen". (Hoepker-Aschoff an Brecht vom 21. August 1932.)

[21] Der Entwurf, datiert auf den 25. August 1932, findet sich in Abschrift im Nachlass Hoepker-Aschoff. Hier findet sich des Weiteren eine gekürzte und offenbar von Brecht überarbeitete Fassung, die im Sinn aber nicht verändert war. (BA N 1129, Nr. 15.) Der Entwurf umfasste folgende Punkte: 1) Die Reichsregierung und die geschäftsführende preußische Regierung sind der Auffassung, dass eine „Fortbildung des deutschen Verfassungszustandes" notwendig ist und zwar in dem Sinne, dass die Regierungsgewalt im Reiche und in Preußen durch die Reichsregierung ausgeübt wird. Sie sind darin einig, dass die Reichsregierung dem Reichspräsidenten einen Entwurf zu einer entsprechenden Verfassungsänderung vorlegt. 2) Die Reichsregierung wird dem Herrn Reichspräsidenten die Aufhebung der Verordnung vom 20. Juli 1932 vorschlagen, wobei für eine Rehabilitierung der in ihrer Ehre verletzten preußischen Staatsminister Sorge getragen wird. 3) Nach Aufhebung der Verordnung werden der preußische Ministerpräsident und die preußischen Minister die Regierungsgeschäfte niederlegen und dem Reichspräsidenten empfehlen, die entstehende Lücke einstweilen durch die Übertragung der Geschäfte auf die Reichsregierung aufgrund einer Verordnung nach Art. 48 Abs. 2 zu schließen. 4) Die Niederlegung der Geschäfte soll die Vertretung Preußens im Reichsrat erst dann umfassen, wenn rechtlich gesichert ist, dass Preußen im Reichsrat mit allen Stimmen vertreten ist. Bis dahin wird die Wahrnehmung der Vertretung im Reichsrat im Einvernehmen zwischen den preußischen Ministern und der Reichsregierung erfolgen.

[22] Ebd. Die Regelung der Beamtenfrage, so sah der Entwurf vor, bleibe so lange in der Schwebe, bis eine parlamentarisch verantwortliche Regierung entweder aufgrund der anzustrebenden Verfassungsänderung oder durch Neuwahl nach Art. 54 der Preußischen Verfassung vorhanden sei. Die Reichsregierung und die Preußische Staatsregierung würden den Preußischen Landtag von dem Vergleich in Kenntnis setzen mit der Bitte, folgenden Beschluss herbeizuführen: „Der Landtag ermächtigt die Reichsregierung bis auf weiteres, die Regierungsgeschäfte in Preußen im Rahmen dieses Vergleichs anstelle des Staatsministeriums zu führen und die aus solcher Zusammenfassung sich ergebenden Organisations-Änderungen vorzunehmen, unbeschadet seines Rechtes zur Gesetzgebung."

[23] Hoepker-Aschoff an Poetzsch-Heffter vom 21. August 1932, zit. Nach Bay, S. 182 f. FN. 973.

wollte er dabei durchaus akzeptieren. Nicht ein partieller Bruch mit der Verfassung war es, der die Widersacher der Papen-Aktion umtrieb, sondern die unterstellte parteipolitische Stoßrichtung vor allem gegen die SPD. Wenn diese parteipolitische Spitze zurückgenommen worden wäre, so hätten maßgebliche preußische Stellen einer Zusammenarbeit in der Frage der Reichsreform wohl nichts mehr entgegengesetzt. Der vorübergehende Zustand wäre damit gefestigt und einer endgültigen Lösung der Weg bereitet worden. Die Verwirklichung wurde in Absehung von der tatsächlichen Situation im Landtag für möglich erachtet. Es fällt bei alledem aber auf, dass die unüberwindbaren Schwierigkeiten einer Mehrheitsfindung im Reichstag und preußischen Landtag überhaupt nicht thematisiert wurden, was wohl als das grundlegende Manko dieser Konzeptionen bezeichnet werden kann.

Diese preußischen Einigungsvorschläge wurden vom politischen Gegenüber mit einigem Interesse zur Kenntnis genommen. Insofern war der Verständigungswille nicht nur einseitig vorhanden. In der Person des Innenministers bestand auf Reichsseite durchaus die prinzipielle Bereitschaft für die Prüfung aller Möglichkeiten, um eine außergerichtliche Einigung zu erzielen. Als Grundlage hätten die von Hoepker-Aschoff und Brecht in Übereinstimmung mit Otto Braun genannten Bedingungen dienen können. Gayl versicherte in Reaktion auf diese Entwürfe, dass er „persönlich“ einen „positiven Ausgang des Konflikts“ begrüßen würde. Er versprach sogar, mit Papen über „die Möglichkeit eines Vergleichs“ zu reden.[24] Bereits am nächsten Tag wurde Hoepker-Aschoff dann von Gayl empfangen. Dieser erklärte ihm, dass seine Regierung nur einen Vergleichsvorschlag machen könne, wenn vorher feststünde, dass er von den preußischen Ministern nicht zurückgewiesen werde.[25] Um diese Frage zu sondieren, wandte sich Hoepker-Aschoff mit der Bitte an den preußischen Prozessvertreter Brecht, den suspendierten Ministerpräsidenten in dieser Frage zu „beraten“.[26] In diesem Bestreben schrieb Brecht am 27. August an Braun, der in Badgastein zu Kur weilte.[27] Der Prozessvertreter der abgesetzten preußischen Geschäftsregierung sprach in warmen Worten von einem möglichen Vergleich, den er als eine „positive Wendung im Sinne der Reichsreform“ begrüßte, obgleich es ihm, wie er hinzufügte, „sehr schwer“ fiele, „auf den Gedanken der Austragung eines Prozesses zu verzichten“. Eine außergerichtliche Lösung hielt er aber für wünschenswerter, denn: „praktisch-politisch“ sei eine „einfache Wiederherstellung des früheren Zustandes“ ohnehin „nicht im Bereich der realen Wahrscheinlichkeit oder auch nur Möglichkeit“.[28] Braun antwortete umgehend. In einem handschriftlichen – privat gehaltenen und sehr bemerkenswerten – Brief vom 29. August 1932 ließ er seinen Emotionen freien Lauf. Unter Berufung auf die Pläne von Hoepker-Aschoff gab er sogar zu, dass er prinzipiell mit dem Zustand, der durch das Reichs-

---

24 Schreiben Brechts an Braun vom 27. August (NL Braun), zitiert nach Bay, S. 182.

25 Brecht an Braun vom 27. August 1932.

26 Hoepker-Aschoff an Poetzsch-Heffter vom 21. August 1932. S. o.

27 Brecht an Braun vom 27. August 1932.

28 Ebd.

kommissariat in Preußen geschaffen worden sei, übereinstimme. Das Schreiben ist derart aufschlussreich, dass es hier im Wortlaut zitiert sei: [29]

> „Sie wollen aus dem Vorstehenden, das ich hier zum erstenmal niedergeschrieben habe, ersehen, wie ich zu dem Gedanken Reich und Preußen unter einheitlicher Leitung stehe; es wird Ihnen auch erklären, warum ich in dem Rechtsstreit gegen das Reich mich nicht mit der Verve einsetze, die Ihnen und Badt, die Sie in dankenswerter und aufopfernder Weise unsere Rechte vertreten, vielleicht erwünscht erscheint. Ich habe innere Hemmungen, die daraus resultieren, daß der Zustand, wie er jetzt geschaffen ist, meiner Grundidee entspricht, freilich nicht in der Art des Zustandekommens und noch weniger in dem geschaffenen Zerrbild, meine Billigung findet. Ich würde mich daher Vergleichsverhandlungen mit dem Ziel einer vernünftigen Zusammenfassung der Regierungsgewalt Reich-Preußen nicht entgegenstellen, um so mehr, als der Ausgang eines Rechtsstreits, nachdem das Reich in der Hauptrechtsfrage einen teilweisen Rückzieher gemacht hat, doch wenig befriedigend ausfallen würde. Freilich Voraussetzung für das Zustandekommen eines Vergleichs, der die Zusammenfassung der Regierungsgewalt in Preußen und dem Reiche in eine vernünftige Form bringen müsste, wäre, daß von der preußischen Regierung das Odium genommen wird, sie hätte ihre Pflicht dem Reiche gegenüber verletzt, und in Preußen nicht Ruhe und Ordnung gesichert. Mit dieser wahrheitswidrigen, mich und meine Kollegen im Kabinett und unsere treuen Mitarbeiter schwer verletzenden Begründung darf dieser geschichtliche Akt nicht behaftet bleiben."

In diesem Brief hatte Braun also eröffnet, dass die gewaltsam geschaffene Einheit der Regierungen von Reich und Preußen durchaus seiner „Grundidee" entspreche. Damit begründete er auch seine öffentliche Zurückhaltung in den Fragen des Prozesses. Da die Reichsregierung aber einen teilweisen Rückzieher gemacht habe – womit nur die Rücknahme einer endgültigen Absetzung gemeint gewesen sein kann – wollte er in Übereinstimmung mit Hoepker-Aschoff nun auf dem Wege eines Vergleichs eine dauerhafte Verbindung der Regierungsgewalten schaffen.

Am 5. September hatte sich Brecht in der Presse zum Problem der Reichsreform geäußert.[30] Die Möglichkeit eines Vergleiches bedeutete für ihn und Hoepker-

---

[29] Handschriftlicher Brief von Otto Braun an Arnold Brecht, Badgastein, 29.8.1932, S. 2 (Vorderseite). In: Nachlass Brecht, BA N 1089 Nr. 9, 4 Seiten Vor- und Rückseite. Abgedruckt bei Brecht, Mit der Kraft des Geistes, 1967, S. 437 f. Zu dem Brief s. auch Biewer, Preußenschlag, S. 166, sowie ders., Reichsreformbestrebungen, S. 137.

[30] Auf die Frage, unter welchen Bedingungen man die preußische Polizei dem Reich unterstellen könne, antwortete er, auf Grund des Art. 48 Abs. 2 könne der Reichspräsident nötigenfalls auch einen Polizeikommissar einsetzen, wenn die öffentliche Sicherheit und Ordnung gestört sei. Solche Fälle habe es schon mehrfach, auch unter Reichspräsident Ebert gegeben. Der eigentliche Ansatz und Zweck dieser Maßnahmen dürfe aber nicht die Reichsreform sein, denn so eine Reform könne nicht über Art. 48 verwirklicht werden. Etwas anderes sei es natürlich, wenn man solche aus Sicherheitsgründen erlassenen Maßnahmen, wenn sie einmal notwendig seien, organisatorisch ähnlich durchführen würde, wie man es im Falle der Reichsreform täte. Das wäre aber eine „gefährliche Spielerei", wenn man nicht gleichzeitig einen Gesetzentwurf der Reichs- und Verfassungsreform den gesetzgebenden Körperschaften zuleiten würde. Bislang sei aber ein solcher Entwurf, obwohl er in den Ministerien vorliege, noch nicht in ordnungsmäßiger, verfassungsmäßiger Weise dem Reichsrat als erster Instanz zugeleitet worden.

Aschoff die Vorbereitung einer „ordnungsmäßigen Reichsreform". Deshalb fuhr er im Laufe des September persönlich nach Gastein, um mit dem Regierungschef die Lage eingehend zu erörtern. Die Vergleichsvorschläge der preußischen SPD-Minister veranlassten den Reichskommissar Bracht in einer Besprechung mit Papen, Gayl und anderen vom 28. September 1932 zu folgender Bemerkung: „Mehrere sozialdemokratische Polizei- und Regierungspräsidenten hätten ihm mitgeteilt, dass sie hinter der Reichsregierung und der Kommissarischen Preußischen Regierung ständen. Auch die S. P. D. habe keine allzu wesentlichen Einwendungen gegen die jetzigen politischen Zustände zu erheben, müsse natürlich nach außen hin starke Opposition treiben."[31]

Die Aussicht auf einen Vergleich ließ die preußische Seite nicht ruhen. Am 30. September 1932 schrieb Hoepker-Aschoff einen weiteren Brief an Gayl, in dem er sich auf eine persönliche Unterredung bezog, bei der offenbar über diese Möglichkeit gesprochen worden war.[32] Zweigert bestellte anlässlich des „Vergleichsvorschlags von Brecht" sofort den juristischen Berater Schmitt ins Reichsinnenministerium.[33] Leider gibt es keine Hinweise darauf, wie sich die Reichsregierung gegenüber diesem Vorschlag verhalten wollte. Der Vorschlag war allerdings in den preußischen Reihen keineswegs unumstritten. Hoepker-Aschoff gab in einem Brief an Gayl an, die preußischen Zentrums-Minister seien „nicht geneigt, irgendetwas zu tun, was die Stellung des Kabinetts Papen erleichtert hätte".[34] Das deutet auf die Par-

Brüning habe es „nach Lausanne" tun wollen, sei aber nicht mehr dazu gekommen. Er, Brecht, meine, dass der Reichsrat ein solches Gesetz mit Zweidrittelmehrheit annehmen könnte. Das wäre sicher ein großer Antrieb für den Reichstag, sonst müsse man den Weg des Volksentscheids beschreiten. Liege ein solcher Reichsreformentwurf vor, so würde man bei vorläufigen Maßnahmen natürlich auf ihn Rücksicht nehmen. So könnte man etwa zur Sicherung der öffentlichen Sicherheit und Ordnung den Reichsinnenminister als Zivilkommissar und Leiter der Polizei in den einzelnen Ländern Norddeutschlands einsetzen, falls die Polizei durch verschiedenartig zusammengesetzte Regierungen gegensätzliche Anweisungen erhielte. Zudem könne der Reichspräsident als Übergang die preußischen Minister gleichzeitig zu Reichsministern und die Reichsminister gleichzeitig zu preußischen Ministern ernennen. Alles, was man aber ohne Vorlegung eines ordnungsmäßigen Gesetzes zur Änderung der Reichsverfassung hinsichtlich einer Durchführung der Reichsreform unternehme, müsse nach „Vorbereitung eines Staatsstreichs aussehen und alle Beteiligten äußerst misstrauisch machen". (Montag-Morgen, Berlin, Nr. 36 vom 5.9.1932, zitiert auch in Reichsreform, Mitteilungen des Bundes zur Erneuerung des Reiches e. V., 4. Jg., Heft 9, September 1932, S. 108.)

31 Besprechung vom 28. September 1932, Akten der Reichskanzlei, S. 716.

32 Hoepker-Aschoff an Gayl, 30. September 1932.

33 Tagebucheintrag vom 30.9.1932. HStAD/RW 265–21640.

34 Hoepker-Aschoff an Gayl, 30. September 1932. In einem Artikel von April 1933 machte Hoepker-Aschoff dagegen die Reichsregierung für das Scheitern der Vergleichsvorschläge, die auch unter Reichskanzler von Schleicher weiterliefen, verantwortlich: „Ich hatte Anlass anzunehmen, dass die preußischen Minister auf diesen Vorschlag eingehen würden. Einen ähnlichen Vorschlag hat später Brecht im Auftrag der preußischen Regierung dem Reichskanzler Schleicher vorgelegt. Die Haltung der Reichsregierung war zaudernd und widerspruchsvoll." (Hermann Hoepker-Aschoff, Das Ende des deutschen Föderalismus, Der deutsche Volkswirt, 7. Jg., Nr. 29, 21. April 1933.) Zwar wird es wohl zutreffen, dass die Reichsregierung sich in

teiloyalität der Zentrumsminister als Ursache für ein Nichtzustandekommen der Vergleichsverhandlungen.

Zu der Frage des Prozessausgangs hatte Hoepker-Aschoff angemerkt, dass der Staatsgerichtshof die Möglichkeit, auf der Grundlage des Art. 48 Abs. 1, gegen Preußen vorzugehen, seiner Einschätzung nach verneinen werde. Eine Notverordnung gemäß Art. 48 Abs. 2 werde er hingegen nicht völlig ablehnen. Es sei aber mehr als fraglich, ob der Reichsregierung das Recht zugesprochen werde, die gesamte Exekutive in Preußen an sich zu ziehen. Soweit der Staatsgerichtshof der Reichsregierung Recht gäbe, werde er die Begründung nicht in einem Verschulden der preußischen Regierung, sondern in dem „Zwang der Verhältnisse" suchen („Unmöglichkeit, in Zeiten der Gefahr von zwei Zentralen aus, die erforderlichen Maßnahmen für Sicherheit und Ordnung zu treffen, ohne dass Kollisionen eintreten"). Bei einem solchen zu erwartenden Ergebnis, so der Vorschlag Hoepker-Aschoffs an die Adresse Gayls, solle man versuchen, das Notwendige auf dem Wege eines Vergleiches zu regeln. Es scheine ihm, unter Absehung jeder Parteipolitik, notwendig, eine Lösung zu finden, bei der die preußischen Minister in ihrem Ansehen wiederhergestellt würden, andererseits aber „eine institutionelle Verbindung zwischen der Exekutive im Reiche und derjenigen in Preußen vorbereitet wird". Eine Personalunion reiche nach seinem Dafürhalten in keiner Weise aus, denn sie könne jeder Zeit wieder gelöst werden. Entscheidend sei, dass die Reichsregierung als solche die Exekutive in Preußen führen würde und damit der verfassungsrechtliche Zustand vorbereitet werde, der den Beschlüssen der Länderkonferenz zugrunde liege. Das Kernstück des Vergleichs sei daher: „Aufhebung der alten Notverordnung, neue Notverordnung, welche der Reichsregierung, mit Rücksicht auf die durch die Notlage gebotene Zusammenfassung, die Exekutive in Preußen überträgt, als Provisorium bis zu einer neuen verfassungsrechtlichen Regelung gemäß den Beschlüssen der Länderkonferenz." Dadurch würde der unwürdige Zustand durch den Reichskommissar beseitigt. Er, Hoepker-Aschoff, betrachte die Möglichkeiten heute allerdings leider als gering, Brecht habe dagegen noch Hoffnung. Aufgrund der großen Zweifel an dem Ausgang des Rechtsstreits in der Richtung, ob dem Reichskommissar die gesamte Exekutive in Preußen zugestanden

---

dieser Frage widersprüchlich, ja „zaudernd" verhalten hatte. Die ablehnende Haltung der preußischen Zentrumsminister dürfte es aber verhindert haben, dass die Reichsregierung sich überhaupt abschließend zu dieser Frage äußern musste. Die Sicherheit der Zustimmung durch die Zentrumsminister war zu keinem Zeitpunkt gegeben. Auch Jürgen Bay vertritt deshalb die Auffassung, man könne annehmen, dass nach dem Bruch zwischen Papen und Hitler, als Zentrum und NSDAP sich wieder näher gekommen seien, die christliche Partei an der Erhaltung Preußens, ihres Einflusses in der Verwaltung und der Möglichkeit, von Preußen aus Opposition gegen Papen machen zu können, mehr interessiert gewesen sei, als an der Reichsreform, denn: „Den Vergleich, der ein großer Schritt in Richtung Reform gewesen wäre und Papens Stellung gestärkt hätte, unterstützte das Zentrum bezeichnenderweise nicht." (Bay, S. 263. S. auch S. 183 f.) Gesicherte Aussagen über die Haltung des Zentrums seien aber mangels Quellen nicht möglich. Der von Brecht vorgelegte Reformentwurf sei jedenfalls in der Sitzung des Preußenkabinetts am 13. Dezember nicht beraten worden, da die Zentrumsminister erst mit ihrer Partei sprechen wollten.

werde, solle die Reichsregierung den preußischen Ministern in der Wiederherstellung ihrer Ehre und ihres Ansehens soweit wie möglich entgegenkommen und die Frage eines Verschuldens völlig ausräumen. Vielleicht werde auch der Reichsgerichtspräsident selbst die Wege hierzu ebnen.[35] Otto Braun dagegen hatte den bevorstehenden Prozess in Leipzig bereits am 23. September als nicht wesentlich bezeichnet. In einem Schreiben an den preußischen Kultusminister Grimme teilte er mit, er habe wiederholt betont, dass er „dem ganzen Rechtsstreit" keine „ausschlaggebende Bedeutung" beimesse. „Die Fragen, um die es jetzt geht, sind mehr politische Machtfragen, die nicht von den Paragraphenreitern in Leipzig entschieden werden".[36] Diese Haltung Brauns darf als einigermaßen kurios bezeichnet werden, da die preußische Regierung gemäß ihrer Entscheidung für einen strikten Legalitätskurs alle Hoffnungen auf die Entscheidung des Staatsgerichtshofs setzte. Wenn Braun die „Paragraphenreiter" nun als unmaßgeblich abkanzelte, so zeigt sich, dass er sich in die Situation gefügt hatte und sie für unabänderlich hielt. Die konservative Ablehnung, politische Streitigkeiten vor einem Verfassungsgericht auszutragen, hatte sich offenbar bis in führende sozialdemokratische Kreise hinein verbreitet.

Nicht nur Braun, Brecht und Hoepker-Aschoff waren darauf aus, eine außergerichtliche Einigung im Wege eines Vergleiches zu erzielen. Auch dem Reichsgerichtspräsidenten wurde eine entsprechende Haltung zugeschrieben.[37] Durch einen solchen Vergleich, der im Wesentlichen nur an die Bedingung gekoppelt war, dass die ehrenrührige Absetzung der preußischen Regierung rückgängig gemacht wurde, wäre der aufgrund einer akuten Notlage durch die Preußenaktion vorübergehend geschaffene Status quo institutionalisiert worden: zunächst durch eine Personalunion auf der Grundlage einer neuen Notverordnung und dann durch die angestrebte Legalisierung mittels einer Verfassungsänderung gemäß den Vorschlägen der Länder-

[35] Hoepker-Aschoff an Gayl vom 30. September 1932.

[36] Braun an Grimme vom 23.9.1932, Geheimes Preußisches Staatsarchiv, Nachlass Grimme, Ordner V. I. P. A-L. Auszugsweise abgedruckt in Braun, Von Weimar zu Hitler, S. 413 f. S. dazu auch Hagen Schulze, Otto Braun, S. 759.

[37] So berichtete Ministerialdirektor Gottheiner in einer Besprechung vom 15. Oktober 1932 zum „Stand des Prozesses vor dem Staatsgerichtshof in der Streitsache Preußen gegen das Reich" mit Papen, Gayl Bracht, Planck, Zweigert, Hoche und Kritzinger, es habe den Anschein, „als wenn der Reichsgerichtspräsident am liebsten einen Vergleich zwischen den streitenden Parteien sehe". Besprechung vom 15. Oktober 1932, Akten der Reichskanzlei 1932, Band 2, Dokument Nr. 170, S. 783 f. Ministerialrat Kritzinger konnte beitragen, dass der ihm persönlich bekannte Reichsgerichtspräsident ihm gegenüber nach einer Sitzung geäußert habe: „Es werde nach seiner Ansicht angenehm sein, wenn die Parteien zu einem Vergleich kämen. Preußen komme doch jetzt dem Reich sehr entgegen." Der Reichsgerichtspräsident habe zudem die Frage an ihn gerichtet, ob ein Vergleich an der Haltung der Vertreter Bayerns oder Badens scheitern werde. Diese Frage habe er, Kritzinger, verneint. Außerdem habe Bumke von ihm wissen wollen, ob es nach seiner Ansicht Zweck habe, wenn er, der Vorsitzende, Vergleichsvorschläge mache. Auf diese Frage, so der Ministerialrat, habe er nicht geantwortet. Der Reichsinnenminister vertrat die Auffassung, dass von Seiten der Reichsregierung ein Vergleichsangebot nicht in Frage kommen könne. Dies solle Kritzinger dem Reichsgerichtspräsidenten mitteilen. Der Reichskanzler stimmte dieser Auffassung zu.

konferenz. Zu den Vergleichsverhandlungen mit der Reichsregierung kam es aber nicht, da dieselbe alle Vorstöße in diese Richtung unbeantwortet ließ, was gleichwohl nicht bedeutet, dass die Möglichkeit eines Vergleiches generell verworfen wurde. Die Reichsregierung vertrat die Auffassung, „dass eine Initiative für etwaige Verständigungsverhandlungen vom Kabinett Braun ausgehen müsste".[38] Man wollte aber, wie Gayl es ausgedrückt hatte, bei einem möglichen Vergleichsvorschlag die Sicherheit, dass die preußische Regierung diesen nicht ablehnen würde. Das war aber wegen der ablehnenden Haltung der Zentrumsminister nicht gegeben. Ob Bumke den Prozessparteien einen solchen Vorschlag unterbreitete und wenn ja, warum er abgelehnt worden war, ist aus den Quellen nicht ersichtlich. Wie die Gespräche Gayls mit Hoepker-Aschoff zeigen, war die Reichsregierung allerdings keinesfalls prinzipiell gegen einen Vergleich eingestellt, um so mehr, als ein prozessuales Obsiegen auf der ganzen Linie gar nicht mehr erwartet wurde. Diese Bewertung traf sich mit der Einschätzung der Gegenpartei.[39] Wenn aber eine Niederlage des Reiches in dem Punkte, auf den Preußen den größten Wert legte, ohnehin zu erwarten war, dann wäre ein Vergleich allemal die zu bevorzugende Variante, da sie dem Reichspräsidenten die politisch gefürchtete Einstufung seiner Maßnahme als (zum Teil) verfassungswidrig ersparte.

b) NSDAP und „Preußenschlag"

Wenn die preußische Regierung hinter den Kulissen durchaus auf eine Einigung in der Preußenfrage aus war – von den Zentrumsministern einmal abgesehen –, so stellt sich die Frage, wie die NSDAP, die ansonsten als Nutznießer des „Preußenschlages" dargestellt wurde, zu diesen Planungen stand. Die Beantwortung dieser Frage ist insbesondere deshalb notwendig, weil Schmitt ja selbst offenbar mit dem Eingriff des 20. Juli ein Vorgehen gegen die NSDAP verbunden hatte. Daher muss gefragt werden, ob es tatsächlich zutreffen kann, dass mit dem „Preußenschlag" auch eine antinationalsozialistische Implikation verbunden war. Dies erfordert wiederum einen kurzen Exkurs in die Motivwelt dieser umstürzlerischen Partei.

Die NSDAP hatte die Planungen der Regierung Brüning, die Regierungsgewalt in Preußen durch ein Reichsdirektorium zu übernehmen, von Anfang an verfolgt und

[38] Frankfurter Zeitung, 27. Oktober 1932, 1. Morgenblatt, S. 1.

[39] Gottheiner war wie Hoepker-Aschoff zu der Auffassung gelangt, dass wahrscheinlich die Reichsregierung Recht bekommen werde, insofern sie ihre Maßnahmen auf Art. 48 Abs. 2 stütze. Hinsichtlich des Absatzes 1 sei die Lage „sehr zweifelhaft". Er habe den Eindruck, dass die Reichsregierung hier nicht Recht bekommen werde. Sehr schwer sei zur Zeit zu sagen, ob das Urteil diesen Punkt offenlassen oder ausdrücklich feststellen werde, dass die Voraussetzungen des Art. 48 Abs. 1 nicht vorgelegen hätten. Politisch würde letzteres natürlich sehr unangenehm sein. (Besprechung vom 15. Oktober 1932, Akten der Reichskanzlei 1932, Band 2, Dokument Nr. 170, S. 783 f.)

diesem Vorhaben breiten Raum in der Parteipresse eingeräumt. Dabei wurde die Planung zutreffend als Affront gegen die extremistische Partei gedeutet und publizistisch mit allen Mitteln bekämpft. Der Parteijurist Hans Frank etwa hatte in die Öffentlichkeit gelangte Überlegungen zum Anlass für eine scharfe Zurückweisung der Pläne im Zentralorgan „Völkischer Beobachter" genommen. Auf den ersten beiden Seiten der Ausgabe vom 28. April veröffentlichte er einen ausführlichen Kommentar unter dem ungelenken aber um so aussagekräftigeren Titel „Das deutsche Volk erwartet die unverzügliche Neuwahl seines Reichstages und nicht verfassungswidriges Spielen mit dem Gedanken eines ‚Reichskommissars' für das nationalsozialistische Deutschland".[40] Darin beschwerte er sich, dass der Ruf nach einem Reichskommissar, „den jetzt die Marxisten und ihr höriger Anhang"[41] ausstießen, dazu dienen solle, „eine nationalsozialistische Regierung auszuschalten". Das sei „verfassungsrechtlicher Wahnwitz". Er fügte die unzweideutige Warnung vor einem Bürgerkrieg hinzu: „Ein Reichskommissar für Preußen, dazu bestimmt, eine nationalsozialistische Regierung *auszuschalten*, wäre ein derartiger Schlag in das Gesicht des nationalen Deutschlands, dass vermutlich ein Sturm der Entrüstung ausbräche, der für die Aufrechterhaltung von Ruhe und Ordnung denkbar unüberwindliche Schwierigkeiten bringen könnte."[42] Etwas weiter unten folgte der vollständig gesperrt gedruckte Satz: „Die Reichsleitung der Nationalsozialistischen Deutschen Arbeiterpartei möchte hierzu in aller Öffentlichkeit mit betonter Entschiedenheit erklären, dass sie jedem Versuch, die Gliedstaaten des Deutschen Reiches im Wege des Reichskommissariats um ihre eigenen staatlichen Rechte zu bringen, als offene Kriegserklärung an die Nation betrachten würde." Da die Bedrohung durch die Brüning-Regierung als existenziell erachtet wurde, war die publizistische Mobilmachung zur Chefsache erklärt worden. Reichspropagandaleiter Joseph Goebbels betonte, es müssten Regelungen gefunden werden, die es verhindern, dass der NSDAP, wenn sie in Preußen die Regierung übernehme, „die Macht vom Reich her aus der Hand geschlagen" werde.[43]

Es muss also prinzipiell festgehalten werden, dass die NSDAP nicht an einem Reichskommissar interessiert sein konnte, der ihnen den Zugang zu den preußischen Machtmitteln versperrte. Deshalb war es auch nicht die Sozialdemokratie, sondern die Partei Hitlers, die lautstark gegen die entsprechenden Pläne der Brüning-Regierung die Trommeln rührte.

Nach der Machtübernahme durch die Regierung Papen hatte sich mit der Veränderung der politischen Vorzeichen auch die Stellung der NSDAP zu einem Reichseingriff in Preußen grundlegend gewandelt. Die NSDAP hoffte nun, aus dem Wechsel von Brüning zu Papen politisch Kapital zu schlagen. Trotzdem blieb die Ein-

---

[40] Völkischer Beobachter, 45. Jg., 119. Ausgabe, 28. April 1932, S. 1/2.

[41] Gemeint sind die „jüdischen Systemzeitungen".

[42] Hervorhebung im Original.

[43] „Die NSDAP wartet und fordert, nämlich die ‚Machtmittel des Staates'", in: Der Angriff, 2. Mai 1932, zit. nach Frankfurter Zeitung, Nr. 329, vom 3. Mai 1932, S. 1.

schätzung der Regierung Papen durchaus ambivalent. Als der „Vorwärts“ am 1. Juli aus einem Artikel des Vorsitzenden des „Deutschen Herrenklub“, Heinrich von Gleichen, den Satz zitierte: „Das neue Kabinett wird nicht nur von den Nazis toleriert, sondern hat die ausdrückliche Zustimmung des ‚Führers‘“, reagierte Goebbels erschreckt.[44] Mit Genehmigung Hitlers eröffnete er deshalb eine Woche später eine Offensive gegen die Papen-Regierung. Als er am 10. Juli in Berlin das Papen-Kabinett insgesamt angriff, wurde diese Kampfansage, wie der Tagebuchschreiber berauscht vermerkte, „von den Massen mit einer nie gesehenen Begeisterung aufgegriffen.“

In einem ganz anderen Sinne hatte sich der „Völkische Beobachter“ am Tag nach Papens Regierungsantritt zum Thema Reichskommissariat geäußert. Hier zeigte sich der Wandel in der taktischen Zielsetzung der Nationalsozialisten. Plötzlich wurde die Einsetzung eines Kommissars durch Papen nicht nur hingenommen, sondern regelrecht gefordert. So beklagte der NSDAP-Chefideologe Alfred Rosenberg, dass das Zentrum nicht gewillt sei, die alte Geschäftsordnung für die Wahl des Ministerpräsidenten wiederherzustellen. Die Partei wolle also mit allen Mitteln nach wie vor die Äußerung des preußischen Volkswillens nicht gelten lassen. Somit sei für den Reichspräsidenten und das neue Reichskabinett das Problem in gleicher Weise gegeben wie zur Zeit Brünings, und man könne „absolut nichts dagegen einwenden“, dass, falls eine Neuwahl des Ministerpräsidenten in Preußen nicht zustande käme, die bisherige Koalition aber in der gleichen Minderheit verbleibe, etwa Herr von Papen oder Freiherr von Gayl als Reichskommissar für Preußen eingesetzt werden würde.[45] Ein Kommentator der „Täglichen Rundschau“ bemerkte lakonisch: „Während zu Zeiten der Regierung Brüning der ‚Völkische Beobachter‘ sich wie rasend gebärdete, wenn im Zusammenhang mit Preußen das Wort Reichskommissar erwähnt wurde, säuselt Herr Rosenberg jetzt gar lieblich und meinte, die Sache sei genau betrachtet wirklich gar nicht so übel. In seinem Innern hielt er es bei dieser letzteren Betrachtung für selbstverständlich, daß besagtes Reichskommissariat nur von einem Nationalsozialisten verwaltet werden könnte.“[46] Dass die Nationalsozia-

---

[44] Goebbels notierte in sein Tagebuch: „Das Kabinett fügt uns täglich mehr Schaden zu. Man kann fast an den Fingern abzählen, wie viel Millionen Stimmen wir verlieren. Die Roten haben es klug verstanden, uns für die Papenschen Notverordnungen verantwortlich zu machen. Zu allem Unglück versendet der Herrenklub ein Rundschreiben, in dem wichtigtuerisch mitgeteilt wird, dass der Führer alle Maßnahmen dieses Kabinetts decke und billige. Das steht nun im ‚Vorwärts‘ zu lesen. Da soll man nicht aus der Haut fahren.“ Dazu Winkler, Katastrophe, S. 643. Interessant ist auch, dass Schmitt unabhängig davon zu einer vergleichbaren Einschätzung gekommen war. Am 14. Juli habe, wie Harry Graf Kessler in sein Tagebuch notierte, ein Bekannter, vom Tee mit Schmitt kommend, berichtet, Schmitt habe die Regierung Papen als „sehr schädlich für die Nazis“ bezeichnet. „Sie hätten gewünscht, Brüning als Gegner weiter zu behalten. Die Regierung Papen unterminiere sie. Sie hätte ihnen in den sechs Wochen ihres Bestehens schon ernstlich Abbruch getan.“ (Kessler, Tagebücher, S. 676. Eintragung vom 14. Juli 1932.)

[45] S. den Bericht in der Täglichen Rundschau vom 4. Juni 1932 unter dem Titel: „NSDAP setzt ihre Hoffnung auf Papen. Um den preußischen Reichskommissar“.

[46] Wilhelm Plog, Der Herr Reichskommissar, Tägliche Rundschau, 16. Juni 1932, 51. Jg., Nr. 139.

listen tatsächlich solche Vorstellungen hegten, zeigte die Äußerung Schleichers in der Ministerbesprechung vom 11. Juli 1932, ein NS-Führer habe ihn „dringend gebeten“, „keinen prominenten Nationalsozialisten als Kommissar für Preußen einzusetzen“.[47] Dies zeigt, dass man ganz offensichtlich davon ausging, einen entscheidenden Einfluss auf die Willensbildung zu haben. Im Sinne der Kursvorgaben Rosenbergs reagierte die NSDAP nach dem Reichseingriff vom 20. Juli entsprechend enthusiastisch. „Die NSDAP freut sich“, notierte die „Tägliche Rundschau“ am 21. Juli 1932. Der Bericht zitierte den nationalsozialistischen Dresdner „Freiheitskampf“ zur Ernennung des Reichskommissars mit den Worten: „Es geht jetzt darum, die letzte Bastion des Marxismus endlich zu zertrümmern, damit die Bahn für den durch die Preußenwahl bekundeten Willen des Volkes frei gemacht wird.“[48] An dieser Aussage lässt sich in schnörkelloser Eindeutigkeit ablesen, was die NSDAP tatsächlich mit der Forderung nach einem Reichskommissar verbunden hatte. Der Kommissar sollte nach den Vorstellungen der Arbeiterpartei nicht die preußische Regierung und die Reichsregierung in einheitliche Bahnen lenken, sondern lediglich, unter Absetzung der SPD-geführten Geschäftsregierung, den Weg für die NSDAP freimachen. Seit der Geschäftsordnungsänderung hatte sich die NSDAP um die Früchte ihres Wahlsieges betrogen gesehen und versuchte deshalb alles, um dem „in der Preußenwahl bekundeten Willen des Volkes“ zum Durchbruch zu verhelfen. Der Reichskommissar war da nur Mittel zum Zweck. Das durchsichtige und kaum verhohlene Motiv der NSDAP war es, dem unliebsamen Sozialdemokraten Severing die Macht über die preußische Polizei zu entwinden, weil dieser sie gegen die Rechte und die Linke gleichermaßen einsetzte.[49] Der Kommissar sollte dadurch, wie Goebbels freimütig bekannte, den Nationalsozialisten durch die Absetzung des Polizeipräsidenten Grzesinski „Bewegungsfreiheit im Reichstagswahlkampf“ verschaffen.[50] Deshalb wurde nach der Machtübernahme Papens in der Hoffnung, sich die neue Regierung durch Druckmittel gefügig machen zu können, die kritische Haltung aufgegeben und auf die Einsetzung eines Kommissars geradezu gedrängt. Im „Völkischen Beobachter“ war am 14. Juli 1932 der Ausnahmezustand und die „sofortige Dienstenthebung der sozialdemokratischen Polizeipräsidenten“ gefordert worden.[51] Der preußische Landtagspräsident Kerrl, ein Nationalsozialist, verlangte in einem Schreiben an Papen, die verfassungswidrige Änderung der Geschäftsordnung müsse durch eine Notverordnung des Reiches rückgängig gemacht und die preußische Polizei bis zur Bildung einer neuen Regierung vom Reich übernommen werden.[52] Auch hier zeigte sich bei genauer Lektüre wiederum, dass die

---

[47] S. oben S. 94.

[48] Zitiert nach Tägliche Rundschau, 21. Juli 1932, S. 2.

[49] Vgl. Bay, S. 103.

[50] Goebbels: „Mehr Mut“ (Leitartikel), in: Angriff, 21. Juni 1932. Vgl. auch Bay, S. 103.

[51] Völkischer Beobachter, Nr. 196, 14. Juli 1932, S. 1: „Wir fordern den Ausnahmezustand!“ Vgl. auch Bay, S. 110.

[52] Der als gemäßigt geltende Kerrl formulierte: „Ich [...] möchte der Reichsregierung zur Erwägung stellen, ob nicht durch den Herrn Reichspräsidenten auf Grund des Artikels 48 eine Verordnung erlassen werden kann, durch die dieser unwürdige, dem Willen der Mehrheit des

Nationalsozialisten etwas durchaus anderes erstrebten als die Reichsminister in ihren vorbereitenden Ministerbesprechungen. Es sollte nicht die Sequestration der gesamten Landesgewalt vorgenommen, sondern die Polizeigewalt lediglich vorübergehend der geschäftsführenden preußischen Regierung entwunden werden, und zwar bis zur Bildung einer NSDAP-geführten Regierung. Das Kalkül war, dass die Reichsregierung es – wegen ihres Einbindungskurses – nicht wagen könne, in dieser vermeintlichen Übergangszeit die Polizei mit gleicher Härte wie die preußische Regierung gegen die Hitler-Partei einzusetzen. Die kommissarische Verwaltung der Polizei durch das Reich sollte bald durch die „Wiederherstellung verfassungsmäßiger Zustände", im Klartext durch die Machtübernahme der NSDAP, beendet werden. Um dabei nicht in eine lästige Koalition mit dem Zentrum gezwungen zu sein, erstrebte Kerrl daher mit Nachdruck, dass die Geschäftsordnungsänderung per Notverordnung rückgängig gemacht werde.[53]

Aufgrund dieser öffentlichen Haltung der NSDAP hatte die preußische Regierung immer wieder behauptet, dass dem Reichseingriff eine Vereinbarung mit der NSDAP als sog. „dritte Vorleistung" (neben der Forderung nach Aufhebung des SA-Verbots[54] und der Auflösung des Reichstages) vorangegangen sei. Dieser Vorwurf ließ sich zwar nie beweisen – da er aber auch vom Reich nicht endgültig entkräftet werden konnte, blieb die Frage letztlich ungeklärt.[55] Verfassungsjuristisch hatte diese Beschuldigung den Sinn, den Verdacht eines Ermessensmissbrauchs zu erhärten; sie blieb in dieser Hinsicht allerdings ohne Wirkung.

Zunächst waren die Differenzen in der Konzeption des Reichskommissariats zwischen NSDAP und Reichsleitung tatsächlich nach außen hin nicht sichtbar. Deshalb brüstete sich Goebbels nach dem 20. Juli 1932 damit, die Aktion sei „auf unseren Druck hin" erfolgt. „Tiefe innere Beglückung" erfülle ihn.[56] Während die NSDAP zunächst aus taktischen Gründen einen Reichskommissar gefordert hatte,

---

preußischen Volkes nicht entsprechende Zustand [der Unmöglichkeit einer Regierungsbildung] abgeändert wird. [...] In diesem Verantwortungsgefühl gegenüber der Mehrheit des Volkes, das der Landtag vertritt, und aus der Überzeugung heraus, dass die Mehrheit des Volkes den bestehenden Zustand nicht billigt, halte ich mich persönlich für verpflichtet, bei der Reichsregierung anzuregen, ob nicht bis zur Wiederherstellung verfassungsmäßiger Zustände in Preußen die Polizeigewalt besser vom Reich übernommen wird." Der Text des „Nationalsozialistischen Zeitungsdienstes" in Auszügen wiedergegeben in: Tägliche Rundschau, 51. Jg., Nr. 168, 20. Juli 1932, S. 1.

[53] So in dem Schreiben Kerrls an Papen vom 26. Juli 1932. Abdruck u. a. bei Huber, Deutsche Verfassungsgeschichte, Dokumente, Bd. 3, S. 525 f.

[54] Zu der Verordnung zum Verbot der militärähnlichen Formationen der NSDAP vom 13. April 1932 und ihrer Aufhebung sowie den hierbei jeweils leitenden Motivstellungen, Grund, S. 16 ff.

[55] Im Einzelnen ebd., S. 21 ff.

[56] „Was wird aus Preußen?", Frankfurter Zeitung, Nr. 545, 23. Juli 1932, S. 1. Ebenso Peter Reinhold, Der Reichskommissar, VZ, 22. Juli 1932, Morgen-Ausgabe, S. 1 f. In seinen nachträglich redigierten Tagebüchern versuchte Goebbels wenig glaubhaft den Eindruck zu vermitteln, dass die Entscheidung wesentlich auf Grund des Drucks von Hitler, Röhm und Göring gefällt wurde. (Fröhlich, Tagebücher Goebbels, Teil I, S. 131.)

welcher der SPD die Polizei aus der Hand schlug, so war doch klar, dass die Hitler-Partei keinesfalls an einem über den Wahltag hinausreichenden Reichsdirektorium interessiert sein konnte. Diese ambivalente Einschätzung offenbart die Kommentierung der Preußenaktion im Goebbels-Tagebuch. Einerseits wurde die Einsetzung eines Reichskommissars aus taktischen Erwägungen kurzfristig begrüßt, andererseits wurden Zweifel angemeldet, ob die Aktion der Partei nicht langfristig Schaden könnte.[57] Dadurch werden die Mutmaßungen eines Zeitzeugen, den Skeptikern in der Partei sei wohl „etwas unheimlich zumute geworden“[58] eindrucksvoll bestätigt. Dass diese Bedenken der NSDAP ihre Berechtigung hatten, sollte sich immer deutlicher erweisen. Bereits in seiner Rundfunkrede am Abend des 20. Juli[59] hatte Papen der NSDAP zu verstehen gegeben, dass er auch gegen die rechten Extremisten mit gleicher Härte vorgehen werde wie gegen die KPD: Ruhestörer, *gleichgültig von welcher Seite sie kämen*, würden von der Reichsregierung so scharf in die Schranken gewiesen, dass dem Volke die Austragung des Wahlkampfes ermöglicht werde.[60] Diese Spitze gegen die NSDAP noch vor dem 13. August 1932[61] war auch

---

[57] Am 19. Juli notierte er: „Es bleibt nichts anderes übrig, als dass in Preußen ein Staatskommissar eingesetzt wird. Dr. Bracht aus Essen ist dafür ausersehen. Zwar eine halbe Lösung, aber immerhin etwas.“ Am folgenden Tag heißt es dann noch siegessicher: „Alles rollt programmäßig ab. Bracht wird als Reichskommissar eingesetzt. Severing erklärt, nur der Gewalt weichen zu wollen. Ein leiser Druck mit dem Handgelenk genügt. [...] Man muss den Roten nur die Zähne zeigen, dann kuschen sie. SPD und Gewerkschaften rühren nicht einen Finger.“ Dann folgten erste Zweifel: „Wir sitzen im kleinen Kreise zusammen und stellen einen Wunschzettel auf, was Bracht nun tun muss. Aber wir haben das Gefühl, als ginge es uns wie den Kindern vor Weihnachten: sie wünschen sich viel, bekommen aber nur wenig und meistens das, was sie sich nicht gewünscht haben.“ Bereits einen Tag nach dem Ereignis, am 21. Juli, hieß es mit wachsendem Misstrauen: „Alles rollt wie am Schnürchen ab. Die Roten sind beseitigt. [...] [Sie] haben ihre große Stunde gehabt, die kommt nie wieder. [...] Liste aufgestellt, was an Kroppzeug in Preußen alles beseitigt werden muss. [...] Manch einer von uns hat Angst, dass diese Regierung zu viel tue und uns nichts mehr übrig lasse.“ (Tagebuch Goebbels, S. 207 ff.) Was sich hier andeutet, sind Skepsis und Argwohn gegenüber dem Reichskommissar. Während man ihn einerseits forderte, um den „Roten“ die „Zähne“ zu zeigen, wurde andererseits daran gezweifelt, dass sich damit die Wünsche der NSDAP erfüllten. Vielmehr fürchtete man, es könnten ganz andere Pläne verwirklicht werden.

[58] Bereits am 22. Juli 1932 hatte der ehemalige Reichsfinanzminister Peter Reinhold (DDP, Staatspartei) diese Zweifel der NSDAP ironisch in die Frage gekleidet: „[...] werden die trotz alles Jubels der höchsten Herren misstrauisch gewordenen Skeptiker im nationalsozialistischen Lager recht behalten, denen es bei dem allzu glorreichen Sieg gegen die Preußen-Regierung etwas unheimlich zumute geworden ist, und die in ihrer Zweifelsucht etwa gar auf die Idee kommen, dass Herr von Schleicher die Macht in Preußen in die Hand genommen haben könnte, um sie auch noch so lieben Freunden nicht ohne weiteres auszuliefern?“ (Peter Reinhold, Der Reichskommissar, VZ, 22. Juli 1932, S. 1 f.) Damit war der Kern der nationalsozialistischen Bedenken getroffen.

[59] S. Anlageheft zur Erklärung der Reichsregierung vom 5. August 1932, S. 10. RW 265–6/Nr. 13.

[60] PcR, S. 482 ff.

[61] Nach dem 13. August hatte Papen sich in diese Richtung noch wesentlich ungezwungener äußern können. Am 28. August sagte er in einer vom Rundfunk übertragenen Rede in Münster: „Die Zügellosigkeit, die aus dem Aufruf des Führers der nationalsozialistischen Bewegung

Gegenstand eines Informationsberichts. Schon am 21. Juli 1932, einen Tag nach dem Reichseingriff, hatte der gut unterrichtete Journalist Dertinger mitgeteilt, dass die Reichsregierung gewillt sei, „den Kreis der ‚Staatsfeinde' über die Kommunisten hinaus so weit auszudehnen, dass jeder erfasst wird, der sich mit Gewalt der neuen Ordnung widersetzen will oder dazu Vorbereitungen trifft".[62] Da die Reichsregierung bei den Reichstagswahlen einen ähnlichen Ausgang erwarte wie bei den preußischen Wahlen und damit eine parlamentarische Regierung unmöglich werde, wolle sie dann von sich aus den „Versuch" machen, mit den Nationalsozialisten zu einer „sachlichen und personellen Verständigung" zu kommen, ohne dass dadurch der „unabhängige Charakter der Regierung" verloren ginge. Jedenfalls habe der Erfolg der Preußenaktion die Regierung „sehr ermutigt", nicht nur „gegen links, sondern auch gegen rechts Widerstand zu leisten".[63] Und in der Tat hatte Reichskanzler Papen Hitler am 13. August im persönlichen Gespräch in der Reichskanzlei mit einer, wie das von Hitler, Röhm und Frick angefertigte Protokoll verbittert vermerkte, „überlegenen Handbewegung" wissen lassen: „Ich werde jedenfalls die staatlichen Machtmittel gleichmäßig scharf sowohl gegen rechts wie links einsetzen."[64]

Die Frontstellung gegen die NSDAP war für aufmerksame Beobachter offenkundig. Am 23. Juli notierte etwa der tschechoslowakische Diplomat Camill Hoffmann in sein Tagebuch, er höre, dass Papen und Schleicher sich entschlossen hätten, den Regimewechsel in Preußen durchzuführen, weil sie fürchteten, er könnte nach den Reichstagswahlen gewaltsam unter Blutvergießen von Nationalsozialisten durchgeführt werden. Unter den Beamten, die an die Stelle der abgesetzten Minister und anderen Funktionäre träten, seien bisher keine Nationalsozialisten. Es solle der Versuch sein, die Hitlerpartei von diesen Stellen fernzuhalten.[65] Der aufmerksame und gut unterrichtete Chronist, der als Linksliberaler den Sozialdemokraten nahestand, hatte die Diskrepanz zwischen der konkreten Wirkung der Aktion und dem Gebaren der Nationalsozialisten treffend dargestellt. Die Nichterfüllung der nationalsozialistischen Wünsche war auch von anderer Seite registriert worden. Unter den von der Kommissariatsregierung neuernannten Beamten waren kaum Nationalsozialisten.[66] So berichtet etwa Grzesinski in seinen Memoiren, die Nationalsozialisten hätten

---

spricht, passt schlecht zu den Ansprüchen auf die Staatsführung. Ich gestehe ihm nicht das Recht zu, die Minderheit in Deutschland, die seinen Fahnen folgt, allein als die deutsche Nation anzusehen und alle übrigen Volksgenossen als Freiwild zu behandeln." Zitiert nach Brecht, PcR, S. 12.

[62] Informationsbericht vom 21. Juli 1932. BA Zsg. 101/25, fol. 220.

[63] Ebd. fol. 221.

[64] So das Protokoll von Hitler, Röhm und Frick über eine Besprechung mit dem Reichspräsidenten und dem Reichskanzler in der Reichskanzlei am 13.8.1932 von 16.16 bis 16.35 Uhr. Abgedruckt in AdR, Das Kabinett von Papen, Band 1, S. 393 ff., hier S. 395.

[65] Berliner Tagebuch 1932–1932, Aufzeichnungen des tschechoslowakischen Diplomaten Camill Hoffmann, Dokumentation. Johann Wilhelm Brügel/Norbert Frei, Vierteljahrshefte für Zeitgeschichte, 36. Jg. 1988, S. 136.

[66] S. Bay, S. 152.

sich „durch die Nichtberücksichtigung ihrer Personalwünsche getäuscht gefühlt" und dies auch „offen ausgesprochen".[67]

Die Erkenntnis, dass der Reichseingriff keinesfalls NS-Interessen entsprach, war verschiedentlich geäußert worden, was allerdings etwas in der allgemeinen Aufregung unterging. Am 30. Juli 1932 schrieb Hans Zehrer in der „Täglichen Rundschau" einen Leitartikel: „Die Liquidation des Parteienstaates", in dem er sich mit dem „Preußenschlag" auseinandersetzte: Die prinzipielle Bedeutung der Ausschaltung des Parteienstaates liege darin, dass das „parteienstaatliche Experiment" auch von einer anderen Partei nicht wiederholt werden könne. Der Staat sei „neutral und unabhängig". Wenn deshalb die NSDAP heute den Umschwung in Preußen begrüße, so sei nicht ganz klar, „ob sie bereits weiß, daß ihr einmal damit die größte Perle ihrer Propaganda von einer neutralen Macht aus der Krone gebrochen wurde, und daß ihr ferner der Weg versperrt wurde, sich in Preußen selber eine Hausmacht zu schaffen". Ein großer Teil ihrer Anhängerschaft denke in liberalen Kategorien; er bekämpfe den Parteienstaat, wolle aber an seine Stelle doch wieder nur den Staat der einen Partei setzen. Dieser Staat sei aber in Preußen „ebenso ausgeschaltet worden wie der Staat der SPD". Das könne eines Tages zu einem „bösen Erwachen in der NSDAP führen".[68]

Von links hatte der Schmitt-Schüler Otto Kirchheimer[69] diese Diagnose Anfang 1933 bestätigt: „Man würde die Aktion des 20. Juli unterschätzen, wenn man in ihr nur den Willen zur Abschüttelung der Sozialdemokratischen Partei und nicht auch den Willen zum Ausbau einer selbständigen bürokratischen Macht zur Sicherung gegen die Nationalsozialisten erblicken würde. Die Ausschaltung der SPD, die erfolgreiche Gegenwehr gegen die Nationalsozialisten bedeuten einen gewaltigen Schritt vorwärts in dem Verselbständigungsprozess des Staatsapparats [...]."[70] Und in der Tat zeigte sich bald, dass die von Goebbels in seinem Tagebuch angemeldeten Zweifel gegen das Reichskommissariat im Allgemeinen und gegen Bracht im Be-

[67] A. Grzesinski, „Im Kampf um die deutsche Republik", S. 290.

[68] Hans Zehrer: Die Liquidation des Parteienstaates, Tägliche Rundschau, 30. Juli 1932, S. 1.

[69] Über den regelmäßigen Austausch im Seminar hinaus fanden Besprechungen und private Treffen statt, wie aus dem Tagebuch hervorgeht. Zu der Beziehung Schmitt/Kirchheimer s. u. a. auch Neumann, Verfassungstheorien politischer Antipoden, S. 235 ff.

[70] Otto Kirchheimer, Verfassungsreform und Sozialdemokratie, Die Gesellschaft, 10, 1933, S. 32. In diese Richtung zielte auch der Befund des stellvertretenden Fraktionsvorsitzenden der preußischen SPD, Ernst Hamburger, der sich 1933 mit dem Urteil des Staatsgerichtshofs in der sozialistischen „Gesellschaft" auseinandergesetzt hatte. Die Situation nach dem Leipziger Urteil im Blick schrieb er: „Die Exekutive hat sich der Staatsgerichtsbarkeit nach wie vor in verfassungstreuer Demut unterworfen und sich der Verantwortung vor ihrem Forum nicht mit Methoden entzogen, die sich ebenso wie gegenüber dem Parlament hätten finden lassen; dafür gewinnt sie von ihr die Bestätigung der rechtlichen Zulässigkeit einer ungeheuren Ausdehnung ihrer Befugnisse über den ihr durch Wortlaut und Sinn der Verfassung gesteckten Rahmen. Richtertum und Ministerialbürokratie schließen ihren Verständigungsfrieden, der die von der faschistischen wie der proletarischen Bewegung zugleich berannte staatliche Position vorläufig notdürftig sichern kann." (Hamburger, Der politische Standort des Staatsgerichtshofs, S. 183.)

sonderen aus Sicht der NSDAP durchaus ihre Berechtigung hatten. In einem persönlichen Gespräch erläuterte Bracht dem Landtagspräsidenten Kerrl, wie sich die Rechtslage nach der Preußenverordnung aus Sicht der Reichsregierung darstelle.[71] Was viele Nationalsozialisten schon vorher geahnt hatten, lag nunmehr offen zutage: die Reichsregierung dachte gar nicht daran, die preußische Regierungsgewalt der NSDAP – sei es in einer Minderheitsregierung, sei es in einer Koalition mit dem Zentrum – zu überlassen. Wer noch kurz nach dem „Preußenschlag" geglaubt hatte, der Reichskommissar ließe sich zum verlängerten Arm der NSDAP machen, sah sich getäuscht. Bracht hob hervor, dass die Verordnung vom 20. Juli die Kraft eines Reichsgesetzes habe und daher bis zu ihrer formellen Aufhebung in Geltung stehe. Die Kommissariatsregierung leite ihre Autorität und Legitimation unmittelbar vom Reichspräsidenten, nicht aus dem preußischen Landesrecht ab. Sie trage daher gegenüber dem preußischen Landtag keine politische Verantwortung.[72]

Endgültig folgte das von Zehrer prophezeite „böse Erwachen" der NSDAP nur knapp zwei Wochen nach dem Erscheinen von dessen Artikel. Die NSDAP, die den Reichskommissar zuvor lautstark gefordert hatte, trat nach der Besprechung mit Hindenburg am 13. August in erbitterte Opposition gegen die kommissarische Reichsregierung. Der 13. August bedeutete somit eine entscheidende Zäsur und einen nachhaltigen Wandel der Sachlage. Der Versuch der Heranziehung der NSDAP war gescheitert, und spätestens jetzt kam dem „Preußenschlag" eindeutig die Position einer Stärkung des Reiches gegenüber den verfassungsfeindlichen Parteien zu. Aber auch bereits vor dem als „Peripetie" berühmten 13. August hatte sich die Stoßrichtung gegen die NSDAP deutlich gezeigt. Die Übernahme der preußischen Machtmittel bedeutete nämlich eine unverzichtbare Plattform für ein mögliches staatliches Vorgehen gegen die extremen Parteien. Henning Grund verweist darauf, dass die Machtmittel-Zusammenfassung schon als solche einer weitergehenden Verschärfung der Bürgerkriegslage entgegenwirkte: „Musste doch bei den radikalen Elementen der rechten wie der linken Seite der Eindruck entstehen, nunmehr vereinter und damit weit durchschlagskräftigerer staatlicher Gewalt gegenüberzustehen."[73] Der Wert dieser gebündelten Staatsgewalt erwies sich bereits in den kurz nach dem 20. Juli und lange vor Beginn des Preußen-Prozesses beginnenden Staatsnotstandsplanungen, in denen der Zugriff auf die preußische Polizei als entschei-

---

[71] Vgl. die Aufzeichnung Brachts für Kerrl vom 26. August 1932, abgedruckt in: Huber, Dokumente Bd. 3, Nr. 462, S. 524 f.

[72] Aufzeichnung Brachts für Kerrl vom 26. August 1932, abgedruckt in: Huber, Dokumente Bd. 3, Nr. 462, S. 524. Auch die der preußischen Staatsregierung in der Landesverfassung gegenüber dem Landtag auferlegten Pflichten seien für die Kommissariatsregierung irrelevant. Der Landtag besitze daher gegenwärtig nicht das Recht, Grundsätze für die Staatsverwaltung aufzustellen und ihren Vollzug zu überwachen. Ein vom Landtag gegen die Kommissariatsregierung ausgesprochenes Misstrauensvotum wäre rechtlich wirkungslos. Zwar sei man zu „Fühlung und Harmonie" mit dem Landtag bereit, die Reichskommissare seien aber nicht verpflichtet, die von ihm beschlossenen Initiativgesetze zu verkünden oder die in ihm gestellten großen und kleinen Anfragen zu beantworten.

[73] Grund, S. 75.

dendes Aktivum auf der Habenseite der Staatsgewalt verbucht werden konnte, denn nur knapp drei Wochen nach dem Reichseingriff fand die entscheidende Kabinettssitzung vom 10. August 1932 statt, in welcher der Entschluss gereift war, dem von den beiden Flügelparteien dominierten Reichstag „die Stirn zu bieten" und der „NSDAP den Kampf anzusagen". Hier konnte Schleicher in Rückgriff auf die neue Machtbasis verkünden, dass sowohl die Reichswehr wie auch die seit dem 20. Juli dem Reich unterstehende preußische Polizei jedem entgegentreten würden, der sich „der Autorität der Regierung widersetze". Vorsorglich war aber, für den Fall der direkten militärischen Konfrontation mit NSDAP und KPD, die Unterstellung der gesamten, den Ländern zugeordneten Polizeikräfte unter die oberste Befehlsgewalt des Reiches vorgesehen[74]. Somit liegt die Vermutung nahe, dass der Schleicher-Kreis den Wert des Reichseingriffs gegen Preußen nicht zuletzt in der Akkumulation staatlicher Machtmittel in Hinblick auf eine mögliche Konfrontation mit der NSDAP erblickte und nicht in dem von Papen und Gayl intendierten Auftakt zu einer durchgreifenden Reichs- und Verfassungsreform.

Das war auch von preußischer Seite gesehen worden. Das ehemalige Mitglied der preußischen Regierung, Hermann Hoepker-Aschoff, betonte in einem unveröffentlichten Manuskript, das sich mit dem Preußenschlag auseinandersetzte, mit Blick auf die NSDAP einen „Bedeutungswandel" der Reichsaktion in diesem Sinne. Zwar hätten Hitler und Hugenberg zunächst triumphiert, die Lage sei aber sehr schnell eine andere geworden.[75] Wo man von der nationalen Konzentration geträumt hatte, sei bald „bittere Feindschaft" gewesen. Die Nationalsozialisten hätten sich alle erdenkliche Mühe gegeben, die so freudig begrüßte kommissarische Regierung wieder zu beseitigen. Die Unterredung, die der Reichspräsident den beiden Parlamentspräsidenten Göring und Kerrl in Gegenwart des Reichskanzlers gewährte, habe dann aber völlige Klarheit geschaffen: den NSDAP-Führern wurde bedeutet, dass die Wahl eines preußischen Ministerpräsidenten nur dann zur Aufhebung des Kommissariats führen könnte, wenn die Gewähr für eine dauernde Verbindung mit dem Reiche gegeben sei. Das bedeutete: „Das Kommissariat hat eine Bedeutungswandlung erfahren, es richtet sich nicht mehr gegen eine Regierung der Weimarer Koalition, sondern gegen jede Regierung in Preußen, sofern sie nicht mit der Reichsregierung organisch verbunden und dadurch eine einheitliche Politik im Reiche und in Preußen gewährleistet ist."

Stellt man diese Entwicklung in Rechnung, so zeigt sich, dass den Nationalsozialisten zwar zunächst der Eindruck vermittelt worden war, man erfülle nur ihre Forderungen, dass man aber im selben Augenblick die Machtmittel Preußens okkupiert hatte, um einen nationalsozialistischen Zugriff auf die ganze preußische Führungsmacht abzuwenden. Dieses Vorgehen lässt sich rückblickend als recht klug bewerten,

[74] Zu diesen Überlegungen vgl. Huber, Reichskrise, 1988, S. 42; siehe auch die Diskussion im Kabinett am 10. August 1932, Akten der Reichskanzlei, S. 377 ff.

[75] Hermann Hoepker-Aschoff, „Reich-Preußen". Undatiert, Maschinenschrift. Nachlass Hoepker-Aschoff, BA N 1129/15, hier S. 1.

da es der Reichsleitung Spielräume für eine mögliche Regierungsbeteiligung der NSDAP in einem unabhängig geführten Kabinett einräumte und gleichzeitig die entscheidenden Machtmittel sicherte, um den Einfluss des unberechenbaren potentiellen Juniorpartners gering zu halten. Für den Fall des Scheiterns solcher Einbindungsbestrebungen hatte man sich damit im gleichen Moment eine entscheidende Machtbasis verschafft, die das Reich benötigte, um gegen die extremen Parteien im Falle eines offenen Konfliktes entschieden vorgehen zu können. Diese „‚antinationalsozialistische' Dimension"[76] des Vorganges blieb zunächst weitgehend unbeachtet. Erst ein offener Konflikt musste diese latente Implikation des Reichseingriffs offenbaren. Auf das Sichtbarwerden dieser unausgesprochenen Bedeutung der Preußenaktion reagierte die NSDAP mit besonders heftiger Feindschaft, war doch damit ihre Taktik,[77] das Reich über das größte Land einzunehmen, hinfällig. Kerrl schrieb am 26. August einen empörten Brief an Papen, in dem er die Vorstellungen der NSDAP über das Reichseingreifen in Preußen zum Ausdruck brachte.[78] Kerrl gerierte sich als Vorkämpfer der parlamentarischen Demokratie und des Rechtsstaates und beklagte die Ausschaltung des preußischen Parlaments. Er verwies darauf, dass er am 18. Juli nicht die Einsetzung eines Kommissars gefordert habe, sondern nur, dass durch Notverordnung die „verfassungswidrige Änderung der Geschäftsordnung" rückgängig gemacht und „bis zur Bildung einer neuen Regierung die preußische Polizei unter Reichsgewalt gestellt" werde. Dieses Schreiben offenbart den instrumentellen Charakter, den der Reichseingriff für die NSDAP von Anfang an gehabt hatte. Noch am 26. Juli hatte Kerrl an Papen geschrieben, es könne „nicht dem geringsten Zweifel" unterliegen, dass die „nach sorgfältiger Prüfung durch den Herrn Reichspräsidenten" aufgrund des Art. 48 Abs. 2 erlassenen Maßnahmen, in deren Ausführung die Minister abgesetzt wurden, „nicht nur verfassungsmäßig zulässig, sondern zur Beseitigung eines Notstandes für das Land Preußen unbedingt notwendig waren." Er verwies auf seinen Brief vom 18. Juli[79] an den Reichskanzler, in dem er den „bestehenden Notstand eingehend begründet" habe.[80] Jetzt, wo sich nach dem 13. August 1932 die Preußenverordnung offen und unzweifelhaft gegen die NSDAP selbst gekehrt hatte, bestritt Kerrl plötzlich vehement die Zulässigkeit der Maßnahmen in der vollzogenen Form.[81] Dieses Hin und Her machte jedem Beobachter deutlich, dass die

---

[76] H. A. Winkler spricht von einer „möglichen ‚antinationalsozialistischen' Dimension des Preußenschlages" und stützt sich auf Camill Hoffmann und die Tagebücher Schäffer. (Winkler, Weimar 1918–1933, S. 683, FN 25.) Diese Quellen werden durch die weiteren vorn aufgeführten Dokumente flankiert und die entsprechende These erhärtet.

[77] Zu der Taktik der NSDAP, das Reich über das größte Land zu erobern vgl. die Untersuchung von Sabine Höner: Der nationalsozialistische Zugriff auf Preußen – Preußischer Staat und nationalsozialistische Machteroberungsstrategie, 1928–1934.

[78] Akten der Reichskanzlei, Papen, Band 1, S. 451 ff.: Huber, Dokumente, Bd. 3, S. 525 f. Vgl. auch Bay, S. 172.

[79] In dem Schreiben heißt es fälschlich 19. Juli 1932.

[80] Amtsschreiben des Präsidenten des Preußischen Landtags Kerrl (Berlin) vom 27. Juli 1932 an den Reichskanzler v. Papen (Berlin). BA Koblenz, Reich 43 I/2280/457–460. Akten der Reichskanzlei, Papen, Band 1, S. 326 ff. Abgedruckt auch bei Trumpp, S. 199 f.

NSDAP nicht prinzipiell an einem Reichseingriff interessiert war – ja, nicht interessiert sein konnte, da er ihre eigene Machtergreifungsstrategie nicht nur in einem empfindlichen Punkte traf, sondern derartige Bemühungen auch noch durch die Stärkung der Reichsmacht konterkariert wurden. Der anfängliche Applaus von Seiten der Nationalsozialisten war offenbar auf die Bemühungen Schleichers zurückzuführen, die NSDAP von dem Vorteil einer Unterstützung der Regierung Papen zu überzeugen. Das Antwortschreiben Papens an Kerrl vom 28. August offenbarte demgegenüber in aller wünschenswerten Klarheit, dass dem Kommissar von der Reichsregierung eine durchaus entgegengesetzte Rolle zugedacht worden war, als sie Kerrl jetzt forderte. Man hatte sich nicht, wie es die Konzeption Brünings gewesen war, auf die Unterstellung der preußischen Polizei unter die Reichsgewalt beschränkt,[82] sondern unmissverständlich deutlich gemacht, dass der Reichskommissar nicht nur einen störungsfreien Wahlkampf für die Nationalsozialisten durch die Wiederherstellung der äußerlichen Ruhe und Ordnung gewährleisten sollte. Vielmehr sollten nach der Vorstellung der Reichsregierung *alle* Machtmittel in der Hand des Reiches zusammengefasst worden sein. Als diese latente Diskrepanz zwischen den Vorstellungen der NSDAP und der Reichsregierung offen zutage getreten war, begann die NSDAP hemmungslose Opposition gegen Papen zu treiben.[83]

Interessant in diesem Zusammenhang ist die Tatsache, dass die seit August 1932 bestehende feindliche Haltung der NSDAP gegenüber der Reichsregierung von der Gegenseite im Prozess zur Sprache gebracht wurde,[84] denn damit war der Vorwurf zurückgenommen worden, die Preußenaktion sei auch *inhaltlich* eine Vorleistung an

[81] Freilich war das taktische Lavieren der NSDAP den übrigen Fraktionen keinesfalls entgangen. Der stellvertretende Vorsitzende der SPD-Fraktion, Ernst Hamburger, zitierte den offenen Brief Kerrls vom 18. Juli 1932 und fügte an: „Herr Präsident Kerrl bezieht sich selbst auf sein Schreiben vom 18. Juli (im Protokoll falsch 19. Juli, G. S.), sagt selbst, dass die Maßnahme, die auf Grund des Artikel 48 erlassen wurden, nicht nur zulässig, sondern auch notwendig waren, führt sich selbst als Initiator dieser Maßnahme an; und heute stellt sich der Präsident des Landtages hier hin und wagt zu bestreiten, dass er die Einsetzung des Reichskommissars mitveranlasst habe." Hamburger ging daran, die Widersprüche im Verhalten der Nationalsozialisten in aller Ausführlichkeit auszubreiten. Es sei besonders interessant, bemerkte er weiter, „darauf hinzuweisen, mit welcher Begeisterung die Nationalsozialisten alle Maßnahmen der jetzt von ihnen als verfassungswidrig bezeichneten Machthaber entgegengenommen haben, solange sie ihnen noch genehm waren." Es sei eine „allmähliche Entwicklung der Nationalsozialisten von der Anbiederung an die gegenwärtigen Machthaber bis zu ihrer schärfsten Bekämpfung" zu beobachten. „Meine Damen und Herren", wendete er sich mit gespielter Ratlosigkeit an die Abgeordneten, „wie soll man noch gegen eine Fraktion polemisieren, die ihre Ansicht über die politisch notwendigen Maßnahmen von Tag zu Tag ändert?" (Sitzungsberichte des Preußischen Landtags, Sp. 1427 ff.)

[82] Papen schrieb: „Ich kann [...] ihrer Auffassung [nicht] zustimmen, dass es Pflicht der kommissarischen preußischen Regierung sei, sich lediglich auf die Wiederherstellung von Ruhe und Ordnung zu beschränken. Während der Dauer ihrer Amtsführung üben die Mitglieder der kommissarischen preußischen Regierung vielmehr alle Befugnisse aus, die dem Staatsministerium und den einzelnen Staatsministern nach der preußischen Verfassung und den preußischen Gesetzen zustehen." (Akten der Reichskanzlei, Papen, Band 1, S. 463 ff.)

[83] So schon Brecht in: PcR, S. 22 ff. Sonst: Bay, S. 169.

die Nationalsozialisten gewesen. Spätestens seit dem 13. August war die Funktion des Eingriffs, die Machtmittel dem Reich zu sichern, ja offenkundig geworden, wenngleich sie aus prozesstaktischen Gründen von den Reichsvertretern nicht angesprochen wurde.

Die NSDAP jedenfalls erblickte in dem Reichskommissar nun den Kern allen Übels. Eine psychologisch wichtige, wenn auch machtpolitisch bedeutungslose Plattform für die nationalsozialistische Agitation bildete der Preußische Landtag. Hier nahmen die Abgeordneten kein Blatt vor den Mund. Die nationalsozialistische Fraktion beschimpfte die Papen-Regierung als „anonyme Clique politischer Hasardeure".[85] Im Zuge einer langen Rede zur politischen Situation nach dem Reichseingriff richtete der NSDAP-Abgeordnete Kube an den Reichskommissar Bracht die Frage, warum man nur gegen Preußen und nicht gegen Bayern, Baden und Württemberg vorgegangen sei. Damit griff er ein zentrales Argument der preußischen Seite im Prozess auf. Er fügte hinzu: „Und warum haben Sie in Preußen sofort eine Einrichtung getroffen, als wollten Sie für immer in Preußen sitzen bleiben?" Demgegenüber stellte er für seine Fraktion fest: „Wir Nationalsozialisten lehnen die

---

[84] Die Differenzen zwischen NSDAP und Reichsleitung waren auch in dem Prozess vor dem Staatsgerichtshof thematisiert worden, allerdings nicht von Seiten der Reichsregierung selbst, sondern von der Gegenpartei. Die Reichsvertreter schwiegen eisern zu diesem Thema, da Papen sich ja bei seiner Begründung für das Vorgehen nur auf den Kampf gegen die KPD berufen hatte. Die NSDAP hatte dagegen damals noch einbezogen werden sollen. Arnold Brecht hingegen thematisierte die Ablehnung der NSDAP seitens der Regierung Papen wiederholt. Er verfolgte damit offenbar das Ziel, die Begründungen der Reichsregierung in Zweifel zu ziehen und damit den Verdacht des Ermessensmissbrauchs dadurch zu erhärten, dass die Strategie der Reichsregierung im Umgang mit der NSDAP als taktisch und situativ dargestellt wurde. Im Einzelnen führte er aus, bisher hätten es nun alle verantwortlichen Stellen – dies sei für den Zusammenhang außerordentlich wichtig – abgelehnt, der NSDAP als Minderheit die entscheidende staatliche Macht zu geben. Abgelehnt hätten das der Reichspräsident und Reichskanzler Brüning in der ganzen Zeit vom September 1930 bis zum Mai 1932, abgelehnt hätte es ebenso der Preußische Landtag vor und nach seiner Neuwahl im Frühling 1932 bis heute; wiederum abgelehnt hätten es der Reichspräsident und der Reichskanzler von Papen Mitte August 1932, und es hätte das nochmals abgelehnt Reichskanzler von Papen Ende August bei den Verhandlungen über die Bildung einer parlamentarischen Regierung zwischen der NSDAP und anderen Parteien. Die Ablehnung des Herrn von Papen sei so weit gegangen, dass er ernste Versuche von Seiten der NSDAP und des Zentrums, zu einer parlamentarischen Basis zu gelangen, mit politischen Mitteln Ende August durchkreuzt habe. Es sei in diesem Verlauf der Dinge eine gewisse Einheitlichkeit in der Haltung vorhanden. Alle bisherigen Regierungen des Reichs hätten bei der Anwendung des parlamentarischen Grundsatzes der „gleichen Chance" den Gedankengang verfolgt, den er, Brecht, kaum besser ausdrücken könne „als mit den folgenden Worten aus dem Buch von Herrn Professor Schmitt, ‚Legalität und Legitimität' (S. 37)": „Das Prinzip der gleichen Chance ist von solcher Empfindlichkeit, dass schon der ernstliche Zweifel an der vollen loyalen Gesinnung aller Beteiligten die Anwendung des Prinzips unmöglich macht. Man kann die gleiche Chance selbstverständlich nur demjenigen offen halten, von dem man sicher ist, dass er sie einem selber offen halten würde. Jede andere Handhabung eines derartigen Prinzips wäre nicht nur im praktischen Ergebnis Selbstmord, sondern auch ein Verstoß gegen das Prinzip selbst." (Brecht in PcR, S. 12.)

[85] So der NSDAP-Abgeordnete Kube in der 17. Sitzung des Preußischen Landtags am 30. August 1932, Sitzungsberichte des Preußischen Landtags, Sp. 1410.

Fortführung der politischen Geschäfte durch Herrn Dr. Bracht ab."[86] Bereits seit Jahren habe die NSDAP im schärfsten Kampf gegen das geschäftsführende Kabinett Braun-Severing gestanden. Aber gerade wegen dieses leidenschaftlichen Kampfes und der Tatsache, dass die NSDAP von der kleinsten zur größten politischen Vertretung des Landtages geworden sei, habe es besonderes Gewicht, wenn er namens der nationalsozialistischen Partei erkläre, „dass der Zweck unseres Kampfes gegen die Tyrannis Braun-Severing nicht der war, an die Stelle der Jakobiner-Mütze nun etwa den Säbel des Herrn Major Marcks,[87] an die Stelle der schwarzroten Vergewaltigung der Mehrheit dieses Hauses einen keinem verantwortlichen Herrn Reichskommissar zu setzen."[88] Die hinter dem Kommissariat stehende Reichsregierung – von Kube als „anonyme Staatsstreichlerkreise" bezeichnet – habe nämlich nur knapp ein Zehntel der Nation hinter sich und versuche „mit den Methoden der Vergangenheit, aber unter nationalem Anstrich dieselbe Art Verfolgung und dieselbe Niedertracht uns [= NSDAP] gegenüber zum Ausdruck zu bringen." Und diese Vollmachtsstellung des Kommissariats habe man sich nicht etwa vor sechs, acht oder zehn Jahren geben lassen – als die politischen Verhältnisse genauso gelegen hätten – sondern erst in dem Augenblicke, in dem sich „das deutsche Volk damals in Preußen zu 36,3 %, im Reiche zu mehr als 37 % zum Nationalsozialismus bekannte".[89] In diesen Sätzen ist die Einschätzung, dass es sich bei dem Reichseingriff um eine Aktion gegen die Nationalsozialisten gehandelt habe, erstmals offen von einem Nationalsozialisten zum Ausdruck gebracht worden. Am Ende seiner langen, mit „langanhaltendem stürmischem Beifall" aufgenommenen Rede rief er an die Adresse des Reichskommissars: „Das, Herr Dr. Bracht, ist unsere Antwort an Sie. Wir sind bereit jederzeit vor die deutsche Nation zu treten und den Kampf gegen Sie, Herr Dr. Bracht, und gegen die anonymen Kräfte zu führen".[90]

Dieser angekündigte Kampf gegen die Regierung wurde noch am selben Tag und zwei Tage nach Papens Antwortschreiben an Kerrl in Form eines Antrages der NSDAP aufgenommen, der dem Reichskommissar auch formell die Missbilligung aussprach. Zusammen mit den Kommunisten einigten sich die Nazis sogar auf einen besonders scharfen Beschluss, der die preußischen Beamten von der Gehorsamspflicht gegenüber dem Reichskommissar entband. Die Äußerungen eines kommunistischen Abgeordneten zeigen, wie zwanglos NSDAP und KPD zusammenarbeiteten, wenn es um die Beseitigung der „ganzen Verordnungen von Papen" und des

[86] Sitzungsberichte des Preußischen Landtags, Sp. 1415.

[87] Gegen Major Marcks, den neuen Leiter der Reichspressestelle, von Kube als Sprachrohr der „anonymen Kreise" identifiziert, war zuvor ausführlich polemisiert worden, da er eine anonyme Meldung der „Deutschen Allgemeinen Zeitung", nach der auch eine ordnungsgemäß gewählte Regierung in Preußen von Seiten der Reichsregierung nicht anerkannt würde, sondern man auch gegen eine solche mit gleichen Mitteln vorzugehen gedenke, von sich aus als Meinung der Reichsregierung bezeichnet hatte. Sitzungsberichte des Preußischen Landtags, Sp. 1412, Sp. 1413 f. und Sp. 1417.

[88] Sitzungsberichte des Preußischen Landtags, Sp. 1415 f.

[89] Ebd., Sp. 1416.

[90] Ebd., Sp. 1423.

„ganze[n] Regierungskommissariat[s]“ ging: „Es ist selbstverständlich, dass wir dem Tenor des nationalsozialistischen Antrags, Missbilligung gegen Papen, zustimmen.“[91] Die Anträge forderten, „dass die Maßnahmen rückgängig gemacht werden“, und dass „die Beamten nicht mehr den Anweisungen von Papen folgen sollen“.[92] Alle drei Anträge[93] wurden von einer Mehrheit aus NSDAP und KPD angenommen.[94] Erst durch Drohung mit der Auflösung des preußischen Landtages konnte Papen Kerrl zur Rücknahme dieses Beschlusses zwingen.[95]

Die Heftigkeit der Feindschaft seitens der NSDAP und deren Bereitschaft zur destruktiven Kooperation mit den Kommunisten, die sich in dem Beschluss von NSDAP und KPD am 30. August gegen den Reichskommissar gezeigt hatte, wurde für die Reichsregierung zu einem traumatischen Erlebnis. Nun war klar, dass seit dem 13. August nur noch ein bewaffneter Kampf gegen die NSDAP in Frage kam. Deshalb holten sich die Vertreter des Reiches noch am 30. August, dem Tag des Beschlusses von NSDAP und KPD gegen den Reichskommissar, eine Blankounterschrift von Hindenburgs unter eine Verordnung, die im Fall einer preußischen Zentrum-NSDAP-Koalition die preußische Polizei dem Reich unterstellen sollte. Für den Fall der drohenden Koalition von NSDAP und Zentrum auf Reichsebene ermächtigte die Verordnung die Regierung gleichzeitig zu einer Auflösung des preußischen Parlaments.[96] Während zuvor noch unterschiedliche Interessen mit dem Reichseingriff verbunden waren, stand jetzt die Funktion der Akkumulation der Machtmittel gegenüber der NSDAP im Mittelpunkt.

Von Seiten der Nationalsozialisten war die Gefahr, die der Bewegung durch den „Preußenschlag“ erwuchs, durchaus in führenden Kreisen von Anfang an als zentrale Bedrohung aufgefasst worden. Das berichtete jedenfalls der ehemalige Mitarbeiter des NSDAP-Pressechefs und späteren Reichspressechefs, Helmut Sündermann: Die Preußenaktion des 20. Juli sei „das erste in München erkennbare Zeichen“ dafür gewesen, dass Schleicher nicht auf eine Heranziehung, sondern auf eine Zermürbung der NSDAP aus war. Deshalb sei er sicher, dass die Aktion die „Führung der NSDAP bekümmert“ habe.[97] Seine Deutung gehe dahin, „dass der 20. Juli 1932

---

[91] Ebd., Sp. 1453.

[92] Sitzungsberichte des Preußischen Landtags, Sp. 1453.

[93] Es handelte sich um die Anträge mit den Nummern 761, 686 und 681.

[94] Sitzungsberichte des Preußischen Landtags, Sp. 1454.

[95] Vgl. Bay, S. 172 f.

[96] Vgl. Bay, S. 170.

[97] Brief an Papen vom 26.2.1963, zitiert nach Helmut Sündermann, Das Dritte Reich – Eine Richtigstellung in Umrissen, erweiterte Aufl., 1964, S. 163. Bei den Mitteilungen Sündermanns ist quellenkritische Vorsicht geboten, da in Leoni von interessierter Seite einschlägige Publikationen mit eindeutig rechtsradikalem Inhalt veröffentlicht werden. Sündermann (seit 1931 in der Pressestelle der NSDAP-Reichsleitung, 1937 Stabsleiter des Reichspressechefs, 1942 stellvertr. Pressechef der Reichsregierung) und seine Publikation sind selbstverständlich uneingeschränkt einem solchen Umfeld zuzuordnen. Zudem ist eine retrospektive Äußerung ohnehin mit Vorbehalt zu verwenden. Hier sei die Formulierung aber zitiert, da sie sich in einen Gesamtzusammenhang einfügen lässt und somit als Symptom von Interesse ist.

zwar gewiss nicht ein Vorspiel zum 30. Januar 1933, wohl aber zum 13. August 1932 gewesen ist und dass auch für die Ereignisse dieses Tages General Schleicher die Weichen gestellt hat."[98] Und in der Tat wollte Schleicher in der Folgezeit die faktische Verbindung der Machtmittel von Reich und Preußen für den erwarteten Kampf mit den Nationalsozialisten auf „Hauen u. Stechen"[99] benutzen. Zu der Preußenfrage hieß es in internen Notizen: „Wispern: ‚Dualismus kommt wieder' geht von Nazi aus, die (Goebbels) mit Z[entrum] zus[ammen] v[on] Preußen aus [das] Reich bekämpfen wollten, also Dualismus in schärfster Form. ‚Ich kann nicht hindern, dass Sie (Göring) mit Z[entrum] in Pr[eußen] Min[ister]präs[ident] werden, aber ich kann Ihnen versichern, dass – wenn dieser Min[ister]präs[ident] Göring heißt – er auf das Stühlchen kommt, wo jetzt Braun sitzt.' Kein Schritt rückwärts in [der] Pr[eußen]-Frage! Nur wenn [der] Pr[eußische] Min[ister]präs[ident] ausreichende Garantien für Vernunft gibt, wird [der] Reichskommissar beseitigt."[100] Der Hintergrund waren die im November angelaufenen Verhandlungen der NSDAP mit dem Zentrum über die Regierungsbildung in Preußen, bei denen die Nationalsozialisten Göring als Ministerpräsidenten und Innenminister präsentiert hatten. Dieser sah in Preußen eine Plattform zur Bekämpfung der Reichsregierung und lehnte daher auch die von Schleicher gewünschte Personalunion zwischen preußischem Regierungschef und Vizekanzler ab.[101] Hier zeigte sich die Bedeutung dessen, was der Schmitt-Schüler Horst Michael bereits am 26. Juli 1932 – also lange vor der „Peripetie" des 13. Augusts, gegenüber Fritz Ullstein geäußert hatte: „Man sei nicht gegen die Sozialdemokratie vorgegangen, sondern gegen den Dualismus, um zu verhindern, Preußen den Nationalsozialisten auszuliefern."[102] Schleicher ging es demnach in erster Linie um die Entschärfung des Dualismus. Die schlimmste Form des Dualismus bedeutete aber nicht eine sozialdemokratisch geführte Regierung sondern ein Kabinett, das die NSDAP für Ihren Kampf um die Macht im Reich zu instrumentalisieren suchte. Deshalb hatte der „Preußenschlag" von Anfang an eine deutliche Spitze gegen die NSDAP. Wenn trotzdem immer wieder versucht wurde, die NSDAP heranzuziehen und der 20. Juli unbestreitbar auch eine solche Komponente hatte, so war nicht klar, ob Schleicher wirklich eine Einigung mit Hitler erwartete, oder ob er insgeheim eher ein Zerwürfnis, wie es in Form des 13. August

---

[98] Ebd., S. 164.

[99] Handschriftliche Aufzeichnungen des Gen. Lt. Liebmann von den Ausführungen des Reichskanzler Schleicher und des Oberstlt. Ott vor den Gruppen- und Wehrkreisbefehlshabern im Reichswehrministerium. Thilo Vogelsang, Neue Dokumente zur Geschichte der Reichswehr 1930–1933, Vierteljahrshefte für Zeitgeschichte, Jg. 2, 1954, S. 429.

[100] Vogelsang, Neue Dokumente, S. 429. Hindenburg hatte am 12. Dezember in Gegenwart Schleichers eine Besprechung der Preußenfrage mit Göring und Kerrl durchgeführt. Bei dieser Besprechung dürften Schleicher Göring die Warnung bezüglich der Wahl eines preußischen Ministerpräsidenten mitgeteilt haben.

[101] Vogelsang, Reichswehr, Staat und NSDAP, Beiträge zur deutschen Geschichte 1930–1932, Stuttgart 1962, S. 341 f., 367. S. auch Bay, S. 250 f.

[102] Tagebuch Schäffer, Eintrag vom 26.7.1932, Institut für Zeitgeschichte (IfZ) München, S. 686. Näheres unten.

kam, für wahrscheinlicher gehalten hatte. Diese denkbare Variante hatte Sündermann zum Ausdruck gebracht. Zumindest im Dezember war klar, dass die Kooperationsangebote an die Nationalsozialisten taktischer Natur waren. Die Regierung wollte die Intransigenz der Nationalsozialisten unter Beweis stellen, um das „moralische Recht" auf ihrer Seite zu haben. Das geht aus den erwähnten Aufzeichnungen Liebmanns hervor: „Chancen für Kampf? Moral. Recht muss auf S[eite] d[er] Reg[ierung] sein, deshalb nicht wundern, wenn immer wieder versucht [wird], Nazi mit heranzuholen u[nd] vor Verantwort[ung] zu stellen."[103]

Mit der Äußerung, er werde Göring „auf das Stühlchen" setzen, auf dem jetzt Braun sitze, hatte Schleicher die Funktion des „Preußenschlages" als Schutzwall gegen eine nationalsozialistische Machtübernahme zum Ausdruck gebracht. Die programmatische Formel „Kein Schritt rückwärts in der Preußen-Frage!" zeigte, dass die Aktion von Anfang an auch diese Intention gehabt hatte und diese Bedeutung nun nicht durch Rückschritte zunichte gemacht werden sollte. Dies hatte Hoepker-Aschoff im Blick gehabt, als er schrieb, das Kommissariat richte sich nicht mehr nur gegen eine Regierung der Weimarer Koalition, sondern gegen jede Regierung in Preußen, sofern sie nicht mit der Reichsregierung organisch verbunden sei. Allerdings zeigt die Äußerung Schleichers weiter, dass die Zusammenfassung nur vorübergehend gedacht war und keineswegs bereits eine autoritäre Verwirklichung der Reichsreformbestrebungen sein sollte. Die Bemerkung, wenn der Preußische Ministerpräsident „ausreichende Garantien für Vernunft" gäbe – was immer damit gemeint war – solle der Reichskommissar „beseitigt" werden, zeigte durchaus die Bereitschaft für eine Einigung.

Auch der Gegner im Prozess vor dem Staatsgerichtshof – der damalige Prozessbevollmächtigte im Verfassungsstreit Preußen contra Reich – Ministerialdirektor a. D. Arnold Brecht vertrat, wie bereits erwähnt, rückblickend die Auffassung, der „Preußenschlag" sei gegen die Nationalsozialisten gerichtet gewesen: „[...] es ist kein Zweifel, dass auch Hindenburg und Papen damals den Nationalsozialismus bekämpfen wollten",[104] hatte er bereits in seinem Buch „Vorspiel zum Schweigen" von 1944 geschrieben. Dieses Urteil übertrug er später auf den Preußenschlag. So hieß es etwa in seinen Lebenserinnerungen über die „Aktion vom 20. Juli 1932", dass „Hindenburg, Papen und Schleicher [...] (mit ihr) eine Machtübernahme Hitlers verhüten wollten".[105]

---

[103] Vogelsang, Neue Dokumente, S. 428.

[104] Brecht, Prelude to Silence, 1944, zitiert nach der deutschen Ausgabe von 1948 mit dem Titel „Vorspiel zum Schweigen", S. 92.

[105] Vgl. dazu S. 115. Ebenso Brecht, Mit der Kraft des Geistes. Lebenserinnerungen zweite Hälfte 1927–1967, 1967, S. 212. In diesem Sinne schreibt auch Henning Grund: „[...] Die Preußenaktion (war) durchaus gegen die Nationalsozialisten gerichtet, was [...] in der ex-post-Betrachtung häufig übersehen wird, weil dieser Versuch nicht im erhofften Ausmaß Erfolg hatte." Grund, S. 139. Nicht nur Zeitgenossen von der preußischen Seite, wie Arnold Brecht, hatten das Vorgehen rückblickend als Aktion gegen die NSDAP bezeichnet, sondern auch solche von der Reichsseite. So hatte Huber betont: „Das Ziel des schnellen Reichseingreifens in Preußen noch vor der Reichstagswahl war nicht nur die Depossedierung der SPD aus ihrer auch nach

Entsprechend dieser Einschätzung liegt es in der Tat nahe, dass die Preußenaktion – zumindest für Schleicher und seinen Kreis – von Anfang an unausgesprochen *auch* die Funktion hatte, den Nationalsozialisten eine Plattform für ihren Kampf zu entziehen und sich selbst eine Machtbasis für eine drohende Auseinandersetzung zu schaffen. Es lag an der Komplexität der Motivlage und den strategischen Erwägungen des Schleicher-Kreises, dass diese Bedeutung zunächst in den Hintergrund getreten war, denn erstens hatte Papen den Eingriff ja nur mit der Gefahr durch die KPD begründet und zweitens hatte es auch Bestrebungen gegeben, die Nationalsozialisten an der Macht zu beteiligen. Diese Bestrebungen überlagerten das genannte Motiv der, wie Brecht es nannte, „Verhütung" einer „Machtübernahme Hitlers". Es darf aber nicht übersehen werden, dass gerade in der Übernahme der Landesgewalt die entscheidende Sicherung lag, die Schleicher die Einbindungstaktik erlaubte. Wolfram Pyta hatte die Komplexität der Motivlage folgendermaßen skizziert: „Einerseits stand der ‚Preußenschlag' inhaltlich in der Tradition der Reichsreformpläne, wie sie bereits unter Brüning erörtert wurden. Andererseits gehörte die Eliminierung der SPD in Preußen neben der Aufhebung des SA-Verbots zum Antrittsprogramm der Regierung Papen. Schleicher wiederum suchte eine Heranführung der NSDAP an den Staat, zugleich sollte der ‚Preußenschlag' eine Auslieferung Preußens an die NSDAP und eine drohende Konfrontation verhindern."[106] Nach der Regierungsübernahme Schleichers bedeutete die Preußenaktion für den neuen Reichskanzler nicht nur eine Absicherung seiner Machtposition, sondern nun auch eine Grundlage für Gespräche mit der SPD über eine endgültige Zusammenfassung der Machtmittel im Wege einer organischen Reichsreform. Diese Pläne mussten für die NSDAP besonders bedrohlich wirken, und deshalb ist die Behauptung zu kurz gegriffen, dass die „Gleichschaltung" Preußens im Juli 1932 der NSDAP den Weg zu ihrer Machtergreifung geebnet hätte. Eher das Gegenteil ist der Fall. Es gehört zur Tragik der folgenden Entwicklung, dass ausgerechnet diese gegen die Nationalsozialisten akkumulierte Machtposition der Hitler-Partei bei ihrer „Machtergreifung" in die Hände fiel und einen wesentlichen Beitrag zur schnellen Stabilisierung der

---

der Wahlniederlage vom April festgehaltenen preußischen Bastion, sondern vor allem die vorbeugende Verhinderung des Zugriffs der NSDAP auf die preußische Staatsmacht vermöge einer mit dem Zentrum geschlossenen neuen Preußen-Koalition." Vgl. Huber: Deutsche Verfassungsgeschichte seit 1789, Band VII, S. 1016. Diese These konkretisiert er an anderer Stelle, es sei schon in den Anfängen des Reichskabinetts Papen evident gewesen, welche Bedeutung der mit dem „Preußenschlag" eingesetzten Kommissariatsregierung des Reichs gerade auch als eines Schutzwalls gegen die drohende Inbesitznahme der preußischen Regierungsmacht durch die (von bürgerlichen Stimmen unterstützte) NSDAP zugekommen sei. In gleichem Maß sei die Bedeutung, die dem „Preußenschlag" unausgesprochen, aber unverkennbar, als einem Sicherungsmittel gegen den Zugriff eines unter rechtsradikaler Führung gebildeten pseudolegalen Koalitionskabinetts auf die preußische Staatsmacht zukam, gewachsen. In der rechtsradikalen Sicht hätte diese Machtübernahme in Preußen nur die Vorstufe für die Machtergreifung im Reich bedeutet. Das Reich habe sich also selbst „verteidigt", indem es die preußische Regierungsmacht gegen die drohende Inbesitznahme durch die äußerste Rechte sicherte. (Huber, Reichskrise, S. 39.)

[106] Rödder, Reflexionen über das Ende der Weimarer Republik, S. 95.

NS-Herrschaft leistete. Was zurecht für Empörung sorgte, war der Umstand, dass es die ehemaligen Reichsvertreter waren, die Hitlers „Statthaltergesetz“ ausgearbeitet hatten (abgesehen von Erwin Jacobi, der als sog. „Halbjude“ durch die Nazi-Regierung von den Beratungen ausgeschlossen wurde). Diese Entwicklung war aber im zweiten Halbjahr 1932 nicht vorauszusehen. Vielmehr hatte die Wahlniederlage vom 6. November 1932, bei der die NSDAP zwei Millionen Stimmen Verlust zu verzeichnen hatte, bei den Zeitgenossen bereits das Gefühl ausgelöst, die Bedrohung durch die NSDAP habe ihren Höhepunkt überschritten.[107] Und in der Tat kann man davon ausgehen, dass der 6. November einen nachhaltigen Abwärtstrend eingeleitet hatte. Um so aussichtsreicher waren die Versuche Schleichers, ein aktives Krisenmanagement zu führen, und entsprechend groß war bei manchem die Bestürzung, als Hitler am 30. Januar 1933 aus dem sinkenden Schiff heraus an die Spitze des Staates katapultiert wurde.

Es lässt sich jedenfalls zusammenfassend feststellen, dass die „Preußenaktion“ keinen Erfüllungsdienst an die Adresse der Nationalsozialisten darstellte. Vielmehr hatte die Reichsregierung genuin eigene Interessen der Machtsicherung verfolgt, die den Nationalsozialisten gleichwohl zu Anfang als Erfüllung ihres politischen Machtanspruchs verkauft werden konnten. Spätestens mit dem 13. August 1932 war aber die zuvor latente Dimension der „Machtsicherung“ offenkundig geworden, was die NSDAP konsequenterweise in eine erbitterte Gegnerschaft gegenüber der Reichsregierung zwang.

2. Schmitt und der Prozess vor dem Staatsgerichtshof

a) Schmitts Motive für die Zusammenarbeit mit der Reichsregierung

Carl Schmitt war als Vertrauter des Schleicher-Kreises der Front gegen die Reichsreform zuzuordnen. Was aber verbanden diese Reformgegner mit dem Eingriff? Es wurde bereits beschrieben, dass Schmitt ein Vorgehen gegen den Parteienstaat als solchen, also insbesondere die extremen Parteien – namentlich die NSDAP – als wesentliche Auswirkung des „Preußenschlages“ erblickte. Demgegenüber spielte das bei einigen Reichsministern ebenfalls mit dem Eingriff verbundene Motiv der Depossedierung (*nur*) der SPD keine Rolle. Dass Schmitt und der Schleicher-Kreis mit dem Vorgehen gegen den „Parteienbundesstaat“ weniger die SPD als vielmehr die verfassungsfeindlichen Parteien, namentlich die NSDAP, im Auge hatten, wird aus der zitierten Äußerung von Horst Michael deutlich, dass man nicht gegen die Sozialdemokratie, sondern gegen den Dualismus vorgegangen sei, um eine Auslieferung

[107] S. Bay, S. 244.

Preußens an den Nationalsozialismus zu verhindern.[108] Die Inbesitznahme staatlicher Machtmittel als Stärkung im Kampf gegen die radikalen Parteien stand nach dieser Lesart im Mittelpunkt. Schmitt hatte zudem in dem Artikel in der „Täglichen Rundschau" eine Machtübernahme der NSDAP als Hauptgefahr dargestellt. Von der KPD war bezeichnenderweise keine Rede. Ähnliche Verlautbarungen wie die Äußerung Michaels scheinen, was kaum verwundern kann, ebenfalls an die „Rundschau" gegangen zu sein. Am 30. Juli 1932 schrieb Hans Zehrer dort seinen bereits zitierten Leitartikel, in dem er bezweifelte, dass die NSDAP bemerkt habe, dass ihr am 20. Juli „die größte Perle ihrer Propaganda aus der Krone gebrochen wurde".

Wenn dagegen Schmitts Äußerung im Prozess dazu benutzt wird, dessen vermeintlich positive Einstellung gegenüber der NSDAP zu belegen, so muss demgegenüber auf den einfachen Sachverhalt verwiesen werden, dass er einen Prozess zu führen hatte und nicht andere Argumente, als die von der Reichsregierung hervorgebrachten, heranziehen konnte. Diesen Umstand brachte Ernst Rudolf Huber in einem Brief an den evangelischen Theologen Karl Thieme vom 9.1.1933 zum Ausdruck: „[...] Sie übersehen dabei, daß nach meiner ausführlich vorgetragenen Meinung für den Richter ebenso wie für den Staatsrechtler keine andere Haltung statthaft ist als die, die politische Beurteilung der konkreten Lage durch den Reichspräsidenten hinzunehmen. [...] Ich bin überzeugt, daß es bessere Argumente gibt, als Herr v. Papen sie am 20. Juli vorgetragen hat; ich hätte vielleicht sogar das eine oder andere nennen können. Aber gerade das ist nach meiner staatsrechtlichen Überzeugung nicht möglich. Es geht nicht an, dem Reichspräsidenten Motive unterzuschieben."[109] Das galt natürlich in besonderem Sinne für die Reichsvertreter: Man musste die Papensche Rhetorik übernehmen und versuchen, sie trotz der im Oktober völlig veränderten Situation zu plausibilisieren. Das zeigt sich besonders an der Stellung zur NSDAP, denn Papen hatte in seiner Rundfunkrede vom 20. Juli 1932 betont, es sei darum gegangen, die „beleidigende Gleichstellung" der NSDAP mit der kommunistischen Partei aufzuheben, was Schmitt wiederum im Prozess wörtlich zur Begründung des Vorgehens übernahm.[110] Dieser Zwang, die Rechtfertigung Papens einfach wiederholen zu müssen, war eine schwere Hypothek, die auf Carl Schmitt lasten musste, da sie geeignet war, seine Glaubwürdigkeit zu beschädigen, denn dass es glaubwürdigere und wichtigere Begründungen für den Eingriff gab als die, die Papen im Rundfunk und in schriftlichen Erklärungen vorgetragen hatte, musste jedem unvoreingenommenen Betrachter der Situation ersichtlich sein. Die Äußerung bezüglich der NSDAP ist Schmitt dann später auch tatsächlich als Parteinahme für diese Partei ausgelegt worden. Der vehement vorgetragene Vorwurf beruhte aber auf einer vordergründigen Betrachtung der Situation. Eine tiefergehende Analyse hätte erge-

[108] Tagebuch Schäffer, IfZ, S. 686. Da es sich hier um einen Hinweis aus dem Reichswehrministerium handelt, kann angenommen werden, dass Schmitt und der Schleicher-Kreis sich in diesem Punkt einig waren.

[109] Huber an Thieme, 9. Januar 1933, Institut für Zeitgeschichte, München, Nachlass Karl Thieme, ED 163/38.

[110] PcR, S. 39.

ben, dass eine solche Parteinahme nicht vorlag, wie ja bereits die hinter den Kulissen stattfindenden Planungen des Schleicher-Kreises zeigen, die ein Verbot der NSDAP zum Gegenstand hatten. An diesen Überlegungen war Schmitt, wie bereits die Regierungsakten belegen, entscheidend beteiligt, denn am 10. August, also bereits drei Tage bevor Hindenburg Hitlers Machtpläne durchkreuzte, war im Kabinett der Entschluss gereift, dem von den extremen Flügelparteien dominierten Reichstag „die Stirn zu bieten" und der NSDAP „den Kampf anzusagen". Hier konnte Schleicher, wie bereits erwähnt, im Rückgriff auf die neu geschaffene Machtbasis verkünden, dass sowohl die Reichswehr wie auch die seit dem 20. Juli dem Reich unterstehende Polizei bereitstünden, „jedem entgegenzutreten, der sich der Autorität der Regierung widersetze".[111] Vorsorglich war aber für den Fall der direkten militärischen Konfrontation mit NSDAP und KPD die Unterstellung der gesamten, den Ländern zugeordneten Polizeikräfte unter die oberste Befehlsgewalt des Reiches vorgesehen.[112]

Am 25. August wurde Schmitt von Ott in dessen Privatwohnung bestellt, da dem Schleicher-Kreis besonders an einer Notverordnung gelegen war, welche die Regierung für den Fall einer möglichen Regierungsbeteiligung der NSDAP in Preußen rüsten sollte. Da der preußische Ministerpräsident vom Parlament gewählt und nicht wie der Reichskanzler ernannt wurde, bestand die Gefahr, dass sich NSDAP und Zentrum auf einen Regierungschef für eine Koalitionsregierung verständigen konnten. Intensive Verhandlungen über eine Regierungsbildung wurden jedenfalls geführt. Für diesen zu befürchtenden Fall wollte das Reichswehrministerium zumindest die zahlenmäßig bedeutende preußische Polizei dem Zugriff Hitlers entziehen. Zu diesem Zweck bedurfte es einer Verordnung, mit deren Ausarbeitung Schmitt beauftragt wurde.[113] Außerdem wurden konkrete Planungen für ein mögliches Verbot der NSDAP ins Auge gefasst. Generalstabsmäßig hatte sich Schleicher daher Schmitts juristischen Sachverstand gesichert, um eine „zweite Option" offenzuhalten: „das Verbot der NSDAP samt ihrer Wehrorganisationen".[114] Unglücklicherweise wurde diese erste Notverordnung, die das NSDAP-Verbot vorsah, dem Reichspräsidenten nie vorgelegt[115] und erhielt somit nicht die Weihe eines von höchster Stelle erwogenen Alternativplans.

---

[111] Kabinettssitzung vom 10. August 1932, Akten der Reichskanzlei, S. 377 ff.

[112] Zu diesen Planungen s. Huber, Carl Schmitt in der Reichskrise, S. 42. Vgl. auch Pyta/Seiberth, Teil 2, S. 596 f.

[113] Ebd.

[114] Die beiden von Schmitt entworfenen und von Huber in seinem Auftrag noch einmal mit Vertretern des Reichswehrministeriums durchgesprochenen Notverordnungen beschreibt Pyta so: „Die eine Notverordnung verfügte dabei das Verbot von NSDAP und SA, während die zweite auf die Sicherung der neuerworbenen preußischen Machtstellung gegen die NSDAP abzielte, indem die preußische Polizei im nicht ganz auszuschließenden Falle einer Koalitionsregierung aus NSDAP und Zentrum in Preußen dem Reichsinnenministerium zu unterstellen war. Die Einbeziehung der preußischen Polizei – numerisch fast so stark wie die Reichswehr – war für die exekutive Abschirmung des Regierungskurses schlichtweg unabdingbar." (Wolfram Pyta, Verfassungsumbau, 1998, S. 180.)

[115] Ebd., 182.

3. Vorbereitung des Prozesses und Plädoyers

a) Die Klage der preußischen Regierung

Obgleich Carl Severing am 20. Juli die Reichsregierung wissen ließ, er werde nur „der Gewalt“ weichen, bestand von Anfang an Einigkeit unter den maßgeblichen Männern der preußischen Regierung, dass die Abwehr des als „Staatsstreich“ bezeichneten Vorgehens der Reichsregierung auf dem verfassungsmäßigen Wege und nicht auf dem Wege der Gewaltanwendung erfolgen sollte. Um aber nicht völlig wehrlos zu erscheinen, setzte man wenigstens symbolische Zeichen. So wie Severing zunächst markig erklärte, er weiche nur der Gewalt, um dann bei der ersten Aufforderung anstandslos sein Zimmer zu verlassen, wurde auch juristisch verfahren. Während Preußen und die SPD-Fraktion zunächst übereinstimmend den Antrag gestellt hatten, durch einstweilige Verfügung dem Reichskommissar jede Dienstausübung zu untersagen, schränkte Preußen später in der mündlichen Verhandlung seinen Antrag dahin ein, dass der Reichskommissar nicht berechtigt sei, sich als Preußischer Staatsminister zu bezeichnen, dass man den preußischen Ministern nicht die Eigenschaft als Staatsminister absprechen dürfe, dass der Reichskommissar Preußen nicht im Reichsrat vertreten könne und dass Beamtenernennungen oder Entlassungen mit dauernder Wirkung unzulässig seien. Damit war man weit von der anfänglichen Maximalforderung abgerückt.

Wenn der Prozess gemeinhin als „Preußen contra Reich“ bezeichnet wird, so sind damit nur die beiden Hauptkontrahenten genannt. In Wirklichkeit traten folgende Antragsteller auf: das Land Preußen, vertreten durch das amtsenthobene Preußische Staatsministerium, die Fraktion der Zentrumspartei im Preußischen Landtag, die Fraktion der SPD im Preußischen Landtag, alle amtsenthobenen Minister als solche, das Land Bayern und schließlich das Land Baden. Alle Antragsteller, ausgenommen die Länder Bayern und Baden, beantragten übereinstimmend, der Staatsgerichtshof möge erkennen, dass die Einsetzung eines Reichskommissars für Preußen mit den Befugnissen, die ihm die Verordnung vom 20. Juli übertragen habe, bzw. wie sie der Reichskanzler und die eingesetzten Kommissare beansprucht hätten, mit der Verfassung nicht in Einklang stünde. Demnach wären folgende Handlungen als verfassungswidrig einzustufen: die Amtsenthebung der Regierung, die Versetzung von Beamten in den Ruhestand, die endgültige Ernennung von Landesbeamten, sowie die Entsendung eigener Bevollmächtigter in den Reichsrat. Ferner beantragten sie, der Staatsgerichtshof solle feststellen, dass das Reich im Wege des Art. 48 Abs. 1 und des Art. 48 Abs. 2 die den Ländern zustehenden Funktionen der Staatsgewalt nur insoweit an sich ziehen dürfe, als dies mit dem bundesstaatlichen Charakter des Reiches zu vereinbaren sei und es zur Erfüllung der angeblich verletzten Pflichten oder zur Wiederherstellung der öffentlichen Sicherheit und Ordnung notwendig wäre. Insbesondere sei es mit der Reichsverfassung nicht vereinbar, wenn aufgrund des Art. 48 Abs. 1 oder Art. 48 Abs. 2 Mitglieder von Landesregierungen dauernd oder vorübergehend ihres Amtes für verlustig erklärt oder neue Mitglieder von Landesregierungen ernannt würden, die Vertretung eines Landes gegenüber dem Reich, insbesondere im Reichsrat, aufgehoben, beschränkt oder beeinträchtigt werde, und wenn das Reich Anleihen auf Rechnung von Ländern aufnehme.

Der erste Antrag bezog sich auf die tatsächlichen Vorgänge, während der zweite eine allgemeine Feststellung über die Möglichkeiten nach Art. 48 forderte. Diese allgemeine Feststellungsklage behandelte der Staatsgerichtshof, der Argumentation des Reiches folgend, als unzulässig. In der Sache hätte eine derartige Feststellung ein Ausführungsgesetz nach Art. 48 Abs. 5 vorweggenommen.[116] Der Staatsgerichtshof war jedoch nur zur Entscheidung von „Streitigkeiten" zwischen Reich und Land befugt und durfte abstrakte Rechtsfragen nach einhelliger Meinung im Schrifttum nicht entscheiden.[117] Es musste vielmehr immer der Bezug zu konkreten Einzeltatbeständen gewahrt bleiben.[118]

Das Land Preußen hatte ferner beantragt, der Staatsgerichtshof möge erkennen, dass die in der Rundfunkrede des Reichskanzlers vom 20. Juli 1932 aufgestellte Behauptung unbegründet und nicht erwiesen sei, das Land Preußen habe seine Pflichten nicht erfüllt, weil die parlamentarische Basis des geschäftsführenden Kabinetts entscheidend von der taktischen Haltung der KPD abhängig sei, weil eine Reihe von maßgeblichen Persönlichkeiten die innere Unabhängigkeit gegenüber der KPD verloren habe, weil insbesondere hohe Funktionäre des Staates ihre Hand zur Verschleierung illegaler Terrorabsichten der KPD geboten hätten und weil ein preußischer Polizeipräsident seine Parteigenossen aufgefordert hätte, die Kreise der Kommunisten nicht zu stören.

Dieser letztgenannte Antrag wurde ebenfalls nicht zugelassen, da der Staatsgerichtshof einen Anspruch des Landes auf gesonderte Entscheidung über das Vorliegen einzelner Voraussetzungen der Maßnahmen im Tenor nicht anerkannte. Die Richter behandelten diese Fragen aber als Vorfragen zu dem erstgenannten Antrag. Wenn nicht im Tenor, so entsprach der Staatsgerichtshof zumindest in den Gründen dem Hauptanliegen Preußens, nämlich der „Befreiung Preußens und der preußischen Minister von dem die Ehre des Landes und seiner Vertreter aufs tiefste kränkenden Vorwurf, dass das Land Preußen die ihm nach der Reichsverfassung und den Reichsgesetzen obliegenden Pflichten nicht erfüllt habe".[119] Das Reich hatte die Zurückweisung aller Anträge gefordert. Dem folgte der Staatsgerichtshof, was die Länder Bayern und Baden anbelangte, da deren Feststellungsbegehren sich nicht auf konkrete Streitfragen bezog.[120] Der Staatsgerichtshof erklärte aber, es liege in-

---

[116] Grund, S. 85 ff.

[117] Etwa: Triepel, Streitigkeiten zwischen Reich und Ländern – Beiträge zur Auslegung des Artikels 19 der Weimarer Reichsverfassung, Festgabe für Wilhelm Kahl, Tübingen 1923, S. 15; Friesenhahn, Der Gegenstand der Entscheidung des Staatsgerichtshofs, in: DJZ, DJZ 37. Jg., Heft 19, Sp. 1193 ff.

[118] Dazu Grund, S. 87.

[119] Brecht, PcR, S. 9.

[120] Im Gegenteil, beide Länder hatten erklärt, sie wollten den konkreten Streit zwischen Reich und Preußen gerade nicht zum Gegenstand der Erörterung machen.

soweit eine Streitigkeit im Sinne des Art. 19 vor, als die Vertretung eines Landes gegenüber dem Reich, namentlich die Instruktion der Reichsratsvertreter, nicht angetastet werden dürfe. Diese Argumentation war zwar insofern nicht nachzuvollziehen, als auch in dieser Formulierung kein Bezug auf einen bestimmten Einzeltatbestand vorhanden war,[121] im Tenor traf der Staatsgerichtshof aber diesbezüglich keine allgemeine Feststellung. Es ging den Richtern wohl darum, eine vollständige Abweisung der Länder zu vermeiden. Gerade dies gab der Reichsseite später Anlass zu Kritik.[122] Bezüglich der Fraktionen kam ein derartiger Weg nicht in Frage, da ihnen die Parteifähigkeit für einen Reich-Länder-Streit fehlte. Aus dem gleichen Grund musste auch die Parteifähigkeit der Minister verneint werden. Allerdings lag insofern eine Verfassungsstreitigkeit nach Art. 19 vor, als die Minister auch den Reichskommissar als Antragsgegner wegen der Inanspruchnahme von Landesstaatsgewalt benannt hatten. Auch gestand der Staatsgerichtshof dem amtierenden Preußischen Staatsministerium das Recht zu, das Land im Rechtsstreit zu vertreten.

b) Die Vorbereitung des Prozesses durch die Reichsvertreter

Die Verordnung des 20. Juli 1932 charakterisierte sich selbst in ihrem Titel als zur „Wiederherstellung der öffentlichen Sicherheit und Ordnung" erlassen. Trotzdem stützte sie sich in ihrer Einleitung nicht nur auf den Abs. 2, wie diese Selbstcharakterisierung vermuten ließe, sondern zudem auf den Abs. 1. Sie stellte sich somit selbst auch als einen Akt der Reichsexekution gegen Preußen dar, also als eine Aktion, deren Sinn nach der Verfassung darin bestand, ein Land mit Hilfe der bewaffneten Macht zur Erfüllung seiner Pflichten anzuhalten. Um welche Pflichten es sich handele, wurde in der Verordnung gleichwohl nicht gesagt.[123] Dies ist ein Hinweis für eine verfassungsrechtlich unreflektierte Verwendung dieser beiden Rechtsinstitute der Ausnahmegewalt. Es hatte sich bei der Untersuchung der Intention der Reichsminister gezeigt, dass treibende Kräfte offenbar an einer über die Staatsordnung hinausgehenden Schaffung von Fakten im Sinne ihrer verfassungspolitischen Zielsetzungen interessiert waren. Es kann zwar nicht bewiesen werden, wird aber durch den Verlauf der Ministerkonferenz nahegelegt, dass sich durch diese systemsprengenden oder zumindest systemtranszendierenden Intentionen auch die kumulative Verwendung der diktatorischen Machtmittel erklärt. Wenn diese Ziele aber in der Vorbereitungszeit offenbar bestanden, so muss berücksichtigt werden, dass sie im Verlauf der Ereignisse fallengelassen wurden. Diese Änderung der Zielsetzungen wird hier als „Rücknahme des Staatsstreichs" bezeichnet. Nach dem 20. Juli ging es nicht mehr um endgültige Absetzung der preußischen Regierung und um die

[121] So Grund, S. 87.

[122] So Schmitt in einem Vortrag der „Deutschen Gesellschaft" vom 10. November 1932 über das Urteil des Staatsgerichtshofs. S. den Bericht in der „VZ", „Carl Schmitts Epilog", VZ, 11. November 1932. Ebenso Huber, Reichsgewalt, 16 ff.

[123] S. Kelsen, Das Urteil des Staatsgerichtshofs, in: Die Justiz, S. 65.

Einleitung einer dauerhaften Reichsreform, sondern nur noch um die Verteidigung des faktisch geschaffenen *status quo*. Jetzt sollte das Kommissariat keine neue Regierung mehr darstellen, sondern die Staatsgewalt für die Zeit der Störung der öffentlichen Sicherheit und Ordnung unter vorübergehender Übernahme *aller* Funktionen der preußischen Regierung übernehmen. Die Auffassung des Reiches war es, das Kommissariat sei vorübergehend selbst durch Reichsakt die Landesregierung geworden, könne somit also nicht mehr als Reichsorgan betrachtet werden. Die Rücknahme bedeutete vor allem, dass alle über den faktischen Zustand hinausgehenden Ziele, die sich durch das Interesse an einer durchgreifenden Verfassungsreform in einem autoritären Sinne erklären ließen, aufgegeben wurden und man sich nur noch an der tatsächlichen Gefahrenlage orientierte. Deshalb galt für die Reichsvertreter die Devise, die Vorgänge im Sinne einer Abwehr der Gefährdung der öffentlichen Sicherheit und Ordnung darzustellen und alle darüber hinausgehenden Absichten zu bestreiten. Für die Prozessvertreter bestand somit die schwierige Situation, den anfänglich intendierten „Staatsstreich" der endgültigen Absetzung der preußischen Regierung mit dem Ziel einer dauerhaften Verbindung von Reich und Preußen zurückzunehmen und dennoch die Notwendigkeit des Vorgehens in der geschehenen Form zu unterstreichen. Das größte Problem in diesem Zusammenhang war die Verwendung von Art. 48 Abs. 1, denn darin lag der Vorwurf begründet, die preußische Regierung habe ihre Pflichten nicht erfüllen können oder – schlimmer noch – nicht erfüllen wollen. Damit wurde aber der Staatsgerichtshof, der vielleicht nach Würdigung der vorgebrachten Tatsachen geneigt gewesen wäre, die Verordnung vom 20. Juli als Diktaturmaßnahme für unangreifbar zu erklären, gezwungen, diese auch unter dem Gesichtspunkt der Exekutionsmaßnahme zu prüfen. Da hier aber, wie Walter Jellinek angemerkt hatte, ein wesentlich engerer Ermessensspielraum bestand, habe eine Exekutionsmaßnahme eine breitere Angriffsfläche als eine Maßnahme der Diktatur geboten.[124] Auch Heinrich Triepel, der die Rechtmäßigkeit der Maßnahmen bejahte, hielt die kumulative Zitierung beider Absätze für das Kernproblem. In seiner Auseinandersetzung mit dem Urteil des Staatsgerichtshofs hieß es: „[...] die V[erordnung] hatte sich auf beide Bestimmungen berufen. Dass dies zweckmäßig war, habe ich von Anfang an bezweifelt; in früheren Fällen war man vorsichtiger gewesen. Aber was geschehen war, war geschehen [...]."[125]

Es lässt sich festhalten, dass die Heranziehung des Abs. 1 nach Lage der Dinge taktisch unklug war, weil damit – zumindest nach der Auffassung der Gegenpartei – eine subjektive Pflichtverletzung der preußischen Regierung ausgesprochen war. Dieses Vorgehen lässt sich wohl am ehesten mit dem anfänglichen Ziel vor allem Papens und Gayls erklären, die preußische Regierung unter dem Vorwand einer Pflichtverletzung endgültig abzusetzen. Damit sollte eine politisch unliebsame Re-

[124] Dazu Jellinek, Zum Konflikt, S. 684.

[125] Heinrich Triepel, Die Entscheidung des Staatsgerichtshofs im Verfassungsstreite zwischen Preußen und dem Reiche. Ein Schlusswort, in: DJZ, 15. Dezember 1932, 37. Jg., Heft 24, Sp. 1501–1508, hier Sp. 1502.

gierung beseitigt werden. Wie oben dargelegt, hatte man sich wohl um die Begründung keine großen Sorgen gemacht und erst am 20. Juli selbst eine Reihe von Vorwürfen gegen die SPD-geführte Regierung erhoben. Der Kernvorwurf war die Behauptung einer „inneren Unfreiheit" gegenüber den Kommunisten. Damit meinte man, eine endgültige Absetzung der preußischen Regierung begründen zu können. Und in der Tat wäre, nach der herrschenden Lehre (Triepel/Anschütz) eine endgültige Absetzung nach Abs. 1 möglich gewesen, wenn die als tatbestandsmäßige Voraussetzung vorgesehene Pflichtverletzung vorgelegen hätte.[126] Anders als in Preußen bestand bei den vorhergehenden Fällen unzweifelhaft eine Pflichtverletzung der Regierung. Erst nach der preußischen Klage hatte sich die Reichsregierung aber von der Unhaltbarkeit ihrer Vorwürfe überzeugen lassen. Nun war klar: die unreflektierte bzw. unsachgemäße Verwendung des Abs. 1 durch die Reichsregierung bot die größte Angriffsfläche gegen die Aktion. Die Reichsvertreter mussten daher versuchen, den Abs. 1 für die Sache des Reiches zu retten und damit auch für die Intention der Wiederherstellung der öffentlichen Sicherheit und Ordnung fruchtbar zu machen. Dies sollte, da eine subjektive Pflichtverletzung Preußens schwerlich nachzuweisen war, durch Geltendmachen einer „objektiven Pflichtverletzung" geschehen. Außerdem behaupteten die Prozessvertreter eine besonders enge Verbindung von beiden Tatbeständen im Falle einer Störung der öffentlichen Sicherheit und Ordnung. Diese Konstruktion war aber vergleichsweise wenig überzeugend, so dass man annehmen kann, sie sei aus der Not geboren worden. Heinrich Muth betont, Schmitts Verteidigungsaufsatz habe „mehr an den Schriftsatz eines von seiner Sache nicht sehr überzeugten Anwalts als an Überlegungen eines Staatsrechtslehrers" erinnert.[127] Bevor aber auf diesen Punkt näher eingegangen werden soll, verdient die fundamentale Wandlung der Motive eine genauere Untersuchung. Der Intentionen gab es mehrere: das unmittelbare und somit situative Ziel war die Wiederherstellung der öffentlichen Sicherheit und Ordnung. Darüber hinaus wurden aber auch davon losgelöste strategische Ziele verfolgt. Es handelte sich hierbei um: die Depossedierung der SPD, die endgültige Überwindung des Dualismus Preußen-Reich durch eine Reichsreform und die Übernahme der Machtmittel durch das Reich.

Die ersten beiden strategischen Motive waren verfassungswidrig und konnten deshalb in dem Prozess nicht als solche benannt werden. Das dritte Ziel widersprach solange nicht der Verfassung, wie es sich lediglich auf den Zeitraum der Störung der öffentlichen Sicherheit und Ordnung beschränkte. Es scheint aber eher wahrscheinlich, dass die Reichsregierung zunächst im Zusammenhang mit der angestrebten Reichsreform eine dauernde Übernahme der Machtmittel erstrebt hatte. Ein solches Ansinnen war freilich ebenfalls rechtswidrig, denn die endgültige Absetzung einer pflichtwidrig handelnden Landesregierung war zwar nach der herrschenden Meinung (Anschütz, Triepel) im Rahmen der Sequestration zulässig, es war aber keines-

[126] S. Grund, S. 104.

[127] So richtig Muth, S. 108. Allerdings scheint mir diese Charakterisierung nur hier zuzutreffen.

falls von der Verfassung gedeckt, wenn eine solche Absetzung zur Veränderung der verfassungsmäßigen Strukturen zwischen Reich und Land verwendet wurde. Abgesehen davon lag keine Pflichtverletzung Preußens vor. Trotzdem sind diese Motive für die Beurteilung der Aktion von entscheidender Bedeutung, und insofern ist das negative Urteil von Zeitgenossen und Historikern berechtigt. Es darf aber auf der anderen Seite nicht übersehen werden, dass diese Ziele nur in den Planungen der Minister eine Rolle gespielt haben. Nachdem die preußische Regierung ihre Klage beim Staatsgerichtshof eingereicht hatte, war die Reichsregierung von diesen Zielen abgerückt.

Dieser Rückzug zwang auch die preußische Prozessvertretung zu einer Änderung der Taktik. Zunächst war es preußische Strategie gewesen, den Missbrauch des Art. 48 zur Durchführung einer Reichsreform zum Hauptargument gegen die Reichsregierung zu machen. So hieß es in dem zweiten Schriftsatz vom 10. August 1932 noch, die Minister seien „offensichtlich" auch zum Zweck der „Beseitigung des Dualismus zwischen Reich und Preußen" ihrer Ämter enthoben worden. Dies sei, „auch wenn die Absicht noch so sehr zu loben wäre, ein Formenmissbrauch" gewesen.[128] Im nächsten Schriftsatz präferierte man den Vorwurf, die Einsetzung des Reichskommissars sei „auf eine nationalsozialistische Forderung zurückzuführen".[129] Diese Behauptung spielte auch im Prozess die Hauptrolle.[130] Die Frage eines Ermessensmissbrauches zur Durchführung einer Reichsreform hatte dagegen keine Bedeutung mehr. Es ist wohl zutreffend vermutet worden, dass der Grund dafür auch in dem Umstand zu suchen ist, dass die preußische Regierung dieser Reform nicht abgeneigt gegenüberstand und die Forderung nach der Beseitigung des Dualismus durchaus einleuchtend und populär war. Der Vorwurf der Abhängigkeit von der NSDAP musste demgegenüber die Reichsregierung vor der Öffentlichkeit in ein schlechteres Licht rücken, obgleich die Aussicht auf einen juristischen Erfolg ebenso ungewiss war, wie bei der schwer beweisbaren Anschuldigung, es seien Reformpläne verfolgt worden.[131]

Die Aufgabe der verfassungswidrigen Ziele war die Basis für die juristische Verteidigung der Aktion. Deshalb dürften die Fachbeamten im Reichsinnenministe-

---

[128] Erklärung des Preußischen Staatsministeriums vom 10. August 1932, S. 67 (fol. S. 142).

[129] Erklärung des Preußischen Staatsministeriums vom 29. August 1932, S. 7.

[130] Gegen die Versuche von Brecht und Heller, diesen Vorwurf zu erhärten, erklärte Gottheiner: „Es ist nicht wahr, dass zwischen der gegenwärtigen Reichsregierung und der nationalsozialistischen Bewegung irgendeine Vereinbarung getroffen sei, welche das Vorgehen gegen die Preußische Staatsregierung zum Gegenstand gehabt habe. Die Reichsregierung hat sich in freier und verantwortungsbewusster Entscheidung zu dem Schritte vom 20. Juli 1932 entschlossen". PcR, S. 30.

[131] Bay, S. 193 f. Der Staatsgerichtshof hatte in seiner Entscheidung dann auch festgestellt, dass er die Vorwürfe durch die Erklärungen des Prozessvertreters der Reichsregierung als widerlegt betrachte, dass aber auch im Falle einer Absprache zwischen der NSDAP und der Reichsregierung nicht erwiesen sei, dass es sich um die Verfolgung sachwidriger Ziele gehandelt habe. PcR, S. 514.

rium, allen voran Staatssekretär Zweigert,[132] zusammen mit den Prozessvertretern der Reichsleitung klar gemacht haben, dass nur die Wiederherstellung der öffentlichen Sicherheit und Ordnung und die damit im Zusammenhang stehenden Maßnahmen mit der Verfassung im Einklang stünden. Welche Maßnahmen man zu diesem Zweck für zulässig erachten konnte, war eine andere Frage. Dass damit aber nicht eine endgültige Absetzung der preußischen Regierung und die Durchführung einer Reichsreform gemeint sein konnte, war unstrittig. In der Klagebeantwortung der Reichsregierung vom 5. August 1932, deren Rahmen Schmitt laut der Ministerbesprechung vom 25. Juli zusammen mit Gayl abgesteckt hatte, taucht keines dieser Motive mehr auf. Es war offenbar eine Uminterpretation und Reduktion der Ziele auf das verfassungsmäßig Vertretbare vorgenommen worden. Die Ziele, die nun im Vordergrund standen, waren: Überwindung der Störung der öffentlichen Sicherheit und Ordnung, temporäre Entschärfung des Dualismus Preußen-Reich, Zusammenfassung der Machtmittel.

Die zuständigen Fachbeamten im Reichsministerium des Innern und die Prozessvertreter hatten angesichts der verfahrenen Situation alle Hände voll zu tun, um eine stringente Argumentation zur Verteidigung der Aktion zu entwickeln. Der pragmatische Zweigert, im Reichsinnenministerium für Verfassungsfragen zuständig und damit auch federführend mit der Vorbereitung der Prozessvertretung betraut, war für eine solche Aufgabe aber gut geeignet. Er war mit Brecht, dem Vertreter der abgesetzten preußischen Regierung, gut befreundet, und jede Parteipolitik lag ihm fern. Schmitt selbst kannte Zweigert seit 1929; beide pflegten einen regen Informations- und Gedankenaustausch.[133] Diese Zusammenarbeit bezog sich zum Einen auf Schmitts „Hüter der Verfassung“ und zum Anderen auf die gutachterliche Tätigkeit für die Regierung Brüning. So hatte Zweigert Schmitt beim deutsch-polnischen Liquidationsabkommen konsultiert und sich offenbar bei dem wichtigen Gutachten in der Frage der Zulässigkeit von Notverordnungen von ihm beraten lassen.[134] Diese fruchtbare Zusammenarbeit konnte nun in der Frage der Prozessverteidigung fortgesetzt werden. Ansonsten waren die Ministerialdirektoren Gottheiner und Werner Hoche mit der Vorbereitung und Durchführung der Verteidigung betraut. Zu Gottheiner, einem mit Papens und Gayls strategischen Motiven sympathisierenden Deutschnationalen, bestand allerdings wenig Kontakt und ein eher gespanntes Verhältnis.[135]

---

[132] s. oben, S. 104.

[133] S. die Briefe Zweigerts an Schmitt zwischen 1929 und 1930. HStAD/RW 265–206.

[134] So hatte sich Schmitt in einem Gespräch mit Bendersky geäußert. Vgl. Koenen S. 126 FN 223.

[135] s. unten, S. 227.

aa) Die Beurteilung der Prozess-Situation durch die Reichsregierung, durch die Prozessvertreter und den externen Gutachter

Die Reichsregierung zeigte sich in der Frage des Prozesses außerordentlich optimistisch. Sie baute voll auf den Sachverstand ihrer neuen Prozessvertreter.[136] Diese wiederum sahen die Situation als günstig für die Position der Reichsregierung an. In einer Rücksprache mit Eugen Ott am 13.9.1932 hatten sie die Prozesslage „ausgezeichnet" genannt.[137] Daher stellt sich die Frage: Wie war die juristische Ausgangssituation für die Reichsregierung tatsächlich? War dieser Optimismus gerechtfertigt, oder hatte sich hier nur eine gewisse Blindheit für rechtliche Grenzen von der Reichsleitung auf ihre Berater übertragen?

Antwort auf diese Frage gibt das bereits erwähnte Gutachten des Verfassungskommentators Poetzsch-Heffter,[138] der vom Reichsinnenministerium – vermutlich

---

[136] Der Journalist Dertinger schrieb in einem Informationsbericht vom 4. August 1932, er habe von einem Referenten in der Verfassungsabteilung des Reichsinnenministeriums vertraulich erfahren, dass die Reichsregierung auf das bestimmteste mit einer Ablehnung der Klage rechne. (Informationsbericht vom 4. August 1932. Sammlung Brammer, BA Koblenz Zsg. 101, NR. 25, fol. S. 242 f.) Das Gutachten der Reichsregierung für die entscheidende Sitzung des Staatsgerichtshofs in der nächsten Woche sei von „mehreren der Regierung nahestehenden Universitätsprofessoren" ausgearbeitet worden und beschränke sich „nur mit voller Absicht auf die verfassungsrechtliche, nicht aber auf die politische Seite des Streitfalls". Gerade diese „schroffe Trennung der rein juristischen von den politischen Problemen" werde ihren Eindruck auf den Staatsgerichtshof nicht verfehlen, um so mehr, als ja „die frühere preußische Regierung sehr stark politische Gesichtspunkte in den verfassungsrechtlichen Streitfall getragen habe. Da aber Juristen im Allgemeinen das imponiere, was „rein theoretischer Natur" sei, hoffe man, dass Mitglieder des Staatsgerichtshofes der Meinung der Reichsregierung zustimmen werden. In einem Annex „riesigen Umfanges" habe das Reichsinnenministerium zahlreiche Belege für die politischen Auswirkungen der Einsetzung des Reichskommissars beigefügt.

[137] Rücksprache Ott mit Staatsrechtslehrern (Karl Schmitt, Jacobi, Bilfinger – Halle) am 13.9.32. BA R 43I/1008, fol. 13 g.

[138] Poetzsch-Heffter hatte sich besonders in der Frage der Reichsreform hervorgetan, namentlich in der Länderkonferenz, wo er sehr eng mit Brecht zusammengearbeitet hatte. Gemeinsam mit Brecht hatte er im Auftrag von Otto Braun, wie geschildert, selbst einen Vorstoß gemacht, um das Problem Reich-Preußen zu überwinden. Daher wurde er, wie Gayl in der Ministerbesprechung vom 28. Juli 1932 mitteilte, auch von der Preußischen Regierung gebeten, für sie tätig zu sein. Das habe Poetzsch-Heffter aber, wie der Innenminister stolz hinzusetzen konnte, „abgelehnt, weil er die Einsetzung eines Reichskommissars für das Land Preußen für verfassungsmäßig halte." Deshalb werde er auf der Seite des Reiches „zu einzelnen Fragen Stellung nehmen." Bislang scheint unbekannt, dass Poetzsch-Heffter in der Tat ein 55-seitiges undatiertes, aber augenscheinlich im September vorgelegtes Gutachten für die Reichsregierung angefertigt hatte. Da diese schriftliche Äußerung nicht in den Editionen der Reichskanzleiakten erwähnt ist, scheint es, dass es sich nicht in diesem Bestand erhalten hat. Im Nachlass Schmitt liegt jedoch eine Abschrift dieser gutachterlichen Äußerung vor. (Rechtsgutachten zur Auslegung des Art. 48 der Weimarer Reichsverfassung von Prof. Dr. Fritz Poetzsch-Heffter. HStAD/RW 265–6.) Da Poetzsch-Heffter ein besonders enger Mitarbeiter der preußischen Regierung war, musste eine Einschätzung dieses Kommentators der Reichsverfassung für die Reichsregierung eine besondere Bedeutung haben. In diesem Zusammenhang ist noch von Interesse, dass die preußische Regierung auch bei einem anderen Wunschkandidaten kein Glück gehabt hatte, da dieser die Aktion für verfassungsmäßig erachtete und daher nicht als Anwalt

durch Staatssekretär Zweigert – hinzugezogen worden war. Dieses Gutachten[139] kann als unabhängige Darlegung der staatsrechtlichen Ausgangssituation gelten, da der Autor sich die Sache des Reiches nicht in dem Maße zu eigen gemacht hatte, wie das bei den Prozessvertretern der Fall war. Diese Unabhängigkeit wird durch den Umstand bestätigt, dass sich auch die Gegenseite gerne durch ihn vertreten gesehen hätte. Seine Ausführungen zeichnen daher ein neutrales Bild von der Situation, die dem Staatsgerichtshof durch die staatsrechtliche Diskussion vorgegeben war. Dass der Kommentator sich durch eine realistische Situationseinschätzung auszeichnete, zeigt im übrigen der Umstand, dass sein Gutachten das spätere Urteil im Kern vorwegnahm. Poetzsch-Heffter ging nämlich davon aus, dass ein Vorgehen nach Art. 48 Abs. 2 und Abs. 1 zwar möglich gewesen sei, dass die preußische Regierung aber nicht endgültig abgesetzt werden dürfe, denn er meinte – genau wie später der Staatsgerichtshof –, dass die preußischen Stimmen im Reichsrat nicht von Reichskommissaren instruiert werden dürften. Die preußischen Minister könnten zwar vorübergehend „behindert" werden, die Vertretung gegenüber dem Reich sollte ihnen aber gelassen werden. Das läuft auf die vom Staatsgerichtshof verfügte Teilung der Staatsgewalt hinaus. Daher begrüßte Poetzsch-Heffter später auch ausdrücklich die Entscheidung des Staatsgerichtshofs.[140]

Dieser Punkt markiert, worum es juristisch in der Streitsache ging. Letztlich drehte sich alles um die Frage, ob die preußische Regierung vorübergehend suspendiert und

---

für die preußische Regierung auftreten wollte. Es handelt sich hierbei um Albert Hensel, den Nachfolger von Waldecker (der ja ebenfalls die Vertretung Preußens, wenn auch aus anderen Gründen, abgelehnt hatte) in Königsberg. Hensel hatte in einem Brief an Schmitt geschrieben, er fürchte, der Staatsgerichtshof werde nicht anders entscheiden können, als zu Gunsten des Reiches, selbst, wenn er gegen die von Schmitt in seiner „sehr vorsichtigen Stellungnahme" in der DJZ geäußerte Auffassung die Rechtslage für Preußen günstiger beurteilen sollte. (Hensel an Schmitt, 30.7.32, RW 265–5957.) Es sei merkwürdig, wie die beiden „Grundfehler der Weimarer Verfassung", der Dualismus zwischen dem Reich und Preußen und die übermäßige Ausdehnung der Staatsgerichtsbarkeit sich hier rächten. Der Schnittpunkt dieser beiden „Gefahrkurven" scheine zum kritischen Punkte der Verfassung überhaupt werden zu sollen. Er fügte hinzu, dass ihn die ganzen Ereignisse juristisch und politisch sehr erregt hätten, zumal er „zur aktiven Stellungnahme [von der Regierung Braun-Severing] aufgefordert wurde", was er aus „mehr als einem Grunde glaubte ablehnen zu müssen". Dazu demnächst auch Christian Tilitzki in Mendelssohn-Studien.

139 Poetzsch-Heffter begann sein „‚Rechtsgutachten zur Auslegung des Art. 48 der Weimarer Reichsverfassung' von Prof. Dr. Fritz Poetzsch-Heffter im Auftrage des Reichsinnenministeriums" mit dem Hinweis, dass er nicht im Einzelnen über den politischen Tatbestand, der zu dem Einschreiten geführt habe, informiert sei. Deshalb enthalte er sich einer Bewertung der politischen Ereignisse. Vereinbarungsgemäß habe er sich auf die Behandlung folgender abstrakt gehaltener Rechtsfragen konzentriert: „1) Welches sind die Voraussetzungen für eine Reichsexekution nach Art. 48 Abs. 1? 2) Welche Schranken sind den Maßnahmen des Reichspräsidenten gesetzt, insbesondere durch die Art. 17 und 63 der Reichsverfassung? 3) In welchem Umfange besteht ein Nachprüfungsrecht des Staatsgerichtshofs hinsichtlich der Voraussetzungen und Mittel der Reichsexekution nach Art. 48 Abs. 1 und hinsichtlich der Voraussetzungen und Mittel der Diktaturmaßnahmen nach Art. 48 Abs. 2?"

140 Poetzsch-Heffter, Fritz, Der Spruch des Staatsgerichtshofes, in: DJZ, 15. November 1932, 37. Jg., Heft 22, Sp. 1373–1378.

die preußische Regierungsgewalt durch ein Reichskommissariat geführt werden könne. Die Kommissariatsregierung sei nach dieser Auffassung die vorübergehende Landesregierung mit allen Rechten, also auch dem der Vertretung im Reichsrat. Ansonsten war Poetzsch-Heffter aber offenbar – freilich ohne auf die tatsächliche Situation des 20. Juli einzugehen – der Auffassung, dass das Vorgehen der Reichsregierung insoweit zulässig war, als es nicht in die Rechte des Reichsrates nach Art. 63 eingriff. Im Übrigen deckte sich seine Argumentation in vielen Punkten mit der der Reichsvertreter. Auch er betonte, dass der Dualismus Preußen-Reich als im „Hintergrunde liegende Gefahr" bei der Bewertung der Einzelverhältnisse zu berücksichtigen sei.[141] Wie die Reichsvertreter ging er von einer allgemeinen Einordnungspflicht der Länder gegenüber dem Reich aus, die es dem Lande verböte, die Interessen des Reiches auch nur in „objektiv schädlicher" Weise zu durchkreuzen.[142] Zudem meinte

[141] Der Grundsatz des Landes „als geschlossene Einheit" sei bei den mittelgroßen Ländern für den Gesamtstaat relativ gefahrlos. Anders sei es aber bei dem Verhältnis zwischen dem Reich und Preußen, das bei seiner Größe leicht zu einer selbständigen zentralen Politik gedrängt werde. Schon an dieser Stelle zeichne sich deshalb die „Gefahrenzone" ab, die in der staatsrechtlichen Struktur dem Verhältnis vom Reich als Gesamtstaat zum anderen Gesamtstaat Preußen immanent sei. Es sei von besonderer Bedeutung für die Beurteilung der im Weiteren zu erörternden Einzelverhältnisse, dass „im Hintergrunde dieser zentrale Dualismus mit seinen Gefahren" liege. (Poetzsch-Heffter, Gutachten, S. 4.)

[142] Die Unterscheidung zwischen dem Land als solchem und den einzelnen Stellen führe zu dem Ergebnis, dass neben den Pflichten auf Grund der Reichsverfassung und der Reichsgesetze noch andere, ungeschriebene Pflichten träten: 1) Eine „allgemeine Gehorsams- und Einordnungspflicht der zur Repräsentation des Landes berufenen obersten Organe als notwendiges und unentbehrliches Gegenstück der Landesselbständigkeit". 2) „Gehorsamspflichten gegenüber dem Reiche", die unmittelbar den zur Repräsentation des Landes berufenen Stellen obliegen. Hierzu gehöre die von Anschütz erwähnte „Treupflicht, die es den Ländern verbiete, z. B. die auswärtige Politik des Reichs in verräterischer oder auch nur objektiv schädlicher Weise zu durchkreuzen oder erklärte Feinde des Reichs in die Landesregierung aufzunehmen" (Anschütz, Kommentar zu Art. 48 Anm. 3 und 4) Hierher gehöre auch die Pflicht, Störungen der öffentlichen Sicherheit und Ordnung abzuwehren. (Poetzsch-Heffter, Gutachten, S. 7.) Wenn Anschütz von einer Pflicht der Länder spräche, die es ihnen verbiete, „die auswärtige Politik des Reiches auch nur in objektiv schädlicher Weise zu durchkreuzen", so sei es nur folgerichtig, das Gleiche für den Zuständigkeitsbereich des Reiches auch hinsichtlich seiner Innenpolitik anzunehmen. Die innerpolitische Geschichte der verflossenen zehn Jahre zeige in aller Deutlichkeit, „dass es eine über die Landesgrenzen reichende selbständige Politik des Reiches im Innern geben muss, die seiner letzten Verantwortung für die Sicherheit und Ordnung entspricht, und dass es die Pflicht der Länder ist, sich in diese Politik einzuordnen." (Poetzsch-Heffter, Gutachten, S. 10.) Daraus schloss Poetzsch-Heffter: Wenn man nach alledem Recht und Pflicht des Reiches anerkennen müsse, im deutschen Gesamtinteresse eine eigene Innenpolitik zur Wahrung von Sicherheit und Ordnung zu treiben, so gelte für ihre Durchsetzung unbedingt das Gleiche, was Anschütz hinsichtlich der Außenpolitik zutreffend dargetan habe. „Nach alledem ist davon auszugehen, dass es den Ländern untersagt ist, die Politik des Reichs, für die es im Gesamtinteresse verantwortlich ist, auch nur in objektiv schädlicher Weise zu durchkreuzen, und dass eine Nichterfüllung dieser Pflicht den in Art. 48 Abs. 1 vorausgesetzten Tatbestand erfüllen kann." (Poetzsch-Heffter, Gutachten, S. 12.) Es werde allgemein anerkannt, dass das Nichterfüllen, das die Voraussetzung für die Reichsexekution bilde, kein „schuldhaftes" zu sein brauche. Zutreffend weise Anschütz darauf hin, dass nicht bloß ein

er, was er sogar als allgemein anerkannt bezeichnete, dass der Abs. 1 keine subjektive Pflichtverletzung erfordere, da die Reichsexekution keine Strafe sei, sondern Zwang. Die Vollstreckung des höheren Reichswillens müsse sich auch durchsetzen können, wenn ihrer Erfüllung ohne Verschulden des Landes Widerstand entgegenstehe.[143] Er ging sogar so weit zu sagen, dass dieser Punkt für die gegenwärtige Lage eine besondere Bedeutung habe, da sich solche Probleme ohne Verschulden des Landes bereits aus der Natur des Dualismus Preußen-Reich ergeben könnten. Er stellte auch die Frage, ob eine „vorübergehende Entziehung von Befugnissen der Landesorgane" auch aufgrund des Abs. 2 zulässig sei.[144] Diese Frage habe aber praktisch keinen erheblichen Wert. Poetzsch-Heffter war ja – wie man aus seinen Ausführungen schließen kann – der Auffassung, dass die Übertragung der wesentlichen Kompetenzen der Landesregierung auf das Reich (mit Ausnahme der Vertretung im Reichsrat) zulässigerweise auf beide Absätze gestützt war. Insofern kam auch er zu einem anderen Ergebnis als der Staatsgerichtshof, denn dieser anerkannte ja nur den Abs. 2 als Grundlage und erreichte dadurch, dass die Vertretung im Reichsrat als Kompetenz bei der alten Regierung verblieb. Poetzsch-Heffter dagegen vertrat die Auffassung, dass weder nach Abs. 1 noch nach Abs. 2 in den Art. 63 eingegriffen werden dürfe.[145]

Durchkreuzen in „verräterischer Weise", sondern auch in „nur objektiver Weise" eine zum Eingreifen des Reichspräsidenten führende Pflichtverletzung sein könne.

[143] Die Reichsexekution, so argumentierte Poetzsch-Heffter, wie später auch die Reichsvertreter im Prozess, sei keine Strafvollstreckung bei schuldhaftem Verhalten eines Landes, sondern eine Vollstreckung des höheren Reichswillens, der seine Gebote auch dann verwirkliche, wenn ihrer Erfüllung ohne Verschulden eines Landes oder seiner Organe Widerstand entgegenstehe. In der gegenwärtigen politischen Lage für das Verhältnis Reich-Preußen dürfe das eine ganz besondere Bedeutung haben, denn: „Reibungen und Schwierigkeiten, die den Reichswillen hemmen, können sich ohne das individuelle Verschulden eines Organs schon aus der Natur des zentralen Dualismus ergeben. Aber auch dann muss sich im Zusammenstoß der beiden zentralen Gewalten die vis major der Gesamtnation mit Hilfe der in Art. 48 Abs. 1 gegebenen Zwangsgewalt durchsetzen können." (Poetzsch-Heffter, Gutachten, S. 13.) Diese Argumentation deckt sich mit dem Standpunkt, den die Prozessvertreter später vor dem Staatsgerichtshof vertraten.

[144] Zum Artikel 48 Abs. 2 führte er aus, dass die Schranken für die Maßnahmen der Diktatur nicht die gleichen seien, wie die für die Exekution. Wie die Maßnahmen der Exekutive durch das Ziel des Vollstreckungszwanges seien die Maßnahmen der Diktatur durch das Ziel der Wiederherstellung der öffentlichen Sicherheit und Ordnung bestimmt und begrenzt. Konkret stelle sich die Frage, ob nicht die „vorübergehende Entziehung von Befugnissen der Landesorgane" auch auf Grund des Art. 48 Abs. 2 zulässig sei. Dabei sei es ein „offenbarer Unterschied", ob eine Landesregierung das Vertrauen ihrer Volksvertretung besitze, oder ob sie es verloren habe. Bei der Absetzung einer geschäftsführenden Regierung sei also kein Verstoß gegen den Art. 17, Absatz I, Satz 3 WRV anzunehmen. Aber auch darüber hinaus bestünde kein Schutz im Sinne eines ungeschriebenen Rechtssatzes. Die ungestörte Ausübung des Landesministeramtes sei ein weniger schützenswertes Gut als die Sicherheit und Ordnung des Gesamtstaates. Wenn die Reichsverfassung dem Präsidenten nach Art. 48 Abs. 1 die Möglichkeit gewähre, sogar Minister, die das Vertrauen der Volksvertretung genießen, vorübergehend ihrer Ämter zu entsetzen, so sei das ein deutlicher Hinweis auf die im Verfassungssinne liegende Wertrelation. (Poetzsch-Heffter, Gutachten, S. 31.)

[145] Zwar gebe es die Möglichkeit dass es sich bei der „vorübergehenden Behinderung der Landesminister" um das „rechte Mittel der Exekution" handele. In Bezug auf den Reichsrat

In der Frage des richterlichen Nachprüfungsrechts äußerte sich der Gutachter dagegen wieder in ähnlichem Sinne wie die Reichsvertreter, da er gemäß der herrschenden Lehre davon ausging, dass sich das Nachprüfungsrecht des Staatsgerichtshofs im Wesentlichen auf eine Ermessensprüfung beschränkte.[146]

Von dieser Warte aus betrachtet waren die Aussichten der Prozessvertreter als günstig zu bezeichnen, soweit es um die prinzipielle Bestätigung des Reichskommissariats ging. Es war nicht anzunehmen, dass der Staatsgerichtshof diese Maß-

---

kam Poetzsch-Heffter aber zu einem anderen Schluss. Der Reichsrat sei der Reichsregierung neben-, nicht nachgeordnet. Seine Selbständigkeit und Unabhängigkeit von Weisungen der Reichsregierung sei für ihn Wesenselement. Eine im Wege des Zwangs zu vollstreckende Verpflichtung einer Landesregierung, sich im Reichsrat in bestimmter Weise zu verhalten, könne es deshalb nicht geben. (Poetzsch-Heffter, Gutachten, S. 25.) Dagegen würde auch der Einwand nicht durchschlagen, dass es praktisch schwierig sei, die Einheit der Regierungsgewalt eines Landes zu trennen und die Anteilnahme am Reichsrate anderen Organen anzuvertrauen als denjenigen, die die Regierung tatsächlich im Lande ausüben. Hier ergebe sich zwar eine vom Verfassungsgesetzgeber nicht vorausgesetzte Inkongruenz, und man könne meinen, dass die „praktische Konnexität" von Regierungshandlungen, die der Reichsaufsicht unterworfen sind, mit Regierungshandlungen, die hiervon grundsätzlich befreit sein müssen, doch schließlich zu einer Unterstellung unter den Vollstreckungszwang führen müsse. Diese Schwierigkeiten wögen aber nicht so schwer, dass zu ihrer Überwindung die Verfassungsnorm des Art. 63 durchbrochen werden dürfe. (Poetzsch-Heffter, Gutachten, S. 27.)

[146] Was den Art. 48 Abs. 1 betrifft, äußere sich die Rechtslehre zu einem Nachprüfungsrecht nur spärlich, die Rechtsprechung gar nicht. Art. 48 Abs. 2 sei dagegen sehr viel ausführlicher erörtert worden. Das Prüfungsrecht hinsichtlich des Art. 48 Abs. 2 könne sich in zwei Richtungen erstrecken. In Frage komme erstens eine Nachprüfung der Voraussetzungen (Notwendigkeit), zweitens eine Frage der zulässigen Mittel (Zweckmäßigkeit). Die herrschende Lehrmeinung halte, ohne zwischen Voraussetzungen und Mitteln scharf zu unterscheiden, eine gerichtliche Prüfung für unzulässig, solange sich die Entscheidungen des Reichspräsidenten innerhalb der Grenzen pflichtmäßigen Ermessens bewegen. (Poetzsch-Heffter, Gutachten, S. 33.) Als übereinstimmendes Ergebnis der Rechtsprechung von Reichsgericht, Reichsfinanzhof und auch Staatsgerichtshof sei festzustellen: der Richter habe zu prüfen, ob die Diktaturanordnungen die Rechtsschranken des freien Ermessens einhalten. Als ein Rechtsverstoß sei anzusehen: 1) die Ermessensüberschreitung: a) Ermessensüberschreitung bei den *Voraussetzungen.* b) Ermessensüberschreitung bei der Wahl der *Diktaturmittel.* 2) Ermessensmissbrauch: Das Handeln des Diktators wird nicht durch die der Diktatur gesetzlich gewiesenen Zwecke bestimmt, sondern wesentlich durch diktaturfremde Zwecke. (Poetzsch-Heffter, Gutachten, S. 46.) Nach Auffassung des Staatsgerichtshofs dürfe der Richter das Vorgehen der Regierung nicht für verfassungswidrig erklären, wenn sie unter Berücksichtigung der für sie erkennbaren Sachlage so handeln durfte, wie sie gehandelt hat. (Poetzsch-Heffter, Gutachten, S. 49.) Er solle also die Diktaturanordnungen aus den Zeitverhältnissen ihrer Entstehung heraus prüfen. Auf diesen bedeutsamen Satz lege der Staatsgerichtshof besonderen Wert. Er sei wichtig für die Fälle, in denen die Zeitentwicklung von der Diktaturmaßnahme bis zur richterlichen Entscheidung eine neue politische oder wirtschaftliche Einsicht gebracht hat, oder in denen sich die tatsächliche Lage stark verschoben habe. Noch in einer weiteren Richtung lägen schließlich Gründe für die Begrenzung des Prüfungsrechts. Ein richterliches Urteil, das eine staatliche Anordnung für verfassungswidrig erkläre, bedeute stets einen schweren Schlag für die Autorität der anordnenden Stelle. Die Frage, ob dem Staatsgerichtshof wegen seiner besonderen Stellung ein weitergehendes Prüfungsrecht hinsichtlich der Ermessensfragen zustehe als den übrigen Gerichten, sei mit dem Staatsgerichtshof zu bejahen. (Poetzsch-Heffter, Gutachten, S. 50.)

nahme grundsätzlich zurückweisen würde. Die Frage war bloß, in welchem Umfang dem Kommissar Befugnisse eingeräumt werden würden. Hatte er die gleichen Kompetenzen wie die Geschäftsregierung, insbesondere auch die Vertretung im Reichsrat? War die Geschäftsregierung vorübergehend abgesetzt, oder mussten ihr bestimmte Rechte überlassen werden? Auf welchen Rechtstitel war die Einsetzung des Kommissars zu stützen? Das waren die staatsrechtlichen Hauptfragen des anstehenden Prozesses, und hier war es durchaus offen, ob die Reichsregierung in vollem Umfange Recht bekommen würde. Andererseits war die Charakterisierung der Prozess-Situation seitens der Reichsvertreter als „ausgezeichnet" nicht aus der Luft gegriffen. Erstens konnte man die Entscheidung über die einstweilige Verfügung als deutlich positives Signal werten, auch wenn sie die Entscheidung in der Hauptsache keinesfalls präjudizierte. Zum Zweiten gab es eine ganze Reihe von ungeklärten Begrifflichkeiten, wie etwa den der Pflichtverletzung oder der Reichsexekution, so dass hier ein großer interpretativer Spielraum vorhanden war. Nicht zuletzt gab es wesentliche Stimmen in der Literatur, welche die Befugnisse des Staatsgerichtshofes auf eine Ermessensprüfung begrenzen wollten, so dass anzunehmen war, das Gericht werde sich im Wesentlichen auf die Nachprüfung beschränken, ob die Lageeinschätzung durch den Reichspräsidenten sich im Rahmen seines pflichtgemäßen Ermessens bewegte oder ob er seinen Ermessensspielraum überschritten habe. Nach dieser Maßgabe wäre der „Preußenschlag" – gemessen an der späteren Entscheidung – für rechtmäßig erachtet worden. Aber selbst wenn der Staatsgerichtshof in eine genauere Prüfung eintreten sollte, war es denkbar, dass er der Argumentation der Reichsregierung folgte und ein Zusammenfallen der beiden Absätze des Art. 48 zur Begründung anerkennen würde. Zudem war umstritten, ob der Abs. 1 eine subjektive Pflichtverletzung voraussetzte, oder ob bereits eine „objektive" Pflichtwidrigkeit ein Eingreifen nach sich ziehen konnte.

Legt man diese Ausführungen Poetzsch-Heffters zugrunde, so erscheinen die Chancen für die Reichsregierung, zumindest im Sinne der eingeschränkten Auslegung als vorübergehende Absetzung der preußischen Regierung, aussichtsreich. In seiner Argumentation verwendete Poetzsch-Heffter eine ganze Reihe von parallelen Begründungen, die stark der Beweisführung ähnelte, die dann vor Gericht von den Reichsvertretern verfolgt wurde. Zeitweise hat man den Eindruck, dass sie sich direkt auf den Schriftsatz Poetzsch-Heffters stützten, abgesehen von dem genannten Dissens in der Frage des Reichsrates.

bb) Die Prozess-Situation

Poetzsch-Heffter hatte in seinem Gutachten die Frage aufgeworfen, ob nicht die „vorübergehende Entziehung von Befugnissen der Landesorgane" auch aufgrund des Art. 48 Abs. 2 zulässig sei. Die Frage, ob für die Suspension neben dem Art. 48 Abs. 1 auch Art. 48 Abs. 2 die Grundlage bilden könne, besitze aber, so meinte er, praktisch keinen besonderen Wert. Tatsächlich erhielt eben diese Frage allerdings eine nicht unwesentliche Bedeutung durch den Umstand, dass die Prozessvertreter vortrugen, alle Maßnahmen seien bereits durch den Abs. 2 gedeckt. Praktischen Belang konnte die Frage dadurch erhalten, dass die Reichsvertreter erhebliche Zweifel daran hegten, ob die Verwendung des Art. 48 Abs. 1 von dem Staatsgerichtshof sanktioniert werden würde. Damit konnte die Rechtmäßigkeit der ergriffenen Maßnahmen mit der Frage stehen und fallen, ob der Staatsgerichtshof die Verordnung auch als zulässige Maßnahme im Sinne des Art. 48 Abs. 2 im vollen Sinne anerkennen und bestehen lassen würde.

Die Frage, ob die Sequestration einer Landesregierung auch auf den Abs. 2 gestützt werden könnte, war in früheren Verfassungsdiskussionen umstritten.[147] Entzündet hatte sich die Diskussion an der Absetzung des sächsischen Ministeriums Zeigner im Herbst 1923. Dabei folgte eine starke Strömung in der Literatur der Staatspraxis und stützte diese Sequestration auf Art. 48 Abs. 2. Zu dieser Richtung gehörten damals auch Carl Schmitt und Erwin Jacobi. Die Gegenansicht, nämlich dass die Amtsenthebung des Kabinetts Zeigner als Maßregel der Reichsexekution gemäß Abs. 1 zu qualifizieren sei, wurde 1924 zuerst von Stier-Somlo vertreten. Im Laufe des Jahrzehnts wurde diese Auffassung aber „wohl herrschend".[148] Die Sequestration wurde also als Verfassungsinstrument der Reichszentralgewalt qualifiziert, wobei umstritten blieb, ob diese Befugnis (auch) auf die Ausnahmegewalt des Reichspräsidenten gestützt werden dürfe. Umstritten war ebenfalls, ob eine endgültige Absetzung einer Landesregierung erlaubt sei.[149] Dass aber die Anwendung der präsidialen Diktaturgewalt „gegen die Länder" zulässig war, was einen Funktionswandel des Ausnahmerechts bedeutete, wurde von verschiedenen Seiten ausdrücklich betont, so etwa 1923 von Triepel und 1926 von Anschütz. Erst Flad wandte sich 1929 gegen diese Staatspraxis: die Realisierung der Haftung für die Aufrechterhaltung der öffentlichen Sicherheit und Ordnung geschehe durch Reichsexekution, nicht durch Anwendung der Diktaturgewalt.[150] Überwiegend wurde der Einsatz der Reichsdiktaturgewalt *auch* „gegen die Länder" aber gebilligt. Das bedeutete eine „Entgrenzung der zentralstaatlichen Eingriffsbefugnisse": neben die überlieferten Mittel der Exekution traten am Vorbild des Belagerungszustandes ausgerichtete Diktaturmaßnahmen.[151] Mit dem Funktionswandel des Ausnahmerechts stellte sich aber die Frage nach dem Verhältnis von Reichsexekution und Diktaturgewalt. Durch die aus redaktionellen Gründen bedingte Zusammenfassung der beiden Rechtsinstitute in einem Artikel der Weimarer Verfassung und die wenig präzise Staatspraxis hatte sich auch die Interpretation in diese Richtung bewegt. So betonte etwa Anschütz, dass die beiden Rechtsinstitute der Exekution und des Ausnahmezustandes

[147] Der ehemalige Ernst Rudolf Huber-Mitarbeiter Achim Kurz hat diese Diskussion in seinem Beitrag zur Handhabung des Art. 48 unter Eberts Präsidentschaft nachgezeichnet, vgl. Kurz, Diktatur (hier S. 131 ff.)

[148] Zu den Nachweisen ebd., S. 132.

[149] Ebd., S. 135.

[150] Nachweise ebd., S. 137.

[151] Ebd., S. 138.

zwar scharf zu trennen seien, dass unter Umständen Maßnahmen nach Art. 48 Abs. 1 und 2 aber eng zusammengehen und verflochten sein könnten. So, wenn durch pflichtwidriges Handeln oder Unterlassen einer Landesregierung Störungen der öffentlichen Sicherheit und Ordnung verursacht würden. Damit hatte er die Unterscheidung der beiden Institute gerade für die praktisch gewordenen Interventionsfälle aufgegeben. Auch der von Poetzsch-Heffter für die Reichsexekution fruchtbar gemachte Begriff der „öffentlichen Sicherheit und Ordnung" diente der Verknüpfung von Exekution und Ausnahmezustand. Andere Autoren zogen aus dem konstatierten „Ineinanderfließen" der beiden Absätze gar den Schluss, dass „Grenzlinien kaum zu ziehen" seien.[152] Aus den durchaus kontroversen Stellungnahmen ließ sich als gemeinsamer Nenner herauslesen: „die ganz überwiegende Ansicht hielt eine Kombination von diktatorischen Maßnahmen auch ‚gegen Länder' und Zwangsregeln aufgrund der Reichsexekution für zulässig."[153] Durch diese der Reichsregierung von der herrschenden Lehre zugebilligte Möglichkeit einer Kombination präsidialer Diktaturmaßnahmen mit den Zwangsmitteln der Reichsexekution kam dem heftigen Streit, ob die Absetzung von Landesregierungen durch das Reich als Maßnahme der präsidialen Diktaturgewalt zulässig sei, nur sehr geringe praktische Bedeutung zu. Diesen Hintergrund dürfte auch Poetzsch-Heffter bei seiner entsprechenden Ausführung in dem Gutachten vor Augen gehabt haben. Deshalb schien es taktisch richtig, wenn die Reichsvertreter diese Argumentation des „Ineinanderfließens" aufgriffen. Schmitt hatte ausgeführt: Die Maßnahmen seien durch den Abs. 2 hinreichend gedeckt, Abs. 1 greife nur da, wo etwaige Befugnisse nach Abs. 2 bezweifelt würden, da der Abs. 1 zweifellos alle Instrumente bereitstelle. Durch die verfassungsrechtliche Anerkennung der präsidialen Diktaturgewalt als eines zentralen Mittels der Reichsintervention hatten sich die Zwangsbefugnisse des Reiches gegenüber den Ländern beträchtlich erweitert, denn die präsidiale Diktaturgewalt füllte eine Lücke, die sich in der spätkonstitutionellen Lehre zwischen der Ersatzvornahme und der Sequestration aufgetan hatte. Zugleich wurde ein Ausgleich für die Verdrängung der militärischen Exekution aus dem spätkonstitutionellen Staatsrecht geschaffen. Das Ziel, ein Land durch den Druck der Zentralgewalt zu geforderten Handlungen zu bewegen, hatte sein Mittel nun in der Verhängung des Ausnahmezustandes gefunden, wobei der „Ausnahmezustand" der militärischen Exekution eine „flexible rechtliche Form" gegeben hatte.[154] Diese Uminterpretation des Art. 48 Abs. 2 zeitigte das Ergebnis, dass Inhalt und Umfang einer autonomen gliedstaatlichen Politik der Entscheidung des Reichspräsidenten überantwortet wurden.

Wenn man sich diese frühe Diskussion um das Verhältnis der beiden Befugnisse des Artikels 48 vor Augen hält, so wird deutlich, dass die vom Staatsgerichtshof später in seinem Urteil verfügte strikte Trennung der beiden Institute des Artikels 48 nicht an die damalige staatsrechtliche Diskussion anknüpfte, sondern im Gegen-

[152] Nachweise ebd., S. 139.

[153] Ebd., S. 140.

[154] Ebd., S. 141.

teil einen gewissen Bruch mit der herrschenden Lehre darstellte. Freilich waren auch Verfechter dieser Auffassungen im Prozess von ihren früheren Ansichten abgerückt. Das Urteil des Staatsgerichtshofs lässt also das Bestreben erkennen, dem Rechtsschutzinteresse der preußischen Regierung Rechnung zu tragen, auch wenn das die Abkehr von früheren unitarischen Auffassungen der herrschenden Staatsrechtslehre bedeutete.

Legt man diesen Diskussionsstand vor dem Reichseingriff zu Grunde, so ist es ein naheliegender Schluss, dass sich die Prozessaussichten der Reichsregierung nicht schlecht ausnahmen, von der umstrittenen Frage des Reichsrates einmal abgesehen. Insbesondere schien die von den Reichsvertretern verfolgte Strategie aussichtsreich, die Maßnahmen im Wesentlichen auf den Abs. 2 zu stützen und den Abs. 1 nur als zusätzlichen, flankierenden Rechtstitel auszugeben. Wäre der Staatsgerichtshof der Lehre von dem möglichen „Ineinanderfließen" der beiden Absätze gefolgt und hätte sich nicht für eine strikte Trennung ausgesprochen, so hätte er die Maßnahme wohl als Ganzes bestehen gelassen, auch insoweit, als er sie nicht mit dem Abs. 2 für vereinbar hielt. Insofern kam der Frage des Verhältnisses der beiden Absätze eine besondere Bedeutung zu. Das war von den Reichsvertretern gesehen und – durch eine allerdings etwas übertriebene Betonung des Ineinanderfließens – in die Prozess-Strategie eingebaut worden.

cc) Richterliches Prüfungsrecht und Prozessvoraussetzungen

Die Frage der richterlichen Nachprüfung präsidialer Entscheidungen zählte zu den erfolgskritischen Streitgegenständen. In Bezug auf den Abs. 2 war weitgehend herrschende Meinung, dass der Staatsgerichtshof nur „offensichtliche" Ermessensüberschreitungen feststellen durfte, dass aber ansonsten den zuständig handelnden Reichsorganen ein recht weiter Ermessensspielraum belassen war. Rechtsprechung und Literatur gingen also von einer – zwar nicht völlig ausgeschlossenen –, aber recht beschränkten richterlichen Kontrolle in der Frage der Notwendigkeit von Diktaturmaßnahmen aus.[155] Begrenzt war die Befugnis des Gerichts, eine Maßnahme als nicht notwendig und damit als verfassungswidrig einzustufen, auf solche Fälle, in denen die entgegenstehende Ansicht des Verordnungsgebers in ihrer Unhaltbarkeit klar und zweifelsfrei nachgewiesen war.[156] Deshalb war es prozesstaktisch richtig, diesen Punkt fehlender richterlicher Kontrollbefugnis hinsichtlich der Ermessensentscheidungen des Reichspräsidenten in den Mittelpunkt der Verteidigung zu rücken.

Anders sah es aber bei der Frage der richterlichen Kontrolle des Abs. 1 aus. Hier fehlte es an klaren Positionen. Während Preußen im Schriftsatz vom 10. August 1932 behauptete, es werde in der Literatur „fast allgemein und in viel weiterem Um-

---

[155] Grund, S. 132.

[156] Ebd., S. 133.

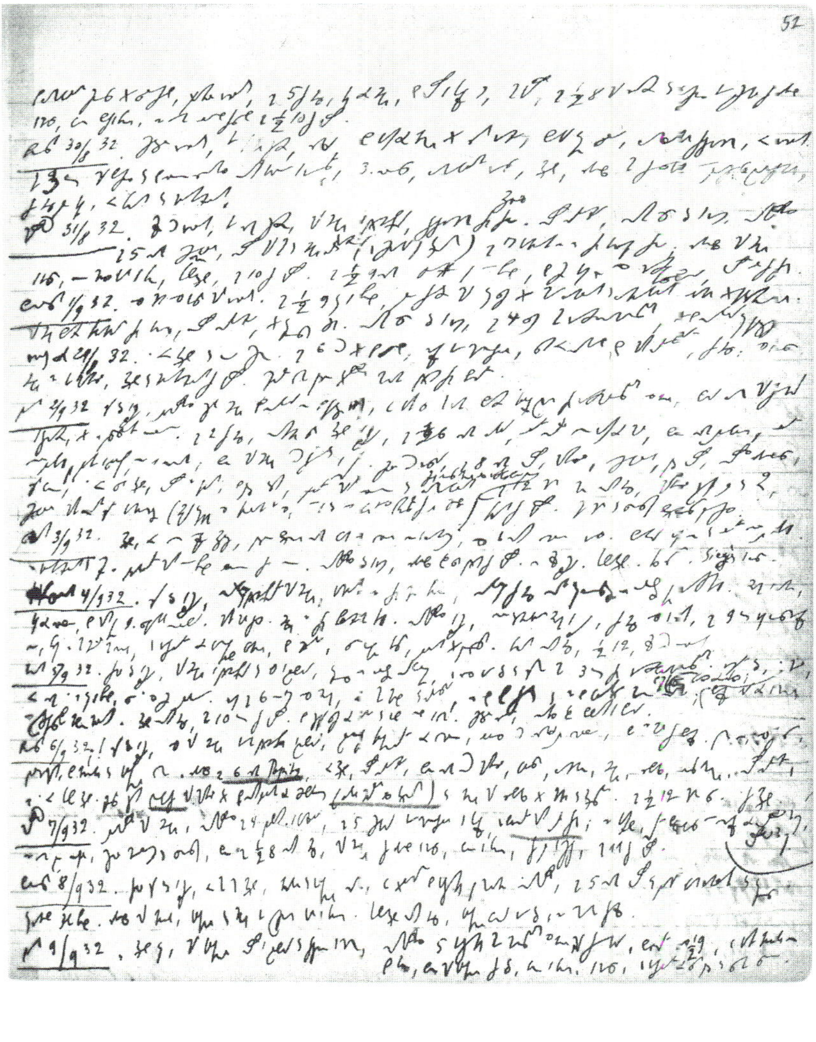

Abb. 1: 15. Oktober 1932: „Morgens in großer Erregung, will mein Mandat niederlegen, fühle mich erledigt und erschöpft, Ehre und Bürde des Rechts, lächerlich ein solcher Prozeß, eine Schande für mich selbst."

Seite aus dem Tagebuch Carl Schmitts (verfasst in individueller, stark komprimierter Variante der Gabelsberger Stenografie), Hauptstaatsarchiv Düsseldorf, Signatur: RW 265 – 21640, Seite 52.

Abb. 2: „Zwei Drittel des Reiches nehmen dem Reich gegenüber für sich das Recht in Anspruch, eine eigene Politik gegenüber dem Reich zu machen."

Carl Schmitt, „Obmann" der Reichsvertreter.

Skizze des Prozesszeichners Emil Stumpp, unveröffentlicht. Nachlass Emil Stumpp, im Besitz Michael Stumpp.

Abb. 3: „Die sogenannte Fehlkonstruktion der Weimarer Verfassung auf dem Gebiet des Verhältnisses von Reich und Preußen ist keine Pflichtverletzung des Landes Preußen."

Arnold Brecht, Vertreter des Landes Preußen und der bisherigen preußischen Staatsminister

Originallithographie von Emil Stumpp, abgedruckt als „Kopf der Woche" im Dortmunder Generalanzeiger vom 16. Oktober 1932. Institut für Zeitungsforschung der Stadt Dortmund.

Bildunterschrift des Generalanzeigers: Ministerialdirektor *Dr. Brecht* vertritt mit außergewöhnlicher Sachkunde und mit persönlichem Schneid die Rechte Preußens und das Recht überhaupt gegen die Gewaltaktion der Reichsregierung."

Abb 4: „Es wäre etwas merkwürdig, dem Reich und der Reichsregierung zu unterstellen, sie nehme das Recht zum Überfall oder dergleichen für sich in Anspruch.“

Die Vertreter des Reiches

Originallithographie von E. Stumpp, veröffentlicht im Dortmunder Generalanzeiger vom 19. Oktober 1932. Institut für Zeitungsforschung der Stadt Dortmund.

Bildunterschrift des Generalanzeigers: „Von links: Ministerialdirektor *Dr. Jaan,* Berlin, Ministerialdirektor *Gottheiner,* Berlin, der Staatsrechtler *Prof. Dr. Karl Schmitt,* Berlin, schärfster Kopf der Partei des Reiches, der Staatsrechtler *Prof. Bilfinger,* Halle, der Staatsrechtler *Prof. Jacoby,* Leipzig, der schwerste Mann des Prozesses.“

Abb 5: „Das gesamte Verhalten der Preußischen Regierung in ihren amtlichen Akten gegenüber der Reichsregierung war in der ganzen Zeit von Anfang Juni bis zum entscheidenden Tage, dem 20. Juli, äußerst loyal."

Die Vertreter Preußens in Leipzig

Originallithographie von Emil Stumpp, Veröffentlicht im Dortmunder Generalanzeiger vom 16. Oktober 1932. Institut für Zeitungsforschung der Stadt Dortmund.

Bildunterschrift des Generalanzeigers: „Obere Reihe von links: Der Staatsrechtler *Professor Dr. Heller,* Frankfurt a. M., Ministerialdirektor *Dr. Badt,* Ministerialdirektor *Dr. Brecht.* – Untere Reihe: Reg.-Assessor *Dr. Arian* am Polizeipräsidium Berlin, der Staatsrechtler *Prof. Dr. Peters,* Berlin, der Staatsrechtler *Prof. Dr. Giese,* Frankfurt a. M. – Ganz rechts außen der berühmte Staatsrechtslehrer, Interpret der Weimarer Verfassung, *Prof. Dr. Anschütz,* Heidelberg."

Abb. 6: „Was ist denn das für ein Rechtszustand: da besteht ein Organ, ein Staatsorgan, das niemandem verantwortlich ist. Das ist die absolute Monarchie!"

Die Vertreter der süddeutschen Staaten

Originallithographie von Emil Stumpp, veröffentlicht im Dortmunder Generalanzeiger vom 21. Oktober 1932. Institut für Zeitungsforschung der Stadt Dortmund.

Bildunterschrift des Generalanzeigers: „Von links: Der Vertreter Badens, Ministerialdirektor *Dr. Fecht,* die Vertreter Bayerns, Staatsrat *von Jan, Prof. Nawiasky,* München, rechts außen Regierungsrat und Privatdozent für Staatsrecht in München, *Dr. Maunz*". Mit dem Rücken zum Zeichner sitzend: vermutlich Oberregierungsrat *Walz,* Vertreter für Baden.

Abb. 7: Aus der Größe der Gefahr ergibt sich zugleich, daß es das Recht und die Pflicht des Reichspräsidenten war, zur Wiederherstellung der öffentlichen Sicherheit und Ordnung alle ihm geeignet erscheinenden Mittel anzuwenden, soweit sie mit der Reichsverfassung vereinbar sind."

Die Richter am Reichsstaatsgerichtshof in Leipzig

Originallithographie von Emil Stumpp, Veröffentlicht im Dortmunder Generalanzeiger vom 26. Oktober 1932. Institut für Zeitungsforschung der Stadt Dortmund.

Bildunterschrift des Generalanzeigers: „Von Links nach Rechts: Reichsgerichtsrat *Schwalb,* der bayerische Oberverwaltungsgerichtsrat *Gümbel,* Reichsgerichtsrat *Triebel,* der Reichsgerichtspräsident *Dr. Bumke,* Reichsgerichtsrat *Dr. Schmitz,* Reichsgerichtsrat *Dr. Süsch,* der preußische Oberverwaltungsgerichtsrat *Dr. von Müller.*"

fange als bei Art. 48 Abs. 2 anerkannt", dass der Staatsgerichtshof die Voraussetzungen des Art. 48 Abs. 1 nachzuprüfen habe,[157] war diese Frage in Wahrheit in der Literatur kaum behandelt worden.[158] Die wenigen Stimmen, die sich vernehmen ließen, hatten lediglich eine Ermessenskontrolle befürwortet, wie sie sich etwa auch aus dem Gutachten Poetzsch-Heffters ergibt. So betonte Friedrich Giese die Feststellung des Tatbestandes obliege dem Reichspräsidenten „nach pflichtmäßigem, gerichtlich unüberprüfbarem Ermessen".[159] Danach beschränke sich die gerichtliche Kontrollbefugnis auf die Nachprüfung der „unrechtmäßige[n] Ausübung freien Ermessens (Ermessensüberschreitung, Ermessensmissbrauch, Ermessenswillkür)".[160] Triepel hatte sich ganz allgemein über „actes de gouvernment" und andere „hochpolitische Akte"[161] geäußert. Sie entzögen sich zwar nicht jeder richterlichen Kontrolle, aber die Bewertung der Interessen, die für die Ausübung bestimmend sei, könne – wenn die „Einheitlichkeit und Zielsicherheit der Staatslenkung gewahrt bleiben" solle – der Prüfung eines „außerhalb der Regierung stehenden Organs" nicht unterstellt werden. „Solche Akte", so das Ergebnis Triepels, „sind nicht nur in bezug auf die Frage des Ob, sondern auch in bezug auf die Frage des Warum Akte eines unüberprüfbaren freien Ermessens."[162] Zwar hatte Triepel die Reichsexekution nicht ausdrücklich zu den „actes de gouvernment" gezählt, der Zusammenhang war aber eindeutig. Es war daher naheliegend, diesen Abschnitt dahingehend auszulegen, wie dies die Reichsvertreter getan hatten: „Die Feststellung der Voraussetzungen des Art. 48 Abs. 1 ist ein Schulfall des ‚actes de gouvernment' mit allen seinen Konsequenzen".[163] Triepel selbst zitierte diese Passage in seiner Auseinandersetzung mit dem Urteil des Staatsgerichtshofs zustimmend und bestätigte ausdrücklich die Auslegung seitens der Reichsvertreter: „Der Exekutionsbeschluss gehört zu den ‚Handlungen, die den Zusammenhalt des Ganzen, die Erhaltung der Lebensfähigkeit des Bundesstaates überhaupt zum Ziele haben' ...". Damit wolle er, so wiederholte er seine Ausführungen von 1923, die richterliche Kontrolle auf diesem Gebiet keineswegs völlig ausschalten. Dem Staatsgerichtshof müsse es freistehen, zu prüfen, „ob in dem einzelstaatlichen Verhalten, gegen welches das Reich vorgeht, objektiv betrachtet überhaupt eine Pflichtverletzung gefunden werden kann".[164] Freies Ermessen sei nicht Willkür. Es gelte auch für „actes de gouvernment" der Grundsatz, dass Ermessensüberschreitungen und Ermessensmissbrauch den Akt fehlerhaft machen und vom Richter korrigiert werden könnten.[165] Der Staatsgerichtshof dürfe also dem Rei-

---

[157] Schriftsatz vom 10.8.1932, S. 48.

[158] Dazu Grund, S. 95.

[159] Friedrich Giese, Die Verfassung des Deutschen Reiches, 8. Aufl., Berlin 1931, S. 136.

[160] Giese, Zur Verfassungsmäßigkeit der vom Reich gegen und in Preußen getroffenen Maßnahmen, DJZ, 37 Jg., Heft 16 (1932), Sp. 1021 ff. (1023).

[161] Triepel, Streitigkeiten, S. 99 f.

[162] Ebd., S. 100. Vollständig zitiert im Schriftsatz des Reiches vom 25. August 1932, S. 21 f.

[163] Schriftsatz des Reiches vom 25. August 1932, S. 21.

[164] Triepel, Entscheidung Sp. 1504.

[165] Ebd.

che „in den Arm fallen“, wenn es „unter Missbrauch des Art. 48 Abs. 1 – um ein in diesem Fall wörtlich zu nehmendes Bild zu brauchen – mit Kanonen nach Spatzen schießt“. Aber darüber, ob ein Land eine schwere Gefährdung der bundesstaatlichen Ordnung unter Verletzung seiner verfassungsmäßigen Bundespflichten, z. B. seiner Treuepflicht, begangen hatte, habe „der Reichspräsident, und nur er, nach pflichtmäßigem Ermessen zu entscheiden“.[166] Beide, Giese und Triepel, wollten stattdessen grundsätzlich *vor* der Exekution den Staatsgerichtshof die Feststellung der Exekutionsvoraussetzungen treffen lassen.[167] Es zeigt sich aber, dass diese Ansicht mit der Auffassung vereinbar war, derzufolge der Staatsgerichtshof nur eine beschränkte Prüfungsbefugnis habe.[168]

Erst nach dem 20. Juli tauchten Stimmen auf, die dem Rechtsschutzanspruch des von einer Reichsexekution betroffenen Landes umfassend Rechnung tragen wollten und demgemäß vom Reich den vollen Beweis für die Pflichtverletzung und deren umfassende Prüfung durch das Gericht in rechtlicher und tatsächlicher Hinsicht verlangten.[169] Mit Heckel setzte sich jedoch jetzt ein weiterer Autor für die von Triepel und bisher auch von Giese befürwortete Einschränkung der Kontrollbefugnis ein.[170]

Der Staatsgerichtshof sah in seinem Urteil eine Mängelrüge nicht als Voraussetzung einer Exekution bei Pflichtverletzung oberster Staatsorgane an.[171] Der Reichsregierung gab er auch insofern Recht, als er die Treupflicht, also die Pflicht zur Rücksichtnahme auf die Interessen des Reiches, als ungeschriebene Pflicht des Landes im Sinne des Art. 48 Abs. 1 behandelte.[172] Diese könne prinzipiell auch durch Angriffe eines Landesministers auf die Politik des Reiches verletzt werden, selbst wenn sie nicht in amtlicher Eigenschaft erfolgten. Im vorliegenden Fall vermochte er aber eine Verletzung der Treupflicht nicht zu erkennen. Bei den konkreten Äußerungen Severings, man solle am 30. Juli 1932 die Regierung Papen und ihre nationalsozialistischen Helfershelfer davonjagen,[173] sowie in einem provokanten Glückwunschartikel des Innenministers zum Wiedererscheinen des vorübergehend verbo-

---

[166] Ebd., Sp. 1504.

[167] Giese, Kommentar, S. 136; Triepel, Streitigkeiten, S. 61 f.; Poetzsch-Heffter, Kommentar, S. 231.

[168] Während Triepel sich nach dem Prozess dagegen wehrte, uneingeschränkt als „Schwurzeuge“ für die Ansicht aufgeführt zu werden, dass jede Reichsexekution eine Entscheidung des Staatsgerichtshofs voraussetze (Triepel, Entscheidung, Sp. 1503, FN 1.), rückte Giese von seiner Kommentierung ab und ließ durchblicken, dass er nun die volle richterliche Prüfung für vorzugswürdig halte. (Giese, Verfassungsmäßigkeit, Sp. 1023.)

[169] Carl Herz, Der Kampf um Art. 48, in: Die Justiz Bd. VII, Heft 12, September 1932, S. 523 ff. (528, 536).

[170] Johannes Heckel, Diktatur, Notverordnungsrecht, Verfassungsnotstand mit besonderer Rücksicht auf das Budgetrecht, in: AöR, Oktober 1932, Band 22 n. F., Heft 3, S. 257–338, S. 312.

[171] S. Grund, S. 105.

[172] Grund S. 119 f.

[173] PcR, S. 32.

tenen „Vorwärts“, sei eine solche Pflichtverletzung nicht zu erkennen.[174] Er ließ sich dabei offenbar von dem Gedanken leiten, den Nawiasky im Prozess formuliert hatte: eine grobe Form und Unhöflichkeit sei nicht mit Rechtswidrigkeit gleichzusetzen.[175] Der Staatsgerichtshof formulierte noch eine weitere Voraussetzung für das Vorliegen einer Pflichtverletzung, nämlich die „Intention eines reichsverfassungswidrigen Verhaltens“.[176] Wenn die Frage der subjektiven Pflichtwidrigkeit dagegen offen blieb, so habe das Land subjektiv pflichtmäßig gehandelt.[177] Er ließ somit objektive Gefährlichkeit der Landespolitik für eine Reichsexekution nicht genügen, sondern forderte den Nachweis einer reichsverfassungsfeindlichen Intention. Damit war eine Vorentscheidung getroffen, die sich wesentlich auf das spätere Ergebnis auswirkte.

c) Die Argumentation der Reichsvertreter

Die Reichsvertreter hatten die Möglichkeit, dass der Staatsgerichtshof den Art. 48 Abs. 1 als Rechtsgrundlage zurückweisen könnte, antizipiert und daher betont, dass bereits der Abs. 2 des Artikels 48 alle wesentlichen Maßnahmen rechtfertige. In seinem DJZ-Aufsatz, der ersten Äußerung eines Prozessvertreters zum Sachverhalt, hatte Schmitt zu diesem Thema folgende Argumentation entwickelt: die Länder stünden als Staaten mit eigener Staatsgewalt dem Reich gegenüber, und es sei in normalen Zeiten die Unterscheidung der beiden Staatskörper ohne weiteres möglich. In einer Ausnahmesituation könne der Umfang der Landesgewalt aber vorübergehend zurückgedrängt werden, ohne dass das Reich in den Staatsorganismus als solchen eingreife. In diesem Fall übten auch die Landesorgane Reichsge-

[174] Ebd., S. 512. Der Hintergrund war ein Verbot des „Vorwärts“ und der „Kölnischen Volkszeitung“, um das die Reichsregierung die preußische Regierung gebeten hatte. Am 29. Juni hatte Gayl Severing ersucht, die beiden Organe für fünf Tage zu verbieten, da sie Kanzler und Präsident beschimpft hätten. Severing hielt das Ersuchen für unbegründet und rief die Entscheidung des Reichsgerichts an. Das Reichsgericht erklärte die Verbote für zulässig, im Falle der „Kölnischen Volkszeitung“ jedoch nur für drei Tage. (Vgl. „Das Verbot der ‚Kölnischen Volkszeitung‘ und des ‚Vorwärts‘“, in: Die Justiz 7, 1932, S. 482 ff.) Severing hatte zum Wiedererscheinen des ‚Vorwärts‘ einen Glückwunschartikel („Grüße an den ‚Vorwärts‘“) veröffentlicht, in dem es hieß: „Das erzwungene fünftägige Schweigen des ‚Vorwärts‘ ist [...] aufrüttelnder, als lange Artikel und Ausführungen sein können“. Es würde der Zeitung „neue Leser und neue Kämpfer“ zuführen. Er, Severing, würde nach wie vor an der Seite des „Vorwärts“ für die Freiheit kämpfen (S. Vorwärts, Nr. 310/319, 9. Juli 1932, S. 1.) Dieses in der Tat nicht unproblematische Verhalten wurde von der Reichsseite im Prozess vor dem Staatsgerichtshof als Widersetzlichkeit getadelt. Severing könne nicht als Minister das Verbot erlassen und nachher die Zeitung nach der Wiederaufhebung des Verbotes in Worten, die klar und deutlich die Unbegründetheit des Verbots rechtfertigen sollen, begrüßen. (S. PcR, S. 32.)

[175] PcR, S. 238.

[176] Heckel, Das Urteil des Staatsgerichtshofs vom 25.10.1932 in dem Verfassungsstreit Reich-Preußen, in: AöR, 1933, 23. Band, S. 183 ff., hier S. 228.

[177] Grund, S. 123.

walt im Namen des Reichs aus. Obwohl der Reichspräsident nach Artikel 48, Absatz 2 nur Maßnahmen, die nicht für alle Dauer bestimmt sind, treffen könne, könnten auf dieser Grundlage auch Akte der Landesstaatsgewalt mit endgültiger Wirkung vorgenommen werden.[178] Es sei möglich, durch den Übergang der vollziehenden Gewalt die von ihr betroffenen Landesbehörden, insbesondere die für die Aufrechterhaltung der öffentlichen Sicherheit und Ordnung zuständigen Polizeibehörden, *in Reichsbehörden zu verwandeln*. Die von ihnen ausgeübte Landesstaatsgewalt sei dann Reichsgewalt. Dies könne per Artikel 48, Absatz 1 durch Zwang mit Waffengewalt geschehen, sowie bei Weigerung der zuständigen Landesstellen oder einem „Versagen" durch Beseitigung der reichspflichtwidrig handelnden Landesorgane im Wege der *Ersatzvornahme*. Das bedeute meistens, dass Reichskommissare mit der Führung der Landesregierungsgeschäfte beauftragt würden, die dann die Landesstaatsgewalt nach Maßgabe des Landesstaatsrechts handhaben könnten. Hier werde deutlich, dass eine gegen ein Land gerichtete Exekution das Land als solches nicht beseitigen, sondern im Gegenteil im Rahmen der bundesstaatlichen Verfassung erhalten solle. Die Befugnisse der beiden Absätze des Artikel 48 könnten zwar theoretisch voneinander getrennt werden, die Möglichkeiten beider Absätze würden aber zusammenfallen, wenn ein und derselbe Tatbestand beide Voraussetzungen erfülle. Dass sei deshalb leicht möglich, da die erste und hauptsächliche Pflicht eines Landes gegen das Reich dahin ginge, jede Gefährdung der öffentlichen Sicherheit und Ordnung zu verhindern. Artikel 48, Absatz 2 lasse zwar bereits alle nötigen Maßnahmen – Amtsenthebung von Landesministern und vorläufige Wahrnehmung der Regierungsgeschäfte durch Reichskommissare, Amtsenthebung politischer Beamter, Bestellung von Reichsratsbevollmächtigten – zu, soweit aber bundesstaatliche Bedenken gegen die unmittelbare Vornahme von Akten der Landesstaatsgewalt durch einen Reichskommissar nach Artikel 48, Absatz 2 bestehen könnten, käme Artikel 48, Absatz 1 zur Anwendung, der diese Möglichkeiten ganz zweifellos begründe. Eine Landesregierung habe die Treupflicht eines Landes gegenüber dem Reich zu beachten. Es sei die Pflicht eines Landes, die öffentliche Sicherheit und Ordnung zu wahren und jede Unterstützung und Begünstigung von Bewegungen und Organisationen, die nach Auffassung der Reichsregierung staatsfeindlich seien, aber auch jede ungleiche und ungerechte Behandlung nichtstaatsfeindlicher Parteien zu unterlassen. Natürlich bedeute nicht jede Divergenz zwischen der innerpolitischen Richtung der Reichsregierung und der Landesregierung eine Pflichtverletzung, es sei aber selbstverständlich, dass in einer Bürgerkriegssituation ein offener politischer Gegensatz beide Tatbestände des Artikel 48 erfüllen könne. Es interessiere hier nur der konkrete Fall in der konkreten Sachlage. Der preußischen Regierung hafte ein Makel an, der sie von anderen geschäftsführenden Regierungen unterscheide, da sie den Besitz der Macht nur der Geschäftsordnungsänderung vom 12. April verdanke. Diese erfülle zwar noch nicht „prinzipiell" die

---

[178] Zu der sog. Strelitz-Entscheidung des Staatsgerichtshof vom 5. Dezember 1931 s. auch Schmitt, Grundsätzliches, S. 161 ff.

Voraussetzung des Artikel 48. Es sei aber die besondere politische Situation des Landes Preußen zu beachten. Ein Urteil über das Vorliegen der Voraussetzungen des Artikels 48 sei Tat- und Ermessensfrage. Im Konfliktfall spreche die Vermutung verfassungsmäßiger Ziele und loyaler Gesinnung in vollem Umfang für den Reichspräsidenten und die Reichsregierung.

Diese Ausführungen hatten bereits die wesentlichen Gesichtspunkte der Verteidigungsstrategie zum Ausdruck gebracht: Alle Maßnahmen – Amtsenthebung von Landesministern und vorläufige Wahrnehmung der Regierungsgeschäfte durch Reichskommissare, Amtsenthebung politischer Beamter, Bestellung von Reichsratsbevollmächtigten – seien bereits durch Artikel 48, Absatz 2 gedeckt. Artikel 48, Absatz 1 sei nur notwendig, falls diese Befugnisse aus bundesstaatlichen Bedenken angezweifelt würden. Die Voraussetzungen für beide Absätze hätten vorgelegen, weil beide Tatbestände zusammengefallen seien. Dabei springen insbesondere die Betonung der Zeitweiligkeit der Maßnahmen und die Fokussierung auf den Aspekt der Übernahme der Landesbehörden, insbesondere der Polizei, zur Aufrechterhaltung der öffentlichen Sicherheit und Ordnung ins Auge. In diesen Kontext gehört auch die Auffassung, dass der Artikel 48, Absatz 1 nur zusätzlich zitiert worden sei, da der Absatz 2 bereits alle Maßnahmen decke.

aa) Umdeutung der Aktion

Es ist eingangs die These vertreten worden, dass der Schleicher-Kreis die verfassungsüberschreitenden Ziele Papens und Gayls nicht teilte und es daher vor dem Hintergrund der preußischen Klage zu einem folgenschweren Umdenken gekommen war. Schmitts Beiziehung hatte augenscheinlich auch den Zweck, eine Uminterpretation der Aktion und eine Reduzierung auf ein verfassungsrechtlich vertretbares Maß vorzunehmen. Deshalb betonten alle Äußerungen den vorübergehenden Charakter des Eingriffs. Der Gegenseite war diese Rolle klar. Im Prozess hatte Arnold Brecht mit Blick auf die Plädoyers der Gegenpartei und deren Behauptung, es handele sich nicht um eine Absetzung der Minister, sondern um „Suspension", ausgeführt: „Das Wort ‚Suspension' kommt in den Handlungen, die der Reichskommissar vorgenommen hat, nicht vor; das ist eine nachträgliche Interpretation."[179]

In den Klageerwiderungen nehmen entsprechende Ausführungen breiten Raum ein. So wurde etwa der Verweis auf die vorübergehende Natur der Maßnahmen in jedem Schriftsatz wiederholt.[180] So hieß es z. B. in der Erwiderung auf die Klagen Bayerns und Badens vom 19. August 1932: In tatsächlicher Hinsicht sei zu bemerken, dass die Verordnung des Reichspräsidenten vom 20. Juli ihre Anordnungen und

---

179 PcR, S. 254.

180 Klageerwiderung der Reichsregierung vom 19. August 1932, HStAD/RW 265–6/Nr. 13, S. 13.

Maßnahmen ausdrücklich „für die Geltungsdauer dieser Verordnung" treffe.[181] Überdies enthalte bereits die Bezugnahme auf den Art. 48 eine ausreichende und selbstverständliche Kundgebung des Willens, die außerordentlichen Maßnahmen nicht für alle Dauer zu treffen. Die Vorgänge in Preußen hätten sich allerdings in einer Weise entwickelt, dass zunächst nur die durch Amtsenthebung zu bewirkende Entfernung der beiden für die Gesamtpolitik und für die öffentliche Sicherheit und Ordnung verantwortlichen Minister (Braun und Severing) angeordnet worden sei. Das Vorgehen gegen die übrigen Minister sei notwendig geworden, da diese sich mit den amtsenthobenen Ministern solidarisch erklärt hätten. Eine dauernde oder förmliche Ernennung von Landesministern sei nicht erfolgt. Die nach Art. 48[182] erfolgte Anordnung der Sequestration sei eine „Maßnahme", – also keine Dauerregelung, wie eine ordentliche gesetzliche oder gar eine verfassungsrechtliche Normierung.[183] Insofern das Land als solches, wenn auch unter Reichssequestration, bestehen bleibe, sei die Exekution keine das Land völlig beseitigende Maßnahme, sondern nur ein Teileingriff. Diese Rechtslage sei von der Reichsregierung niemals bestritten worden. In der Erwiderung vom 25. August wurde zudem betont, dass die Verordnung des 20. Juli und die Maßnahmen des Reichskanzlers in seiner Eigenschaft als Reichskommissar für Preußen „nach der klaren Fassung der Verordnung nur den Zweck einer vorübergehenden Regelung" haben.[184] Amtsenthebung sei hier „die Verdeutschung von Suspension". Der Reichskanzler sei zwar vorübergehend für die Geltungsdauer der Verordnung an die Stelle des Preußischen Ministerpräsidenten getreten und habe dessen Amtsfunktion übernommen, er sei aber nicht der Preußische Ministerpräsident geworden und habe sich auch nicht als solchen bezeichnet. Die Mitglieder der geschäftsführenden Preußischen Staatsregierung hätten also „lediglich ihre Amtsführung verloren".[185] Die Frage, ob bei gegebener Sachlage weitergehende Maßnahmen, z. B. die dauernde Entfernung eines geschäftsführenden Ministers aus seinem Amte, zulässig gewesen wären, unterliege hier ebenso wenig der Untersuchung wie die weitere Frage, ob bei anderer Sachlage andere Maßnahmen, z. B. die Absetzung eines parlamentarisch verantwortlichen Ministers, zulässig seien.

---

[181] Auch in der Erwiderung vom 15. September gingen die Bemühungen in diese Richtung. Hier versuchte man, die Behauptung der Badischen Regierung zu entkräften, nach der die Reichsregierung „nunmehr unumwunden" zugegeben habe, dass die Einsetzung eines Reichskommissars nicht als dauernde Bestellung einer Landesregierung gemeint sei. Dem sei keinesfalls so. Vielmehr sei von Anfang an betont worden, dass die Einsetzung eines Reichskommissars auf die Geltungsdauer der Verordnung beschränkt sei, und dass die bisher geschäftsführenden Minister ihres Amtes enthoben seien. (Klageerwiderung der Reichsregierung vom 15. September 1932, HStAD/RW 265–6/Nr. 13, S. 21.)

[182] Der betreffende Absatz wird in der Klagebeantwortung hier bewusst nicht zitiert, da die Reichsvertreter eine Sequestration nicht nur nach Abs. 1, sondern auch nach Abs. 2 für zulässig erachteten. (S. Klageerwiderung vom 19. August 1932, S. 25.)

[183] Klageerwiderung der Reichsregierung vom 19. August 1932, HStAD/RW 265–6/Nr. 13, S. 22.

[184] Klageerwiderung vom 25. August 1932, HStAD/RW 265–6/Nr. 13, S. 8.

[185] Ebd., S. 11.

Freilich konnte die Reichsseite mit diesen Beteuerungen – das sei hier bereits eingeschoben – weder die Gegenseite noch die Richter überzeugen. Letztere gingen in ihrem Urteil davon aus, dass die Verordnung sehr wohl eine endgültige Amtsenthebung ausgesprochen habe. Demzufolge falle es nicht ins Gewicht, dass sich das Reich später für die engere Auslegung im Sinne einer Suspension entschieden habe.[186]

Als oberste Maßgabe betrachteten es die Prozessvertreter, alle Anzeichen eines verfassungswidrigen Vorgehens zu vermeiden. Deshalb hatte Bilfinger am 20. August, fünf Tage vor der Fertigstellung der Verteidigungsschrift vom 25. August, in einem Brief an Schmitt betont: „Es ist nach wie vor selbstverständlich, dass das Kabinett Papen alle Mittel ergreifen muss, um sein ganzes Verhältnis als dem Sinne der Verfassung entsprechend zu erweisen, bzw. sämtliche Einwendungen insoweit auf das Zäheste und ohne die geringste Ermüdung zurückzuweisen."[187] Diesen Geist trug auch besagte Verteidigungsschrift. Es dürfe, hieß es dort, keineswegs in der Öffentlichkeit der Eindruck erweckt werden, als wolle sich das Reich durch Voranstellung prozessualer Bedenken der Erörterung der materiellen Sach- und Rechtslage entziehen. Die Reichsregierung müsse sich im Interesse des Staatsgedankens unbedingt dafür einsetzen, einen solchen Eindruck zu vermeiden.[188] Diese Äußerungen legen nahe, dass die Reichsvertreter in diesem Sinne auf die Reichsregierung Einfluss zu nehmen suchten und lassen zudem vermuten, dass sie auf die Richtung des von Schleicher und Zweigert eingeleiteten neuen Kurses in den frühen Besprechungen durchaus Einfluss genommen hatten. Übereinstimmend mit diesem Kurs wurde versucht, auch alle anderen Aspekte, die auf etwas anderes als den Versuch der Wiederherstellung der öffentlichen Sicherheit und Ordnung schließen lassen könnten, so weit zurückzunehmen, wie es die früheren offiziellen Erklärungen der Reichsregierung zuließen.

Im Sinne dieser Rücknahme wurde auch der Vorwurf der Pflichtverletzung der preußischen Regierung abgeschwächt. Die Sprachregelung der Reichsvertreter war, dass es sich nicht um einzelne Pflichtvergessenheiten oder Verstöße handele, sondern um die Beurteilung einer politischen Gesamtlage. Es sei demgegenüber nicht zulässig, eine politische Gesamtlage in eine Reihe von Einzelfällen aufzulösen und dann nach Art einer strafprozessualen Beweisführung zu behaupten, diese Einzelfälle rechtfertigten nicht das Einschreiten nach Art. 48. Das von der Reichsregierung vorgelegte Tatsachenmaterial solle nicht als Anklage- oder Verteidigungsgegenstand im strafprozessualen Sinne gewertet werden, sondern diene dazu, einen Sachverhalt anschaulich zu machen, der das Reich zum Eingreifen gezwungen habe. Mit dieser Argumentation wurde allerdings im Grunde eingestanden, dass das Material, welches die kommissarische Regierung *post festum* zur Erhärtung der Vorwürfe zusammengetragen hatte, keine ausreichenden Anhaltspunkte für die behauptete

[186] PcR, S. 510.

[187] Bilfinger an Schmitt vom 20. August 1932, HStAD/RW 265–1368/2 R.

[188] Klageerwiderung vom 25. August 1932, S. 4.

Pflichtverletzung lieferte, denn nur die Summe aller Vorwürfe, nicht aber die Einzeltatbestände, würden die Voraussetzung für das Eingreifen bilden. Auch die blutigen Vorgänge in Altona, so hieß es jetzt, seien nur „ein Symptom der Gesamtlage".[189] Der Vorwurf der Kumpanei mit den Kommunisten klang jetzt ebenfalls abgeschwächter: Die staatsfeindliche KPD hätte vermuten können, dass die Regierung Braun „aus parlamentstaktischen wie aus anderen Gründen gegen die Kommunisten nicht mit der letzten Entschiedenheit vorgehen werde".[190]

Die Geschäftsordnungsänderung vom 12. April 1932 kam in dieser Argumentation ebenfalls nur als Merkmal der Gesamtsituation vor. Sie sei ein „Anzeichen" für die Rücksichtslosigkeit des Parteikampfes und die Vergiftung der innenpolitischen Atmosphäre Preußens. Was die Reichsvertreter aber schwer entkräften konnten, war der Hinweis der Gegenseite, dass eine Gefährdung der politischen „Gesamtlage" eben ein Einschreiten nach Art. 48 Abs. 2 erforderlich machte, aber keine Pflichtverletzung der preußischen Regierung beinhalte.

Die Ratio in der Argumentation der Reichsvertreter wird auch deutlich, wenn man betrachtet, wie der Einsatz beider Absätze des Art. 48 gerechtfertigt wurde. In der rechtlichen Beurteilung der Sachlage sei zu unterscheiden: *erstens* die mit den blutigen kommunistischen Unruhen und ähnlichen tatsächlichen Vorgängen gegebene tatbestandsmäßige Voraussetzung des Art. 48 Abs. 2; *zweitens* die Steigerung dieser tatsächlichen Gefahr, bewirkt durch das Verhalten und die parteipolitische Lage der geschäftsführenden Regierung und *drittens* die in jenem Verhalten der Regierung liegende Pflichtverletzung gegenüber dem Reich. Die ersten beiden Abschnitte bildeten die tatbestandsmäßige Voraussetzung des Abs. 2, der zweite Abschnitt *zugleich* die Voraussetzung für den Abs. 1: „In dem Verhalten der Preußischen Landesregierung gegenüber der kommunistischen Gefährdung der öffentlichen Sicherheit und Ordnung ist also der Punkt gegeben, an dem in der objektiven Sachlage die tatbestandsmäßigen Voraussetzungen von Abs. 1 und Abs. 2 sich treffen und verschränken."[191] Die getroffenen Maßnahmen waren demnach schon im Sinne von Abs. 2 zulässig.[192] Die Argumentation ging dennoch dahin, dass sich die

[189] Ebd., S. 13. Zur Frage der Pflichtverletzung Preußens hieß es entsprechend der Sprachregelung auch bei Bilfinger, das Verhalten Preußens sei als „Symptom der Lage" zu begreifen. Bilfinger verstieg sich aber zu der merkwürdigen Argumentation, dass diese „Symptome" „zugleich selber wieder als Pflichtwidrigkeiten – nun im Sinne des Art. 48 Abs. 1 – gegenüber dem Reich aufgefasst werden müssen". (PcR S. 149.) Darauf hatte Heller repliziert, dass es bezeichnend sei, dass Bilfinger seinen Ausgang von „Symptomen" genommen habe, von „Symptomen" einer Pflichtverletzung, und letztlich sich auf den mehr moralischen Begriff einer „Treupflicht" zurückgezogen habe. (PcR S. 169.)

[190] Klageerwiderung vom 25. August 1932, S. 13.

[191] Ebd., S. 17.

[192] „Eine Übernahme der vollziehenden Gewalt ist eine nach Art. 48 Abs. 2 zulässige Maßnahme. Diese Maßnahme kann darin bestehen, dass ein Kommissar des Reichspräsidenten die Polizeigewalt des Landes ausübt." (Schriftsatz der Reichsregierung vom 15. September 1932, S. 26.)

beiden Absätze im vorliegenden Fall weitgehend decken würden[193]. Es genüge, dass eine Maßnahme wie die Schaffung eines Ersatzorgans sich sowohl als ihrer Art nach geeignete Exekutionsmaßnahme wie auch als geeignete Maßnahme der Diktaturgewalt darstelle. Es sei eine schwierige theoretische Frage, die hier nicht geklärt zu werden brauche, ob zulässige Exekutionsmaßnahmen denkbar seien, die über den Rahmen der statthaften Diktaturmaßnahmen hinausgingen. Es könne deshalb offen bleiben, ob das Maß der Exekutionsbefugnisse des Abs. 1 an einem bestimmten Punkt über das Maß der Diktaturbefugnisse nach Abs. 2 hinausgehe oder umgekehrt. Die Verordnung vom 20. Juli 1932 bedeute nur die Schaffung von Ersatzorganen und erreiche keineswegs den äußersten Grad einer Sequestration.[194] Im Gegenteil: Die Reichsregierung habe von der durch Artikel 48 Abs. 1 eröffneten Befugnis der Sequestration „in schonender Form und Art und keineswegs unter Ausschöpfung der äußersten Möglichkeiten Gebrauch gemacht."[195] Die politische Lage erfülle die Voraussetzungen beider Befugnisse.[196]

An dieser Argumentation zeigt sich deutlich, dass die Reichsvertreter versuchten, den Abs. 1 weitgehend zu neutralisieren und – zumindest für den aktuellen Fall – auf die Seite des Abs. 2 hinüberzuziehen und unter das Institut des Ausnahmezustands zu subsumieren. Genaugenommen war die Zitierung des Abs. 1 damit überflüssig, da bereits der Abs. 2 die erforderliche Rechtsgrundlage für alle Maßnahmen böte.[197] Mithin handhabe der Reichskommissar Landesstaatsgewalt auf Grund einer nach Art. 48 Abs. 2 getroffenen Maßnahme.[198] Bereits in seinem DJZ-Aufsatz vom 1. August 1932 hatte Schmitt deshalb betont, dass Abs. 2 *alle* nötigen Maßnahmen zulasse.[199] Auch Bilfinger hatte in einem Aufsatz vom Januar 1933 noch einmal hervorgehoben, das Vorgehen der Reichsregierung sei nach der Auffassung der Prozess-

---

193 „In der Wirklichkeit werden [...] Exekutions- und Diktaturmaßnahmen oft zusammenfließen, so dass nicht nur die Voraussetzungen, sondern auch der Inhalt der Befugnisse aus Art. 48 Abs. 1 und Art. 48 Abs. 2 sich in weitem Maße decken." (Schriftsatz der Reichsregierung vom 15. September 1932, S. 27.)

194 Schriftsatz der Reichsregierung vom 15. September 1932, S. 28.

195 Ebd., S. 37.

196 „[...] der Inhalt der Verordnungen vom 20. Juli 1932 hält sich ganz in dem Rahmen, in dem sich der Inhalt beider Befugnisse noch deckt." (Schriftsatz der Reichsregierung vom 15. September 1932, S. 28.)

197 Wegen dieser Kongruenz lag es nahe, die Frage aufzuwerfen, die Bilfinger in einem Aufsatz von Januar 1933 wie folgt formulierte: „Ist nicht, angesichts der weitgreifenden Befugnisse der Diktaturgewalt, die Reichsexekution, zumal sie mit der Vorstellung eines moralischen Verdikts und peinlichen Einschreitens gegenüber einem deutschen Lande belastet erscheint, eine entbehrliche Einrichtung?" (Bilfinger, Reichsexekution, Sp. 145–150.) Zwar kam er zu dem Ergebnis, dass dem Gedanken einer Abschaffung der Reichsexekution bei einer möglichen „Partialrevision" der Verfassung „unabweisliche Bedenken" gegenüberstünden, aber nach der Auffassung der Reichsvertreter war es naheliegend, dieses Problem erstmals in der Verfassungsreformdebatte zu thematisieren.

198 Schriftsatz der Reichsregierung vom 25. August 1932, S. 18.

199 Schmitt, Verfassungsmäßigkeit, Sp. 956.

vertreter besser nur auf den Abs. 2 gestützt worden.[200] Die Betonung der Reichsseite, dass der Abs. 2 bereits als Rechtsgrundlage ausreiche, war der Versuch, sich von dem Vorwurf der Pflichtverletzung zu verabschieden und sich dem festeren Fundament der Störung der öffentlichen Sicherheit und Ordnung zuzuwenden. Auch die im Prozess vorgetragenen Theoreme der „objektiven Pflichtverletzung" und der Lehre der „Erfolgshaftung"[201] lagen auf dieser Linie und bedeuteten eine Abkehr von Abs. 1. Wenn sich nämlich die preußische Regierung subjektiv nichts hatte zu schulden kommen lassen, objektiv aber nicht in der Lage war, die öffentliche Sicherheit und Ordnung aufrechtzuhalten und sich daraus eine gefährliche Störung ergab, so war dies nach verbreiteter Meinung eben die Voraussetzung für ein Einschreiten gemäß Abs. 2.

Die Auffassung der Reichsvertreter lässt sich also dahingehend zusammenfassen, dass der Reichskommissar zur Behebung der Störung der öffentlichen Sicherheit und Ordnung die *gesamte* Landesgewalt inklusive der Vertretung im Reichsrat im Rahmen der Ersatzvornahme unter Suspension der geschäftsführenden Regierung vorübergehend übernehmen könne. Auf diese im Prozess vorgetragene Argumentation hatte Arnold Brecht erwidert: „Man kann nicht nach dem Motto vorgehen, es schadet nichts, wenn ein Absatz zu viel zitiert wird [...], denn mit der Anwendung des Art. 48 Abs. 1 spricht der Reichspräsident aus, dass eine Pflichtverletzung vorliegt."[202] Durch den staatsrechtlich wenig überzeugenden Versuch der Ineinssetzung der beiden Absätze sollte aber die – nach Ansicht der Prozessvertreter – überflüssige Zitierung des Abs. 1 zurückgenommen werden, denn den Vorwurf der Pflichtverletzung wollte man ja um jeden Preis vermeiden, um dem Staatsgerichtshof keine Angriffsfläche zu bieten. Im Wege der Umdeutung wurde also versucht, dem politischen Hauptstreitpunkt die Schärfe zu nehmen. Das illustriert besonders der Umgang mit dem Terminus „Pflichtverletzung": Man wollte in diesem keinen persönlichen Vorwurf mehr enthalten wissen, sondern deutete ihn als „objektive" Pflichtvergessenheit. Bilfinger hatte im Prozess zur Frage der Voraussetzungen von Art. 48 Abs. 1 spitzfindig bemerkt, dass bei dem Begriff der Pflichten im Verfassungswortlaut der Plural und nicht der Singular gebraucht werde, wobei man daran denken könne, dass hier schon etwas Allgemeines in die Formulierung hineingetragen sei.[203]

---

[200] Carl Bilfinger, Reichsexekution – Zur Reform der Reichsverfassung, DJZ, 1933, Jg. 38, Heft 2, Sp. 145 ff., hier, Sp. 147.

[201] Ebd., Sp. 146.

[202] Brecht in PcR, S. 399.

[203] Dass von den „Pflichten" im Plural gesprochen werde, deute darauf hin, dass diese unter einen „allgemeinen Gesichtspunkt" zu bringen seien, den man in der Literatur als „Treuepflicht" kenne (genauer: Funktionspflichten). Man könne von einer „allgemeinen Gehorsams- und Einordnungspflicht" sprechen. Die Fassung des Abs. 1 sei dem Stande der Völkerrechtslehre vom „völkerrechtlichen Delikt" angepasst, aus dem die „Lehre von der Erfolgshaftung" stamme. Da man nie präzise feststellen könne, wer an einem Zustande schuld sei, sei man historisch zu der Lehre von der Erfolgshaftung gekommen. Streng logisch sei ein subjektives Verschulden eines Landes überhaupt nicht zu konstruieren. Es komme stattdessen auf den „objektiven Tatbestand" an. (PcR, S. 149 f.)

Diese Begründungen der Reichsvertreter wirkten, wie Heller zutreffend bemerkte, etwas „gewunden“, da sie ja selbst ausdrücklich das Vorgehen lieber auf den Abs. 2 gestützt hätten. Brecht hatte dazu bemerkt: „Nach meiner Ansicht spricht man auf Seiten der Reichsregierung vergeblich viel, um an dem einen Punkt vorbeizugehen, dass Art. 48 Abs. 1 eine Pflichtverletzung voraussetzt, und man versucht immer wieder, das dadurch zu umgehen, dass man von Abs. 2 ausgeht. [...] Darauf, dass man auf den Art. 48 Abs. 2 hinüberspielt und sagt, da braucht keine Pflichtverletzung vorzuliegen und beides geht ineinander, und dass man schließlich dann sagt, auch bei Art. 48 Abs. 1 kommt es nicht so darauf an, – darauf lassen wir uns nicht ein.“[204]

bb) Die Verteidigungsstrategie

Schmitt, Jacobi und Bilfinger bauten ihre Verteidigungsstrategie zweigleisig auf. Zunächst versuchte man zu bezweifeln, dass der Staatsgerichtshof das Vorliegen der Voraussetzungen des Artikel 48, Absatz 1 zu überprüfen habe.[205] Man berief sich hierbei auf Giese,[206] der vor dem Prozess die Meinung vertreten hatte, dass die Feststellung des Tatbestandes des Artikel 48 Abs. 1 dem Reichspräsidenten unter konstitutioneller Mitwirkung des Reichskanzlers oder der Reichsminister nach pflichtmäßigem, gerichtlich unüberprüfbaren Ermessen obliege. Allerdings hatten die Reichsvertreter offenbar gewisse Zweifel, dass sie mit dieser Argumentation erfolgreich sein würden. Daher blieben sie nicht bei dieser Strategie, sondern bauten auch für den Fall vor, dass der Staatsgerichtshof abweichend von dieser Auffassung sein Nachprüfungsrecht hinsichtlich der Voraussetzungen des Artikel 48 *bejahen* sollte. Dann, so die vorauseilende Argumentation, wäre zu untersuchen, ob das *Maß* der vom Reichspräsidenten aufgrund dieser Vorschrift getroffenen Maßnahmen der Nachprüfung des Staatsgerichtshof unterliege. Nach der Auffassung der Reichsregierung sei diese Frage zu verneinen. Beim Vorliegen der Voraussetzungen des Artikel 48 sei die *Art* der Maßnahmen, die der Reichspräsident für erforderlich halte, eine politische Ermessensfrage und könne nicht gerichtlicher Nachprüfung unterliegen.

Für den Fall, dass der Staatsgerichtshof die Voraussetzungen des Abs. 1 nicht als Ermessensfrage des Reichspräsidenten einstufen würde, wurde versucht, das Vorliegen der tatbestandsmäßigen Voraussetzungen des Artikels 48 Abs. 1 durch eine enge Koppelung mit Abs. 2 zu beweisen. Dieser Punkt blieb aber innerhalb der Beratertrias unentschieden. So schrieb etwa Bilfinger am 20. August 1932 an Schmitt: „Daneben überlege ich aber immer noch, ob es wirklich richtig ist, ohne Einschränkung die Konzession zu machen, dass der Staatsgerichtshof die Pflichtverletzung wie ein Gerichtshof nachprüfen darf.“[207]

---

[204] PcR, S. 181.

[205] „Zulässigkeit der Nachprüfung, soweit die Verordnung auf Abs. 1 des Artikel 48 der Reichsverfassung gestützt ist“. Dok. Nr. 257 ff., Bundesarchiv Berlin.

[206] Giese, Reichsverfassung Artikel 48, Anm. 2.

[207] Brief Bilfinger an Schmitt vom 20. August 1932, HStAD/RW 265–1368/2 R.

cc) Die Argumentation Schmitts im Prozess

In seinen Plädoyers hatte Schmitt argumentiert, dass die Lage am 20. Juli gleichzeitig eine Bürgerkriegs- und eine Konfliktlage gewesen sei.[208] Die Bürgerkriegslage – ein Wort, das zuerst von der Gegenseite gebraucht wurde und von den Reichsvertretern zu einer zentralen Kategorie der Verteidigungsstrategie ausgebaut worden war[209] – habe sich dadurch ausgezeichnet, dass sich mehrere mächtige organisierte Parteien mit sehr starken und effektiven Machtmitteln gegenübergestanden hätten. Man würde sich gegenseitig für illegal oder als Staatsfeind erklären und sei bestrebt, die legalen Machtmittel, in deren Besitz man auf irgendeine Weise gelangt war, als Waffe des Parteienkampfes zu benutzen. Hier erhebe sich die Frage, wer darüber entscheide, ob eine Partei illegal sei. Die Entscheidung über die Legalität oder Illegalität einer Partei könne nur eine unabhängige Regierung treffen, da es ja gerade die Quelle allen Unheils sei, dass eine Partei die andere für illegal erkläre. In der beschriebenen Weise hätten sich nicht nur fest organisierte mächtige Parteien gegenübergestanden, sondern gleichzeitig zwei Staaten, von denen der eine in weitem Maße von einer der Parteien okkupiert gewesen sei. Beide Staaten nähmen für sich in Anspruch, Politik zu machen und zwar Politik im weitesten und intensivsten Sinne des Wortes. Hier nähme das Land Preußen, das zwei Drittel des Reiches umfasse, für sich in Anspruch, zu definieren, wer illegal und wer Staatsfeind sei. Selbstverständlich gäbe es ein Recht des Landes auf eine divergierende Politik, aber die Frage sei hier, ob auch in einer Bürgerkriegslage ein solches Recht bestehe. Es sei in diesem Zusammenhang besonders zu berücksichtigen, dass Preußen ein Staat von der Größe Frankreichs[210] sei und seine Regierung über sehr starke Exekutivmittel verfüge, während das Reich, außer der Reichswehr, keine Exekutive habe. In der Verschränkung und Koppelung von Bürgerkriegslage und Konfliktlage sei der Grund für das Zusammenfallen von Abs. 1 und Abs. 2 zu sehen.

Wenn der Reichspräsident im Falle der Exekution durch Sequestration zur Ergreifung der Regierungsgewalt eines Landes schreite, so geschehe dies zweckmäßig oder gerade „begrifflich nötig" durch Übernahme der Regierungsgewalt in vollem Umfange. Hierin sei auch die Befugnis der Vertretung des Landes nach außen, insbesondere die Bestellung und Instruktion der Regierungsvertreter im Reichsrat inbegriffen. Diese Befugnis bedeute einen wesentlichen Teil der Regierungsgewalt eines Landes. Aus den Worten „Mitglieder ihrer Regierungen" in Art. 63 RV folge nicht, dass hierunter nicht auch Mitglieder einer Geschäftsregierung oder Mitglieder einer kommissarisch bestellten Landesregierung zu verstehen seien.[211] Die preußische kommissarische Landesregierung habe durch ihre Bevollmächtigten im

---

[208] PcR, S. 39 ff.

[209] Der Vorwärts hatte bereits am 11. Juli 1932, Nr. 322, S. 1 von einem „Bürgerkrieg in Permanenz" gesprochen.

[210] Diesen Vergleich hatte Schmitt gezogen (PcR, S. 40), obgleich Preußen kleiner war als der europäische Nachbarstaat; beide hatten aber eine vergleichbare Bevölkerungszahl.

[211] Klageerwiderung der Reichsregierung vom 19. August 1932, S. 27.

Reichsrat im Übrigen auch von der Reichsregierung abweichende Standpunkte vertreten. Es gehe also nicht an, die kommissarische Regierung mit der Reichsregierung zusammenzuwerfen, um auf diese Weise ein bundesstaatliches Problem zu konstruieren. Eine Teilung der Regierungsgewalt derart, dass im Reichsrat Vertreter der suspendierten Regierung aufträten, ansonsten aber die kommissarische Regierung zuständig wäre, sei undenkbar. Eine von der gesamten Regierung und Verwaltung des Landes getrennte Vertretung im Reichsrat wäre ein Unding.[212] Ebenso unmöglich sei es, wenn ein Land für die Dauer der Sequestration im Reichsrat überhaupt unvertreten bleibe.[213]

Schmitt hatte also in seinen Plädoyers vor allem mit der akuten Gefahrenlage argumentiert und versuchte insbesondere, eine Teilung der Staatsgewalt zwischen Reichskommissar und geschäftsführender Regierung zu verhindern. Dazu unterschied er zwischen einer Bürgerkriegslage und einer Konfliktlage, die in der aktuellen Situation zusammengefallen seien und daher auch ein Zusammenfallen beider Tatbestände des Artikels 48 gerechtfertigt hätten. Insofern folgten seine Prozessbeiträge den Schriftsätzen. Was in seinen Beiträgen aber nicht in dem Maße zur Sprache kam, war die Frage des richterlichen Prüfungsrechts. Angesichts der herrschenden Lehre, welche die Nachprüfung im Wesentlichen auf eine Ermessenskontrolle beschränken wollte, wurde hier eine wichtige Möglichkeit für einen vollen Prozessgewinn verschenkt.

4. Die Entscheidung des Staatsgerichtshofs

Die Entscheidung des Staatsgerichtshofs kam für die Reichsvertreter zwar in vielen Einzelheiten überraschend, in seinen Grundzügen war das Urteil von der Reichsseite aber so erwartet worden. Der Richterspruch gab der Reichsregierung grundsätzlich Recht, was die Möglichkeit der Einsetzung eines Kommissars unter den gegebenen Umständen betraf. Auf der anderen Seite erfüllte er aber auch den Wunsch Preußens, indem er die Absetzung der preußischen Regierung als nicht rechtskräftig bezeichnete. Die geschäftsführende Regierung wurde wieder in ihre Ämter eingesetzt, was allgemein als „Teilung der Staatsgewalt" verstanden wurde. Damit war genau das eingetreten, was die Reichsvertreter verhindern wollten.

Im Einzelnen argumentierte der Staatsgerichtshof wie folgt: Zunächst stellte er fest, dass er sich mit der Verfassungsmäßigkeit der Verordnung vom 20. Juli 1932 auseinanderzusetzen habe. Damit erklärte er seine Zuständigkeit. Er ging dabei da-

[212] Ebd., S. 28.

[213] Die Prozessvertreter wollten, dass die Regierung in der Frage des Reichsrates vollendete Tatsachen schafft. In einer Rücksprache mit Eugen Ott am 13.9.1932 hatten sie als „einzige Schwierigkeit" die Inkonsequenz der Reichsregierung benannt, die preußischen Reichsratsstimmen nicht neu zu besetzen. Dieses Versäumnis des Reichsministers des Innern benutze die Gegenseite, es sei sofort auszuräumen. (Rücksprache Ott mit Staatsrechtslehrern am 13.9.32. BA R 43I/1008, fol. 3g.)

von aus, dass die Verordnung dahingehend auszulegen sei, dass sie zur endgültigen und vollständigen Amtsenthebung der preußischen Minister und zur vollen Übertragung aller Befugnisse auf den Reichskommissar ermächtigt habe. Gegenstand der Entscheidung sei die Verordnung mit diesem Inhalt. Die spätere Einschränkung spiele demgegenüber keine Rolle. Daneben betonte der Staatsgerichtshof, dass Art. 48 Abs. 1 und Art. 48 Abs. 2 streng voneinander unterschieden werden müssten. Da er die Frage der tatbestandsmäßigen Voraussetzungen in vollem Maße für von ihm überprüfbar erachtete, wandte er sich der Frage zu, ob Preußen seine Pflichten gegenüber dem Reich nicht erfüllt habe. Nach ausführlicher Auseinandersetzung mit allen vom Reich als Pflichtverletzung eingestuften Tatbeständen erachtete er eine solche für nicht nachgewiesen. Die Verordnung habe sich daher nicht auf diesen Artikel stützen dürfen. Auch die tatbestandsmäßigen Voraussetzungen für Art. 48 Abs. 2 hielt er offenbar im Prinzip für nachprüfbar, da er feststellte, diese seien offenkundig gegeben gewesen. Ermessensfehler hielt er für nicht feststellbar. Auf Grund der unübersteigbaren Grenzen des Art. 48 Abs. 2 erkannte er jedoch die Verfassungsmäßigkeit der Verordnung nur in dem aus dem Tenor ersichtlichen Rahmen an, beließ also sämtliche Minister mit allen Vertretungsrechten im Amt, entzog ihnen aber im Wesentlichen ihre sonstigen Befugnisse.[214]

Der Punkt, an dem der Staatsgerichtshof eine entscheidende Weichenstellung vorgenommen hatte, war die Frage der Voraussetzungen des Art. 48 Abs. 1. Gleichsam beiläufig, im Rahmen der Prüfung der Motive Severings bei dessen Verhalten gegenüber den Kommunisten, hatte er das Erfordernis einer verschuldeten Pflichtverletzung aufgestellt. Dies war von erheblicher Tragweite. Hätte er nämlich die Divergenz von Landespolitik und Reichspolitik – sofern objektiv gefährlich für die staatliche Existenz – als solche für die Exekution genügen lassen, hätte sein Ergebnis aller Wahrscheinlichkeit nach die Bejahung der Voraussetzungen einer Exekution am 20. Juli 1932 sein müssen.[215] Aufgrund dieser Auffassung verzichtete der Staatsgerichtshof auch auf die vom Reich geforderte Gesamtbewertung der preußischen Politik. Die Reichsseite hatte argumentiert, die Einzelvorwürfe seien ein Kennzeichen der politischen Gesamthaltung der preußischen Regierung.[216] Durch eine Gesamtschau hätte er in der Divergenz von preußischer und Reichspolitik eine Verletzung der Einordnungspflicht als einer Pflicht im Sinne des Art. 48 Abs. 1 wohl

[214] Mit Triepels Lehre der „hochpolitischen Akte“ setzte sich der Staatsgerichtshof nicht auseinander, obwohl die Kritik der Staatsrechtslehre an dem Urteil zeigte, dass diese Lehre in weiten Kreisen Zustimmung gefunden hatte. Der Staatsgerichtshof hätte sich zumindest mit dieser divergierenden Auffassung auseinandersetzen müssen, um sein abweichendes Ergebnis hinreichend zu begründen. Hätte sich der Staatsgerichtshof der Lehre Triepels angeschlossen, hätte er die Anträge Preußens und der übrigen Antragsteller in einem weiteren Umfang zurückweisen müssen. (Anschütz, Kommentar, S. 275; Triepel, Entscheidung, Sp. 1503 ff.

[215] Grund, S. 124 f.

[216] Dieser Punkt war nach dem Prozess auch von anderer Seite in der Staatsrechtslehre hervorgehoben worden. Z. B. v. Dryander, „In außergewöhnlicher politischer Gefahrenlage“, in: DAZ, 1. November 1932.

erkennen und anerkennen müssen.[217] Der Hintergrund war die Argumentation der Reichsvertreter, dass die Divergenz von Landespolitik und Reichspolitik – in einer Krisensituation eine objektive Gefährlichkeit – die Exekution rechtfertigen konnte. Gemäß dieser Beweisführung bestünde eine Rechtfertigung für eine Exekution selbst dann, wenn das Land keinerlei verfassungsfeindliche Absichten hegte bzw. verfassungsfeindlichen Bestrebungen noch nicht einmal „innerlich unfrei" gegenüberstand, sondern sich lediglich weigerte, seine Politik derjenigen des Reiches anzugleichen. Was hier geltend gemacht wurde, war somit eine Grenze des Rechts auf eigene Politik. In bestimmten Situationen könne sich eine verfassungsrechtliche Pflicht zur Angleichung der Landespolitik an die Reichspolitik ergeben, deren Nichterfüllung als Pflichtverletzung im Sinne des Art. 48 Abs. 1 angesehen werden könne – ohne Rücksicht darauf, aus welchen Motiven das Land diese Pflicht nicht erfüllte.

Die beiläufige Festlegung des Staatsgerichtshofs auf die Auffassung, die Nichtangleichung der Landespolitik könne für eine Reichsexekution nur dann Veranlassung bieten, wenn die Angleichung aus einer verfassungsfeindlichen Intention des Landes heraus unterblieb, war – wie Henning Grund in seiner Nachprüfung des Urteils herausarbeitet – keineswegs zwingend.[218] Umso befremdlicher musste die Beiläufigkeit dieser weitreichenden Weichenstellung erscheinen. In den Kommentaren zur Weimarer Verfassung war nämlich bis zur StGH-Entscheidung die Frage des Verschuldens bei Art. 48 Abs. 1 nicht behandelt worden.[219] Eine Festlegung dieser Frage in dem beschriebenen Sinne hätte zumindest einer ausführlichen Argumentation bedurft, zumal das Reich besonderen Wert auf diesen Punkt sowohl in den Schriftsätzen wie der mündlichen Verhandlung gelegt hatte. Auch das von Gayl angeforderte Gutachten Poetzsch-Heffters hatte diesem Problem eine maßgebliche Bedeutung zugesprochen. Zwar versuchten die Kläger die „Zugehörigkeit des Verschuldens zum Gesamttatbestand" als „Selbstverständlichkeit" darzustellen und damit das Fehlen dieses Punktes in der Literatur zu erklären,[220] tatsächlich war diese Frage für den die Exekution regelnden Art. 19 aber schon in der Reichsverfassung von 1871 umstritten gewesen.[221] Auch der Wortlaut des Art. 48 Reichsverfassung spricht, wie Grund betont, keineswegs eindeutig dafür, dass die Exekution nur bei verschuldeter Pflichtverletzung greifen könne. Der Begriff des „Anhaltens" zur Pflichterfüllung umfasse nämlich sowohl das Hinwirken auf die Erfüllung verschuldet als auch un-

---

[217] So auch der spätere Vorwurf in der Urteilskritik von Huber, Reichsgewalt und Staatsgerichtshof, 1932, S. 33 f. Dazu auch Grund, S. 211 f.

[218] S. Grund, S. 124.

[219] Ebd.

[220] Giese, PcR, S. 142.

[221] Während etwa Albert Haenel (Deutsches Staatsrecht. Band 1, Die Grundlagen des deutschen Staates und die Reichsgewalt, Leipzig, 1892, S. 314) ein Recht zur Exekution nur bei verschuldeter Pflichtverletzung anerkennen wollte, hatte Triepel die Gegenauffassung vertreten. (Die Reichsaufsicht. Untersuchungen zum Staatsrecht des Deutschen Reiches, Berlin 1917, S. 666 f.) Weitere Nachweise bei Grund, S. 124 FN 237.

verschuldet verletzter Pflichten.[222] Wenn Brecht den Wortlaut dahingehend ausgelegte, der Umstand, dass der Reichspräsident das Land zur Erfüllung der Pflicht anhalten könne, setze voraus, dass das Land als solches die Pflicht erfüllen könne,[223] so war das nicht überzeugend. Auch seine weitere Begründung, dass, wenn jede objektive Verletzung irgendeiner Pflicht eines Landes gegen das Reich ein Eingreifen auf Grund des Art. 48 Abs. 1 begründe, in allen Fällen des Art. 15 (Überwachung der Ausführung der Reichsgesetze) gleichzeitig der Fall der Reichsexekution gegeben sei, war insoweit nicht schlüssig, als Art. 48 Abs. 1 nur bei Mängeln schwerer Art griff.

Das Fazit aus diesen Überlegungen lautet: Der Staatsgerichtshof hätte dieser Argumentation des Reiches folgen können, ohne dass ihm eine offensichtliche Fehlinterpretation hätte vorgeworfen werden müssen. Wenn er dies nicht tat, so ist das ein Ausdruck für die erkennbare Tendenz zur Einengung der Befugnisse des Reiches zugunsten der Möglichkeiten einer eigenständigen Politik der Länder.

Wenn der Staatsgerichtshof die Anwendung des Art. 48 Abs. 1 für unzulässig befand, die Maßnahme aber nach dem Art. 48 Abs. 2 weitgehend bestehen ließ, so war er der Argumentation des Reiches in dem Punkte gefolgt, dass auch eine Diktatur *gegen* ein Land möglich war. Allerdings wies das Gericht die Auffassung der Reichsregierung zurück, dass schon nach Abs. 2 die Enthebung der Landesregierung von allen Funktionen zulässig sei.[224] Auch befand er es für gesetzwidrig, selbst nur vorübergehend nach Abs. 2 einen Reichskommissar als Landesregierung einzusetzen und die verfassungsmäßig bestellten Minister ihrer Ämter zu entheben. Damit war auch die Auffassung der Reichsvertreter abgelehnt worden, dass der Reichskommissar für die Geltungsdauer der Verordnung die Landesgeschäfte kommissarisch übernehmen könne. Nach der Auffassung des Staatsgerichtshofs blieb der Kommissar vielmehr ein Reichsorgan, das *neben* der gewählten, aber nur noch geschäftsführenden preußischen Regierung stehe. Dieser preußischen Regierung wurden die Vertretungskompetenzen des Landes gegenüber dem Reich zurückgegeben.

Interessant ist aber, dass der Staatsgerichtshof davon ausging, eine Amtsenthebung und eine Einsetzung eines Reichskommissars als vorübergehende Landesregierung nach Abs. 1 sei zulässig. Das ergab sich aus der Erklärung des Staatsgerichtshofs, dass der Reichspräsident im Falle künftiger Pflichtverletzung der preußischen Regierung gegenüber dem Reiche noch „weitergehende Eingriffe in die Rechte des Landes auf Grund des Abs. 1" vornehmen könne.[225] Das bedeutet: Der Staatsgerichtshof erklärte zwar „die ‚Zuständigkeitsverschiebung' zugunsten des Reiches nach Art. 48 Abs. 2 für zulässig, nicht aber irgendwelche Antastung der Einflussrechte der Länder gegenüber dem Reich; einen Eingriff in diesem letzteren

---

[222] Ebd.

[223] Brecht, PcR, S. 158.

[224] S. Bilfinger, Reichsexekution, Sp. 147 f.

[225] Ebd., Sp. 148.

Punkte hielt er höchstens im Sinne der Reichsexekution für möglich.[226] Dies war die entscheidende Position, mit der die Reichsregierung sich nicht hatte durchsetzen können und den Prozess verlor. Andererseits stellte der Staatsgerichtshof dieses Urteil unter den Vorbehalt, dass – wenn Preußen es an einer gedeihlichen Zusammenarbeit fehlen lasse – jederzeit eine vorübergehende Absetzung der Regierung nach Abs. 1 möglich sei.

Das Urteil hätte, auch wenn die Reichsvertreter vorher entsprechende Befürchtungen bereits geäußert hatten, durchaus anders ausfallen können. Die Entscheidung des Staatsgerichtshofs vom 25. Juli über den preußischen Antrag auf Erlass einer einstweiligen Verfügung, bei dem der Staatsgerichtshof der Argumentation der Reichsregierung gefolgt war und eine „Teilung der Staatsgewalt" abgelehnt hatte, wurde nämlich als Grundtendenz des Staatsgerichtshofs gedeutet, sich gegenüber Entscheidungen des Reichspräsidenten, die dieser auf der Grundlage seines freien Ermessens gemäß Art. 48 getroffen hatte, zurückzuhalten. Deswegen sahen die Reichsvertreter dem Prozess relativ gelassen entgegen. Insofern waren nicht nur sie von dem Ausgang überrascht.[227]

Vermutlich ist diese für manchen unerwartete Entscheidung[228] der Richter auf Differenzen untereinander zurückzuführen. So scheint es etwa, dass der Vorsitzende, Erwin Bumke, prinzipiell durchaus der Auffassung des Reiches zugeneigt war, während Reichsgerichtsrat Schwalb der Preußenaktion kritisch gegenüber stand. Da letzterer nach dem Urteil in den Ruhestand gegangen war, nutzte er seine neugewonnene Freiheit dazu, offen – zum Teil in regierungskritischen Publikationen – die Haltung der Reichsregierung zu beanstanden und das Urteil gegen die zahlreichen, politisch aus allen Richtungen kommenden Kritiker zu verteidigen.[229] Diese Diffe-

---

[226] Ebd.

[227] Jellinek schildert die Überraschung der Teilnehmer in seinem Prozessbericht: „Bedauerlich war nur, dass die Entscheidung so überraschend kam. Allerdings deutete der Vorsitzende einmal an, dass der Gerichtshof im Juli seine Ablehnung einer ‚Teilung der Gewalten' nur für den Bereich der einstweiligen Verfügung habe aussprechen wollen. Aber kaum jemand im Saale erwartete, dass sich das Gericht in dieser Frage eines anderen besinnen werde." Es wäre daher wünschenswert gewesen, dass die Parteien nachdrücklicher auf die ernstliche Möglichkeit der dann wirklich gefallenen Entscheidung hingewiesen und um ihre Meinung gebeten worden wären. „Oder", wie Jellinek einen naheliegenden Gedanken formulierte, „kam der Gerichtshof erst nach der mündlichen Verhandlung ernstlich auf den Gedanken der Doppelregierung?" Dann, so Jellinek weiter, wäre aber die Wiedereröffnung der Verhandlung fast besser gewesen als die Überraschung mit dem fertigen Urteil. (Jellinek, Leipziger Prozess, S. 907.)

[228] Auch bei Oberst v. Bredow, Chef des Ministeramtes im Reichswehrministerium, hatte das Urteil „allergrößtes Erstaunen" hervorgerufen. (Brief Bredows an Schleicher vom 25. Oktober 1932, Nachlass Schleicher, zitiert nach Bay, S. 199, FN 1055.)

[229] Schwalb, Staatsgerichtshof für das Deutsche Reich. Einsetzung eines Reichskommissars für Preußen. Voraussetzungen zum Erlass einstweiliger Verfügungen. Art. 48, 19 RVerf., in: DJZ, 1932, 37. Jg., Heft 17/18, Sp. 1152–1153; Ders., Zur Ausführung des Staatsgerichtsurteils in der Preußensache, in: Reichsverwaltungsblatt und Preußisches Verwaltungsblatt, 26. November 1932, Band 53, Nr. 48, S. 941–944; Ders., Die Einwendungen gegen das Staats-

renzen in der Richterschaft legt auch Bilfinger in einem Brief an Schmitt aus dem Dezember 1932 nahe: Er habe aus einer „guten Quelle vom Oberlandsgericht Naumburg“ erfahren, dass Bumke weiter verbreite, „dass er schlaflose Nächte gehabt habe, um wenigstens das zu retten, auf was das Urteil hinaus kam.“[230] Auch Dingeldey hatte einem Kollegen des Journalisten Dertinger „streng vertraulich“ mitgeteilt, dass „Bumke die Reichsregierung ursprünglich davon verständigt hätte, dass das Reich hundertprozentig Recht bekommen würde.“[231] Jürgen Bay sieht ebenfalls Divergenzen in der Richterschaft als Ursache für die gegenteilige Entscheidung: „Die Mehrheit der Richter muss anderer Meinung als der Reichsgerichtspräsident gewesen sein, der aus der Ministerialbürokratie des Reiches hervorgegangen war.“[232] Er fügte hinzu: „Möglich, dass die Richter, vielleicht beeinflusst von dem Vorsitzenden, der einem Vergleich zugeneigt gewesen war, geglaubt hatten, durch eine Verteilung von Recht, Unrecht und Befugnissen die Parteien zu einem Kompromiss zwingen zu können, wenn sie nämlich beiden Parteien recht gäben dadurch, dass sie die Regierung Braun im Amt bestätigten, aber auch den Reichskommissar sanktionierten; dass sie die preußischen Minister rehabilitierten, indem sie die Verletzung von Pflichten verneinten, doch Papens Verordnung nicht in Frage stellten, indem sie den Tatbestand des Artikels 48, Abs. 2 bejahten; und dass sie den preußischen Ministern die Hoheitsbefugnisse einräumten, aber die Exekutivbefugnisse des Kommissars unangetastet ließen.“[233]

Auf welche Gründe das Urteil letztlich zurückzuführen sein mag, ist nicht abschließend zu klären. Es ist aber sicher richtig, den öffentlichen Druck in Rechnung zu stellen und auch von einem rechtsstaatlichen Interesse des Staatsgerichtshofs auszugehen, welches die oft als „salomonisch“ bezeichnete Entscheidung nahelegte. Dennoch war darüber auch in regierungsunabhängigen Kreisen die Verblüffung groß. Allerdings darf nicht vergessen werden, dass, wie bereits betont, den Reichsvertretern vor dem Urteil selbst Zweifel über ihre Prozessaussichten gekommen waren. Das hing vor allem mit den Begleiterscheinungen der Reichsaktion zusammen, denn die oft unterstellten und auch tatsächlich in den Ministerbesprechungen geäußerten verfassungswidrigen Intentionen im Zusammenhang mit dem Reichseingriff hatten den Prozess für die Öffentlichkeit in ein zweifelhaftes Licht gerückt. Auch prozesstaktisch war das unprofessionelle und überfallartige Vorgehen Papens sehr problematisch, weil es der Gegenseite die Möglichkeit zu einer emotionalen – von

---

gerichtshofs-Urteil vom 25. Oktober 1932 in der Preußensache, in: Die Justiz, Februar/März 1933, Band VIII, Heft 5/6, S. 217–239.

[230] Brief Bilfinger an Schmitt vom 15. Dezember 1932, HStAD/RW 265–1376/1 R.

[231] So der Bericht Dr. Falks vom 17. November 1932, zitiert nach Bay, S. 198, FN 1051. Auch wenn es unglaubwürdig klingt, dass Bumke dem Reich hundertprozentig eine Entscheidung zu ihren Gunsten zugesichert haben soll, so wird es doch prinzipiell zutreffen, dass Bumke der Auffassung des Reiches geneigt war.

[232] Bay, S. 198.

[233] Bay, S. 205.

den Prozessvertretern als „sentimental" bezeichneten – Prozessführung gab.[234] Am 4. August – als man sich noch sicher zeigte, den Prozess zu gewinnen – hatte man die Politisierung des Prozesses durch die Gegenseite noch als eigenen Vorteil gewertet. Seit der Niederlage Papens am 12. September 1932 vor dem Reichstag[235] hatte sich die psychologische Lage aber zu Ungunsten des Reiches geändert.[236]

a) Schmitts Beurteilung des Prozesses

Während die Prozesslage noch am 13. September für „ausgezeichnet" befunden worden war, regten sich bei Schmitt erste Zweifel. Am 26. September notierte er: „*Tue fast nichts, große Angst vor dem Prozeß, wie wenn wir verlieren! Ott hörte aus Dresden, es stände schlecht um das Reich. [...] Was soll das nur in Leipzig geben, ganz unvorbereitet.*"[237] Vermutlich hatte Ott gehört, dass der Staatsgerichtshof aller Voraussicht nach das volle Prüfungsrecht besonders für den Absatz 1 für sich in Anspruch nehmen würde und die Prämisse einer subjektiven Pflichtverletzung als tatbestandsmäßige Voraussetzung verlangen würde. In diesem Fall stünde die Sache tatsächlich schlecht für das Reich, da eine subjektive Pflichtverletzung nicht vorlag, ja von den Prozessvertretern nicht einmal im vollen Umfang behauptet wurde.

Die Schilderung der Verhandlung, die Schmitt seinem Tagebuch anvertraute, zeigt aber in aller Deutlichkeit, dass auf der Reichsseite keinesfalls Siegesstimmung herrschte. Am 10. Oktober 1932 fand die erste mündliche Verhandlung vor dem Leipziger Staatsgerichtshof statt: „*Bumke großartig, Brecht war [...], sentimental, sehr gefährlich, Heller scheußlich, Gottheiner aber auch scheußlich*", wie Schmitt resigniert festhielt. Am zweiten Verhandlungstag sprach er selbst „*über den Zusammenhang von Abs. 1 und Abs. 2*", wie er vermerkte „*gut*". Aber am nächsten Tag notierte er eine „*schlechte Erwiderung über Abs. 1*". Am 14. Oktober berichtete er gar von einem „*Angsttraum vor Bumke*". Trotzdem hielt er, wie er empfand, eine „*gute Rede über die Möglichkeiten nach Abs. 2*". Dennoch waren bei einem abendlichen Gespräch mit Jacobi, Bilfinger und Walter Jellinek „*alle sehr deprimiert*". Schmitt befand sich gar „*in einem scheußlichen Zustand*". Er fühlte sich „*wie ein zu Tode ge-*

---

[234] So jedenfalls Schmitt in dem Tagebucheintrag vom 10. Oktober: „*um ½ 11 begann die Sitzung, Bumke großartig, Brecht war ..., sentimental, sehr gefährlich.*" Dazu auch unten S. 20. Übereinstimmend Huber in seinem Brief an Thieme vom 9.1.1933: „Diese Verschiebung der Prozesssituation (vor allem in den sentimentalen Plaidoyers von Brecht) ist eine große Fälschung der Staatsgerichtsbarkeit." IfZ München, ED 163/38.

[235] Pyta/Seiberth, Teil 2, S. 600 f.

[236] Huber betonte in diesem Zusammenhang später die „veränderte Stimmungslage" und das „brüchig gewordene Ansehen" der Reichsregierung. Diese Stimmungslage habe eine Situation geschaffen, „von der gewiss auch die Richter nicht unberührt waren". Die Vertreter des Reiches hätten sich angesichts dieser Imponderabilien ihrer „Aussichten nicht mehr so sicher" sein können. (Huber, Reichskrise, S. 44.)

[237] Die Zitate ausführlich bei Pyta/Seiberth, Teil 1, S. 444.

hetztes Tier.“ Am nächsten Tag entlud sich die Anspannung in einem Eklat. Schmitt, auf der Höhe seiner lange angestrebten Tätigkeit für die Reichsregierung angelangt, wurde von seinen Zweifeln übermannt: „*Morgens in großer Erregung, will mein Mandat niederlegen, fühle mich erledigt und erschöpft, Ehre und Bürde des Rechts, lächerlich ein solcher Prozess, eine Schande für mich selbst.*“[238] Um ihn zu beruhigen musste Jacobi kommen, der ihm „*zusprach*“. Man beschloss, „*die Formalien ausführlich zu behandeln*“. Und auch Schmitt hatte sich dann „*allmählich wieder beruhigt*“. „*Nachmittags Spaziergang mit Bilfinger, die Verordnungen überlegt, für den Fall der Niederlage im Prozess*“.

Am Montag, dem 17. Oktober fand die nächste Anhörung statt. Die Schilderung dieses Prozesstages illustriert das endgültige Kippen der ambivalenten Situation zu Ungunsten der Reichsvertreter, woran Schmitt selbst nicht ganz unschuldig war: „*frisch zum Gerichtssaal, Jacobi sprach großartig über die Formalien, die keine sind. Bilfinger sehr schlecht, ich des Nachmittags gegen Ende schließlich auch, als alles aufgelöst war, seine Form verloren und ganz aufgelöst war [...]. Ich sprach über die Besetzung eines Landes durch Parteien, vom Bock als Gärtner,*[239] *bekam eine Rüge vom Präsidenten. Schließlich fragte ich: Wo ist die Ehre Preußens, ist sie bei Hindenburg oder bei den abgesetzten Ministern? Heller tobte los, protestierte gegen die Beschimpfungen Brauns und Severings,*[240] *schrie hysterisch usw. Deprimiert und traurig. Voller Ekel, Gefühl des Besiegten, mit Jacobi und Bilfinger bei Gottheiner. [...]. Waren alle sehr traurig.*“[241] Schmitt hatte das ungute Gefühl, dass ihm der Prozess entglitten war, was ihn zu übereilten und unklugen Bemerkungen verleitet hatte. Er konnte deshalb, wie er am 18. Oktober notierte, „*die Nacht nicht schlafen.*“ Es bestand „*große Aufregung wegen des Skandals, Angst und Feigheit.*“ Jacobi und Jellinek, die am Vorabend „*mit einigen Richtern zusammen*“ waren, konnten am nächsten Morgen jedoch positiv berichten: „*Keine schlechten Aussichten, wahrscheinlich Abs. 2 etwas* ... (unleserlich)“. Was sich hier, trotz der eingeschränkten Lesbarkeit, andeutet, ist der Umstand, dass die Vertreter des Staatsgerichtshofs offenbar ein Präjudiz getroffen hatten, nach dem man, wie später in der Entscheidung, dem Reich in Bezug auf Art. 48 Absatz 2 Recht geben, aber die Verwendung des Art. 48 Absatz 1 als verfassungswidrig zurückweisen wollte.

Am Dienstag dem 25. Oktober 1932 wurde dann das vielerwartete Urteil des Staatsgerichtshofs verkündet: „*Reichsrat verloren. Wir waren sehr traurig. Bilfinger ist der Besiegte.*“ Anschließend musste Schmitt „*zu Bumke wegen des ‚Bocks zum Gärtner‘, er war freundlich und nett, mochte ihn gern, ich sagte ihm zum Schluss noch: Die echte Mutter erkennt man daran, dass sie keine Teilung des Kin-*

[238] Ebd., S. 445.

[239] Vgl. dazu die stenographische Niederschrift: Preußen contra Reich, Stenogrammbericht (wie Anm. 57), S. 468.

[240] Ebd., S. 470.

[241] Der Empfang hat wohl nie statt gefunden, statt dessen aber eine Einladung des Reichskanzlers am 26. November. (Pyta/Seiberth, Teil 1, S. 446.)

des zulässt.“ Schmitt war traurig und konnte, wie er dem Tagebuch anvertraute, „*kaum sprechen*“.[242]

Diese Impressionen aus dem Tagebuch Schmitts zeigen deutlich, dass sich der Staatsrechtler mit seiner Sache nicht wirklich identifiziert hatte. Er bezeichnete die Situation sogar als „Schande“ für ihn selbst. Daher erwog er zwischenzeitlich, sein Mandat niederzulegen. Das unterstreicht die These, dass Schmitt sich aufgrund der politischen Akzente Papens und der damit verbundenen staatsrechtlichen Schwierigkeiten in einer unangenehmen Lage befunden hatte. Aber nicht nur die Sache als solche war für Schmitt schwierig. Zudem war er auch mit seinem eigenen Auftreten vor dem höchsten Gericht unzufrieden. Die entscheidenden Punkte hatte er zwar gestreift, aber nicht in aller wünschenswerten Klarheit vorgebracht und auch nicht auf den aus Reichssicht wesentlichen Anliegen insistiert. Statt dessen hatte er sehr sensibel auf den öffentlichen Druck reagiert und war hier und da zudem der Versuchung erlegen, sich in einen professoralen Kleinkrieg verwickeln zu lassen, welcher auf beiden Seiten zu unsachlichen Äußerungen geführt hatte. An die Stelle von Sachlichkeit und Strenge der juristischen Argumentation waren immer wieder emotionale Ausbrüche getreten, so dass der Reichsgerichtspräsident sich sogar wiederholt zu Ermahnungen an die Adresse beider Parteien veranlasst sah.[243] Insofern war die Qualität der Argumentation in den Plädoyers auf beiden Seiten hinter die juristisch klare Darlegung der Schriftsätze deutlich zurückgefallen.[244]

b) Beurteilung der Entscheidung aus Sicht der Reichsregierung

Während die Prozessvertreter trotz guter Voraussetzungen den Rechtsstreit in einem wichtigen Punkt verloren hatten, was für Schmitt eine persönliche Niederlage bedeutete, so war *praktisch* gesehen der politische Zustand und die Machtverteilung in Preußen, wie sie vor dem Prozess bestanden hatte, doch bestätigt worden. Das war angesichts der veränderten psychologischen Lage durchaus ein Erfolg. Die Reichsregierung hatte wohl mittlerweile auch nicht mehr erwartet. Jedenfalls dankte Reichsinnenminister Gayl Schmitt am 9. November für die „große Mühewaltung“ und die „wertvolle wissenschaftliche Beratung“, der es „zu verdanken“ sei, „dass sich die Rechtsauffassung der Reichsregierung in den entscheidenden Punkten durchgesetzt hat“.[245] Der Kanzler werde ihm anlässlich einer Einladung persönlich dafür danken.[246] Dieses Schreiben Gayls belegt die Verschiebung der Motive, die mit dem Reichskommissariat verbunden wurden. Während in den Planungen des

[242] Ebd., S. 447.

[243] Schmitt in diesem Punkt nichts nachstehend auch Hermann Heller.

[244] Henning Grund betonte, dass schon auf Grund der Tatsache, dass die Elite der deutschen Staatsrechtswissenschaftler auf dieser oder jener Seite unmittelbar am Prozessgeschehen beteiligt war, manchem Diskussionsbeitrag die notwendige innere Distanz seines Verfassers zum Geschehen gefehlt habe. (Ders., S. 10.)

[245] HStAD/RW 265–11519.

[246] Vgl. S. 180, FN 241.

Eingriffs eine endgültige Verbindung von Preußen und Reich geschaffen werden sollte, hieß es nun, nachdem der Staatsgerichtshof eine dauerhafte Absetzung der preußischen Regierung zurückgewiesen hatte und die geschäftsführende Regierung zumindest teilweise wieder in ihr Amt gesetzt hatte, dass sich die Reichsregierung in den „entscheidenden Punkten" durchgesetzt habe. Legt man die weitgehenden Ziele der Ministerbesprechungen vor dem 20. Juli zugrunde, so ist das sicher falsch. Stellt man aber die hier angenommene Verschiebung der Motive in Rechnung, so gewinnen diese Ausführungen Gayls eine gewisse Plausibilität, denn hatte man sich erst einmal von den weitgehenden Zielen einer Absetzung der preußischen Regierung und der Überwindung des Dualismus Preußen-Reich verabschiedet, so hatte das Urteil in der Tat den wesentlichen Punkt sanktioniert: nämlich die vorübergehende Zusammenfassung der Machtmittel Preußens und des Reiches in den Händen der Reichsregierung zur Bewältigung der zugespitzten Krisensituation.

In diesem Sinne hatte sich auch Hindenburg in einer Besprechung mit Papen und Otto Braun vom 29. Oktober 1932 geäußert: Das Reich könne „nur eine einheitliche Politik führen" und daher müssten „bei der gegenwärtigen Lage die Machtmittel des Reiches und Preußens in einer Hand zusammengefasst sein." Anders käme man „nicht aus den Schwierigkeiten heraus".[247]

Wegen ihrer Teilung der Staatsgewalt wurde die Entscheidung des Staatsgerichtshofs oft als „salomonisch" bezeichnet, dies allen voran von den Reichsvertretern selbst. Demgegenüber stellte Jellinek jedoch fest, dass das Reich im Grunde zu 95 Prozent gesiegt habe.[248] Zwar hätten einige Freunde der Reichsregierung mehr erhofft. Einer von ihnen habe nach der Urteilsverkündung gemeint, ein wahrhaft salomonisches Urteil zerschneide nicht das Kind, sondern gebe es der einen von den beiden Müttern ungeteilt. Für ein solches Urteil fehle es aber hier am Verzicht der echten Mutter. Jedenfalls könne er, Jellinek, sich nicht entsinnen, an den sechs Verhandlungstagen gehört zu haben, dass die Vertreter Preußens oder die des Reiches den Gerichtshof gebeten hätten, Preußen lieber der anderen Partei ganz zu überlassen als zwischen Kommissariatsregierung und alter Regierung zu teilen. Aber noch aus einem anderen Grunde stimme der Vergleich nicht: „Der Gerichtshof hat ja gar nicht das Kind geteilt, sondern ihm nur eine Locke abgeschnitten und das Kind dem Reichskommissar übergeben und der alten Regierung nur die Locke überreicht."[249]

Dieses Bild zeigt die Situation nach dem Urteil recht anschaulich. Gemessen an den prozessualen Zielen und dem Signal, das die Entscheidung in der Sache der einstweiligen Verfügung bedeutete, hatten die „Reichsanwälte" den Prozess verloren. Sie konnten sich in dem entscheidenden Punkt, nämlich der Übernahme der gesamten Regierungsgewalt inklusive der Vertretung im Reichsrat, nicht durchsetzen. Nimmt man für die Beurteilung aber die zu Ungunsten des Reiches veränderten psy-

[247] Aufzeichnung Meißners, zitiert nach Bay, S. 212.

[248] Jellinek, Leipziger Prozess, S. 908.

[249] Ebd.

chologischen Rahmenbedingungen hinzu, so zeigt sich, dass die Entscheidung bei dem starken öffentlichen Gegenwind durchaus ein Erfolg war. Deshalb betrieben die Prozessvertreter auch nach außen vehemente Urteilsschelte, obgleich ihnen intern für die Durchsetzung in den „wichtigen Punkten" gedankt wurde.

5. Das Echo der Staatsrechtslehre auf die Entscheidung des Staatsgerichtshofs

a) Die staatsrechtliche Kritik am Leipziger Urteil

Das Urteil war in dieser Form auf zum Teil heftige Ablehnung gestoßen. Diese Kritik soll hier in einzelnen Aspekten wiedergegeben werden, insofern sie für den Zusammenhang relevante Fragestellungen berührt. Zu den Kritikern, die hier genannt werden sollen, gehören Johannes Heckel, Heinrich Triepel und Hans Kelsen. Sie decken ein breites politische Spektrum ab und zeigen daher die Vorbehalte gegen die Entscheidung aus verschiedenen Perspektiven. Allerdings traf das Urteil ansonsten überwiegend auf Zustimmung, was betont werden muss, wenn der Kritik hier ein breiterer Raum eingeräumt wird. Die beiden gegensätzlichen Positionen sollen referiert werden, um die Argumentation der Prozessvertreter in den Kontext der staatsrechtlichen Diskussion einzubetten. Dabei zeigt sich, dass Argumente wie die der Reichsvertreter in ähnlicher Weise auch bei anderen Kapazitäten des Faches Verwendung fanden. Das trifft besonders auf Heinrich Triepel zu. Die Lehre von Johannes Heckel ist aufgrund einer abweichenden Begründungsstrategie von Interesse. Überraschenderweise gehörte ausgerechnet Kelsen zu den radikalsten Kritikern und kam – wenn auch von einer völlig anderen Grundintention her – zu ähnlichen Einschätzungen wie die Prozessvertreter, was allgemein für Aufregung sorgte. Auch die Auffassung, dass die Einsetzung des Kommissariats zulässigerweise auf beide Absätze des Art. 48 gestützt worden sei, wurde in der Kritik vertreten. Von Interesse ist dabei insbesondere, welche Begründung für die unterstellte Rechtmäßigkeit der Maßnahmen gefunden wurde. Die noch zu schildernde, abweichende Beweisführung ist vor dem Hintergrund der Frage aufschlussreich, ob sie vielleicht einen aussichtsreicheren Weg für die Verteidigung der Aktion gewiesen hätte. Diese Frage soll auf der Grundlage der folgenden Auseinandersetzung mit den unterschiedlichen Positionen innerhalb der staatsrechtlichen Kritik beantwortet werden.

Johannes Heckel etwa hatte eine Begründungsstrategie für den Reichseingriff entworfen, die ausschließlich auf die „objektive Gefahr" der Gesamtlage abstellte.[250] Dabei schlug er das Ausweichen in ungeschriebenes Verfassungsrecht vor, ge-

[250] Diese Auffassung blieb absolute Minderheitsmeinung (zur Kritik der Lehre Heckels und dem Nachweis ihrer Unbrauchbarkeit als Alternative für die Auslegung des Staatsgerichtshofs s. Grund, S, 111–118.) und wurde insbesondere auch von den Reichsvertretern selbst nicht geteilt. Dazu etwa ein Gutachten Schmitts für Heckel (HStAD/RW 265–217. Es stammt offenbar

nauer gesagt in die Lehre von der „Verfassungsstörung“ und der „Verfassungsaufsicht“. Die vom Staatsgerichtshof herangezogene Lehre von der „Zuständigkeitsverschiebung“ lehnte er dagegen ab und rügte, der Staatsgerichtshof habe sein Urteil auf „zu schmale staatsrechtliche Basis“ gestellt.[251] Mit Recht habe man sich von der Reichsseite energisch dagegen verwahrt, dass überhaupt eine „Reichsexekution“ gegen Preußen vorliege, aber die Begründung dafür sei zu sehr aus der verfassungsrechtlichen in eine soziologisch-politische Erwägung abgeglitten. Die rechtliche Grundlage der „Verfassungsaufsicht“ sei zum großen Teil das ungeschriebene Verfassungsrecht, zum Teil Art. 48 Abs. 1 mit Abs. 3 und 5 RV.[252] Durch den Schutzgegenstand der materiellen Verfassung schließe sich die „Verfassungsaufsicht“ mit der Diktatur des Art. 48 Abs. 2 zu einer „inneren Einheit“ zusammen.[253] Das Ziel der Verfassungsaufsicht sei die Abwehr eines spezifisch verfassungsfeindlichen Verhaltens oder einer verfassungsfeindlichen Lage, also von Gefahren, die den Kern des Verfassungslebens zerstören könnten. Ob die Verfassungsfeindlichkeit aus der gefährlichen Intention des Pflichtsubjekts der Verfassungsaufsicht oder nur aus der objektiven Gefährlichkeit seines Verhaltens resultiere, sei dabei unerheblich.[254] Bei der Reichsexekution gelte, wie Heckel in ausdrücklichem Anschluss an die Ausführungen Bilfingers feststellte, der Grundsatz der „Erfolgshaftung“.[255] Eine subjektive Pflichtverletzung sah er damit nicht als Voraussetzung für die Durchführung einer Reichsexekution an, denn die Verfassungsaufsicht verstand Heckel nachdrücklich nicht als eine „Einrichtung des normalen Verfassungslebens“, sondern als einen „außerordentlichen Behelf für den bundesstaatlichen casus extremus“. Durch diese Beschränkung auf hochpolitische Aufgaben ergab sich für Heckel eine scharfe Grenze gegenüber verwandten Verfassungsinstituten, etwa der bei leichteren Verstößen greifenden Reichsaufsicht. Nur wenn ein Verstoß sich als Teil eines verfassungsfeindlichen Gesamtverhaltens eines Landes qualifizieren lasse, greife die „Verfassungsaufsicht“ durch. Ihre Mittel wiesen durch den Charakter als staats-

---

aus dem Jahre 1935 (handschr. Vermerk) und dient wohl universitären Zwecken. Zu seiner Entstehungsgeschichte gibt es hier keine Anhaltspunkte). Dort heißt es auf S. 2.: „Meine (= C. S. s) Stellungnahme zu den verfassungsrechtlichen Fragen, die in diesen Abhandlungen (Heckels) erörtert sind, weicht in juristischer wie in politischer Hinsicht von den Ansichten Prof. Heckels bedeutend ab. Ich will auch nicht verschweigen, daß ich als Vertreter der Reichsregierung in dem Prozess Preußen-Reich die erstgenannte Abhandlung Heckels (gemeint ist: Ders., Verfassungsnotstand) als ein schweres Hindernis für den Sieg des Reiches über die preußische Weimarer Koalition empfunden habe“. Abgesehen von solchen inhaltlichen Differenzen fiel das Gutachten übrigens ausgesprochen positiv aus.

[251] Heckel, Urteil, S. 201.

[252] Ebd., S. 211.

[253] Ebd., S. 212. Das dürfe aber nicht zu einer Vertauschung verfassungsrechtlicher Institutionen führen, denn obgleich Diktatur und Verfassungsaufsicht dieselbe Verfassung schützen sollten, so geschehe das doch in ganz verschiedenen Richtungen. Die Diktatur wende sich gegen Gefahren aus der äußeren Lebenssphäre des Staates, die Verfassungsaufsicht gegen Gefahren aus der bundesstaatlichen Struktur des Verfassungslebens selbst. Ebd., S. 213.

[254] Ebd., S. 218.

[255] Ebd., S. 217, FN 146.

rechtliche Maßnahmen eine gewisse Verwandtschaft mit den Mitteln der Diktatur auf. Der entscheidende Unterschied bestehe aber darin, dass sich die Diktatur gegen Gefahren außerhalb der Verfassungssphäre wende, während die Verfassungsaufsicht innerhalb der Verfassungssphäre bleibe. Beherrscht seien die Maßnahmen der Verfassungsaufsicht von dem Ziel, die „objektive Geltung" der Reichsverfassung gegenüber einem verfassungsfeindlichen Verhalten oder einer verfassungsfeindlichen Lage von der Länderseite her zu sichern. Der Reichspräsident könne deshalb im äußersten Fall vorübergehend die Ausübung der ganzen Landesstaatsgewalt an sich ziehen, wobei die „am Ruder befindliche Regierung" beseitigt und durch Kommissare ersetzt werden könne. Dieser Kommissar sei ein Organ zur Ausübung der Landesstaatsgewalt, der von einem Kommissar des Reichsdiktators nach Art. 48 Abs. 2, der Reichsgewalt ausübt, zu unterscheiden sei. Selbst die Auflösung des Landtages erkannte Heckel in diesem Fall für zulässig. Es sei der Kommissariatsregierung auch nicht verwehrt, im Gefolge einer Übernahme der Landesregierungsgewalt diejenigen Anordnungen zu treffen, die zur Erfüllung der bundesmäßigen Pflichten der Länder gegenüber dem Reich nötig seien, also insbesondere auch Vertreter in den Reichsrat zu delegieren.

Das zu prüfende Problem, ob nicht das Verhalten der preußischen Staatsregierung durch seine objektive Gefährlichkeit eine Aufsichtsaktion des Reiches habe hervorrufen können, sei vom Staatsgerichtshof mehr gestreift als gelöst worden.[256] Der Streitfall hätte unter dem Gesichtspunkt einer Verletzung der Ordnungspflicht Preußens noch umfassender beurteilt werden müssen. So sei vom Staatsgerichtshof, da er selbst das Vorhandensein einer schweren Störung der öffentlichen Sicherheit und Ordnung als offenkundig ansah, zu untersuchen gewesen, ob nicht in Preußen eine verfassungsfeindliche Lage durch Verfassungsstörungen herbeigeführt worden sei.[257] Eine Verfassungsstörung habe es nach Heckel schon bedeutet, dass eine Neubildung der Regierung in Preußen nach der Neuwahl des Landtages 1932 nicht möglich war; aber das Vorhandensein einer geschäftsführenden Regierung gebe dem Reich noch nicht das Recht, die Landesverfassungsaufsicht in Gang zu setzen. In Preußen sei jedoch noch etwas Besonderes hinzugekommen: die Parteigruppierungen im Landtag hätten die KPD dort zum ausschlaggebenden Faktor werden lassen,[258] und dies, obwohl deren Staatsfeindlichkeit wiederholt festgestellt wurde. Wer daran die Schuld trage, sei eine Frage für sich, denn es komme nicht auf die Schuldfrage an, sondern allein auf die Tatsache selbst. Ein Parlament, das eine revolutionäre Partei zum staatsbestimmenden Faktor werden lasse, erfahre eine „Perversion" seines staatsrechtlichen Charakters. Solche „pathologischen Erscheinungen" – nämlich dass sich Verfassungsfeinde in das Gewand des Volksvertreters hüllen – seien aber nur erträglich, solange sie nicht den Zentralapparat des Staates stören. Das sei in Preußen aber der Fall gewesen. Daraus resultiere die Lähmung der

[256] Heckel, Urteil, S. 228.

[257] Ebd., S. 229.

[258] Ebd.

Legislative und ein Verfall der Ordnung des Verfassungslebens, der das Reich auf den Plan rufen konnte. Angesichts dieser Situation hätte der Reichspräsident nach seinem pflichtmäßigen Ermessen mit einer berichtigenden Verfassungsintervention eingreifen können. Die Aufsichtsaktion habe er nicht unmittelbar gegen den Landtag richten müssen, sondern er konnte diesen auch durch die Einsetzung einer vom Parlament unabhängigen Regierung ausschalten. Deshalb kam Heckel zu dem Ergebnis: „Von solchen Erwägungen aus hätte der Staatsgerichtshof die Verordnung vom 20. Juli 1932 als Kampfmaßnahme gegen eine verfassungsfeindliche Lage in Preußen verstehen und bestehen lassen müssen, soweit sie sich auf Art. 48 Abs. 1, genauer gesagt, auf den Rechtstitel der Verfassungsintervention berief." Dann wäre dem Staatsgerichtshof auch der „Missgriff einer Teilung der Staatsgewalt" nicht „zugestoßen". Auch die Delegation und Instruktion von Bevollmächtigten Preußens zum Reichsrat durch den Reichskommissar hätte dann zu keiner Bemängelung Anlass geboten.[259] Insbesondere eine volle richterliche Nachprüfung des Tatbestandes hätte zu diesem Ergebnis führen müssen.[260] Es frage sich aber, wie weit sich das Prüfungsrecht des Staatsgerichtshofs überhaupt erstrecken durfte. Das Urteil gebe Anlass zum Zweifeln, ob der Staatsgerichtshof seine Zuständigkeit zur Prüfung nicht überspannt habe. Da es im Bundesstaat keine Klage von größerer Tragweite gebe als die Klage der Länder gegen die Verfassungsaufsicht des Reiches, habe ein solches Verfahren ein hochpolitisches Gepräge.[261] Deshalb sei für den Staatsgerichtshof – aufgrund der besonderen politischen Empfindlichkeit des Streitstoffes – die strengste Wahrung der Prozessform das Grundgebot. Dem richterlichen Prüfungsrecht seien dabei sehr enge Schranken gezogen.[262] Demzufolge habe der Staatsgerichtshof den Tatbestand lediglich daraufhin zu prüfen gehabt, ob die Feststellung der Verfassungsfeindlichkeit eines Verhaltens oder einer Lage unter offenbarem Bruch der Reichsverfassung vorgenommen worden sei.[263]

---

[259] Ebd., S. 230.

[260] Ebd., S. 231.

[261] Ebd., S. 240.

[262] Das Prüfungsrecht erstrecke sich auf die Interpretation des Aufsichtstitels, auf die Formgerechtheit des Aufsichtsbefehls und auf die Abwehr offenbaren Formenmissbrauchs, z. B. durch Verletzung des Aufsichtsziels. Ebd., S. 242.

[263] Das Urteil bestätige also entweder die Handhabung der Verfassungsaufsicht, womit zugleich der Verfassungsbruch des Landes öffentlich geächtet oder die Verfassungsfeindlichkeit der beanstandeten Lage öffentlich gebrandmarkt sei, oder es weise das Reich in seine Schranken und stelle die Integrität des Landes damit öffentlich wieder her. Im Einzelnen kritisierte Heckel, der Staatsgerichtshof habe den Staatsministern Parteifähigkeit zuerkannt, obwohl diese in einem Aufsichts-Prozess nicht gegeben sei. Ebenso hätte er die Klagen der Länder Baden und Bayern ablehnen müssen. Die preußischen politischen Parteien seien dagegen mit Recht nicht zum Prozess zugelassen worden. Ebenso zutreffend sei die Ablehnung abstrakter Feststellungsklagen und des Begehrens auf Feststellung einzelner, angeblicher Fehlgriffe der Verfassungsaufsicht im Tenor des Urteils gewesen. Die prozessualen Grundsätze hätten dagegen nicht durchweg gebührend Geltung gefunden. Zwar habe der Staatsgerichtshof weder eine Nebenintervention noch eine Klageänderung zugelassen, er habe aber die Entscheidung über die Parteifähigkeit wie über die Aktiv- und Passivlegitimation der Antragsteller bis zur Urteilsfäl-

Heckel kam also mit einem anderen theoretischen Ansatz und über den Umweg des ungeschriebenen Verfassungsrechts zu einem Ergebnis, das mit der Auffassung der Reichsvertreter übereinstimmte. Die Störung der öffentlichen Sicherheit und Ordnung – bei Heckel „Verfassungsstörung" – hätte den Eingriff erforderlich gemacht, wobei nicht die subjektive Intention der preußischen Regierung, sondern vielmehr die „objektive" Situation der Gradmesser gewesen sei. Auch hätte der Staatsgerichtshof bei seinem Urteil die Gesamtlage zu berücksichtigen gehabt. In diesem Sinne hätten diese Ausführungen den Reichsvertretern willkommen sein müssen. Der Bruch gegenüber deren Position lag aber in der Begründung dieses Ergebnisses, denn Heckel war vehement gegen die Stützung der Verordnung auf den Art. 48 Abs. 2 eingetreten und hatte damit die Strategie der Reichsberater torpediert. Mit der Warnung vor einer extensiven Auslegung des Art. 48 Abs. 2 hatte er in die gleiche Kerbe geschlagen, wie die Gegner der Reichsregierung. Diese Begründungsstrategie hatte Vor- und Nachteile: Der Weg über den „Verfassungsnotstand", den Heckel anriet, bot zwar den Vorzug, dass der Art. 48 nicht in seinem Bedeutungsgehalt gewandelt worden wäre, dafür bedeutete das Ausweichen in ungeschriebenes Verfassungsrecht unkalkulierbare Risiken. Wenn die Reichsregierung sich nicht auf den Wortlaut der Verfassung gestützt hätte, sondern auf ein ungeschriebenes Staatsnotrecht, stünde prinzipiell die gesamte Verfassung unter dem Vorbehalt des „Verfassungsnotstandes", bzw. man hätte sich zwangsläufig in schwierige Abgrenzungsprobleme hineinmanövriert.[264] Insofern war diese Begründung abzulehnen, da sie nicht nur schlechte Aussichten auf Bestand vor dem Staatsgerichtshof hatte, sondern auch zusätzliche Gefahren und Probleme in sich barg.

Voll im Sinne der Reichsvertreter war dagegen die Urteilskritik von Heinrich Triepel.[265] Insbesondere teilte Triepel die Auffassung der Reichsseite, dass der Reichskommissar kein Reichsorgan mehr sei, sondern vielmehr provisorische Lan-

lung aufgeschoben. Damit sei der Einlassungszwang des Reiches über Gebühr ausgedehnt. Er habe ferner die Grenzen des richterlichen Prüfungsrechts nicht scharf innegehalten, denn er habe den umstrittenen Tatbestand auf die Qualität der Verfassungsfeindlichkeit hin gewertet, statt sich auf die Prüfung zu beschränken, ob eine solche Bewertung durch den Reichspräsidenten als offenbarer Verfassungsbruch beurteilt werden müsse. Insgesamt habe der Staatsgerichtshof einen „bedenklichen Mangel staatsrechtlicher Gesamtschau" gezeigt, da er auf die drei Hauptfragen – nämlich die Frage nach der Staatsnatur der Länder, gemessen an der Diktatur gegen Preußen, die Frage nach dem Wesen der Verfassungsaufsicht angesichts der Verfassungsintervention gegen Preußen und die Frage nach den Grenzen der Verfassungsgerichtsbarkeit – keine sichere Antwort gegeben habe. Abgesehen von den bezeichneten Mängeln sei die Sentenz vom 25. Oktober „gewiss in vielem brauchbar, ja wertvoll". Als Ganzes werde ihr aber der Ruhm eines säkularen Spruchs nicht zuteil. (Ebd., S. 243 ff.)

264 Zur Kritik an der Lehre Heckels s. Huber, Zur Lehre vom Verfassungsnotstand in der Staatstheorie der Weimarer Zeit, in: Im Dienst an Staat und Recht, Festschrift für Werner Weber zum 70. Geburtstag, hg. v. Hans Schneider und Volkmar Götz, S. 31 ff., Berlin 1974 (S. 42 f., 52). Dazu auch Grund, S. 114 f. Huber bezeichnete Heckels Lehre als „in der Ausgangsbasis wie im Resultat [...] fragwürdig" (Huber, S. 43.) Auch Grund lehnte die Lehre Heckels ab und bezeichnete den Weg der h. L. über den Art. 48 Abs. 2 als vorzugswürdig. (Grund, S. 114 ff.)

265 Triepel, Entscheidung.

desregierung. Als Stütze für die Einsetzung dieser vorübergehenden Landesregierung hätte nach Triepel der Abs. 2 als Grundlage bereits genügt. Aufgrund des engen Zusammenhangs der beiden Absätze des Art. 48 sei aber auch der Abs. 1 zulässigerweise zitiert worden.[266] Triepels Ergebnis, er halte die Entscheidung des Staatsgerichtshofs „zum großen Teile für unrichtig", stützte sich im Wesentlichen auf den Einwand, „dass das Verhältnis, in dem die beiden Absätze des Art. 48 zueinander stehen, verkannt worden" sei. Zwar habe der Staatsgerichtshof die beiden Absätze getrennt prüfen müssen, aber aus der Notwendigkeit dieser gesonderten Prüfung folge noch nicht, „dass man die beiden Bestimmungen voneinander isoliert". Zwar deckten die beiden Absätze verschiedene Tatbestände und hätten unterschiedliche geschichtliche Vorläufer. Es dürfe aber darüber nicht der Zusammenhang übersehen werden, der zwischen beiden bestehe: In beiden Bestimmungen handele es sich um das Recht des Reiches, bei außergewöhnlichen Ereignissen, die den Bestand der staatlichen Ordnung gefährdeten, mit außergewöhnlichen Mitteln vorzugehen. In beiden Fällen sei es der Reichspräsident, dem die Befugnis zur Wiederherstellung der gestörten Ordnung gegeben werde, und in beiden Fällen sei der Reichstag zur Kontrolle dieser Entscheidungen berufen. Deshalb, so Triepel, sei es trotz des „begrifflichen Gegensatzes" sehr wohl denkbar, dass ein und derselbe Tatbestand unter beide Bestimmungen zu bringen sei, was übrigens der Staatsgerichtshof ausdrücklich zugegeben habe. Deshalb könne gelegentlich der Abs. 2 helfen, wenn etwa aus besonderen Gründen der Abs. 1 versagen sollte.[267]

Die Berücksichtigung der „inneren Zusammengehörigkeit" der beiden Absätze führe zu dem Ergebnis, dass für den Abs. 1 „genau dieselbe" Grenze gelte, die dem Staatsgerichtshof bei der Entscheidung von Streitfällen nach Abs. 2 gezogen sei, denn der Abs. 1 setze zwar seinem Wortlaut nach nur eine „Pflichtverletzung" voraus, es sei aber „natürlich" der Sinn der Vorschrift, nur bei schweren Pflichtverletzungen, nämlich solchen, die eine Gefahr für den Bestand der bundesstaatlichen Ordnung in sich schlössen, zu greifen. Der Abs. 1 wolle ebenso wie der Abs. 2 die Verfassung – diese nicht im formellen, sondern im materiellen Sinne genommen – schützen. Daraus ergebe sich sofort eine Schranke für die Urteilsgewalt des

---

[266] Die ungeteilte Zustimmung Triepels war für die Reichsvertreter überraschend gekommen, da sie selbst Triepel im Prozess noch als Schwurzeugen für die Auffassung genannt hatten, dass jede Exekution eine Entscheidung des Staatsgerichtshofes nach Art. 19 RV voraussetzte. In seiner Urteilsbesprechung hatte Triepel diese Zuspitzung seiner Lehre jedoch zurückgewiesen und sich im Übrigen fast vollständig dem Standpunkt der Reichsvertreter angeschlossen. Das war insofern von Bedeutung, als Triepel eine unumstrittene Autorität war und der Bereich Streitigkeiten zwischen Reich und Ländern zu seinen Spezialgebieten zählte. Außerdem war er eine unabhängige Instanz und stand nicht im Verdacht, sich aus politischen Motiven für die eine oder andere Seite zu äußern. Das ist umso bedeutsamer, als viele der Urteilskritiken aus mehr oder weniger offen geäußerten politischen Erwägungen hervorgegangen waren. Triepel dagegen stand zu keinem Zeitpunkt mit dem Prozess in Verbindung. So zeigt seine Stellungnahme vor allem, dass auch ein unabhängiger, das heißt keiner der beiden Streitparteien verpflichteter, Staatsrechtslehrer zu einem ähnlichen Ergebnis wie die Reichsvertreter gelangen konnte.

[267] Triepel, Entscheidung, Sp. 1503.

Staatsgerichtshofs, nämlich die gleiche wie für den Abs. 2. Wenn es nämlich strittig werde, ob die Voraussetzungen zur Anwendung des Abs. 1 gegeben seien, so sei immer zu entscheiden, ob das Land eine schwere Verletzung einer Bundespflicht begangen habe. Das sei zwar, wie der Staatsgerichtshof sage, eine Tat- und eine Rechtsfrage zugleich, damit sei aber nicht bewiesen, „dass der StGH diese Tat- und Rechtsfrage beantworten, dass er das Werturteil, das der RPräs. mit seinem Beschlusse über die Vornahme der Reichsexekution abgibt, durch sein eigenes Werturteil ersetzen dürfte".[268]

Was sich hier abzeichnet, ist eine Prozessstrategie, die möglicherweise aussichtsreicher gewesen wäre, als die von den Prozessvertretern verfolgte, denn Triepels Argumentation lief darauf hinaus, dass dem Staatsgerichthof bezüglich des richterlichen Prüfungsrechts zu Abs. 1 die gleichen Schranken auferlegt waren, wie zu Abs. 2. Damit hätte er den Staatsgerichtshof gezwungen, sich mit der Frage des richterlichen Prüfungsrechts explizit auseinanderzusetzen. Das Gericht hätte seine gegenüber der herrschenden Lehre und der Rechtsprechung abweichende Haltung ausführlich begründen müssen, was zumindest schwierig geworden wäre. Dieses Vorgehen hätte es dem Staatsgerichtshof jedenfalls unmöglich gemacht, das Prüfungsrecht, wie geschehen, mit einer gewissen Selbstverständlichkeit vorauszusetzen.[269]

---

[268] Der Exekutionsbeschluss gehöre, wie Triepel unter Zitat seiner eigenen Schrift über „Streitigkeiten zwischen Reich und Ländern" von 1923 feststellte, zu den „Handlungen, die den Zusammenhalt des Ganzen, die Erhaltung der Lebensfähigkeit des Bundesstaats überhaupt zum Ziele haben. [...] Die Bewertung der Interessen, die für ihre Ausübung bestimmend ist, kann, wenn die Einheitlichkeit und Zielsicherheit der Staatslenkung gewahrt bleiben soll, der Prüfung eines außerhalb der Regierung stehenden Organs nicht unterstellt werden, ebenso wenig wie die Interessenabschätzung, die anderen hochpolitischen Akten [...] vorangeht." (Ebd., Sp. 1503 f. Das Originalzitat in: Triepel, Streitigkeiten, S. 94 ff., bes. S. 99 f.) Damit wolle er die richterliche Kontrolle auf diesem Gebiet keineswegs völlig ausschalten. Dem Staatsgerichtshof müsse es freistehen, zu prüfen, ob in dem einzelstaatlichen Verhalten, gegen welches das Reich vorgehe, objektiv betrachtet, überhaupt eine Pflichtverletzung gefunden werden könne. Es gelte auch für Handlungen des Reichspräsidenten und andere „actes de gouvernement" der Grundsatz, dass Ermessensüberschreitung und Ermessensmissbrauch den Akt fehlerhaft machen und vom Richter korrigiert werden könnten. Der Staatsgerichtshof dürfe also dem Reiche in den Arm fallen, wenn es den Art. 48 Abs. 1 missbrauche, aber die Frage, ob ein Land eine *schwere* Gefährdung der bundesstaatlichen Ordnung unter Verletzung seiner verfassungsmäßigen Bundespflichten begangen habe, könne nur der Reichspräsident entscheiden. (Triepel, Entscheidung, Sp. 1504.)

[269] Diese Auffassung hatte Triepel im Weiteren ausführlich erläutert. Der Staatsgerichtshof, so fuhr er in seiner Beweisführung fort, habe in einem anderen Zusammenhang festgestellt, dass das Vorgehen einer Regierung so lange als berechtigt anzusehen sei, als sich nicht das Gegenteil aus den Verhältnissen der betreffenden Zeit heraus einwandfrei ergebe. Man könne die Ansicht vertreten, dass Entsprechendes auch bei Art. 48 Abs. 2 zu gelten habe. In der Frage des Art. 48 Abs. 1 hätte der Staatsgerichtshof dann aber, laut Triepel, notwendig zu dem gleichen Ergebnis kommen müssen, wenn er sich nicht durch die „schroffe Scheidung zwischen Abs. 1 und Abs. 2 den Weg verbaut gehabt hätte". Tatsächlich habe der Staatsgerichtshof die Meinung, es handele sich in der Frage, ob die Verordnung vom 20. Juli in Abs. 1 eine angemessene Stütze finde, um eine „reine Ermessensfrage" als unrichtig abgelehnt, ohne zu prüfen, ob nicht wenigstens *zum Teil* in der Frage eine Ermessensfrage enthalten sei. So

Eine weitere wichtige Weichenstellung war die Auffassung Triepels, dass der Kommissar Landesorgan sei und eben kein Organ des Reiches. Seine im Rahmen des Auftrags vorgenommenen Maßnahmen seien Akte der Landesstaatsgewalt. Damit war die Möglichkeit einer Teilung der Staatsgewalt von vorneherein ausgeschlossen, sofern der Staatsgerichtshof der Argumentation folgen konnte. Zwar hatten so auch die Reichsvertreter argumentiert, sie hatten dem Staatsgerichtshof aber hinsichtlich der Handhabung des Prüfungsrechts weitere Spielräume eingeräumt. Diese Spielräume hatten ihn zu der schroffen Trennung der beiden Reichsgewalten geführt, die durch Triepels Beweisführung zumindest erschwert worden wäre.

In der Deduktion des Staatsgerichthofs, so entfaltete Triepel seine Auffassung von dem Kommissar als provisorischer Landesregierung, sei „Richtiges mit Unrichtigem verbunden".[270] Zwar unterliege es auch für ihn keinem Zweifel, dass die Verfassung als solche auch für den Reichspräsidenten als Diktator unantastbar sei;

---

habe er auch nicht dazu Stellung nehmen können, ob in den Äußerungen des preußischen Innenministers eine Pflichtverletzung zu sehen sei, denn darin läge ein „Maß- und Werturteil, das m. E. nur dem RPräs. zusteht und durch kein Urteil des Staatsgerichtshofs ersetzt werden kann". Wenn es gelte, dass zur Auslegung des Abs. 1 auch Art. 48 den Abs. 2 herangezogen werden müsse, so treffe das auch für den umgekehrten Fall zu. Aus der Geschichte des Abs. 1 ergebe sich, dass die Exekution bis zur Sequestration eines Landes und ihrer Regierung ausgedehnt werden könne. Da eine Maßnahme, die von der Verfassung selbst als ein zulässiges Mittel bundesstaatlichen Zwanges angesehen werde, unmöglich als schlechterdings rechtswidrig bezeichnet werden könne und es sich nicht darlegen lasse, „dass die Verf. *nur* im Falle des Abs. 1 jene Maßregel als zulässig habe erklären wollen", müsse das gleiche auch für den Abs. 2 gelten: „Es ist auch nach Art. 48 Abs. 2 in das Ermessen des RPräs. gestellt, unter außergewöhnlichen Umständen die ‚Sequestration' der Regierungsgewalt und zwar der *ganzen* Regierungsgewalt, d. h. deren Beschlagnahme zur vorläufigen Verwahrung anzuordnen." Das habe der Staatsgerichtshof im Wesentlichen anerkannt, wenn er sage, der RPräs. konnte es angesichts der außergewöhnlichen politischen Gefahrenlage für geboten erachten, „die staatlichen Machtmittel des Reichs und des größten deutschen Landes in einer Hand zusammenzufassen." Allein, im Folgenden komme der „Bruch" der sich „durch die gesamte Entscheidung hindurch" ziehe. Laut dem Staatsgerichtshof fänden die Maßnahmen des Art. 48 Abs. 2 ihre unüberschreitbare Grenze in den Bestimmungen der Verfassung, die nicht lediglich Zuständigkeiten zwischen Reich und Ländern abgrenzen. Die Verordnung sei also zulässig, soweit sie als eine „bloße Verschiebung von Zuständigkeiten", als eine „Übertragung von Geschäften und Befugnissen von der Landesregierung auf ein Reichsorgan" aufgefasst werden könne, dagegen nicht, soweit sie in „andere Vorschriften" der Reichsverfassung, von den sieben ausdrücklich als suspendierbar bezeichneten Artikeln des Abs. 2 abgesehen, eingreife. Zu den Vorschriften, die bloße Abgrenzungen enthalten, gehöre nach dem Staatsgerichtshof der Art. 5, nicht aber der Art. 17, der dem Lande eine eigenwüchsige Landesregierung gewährleiste, und auch nicht die Art. 60 und 63, wonach die Länder im Reichsrate nur durch Mitglieder ihrer Regierungen vertreten sein können. Diese Differenzierung führte den Staatsgerichtshof zu dem Schluss, dass man zwar Befugnisse der preußischen Minister in „Landesangelegenheiten" nach Art. 48 vorübergehend abtrennen und einem Reichskommissar übertragen könne, z. B. Entlassungen und Ernennungen von Beamten, dass die Vertretung des Landes Preußen im Reichsrate und Reichstage, überhaupt gegenüber dem Landtage und Staatsrate, nicht auf einen Kommissar übergehen könne, da dieser ein Reichsorgan und dem Reiche verantwortlich sei. (Triepel, Sp. 1505.)

[270] Ebd., Sp. 1506.

die Diktatur sei ja gerade um der Verfassung willen, zu ihrem Schutze geschaffen. Daher sei es auch sicher, dass der Diktator die Eigenständigkeit der Länder zu achten habe. Diese werde aber nicht durch Art. 17 gewährt, da dieser von den Ländern die Angleichung ihrer Verfassungsform an die des Reiches verlange aber nichts von einer Garantie der „Selbständigkeit" der Länder enthalte. Diese werde vielmehr vorausgesetzt und zwar nicht nur in diesem, sondern in jedem Artikel, da sie die tragende Grundlage für das ganze Gebäude des Reiches sei. Aber andererseits sei die Diktatur „gerade in ihrem innersten Wesen selber eine Verfassungsanomalie", und es sei die „eigentümliche Dialektik der Einrichtung, dass sie das, was sie schützen soll, eben um es zu schützen angreifen *muss*, folglich auch – im Rahmen des Diktaturzwecks – angreifen darf".[271] Das erkenne auch der Staatsgerichtshof an, indem er dem Diktator Zuständigkeitsverschiebungen zwischen Reich und Ländern, also gerade diejenige Maßnahme gestatte, die „einen Stoß in das Herzstück der Verfassung bedeutet!" Die vorübergehende Beiseiteschiebung einer Landesregierung und ihre Ersetzung durch einen Reichskommissar sei aber nichts anderes als eine „Zuständigkeitsverschiebung", d. h. ein Vorgang, bei dem das Reich einen Akt vornehme, der nach der Kompetenzordnung der Verfassung normalerweise nur von höchsten Landesorganen vorgenommen werden könne. Wenn der Diktator Landesbeamte ernennen und entlassen dürfe, so habe er eine Befugnis, die eigentlich nur der Landesregierung zustehe. Hiervon unterscheide sich die Einsetzung von obersten Regierungsorganen zwar dem Grade, nicht aber der Art nach. Der Staatsgerichtshof habe nichts dagegen einzuwenden, dass der Diktator den Landesgesetzgeber ersetzt, selbst wenn er dabei der Landesverfassung widersprechende Sätze einführe. Er, Triepel, meine dagegen, dass sich solche Zuständigkeitsverschiebungen nicht einmal dem Grade nach von der Bestellung einer Landesregierung unterschieden. Damit sei aber auch die Frage entschieden, ob eine Verordnung nach Art. 48 die „mattgesetzte" Landesregierung von der Vertretung des Landes im Reichsrate und von der Vertretung gegenüber höchsten Reichs- und Landesorganen überhaupt ausschließen dürfe. Natürlich sei es eine Anomalie, wenn die Vertretung eines Landes im Reichsrate durch das Reich selbst wahrgenommen würde. Vielleicht sei es sogar eine Anomalie, wenn das Reich einen rechtlichen Einfluss auf die Instruktion von Reichsratsbevollmächtigten gewinnen würde. Allein der vom Reichspräsidenten eingesetzte Kommissar sei eben, solange er amtiert, provisorische Landesregierung. Der Staatsgerichtshof bediene sich einer unrichtigen Konstruktion, wenn er den Kommissar als Reichsorgan auffasse, denn: „Der Kommissar ist Landesorgan, seine im Rahmen des Auftrags vorgenommenen Akte sind Akte der Landesstaatsgewalt."[272] Nur die Einsetzung des Kommissars sei Reichsakt, werde im Namen des Reiches vorgenommen; was der Kommissar selbst verfüge, das verfüge er im Namen des Landes. Die „Zuständigkeitsverschiebung" bestehe nicht darin, dass während des Provisoriums Landesverordnungen, Verfügungen, Rechtsgeschäfte vom

[271] Die Formulierung ist ein deutlicher Anklang an Schmitts Ausführungen über den Art. 48 Abs. 2 in der „Diktatur" und „Die Diktatur des Reichspräsidenten".

[272] Ebd., Sp. 1507.

Reiche vorgenommen werden, sondern darin, dass das Reich eine Regierung, die an sich von anderen Landesorganen berufen werden müsste, von sich aus bestellt. Der rechtliche Sachverhalt sei in den zahllosen anderen Fällen, in denen sich ein korporativer Verband die Bestellung eines Organs von außen her gefallen lassen musste, nie anders aufgefasst worden. Daher kam Triepel zu dem Schluss, „dass es dem RPräs. *nicht* verwehrt ist, im Falle des Art. 48 Abs. 2 einen Reichskommissar vorübergehend zur Ausübung der Landesregierung zu bestellen. Und zwar der *ganzen* Regierung."[273]

Das Ergebnis des Staatsgerichtshofes hielt er konsequenterweise gerade deshalb für so unbefriedigend, weil es eine „unmögliche Teilung der Regierungsgewalt" für möglich halte, ja verlange. Dabei lasse sich „Regierung" nicht teilen. Regierung sei ihrem Wesen nach oberste Leitungs- und Entscheidungsgewalt im Dienste der Zusammenfassung staatlicher Kräfte zur *Einheit*. Sie sei daher selbst eine Einheit, die sich nicht spalten lasse. Das deckte sich exakt mit der Auffassung der Reichsvertreter. Der Staatsgerichtshof, so Triepel weiter, versuche zwar, den „Riss" durch gute Ratschläge für eine Verständigung zu schließen. Aber keine Verständigung helfe darüber hinweg, dass hier getrennt worden sei, was nicht getrennt werden dürfe. Es habe sich gezeigt, dass die Durchführung des Urteils einen auch nur für kurze Dauer „unerträglichen Zustand" geschaffen habe.[274]

Diese Beweisführung hatte gegenüber derjenigen der Reichsvertreter den Vorteil, dass sie niemals den Boden des positiven Staatsrechts verließ und in politische Erwägungen abglitt. Insbesondere die fehlende Befugnis des Staatsgerichtshof zur vollen Nachprüfung der Maßnahmen wurde hier völlig zutreffend in den Mittelpunkt gerückt. Gegenüber einer solchen lückenlosen Argumentation hätte der Staatsgerichtshof nicht zu stillschweigenden Annahmen greifen können, wie es im Urteil geschehen war.

---

[273] Ebd.

[274] Gegenüber der „herben Kritik", die wie selten an einem höchstrichterlichen Urteile geübt worden sei, sprach sich Triepel allerdings entschieden kritisch aus. Der Unmut habe sich bis zu starken Zweifeln an der Einrichtung des Staatsgerichtshofs selbst gesteigert. Streitigkeiten von so eminent politischer Bedeutung, so heiße es, seien nicht für richterliche Entscheidungen geeignet. Hier müsse man vor Übertreibungen dringend warnen. Rechtsstreitigkeiten zwischen Reich und Ländern seien unzweifelhaft auch politische Streitigkeiten, aber deswegen trotzdem justiziabel. Wenn man die jetzige Gelegenheit benutzen wolle, um zukünftige Entwicklungen ins Auge zu fassen, so könne es nur in dem Sinne geschehen, dass man eine Gestaltung bundesstaatlicher Verhältnisse erstrebe, die stärker dem Gedanken gerecht werde, dass sich Reich und Länder nicht wie unabhängige „Mächte" gegenüberstünden. Nicht das Reich für sich und nicht die Länder für sich besäßen Staatsqualität. In der *Zusammenarbeit* von Reich und Ländern lebe der deutsche Staat. Wenn das in einer künftigen Verfassung noch schärfer ausgeprägt werde als jetzt, dann würden sich Streitigkeiten zwischen Reich und Ländern von selbst entpolitisieren. Den Staatsgerichtshof aber solle man nicht antasten. Er sei ein Grundpfeiler des Rechtsstaates, und es gäbe nicht den geringsten Anlass, auch nur einen einzigen Stein aus diesem Gebäude herauszubrechen.

Die „Teilung der Staatsgewalt“ durch den Staatsgerichtshof war der am häufigsten kritisierte Punkt der Entscheidung.[275] Diese Kritik kam von beiden Seiten, da

[275] Der ständestaatlich orientierte Rostocker Staatsrechtler Edgar Tatarin-Tarnheyden hatte wie Triepel und die Reichsvertreter betont, dass der Staatsgerichtshof ein Urteil gefällt habe, aus dem sich eine politische Lage ergebe, die „für ein geordnetes Staatswesen untragbare Zustände“ schaffe. (Tatarin-Tarnheyden, Das Urteil des Reichsstaatsgerichtshofes, DAZ, 30.10.1932, S. 1–2.) Deshalb meldete er „zahlreiche schwere Bedenken“ gegen die Entscheidung an. Seine Argumente ähnelten in weiten Zügen denen der Prozessvertreter. Er betonte, dass bei der Pflichtverletzung des Abs. 1 eine „Rechtspflichtverletzung“ und eine „politische Pflichtverletzung“ zu unterscheiden seien. (Tatarin-Tarnheyden, Urteil, S. 2.) Dazu im Einzelnen der Aufsatz desselben im deutschnationalen Blatt: Der Tag, 21. Oktober 1932, Nr. 253. Im vorliegenden Fall könne es sich „dem Sinne nach nur um eine objektive Pflichtverletzung“ handeln und zwar des „Landes“ als solchem und nicht einzelner Personen. Die „subjektive Schuld oder Nichtschuld einzelner“ – und nur dem Individuum gegenüber könne von einer solchen die Rede sein – sei „hier gleichgültig“. Der Nachprüfung des Staatsgerichtshofs unterliege allein die Verletzung der Rechtspflicht durch ein „Land“, nicht aber die „politische Pflichtverletzung“ – über diese entscheide „kraft seiner Prärogative“ der Reichspräsident. Dem Staatsgerichtshof sei von der Reichsverfassung nicht die Stellung eines die „letzten politischen Entscheidungen‘ des Reichstags oder Reichspräsidenten überprüfenden Organs verliehen. Bei den Voraussetzungen des Art. 48 Abs. 1 – insoweit sei dem Staatsgerichtshof zuzustimmen – handele es sich tatsächlich nicht um eine „reine Ermessensfrage“, sondern das Ermessen sei dem Reichspräsidenten nur insofern gegeben, „als es die Feststellung einer politischen Pflichtverletzung“ betreffe. Das bedeute auch, dass die Frage der Pflichterfüllung „nicht immer eine Rechtsfrage“ sei. Der Staatsgerichtshof habe zu Abs. 1 nicht festzustellen, ob ein preußischer Minister seine Pflicht dem Reiche gegenüber erfüllt habe, sondern „ob die rechtlichen und politischen Verhältnisse des Landes Preußen objektiv den Pflichten entsprechen, die diesem Lande ‚nach der Reichsverfassung oder den Landesgesetzen obliegen‘ (Art. 48 Abs. 1).“ Die Reichsverfassung wolle ihrem ganzen Sinngehalt nach trotz ihrer föderativen Elemente die *Einheit der Staatsgewalt*, und diese sei nur bei „diskretionärer Entscheidungsgewalt der obersten regierenden Reichsorgane in politischen Reichsfragen (Prärogative)“ gesichert. Diesen Grundgedanken und allgemeinen Sinngehalt der Verfassung, das A und O *aller* Staatsdoktrin, habe der Staatsgerichtshof überhaupt nicht gesehen. Statt dessen habe er sich in sehr zweifelhafter Argumentation auf den Abs. 2 zurückgezogen, und damit sei wieder einmal alles auf die Diktaturgewalt abgewälzt. Juristisch bleibe vieles „sehr anfechtbar“. Insbesondere frage sich, ob jene „partielle Absetzung“ der preußischen Regierung aus Abs. 2 zu rechtfertigen sei. Tatarin-Tarnheyden kam jedenfalls zu dem Schluss, dass die Einsetzung eines Reichskommissars für Preußen, sei es auch nur unter „partieller“ Absetzung der preußischen Regierung, sich verfassungsrechtlich und staatspolitisch einwandfrei nur aus dem Abs. 1 des Artikels 48 rechtfertigen lasse. Dann aber hätte der Spruch anders lauten müssen. Es zeigt sich, dass Tatarin-Tarnheyden zwar eine restriktivere Auslegung des Art. 48 Abs. 2 vertrat, dass er aber bezüglich des Absatzes 1 – mit einer anderen Begründung – zu dem gleichen Ergebnis wie die Reichsvertreter kam, nämlich, dass Preußen keine subjektive rechtliche Pflichtverletzung nachgewiesen werden müsse. Tatarin-Tarnheyden folgerte dies aus seiner Unterscheidung von rechtlicher und politischer Pflichtverletzung. Die rechtliche Pflichtverletzung behandelte er als Rechtsfrage, die vom Staatsgerichthof bezüglich des Voraussetzungstatbestandes voll überprüfbar sei. Davon scharf unterschieden wurde aber die „politische Pflichtverletzung“, die Tatarin-Tarnheyden als Tatfrage bezeichnete. Als solche war sie der Nachprüfung des Gerichtshofes entzogen. Damit kam er, ebenso wie die Reichsvertreter, zu einer „objektiven“ Pflichtverletzung, die aus einer politischen Beurteilung der Gesamtlage geschlossen werden müsse. Diese Beurteilung obliege aber nur dem „diskretionären Ermessen“ des Reichspräsidenten. Aus dieser Interpretation folgte, dass der Reichspräsident am 20. Juli 1932 – vor allem gestützt auf den Abs. 1 – die preußische Regierung vorübergehend

beide Parteien anstelle des Kompromisses lieber einen vollen Prozessgewinn gesehen hätten.[276] Hauptsächlich fand man diese Kritik freilich auf konservativer Seite.[277] Daneben gab aber durchaus auch liberale und sozialdemokratische Kritiker.

---

hätte absetzen dürfen. Diese Begründungsstrategie war weniger aussichtsreich als die der Prozessvertreter, da seine Unterscheidung von rechtlicher und politischer Pflichtverletzung keinen Rückhalt in der Verfassung fand und daher leichter entkräftet werden konnte als die Behauptung des Ineinanderfließens der beiden Absätze, wie sie die Reichsseite vertreten hatte. Auch war die restriktive Auslegung des Abs. 2 ein Risiko, da dies ein Punkt war, über den man sich wahrscheinlich noch am ehesten verständigen konnte, wie auch die spätere Entscheidung des Staatsgerichtshofs zeigen sollte. Allerdings hätte die Argumentation Tatarin-Tarnheydens den unleugbaren Vorzug gehabt, dass die preußische Seite nicht in den Verdacht einer rechtlichen Pflichtverletzung geraten wäre und daher wesentliche Beweggründe für die Austragung eines Prozesses entfallen wären.

[276] Rückblickend hat etwa Jürgen Bay diesem Gedanken im Sinne der preußischen Regierung Ausdruck verliehen. Hoheitsrechte und Exekutivbefugnisse, Vertretung und Verwaltung des Landes seien zwei Seiten derselben Medaille und als solche „nicht teilbar". Um etwas ‚vertreten' zu können, müsse man es auch ‚verantworten' können. „Vertretungsrechte und Verwaltungsbefugnisse lassen sich begrifflich unterscheiden, dürfen aber in praxi nicht getrennt werden, wie es die Richter taten. Dieser Mangel des Urteils war die tiefere Ursache der Querelen zwischen Regierung und Kommissar." (Bay, S. 255.)

[277] In der DJZ waren der Oberverwaltungsgerichtsrat a. D. Westarp und der Regierungspräsident a. D. v. Campe den Reichsvertretern beigesprungen. Beide konzentrierten sich auf den Gesichtspunkt der Teilung der Staatsgewalt. So betonte Westarp, die durch das Urteil geschaffenen „unmöglichen Verhältnisse" – nämlich das „Nebeneinander von nunmehr drei Zentralregierungen in Berlin" – seien „staatsrechtlich und staatspolitisch gleich unhaltbar". Sie würden daher mit Recht „von allen Seiten abgelehnt." (Graf Westarp, Die rechtspolitischen Wirkungen des Leipziger Urteils, in: DJZ, 15. November 1932, 37. Jg., Heft 22, Sp. 1378, 1379 und 1384 und v. Campe, Der Prozess Preußen contra Reich im Lichte von Rechtsstaat und Rechtsgefühl, in: DJZ, 15. November 1932, 37. Jg., Heft 22, Sp. 1387.) V. Campe kam zu dem Ergebnis: „Die gesetzlichen Grundlagen über die richterliche Nachprüfung von Maßnahmen politischer Stellen bedürfen der Kritik. Dass uns der Rechtsstaat bleibe, ist selbstverständlich. Aber jede Überspannung schadet. Überspannung des Rechtsgedankens schadet dem Gedanken des Rechtsstaats, ja des Rechts." Das, was dieser Streit zeitige, sei das Bild „drohenden Zerfalls des Staates". Da werfe sich von selbst die Frage auf, ob es wirklich im Sinne der Verfassung liegen könne, dass die Rechte des Reichspräsidenten auf Grund des Art. 48 Abs. 2 nur auf eine Entziehung der Exekutive beschränkt seien. „Hat dieses Notstandsrecht des Reichspräsidenten noch einen Sinn, wenn er bei dieser Beschränkung die Gefahr für Ordnung und Sicherheit nicht beseitigen kann und täglich einen neuen Herd der Beunruhigung, ja einen unhaltbaren Zustand, ein staatliches Chaos schafft?" In diesem Sinne hatte sich auch der Staatsrechtler v. Dryander geäußert: „Dass das Urteil im Gegensatz zu dem eigenen Vorentscheid eine unausgeglichene Zweiteilung divergierender Gewalten schafft, ist ‚in außergewöhnlicher politischer Gefahrenlage', wie sie der Staatsgerichtshof konstatiert, ein Ergebnis, zu dem auch eine rein juristische Verhandlung nicht hätte führen dürfen. In Zeiten der Gefahr die Einheit der Staatswillensbildung zu sichern, das ist ja nach eigener Rechtsprechung des Staatsgerichtshofs die große Aufgabe des Art. 48." (Dr. v. Dryander, „In außergewöhnlicher politischer Gefahrenlage", DAZ, 1. November 1932.) Tatarin-Tarnheyden stellte fest: „Das Urteil will niemandem zu nahe treten, es will vor allem – das ist seine Grundtendenz –, die föderalistischen Elemente der Reichsverfassung auf das schonendste behandeln. Und es tritt allen zu nahe, weil es die Verhältnisse unendlich kompliziert, weil es eben nur juristisch sein will und dem elementaren Grundsatz der Staatslehre, dass alle Staatsgewalt vom Merkmal der Einheit getragen ist, nicht Rechnung trägt." (Tatarin-Tarnheyden, Urteil, S. 1.)

Interessant ist etwa die entsprechende Kritik von Hans Kelsen, der der SPD nahestand und auf den man sich von sozial-liberaler Seite gerne berief. Kelsen, sonst weltanschaulicher Widerpart Schmitts, hatte das Urteil ausgerechnet in der SPD-nahen „Justiz“ harsch kritisiert. Bei einem persönlichen Gespräch am 23. Oktober 1932, bei dem es um Schmitts geplante Berufung an die Universität Köln ging, hatte Kelsen diesem seine Ablehnung der Entscheidung gesprächsweise mitgeteilt. Schmitt notierte: „*um ½2 zu Kelsen, nett und freundlich unterhalten, [...] er ist anscheinend nicht gefährlich, verlangte den Staatsstreich usw. Er schimpfte über Smend, Heller und dessen Gebrüll*“.[278]

In der Tat hatte Kelsen im November/Dezember eine Urteilskritik veröffentlicht, die auf die von Schmitt geschilderte Stimmungslage zurückzuführen sein mag. Kelsen hatte hier die Auffassung vertreten, dass das Urteil – aufgrund technischer Unzulänglichkeiten der Urteilsbegründung – vom Reichspräsidenten nicht ausgeführt zu werden brauche.[279] Der sozialdemokratische Jurist führte aus, der Staatsgerichtshof habe die Reichsexekution als ganze Aktion für verfassungswidrig erklärt; dieselbe Aktion erkläre er aber nicht für verfassungswidrig, sofern sie sich auf Abs. 2 gründe. Dabei sei zunächst von Bedeutung, dass der Staatsgerichtshof, wenn auch nicht ausdrücklich, so doch implizit für möglich halte, dass ein und derselbe Tatbestand Reichsexekution im Sinne des Abs. 1 und eine Maßnahme zur Wiederherstellung der öffentlichen Sicherheit und Ordnung sein könne.[280] Er habe der Reichsregierung die Möglichkeit eingeräumt, nach Abs. 2, die „gesamten staatlichen Machtmittel“ des Reiches und Preußens in einheitliche Bahnen zu lenken. Da hier aber nicht nur polizeiliche Machtmittel gemeint seien, müsse das soviel bedeuten wie „Machtvollkommenheit“. Sei dies aber der Fall, so gehe der vom Staatsgerichtshof ausgesprochene Rechtssatz noch weit über die Verordnung vom 20. Juli hinaus, denn zu den staatlichen Machtmitteln im Sinne von staatlichen Machtvollkommenheiten gehöre nicht nur die Kompetenz oder Funktion der Vollziehung, sondern auch die der Gesetzgebung. Und in der Tat sei nicht einzusehen, warum, wenn in Anwendung des Abs. 2 die Befugnisse einer Landesregierung auf das Reich übertragen werden dürfen, nicht auch bezüglich der Befugnisse des Landtags eine gleiche Maßnahme getroffen werden könne.[281] Wenn die Tätigkeit einer von bestimmten Personen geführten Landesregierung der Wiederherstellung der öffentlichen Sicherheit und Ordnung im Wege zu stehen vermöge, dann könne die Tätigkeit oder Untätigkeit eines in bestimmter Weise zusammengesetzten Landtags dies noch viel mehr. Daraus schloss Kelsen: „Jedenfalls muss nach der ersten Formulierung der Rechtsanschauung des Staatsgerichtshofs in bezug auf die nach Abs. 2 zulässigen Maßnahmen die Verordnung des Reichspräsidenten vom 20. Juli ihrem ganzen In-

---

[278] Pyta/Seiberth, Teil 1, S. 446.

[279] Vgl. Hans Kelsen, Das Urteil des Staatsgerichtshofs vom 25. Oktober 1932, in: Die Justiz, November/Dezember 1932, VIII. Band, Heft 2/3, S. 65-91.

[280] Kelsen, Urteil, S. 69.

[281] Ebd., S. 72.

halt nach als verfassungsmäßig gelten."[282] Allein, das Urteil des Staatsgerichtshofs spreche zugleich aus, dass dies nicht der Fall sei. Im Folgenden gerate der Staatsgerichtshof in Widersprüche, wenn er feststelle, dass der Reichspräsident außer der ihm freigegebenen Außerkraftsetzung von sieben Grundrechten des Art. 48 Abs. 2 an alle Vorschriften der Reichsverfassung gebunden sei, die nicht lediglich die Zuständigkeiten des Reichs gegenüber den Ländern abgrenzen. Wenn diese die Zuständigkeitsabgrenzung betreffende Vorschrift der Reichsverfassung aber außer Kraft gesetzt werde, so sei es kaum möglich von „unüberschreitbaren Grenzen" bei der Anwendung des Art. 48 Abs. 2 zu sprechen.[283] Aber auch in diesem Sinne wolle der Staatsgerichtshof seine außerordentlich weitgehende Formulierung nicht verstanden wissen. Es sei ein Widerspruch in sich selbst, wenn das Gericht eine bloße Verschiebung von Zuständigkeiten als eine Übertragung von Geschäften und Befugnissen von der Landesregierung auf ein Reichsorgan für zulässig erkläre, andererseits aber verlange, dass die Vorschrift der Artikel 17, 60 und 63 der Verfassung respektiert werden, derzufolge die Länder eine eigenwüchsige Regierung haben und nur durch die Mitglieder ihrer Regierung vertreten werden sollen. Hier lägen zwei einander ausschließende Rechtsanschauungen vor, denn entweder müsse die Verordnung verfassungswidrig sein, da sie die durch die Verfassung garantierte Zuständigkeit einer Landesregierung Reichsorganen überträgt, oder sie müsse verfassungsmäßig sein, da der Staatsgerichtshof ja in einer Formulierung die Zusammenfassung der gesamten staatlichen Machtmittel für zulässig erachtet hatte. Zwischen diesen beiden Anschauungen scheine ein Kompromiss nicht möglich zu sein. Gerade das habe der Staatsgerichtshof aber versucht, denn nachdem er ausgesprochen habe, dass an Stelle der Landesregierung auch vorübergehend kein anderes Organ gesetzt werden dürfe und dass es nicht angehe, einen Reichskommissar als Landesregierung einzusetzen und die verfassungsmäßig bestellten Minister ihrer Ämter zu entheben, erkläre er von der Verordnung, die eben dies vollzogen habe, sie lasse sich unter dem Gesichtspunkt der Zuständigkeitsverschiebung innerhalb der Grenzen, die sich hieraus ergeben, rechtfertigen. Da diese Verordnung überhaupt nichts anderes als eine Zuständigkeitsverschiebung bedeute, müsste sie also wiederum als verfassungsmäßig gelten und zwar „zur Gänze als verfassungsmäßig". Allein zu dieser Schlussfolgerung komme der Staatsgerichtshof nicht. Er versuche vielmehr, nachdem er zunächst erklärt habe, dass nach Abs. 2 alle Befugnisse des Landes auf Organe des Reiches übertragbar seien, zwischen Befugnissen, die nach Abs. 2 entzogen und solchen, die nicht entzogen werden können, zu unterscheiden. Als Befugnisse, die der Landesregierung nicht genommen werden dürfen, bezeichne der

[282] Ebd., S. 72f.

[283] „Denn wenn durch eine Maßnahme im Sinne des Art. 48/II auch die Zuständigkeitsgrenzen zwischen dem Reich und den Ländern aufgehoben werden können, dann gibt es überhaupt keine irgendwie in Betracht kommenden Grenzen und dann bedeutet Art. 48/II nicht nur die Möglichkeit, gewisse in ihm taxativ aufgezählten Artikel des zweiten Teils der Reichsverfassung, sondern auch die entscheidenden Vorschriften des ersten Teiles, soweit sie die Stellung der Länder betreffen, außer Kraft zu setzen." (Ebd., S. 74.)

Staatsgerichtshof insbesondere die Vertretung des Landes gegenüber dem Reich, vor allem im Reichsrat und Reichstag. Aber: Die Grenze, die der Staatsgerichtshof durch diese Unterscheidung zwischen entziehbaren und unentziehbaren Zuständigkeiten für die nach Art. 48/II zu treffenden Maßnahmen zu ziehen versuche sei „nicht nur praktisch ganz unmöglich", sondern finde auch „nicht die geringste Grundlage im positiven Recht." Aus der Spaltung der Staatsgewalt ergebe sich „eine rechtlich wie politisch vollkommen unmögliche Situation", in der ein verträgliches Zusammenarbeiten gar nicht möglich sei[284], zumal, wenn über der preußischen Regierung das Damoklesschwert des angedrohten Sanktion des Art. 48 Abs. 1 hänge. Diese Reichsexekution könne nur in einer weiteren Kompetenzverschiebung bestehen, welche die preußische Regierung auch noch der letzten verbliebenen Kompetenzen entheben würde.

Der sozialdemokratische Jurist ging in seiner Auseinandersetzung mit dem Urteil noch einen Schritt weiter als die Reichsvertreter: Er betonte, streng genommen müsse der Reichspräsident aufgrund juristischer Mängel die Reichsexekution nicht aufheben. Hierauf bezog sich wohl auch die Bemerkung Schmitts, Kelsen fordere den „Staatsstreich", obgleich Kelsen natürlich nicht ernstlich behauptete, der Reichspräsident könne sich über das Urteil hinwegsetzen. Ihm ging es vielmehr darum, in scharfer, vielleicht spitzfindiger juristischer Deduktion, die Widersprüche des Urteils herauszustellen. Damit arbeitete er aber der Reichsregierung entgegen, und aus diesem Umstand resultiert auch die Einmütigkeit von Kelsen und Schmitt in dieser Frage. Kelsen führte aus, der Staatsgerichtshof habe wesentliche Punkte seiner Entscheidung nur in der Begründung seines Urteils ausgesprochen, nicht aber in diesem selbst. Das Urteil enthalte nicht einmal die wesentlichen Gesichtspunkte, etwa die Feststellung, dass der Abs. 1 zu Unrecht angewendet wurde. Aber: „Nur das Urteil und nicht die Urteilsbegründung kann exequiert werden."[285] Demgemäß sei der Reichspräsident nicht gehalten, die vom Staatsgerichtshof nur in der Urteilsbegründung als verfassungswidrig qualifizierte Reichsexekution aufzuheben. In diesem Punkt stehe die Verordnung unverändert in Geltung, und so bleibe auch die in ihrer Vollziehung ergangene Aktion als Reichsexekution in Preußen weiter bestehen, obwohl der Staatsgerichtshof – allerdings wieder nur in der Begründung – festgestellt habe, dass Preußen keine Verpflichtung gegen das Reich verletzt habe. Also sei der Reichspräsident, wenn er sich, was sein Recht, ja vielleicht sogar seine Pflicht sei, an den Wortlaut des Urteilsspruchs halte, „streng genommen nicht gehalten, seine Verordnung vom 20. Juli aufzuheben".[286] Nehme man aber an, dass eine solche Aufhebung durch den Reichspräsidenten überflüssig sei, weil die Verordnung durch das Urteil selbst vernichtet werde, so wäre völlig unklar, was eigentlich im Sinne des Urteils als nichtig anzusehen sei. Wenn man dem Spruch des Staatsgerichtshofs in diesem Sinne eine „reformatorische Wirkung" einräume, so führe dies zu einem

[284] Ebd., S. 81.
[285] Ebd., S. 83.
[286] Ebd., S. 78.

„mit der auf Art. 48/II beruhenden Zuständigkeit des Reichspräsidenten konkurrierenden Verordnungsrecht des Staatsgerichtshofs“.[287] Für diese unbefriedigenden Ergebnisse einer juristischen Kritik sei aber nicht der Staatsgerichtshof verantwortlich. Die „Wurzel des Übels“ liege vielmehr „in der technischen Unzulänglichkeit der Weimarer Verfassung selbst.“[288] Diese habe zwar ein kompliziertes bundesstaatliches System geschaffen, aber keine wirksamen Garantien zu dessen Aufrechterhaltung, etwa ein zielbewusst ausgestaltetes Institut der Verfassungsgerichtsbarkeit, eingebaut. Der schwerste technische Mangel liege aber in der Formulierung jenes Artikels, der einer gerichtsmäßigen Kontrolle seiner Anwendung besonders dringend bedürfe, wenn das bundesstaatliche System gesichert sein soll, nämlich des Art. 48 und vor allem seines Abs. 2.[289] Dieser gebe dem Reichspräsidenten das Recht, Maßnahmen zur Wiederherstellung der öffentlichen Sicherheit und Ordnung zu treffen und damit in die Kompetenz der Länder einzugreifen, ohne diesen Eingriff in unzweideutiger Weise zu begrenzen. Die wichtige, für die ganze Struktur der Verfassung entscheidende Bestimmung dieser Grenze werde auf ein Ausführungsgesetz abgewälzt. Die Folge dieser Rechtstechnik ist, dass, solange das Ausführungsgesetz nicht vorhanden ist, in einer der wesentlichen Fragen der Verfassung, nämlich der Frage, inwieweit die Zuständigkeit des Landes auf das Reich übertragen werden darf, „ein schlechthin schrankenloses Ermessen der zur Anwendung des Art. 48 berufenen Organe besteht“.[290] Sicherlich sei die Intention der Autoren der Weimarer Verfassung gewesen, die Übertragung von Zuständigkeiten des Landes auf das Reich nach Art. 48 Abs. 2 möglichst einzuschränken. Allein die Verfassung habe die hinter ihr stehende Absicht der Autoren in „rechtstechnisch völlig unzulänglicher Weise zum Ausdruck gebracht“. Daher könne auch eine extensive Interpretation des Art. 48 Abs. 2 Rechtskraft erlangen. Solange nicht durch eine generelle Norm mit dem Charakter eines Verfassungsgesetzes die Grenzen eindeutig bestimmt seien, sei die rechtliche Möglichkeit einer Präsidialverordnung nicht ausgeschlossen, durch welche in einem noch weiteren Maße Landeskompetenzen – und zwar aller Länder – vom Reich in Anspruch genommen werden: „Solange die Verfassung es selbst nicht verhindert, ist sie selbst es, die die Möglichkeit schafft, durch Anwendung des Art. 48/II das Reich aus einem Bundesstaat in einen Einheitsstaat zu verwandeln.“[291] Der Versuch des Staatsgerichtshofs, mit seiner gegenüber der Verordnung des 20. Juli 1932 etwas restriktiveren Interpretation der Verfassung die Grenze für die Maßnahmen des Art. 48 Abs. 2 im Wege der Auslegung zu gewinnen, müsse als „völlig missglückt“ angesehen werden, denn diese Grenze lasse sich überhaupt nicht interpretativ gewinnen, sie müsse im Wege der Verfassungsgesetzgebung geschaffen werden. Daran knüpfte Kelsen den bemerkenswerten Satz: „Inner-

[287] Ebd., S. 89.

[288] Ebd.

[289] Hier wird interessanter Weise nicht der Abs. 1 genannt, was darauf schließen lässt, dass auch Kelsen eine Sequestration nach Abs. 2 für zulässig hält.

[290] Ebd., S. 90.

[291] Ebd.

halb des weiten Rahmens des Art. 48/II ist die Interpretation, die in der Verordnung vom 20. Juli zum Ausdruck kommt, nicht weniger plausibel als die des Staatsgerichtshofs; ja kein billig Denkender wird leugnen können, dass rechtspolitisch die erste sichtlich den Vorzug vor der zweiten verdient, da sie zwar einen radikal-zentralistischen, aber verwaltungstechnisch möglichen Zustand schafft."[292] Der Staatsgerichtshof aber habe in dem menschlich gewiss begreiflichen Bestreben, zwischen den beiden Extremen einer extensiven Interpretation, wie sie der Verordnung vom 20. Juli 1932 zugrunde lag, und einer restriktiven, wie sie von Seiten der preußischen Landesregierung geltend gemacht wurde, einen Kompromiss herzustellen, die Verworrenheit der Rechtslage nur noch gesteigert. Auf dem goldenen Mittelweg, den das Urteil des Staatsgerichtshofs gesucht habe, sei die Verfassung von Weimar nicht gerettet worden.

Der Aufsatz Kelsens zeigt, dass ein der Gegenseite nahestehender Jurist – ausgehend von genau den gegenteiligen politischen Ausgangspositionen und mit einer konträren Zielsetzung – zu ähnlichen Schlussfolgerungen kam wie die Reichsvertreter, nämlich insbesondere, dass der Wortlaut der Weimarer Verfassung eine extensive Interpretation des Art. 48 Abs. 2 zulasse. Zwar erstrebte Kelsen eine völlige andere *Lex ferenda* als Schmitt, in der Beurteilung der *Lex lata* aber, nämlich der Tatsache, dass die Weimarer Verfassung in der Frage, inwieweit die Zuständigkeit des Landes auf das Reich übertragen werden kann, ein weitgehendes (bei Kelsen sogar „schlechthin schrankenloses") Ermessen der Reichspräsidenten bestehe, stimmte man überein. Dabei ging Kelsen in seiner Polemik sogar über die Äußerungen der Reichsvertreter hinaus, wenn er meinte, dass gemäß dem geltenden Verfassungsrecht aufgrund des Fehlens einer begrenzenden Normierung der Bundesstaat per Notverordnung in einen Einheitsstaat verwandelt werden könne.

Die Ausführungen des SPD-nahen Professors waren der sozialdemokratischen „Justiz" verständlicherweise nicht ganz geheuer, und so veröffentlichte sie direkt im Anschluss eine unter Pseudonym („Civis")[293] verfasste Erwiderung eines „Mannes der preußischen Verwaltungspraxis".[294] In dem Nachwort trat der preußische Verwaltungsmann dem Kölner Staatsrechtler mit deutlichen Worten entgegen: Kelsen gehe dem Urteil mit scharf geschliffenem juristischem Florett zu Leibe und richte am Ende gar mit schwerem Säbel einen Angriff gegen die Weimarer Verfassung selbst. Was solle man sagen, wenn Kelsen die Interpretation der Papen-Regierung als „nicht weniger plausibel als die des Staatsgerichtshofs" bezeichne? Wenn er weiter sage, kein billig Denkender werde leugnen können, dass rechtspolitisch die Interpretation des Herrn von Papen sichtlich den Vorzug vor der Interpretation des Staatsgerichtshofs verdiene, da sie allein einen verwaltungstechnisch möglichen Zustand schaffe, während die Entscheidung des Staatsgerichtshofs die Verworren-

[292] Ebd., S. 91.

[293] Vgl. Civis, Ein Nachwort zu Prof. Kelsens Kritik am Urteil des Staatsgerichtshofs, in: Die Justiz, November/Dezember 1932, VIII. Band, Heft 2/3, S. 91-100.

[294] So Hamburger, Standort, S. 136.

heit der Rechtslage nur noch gesteigert habe? Diese Fragen beantwortete der preußische Kritiker der Kelsen-Kritik mit dem Satz: „Man wird sich nicht wundern dürfen, wenn als Kronzeuge für die nächste Verordnung des Reichs, die der Preußischen Landesregierung auch noch diese Befugnisse nimmt, von der Reichsregierung Professor Kelsen angeführt wird.“[295]

Die Kritik Kelsens zeigt, dass die vom Staatsgerichtshof verfügte „Teilung der Staatsgewalt“ nicht nur von konservativen Kritikern beanstandet worden war. Selbst die Ablehnung justizförmiger Politik findet sich im sozialdemokratischen Lager. Der frühere Regierungspräsident von Liegnitz, Simons (SPD), hatte geäußert, das Urteil habe „mit schmerzlicher Deutlichkeit vor Augen geführt“, dass in „Zeiten unzweifelhafter Staatsgefährdung eine allzu genaue Kontrolle der Exekutive durch die Judikatur für das ganze Dasein des Volkes zum größten Unheil ausschlagen kann.“[296] Deshalb forderte er im Hinblick auf eine Verfassungsreform, dass die Frage, wie tief der Reichspräsident in die Rechte der Länder eingreifen darf, nicht staatsgerichtlicher Entscheidung überlassen bleiben dürfe, sondern als „Machtfrage“ verfassungsrechtlich klar gestellt werden solle.[297]

b) Die staatsrechtlichen Befürworter der Entscheidung

Trotz aller Kritik war die Entscheidung des Staatsgerichtshofs in der Staatsrechtslehre überwiegend positiv aufgenommen worden. Insbesondere die Sympathisanten der preußischen Regierung hatten das Urteil ausdrücklich begrüßt. Aus der Fülle der Literatur seien hier zwei Beispiele stellvertretend genannt: Hans Peters und Fritz Poetzsch-Heffter. Hans Peters, Vertreter der Zentrumsfraktion im Prozess, hatte nach dem Urteil in der „Germania“ geschrieben: „Der Urteilsspruch des Staatsgerichtshofes, mag er auch nicht hundertprozentig den Anträgen Preußens, der übrigen Länder und der beiden Landtagsfraktionen entsprechen, bedeutet einen *Sieg des Rechts über die Macht* und einen preußischen Sieg in politischer wie juristischer Hinsicht.“[298] Die Hauptbedeutung des Leipziger Spruches bestünde darin, dass er den deutschen Rechtsstaat – mindestens im Augenblick – gerettet und dem Ansehen der deutschen Justiz in der ganzen Welt einen enormen Auftrieb gegeben habe. Zudem bedeute er die „moralische Rehabilitierung“ der Mitglieder der Preußischen Staatsregierung, wobei von der Preußenseite der Prozess immer bewusst mit größtem Nachdruck auf dieses Ziel hingeführt worden sei. Es sei auf der anderen Seite aber auch als Vorteil zu werten, dass durch die Formulierung des Urteils die Person

---

[295] Kelsen, Urteil, S. 96 und 97.

[296] Zitiert nach Schiffer, Verfassungsreform – Zusammensetzung und Abschluss, in: DJZ, 15. März 1933, 38. Jg., Heft 6, Sp. 388.

[297] Simons zitiert nach Schiffer, Verfassungsreform, Sp. 389.

[298] Hans Peters, Die Bedeutung des Leipziger Urteils, in: Germania, 62. Jg. 1932, Nr. 299 vom 72. Oktober 1932. Alle weiteren Zitate ebd.

des Reichspräsidenten ohne Prestigeverlust aus dem Rechtsstreit hervorgegangen sei. Die Verordnung selbst sei für verfassungsmäßig erklärt worden. Auch die preußischen Vertreter hätten im Prozess mehrfach ausgeführt, dass sie an sich dem Reichspräsidenten nicht das Recht bestritten, einen Reichskommissar mit gewissen festumgrenzten Aufgaben einzusetzen. Nur in der gewählten Form sei dies als unzulässig angesehen worden. Zwar habe der Staatsgerichtshof die Verordnung als solche nicht angetastet, er habe aber die Auslegung in den Hauptpunkten als rechtswidrig bezeichnet und damit praktisch dem preußischen Standpunkt Rechnung getragen. Man könne es nur als „böswillige oder ahnungslose Unterstellung" ansehen, wenn versucht werde, den Anschein zu erwecken, als schaffe das Urteil „besondere praktische Schwierigkeiten". Im Gegenteil, die preußische Regierung habe ihren Willen zur Zusammenarbeit mehrfach betont, und wenn die Reichsregierung denselben guten Willen habe, so könne eine durch das „gerechte Urteil" abgeschlossene „traurige Epoche deutscher Geschichte" zu einer „dauernden Reinigung der Atmosphäre des deutschen Staatslebens beitragen, und schließlich dem deutschen Staate doch noch zum Heile werden."

Auch Fritz Poetzsch-Heffter hatte die Entscheidung ausdrücklich gelobt. In der genauen Prüfung jedes einzelnen Vorwurfs einer Pflichtverletzung und der Verneinung erblickte er den „Kern der rechtsstaatlichen Funktion" des Urteils.[299] Bei der Beurteilung des Sachverhalts nach Art. 48 Abs. 2 habe der Staatsgerichtshof „jede Möglichkeit des Prüfungsrechts" erschöpft, da er dieses auch hinsichtlich der Voraussetzungen der Maßnahmen in Anspruch nehme. Diese Voraussetzungen seien bejaht, Ermessensfehler in keiner Beziehung angenommen worden. Damit sei die „objektive Berechtigung des Vorgehens" anerkannt.[300] Interessant in diesem Zusammenhang ist die bereits aus seinem Gutachten für das Innenministerium bekannte Tatsache, dass Poetzsch-Heffter in Übereinstimmung mit den Reichsvertretern die Auffassung vertrat, dass der Reichspräsident die „rechtliche Möglichkeit" gehabt hätte, den Reichskommissar „als Landesorgan einzusetzen".[301] Hinsichtlich des Reichsrates stimmte er der Entscheidung dagegen im Sinne seiner früheren Ausführungen voll zu.

[299] Poetzsch-Heffter, Spruch des Staatsgerichtshofs, DJZ, 15. November 1932, 37. Jg., Heft 22, Sp. 1376.

[300] Ebd., Sp. 1377.

[301] Ebd., Sp. 1378.

6. Beurteilung der Entscheidung und der Strategie der Reichsvertreter

a) Rückblickende Bewertung des Urteils

Angesichts der großen Bandbreite unterschiedlicher Auffassungen in der zeitgenössischen Staatsrechtslehre soll hier eine rückblickende Beurteilung des Urteils versucht werden. Der Jurist Henning Grund etwa kommt in seiner einschlägigen Untersuchung über die Entscheidung zu dem Schluss, dass der Staatsgerichtshof den bestmöglichen Weg zur Lösung der Streitfrage gefunden habe. Für diese Auffassung, die Grund schlüssig begründet, spricht in der Tat vieles. Gleichwohl räumt auch er ein, dass der Staatsgerichtshof durchaus der Argumentation der Reichsvertreter hätte folgen können. Es ist oben dargelegt worden, dass *vor* der Entscheidung des Staatsgerichtshofs, soweit sich die Staatsrechtslehre zu dieser Frage geäußert hatte, ein unbeschränktes richterliches Prüfungsrecht hochpolitischer Akte weitgehend abgelehnt worden war. Der vom Staatsgerichtshof vorgefundene Meinungsstand zu der zu entscheidenden Frage, so das Resümee Grunds, hätte es diesem als nicht ausreichend erscheinen lassen müssen, seine Ansicht schlicht und einfach mit der Berufung auf das rechtsstaatliche Gebot möglichst unbeschränkt richterlicher Prüfung der Anwendung von Rechtsnormen zu begründen, auch dann wenn diese Anwendung durch höchste Staatsorgane erfolgte.[302] Auch habe er sich nicht mit dem Hinweis auf die „in der Reichsverfassung geregelte Rechtsstellung der Länder innerhalb des Reichs" begnügt, sondern vielmehr den Versuch einer Untermauerung seines Ergebnisses mit einer weiter ausholenden Argumentation unternommen. Seine Berufung auf den Wortlaut habe aber wenig Überzeugungskraft. Als kaum ergiebiger habe sich der Versuch erwiesen, seine Ansicht auf eine Äußerung von Hugo Preuß zu stützen. Der Staatsgerichtshof stütze sich zudem auf die Entstehungsgeschichte der beiden Absätze, dies war für ihn aber nur ein Anknüpfungspunkt, denn zum einen stamme die Antithese von „Rechts- und Ermessensentscheidung" aus einer Zeit, in der noch keine Verfassungsgerichtsbarkeit bestand, zum anderen diene dem Staatsgerichtshof die Entstehungsgeschichte nur dafür, die Einstufung der Entscheidung über die Voraussetzungen des Abs. 1 als reine Ermessensentscheidung ablehnen zu können. Damit war aber das unbeschränkte Prüfungsrecht von ihm noch nicht zu bejahen, da er diese Entscheidung nicht als voll überprüfbare Rechtsfrage, sondern als „Tat- und Rechtsfrage" bewertete.[303] Diese Einordnung sei nach der damaligen Terminologie, die zwischen voll überprüfbaren Rechtsfragen, beschränkt überprüfbaren Ermessensfragen und Tatfragen unterschied, zwingend gewesen. Während die Bewertung der Rechts- und Ermessensfragen unstrittig war, fehle eine einhellige Ansicht darüber, wie die Tatfrage, also die Frage danach, ob ein bestimmter Sachverhalt oder Tatbestand vorliege, zu beurteilen sei. Wenn man es einmal abgelehnt habe, die Frage als Ermessensentscheidung

---

[302] Grund, S. 98.

[303] Ebd., S. 100.

zu behandeln, so war es unzweifelhaft, dass sie als „Tat- und Rechtsfrage“ bewertet werden müsse.

Daraus folgt, dass ein Kernpunkt der Verteidigung die Bewertung der Tatfrage sein musste. Der Staatsgerichtshof hatte argumentiert, dass aufgrund des „unlösbaren inneren Zusammenhanges der Tat- und Rechtsfrage“ die Prüfung nach beiden Seiten erfolgen müsse. Dies ist allerdings alles andere als einleuchtend, denn erstens wäre, wie Triepel argumentiert hatte, eine getrennte Behandlung durchaus möglich gewesen, und zweitens war nicht einsichtig, warum die eventuelle Beschränkung bezüglich der Prüfung der Tatfrage nicht wegen des inneren Zusammenhanges auch für die Rechtsfrage zu gelten habe.[304] In Wahrheit hatte der Staatsgerichtshof also offenbar die Trennung von Tat- und Rechtsfrage überhaupt verneint und deshalb die Tatfrage zur Rechtsfrage hinübergezogen. Damit hatte er die Dreiteilung der herrschenden Lehre stillschweigend zugunsten einer Zweiteilung, nämlich in Rechts- und Ermessensfragen, aufgelöst. Das Ziel hierbei war unzweifelhaft die „Ausweitung der richterlichen Prüfungsbefugnisse“.[305] Weitere Argumente, die zu dieser Frage vorgebracht worden waren, hatte der Staatsgerichtshof nicht berücksichtigt.

Auch mit Triepels Auffassung hatte sich der Staatsgerichtshof nicht auseinandergesetzt, was *de facto* die stillschweigende Ablehnung der Lehre vom gerichtlich unüberprüfbaren, d. h. nur auf Ermessensfehler zu kontrollierenden Regierungsermessen bei „hochpolitischen Entscheidungen“ der Staatsführung bedeutete. Ohne inhaltliche Begründung wurde somit jene Ansicht zurückgewiesen, nach der schlechthin für alle hochpolitischen Entscheidungen ein ausgedehnter Ermessensspielraum auch hinsichtlich der Voraussetzungen des Regierungsaktes bestehen müsse. Die zeitgenössische Kritik an diesem Teil der Entscheidung hatte allerdings gezeigt, dass nach dem Prozess die Lehre Triepels in weiten Kreisen für vorzugswürdig erachtet worden war. Überwiegend wurde die Ansicht des Staatsgerichtshofs mit dem Einwand bekämpft, er habe die nur dem Reichspräsidenten obliegende politische Bewertung an sich gezogen. Vor diesem Hintergrund gelangt auch Grund zu der Einschätzung „Hätte der StGH hier die Weichen anders gestellt, sich also der Lehre Triepels angeschlossen, so hätte er aller Wahrscheinlichkeit nach die Anträge Preußens und der übrigen Antragsteller zumindest in weiterem Umfange als geschehen abweisen müssen. Er hätte dann das Vorgehen gegen Preußen wohl auch als Reichsexekution für zulässig erklären und damit dem Reichspräsidenten das Recht zu weitergehenden Eingriffen, als sie der Staatsgerichtshof bei einer Diktatur für zulässig hielt, einräumen müssen.“ Konsequent zu Ende gedacht bedeutet dies: „Vielleicht hätte er sogar die gesamte Verordnung für verfassungsmäßig erklärt; denn die h. M. betrachtete die vollständige Absetzung einer Landesregierung nach Art. 48 Abs. 1 RVerf. als erlaubt.“[306] Hätte sich der Staatsgerichtshof also der

[304] Ebd., S. 101.

[305] Ebd.

[306] Ebd., S. 104.

Lehre Triepels angeschlossen, so wäre womöglich selbst die endgültige Absetzung der preußischen Regierung für zulässig erklärt worden. Das ging sogar noch über die im Prozess vertretene Position der Reichsvertreter hinaus, die ja nur eine vorübergehende Suspension annahmen.

b) Rückblickende Bewertung der Prozessstrategie des Reiches und Alternativen

Der Aufsatz Triepels zeigt, wie bereits angedeutet, dass dieser kurz vor seiner Emeritierung stehende Berliner Staatsrechtler im Vergleich mit den jüngeren Kollegen Schmitt, Bilfinger und Jacobi womöglich der bessere Prozessvertreter für die Reichsregierung gewesen wäre. Mit seiner streng positivrechtlichen Argumentation hätte er möglicherweise einen Sieg für das Reich erringen können. Der Fehler der Reichsvertreter war vermutlich, dass sie sich nicht auf den neuralgischen Punkt der Nachprüfbarkeit „hochpolitischer Akte" konzentriert hatten, sondern quasi von verschiedenen Ansatzpunkten aus ihr Ziel zu erreichen suchten. Damit verzettelten sie sich gewissermaßen auf mehreren Kriegsschauplätzen, was es dem Staatsgerichtshof ermöglichte, später über zentrale Punkte stillschweigend hinwegzugehen. Unter Umständen hätte Triepel diese Gefahr früher antizipiert und dem Staatsgerichtshof damit von Anfang an konsequent den Ausweg verbaut, sich nicht dezidiert zu dieser Frage zu erklären. Darauf lässt jedenfalls seine klare und auf den Punkt gebrachte Urteilskritik schließen. Damit hätte die Verteidigung eine konkrete Strategie gehabt, die Auseinandersetzungen an zu vielen Schauplätzen gleichzeitig vermieden hätte, da man die Fragen immer wieder zu diesem Ausgangspunkt der Argumentation hätte zurückführen können. Das Problem der Bewertung der „Tatfrage" war jedenfalls ein wesentlicher strategischer Schwachpunkt der Verteidigung. Der Ansatz Triepels hätte den Staatsgerichtshof zu einer ausführlicheren Begründung zwingen können und damit eventuell die folgenschwere Weichenstellung einer Herüberziehung der Tat- zur Rechtsfrage verhindert. Unter diesen Umständen wäre ein voller Prozesserfolg in den Bereich des Möglichen gerückt, denn es hätte sich erwiesen, dass sich der Staatsgerichtshof für seine Auffassung der vollen Nachprüfbarkeit nicht auf das Schrifttum stützen konnte.[307]

---

[307] Ansonsten hatte der Aufsatz von Triepel sich aber auf die gleichen Punkte gestützt wie die Reichsvertreter. Daher konnte Bilfinger in einem Brief vom 15. Dezember 1932 (Brief Bilfinger an Schmitt vom 15. Dezember 1932, HStAD/RW 265–1376/1 R.) an Schmitt stolz vermerken: „Alles in allem hat mich dieser sorgfältige Aufsatz [von Triepel] doch recht gefreut und auch beruhigt. Man sieht, dass wir, die Schriftsätze und den mündlichen Vortrag zusammengenommen, alles Erhebliche vorgebracht haben, zum Teil in noch weit besserer Form und auch in viel weiterem Umfang als die diesbezüglichen Ausführungen von Triepel reichen." Ob Bilfingers Einschätzung bezüglich der besseren Form der eigenen Vorbringungen zutrifft, sei dahingestellt. Richtig ist jedenfalls, dass Triepel sich in den wesentlichen Punkten der Reichsseite angeschlossen hatte. Dabei spitzte er sogar eigene frühere Auffassungen zu. Daher schrieb Bilfinger weiter: „Interessant ist mir die Wahrnehmung, dass Triepel zu Abs. 1 Art. 48 in der Nachprüfung des Ermessens eine allerdings nur dem ganz Eingeweihten wahrnehmbare

Als Fazit lässt sich festhalten: Die Reichsvertreter hatten den Prozess in den entscheidenden Streitfragen verloren. Zwar wäre für den Staatsgerichtshof auch eine andere Entscheidung möglich gewesen, ohne dass man den Vorwurf einer Fehlinterpretation hätte erheben können; im Wesentlichen war die seit dem 20. Juli 1932 bestehende Situation aber bestätigt worden – auch wenn die Staatsgewalt zwischen Reichskommissar und preußischer Regierung geteilt wurde. Die Begründung des Staatsgerichtshofs kam den Reichsvertretern entgegen, da sie zuallererst auf die „außergewöhnliche politische Gefahrenlage" abstellte, die auch von der Reichsseite besonders hervorgehoben worden war. Die vitalsten Interessen der Reichsleitung in der Krisensituation waren berücksichtigt worden: Die Übernahme der preußischen Polizei und die vorübergehende Verbindung Preußens mit dem Reich wurden für rechtmäßig erklärt. Diese vorübergehende Verbindung der Machtmittel musste die Schlagkraft des Reiches bei der Bewältigung der Krisenlage entscheidend stärken. Sie verwirklichte damit vorübergehend ein Ziel, das zwar allseits gefordert wurde, sich aber aufgrund der Mehrheitsverhältnisse nicht verwirklichen ließ. Dieses Problem der „Reichsreform" soll im Folgenden im Kontext der Verfassungsreformdiskussion behandelt werden.

und etwas knifflige Schwenkung nach unserem Standpunkt hin vorgenommen hat; in seinen jetzigen Ausführungen geht nämlich seine Unterscheidung zwischen Warum und Ob verloren, während doch gerade diese Unterscheidung mich verhindert hat, Triepel voll als Kronzeugen in der Ermessensfrage anzurufen." Jedenfalls bedeutete der Aufsatz eine besonders wichtige Stütze der Reichsauffassung. Bilfinger schrieb: „Immerhin, wir dürfen sehr zufrieden sein, [denn] die Abfuhr des Staatsgerichtshofs gerade durch diese Autorität ist, zumal bei der Benützung überall unserer Argumente, ein vernichtender Schlag." Außerdem fügte er an: „Noch bemerkte ich, dass der Schluss im Aufsatz von Triepel doch einen ganz leichten Rückzug ahnen lässt, eine Art Konzession, die er ganz deutlich Ihnen macht." Ob diese Konzession vorhanden war oder nicht, soll hier offen bleiben. Feststeht, dass die Unterstützung Triepels die wichtigste staatsrechtliche Flankierung für die Reichsvertreter darstellte. Triepel war eine anerkannte Autorität, und sein Urteil konnte nicht mit dem Verweis auf die Parteilichkeit abgetan werden. Außerdem hatten sich insbesondere die Prozessgegner der Reichsregierung bei ihren Ausführungen immer wieder in zentralen Punkten auf diesen renommierten Verfassungsjuristen berufen.

V. Das Problem der Reichs- und Verfassungsreform

1. Die Reichsreformbestrebungen in der Weimarer Republik

Der Dualismus zwischen Preußen und dem Reich stellte seit dem Inkrafttreten der Weimarer Republik eine erhebliche Hypothek für den jungen Staat dar. Während das Problem im Kaiserreich in der Person Bismarcks durch eine enge Verflechtung zwischen Reich und Preußen entschärft werden konnte, traten die Gegensätze in der Weimarer Republik deutlich hervor. In Berlin saßen zwei Zentralregierungen und Parlamente, zwischen denen es zu besonderen Spannungen kam, wenn die Regierungen von unterschiedlichen Koalitionen getragen wurden. Da das Land Preußen zwei Drittel des Reiches einnahm, konnte man von einem „Zwei-Drittel-Einheitsstaat in einem Drei-Drittel-Föderativstaat" sprechen.[1] Dieses Problem war in zunehmendem Maße eine Belastung für die gesamte Politik der Weimarer Republik, was bis zum Jahr 1932 allgemein gesehen wurde. Im November 1932 hatte dies ein Zeitgenosse auf den Punkt gebracht: „Früher war vielleicht die Notwendigkeit der Beseitigung des Dualismus Reich-Preußen noch zu beweisen. Heute erübrigt sich ein solcher Beweis angesichts der bekannten Ereignisse der jüngsten Zeit, welche mit voller Wucht den im unorganischen Nebeneinander zweier fast gleichwertiger Machtkomplexe liegenden schweren Konstruktionsfehler der Weimarer Verfassung auch dem Blindesten ganz deutlich vor Augen führen. Daß der Dualismus Reich-Preußen nicht bleiben kann, darüber dürften Meinungsverschiedenheiten kaum noch bestehen! Nur wie der Dualismus Reich-Preußen zu beheben ist, darüber geht die Diskussion."[2]

Das Problem des Dualismus war auch den Verfassungsvätern nicht entgangen. Deshalb sahen die ersten Verfassungsentwürfe eine Zerschlagung Preußens vor. Der liberale Staatsrechtler an der Handelshochschule Berlin, Prof. Hugo Preuß, der von dem Volksbeauftragten Friedrich Ebert mit dem Auftrag der Konzipierung einer Verfassung zum Staatssekretär im Reichsamt des Innern berufen worden war, wollte „Preußen in eine Anzahl annähernd gleichgroßer Staaten [...] zerlegen".[3] Er scheiterte in dieser Bestrebung an dem Widerstand der neuen Länderregierungen, namentlich der süddeutschen Staaten. Hier rächte sich, dass den Gliedstaaten ein Mit-

---

[1] Biewer, Reichsreformbestrebungen, S. 38. S. hier auch eine ausführliche Schilderung der Situation im Kaiserreich und in der Weimarer Republik.

[2] Wilhelm Kitz (1. Landesrat in Düsseldorf), Reich und Länder. Mit besonderer Berücksichtigung des Problems Reich-Preußen, in: RuPrVwBl., 19. November 1932, Band 53, Nr. 47, S. 935.

[3] Biewer, Reichsreformbestrebungen, S. 43.

spracherecht eingeräumt worden war.[4] Seit dem Inkrafttreten der Weimarer Verfassung gab es allerdings Bestrebungen, diese Weichenstellung rückgängig zu machen. Die Versuche, eine Verbesserung des inneren Aufbaues, der Verwaltung und der politischen Ordnung durch eine Neugliederung des Reiches zu erreichen, werden allgemein unter dem Sammelbegriff „Reichsreformplanung“ zusammengefasst. Unter dem Schlagwort „Reichsreform“ werden dabei die unterschiedlichsten politischen Vorstellungen subsumiert.[5] Inhaltlich lässt sich zwischen einer Funktionalreform und einer Territorialreform unterscheiden, wobei in der Praxis beide unauflöslich miteinander verknüpft waren. Es war nämlich weder eine funktionale noch eine territoriale Reichsreform möglich, ohne die Position Preußens, dieses ‚Zwei-Drittel-Staates in einem Drei-Drittel-Reich“,[6] zu verändern. Ebenso war mit einer rechtsgültigen Reichsreform immer auch eine Verfassungsreform verbunden, da ohne diese keine der Vorstellungen legal zu verwirklichen war.

Betrachtet man die Reichsreformvorschläge von Beginn der Weimarer Republik an, so zeigt sich, dass die Diskussion über die gesamten 14 Jahre der Weimarer Republik um die gleichen Fragen kreiste. Prominente Beispiele für ein frühes und konsequentes Eintreten für eine Reichsreform waren namhafte Persönlichkeiten, wie der Nestor der Geschichtswissenschaft Prof. Friedrich Meinecke,[7] der damalige Reichsinnenminister und DDP-Vorsitzende Erich Koch-Weser,[8] der seinerzeitige liberale Reichswehrminister Otto Geßler (DDP, später Staatspartei),[9] sowie sein Parteikollege Hermann Hoepker-Aschoff, der von 1925 bis 1931 das Amt des preußischen Finanzministers bekleidete.[10] Wie schon diese exemplarische Aufzählung zeigt, war es vor allem die Deutsche Demokratische Partei, die seit Beginn der Republik die „Programmatiker des Einheitsstaates“ in ihren Reihen hatte.[11] Diese Theoretiker des dezentralisierten „großdeutschen Einheitsstaates“[12] erstrebten u. a. die Neugliederung des Reichsgebietes, die Abschaffung des Länderparlamentarismus und die Verreichlichung der Justiz. Während die Vorschläge zur Überwindung des Dualismus Preußen-Reich, von konzeptionellen Unterschieden im Einzelnen oder divergierenden politischen Interessen abgesehen, seit dem Beginn der Weimarer Republik weitgehend die gleichen blieben, änderten sich die Rahmenbedingungen ihrer Verwirklichung dramatisch. Sie verschlechterten sich paradoxerweise in

[4] Ebd., S. 49.

[5] Eine zeitgenössische Übersicht über die unterschiedlichen Pläne bieten z. B.: Bund zur Erneuerung des Reiches: Reich und Länder. Vorschläge, Begründung, Gesetzentwürfe, 1928.

[6] Biewer, Reichsreformbestrebungen, S. 13.

[7] Ebd., S. 56 ff.

[8] Ebd., S. 49 ff. und 84 ff.

[9] Ebd., S. 60 ff.

[10] Ebd., S. 82 ff.

[11] So Biewer in Anlehnung an ein Zitat von Gerhard Schulz. Zu den einheitsstaatlichen Vorstellungen von DDP und DVP vgl. ebd., S. 88 ff.

[12] So Erich Koch-Weser im Handbuch für republikanische Politik. Nachweis bei Biewer, S. 89.

dem Maße, in dem die Reform drängender wurde. Bei einer ruhigen innenpolitischen Entwicklung hätten die Vorschläge des Verfassungsausschusses der Länderkonferenz vom Juni 1930 wohl ohne weiteres verwirklicht werden können. Durch die einsetzende Weltwirtschaftskrise und die mächtigen Stimmenzuwächse für die verfassungsfeindlichen Parteien in der Reichstagswahl vom September 1930 wurde die Durchführung eines so schwierigen Unternehmens wie der Reichsreform aber vereitelt.[13] Wenn dies für die Zeit nach dem September 1930 zutrifft, so gilt es ab Herbst 1932 um so mehr, da nun die extremistischen Parteien über negative Mehrheiten verfügten und somit alle auf eine Stabilisierung der republikanischen Ordnung gerichteten Reformvorhaben blockieren konnten. Ab September 1930 blieb als einziger Ausweg, die erstrebte Reform durch „praktische Schritte" in Gang zu setzen.[14] Die letzte Chance für eine legale Personalunion zwischen Reich und Preußen[15] wurde aber im Oktober 1931 vertan. Damals war ein Plan des preußischen Wohlfahrtsministers Hirtsiefer gescheitert, den Otto Braun und Arnold Brecht im Juli/August des Jahres aufgegriffen hatten, und der dann im Herbst vom Reichskanzler persönlich übernommen wurde.[16] Nach den preußischen Landtagswahlen vom 24. April 1932 hatte Brüning noch einmal versucht, eine Verflechtung von Reichsregierung und preußischer Staatsregierung herbeizuführen, indem er den konservativen Carl Goerdeler zum preußischen Ministerpräsidenten wählen lassen wollte. Dieser sollte später eine Koalitionsregierung unter Einschluss der NSDAP führen und gleichzeitig zum Reichswirtschaftsminister und Vizekanzler ernannt werden, um ihn zu Brünings Nachfolger aufzubauen. Der amtierende preußische Ministerpräsident Otto Braun sei damit im Prinzip einverstanden gewesen, obwohl es die SPD gänzlich aus der Macht vertrieben hätte. Dafür wäre aber endlich der Dualismus Preußen-Reich überwunden worden.[17] Durch den erzwungenen Rücktritt Brünings wurden diese Pläne aber Makulatur. Immerhin zeigen solche Episoden, dass die Problematik klar erkannt worden war und auch bereits mit einiger politischer Phantasie an möglichen Lösungsszenarien gearbeitet wurde.

In Zusammenhang mit dem Preußenprozess sahen Braun, Brecht und Hoepker-Aschoff von preußischer Seite ihre größte Chance, die damals gescheiterten Pläne von 1931 wieder aufzugreifen und mit der Reichsregierung, diesmal aber mit Schleicher statt Brüning, eine Einigung zu erzielen. Dies zeigen die bereits geschilderten Versuche, im Wege eines Vergleiches den Auftakt für eine gesetzliche Regelung der Reichsreform zu setzen. Der Spruch des Staatsgerichtshofs erschien diesen Verfechtern der Reichsreform als geeignete Grundlage, da er dem Standpunkt der preußischen Regierung Rechnung getragen hatte. Damit waren die wichtigsten Forderungen der preußischen Seite erfüllt, und man hätte so die Basis für eine endgültige

---

[13] Ebd., S. 129 f.

[14] Ebd., S. 130.

[15] Ebd., S. 132.

[16] Ebd., S. 132 ff.

[17] Ebd., S. 134.

Regelung gehabt. Als am 25. Oktober 1932 das Urteil verkündet wurde, hatte sich nämlich gezeigt, dass die preußische Regierung in dem ihr wesentlichen Punkt einen Erfolg verbuchen konnte. Es war eine Entscheidung, bei der es Brecht „glücklich über den Rücken" rieselte: „Ich hatte alles erreicht, was ich erwartet hatte".[18] Der preußische *Point d'honneur*, um den es den Klägern ging[19], war vollständig anerkannt worden. Der Berliner Polizeipräsident Grzesinski, der im Zuge der Maßnahmen seines Amtes verlustig gegangen war, feierte das Urteil gar als das „Bedeutendste, was je von einem höchsten Gericht in einem Kulturstaat geleistet worden" sei.[20]

Nach der Verkündung des Urteils wurden die Bemühungen, auf der Grundlage des Spruches zu einer gesetzlichen Regelung zu kommen, daher wieder intensiviert. In Schleicher sah Otto Braun, wie vormals in Heinrich Brüning, den geeigneten Partner zur Verwirklichung dieser Vorstellungen. Am 26. Oktober traten Braun und Brecht vor die Presse, um zu dem Spruch Stellung zu nehmen.[21] Braun führte aus, er halte es für vorschnell, dass die Reichsregierung ihre Befriedigung darüber ausdrückte, den Prozess gewonnen zu haben. Preußen sei zu einer loyalen Ausführung des Urteils bereit und werde im Interesse des Reichs und Preußens bemüht sein, einen Weg der Zusammenarbeit zu finden. Die Atmosphäre hierfür sei ja dadurch bereinigt, dass der Staatsgerichtshof die „Diffamierung der preußischen Regierung" zurückgewiesen habe. Der „logische Sinn" des Urteils sei, dass nur zeitlich und materiell begrenzte Befugnisse der preußischen Regierung vom Reich übernommen werden könnten. Es sei aber die Meinung aufgetaucht, dass durch den Eingriff des Reiches in Preußen die beste Gelegenheit geschaffen worden sei, Reich und Preußen zusammenzufassen. Der Weg, den die Reichsregierung in Form der gewaltsamen Reichsexekution eingeschlagen habe, sei aber für eine Reichsreform nicht geeignet. Es sei vielmehr notwendig, dass man diesen Weg sobald wie möglich verlasse und sich zusammensetze, um in der Zusammenfassung preußischer und Reichsstellen etwas Vernünftiges herbeizuführen.[22] Auf die sozialdemokratische Klientel musste dieser Vorschlag befremdlich, wenn nicht gar aufreizend wirken. Erkennbar von ei-

---

[18] Brecht, Mit der Kraft des Geistes, S. 229.

[19] Am 10. Oktober hatte Brecht das Ziel der preußischen Regierung benannt: „Gegenstand des Streites ist vor allem die Befreiung Preußens und seiner Minister von dem die Ehre des Landes und seiner Vertreter aufs tiefste kränkenden Vorwurf, dass das Land Preußen die ihm nach der Reichsverfassung und den Reichsgesetzen aufgetragenen Pflichten nicht erfüllt habe und daher sequestriert werden könne und müsse." (Brecht, Mit der Kraft des Geistes, S. 224. Vgl. hier auch die weiteren Schilderungen.)

[20] Rede in einer Wahlkundgebung vom 27. Oktober 1932 in Berlin, VZ, Nr. 513 vom 28. Oktober 1932, S. 3: „Grzesinski über das Leipziger Urteil".

[21] S. Privattelegramm der Frankfurter Zeitung, Zweites Morgenblatt, Nr. 803, 27. Oktober 1932, S. 2.

[22] Die „Frankfurter Zeitung" kommentierte: „Es klang wie ein Angebot des Ministerpräsidenten an den Reichskanzler, sich seiner Hilfe zu vergewissern, wenn Otto Braun sich dazu bekannte, dass die Zeit dafür gekommen sei, im Interesse des Reiches und Preußens in vernünftiger Weise die beiderseitigen zentralen Stellen zusammenzufassen." (Frankfurter Zeitung, 27. Oktober 1932, 2. Morgenblatt, S. 1.)

ner solchen Auffassung geleitet, unterschlug das SPD-Parteiblatt „Vorwärts" diesen Abschnitt in seiner Ausgabe vom kommenden Tag.[23] In anderen Blättern wurde die Äußerung zutreffend als großes Entgegenkommen Brauns gewertet.[24] Auch aus Brauns Umfeld gibt es Berichte, dass der durch den Richterspruch teilweise wieder in sein Amt eingesetzte geschäftsführende Ministerpräsident nichts mehr mit dem Rechtsstreit zu tun haben wollte.[25] Braun ließ es aber nicht bei bloßen Kundgebungen seiner Verständigungsbereitschaft bewenden. Als Auftakt zu Einigungsgesprächen schickte er seinen Unterhändler Brecht von sich aus zu Staatssekretär Meißner, um die Modalitäten einer möglichen Zusammenarbeit zu besprechen.[26]

Im Hintergrund dieser Bemühungen stand der Wunsch, über alles Trennende hinweg zu einer gesetzlichen Regelung in der Reformsache zu gelangen. Der Brecht-Vertraute Poetzsch-Heffter hatte daher mit Blick auf das Leipziger Urteil gefordert, die Reichsreform nunmehr zu vollenden. Der Konflikt zwischen Reich und Preußen werde in seiner grundsätzlichen Bedeutung nicht erkannt, wenn man in ihm nichts anderes als den Zusammenstoß zwischen „rechts" und „links" sehe, denn: „Die Stunde, in der die Reichsmacht dem Dualismus ein Ende zu machen versuchte, musste früher oder später einmal kommen."[27] Deshalb seien die Sätze, die den Versuch der Überwindung des Dualismus für gerechtfertigt erklärten, das Kernstück der Entscheidungsbegründung des Staatsgerichtshofs. Er schloss seine Ausführungen aber mit dem Appell: „Die Rechtsprechung allein kann die Unordnung, in die unser Staatswesen durch den Dualismus Reich-Preußen geraten ist, nicht beseitigen.

[23] Der Vorwärts, Nr. 507 vom 27.10.1932.

[24] Die „Tägliche Rundschau" zitierte Braun mit den Worten, dass die Lage nach dem Urteil sehr schwierig sei, da an die Stelle des bisherigen Dualismus Reich und Preußen jetzt eine Art „Trialismus" getreten sei. Deshalb wolle er jetzt möglichst schnell in gemeinsamer Zusammenarbeit an die Lösung der brennenden Frage der Reichsreform herantreten. („Otto Braun für Reichsreform", Tägliche Rundschau, 27. Oktober 1932, S. 2.)

[25] Der preußische Staatssekretär Weismann berichtete von einem Treffen mit Braun, bei dem er den Eindruck gewonnen habe, dass dieser die Angelegenheit Preußen „friedlich" erledigt wissen will. Er wolle möglichst wenig mit der Sache zu tun haben. Zitiert nach Akten der Reichskanzlei, S. 809, FN 3.

[26] Bei einem Treffen des Reichskanzlers in größerer Runde am 27. Oktober 1932 konnte Meißner dann berichten, dass Ministerialdirektor Brecht ihm am Vortag erklärt habe, die preußische Regierung sei durchaus bereit, mit dem Reichskommissar zu einem Einvernehmen zu kommen. (Akten der Reichskanzlei, S. 808 f.) Die preußische Regierung, so Brecht weiter, sei stets Anhängerin einer Verwaltungsreform gewesen, insbesondere Ministerpräsident Braun. Er, Brecht, sei der Ansicht, dass nunmehr die Verordnung des Reichspräsidenten vom 20. Juli 1932 nach dem Urteil des Staatsgerichtshofs Änderungen erfahren müsse. Meißner habe ihm erklärt, dass Hindenburg bereit sei, Braun auf seinen Wunsch in Gegenwart des Kanzlers zu empfangen. Das Gespräch Brechts mit Meißner zeigte, dass die preußische Regierung die bisherigen Schritte der Verwaltungsreform billigte, aber auch, dass sie weiteren Reformen zustimmen würde, sofern sie an ihrer Umsetzung beteiligt würde. Braun wollte also die Punkte, in denen Übereinstimmung bestand, zur Anknüpfung der erwünschten Zusammenarbeit nutzen.

[27] Fritz Poetzsch-Heffter, Staatspolitische Würdigung der Entscheidung des Staatsgerichtshofs vom 25. Oktober 1932 im Konflikte des Reiches mit Preußen, in: Reich und Länder, Heft 12, Dezember 1932, S. 309–316, hier S. 1 f.

Es bleibt Aufgabe des politischen Entschlusses, die notwendige Konzentration einer natürlichen Staatseinheit herbeizuführen."[28]

Es ist wohl kein Zufall, dass Brecht am 9. Dezember, also wenige Tage nach Erscheinen des Aufsatzes seines Bundesgenossen und einen Tag nach einem Gespräch Brauns mit Schleicher, einen Gesetzentwurf über die Reichsreform an die Reichskanzlei schickte, nachdem er diesen mit Braun abgestimmt hatte.[29] Ob Schleicher Otto Braun dazu, trotz seiner Ablehnung der Diskussion um die Reichs- und Verfassungsreform, in dem Gespräch ermutigt hatte, ist unklar. Später wies er diesen Vorschlag jedoch zurück. Brecht hatte in einer Sitzung vom 12. Dezember gemeint, „eigentlich" müsse seine Regierung die Aufhebung des Reichskommissariats verlangen, man sei sich „aber wohl einig, dass dies nicht wünschenswert" sei, da „die Beseitigung des Dualismus von Dauer bleiben" müsse. Deswegen sei der derzeitige Zustand sobald wie möglich zu legalisieren. Darauf antwortete Schleicher, er werde „nur das tun, was [...] auf Grund der bestehenden Gesetzeslage zu tun möglich" sei.[30] Inwieweit Schleicher den Plänen hier eine Absage erteilt hatte, ist nicht zu klären. Prinzipiell zog er aber eine faktische der rechtlichen Regelung vor. Brecht jedenfalls war weiterhin zuversichtlich.

Der Vorstoß Brechts, während der Kanzlerschaft Schleichers einen „letzten Versuch"[31] zu unternehmen, die Reichsreform im Sinne der Entwürfe des Verfassungsausschusses „buchstäblich in letzter Minute"[32] doch noch durchzuführen, hatte folgenden Hintergrund: Schleicher sollte, so der Vorschlag der preußischen Regierung, den Gesetzentwurf im Reichsrat einbringen und ihn dort mit den Änderungen, die sich auf Grund von Anträgen der einzelnen Länder ergeben würden, schnellstens zur Verabschiedung bringen, um so durch „eine verfassungsmäßige, organische Reichsreform den vergiftenden Streit zwischen dem Reich und Preußen zu beenden".[33] Schleicher selbst hatte Verständnis gegenüber Braun signalisiert.[34] Da sich

[28] Poetzsch-Heffter, Entscheidung, S. 316.

[29] Dazub etwa Bay, S. 258.

[30] Bericht Sperrs vom 12. Dezember 1932 an das Bayerische Staatsministerium des Äußern (Geheimes Staatsarchiv München, MA 103302), zitiert nach Jürgen Bay, S. 258. Brecht selbst war, wie er in einem Schreiben an Bay vom 16.12.1965 mitteilte, so eine Äußerung nicht bekannt, er hielt einen Irrtum des bayerischen Ministerialdirektors Sperr für möglich. (Ebd.)

[31] Brecht, Mit der Kraft des Geistes, S. 94.

[32] Biewer, Reichsreformbestrebungen, S. 128 f.

[33] Brecht, Mit der Kraft des Geistes, S. 94.

[34] In einer Besprechung mit den Gewerkschaftsführern Leipart und Eggert, das bereits am 28. November, also vor seiner Regierungsübernahme, stattgefunden hatte, äußerte er, es sei der große Fehler Brünings gewesen, dass er im Oktober 1931 das Angebot Brauns für eine Zusammenlegung der beiden Berliner Regierungen abgelehnt habe, über das er durch seinen Vertrauten, den Staatssekretär in der Reichskanzlei Erwin Planck, unterrichtet war. Zwar sei das Vorgehen des Reichs gegen Preußen, wie Schleicher weiter ausführte, nicht rückgängig zu machen, aber das Verhalten Papens gegenüber der preußischen Regierung, insbesondere den „Staatsmännern Braun und Severing" sei „geradezu unerhört" gewesen. Aufzeichnung über

die Partei, der Braun angehörte, allerdings gegen jedwede Kooperation mit der Regierung sträubte, versuchte dieser einen Alleingang. Am 8. Dezember schickte er Brecht mit einem Gesetzentwurf über die Reichsreform in die Reichskanzlei. Am Tag darauf sandte Brecht dann einen Kabinettsentwurf zur „vertraulichen Kenntnisnahme" im Auftrag Brauns an den Reichskanzler.[35] Damit wollte man die Frage der Reichsreform wieder in Erinnerung bringen. Schleicher sah in diesem Entwurf angeblich, zumindest nach Brechts Zeugnis, „einen möglichen Ausweg".[36] Deshalb bestellte er den ehemaligen preußischen Prozessvertreter – zu diesem Zeitpunkt praktisch der inoffizielle „Generalbeauftragte" Brauns – am 28. Januar zu einer mehrstündigen vertraulichen Besprechung, um die Einzelheiten zu erörtern.[37] Brecht, der Schleicher durch seine Arbeit in der Reichskanzlei kannte, war es nach eigener Aussage gewohnt, mit diesem „sehr offen und rund heraus zu sprechen".[38]

---

die Besprechung Leiparts und Eggerts mit Schleicher am 28.11.1932, ADGB-Restakten NB 112. Zitiert nach Hagen Schulze, Otto Braun, S. 770.

[35] Brecht an Papen vom 9. Dezember 1932, BA R 43I/1883, fol. 307. Die hier und im Folgenden im Original zitierten Dokumente sind zum großen Teil kommentiert in den Akten der Reichskanzlei, Das Kabinett von Schleicher, bearbeitet von Anton Golecki, veröffentlicht. Zu den Ereignissen im Dezember 1932 und Januar 1933 s. Brecht, Mit der Kraft des Geistes, S. 94 f., 98 f.; ders., Föderalismus und die Teilung Deutschlands, S. 274 f. Der Gesetzentwurf war am 7. Dezember von der preußischen Regierung angenommen worden. Abdruck bei Brecht, Föderalismus und die Teilung Deutschlands, S. 275–279; ders., Mit der Kraft des Geistes, S. 95–98. S. auch Biewer, Reichsreformbestrebungen, S. 128 ff. Der Reichskanzler hatte den Vorschlag „mit großem Interesse zur Kenntnis genommen", wie Planck am 20. Dezember 1932 replizierte. (Planck an Brecht vom 20. Dezember 1932, BA R 43I/1883, fol. 319.) Eine geringfügige redaktionelle Änderung wurde von Brecht im Dezember 1932 vorgenommen und das Ganze nebst einem handschriftlichen, privaten Brief am 28. Dezember 1932 Planck zugeleitet. Dieser bestätigte, den veränderten Entwurf dem Reichskanzler vorgelegt zu haben, nachdem er ihn selber mit Interesse gelesen habe. (Planck an Brecht vom 11. Januar 1933, BA R 43I/1883, fol. 337.) Der Entwurf sah im Wesentlichen vor, dass die Polizei, die Justiz und die Gemeindeaufsicht Preußens und der Länder mit weniger als zwei Millionen Einwohnern (das heißt allen Ländern außer Bayern, Sachsen, Württemberg und Baden) in die Reichsverwaltung überführt werden. In den außerpreußischen Ländern mit mehr als zwei Millionen Einwohnern sollte das Reich die Zuständigkeit zur Gesetzgebung über die Verwaltungsgerichtsbarkeit sowie die Zuständigkeit zur Grundgesetzgebung über das allgemeine Verwaltungsrecht, den Verfassungsaufbau der Länder und die Verfassung der Gemeinden erhalten, soweit sie zur einheitlichen Durchführung der Reichsaufgaben erforderlich seien. Die Landesregierungen würden auf Zeit bestellt und müssten zurücktreten, wenn der Landtag dies mit Zweidrittelmehrheit verlange. Die Vertretung der Länder im Reichsrat werde durch Reichsgesetz neu geregelt. Bis zur endgültigen Regelung übernehme die Reichsregierung die erforderlichen Ausführungsvorschriften durch Verordnung.

[36] Brecht, Mit der Kraft des Geistes, S. 98. Auf Grund der Quellenlage, vor allem dem erwähnten Gespräch mit den Gewerkschaftsführern Leipart und Eggert am 28. November, gibt es, laut Biewer, keinen Anlass, an dieser Aussage Brechts zu zweifeln. (Biewer, Reichsreformbestrebungen, S. 129 FN 492.)

[37] S. dazu neben den Erinnerungen auch: Brecht, Die Auflösung der Weimarer Republik und die politische Wissenschaft, Zeitschrift für Politik, Jg. 2 (n. F.), Heft 4, Dezember 1955, S. 306. S. auch Brecht, Föderalismus, Regionalismus und die Teilung Preußens, Bonn 1949, S. 190 f., 274 ff.

[38] Vgl. auch die ausführliche Schilderung der Erwägungen Preußens in einem Brief von Brecht an Gerhard Schulz, 6.12.1957. BA Koblenz Nachlass Brecht N 1089/25.

Deshalb erhoffte er von diesem Treffen eine „entscheidende Klärung", weil er gewusst habe, dass es Schleicher „dringend darum zu tun" sei, einen „Ausweg aus dem Reich-Preußenkonflikt zu finden". Die Chancen für dieses Ziel betrachtete er als „sehr aussichtsvoll". In den „eigentlich wichtigen Punkten", nämlich denen, dass „die Reichskommissare die preußische Polizei verwalten, dass sie Beamte entlassen und ernennen konnten usw." habe der Staatsgerichtshof „ja Klarheit geschaffen", ebenso wie über die Frage des Reichsrats. Bei gutem Willen wäre es also nicht schwer gewesen, sich über die Geschäftsverteilung in den „wenigen noch zweifelhaften Fragen", die ohnehin nur „Nebenfragen" darstellten, zu einigen. Das Treffen, bei dem die Frage der Einbringung des Reichsreformgesetzes geklärt werden sollte, fand aber auf Grund der Demission des Kabinetts nicht mehr statt.

Die Schilderung der Kooperationsbereitschaft Schleichers durch Brecht ist bedeutsam, da sich über diese konspirativen Treffen keine Aufzeichnungen in den Regierungsakten erhalten haben. Der Bearbeiter der Akten der Regierung Schleicher, Anton Golecki, konnte daher nur festhalten: „Obwohl Schleicher und Braun in der Frage der Abwehr des nationalsozialistischen Zugriffs auf Preußen und das Reich im gleichen Boot zu sitzen schienen, konnte vor allem der Reichskanzler sich nicht zu einem gemeinsamen Vorgehen entschließen. Zwei protokollmäßig nicht dokumentierte Unterredungen verliefen in der Preußenfrage ergebnislos."[39] Es sind aber gewisse Zweifel angebracht, ob Schleicher von seinem Pfad des Krisenmanagements abweichen und eine gesetzliche Regelung der Preußenfrage vorantreiben wollte. Bay gibt daher zu bedenken: „Nach alledem ist es sehr fraglich, ob Schleicher wirklich ernsthaft mit Brecht über den Reformentwurf sprechen wollte. Eins steht jedoch fest: dem preußischen Vorstoß kam keinerlei Bedeutung mehr zu. Er war ein hoffnungsloser Versuch, die Reformfrage von neuem zu mobilisieren und damit zugleich die eigene Regierung aufzuwerten." Braun habe erkannt, dass Reformfragen nicht zeitgemäß gewesen seien, sondern dass nun politisch gehandelt werden musste, wenn man der Katastrophe entgegenarbeiten wollte. Das eben war ja die Auffassung Schleichers, die sich in den Staatsnotstandsplanungen widerspiegelte.[40]

Wenn die historische Forschung oftmals die Wehrlosigkeit der SPD-Führung kritisierte, so geht diese Kritik an der Situationseinschätzung der damaligen Akteure vorbei. Otto Braun versuchte, trotz aller persönlichen Abneigung gegen den autoritären Regierungsstil der Präsidialkabinette, besonders der Regierung Papen, die beiden letzten Reichskanzler ebenso in ihrem Kampf gegen Hitler zu unterstützen, wie zuvor Brüning. Im Exil gelangte er zu der Einsicht, man hätte „Herrn von Papen [in dem Kampf gegen die Nationalsozialisten] unterstützen sollen".[41] Allerdings hat

[39] AdR, Das Kabinett von Schleicher, 3. Dezember 1932 bis 30. Januar 1933, bearbeitet von Anton Golecki, Boppard 1986, Einleitung, S. LIX.

[40] Deswegen betonte Vogelsang, Brauns Angebote seien „die einzige handfeste Hilfestellung während seiner [= Schleichers] gesamten Kanzlerschaft" gewesen. (Ders., Reichswehr, S. 362.)

[41] So der Bericht des ehemaligen Chefredakteurs des Berliner Tageblatts, Theodor Wolff, der 1936 im niederländischen Exil seine Erinnerungen, die auf genauer Kenntnis der Umstände

sich Braun in dieser Hinsicht kaum etwas vorzuwerfen, denn wie die Vergleichsverhandlungen zeigen, war man sehr weitgehend zum Verzicht auf eigene Positionen und zur Unterstützung der Regierungspolitik bereit. In der Regierungszeit Schleichers hatte Braun noch weitergehende, jenseits des positiven Verfassungsrechts liegende Vorschläge unterbreitet, wie er in seinen Erinnerungen enthüllte.[42]

2. Schmitt und die Frage der Reichsreform

Das Thema „Reichsreform“ wurde seit dem Beginn der Weimarer Republik intensiv diskutiert: Politiker, Ministerialbeamte und Staatsrechtler behandelten das Thema in unzähligen Denkschriften und Aufsätzen. Die unterschiedlichen Reichsreformvorschläge sind kaum zu überschauen. Ein Blick in die monatlich erscheinende und von Schmitt-Schüler Karl Lohmann herausgegebene Zeitschrift des Bundes für Erneuerung des Reiches, „Reichsreform“, die entsprechende Zeitungsaufsätze dokumentierte und aktuelle Literatur besprach, zeigt die Breite und Heterogenität der Entwürfe. Auf Grund der Breite der Diskussion muss es verwundern, dass sich Schmitt, sonst mit einem untrüglichen Gespür für aktuelle Themen, erst Ende 1930 zu dem brisanten Themenkomplex äußerte, obwohl das Thema innerhalb der staatsrechtlichen Diskussion bereits 1922 von Anschütz auf die Tagesordnung gesetzt worden war.[43] Auf der ersten Staatsrechtslehrertagung 1924 in Leipzig wurde anlässlich eines Referates über den „deutschen Föderalismus“ von Anschütz und Bilfinger auch die Forderung nach einer „Verbindung des Amtes des preußischen Ministerpräsidenten und des Reichskanzlers in einer Person“ erhoben.[44] Und ebenso trat der Luther-Bund seit 1928 vehement für eine Reichs- und Verfassungsreform ein.

---

sowie der handelnden Personen beruhen, niedergeschrieben hat. S. ders., Der Marsch durch zwei Jahrzehnte, Amsterdam 1936, S. 363. So auch Jürgen Bay, der im Anschluss daran bemerkte: „Es ist müßig zu fragen, ob Papen sich am 20. Juli eine Unterstützung durch die SPD verscherzte, ob die Sozialdemokratie ohne dieses Erlebnis ihre Maxime aus der Ära Brüning vom ‚kleineren Übel‘ schließlich auf Papen angewendet und sogar dem ‚sozialreaktionären‘ Kanzler gegen Hitler beigestanden hätte. Bemerkenswert ist jedenfalls, dass gerade Braun im Exil zu der Ansicht kam, man hätte Papen unterstützen müssen.“, s. Bay, S. 247.

[42] In einem Gespräch mit Schleicher vom 6. Januar, so Braun, habe er diesem vorgeschlagen, die Verordnung des 20. Juli über die Einsetzung eines Reichskommissars aufzuheben: „Sie lösen den Reichstag auf, ich führe die Auflösung des Landtages herbei. Wir schieben die Wahlen bis weit in das Frühjahr heraus, regieren inzwischen mit Verordnungen und führen einen einheitlichen und nachdrücklichen Kampf gegen die Machtansprüche der Nationalsozialisten“. (Braun, Weimar, S. 436 ff.) Auch Brecht erinnerte an die erwähnten „letzten Versuche Brauns – in teils von ihm selbst, teils von mir geführten Verhandlungen – zu einem Kompromiss mit Reichskanzler Schleicher zu kommen.“ (Brecht, Auflösung, S. 306.) Wie Braun berichtete, habe Schleicher aber ausweichend auf diesen Vorschlag geantwortet und entgegnet, dass Hindenburg ihm die Auflösung des Reichstages abschlagen werde. (Braun, Weimar, S. 438.)

[43] Gerhard Anschütz, Das preußisch-deutsche Problem. Skizze zu einem Vortrag, 1922.

[44] Bilfinger, Der deutsche Föderalismus in Vergangenheit, Gegenwart und Zukunft, in: Veröffentlichungen der Vereinigung der Deutschen Staatsrechtslehrer, 1924, Heft 1, S. 57, 59.

Anlass für Schmitts erste Äußerung zu der Frage der Reichsreform war das Scheitern der Pläne der sog. Länderkonferenz im Jahre 1930. Die Länderkonferenz war im Oktober 1927 von der Reichsregierung und den Ministerpräsidenten der Länder beschlossen worden, um eine Verfassungs- und Verwaltungsreform zur Veränderung im Verhältnis zwischen Reich und Ländern vorzubereiten. Die Initiative ging vor allem von dem preußischen Ministerpräsidenten Otto Braun aus und war von Reichskanzler Wilhelm Marx (Zentrum) aufgegriffen worden. Die Länderkonferenz tagte vom 16. bis 18. Januar 1928 in der Reichskanzlei. Zur „Lösung des Gesamtproblems" wurde ein paritätisch aus Reichsregierung und Länderregierungen zusammengesetzter Ausschuss gebildet. Dieser Verfassungsausschuss konstituierte sich am 4. Mai 1928 und setzte am 23. Oktober zwei Unterausschüsse ein. Das Ziel war es, einen praktikablen Weg zur Lösung der drängendsten Reich-Länder-Probleme zu finden, wobei der Dualismus Preußen-Reich im Mittelpunkt stand. Zu diesem Zweck wurde von Ministerialdirektor Arnold Brecht, der Preußen in dem Verfassungsausschuss vertrat, eine Personalunion zwischen Preußen und dem Reich sowie eine Vereinigung des Preußischen Landtags mit dem Reichstag vorgeschlagen. Die beiden Unterausschüsse tagten erstmals am 10. November 1928 unter Vorsitz des damaligen sozialdemokratischen Reichsinnenministers Carl Severing. Es wurde eine Reihe von Referaten gehalten, die Lösungsvorschläge in Richtung der genannten Ziele entwickelten. Am 20. Juni 1930 befanden die Unterausschüsse positiv über die gehaltenen Referate und einen Tag später wurden die Arbeiten von dem gesamten Verfassungsausschuss unter Vorsitz des Reichskanzlers Brüning mit fünfzehn zu drei Stimmen bei zwei Enthaltungen, vor allem gegen bayerischen Widerstand, angenommen. Das Ergebnis lässt sich folgendermaßen zusammenfassen: das Reich sollte gemäß einer „differenzierten Gesamtlösung", in Länder „alter" und „neuer Art" (unter Reichsverwaltung), neu gegliedert werden. Preußen und Reich sollten durch Personalunion und Vereinigung der Parlamente miteinander verzahnt werden. Der Dualismus wäre dadurch beseitigt worden. Die Verwirklichung der Reformpläne sollte auf dem Wege der Reichsgesetzgebung erfolgen. Mit Art. 18 der Weimarer Verfassung war dem Gesetzgeber und dem Volk nämlich ein Instrument an die Hand gegeben, den Bestand der Länder zu verändern. Wenn die an der Gebietsreform beteiligten Länder der Änderung zustimmten, genügte demzufolge ein einfaches Reichsgesetz. Art. 18 WRV sah aber nur die Neugliederung von Ländern vor. Die geplanten Verzahnungen zur Überwindung des Dualismus Preußen-Reich stellten einen tiefen Eingriff in die Organisation der Weimarer Verfassung dar und hätten somit einer Zweidrittelmehrheit bedurft. Die Reformvorschläge gingen aber wie selbstverständlich davon aus, dass diese Pläne auf dem Wege der Reichsgesetzgebung zu verwirklichen waren. Am 24. Juni 1930 nahm der Reichstag auch tatsächlich einen Antrag der SPD an, der eine sofortige Einleitung der Reichsreform forderte. Auch wurden in der kommenden Zeit einige Gesetzentwürfe vorgelegt. Allerdings brachten die Reichstagswahlen vom 14. September eine Konstellation, die eine Durchführung der Pläne definitiv unmöglich machte. Damit war der wichtigste Vorstoß zur Reichsreform im September 1930 gescheitert.

Einen Monat später, im Oktober 1930, sprach Schmitt in Breslau unter dem Titel „Die Weimarer Reichsverfassung" über aktuelle Verfassungsprobleme. Hier klammerte er jedoch die aktuellen Beschlüsse der Länderkonferenz ausdrücklich aus: „Auf die Vorschläge einer Reichsreform kann ich hier nicht eingehen." Diesen Part übernahm allerdings auch Arnold Brecht, der einen Tagungsbeitrag zum Thema beisteuerte. Schmitt begnügte sich mit generellen Bemerkungen zu der „Unübersichtlichkeit" der „innerstaatlichen Verhältnisse", die aus dem „Fehlen einer durchgängigen Zuständigkeitsverwaltung" resultiere. Wie zuvor die Länderkonferenz sah auch Schmitt ein großes Problem in der Schwächung des Reiches durch das Fehlen einer eigenen Exekutivgewalt. Die „nichtdurchgängige Zuständigkeit", d. h. die Ausführung der Reichsgesetze durch die Länder, könne im Extremfall etwa dazu führen, dass die 17 Landespolizeibehörden 17 verschiedene Begriffe von Staatsgefährlichkeit haben. Das Reich hänge demgegenüber „ohne dass es einen Unterbau hätte, sozusagen in der Luft", denn ihm fehlte ein Apparat von Verwaltungs- und Polizeibeamten als untergebene Instanzen. Gegenüber diesen diagnostizierten Mängeln und Problemen hob Schmitt aber auch die Vorzüge gerade des organisatorischen Teils der Verfassung hervor: „Man kann namentlich gegen den zweiten Teil der Weimarer Verfassung leicht eine Menge von Einwänden erheben. Dort sind in der Tat manche Widersprüche, weil sozialdemokratische, liberale und demokratische Gesichtspunkte miteinander kombiniert wurden. Aber der organisatorische Teil, das Mittelstück der Verfassung und namentlich die Regelung des parlamentarischen Problems mit ihrer Ausbalancierung von drei Faktoren, Reichstag, Reichsregierung und Reichspräsident, ist ein überaus gut gelungenes und gut durchdachtes Stück einer Staatsorganisation."[45] In der Balancierung von Legislative und Exekutive erblickte er den größten Vorteil: „Wir würden leicht zu außerverfassungsmäßigen Prozeduren getrieben, wenn nicht dieses überaus kluge System der Weimarer Verfassung verschiedene Möglichkeiten böte und in den Machtmitteln und Zuständigkeiten des Reichspräsidenten ein echtes Gegengewicht und eine echte Gegenmöglichkeit schaffte."[46] Allzu leicht werde aber, so fügte er hinzu, der Vorwurf des Verfassungsbruchs und der Verfassungsverletzung erhoben. In einem so komplizierten, mannigfachen Interpretationen ausgesetzten Werk, wie es jede Verfassung sei, könne eine „primitive und absolute Eindeutigkeit unmöglich erwartet werden".[47] Wer aber wisse, was eine Verfassung für ein Volk bedeutet und welchen Wert sie darstelle, der werde mit solchen Vorwürfen vorsichtiger sein, denn es könne sonst leicht der Eindruck entstehen, dass Verfassungsverletzungen etwas Alltägliches seien. Die Verfassung solle aber „das Heiligtum des deutschen Volkes" sein.[48] Deshalb schloss er seine Ausführungen mit der Mahnung: „In der auch für

---

[45] Schmitt, Die Weimarer Verfassung (Vortrag auf einer Tagung in Breslau vom 1. bis 4. Oktober 1930), in: Staatsbürgerkunde und höhere Schule – Eine Vortragsreihe, Breslau 1931, S. 45.

[46] Ebd., S. 48.

[47] Ebd., S. 49.

[48] Ebd.

die Verfassung kritischen Situation, in der wir leben, ist das wichtigste, sich dieses überragenden Wertes einer Verfassung bewusst zu bleiben."[49]

In der „Aussprache" zu dem Vortrag hatte Schmitt auf die Frage: „Halten Sie in diesen kritischen Zeiten auf Grund der bisherigen Erfahrungen grundsätzliche bzw. wesentliche Bestimmungen der Verfassung für reformbedürftig?" zu antworten. Hier sprach er sich zwar für eine – das Verhältnis von Reich und Ländern einer neuen Organisation unterziehende – Reichsreform aus, eine darüber hinausgehende Reform der Verfassung lehnte er aber als nicht notwendig bzw. nicht realisierbar ab: „Sie wissen, es gab eine starke Reformbewegung, die den Art. 54 betraf. Ich glaube, dass sie heute erledigt ist. Eine Reichsreform halte ich aus praktischen Gründen für sehr notwendig. Abgesehen von dem ganz besonders gearteten föderalistischen oder bundesstaatlichen Problem [...] würde es sich um die Organisation des hier entwickelten Problems einer Balance von parlamentarischer und plebiszitärer Demokratie handeln. Diese Organisation halte ich nicht für reformbedürftig, sondern für ganz ausgezeichnet und das Beste, was man in einer demokratischen Verfassung finden kann."[50] Für sehr reformbedürftig dagegen erachte er den zweiten Teil der Verfassung, denn in ihm seien viele Widersprüche verankert. Die Reform des zweiten Teils halte er aber für aussichtslos, denn man könne diesen nicht beseitigen. Um sich ihre Zustimmung „besonders vergüten" zu lassen, hätten Parteien ein Interesse daran, zu behaupten, dass ein Gesetz nur mit Zweidrittelmehrheit beschlossen werden könne. Hierfür biete der zweite Hauptteil eine „geradezu abgründige Fundgrube für alle möglichen Behauptungen, Vermutungen, Gutachten und dergleichen".[51] Dieser „Mißstand" sei aber sehr schwer zu beheben. „Dagegen", so schloss er, „würde ich, von der bundesstaatlichen Organisation abgesehen, den eigentlichen organisatorischen Teil nicht für reformbedürftig halten."[52]

---

[49] Ebd., S. 50.

[50] Ebd., S. 53.

[51] Ebd., S. 54.

[52] Ebd. Diese Aussage erzwingt einen kurzen Exkurs, da Schmitt sich im Juni 1932 scheinbar konträr geäußert hatte. In „Legalität und Legitimität" optierte er, die beiden Hauptteile zur Wahl gestellt, eindeutig für den zweiten: „Stellt man nun, in der Erkenntnis, dass die Weimarer Verfassung zwei Verfassungen sind, eine dieser beiden Verfassungen zur Wahl, so muss die Entscheidung für das Prinzip der zweiten Verfassung und ihren Versuch einer substanzhaften Ordnung fallen. Der Kern des zweiten Hauptteils der Weimarer Verfassung verdient, von Selbstwidersprüchen und Kompromissmängeln befreit und nach seiner inneren Folgerichtigkeit entwickelt zu werden. Gelingt das, so ist der Gedanke eines deutschen Verfassungswerkes gerettet. Im anderen Fall ist es mit den Fiktionen eines gegen Wert und Wahrheit neutralen Mehrheitsfunktionalismus bald zu Ende. Dann rächt sich die Wahrheit." (Schlusssatz). Dieser Widerspruch ist aber nur ein scheinbarer, denn tatsächlich kontrastierte Schmitt nicht die Normierungen der beiden Verfassungsteile, sondern ihre Wertprinzipien. Im ersten Teil erblickte er eine funktionalistische Wertneutralität, während der zweite nach seiner Auffassung den Versuch einer substanzhaften Ordnung gewagt habe. Diesen Ansatz wollte er dabei als Ausgangspunkt einer möglichen neuen Verfassungsentwicklung verstanden wissen. Lutz Berthold hat dazu angemerkt, die Bedeutung von „Legalität und Legitimität" sei „dahin ausgelegt worden, Schmitt habe in destruktiver Absicht die im zweiten Hauptteil der Weimarer Verfassung enthaltene Wertordnung (die Grundrechte) gegen die Verfahrensregeln des ersten Hauptteils (des

Mit seiner Beschreibung des Reichs als eines Kolosses auf tönernen Füßen und der damit verbundenen Forderung nach einem „Einheitsstaat" und der Stärkung der Kompetenzen des Reiches hatten sich seine Vorstellungen im Wesentlichen mit den Zielen der Länderkonferenz getroffen, denen Brecht in der gleichen Vortragsreihe seine Stimme verliehen hatte.[53] Der Unterschied zwischen beiden Konzeptionen lag

---

parlamentarischen Regierungssystems) ausspielen wollen". Richtig scheine ihm dagegen, dass „Schmitt den Leser vor die Entscheidung stellen wollte, die Weimarer Verfassung entweder als ein formales Reglement zu betrachten, das unterschiedslos jeder Partei die ‚gleiche Chance der Machtgewinnung' einräumt oder als eine Wertordnung, die bestimmte politische Bewegungen oder Parteien vom politischen Prozess ausschließt." (Berthold, 1999, S. 53 f.) Schon ein kurzer Blick auf ältere Äußerungen Schmitts zu diesem Thema, bestätigt diese Aussage. Zum 10. Jahrestag der Weimarer Verfassung am 11. August 1929 hatte er ausdrücklich davor gewarnt, den zweiten Hauptteil vorschnell dem ersten vorzulagern. Er konstatierte, dass ein deutliches „Vordringen des zweiten Hauptteils der Verfassung" durch einen Prozess der Aktualisierung und Positivierung zu verzeichnen sei. Der „erste, organisatorische Teil der Verfassung (werde) von dem zweiten Teil stark beeinflusst und überschattet". Schmitt forderte aber, die Verfassung immer als Ganzes zu sehen. Nur dann könne man auch von den Grundrechten als einem „Heiligtum des deutschen Volkes" sprechen. Selbst kurz vor dem Abschluss von „Legalität und Legitimität" verwies Schmitt noch auf den sachlichen Zusammenhang des ersten und des zweiten Hauptteils. In seinem Aufsatz über „Inhalt und Bedeutung des zweiten Hauptteils der Reichsverfassung" für das von Anschütz und Thoma herausgegebene „Handbuch des deutschen Staatsrechts", das laut dem Vorwort des zweiten Bandes im Juni 1932, also einen Monat vor „Legalität und Legitimität", abgeschlossen war, sagte er, es bestehe „einerseits ein sachlicher Zusammenhang, andererseits eine sachliche Verschiedenheit von Grundrechtsteil und organisatorischem Verfassungsteil". Auf die „allgemeine Frage nach dem Verhältnis der beiden Verfassungsteile" gab er drei mögliche Antworten: „Erste Möglichkeit: Der Grundrechtsteil ist der maßgebende und richtungsgebende Teil für den Staat überhaupt und infolgedessen der gesamten staatlichen Organisation grundsätzlich übergeordnet." Zweite Möglichkeit: „Der organisatorische Teil enthält die eigentliche Verfassung, der Grundrechtsteil stellt Einschränkungen und Sicherungen gegenüber dem organisatorischen Teil auf, steht aber grundsätzlich unter dem Vorbehalt des gemäß den organisatorischen Bestimmungen zustande gekommenen staatlichen Willens. Hier ist der Grundrechtsteil dem organisatorischen Teil grundsätzlich untergeordnet." Dritte Möglichkeit: „Der Grundrechtsteil soll bestimmte Rechte, Interessen oder Sachgebiete aus der staatlichen Organisation eximieren. Das würde bedeuten, dass diese Rechte, Interessen oder Sachgebiete neben dem Staate ständen; hier würde keine Über- oder Unterordnung vorliegen, sondern die eximierten Größen wären dem Staat grundsätzlich nebengeordnet." Er schloss seine Untersuchung mit der Feststellung: „Im ganzen aber ist nicht zu verkennen, dass eine sichere (sei es Nah- sei es Fern-)Wirkung aller jener Funktionen nur dann eintreten könnte, wenn aus dem zweiten Hauptteil eine sichere Gesamtentscheidung zu entnehmen wäre. Solange das nicht der Fall ist, stehen die oft ganz disparaten Direktiven und Richtlinien sich gegenseitig im Wege und verhindern einen starken und einheitlichen Erfolg." Die Suche nach der „Grundentscheidung" war der Punkt, an dem die offenbar größtenteils zeitgleich entwickelte Schrift „Legalität und Legitimität" anknüpfte. Hier spitzte er aber die Unterschiede auf die These zu, dass „die Weimarer Verfassung zwischen der Wertneutralität ihres ersten und der Wertfülle ihres zweiten Hauptteils buchstäblich gespalten" sei, was durchaus zutreffend war. Dazu etwa Hösle, der betont, dass Schmitts These von der Inkompatibilität der beiden Teile der Weimarer Verfassung etwas Wesentliches treffe, vgl. ders., Schmitts Kritik an der Selbstaufhebung einer wertneutralen Verfassung, S. 11.

[53] Arnold Brecht, Reich und Länder. Ein Überblick über die Frage der Reichsreform, Staatsbürgerkunde und höhere Schule, Breslau 1931, S. 104 ff.: „Es kommen immer wieder Lagen, wo große Konflikte zwischen dem Reich und Preußen [...] drohen. Sie drohen natürlich beson-

aber in der „Methode" ihrer Verwirklichung. Wie Schmitt sich die Lösung der drängendsten Probleme vorstellte, erläuterte er am 4. November 1930 in einem Vortrag vor dem konservativen „Verein zur Wahrung der gemeinsamen wirtschaftlichen Interessen in Rheinland und Westfalen" – nach einem Bonmot Bismarcks kurz: „Langnamverein".[54] Die Organisation, die vor allem Interessen der Schwerindustrie vertrat, versuchte unter ihrem Vorsitzenden Fritz Springorum verstärkt, Einfluss auf die Politik zu nehmen. Dass Schmitt sich zu diesem Zeitpunkt erstmals ausführlich zu demjenigen Thema äußerte, das seine Kollegen schon seit fast einem Jahrzehnt diskutierten, lässt seinen Ausführungen eine gesteigerte Bedeutung zukommen. Ebenso interessant wie der Zeitpunkt, ist auch der Ort des Vortrages. Schmitt wählte nicht die Tages- oder Fachpresse als Forum, sondern einen Wirtschaftsverein, der sich für eine restaurative Reichs- und Verfassungsreform einsetzte.

Schmitt nahm die Reichsreformpläne der Länderkonferenz zum Anlass seiner Ausführungen. Die Forderung nach einer Verfassungsreform oder einer Reichsreform sei heute „zweifellos aktuell", denn eine Reichsorganisation und daneben 17 Länderorganisationen mit 18 höchsten Spitzen und einer üppig wuchernden Selbstverwaltung fordere eine Rationalisierung geradezu heraus. Es liege ihm fern, zu sagen, solche Reformpläne seien keine notwendige oder nützliche Angelegenheit. Der „Kern der Sache" sei damit aber noch nicht ganz getroffen: Die Forderung nach Reformen sei zu summarisch und verkenne große Schwierigkeiten der heutigen Lage. Demgegenüber sei zunächst die Frage zu stellen, wer heute in Deutschland die „effektiven politischen Kräfte" seien, die „den gegenwärtigen reformbedürftigen Status quo halten"? Der innerpolitische Zustand habe die „ganz ungeheure Wucht, das ganze Schwergewicht des Status quo", dem „ein kaum übersteigbarer Schutzwall legaler Verteidigungsmittel" zur Verfügung stehe. Dies liege besonders daran, dass die Weimarer Verfassung Änderungen im Wege des normalen Gesetzgebungsverfahren sehr erschwere, ja geradezu unmöglich mache.

Mit dieser Einschätzung der Lage hatte Schmitt den Forderungen der Länderkonferenz, die er immerhin als „rationell und vernünftig" qualifizierte, zumindest in der gegenwärtigen Situation jede Möglichkeit auf Verwirklichung abgesprochen. Das Hauptproblem sah er deshalb nicht so sehr in der Frage des Föderalismus und der einzelnen Bundesstaaten. Die Beseitigung einiger der 17 Staaten sowie die Frage einer differenzierenden Gesamtlösung und deren Einzelheiten seien derzeit nicht akut, ebenso wenig das Problem, wie man die Schwierigkeiten der heutigen Selbstverwaltungspraxis mit gesetzgeberischen Reformen beheben könne. Wenn man stattdessen

ders dann, wenn die beiden Regierungen politisch ungleichmäßig zusammengesetzt sind. [...] Das ist das Bild, das der gegenwärtige Aufbau bietet. Er schädigt die Autorität der Regierung. Er erschwert die Willensbildung. [...] Diese Gründe sind für sich allein so zwingend, dass man sagen muss, das Handeln ist dringend." (S. 109).

[54] Die Kontakte zum Langnamverein hatte Johannes Popitz vermittelt. Vgl. Bentin, Johannes Popitz und Carl Schmitt. Zur wirtschaftlichen Theorie des totalen Staates in Deutschland, 1972, S. 125.

nach den Nutznießern und Verteidigern des Status quo frage, erweise sich die Reichsreform als „bloßes Kulissenproblem“, denn die Interessenten am Status quo säßen in erster Linie nicht in den Bundesstaaten. Es handele sich vielmehr um organisierte Gruppen, die mit zahllosen Querverbindungen das gesamte Reich durchzögen. Das Reich sei deshalb nicht in erster Linie ein föderalistisches, sondern ein „pluralistisches Gebilde“.[55] Das bedeute, dass eine „Mehrheit nicht staatlicher Organisationen“ Reich, Länder und Gemeinden beherrsche, sei es als „fest organisierte politische Partei, oder als Interessenverband, als Religionsgesellschaft usw.“

Mit der Bezeichnung der Reichsreform als „Kulissenproblem“ hatte Schmitt den Reformplänen der Länderkonferenz und einiger seiner juristischen Kollegen eine glatte Absage erteilt. Er wies aber auch die Forderung der anderen Tagungsreferenten nach einer fundamentalen Verfassungsreform zurück. Es sei gerade ein Verdienst der Weimarer Verfassung, dass sie gegenüber radikalen Fragestellungen die größte Reserve gezeigt habe. Schmitt schwebte ein Weg zwischen fundamentaler Verfassungsreform und „sekundären Organisationsreformen“ vor. Im Hinblick auf die „Kraft des Status quo und die legalen Hemmungen“, bleibe nur eins: dass die „legale Reichsregierung von ihren verfassungsmäßigen Mitteln Gebrauch macht“. Diese verfassungsmäßigen Mittel seien größer, als man sich bisher vorgestellt habe. Schmitt empfahl der präsidialen Reichsregierung unter Brüning folglich nicht den Weg der Reichsreform, sondern den der Anwendung des Art. 48. Wenn es der Reichsregierung gelänge, die „Kräfte einer echten öffentlichen Meinung“ auf ihre Seite zu bekommen, so könne sie auch auf „jene föderalistischen oder jene Selbstverwaltungskräfte“ einwirken. Sein Credo lautete: „Ich glaube, dass heute eine legale Reichsregierung, wenn sie sich entschließt, von allen verfassungsmäßigen Mitteln Gebrauch zu machen, wesentliche Reformen und Programme durchführen kann.“

Der Staatsrechtler hatte den kursierenden Reichsreformplänen also die Ausnutzung aller Machtmittel des Art. 48 entgegengestellt. Angesichts der Krisensituation sei jede Veränderung der Verfassung gefährlich. Er, Schmitt, fühle sich in der Lage eines Technikers, der davor warnt, einen Maschinenteil während der Fahrt aus dem Wagen herauszunehmen und durch einen anderen zu ersetzen. Da die Verfassung ein sehr wichtiger Teil des Staatswesens sei, ohne den es nicht gehe, solle man ihn besser in Ruhe lassen, wenn man es nicht auf unabsehbare und gefährliche Experimente ankommen lassen wolle. In diesem Punkt stimmten auch andere Sachkenner mit Schmitt überein. Sogar der für Reichsreform zuständige Ressortminister der Regierung Brüning, Reichsinnenminister Wirth, hatte zu bedenken gegeben: in „kritischen und schwierigen Zeiten“ sei es „vielleicht nicht angebracht die Frage der Reichsreform einer endgültigen Lösung entgegenzuführen“.[56] Das Ziel, die Krisensituation unter Ausnutzung der präsidialen Vollmachten, sprich: Art. 48, zu verei-

[55] Vgl. auch Schmitts Beitrag in der Aussprache zu dem Referat des Berliner Bankdirektors Kehl, abgedruckt in: Kölnische Volkszeitung, 5. November 1930, Morgen-Ausgabe, S. 5.

[56] Aufzeichnung des lippischen Landespräsidenten Drake über ein Gespräch mit Wirth vom 30.5.1930. Zitiert nach Schulze, Otto Braun, S. 692.

teln, hatte Schmitt im gleichen Jahr in einem Aufsatz und einem Buch öffentlichkeitswirksam auf die Formel des Reichspräsidenten als „Hüter der Verfassung" gebracht.

Während er seine Auffassungen zu den Reichsreformplänen zunächst nur in Vorträgen vor einer kleineren Fachöffentlichkeit formuliert hatte, veröffentlichte er im Januar 1931 einen eigenen Beitrag. Da die Schriftleitung der DJZ, wo der Aufsatz erschien, gewöhnlich ihrerseits die Autoren aufforderte, zu bestimmten Themen Stellung zu nehmen, kann man vermuten, dass auch dieser Beitrag von Schmitt erbeten worden war. Da ein unmittelbarer aktueller Anlass fehlte, ging Schmitt noch einmal auf die Ergebnisse der Länderkonferenz ein, deren Vorschläge ja auf Grund der sich zunehmend verhärtenden Frontstellungen im Parlament untergegangen waren. Mit der Bemerkung, er wolle nicht von der Gefahr sprechen, die allen großen Reformplänen drohe, nämlich der „Verschüttung" in Kommissions- und Sachverständigenberatungen durch die Interessenten des Status quo, nahm er auf dieses Schicksal der Pläne Bezug: Die „Methode eines bösartigen Entgegenkommens" kenne und fürchte jeder ehrliche Reformer. Schmitt sah aber noch eine andere, prinzipiellere Gefahr: es genüge nicht, dass über einer großen Menge sorgfältig bearbeiteten Materials zwar eine leitende Idee und ein Ideal schwebe, aber ein klares Konstruktionsprinzip fehlt.[57] Diese aus der Notwendigkeit eines Konstruktionsprinzips entstehenden Schwierigkeiten seien besonders groß, da sich die gesamte innerpolitische Situation gegenüber der Vorkriegszeit völlig geändert habe, während in der Verfassung die Worte und Formeln der Vorkriegszeit unverändert beibehalten worden seien.[58] Schmitt betonte, er

[57] Mit einem solchen Konstruktionsprinzip seien nicht etwa theoretische und doktrinäre Prinzipien gemeint, sondern die Grundlinie einer staatlichen Organisation, die bei aller Kompliziertheit im Einzelnen auf klaren und einfachen politischen Entscheidungen, wenn auch Kompromissentscheidungen, beruhen müsse. Der Gedanke der nationalen Einheit Deutschlands sei etwa eine große und selbstverständliche Idee, aber noch kein Konstruktionsprinzip.

[58] Begriffe wie Selbstverwaltung, Autonomie und Dezentralisation hätten im Parteienstaat eine andere Bedeutung und Funktion als in der konstitutionellen Monarchie. Sie dürften deshalb nicht mehr unproblematisch als Antwort auf schwierige Fragen der Reichsreform verwendet werden. Es sei eine Wesensänderung der überlieferten Einrichtungen eingetreten, die man berücksichtigen müsse. Selbstverwaltung gegenüber einem in sich geschlossenen Beamtenstaat sei etwas anderes als Selbstverwaltung *in*, nicht: *gegenüber* einem parlamentarisch-demokratischen Parteienstaat. Alle Einrichtungen der Selbstverwaltung müssten sich ändern, wenn Staat und Selbstverwaltung Machtpositionen der derselben festorganisierten Parteien würden. Auch die bundesstaatliche Organisation erhalte in einem parlamentarisch-demokratischen Parteienstaat eine neue, veränderte Bedeutung. Die zentralisierende Macht jener festen, auch durch die Länder hindurchgehenden Parteiorganisationen fände an der überlieferten Selbstverwaltung oder einer Provinzialautonomie keine Schranke mehr, wohl aber immerhin noch in weitem Maße an der Selbständigkeit der einzelnen Länder. Öfter habe es aber sogar den Anschein, als wäre nicht einmal die bundesstaatliche Organisation stark genug, um eine territoriale Dezentralisation und Autonomie vor den pluralistischen Parteimächten zu schützen, denn auch Reich und Länder könnten zu bloßen Machtpositionen jenes Pluralismus ausgebaut werden. Allerdings läge selbst bei der heutigen innerpolitischen Situation immer noch ein starker Schutz gegen „zentral bestimmte Parteimaximen" (Poetzsch-Heffter) oder wenigstens ein

wolle die groteske bundesstaatliche Zersplitterung keineswegs verteidigen. Es komme aber darauf an, den Bedeutungswandel des „Föderalismus" deutlich hervorzuheben.[59] Er, Schmitt, wolle die elementare, in der Praxis sich unvermeidlich auswirkende Prinzipienlosigkeit[60] dieses Dilemmas ins Auge fassen, um nicht der Gefahr zu erliegen, Vorschläge und Reformpläne aufzustellen, die an der eigentlichen Quelle des Unheils, nämlich dem Mangel eines Konstruktionsprinzips, vorbeigingen. Dies war ein direkter Seitenhieb gegen die „ehrlichen Reformer" der Länderkonferenz, die nach Schmitts Meinung genau in diese Falle getappt seien.[61]

Gegengewicht gegen die jeweils im Reich herrschende Koalition. Auch der Reichsrat sei noch keine Versammlung von Parteifunktionären geworden, sondern sei ein Kollegium von administrativen Sachverständigen geblieben und diene damit einer wirksamen innerpolitischen Neutralisierung.

[59] Die Reichsorganisation der Republik beruhe in weitem Maße noch auf der Konstruktion der Reichsverfassung von 1871. Diese bismarcksche Schöpfung sei allerdings eine ganz andere Art Verfassung als die geltende. Die Verfassung von 1871 sei ein hegemonischer Bund monarchischer Regierungen geblieben. An diesem bündischen Charakter sei immer festgehalten worden und vor allem auch daran, dass Parlamentarismus und bundesstaatliche Organisation nicht nur unvereinbar, sondern wesentliche Gegensätze seien. In Weimar habe man 1919 diese Konstruktion beibehalten, gleichzeitig aber nicht nur dem Reich, sondern auch jedem einzelnen Land eine parlamentarische Regierung gegeben. Hier sei eine sehr problematische Verbindung zweier nicht per se kompatibler Konstruktionsprinzipien eingetreten. Schmitts Ergebnis lautete daher, dass die Schwierigkeit der aktuellen bundesstaatlichen Zustände darauf beruhe, dass es in der geltenden Reichsverfassung an jedem bundesstaatlichen Konstruktionsprinzip fehle und doch eine bundesstaatliche Organisation festgehalten sei. (Schmitt, Reichs- und Verfassungsreform, DJZ, 36 Jg., Heft 1, 1931, Sp. 8.)

[60] Diese „Prinzipienlosigkeit" beschrieb er wie folgt: Man habe 1919 in der Nationalversammlung die Frage nach dem Verhältnis von Parlamentarismus und Föderalismus ignoriert und doch eine bundesstaatliche Organisation beibehalten. Die Hegemonie Preußens sei in der geschriebenen Verfassung beseitigt, und doch habe man Preußen unverändert mit dem faktischen Übergewicht seines Umfanges bestehen lassen, so dass die Inkongruenz zwischen verfassungsgesetzlichem und tatsächlichem Einfluss „geradezu phantastisch" habe werden müssen. Man hätte, als man die preußische Hegemonie beseitigte, also nicht etwa das einzig noch mögliche andere bundesstaatliche Konstruktionsprinzip übernommen, nämlich ein Gleichgewichtssystem ungefähr gleich großer und gleich einflussreicher Länder, sondern, weil man sich nicht entschließen konnte, Preußen aufzuteilen, von den allein möglichen Systemen – hegemonischer oder Gleichgewichtsbundesstaat – keines gewählt und trotzdem die bundesstaatliche Organisation beibehalten. Man habe zudem ein allgemeines Grundgesetz aller bundesstaatlicher Organisation, nämlich das richtige Verhältnis von Freiheit und Einfluss der Einzelstaaten verkannt und die Zuständigkeit des Reiches außerordentlich ausgedehnt, andererseits aber auch die Länder, obwohl man sie mit ihrem Umfang und dem Kern ihrer staatlichen Macht, der Exekutive, unverändert weiterbestehen ließ, trotzdem nicht durch einen größeren Einfluss auf die Bildung des Reichswillens entschädigt. Da man zudem auch noch die Rechte des Reichsrats möglichst bescheiden gehalten habe, hätten sich die Länder ihren oft sehr großen Einfluss auf ganz anderem Wege verschafft, als man aus dem Text der Verfassung ablesen könne.

[61] Ob das Deutsche Reich eine bundesstaatliche Organisation behalten solle oder nicht, sei mit einem Hinweis auf Dezentralisation, Provinzialautonomie oder weitgehende Selbstverwaltung nicht beantwortet. Wenn der Dualismus Preußen-Reich dadurch beseitigt werden solle, dass Preußen zu einem „Reichsland" gemacht und im Übrigen zwischen Ländern alter und neuer Art unterschieden werde, so müsse diese „differenzierende Gesamtlösung" die Frage

Schmitt stellte diesen Reformplänen ein eigenes Konzept gegenüber: die fortwirkenden Formeln und Denkweisen der konstitutionellen Monarchie würden „Residuen“ darstellen, welche die Verfassung wie eine „dicke Staubkruste“ überzögen. Darum sei es so schwierig, eine „sinngemäße Auslegung“ für Verfassungsbestimmungen durchzusetzen. Parteien und Parteienkoalitionen bedienten sich der Formeln und Begriffe aus vorrepublikanischer Zeit als Agitations- und Propagandafloskeln, und auch in der parteipolitisch neutralen Jurisprudenz seien die Nachwirkungen des vorkonstitutionellen Staatsrechts sehr stark. Daraus ergebe sich die Unfähigkeit, die Verfassung selbst von den zahllosen Einzelheiten ihrer 181 Artikel zu unterscheiden. Es sei sicher nicht im Geiste der Verfassung, wenn mit den Argumenten, mit denen das liberale Bürgertum eine monarchische Regierung bekämpfte, eine republikanische Regierung handlungsunfähig gemacht würde. Durch eine vernünftige Auslegung des geltenden Verfassungsrechts hätten sich hier manche Reformvorschläge von selbst erledigt, und zwar sachgemäßer, als es ein Änderungsgesetz hätte bewirken können. Der richtige, durch die Entwicklung der letzten zehn Jahre bestätigte Weg sei eine „sinn- und situationsgemäße Auslegung der Verfassung“. Daraus ergibt sich, dass Schmitt die Vorschläge zu einer Reichs- und Verfassungsreform – trotz prinzipieller Übereinstimmungen – ablehnte und betonte, dass durch situationsgemäße Deutung manches Problem zu lösen sei. Das erkennbare Ziel hierbei war es, durch eine vernunftgemäße Interpretation der Verfassung die Regierung handlungsfähig zu machen. Die Reichsreformvorschläge der Länderkonferenz lehnte er – unabhängig von dem Problem ihrer Verwirklichung – ab, weil durch sie, mangels eines klaren Konstruktionsprinzips, die wesentlichen Probleme nicht zu bewältigen wären. Zudem sei das Problem der „Durchgängigkeit der pluralistischen Parteimächte“ nicht gelöst. Er wollte statt dessen durch eine extensive Interpretation die Ausnutzung aller verfassungsmäßigen Mittel ermöglichen.

Vor dem Reichseingriff vom 20. Juli hatte Schmitt sich nicht mehr zu diesem Themenkomplex geäußert. Man mochte von diesem Eingriff halten, was man wollte, er brachte jedenfalls Bewegung in die zuvor im Getriebe des Gesetzgebungsapparates versandeten Reformpläne. Der ehemalige Berliner Oberregierungsrat Walter Adametz, der sich für eine Überwindung des Dualismus' Preußen-Reich im Sinne des Luther-Bundes engagierte, hatte das in der reichsreformorientierten Monatsschrift „Reich und Länder“ folgendermaßen ausgedrückt: Die Ereignisse des Sommers 1932 hätten auch bei den intransigentesten Verächtern der Arbeit des Erneue-

klar beantworten, ob die Differenzierung nur eine solche von „Verwaltungsformen“ sei, oder ob die bundesstaatliche Organisation in ihrer vollen bisherigen Bedeutung beibehalten werden solle. Wenn nicht, so sei die Bezeichnung „Länder alten Stiles“ unrichtig; sollte sie dagegen beibehalten werden, so wären vier Arten von Gemeinwesen zu unterscheiden: Reich, Reichsland, Länder alten und Länder neuen Stils, deren gegenseitige Beziehungen ein Problem für sich bildeten. Zudem entstünde die Frage, ob die Länder alten Stils zum Reich oder zum Reichsland in einer bundesstaatlichen Beziehung stehen, und ob das Reich selbst mit seiner neuen „Hausmacht“ Preußen im Reich eine Art Hegemonie ausüben solle, was jedenfalls ein näher zu erläuterndes Novum in der Geschichte bundesstaatlicher Erfahrung wäre.

rungsbundes („Lutherbund")[62] zu der Erkenntnis geführt, dass die Überwindung des Dualismus Preußen-Reich eine „Lebensnotwendigkeit" des deutschen Volkes sei: „Am 20.7.1932 ist der Stein ins Rollen gekommen. Der Reichspräsident hat durch Einsetzen eines Reichskommissars für Preußen zunächst eine vorläufige Regelung zur Beseitigung der dringendsten Gefahren, die sich aus der fehlerhaften Konstruktion des Reiches ergeben, getroffen."[63] Damals habe jeder Kenner der Verhältnisse und Probleme aufgeatmet. Auch viele von denen, die der Regierung Papen politisch ablehnend gegenüberstanden, hätten die Notwendigkeit dieser Maßnahme anerkennen müssen, wenn sie auch gelegentlich die Form beanstandeten. Wären doch im Kreis der preußischen Regierung schon lange Zeit Pläne erwogen worden, die sachlich in gleicher Richtung gelaufen seien.[64]

Man habe nun gehofft, so Adametz weiter, dass die Einsetzung des Staatskommissars für Preußen der erste Schritt zur endgültigen Beseitigung des „unseligen Dualismus" zwischen Reich und Preußen sowie der erste Ansatz zu einer wirklichen Reichsreform sei.[65] Um so mehr habe es überraschen müssen, als der Reichskanzler sowie der stellvertretende Reichskommissar bald hervorhoben, dass es sich hier um „eine vorübergehende Zusammenfassung der Machtmittel des Reiches und Preußens in der Hand des Reichskanzlers" handele, und dass auch die Reichsregierung den sehnlichsten Wunsch habe, dass es bald gelingen möge, „geordnete parlamentarische Verhältnisse wiederherzustellen und die kommissarische Verwaltung des Landes zu ersetzen durch eine vom Landtag gewählte Regierung." Man hoffe, da zwischenzeitlich Prozesse gegen das Reich vor dem Staatsgerichtshof anhängig gewesen seien, dass es sich hierbei um vorsichtige Formulierungen aus prozesstaktischen Gründen gehandelt habe.

---

[62] Zum Lutherbund vgl. Biewer, Reichsreformbestrebungen, S. 109 ff.

[63] Walter Adametz, Die Reichsreform – Allgemeine Grundlagen für die Abgrenzung der Zuständigkeiten zwischen Reich, Ländern und Gemeindeverbänden, in: Reich und Länder – Monatsschrift für die Entwicklung der Verfassung, Verwaltung und Finanzen in Deutschland, 6. Jg., Dezember 1932, Heft 12, S. 297–309, hier S. 308.

[64] Und in der Tat hatte Severing, einem Bericht der „VZ" zufolge, am 20. Juli gesagt: „In diesen Tagen wird Geschichte geschrieben." Der Berichterstatter des liberalen Blattes, Carl Misch, kommentierte: „Die Hand ist ausgestreckt, wird man in sie einschlagen?" Und er fügte hinzu: „Was gewesen ist, kehrt nicht wieder. Es nutzt nichts, den Blick stur nach rückwärts zu wenden. Eine Entwicklung, die aus den in der Weimarer Verfassung gelegten Keimen eine zweckvollere, klarere, bessere Gliederung des Reiches herbeiführt, auf dem Boden der Weimarer Verfassung und mit den von ihr gegebenen Mitteln, ist ein Fortschritt. Die Union zwischen Reich und Preußen, seit langem angestrebt, ist ein Plus. Entsteht sie mit rechtswidrigen Mitteln, haftet ihr ein Makel an, der eines Tages schwer sich rächen wird. Das Bestreben all derer, die an den maßgebenden Stellen wirken, muss es sein, diesen Makel der Geburt wieder auszulöschen. Dann kann der 20. Juli, so trüb und düster er war, zum Ausgang einer besseren Entwicklung werden." (VZ, 10. Oktober 1932, Abend, S. 1 („Preußen will Verständigung")).

[65] Zwar habe die Regierung Papen einen Gesetzesentwurf zur Reichs- und Verfassungsreform in Aussicht gestellt, der Inhalt dieses Entwurfes sei aber außerordentlich unbestimmt. (Adametz, Reichsreform, S. 308.)

Hier zeigt sich, dass die Befürworter einer Reichsreform im Umkreise des konservativen „Lutherbundes" ablehnend auf die vom Schleicher-Kreis eingeleitete Umdeutung der Preußenaktion reagierten, da sie in dem Eingriff den Auftakt für eine dauerhafte Lösung in ihrem Sinne erhofft hatten. Zwar mögen entsprechende beschwichtigende Aussagen Papens und Gayls an die Adresse der süddeutschen Länder tatsächlich eher einem taktischen Kalkül entsprungen sein. Die betreffenden Ausführungen in den Prozess-Schriftsätzen waren jedenfalls keine Prozesstaktik, da sie die Grundlage für eine höchstrichterliche Entscheidung darstellten. Auch die Plädoyers der Prozessvertreter zeigen, dass sich die politischen Wünsche nicht in den offiziellen Äußerungen der Reichsseite niedergeschlagen hatten. Schmitt konnte in dem Prozess vor dem Staatsgerichtshof daher seine Argumentation zur Frage der Reichsreform von 1930/31 aufgreifen. Auch hier betonte er, dass es sich bei dem Verhältnis von Reich und Preußen um eine Fehlkonstruktion handele, die eine „Gefahrenquelle allererster Art"[66] darstelle, welche durch eine Bürgerkriegslage noch erhöht werde. Eine solche Gefahrenquelle könne zwar nicht rechtlich beseitigt, aber faktisch entschärft werden: „Wie man das beseitigt, ist eine Frage für sich. Was man aber in der konkreten Frage tut, ist Sache des Reichspräsidenten nach Art. 48"[67]. In seinen Plädoyers ging Schmitt zudem auffallend selten auf die Frage der Reichsreform ein. In einigen Bemerkungen wurde aber deutlich, dass er hier den Faden früherer Argumentation wieder aufnahm. Er sprach von zwei besonderen Gefahren, gegen die ein besonderer Schutz nötig sei: von der deutschen Vielstaatlichkeit und vom Parteienpluralismus im föderalen System. Diese beiden Gefahren für die Einheit des Reiches könnten sich verbinden, das hätten auch die Urheber der Verfassung gewusst. Das sei der Hintergrund des Zusammenhangs von Abs. 1 und Abs. 2 des Art. 48: „Wenn sich die Vielstaatlichkeit, die staatliche Zersplitterung mit der zum Bürgerkrieg treibenden Parteizersplitterung verbindet, dann ist der Tatbestand gegeben, in dem die beiden Befugnisse des Art. 48 Abs. 1 und Abs. 2 miteinander verschmelzen."[68] Das Problem der staatlichen Zersplitterung und vor allem des Dualismus Preußen-Reich sei eine Gefahr, der nicht mit einer Reform zu begegnen sei, sondern mit den Machtmitteln des Art. 48. Die Versuche, diese Fehlkonstruktionen der Verfassung durch eine Reform zu entschärfen, hatte Schmitt mit dem Hinweis auf das seiner Meinung nach dahinterliegende Problem des „Pluralismus" zurückgewiesen. Die Parteien seien bestrebt, die Länder zu ihren Machtpositionen zu machen. Vor allem in Preußen sei dies sehr gefährlich, da Preußen zwar keine verfassungsmäßige, wohl aber eine faktische Hegemonie innehabe. Diese beiden Probleme, die in ihrer spezifischen Verbindung jede Reform der Verhältnisse unmöglich machten, seien durch den Art. 48 zu bekämpfen, da die Urheber der Verfassung diese Gefahren vor Augen hatten als sie eine entsprechende Machtfülle zu ihrer Bekämpfung schufen. Was man damit bezweckte, das hatte Carl Bilfinger in einem Brief an Schmitt ausgedrückt: es handele sich um „eine fundamentale Wandlung,

---

[66] PcR, S. 179.

[67] Ebd.

[68] Ebd., S. 181.

vielleicht eine Rückbildung der Verfassung“ in einem unitarischen Sinne.[69] Die Lösung des Problems, dass die Länder versuchten, die staatlichen Machtmittel der Länder zu ihren Zwecken zu gebrauchen oder sogar zu missbrauchen, sahen die Reichsvertreter in einer vorübergehenden Zusammenfassung dieser Machtmittel der Länder, in diesem Fall des größten Landes, unter einer zentralen Regierung. Vor dem Hintergrund dieser Ausführungen wird deutlich, dass die endgültige Reichsreform keine Rolle mehr spielte und auch nicht mehr spielen konnte, denn der Staatsgerichtshof nahm die Ausführungen der Reichsseite zur Grundlage seiner Entscheidung. Ein späteres Abweichen von der dort vorgebrachten Rechtsauffassung war nicht ohne eine offene Abwendung von dem Urteil, also einen unverhohlenen Verfassungsbruch, zu bewerkstelligen.

Wie sich hier zeigt, war die Diagnose des Problems unstrittig: Der Dualismus zwischen Preußen und dem Reich musste kurzfristig entschärft und langfristig durch eine gesetzliche Regelung aufgehoben werden. Konflikte entwickelten sich allerdings hinsichtlich des einzuschlagenden Weges und der zu wählenden Strategie. Während die Länderkonferenz und der „Lutherbund“ vehement eine umfassende rechtliche Regelung forderten, verfochten die Reichsvertreter und der hinter ihnen stehende Schleicher-Kreis den Plan einer praktischen Beseitigung der aus dem Dualismus resultierenden Gefahren.

Zwischen den Verfechtern der unterschiedlichen Vorstellungen herrschte ein gespanntes Verhältnis, wie verschiedene Stellungnahmen dokumentieren. In dem Beraterkreis Schmitt, Jacobi, Bilfinger wurden die Reichsreformpläne abgelehnt, wie etwa die ausführlichen Briefe von Bilfinger an Schmitt zeigen. So schrieb Bilfinger etwa am 24. Juli, es komme keineswegs nur darauf an, „wie die Dinge in Leipzig verlaufen“, sondern vielmehr auf die „große Linie einer praktisch haltbaren Methode der Beseitigung des Parteienbundesstaates ohne radikale und gefährliche Experimente.“[70] Eine „Reichsreform, welche zuletzt Herr Luther und maßgeblich Herr Brecht entworfen haben“, sei „schlimmer als man schon aus der Ehe zwischen der deutschen Volkspartei und der Sozialdemokratie nebst Anschütz und Zentrum vermuten müsste“.[71] Die inhaltliche Verknüpfung des „Preußenschlages“ mit Reichsre-

[69] Bilfinger an Schmitt, 24. Juli 1932, RW 265–1365.

[70] Die im Folgenden zitierten Briefe von Carl Bilfinger an Schmitt, Nachlass Schmitt HStAD/RW 265–1365–1375.

[71] Zur Kritik Bilfingers an den Plänen von Länderkonferenz und Erneuerungsbund vgl. etwa seine Besprechung eines in Buchform erschienen Vortrages des Bayerischen Ministerpräsidenten Heinrich Held mit dem Thema „Das preußisch-deutsche Problem“, Berlin und Leipzig 1929, in: AöR, 21 Band n. F. 1932, S. 458 ff. Hier zeichnete Bilfinger positiv die Argumentation Helds nach, die die „Abwehr der bekannten Pläne der Länderkonferenz“ zum Gegenstand hatte und eine „Rechtfertigung des föderalistischen Systems“ beinhaltete. Anerkennend bemerkte Bilfinger in diesem Zusammenhang: „Die Aufgabe, die Held sich vor allem gestellt hatte, bestand in der Warnung vor dem Spiel mit bedenklichen, politisch nicht zu Ende gedachten Experimenten.“ (Ebd., S. 460.) S. auch die Besprechung Bilfingers von Rudolf Henle, Einheitsstaat oder Länderstaat, Köln 1930, in: AöR, 21 Band n. F., 1932, S. 461 f., wo er bemerkt: „Den

formplänen und einer Depossedierung der SPD hielt er für eine schwere Hypothek. Am 20. August hieß es, er erschrecke „wieder und wieder" vor dem Gedanken, man sei sich nicht restlos der „Schwäche" bewusst, die darin liege, dass der „Vorwurf der antizipierten Reichsreform und des Handstreichs zum Sturze der üblen bisherigen Regierungsgesellschaft so viel bestechendes an sich" habe.[72] Dass die Beratertrias an diesen Überlegungen nicht beteiligt war und auch nicht über einschlägige Informationen verfügte, dokumentiert das Schreiben vom 21. Oktober. Hier beklagte Bilfinger, er sei „nach dem Stande der Reichsreform harangiert" worden, obwohl er mehrmals erklärt habe, dass er „an der Vorbereitung der Reichsreform nicht beteiligt" sei. Außerdem lehne er persönlich den „Oberhausgedanken" – ein Ziel der Verfassungspläne Papens und Gayls[73] – ab.[74] Er fügte an, dass „der Augenblick sehr nahe gekommen" sei, „wo unsereins wissen sollte, was eigentlich vorgeht und welches Spiel gespielt wird". Er habe es abgelehnt, einen ihm angebotenen Aufsatz im Verwaltungsblatt über die Oberhausfrage zu schreiben, „auf Dauer aber könnte sich eine solche reservierte Haltung als schädlich erweisen." Es könne durchaus auch sein, dass man „gegenüber der Gottheiner Gruppe einmal Front machen" müsse, und da hätte man um so größere Chancen, „je stärker die Anderen etwa das Oberhaus betreiben". Der hier angesprochene Georg Gottheiner war ein von Papen und Gayl neu berufener deutschnationaler Ministerialdirektor im Reichsinnenministerium. In dieser Eigenschaft dürfte er auch intensiv an den Planungen Papens und Gayls bezüg-

kritischen Bemerkungen des Verfassers zu den Ergebnissen der Konferenz wird man in vielen Punkten beipflichten können." (Ebd. S. 461.) Die Ausführungen hatte er mit dem Satz beschlossen: „Jedenfalls aber widerspricht der Vorschlag von Henle, insoweit nicht anders als das Projekt der Länderkonferenz dem Satze, dass alle Politik, auch die bundesstaatliche Reformpolitik, die Kunst des Erreichbaren ist." (Ebd. S. 462.)

72 Und in der Tat hatte die preußische Seite diese Befürchtung bestätigt, indem sie betonte, die Maßnahme des 20. Juli werde nur verständlich, „wenn man als Ziel der Verordnung die Beseitigung des Dualismus zwischen Reich und Preußen sieht." Schon damals, so die Unterstellung mit der die preußischen Vertreter anfangs Eindruck auf das Gericht machen wollten, habe es sich nicht um eine vorübergehende Maßnahme gehandelt, sondern „um für die Dauer berechnete Maßnahmen, die aus diesem Grund unzulässig waren." (Civis, Nachwort, S. 102.)

73 Der Gedanke einer berufsständischen Vertretung neben dem Parlament wurde von sehr unterschiedlichen Seiten gefordert. Zu den Schwierigkeiten, die wohl auch Schmitt, Jacobi und Bilfinger bei ihrer Ablehnung dieser Pläne geleitet haben dürften s. Hans Nawiasky, Die Schaffung eines Oberhauses, in: RuPrVwBl., 19. November 1932, Band 53, Nr. 47, S. 930ff. Zum Problemkomplex auch Graf Westarp, Reichsrat und Oberhaus, DJZ, 38. Jg., Heft 3, Sp. 203 ff.

74 Hier war er sich mit Schmitt völlig einig. Vgl. etwa Schmitt, Konstruktive Verfassungspläne, a. a. O. oder den Langnam-Vortrag von 1932 a. a. O. Auch E. R. Huber berichtet von Schmitts Ablehnung der Verfassungspläne von Gayl und Papen. Vgl. Huber, Staatskrise, S. 58. Diese Ablehnung wird wohl vor allem auf einen Gedanken zurückzuführen sein, den Ernst Fraenkel wie folgt formulierte: „Macht man sich klar, dass die bestehende Verfassungslähmung auf die Unfähigkeit des Reichstags zurückzuführen ist, gesetzgebende Funktionen auszuüben, so erkennt man, dass die Einfügung eines Oberhauses die bestehenden Schwierigkeiten nicht verringern, sondern im Gegenteil erheblich steigern muss. Kann bereits eine Kammer nicht zu positiven Entschlüssen kommen, so werden zwei Kammern noch sehr viel weniger in der Lage sein, übereinstimmende Staatsakte vorzunehmen." S. Fraenkel, Verfassungsreform und Sozialdemokratie, in: Die Gesellschaft, 1932, Jg. 9, S. 497 f.

lich einer autoritären Reichs- und Verfassungsreform beteiligt gewesen sein, gegen die Bilfinger hier „Front machen“ wollte.

Die Ziele Papens und Gayls[75] spielten für die Prozessvertreter aus prinzipiellen Erwägungen keine Rolle. Wie aus den Briefen Bilfingers deutlich wird, ging es Schmitt[76] und seinen beiden Mitstreitern vielmehr um eine vorübergehende Zusammenballung der Machtmittel in der Hand des Reiches, um die machtpolitische Grundlage für eine schlagkräftige Bekämpfung der akuten Probleme, die man unter dem Schlagwort „Parteienbundesstaat“ ausreichend gekennzeichnet wähnte, zu gewährleisten. Man erstrebte ein kraftvolles Vorgehen gegen die extremen Parteien, da diese den „neutralen“ Staat zwischen sich zu zerreiben drohten. Dabei scheuten die Prozessvertreter vor allem „radikale und gefährliche Experimente“, worunter natürlich zuvorderst die Reichs- und Verfassungsreformpläne Gaylscher Spielart fielen. Die Experimente hielt man – abgesehen von der inhaltlichen Frage – wohl deshalb für dem Hauptziel abträglich, da sie von der Konzentration auf die Bekämpfung der akuten Gefahrenlage ablenkten und nur neue Konfliktgräben aufrissen. Durch das Urteil war einer über die vorübergehende Zusammenfassung der Machtmittel Preußens und des Reichs hinausgehenden Reichsreform zunächst ein Riegel vorgeschoben, zumindest soweit sie sich auf den Artikel 48 stützen sollte.

Damit bestanden in dieser Frage gewissermaßen zwei konkurrierende Lager. Auf der einen Seite die juristischen Berater um General Schleicher, die sich auf eine faktische Kräfteverlagerung beschränken wollten, auf der anderen Seite die Befürworter einer gesetzlichen Regelung. Das Reichsreformlager bestand im Wesentlichen aus den Teilnehmern der Länderkonferenz und aus dem ständestaatlichen Konzeptionen nahestehenden „Lutherbund“. Zwar waren die politischen Differenzen zwischen diesen beiden Reformverfechtern zum Teil erheblich, in der Frage der Reform bezog man sich aber immer wieder sehr positiv aufeinander. So hatte etwa Poetzsch-Heffter später – im Juni 1933 – in der Besprechung einer Denkschrift des Erneuerungsbundes deren „besondere gedankliche Auseinandersetzung mit der ‚Preußenaktion‘ vom 20. Juli 1932“ durchaus zustimmend referiert:[77] Trotz unterschiedlicher

---

[75] Depossedierung der SPD und Durchführung einer Reichsreform.

[76] Die Motive, die sich hier aus den Briefen Bilfingers herauslesen lassen, gelten in vollem Maße auch für Schmitt. Das lässt sich bereits dem Umstand entnehmen, dass Bilfinger Schmitt als „Obmann“ bezeichnete und bei allen öffentlichen Äußerungen zunächst dessen Zustimmung einholte. S. Bilfinger an Schmitt, 6. August 1932, HStAD/RW 265–1367. Deshalb kann man ohne weiteres davon ausgehen, dass Bilfingers Äußerungen, die wesentliche und grundlegende Fragen betrafen, Schmitts Zustimmung hatten.

[77] Fritz Poetzsch-Heffter, Zur Denkschrift des Erneuerungsbundes über „Die Reichsreform“, in: Reich und Länder, 7. Jg., Heft 6, Juni 1933, S. 172–175, hier: S. 174 f. Der große geschichtliche Sinn des 20. Juli 1932 liege im „gewaltsamen Durchbruch der nationalen Überlegenheit über das Partikulare“. Es gehe um die Einheit der Innenpolitik. Das Reich erzwinge sie gegen Preußen. Mit seinem Erfolg werde der Schwebezustand beseitigt, dessen Labilität und Unsicherheit ein Charakterzug der dualistischen Nachkriegsperiode gewesen sei. Die Übermacht des Reichs, Bismarcks „vis major der Gesamtnationalität“ setze sich in einer politischen Grundentscheidung durch und schaffe damit eine völlig neue Lage. Das Reich bringe den größ-

Auffassungen im Einzelnen waren sich die Vertreter einer Reichsreform, Erneuerungsbund und Länderkonferenz, im Allgemeinen also einig.[78]

Die Ziele der Reformvertreter lassen sich einer Auseinandersetzung mit dem Preußenurteil entnehmen, die Poetzsch-Heffter in der DJZ veröffentlicht hatte.[79] Hier führte er aus, das deutsche Verfassungsleben sei auf zwei Gebieten in stärkere Bewegung gekommen. Das Reich-Länder-Problem und die aus der Krisis des Parlamentarismus hervorgegangene Notwendigkeit verstärkter präsidialer Staatsführung stünden im Vordergrund staatspolitischer Entschlüsse und verfassungsrechtlicher Betrachtungen. Eine verständliche Unruhe der in Mitleidenschaft gezogenen Länder habe sich durch Fehlgriffe und Missverständnisse in den sich überstürzenden Ereignissen zu einer politischen Kampfesstimmung gesteigert. Daher bestehe die Gefahr, dass die große Linie der staatspolitischen Entwicklung nicht mehr gesehen und das Zufällige und Vermeidbare nicht genügend vom Notwendigen unterschieden werde. Notwendig sei die „Überwindung des preußisch-deutschen Dualismus“, denn das Aufgehen Preußens im Reiche werde „vom Gesamtwohl der Nation gebieterisch gefordert“.[80] Der Dualismus sei zu etwas geworden, das „immer weniger mit einer guten Ordnung des deutschen Staatswesens sich vereinbaren ließ“. Aber welche Säumnisse, welche Unentschlossenheit habe es hüben und drüben gegeben, das „Notwendige und Unvermeidliche im verfassungsmäßigen Verfahren zum Abschluss zu bringen“, denn die Maßnahmen, die vom Reichspräsidenten unter Gegenzeichnung der Regierung Papen am 20. Juli 1932 angeordnet worden seien, und alles, was seitdem in weiterer Folge hiervon geschehen ist, „sind noch nicht die notwendige Reform“. Aber die Maßnahmen seien nur zu verstehen, wenn man im tieferen Grunde die „vorwärtsdrängende Bewegung der nationalen Entwicklung“ sehe. Der Staatsgerichtshof, der gegen die präsidiale Maßnahme aufgerufen wurde, sei damit vor eine Schwierigkeit gestellt, welche die ganze Problematik der hohen politischen Gerichtsbarkeit offenbare und an die Wurzeln der Einrichtung gerührt habe. Es sei das Verdienst des Staatsgerichtshofs, dass er den Parteien eine Entscheidung gegeben habe, in der „das notwendige Verständnis für das werdende Neue mit der Wahrung der richterlichen Autorität verbunden worden

---

ten Teilstaat zum Gehorsam. Die Entwicklung werde aus der Bahn einer bloßen Reform in eine „Peripetie von historischem Ausmaße herausgeworfen.“ Aus der Darstellung der Denkschrift klinge aber der Zweifel an, ob sich die Akteure der großen, über das Widerspiel von rechts und links hinausführenden Bedeutung der Aktion von Anfang an bewusst gewesen seien. Einzelnen Äußerungen verantwortlicher Vertreter des Reichs stünden dagegen Worte des Kanzlers Papen über die Reichsreformpläne gegenüber, die gezeigt hätten, dass er das Bewusstsein für die „Notwendigkeit einer *dauernden* Sicherung der Reichsvormacht“ entwickelt habe. Allerdings zeige die Denkschrift auch, dass die Hemmungen der Aktion nicht bloß durch die Auswirkungen der Staatsgerichtsbarkeit verursacht worden seien, sondern auch durch die mindestens zeitweise noch vorhandene „Verstrickung des staatspolitischen Denkens in Kategorien der alten föderativen Tradition“.

78 Dazu auch Biewer, Reichsreformbestrebungen, S. 112f.

79 Poetzsch-Heffter, Spruch. Sp. 1373–1389.

80 Ebd., Sp. 174.

ist".[81] Darin liege ebenso der politische wie der rechtsstaatliche Wert der Urteils. Das preußisch-deutsche Problem bestehe auch nach dem Spruch des Staatsgerichtshofs noch fort. Deshalb schloss Poetzsch-Heffter: „Aufgabe der Staatspolitik bleibt, den Dualismus zu überwinden."[82] Diese programmatische Aufforderung bringt das Credo der Reformvertreter auf den Punkt.

Dabei ist Poetzsch-Heffter zuzustimmen, dass die Maßnahmen des 20. Juli und der Folgezeit noch nicht die notwendigen Reformen darstellten, aber sie hatten, darin waren sich viele Experten einig, die dringendsten Probleme zumindest vorübergehend gelöst und den Weg in die richtige Richtung gewiesen. Die Verfechter der Reichsreform forderten daher ihre baldige verfassungsrechtliche Vollendung. Diese Vollendung wäre in der Tat die bestmögliche Lösung gewesen, doch ihr standen nun eben unüberwindbare Hindernisse im Wege. Deshalb zieht Ludwig Biewer in seiner Studie über die Reichsreformbestrebungen das Fazit: „Zwar gab es [...] in der Zeit der Weimarer Republik [...] kluge politische Ordnungsvorstellungen, aber es fehlte ihren Trägern eine solide Machtbasis, auf Grund derselben sie sich hätten durchsetzen können."[83]

Die Gruppe um Schleicher bejahte dagegen zwar die prinzipielle Reformbedürftigkeit der staatlichen Verhältnisse, sie suchte aber nach verfassungsrechtlichen Mitteln und Wegen, die eine Verwirklichung der Reformziele ohne gefährliche verfassungspolitische Experimente gestatteten. In dem Reichseingriff sah man nicht den Auftakt zur gesetzlichen Regelung des Reich-Länder-Problems, sondern den Versuch der Zurückdrängung des Parteienstaates, der sich der Länder als Machtpositionen bediene.[84] Da dieser Unterschied von erheblicher Bedeutung ist, sollen diese Vorstellungen im Folgenden anhand von Vorträgen, die Schmitt nach dem Urteil des Staatsgerichtshofs in offiziösen Kreisen gehalten hatte, erläutert werden. Bei dem öffentlichkeitswirksamsten dieser Vorträge kam es dabei sogar zu einer direkten Konfrontation der beiden Lager in Form einer Kritik des Namenspatrons des „Lutherbundes" selbst, welche die Differenzen der beiden Konzeptionen anschaulich illustriert.

Am 4. November 1932, zwei Tage vor der Reichstagswahl und einen Tag nach Beginn des viertägigen Verkehrsarbeiterstreiks von NSDAP und KPD, der Berlin lahmlegte und erstmals das ganze Potential einer Phalanx der radikalen Parteien offenbarte, sprach Schmitt vor Chemie-Industriellen über „konstruktive Verfassungsprobleme". Er eröffnete mit der Feststellung, er wolle nicht über technische Details

[81] Ebd., Sp. 175.

[82] Ebd., Sp. 178.

[83] Biewer, Reichsreformbestrebungen, S. 197.

[84] Das betont auch Scheuner: „Besonders gelungen erscheint mir Ihre Schlussausführung [gemeint ist der Aufsatz in der DJZ vom August 1932], die diesen Streit von dem Geleise Reich-Länder auf das des Parteienstaats zurückgeführt;" (Brief Scheuner an Schmitt vom 1. August 1932, HStAD/RW265–12452, S. 4.)

sprechen, etwa die Einführung eines Oberhauses oder die Heraufsetzung des Wahlalters, wobei er sich auf die Verfassungsreden von Papen und Gayl in den letzten Monaten bezog.[85] Ihm scheine es wichtiger, dass die „ungeheuerlichen Fehlkonstruktionen" der Weimarer Verfassung nicht durch ein „voreiliges Flickwerk" wiederholt werden dürfen. Die Fehlkonstruktionen, die sich in der „geradezu überwältigenden Unzahl" [sic!] von Verfassungsproblemen zeige, seien das Reichsproblem, das Wahlrechtsproblem, das Regierungsproblem und das Problem der Grundrechte. All diese Probleme hätten allerdings wieder zahlreiche Unterprobleme. So sei es etwa ein Irrtum, zu glauben, das sogenannte Reichsproblem sei mit der Aufhebung des Dualismus' Reich-Preußen gelöst, denn neben diesem Problem stehe durchaus selbständig und singulär das Problem Reich-Bayern. Die Länder seien nur Schutzwälle, hinter denen die verschiedenartigsten pluralistischen, parteipolitischen Kräfte Deckung nähmen. Im Leipziger Prozess habe sich diese pluralistische Front gegen das Reich in dramatischer Weise wie auf einer Bühne gezeigt. Neben dem Problem Preußen stünden also das Problem Bayern sowie reichsorganisatorische Fragen wie z. B. die der Länder alter Ordnung und der durch Dezentralisation Preußens zu schaffenden Länder neuer Ordnung. Durch den „Preußenschlag" vom 20. Juli 1932 sei hier allerdings eine „bedeutende Korrektur" eingetreten. Diese Fehlkonstruktion habe auch der Staatsgerichtshof in seinem Urteil als Gefahrenquelle anerkannt und es als Gefährdung der öffentlichen Sicherheit und Ordnung behandelt, wenn in einer gefährlichen Lage eine offene Divergenz zwischen dem Reich und Preußen zutage trete. Zu diesen handgreiflichen Fehlkonstruktionen sei aber noch Folgendes hinzugekommen: Alle fundamentalen Einrichtungen der Weimarer Verfassung, der Quelle dessen, was man legal und Legalität nenne, seien völlig denaturiert. Eigentlich sei nur noch die Einrichtung des Reichspräsidenten geblieben. Der Reichstag sei kein Reichstag mehr, wie ihn die Weimarer Verfassung gedacht und gewollt habe. Selbst der Reichsrat, eine Institution, die Schmitt ein Jahr zuvor noch als wirklich neutrale Instanz gelobt hatte, erschien ihm jetzt nicht mehr als Reichsrat im Sinne der Weimarer Verfassung, da in ihm mehr geschäftsführende als normale Landesregierungen und zudem die amtsenthobenen Minister der preußischen Regierung säßen. Das Parlamentsmitglied sei kein unabhängiger Abgeordneter mehr, sondern gehöre zu einer festen, zum Teil uniformierten Organisation. Auch die Wahl sei keine Wahl mehr, sondern eine Option zwischen total verschiedenen, einander ausschließenden Weltanschauungen, Staatsformen und Wirtschaftssystemen. Das Vertrauens- oder Misstrauensvotum sei auch kein regierungsbildendes Votum im Sinne des parlamentarischen Prinzips mehr, weil zu einem solchen Misstrauensvotum die Fähigkeit und Bereitschaft zur Übernahme der Regierung gehöre. Ein positives Vorgehen auf lange Sicht, ein planvolles Vorgehen könne sich in einer solchen Situation unmöglich ergeben. Man könne sich nicht deutlich genug ins Be-

[85] In den Reden ging es vor allem um die Forderung der Heraufsetzung des Wahlalters, der Schaffung einer ersten, ständisch geprägten Kammer und einer „organischen Verbindung" zwischen Preußen und dem Reich. Übersicht über die Nachweise bei Maschke: Staat, Großraum, Nomos, S. 64, FN1.

wusstsein rufen, wie sehr sich der Vordergrund der „legalen" Einrichtungen und Institutionen vom Wesen der Sache und vom Geist der Verfassung entfernt habe. Wenn man von konstruktiven Verfassungsproblemen spreche, so müsse man sich von der vordergründigen und irreführenden parteipolitisierenden Kostümierung, die notwendigerweise zu dem von allen Seiten geübten Missbrauch der legalen Formen führen musste, entschieden abwenden und zu den wirklich sozialen Kräften des deutschen Volkes zurückkehren. Als Quelle dieser Denaturierung der verfassungsmäßigen Einrichtungen und Begriffe sah er die Wendung zum „totalen Staat".[86] Diese Wendung sei überall zu erkennen, ebenso aber auch der Versuch, wieder staatsfreie Sphären zu finden. Die aktuelle Situation beruhe auf einer sonderbaren Verbindung von totalem Staat und schwachem Staat. Zwar gebe es eine Totalisierung in dem Sinne, dass alle Lebensgebiete politisiert worden seien, aber keinen totalen Staat im bolschewistischen oder faschistischen Sinne. Statt dessen finde man eine durch eine Mehrheit von Parteien mediatisierte und parzellierte totale Gesellschaft vor. An die Stelle des totalen Staates, so der Kern von Schmitts Argumentation, träten totale Parteien, d. h. in sich totale Parteiformationen. Da die politischen Parteien auch die Länder zu ihren Stützpunkten machten, sei das deutsche Reich zu einem Parteien-Bundesstaat geworden. Jede Partei müsse, um überleben zu können, ebenfalls total werden. Diese „Wirklichkeit unseres Verfassungslebens" müsse man im Auge behalten, wenn man an die Frage der Verfassungsreform herangehen wolle, denn die fest organisierten politischen Parteien hätten diesen Zustand herbeigeführt. Als möglichen Ausweg sah Schmitt nur den Versuch, die totalen Parteien zurückzudrängen, um einen unabhängigen Staat und eine unabhängige Regierung zu restituieren. Demgegenüber sei die Frage der formellen Verfassungsänderung sekundär. Zunächst einmal gelte es, den parteipolitisch unabhängigen Staat zu schaffen. Hiermit zeige sich der Ansatz zu einer neuen Entwicklung, hebe sich die konstruktive Linie einer neuen Verfassung deutlich heraus. Sie gelte es sofort zu verwirklichen, und sie dürfe nicht durch falsche Reformen gefährdet werden. Diese Feststellung war eine klare Absage an die Verfassungsreformpläne Papens und Gayls. Der von Schmitt favorisierte Weg war eben ein anderer: Die Durchsetzung einer unabhängigen Regierung, so betonte er, könne faktisch ohne irgendeine Verfassungsänderung versucht werden. Ohne eine einzige Normierung sei hier ein großer Spielraum gegeben. Dessen solle man sich erst einmal bedienen, ehe man mit vorschnellen neuen Verfassungen, Teilreformen oder neuen Institutionen komme. Der starke unabhängige Staat sei unter Ausnutzung aller legalen Formen und in einer Zeit des *Missbrauchs* aller legalen Formen unter einer „gewissen Ausnutzung von Interpretationsmöglichkeiten" zu verwirklichen. Sein Fazit: „Es gibt zahlreiche Möglichkeiten und einen großen Spielraum, ohne neue Institutionen durch bloße Regierungs- und Verwaltungspraxis so viel zu erreichen, dass, wenn es gut geht, ein Erfolg möglich wäre, und dass die Autorität, die der Erfolg schafft, nun als Basis dafür dient, diese Methode, wenn es später notwendig ist, auch formell in irgendwelche legalen Insti-

[86] Dieses bekannte Schlagwort vom „totalen Staat", so betonte Schmitt hier, werde ihm oft fälschlich angehängt.

tutionen und geschriebenen Ordnungen hineinzugießen." Damit waren die neuralgischen Punke angesprochen. Erstens hielt Schmitt es für noch nicht entschieden, ob eine neue geschriebene Ordnung nötig werden würde, und zweitens sollte eine solche Revision, wenn überhaupt, so erst in Zukunft geschehen.

Am 23. November 1932 – zwei Tage bevor Papen im Kabinett versuchen sollte, die Weichen ein zweites Mal auf Staatsnotstand zu stellen – äußerte Schmitt sich wiederum vor Mitgliedern des „Langnamvereins".[87] Diesmal erhielt die Rede des Prozessvertreters der Reichsregierung zudem einen stark offiziösen Anstrich. Der Vorsitzende des Vereins hatte in einem Rundschreiben an die Mitglieder vom 17. Oktober 1932 Schmitt als Sachverständigen der Reichsregierung vor dem Staatsgerichtshof vorgestellt und beigefügt, dass er auf der kommenden Tagung sowohl Reichsinnenminister Gayl als auch Reichskommissar Franz Bracht vertrete, die sich derzeitig außerstande sähen, zu Fragen der Verfassungsreform Stellung zu nehmen.[88] Auch das Vereinsmitglied Papen entschuldigte sein Fehlen mit Hinweis auf die „ungeklärte innerpolitische Lage".[89] Nicht zuletzt durch die Vorankündigung Schmitts als Vertreter des Reichsinnenministers dürfte die Spannung auf seinen Vortrag groß gewesen sein, konnte man sich man sich doch von ihm Informationen über den Stand der Reichs- und Verfassungsreform aus erster Hand erhoffen.

Schon zu Beginn des Zusammentreffens wurde die Forderung nach einer Verfassungsreform, der politischen Stoßrichtung des Vereins folgend, auf die Tagesordnung gesetzt. Der Vorsitzende, Fritz Springorum, eröffnete die Versammlung mit einer Ansprache in der er sich u. a. für ein Persönlichkeitswahlrecht aussprach und ein Zweikammersystem forderte. Diese Forderungen deckten sich mit den Verfassungsreformplänen des Reichskanzlers und des Innenministers. Springorum wurde später übrigens zu einem scharfen Kritiker der wirtschafts- und sozialpolitischen Vorstellungen Schleichers. Wenn die versammelten Verfechter der Reichs- und Verfassungsreform, allen voran der Vorsitzende Springorum und der Reichsbankpräsident Hans Luther, von dem angekündigten Stellvertreter Papens und Gayls Einzelheiten der Reformplanungen der Reichsregierung erwarteten, so wurden sie allerdings bitter enttäuscht. Und mehr noch: Schmitt unterließ es nicht nur, auf die Reichs- und Verfassungsreformpläne einzugehen, er wies einen solchen Schritt – wie bereits 1930 – wiederum entschieden zurück.

Dies provozierte Luther in der folgenden Aussprache zu einer deutlichen Kritik an Schmitts Vortrag.[90] Hier prallten die unterschiedlichen Konzeptionen zur Überwindung der aktuellen Strukturprobleme erstmals in personem aufeinander. Luther

---

[87] Eingeladen offenbar dank Popitz' Vermittlung; vgl. Bentin 1972, S. 113.

[88] Rundschreiben von Fritz Springorum an die Mitglieder des Langnamvereins vom 17.10.1932. Zitiert nach dem an Silverberg gesandten Exemplar. (NL Silverberg, BA N 1013 Band 417, Bl. 74–76.) S. auch den Brief des Geschäftsführers des „Langnamvereins", Max Schlenker an Silverberg vom 15. 11.1932, NL Silverberg, BA N 1013, Band 417, Bl. 72 f. Zu diesen Vorgängen auch Koenen, S. 202.

[89] Mitteilungen des Vereins zur Wahrung der gemeinsamen wirtschaftlichen Interessen in Rheinland und Westfalen, Jg. 1932, Nr. 1, NF, 21. Heft, S. 69 f.

begann mit der Feststellung, dass Schmitt es in Auseinandersetzung mit Springorum unternommen habe, „einige Hemmungen gegen diese Pläne zur Kenntnis der Versammlung zu bringen." Luther betrachtete es nun als seinen Part, wiederum von sich aus „Hemmungen, die den Gedankengängen des Herrn Professor Schmitt entgegenstehen, als Diskussionsredner vorzutragen". Schmitt habe, so Luther weiter, ein Zukunftsbild recht interessanter Art entwickelt. Es müsse eine autoritäre Regierung diese Autorität erst verfestigen durch Taten, die „innerhalb des gegebenen Verfassungsrahmens als schlichte Regierungshandlungen möglich sind". Schmitt habe eine ganze Reihe derartiger möglicher Taten aufgezählt. Am Schluss dieser Entwicklung würde die Regierung zu einer solchen Autorität angewachsen sein, dass es nun möglich sei, den Verfassungsumbau zu vollziehen. Dies hielt Luther zwar auch für einen gangbaren Weg, aber ob eine Regierung auf diesem Wege tatsächlich zu einer solchen Autorität gelange, das könne man nicht wissen. In Erwartung von derlei Möglichkeiten dürfe man gegenüber Notwendigkeiten, die im Staatswesen erkannt seien, nicht die Hände in den Schoß legen. Man könne nicht einfach abwarten, was kommt. Es sei vielmehr die Aufgabe aller Verantwortlichen, „nun das Notwendige mit aller Wucht herauszustellen". Durch bloße Diktate von oben könne man nicht auf Dauer regieren. Deshalb dürfe man in einer Zeit solch enormer Schwierigkeiten nicht darauf verzichten, das, was sachlich notwendig erscheine, seiner Verwirklichung entgegenzuführen. In diesem Sinne verstehe er, in Übereinstimmung mit Springorum, auch „die große Verfassungsreform, den Reichsreformgedanken". Er jedenfalls wehre sich dagegen, „dass man davon spricht, man könne oder solle die Reichsreform-Probleme zurzeit zurückstellen", denn sowohl der Bund zur Erneuerung des Reiches wie auch die Länderkonferenz hätten den Kernpunkt immer in der Überwindung des Dualismus von Reich und Preußen gesehen. Die Privatwirtschaft habe ein „ungeheures Interesse" daran, die Notwendigkeit der Rechtssicherheit zu betonen und keine „irgendwie – lassen Sie es mich sagen – etwas locker geschürzte Auffassung des Rechtes bei sich zuzulassen." Dieser letzte, direkt auf Schmitt gemünzte Vorwurf fand großen öffentlichen Widerhall. Das Zentrums-Blatt „Germania" etwa titelte: „Langnamverein tagt – Auseinandersetzung über die staatlichen Grundlagen der Wirtschaft – Luther gegen Schmitt".[91]

Dieser Schlagabtausch hatte die Fronten geklärt: Schmitt sprach nicht in der Eigenschaft des Beraters der Reichsregierung in Sachen Reichsreform, sondern er warb in vorsichtigen Formulierungen aber durchaus nachdrücklich und unzweideutig für die Pläne Schleichers. Vor diesem Hintergrund ist auch die Schärfe von Luthers Reaktion verständlich.

---

[90] Mitteilungen, S. 56–67. S. auch Gesunde Wirtschaft im starken Staat, Ansprache des Reichsbankpräsidenten Dr. Hans Luther auf der 60. Mitgliederversammlung des Langnamvereins zu Düsseldorf am 23. November 1932, in: Reichsreform, November 1932, 4. Jg., Heft 11, S. 132–136.

[91] Germania, 24. November 1932, Nr. 327. S. auch am 25.11.1932: Vorwärts, Berliner Tageblatt, Dortmunder Generalanzeiger, Deutsche Bergwerkszeitung. Ausführlich und sehr kritisch: Die Justiz, 27.11.1932, die Schmitts Vorschläge mit denen Johannes Heckels verglich, aber bei ihm den „sittlichen Ernst", den sie bei Heckel ausmachte, vermisste.

Die öffentliche – wenn auch verklausulierte – Parteinahme Schmitts für Schleicher ist insofern besonders interessant, als sich Papen bereits in der Regierungskrise befand. Am 17. November hatte das Kabinett Papen seine Gesamtdemission bekannt gegeben. Die Präsentation des Planspiels Ott am 2. Dezember 1932 manifestierte das Scheitern der Staatsnotstandspläne und damit des Kabinetts Papen. Dieses Kriegsspiel diente dazu, die „konservativen Revolutionäre" aus dem Kabinett zu drängen und einen pragmatischen, auf die Überwindung der wirtschaftlichen Not und die Wiederherstellung geordneter Verhältnisse gerichteten Kurs einzuschlagen.[92]

Da Schmitt durch seine engen und regelmäßigen Kontakte zu Eugen Ott mit einiger Sicherheit in die Planungen eingeweiht war, könnte man diesen Vortrag mit einiger Phantasie sogar als theoretische Wegbereitung einer Kanzlerschaft Schleichers deuten, denn es war bekanntlich vor allem der General, der den Sturz Papens vorbereitet hatte. Hintergrund war dessen Distanzierung von den Reformplänen Gayls und Papens.[93] Sein eigenes Programm hatte Schleicher auf drei Punkte gebracht: „Kein Kampf um die Staatsform, aber Weiterentwicklung der Verfassung von Weimar. Heranziehung der nationalen Kräfte zur Mitarbeit am Staat. Sanierung der aufgeblähten Fürsorgepolitik des Staates und planvolle Beseitigung des ungesunden Kapitalismus."[94] Schon am 9. November, wenige Tage nach der Reichstagswahl und zwei Wochen vor der Rede Schmitts, hatte Schleicher im Kabinett dafür plädiert, die Reformfrage „bei der außerordentlich gespannten Situation zurücktreten zu lassen".[95] Zwei Tage nach diesem Vortrag, als sich die „Lösung Schleicher" bereits abzuzeichnen begann, hatten auch Papen und Gayl eingelenkt. Am 25. November beschloss das Kabinett auf Anregung Schleichers, die Verhandlungen mit den Ländern über die Reichs- und Verfassungsreform „vorläufig nicht weiter [zu]verfolgen".[96] Am 26. November 1932 hatte Gayl seinen Ansprechpartner auf Länderseite von diesem Beschluss in Kenntnis gesetzt und dabei bemerkt, die kommende, von Papen zu bildende Regierung müsse sich „ganz auf die Überwindung der Not dieses Winters konzentrieren und alles Trennende zurückstellen."[97] Damit hatten auch die beiden Chefreformer ihre Ambitionen beerdigt; die Reform war damit „abgeblasen" und „ad acta gelegt".[98] Gleichwohl war es nicht Papen, der die neue, in diesem Sinne arbeitende Regierung bildete, sondern der ehemalige Reichswehrminister und Kanzlermacher selbst. Dieser hatte von Anfang an die Auffassung vertreten, dass bei der verworrenen politischen Lage eine Reform weder hilfreich

---

92 So auch Berthold, Staatsnotstand, S. 29.

93 So auch Bay, S. 248.

94 Vogelsang, Reichswehr, Dok. Nr. 27, S. 470 ff.

95 Niederschrift über die Ministerbesprechung vom 9. November 1932, AdR, Papen, Bd. 2, Dok. Nr. 200, S. 901 ff.

96 Niederschrift über die Ministerbesprechung vom 25. November 1932, AdR, Papen, Bd. 2, Dok. Nr. 229, S. 1003 ff.

97 Bericht Sperrs vom 26. November 1932 an das Bayerische Staatsministerium des Äußern, Geheimes Staatsarchiv München, MA 103302, zitiert nach Bay, S. 248.

98 Bay, S. 248 und 249.

noch durchführbar sei. Das hatte er in seiner Rundfunkansprache vom 15. Dezember 1932 unmissverständlich der Öffentlichkeit mitgeteilt: Auf „Verfassungsänderungen und sonstige schöne Dinge", von denen man „nicht satt" werde, wolle man verzichten.[99] Entscheidend für diesen Zusammenhang ist aber, was Schleicher bereits am 1. Dezember 1932 zur Preußenfrage gesagt hatte: Der Dualismus Reich-Preußen solle „de facto, nicht de iure" ausgeräumt werden.[100] Zwar war auch für Schleicher „selbstverständlich", dass der Dualismus „ein für alle mal beseitigt" bleiben müsse,[101] dies sollte aber eben nicht in der Zeit der aktuellen Krise geschehen. Insofern decken sich diese Ausführungen, bis in die Formulierungen hinein, direkt mit den Stellungnahmen Schmitts. So hatte dieser ja bereits im Prozess ausgeführt, die Gefahrenquelle des Dualismus könne zwar nicht rechtlich gelöst, aber faktisch entschärft werden: Wie man das Problem beseitige, sei eine Frage für sich. Was man aber in der konkreten Frage tue, das sei nach Art. 48 Sache des Reichspräsidenten.[102]

In seinem zweiten Langnam-Vortrag vom 23. November hatte Schmitt diese Argumentation entwickelt.[103] In diesem Falle waren seine Ausführungen allerdings wegen der politischen Situation besonders brisant. Inhaltlich deckte sich der Vortrag von 1932 im Wesentlichen mit seinen vorherigen Äußerungen zum Thema, was Schmitts theoretische Kontinuität in der Beurteilung der Lage dokumentiert. So griff Schmitt auch ausdrücklich das Ergebnis seines ersten Vortrages vor dem Verein von 1930 auf. Damals habe er gesagt, es komme weniger auf schön ausgearbeitete organisatorische Reformpläne als auf die wirklichen politischen Kräfte an, sie richtig zu erkennen und in irgendeiner Weise heranzuziehen. Das korrespondierte direkt mit den obersten Zielen Schleichers, nämlich Arbeitsbeschaffung, Sozialmaßnahmen und „Querfront", bei denen die Gewerkschaften den Kanzler unterstützen wollten.[104] Vor allen Dingen aber, so Schmitt weiter, solle die Regierung *alle* legalen Mittel benutzen. Ihm habe es daran gelegen, festzustellen, dass diese Mittel stärker seien als man sich bis dahin zum Bewusstsein gebracht habe. Diese Auffassung habe sich in der Zwischenzeit in weitem Maße nicht schlecht bewährt. In den letzten zwei Jahren habe man die praktische Brauchbarkeit und Energie des Art. 48 kennengelernt. Der auf der Versammlung 1930 geforderte „Mut zum Handeln" sei durch

[99] S. Schulthess Geschichtskalender 1932, S. 223.

[100] Vormerkung Sperrs vom 1. Dezember 1932, abgedruckt bei Vogelsang, Reichswehr, S. 482. Ähnlich auch in der Rundfunkansprache vom 15. Dezember, vgl. Schulthess 1932, S. 228.

[101] Bericht Sperrs vom 3. Januar 1933 an das Bayerische Staatsministerium des Äußern (Geheimes Staatsarchiv München, MA 1957, F. 18, Nr. 7). Zitiert nach Bay, S. 249.

[102] PcR, S. 179.

[103] „Gesunde Wirtschaft im starken Staat!", Mitteilungen des Vereins zur Wahrung der gemeinsamen wirtschaftlichen Interessen in Rheinland u. Westfalen, Jg. 1932, Nr. 1, NF, 21. Heft, S. 13–32. Abgedruckt in Maschke (Hg.), Staat, Grossraum, Nomos, S. 71–85.

[104] Vogelsang, Reichswehr, S. 344 f. Erst im Januar 1933 brach dann der Vorsitzende des ADGB, Leipart, die Verhandlungen unter dem Druck der SPD ab, obgleich er sich schon in seinem Neujahrsaufruf öffentlich zur Zusammenarbeit mit Schleicher bekannt hatte. S. Bay, S. 249.

ein Aktivum bewiesen worden: der „Preußenschlag" vom 20. Juli habe die schlimmste Fehlkonstruktion der Weimarer Verfassung, den Dualismus von Reich und Preußen, im Kern gefasst und an einer wichtigen Stelle korrigiert. Allerdings sei dieser Vorgang sehr schnell wieder relativiert, wenn auch nicht paralysiert worden. In dem Leipziger Prozess, bei dem in Wirklichkeit zwölf Prozesse stattgefunden hätten, habe sich jedoch eine weitere Gefahr für den starken Staat gezeigt. Sobald der starke Staat, nach dem alle rufen, nämlich erschienen sei, hätten sich die merkwürdigsten Verbündeten und Interessenten des Status quo zusammengefunden. Der „Parteienbundesstaat" habe sich in Leipzig klar und deutlich enthüllt. Die Lehre des Prozesses liege darin, dass sich, sobald der starke Staat wirklich erscheine, die heterogensten Bundesgenossen zusammenfänden, um dafür zu sorgen, dass er nicht so stark ist, wie nötig. Das einzige Aktivum, der 20. Juli, sei durch das Leipziger Urteil verunstaltet worden. Hier hatte Schmitt zum Ausdruck gebracht, worin er die Funktion des Reichseingriffs sah. Er war in seiner Lesart eine mutige Handlung, die eben jene Spielräume der Verfassung ausnutzte und damit eines der drängendsten Probleme – zumindest vorübergehend – korrigiert hatte. Das konnte, nach seinem Verständnis, als Ausgangspunkt für eine Überwindung der Notlage dienen.[105] Nur wenn die spezifischen Machtmittel des Staates, Heer und Beamtentum, intakt seien, werde ein starker Staat wieder denkbar. Darum sei es auch ein Unglück, wenn dem Staat das einzige legale Machtinstrument des echten Notfalls, der Artikel 48, aus der Hand geschlagen würde. Man könne ohne einen starken Staat keine zweite Kammer schaffen, wie sie Springorum einleitend gefordert habe. „Wir brauchen zuerst einmal einen starken handlungsfähigen Staat. Haben wir ihn, so können wir neue Einrichtungen, neue Institutionen, neue Verfassungen schaffen." Er sah daher übereinstimmend mit Schleicher keinen Spielraum für Verfassungsexperimente, denn durch Festlegung auf neue Institutionen verbaue man einen Weg, der frei bleiben müsse. Eine Verfassung sei schnell gemacht, sie liege, wenn es sein muss, in wenigen Minuten fertig auf dem Tisch. Wenn sie aber erst einmal da sei, dann werde man sie nicht so leicht wieder los, sie sei dann nämlich Quelle der Legalität. Wenn jetzt eine neue Legalität improvisiert und neben die bisherigen Einrichtungen der Weimarer Verfassung gesetzt würde, so wären damit neue Legalitäten und neue Schutzwälle für verschiedenartige Interessen geschaffen, die sofort hinter den neuen legalen Wällen Deckung nehmen würden. Er halte es daher nicht für richtig, durch neue Institutionen sozusagen „auf Vorschuss" Autorität zu schaffen. Man sei in einer

[105] Der Kern des Problems der gegenwärtigen Zustände, der zugleich die Richtung weise, in der eine Lösung vonstatten gehen könne, sei der „totale Staat" in Deutschland. Dieser „totale Staat" sei nicht total im Sinne der Qualität und Energie, sondern in einem rein quantitativen Sinne, im Sinne des bloßen Volumens. Er sei somit total aus Schwäche und Widerstandslosigkeit, aus der Unfähigkeit heraus, dem Ansturm der Parteien und der organisierten Interessenten standzuhalten. Auch Parteien liberalen Stils drohten zwischen den Mühlsteinen der totalen Parteien zerrieben zu werden. Der Zwang zur Politisierung erscheine unentrinnbar. Das Nebeneinander der totalen Parteien, die den Staat okkupiert hätten, könne niemals zu einer staatlichen Macht und einem starken Staate führen, denn der Parteienstaat koaliere gegen jeden Ansatz eines starken Staates und ende in einer Verbindung von Machtunfähigkeit und Machtzerstörung.

durchaus ähnlichen, nur noch akuteren, Lage wie vor zwei Jahren. Die Regierung solle sich aller verfassungsmäßigen Mittel, aber auch *aller* verfassungsmäßigen Mittel bedienen, die ihr zur Verfügung stehen, und die sich in dem chaotischen Zustand als notwendig erweisen. Sie solle einen unmittelbaren Kontakt mit den wirklichen sozialen Kräften des Volkes suchen. Die Aufgaben seien so gewaltig, dass eine Regierung, die mit allen Mitteln daran arbeite und der es gelänge, mit den Kräften der sozialen Selbstorganisation des deutschen Volks wirklich zusammenzukommen, Erfolge haben könne, die jeder anständige Deutsche anerkenne. Erst aus dem Erfolg und der Leistung ergebe sich Autorität, nicht umgekehrt. Man dürfe nicht mit einer Proklamation der Autorität anfangen. Das Problem der verfassungsrechtlichen Legalisierung bereite dagegen bei Institutionen, Gremien oder Personen, die sich bewährt hätten, keine unüberwindlichen Schwierigkeiten mehr. Wenn die Mobilisierung der Kräfte der sozialen Selbstorganisation durch eine entschlussfähige und zur Tat bereite Regierung gelänge, dann sei das, was nötig ist, auch möglich. Weitergehende organisatorische Verfassungsreformpläne brauche man nicht aufzugeben, sie müssten in der gegenwärtigen Situation aber zurückgestellt werden. Die Kräfte seien da. Sie warteten nur auf den Aufruf. Wenn diese Kräfte erfasst würden, dann fände das deutsche Volk über alle Parteienzerrissenheit und Vielstaaterei hinweg seine politische Einheit und seinen starken Staat.

Schmitts Reserve gegenüber den Plänen der Länderkonferenz war nach Lage der Dinge nicht schwer nachzuvollziehen. Die Reformvorschläge waren ein kompliziertes Regelwerk, das durch die Notwendigkeit der Rücksichtnahme auf die unterschiedlichsten Interessen der Beteiligten nicht zu einer wirklich klaren und eindeutigen Entscheidung gelangt war. Abgesehen von diesen Schwierigkeiten war spätestens ab September 1932 klar, dass die Reform nicht mehr auf verfassungsmäßigem Wege werde verwirklicht werden können. Wenn man nicht einer autoritären Reichs- und Verfassungsreform das Wort reden wollte, war keine andere Möglichkeit gegeben, als von den weiten verfassungsrechtlichen Befugnissen Gebrauch zu machen, zu denen der Reichspräsident ermächtigt war. Die Vorstellungen Papens und Gayls, die Reform über die Ausrufung eines Staatsnotstandes von oben zu dekretieren oder ein Plebiszit abzuhalten, hatte Schmitt dagegen ausdrücklich verworfen. Auf dieser Grundlage blieben tatsächlich reine Regierungshandlungen unter Verwendung des Art. 48 die einzige Möglichkeit, um die drängendsten Probleme in Angriff zu nehmen.

Schmitt lag bei seiner Haltung zur Reichs- und Verfassungsreform voll auf der Linie des Reichswehrministers und späteren Reichskanzlers. Die Haltung Schleichers hat der Bearbeiter der Regierungsakten aus der Kanzlerschaft des Generals, Anton Golecki, folgendermaßen beschrieben: „Den Reichskanzler interessierte die wiederbelebte Verfassungs- und Reichsreformdiskussion [...] nur peripher. Er hatte seit der Übernahme der Regierungsgeschäfte mehrfach erklärt, dass die von seinem Vorgänger forcierten Reformpläne in den Hintergrund zu treten hätten gegenüber der akuten Krisenbewältigung [...]. Er glaubte mit der faktischen Machtverteilung zwischen Reich und Ländern leben zu können und war nicht willens, [...] der von Preußen geforderten reichsgesetzlichen Regelung des seit dem ‚Preußenschlag' in der Schwebe gehaltenen Reich-Länder-Verhältnisses näherzutreten."[106]

Allerdings hatte, was bis dato unbekannt war,[107] selbst der Schleicher-Kreis vorübergehend erwogen, die populäre Forderung nach einer Verfassungsreform aufzugreifen. Deshalb wurde Schmitt im September 1932 mit der Erstellung eines entsprechenden Entwurfes für Papen beauftragt.[108] Schmitt hatte der Auftrag eher erschreckt, und deshalb nahm er ihn lustlos in Angriff: „Lächerlich, dass ich eine neue Verfassung machen soll", notierte er in sein Tagebuch, und: „Wenn der gute Ott nicht wäre, würde ich einfach mit großer Wucht abspringen".[109] Diese Planungen sollten zunächst ohne den Reformer Gayl verwirklicht werden, was die Monopolisierung der Verfassungsfragen beim Reichswehrministerium illustriert. Papen hatte aber offenbar auf die Hinzuziehung des Innenministers gedrängt. Der Gedanke der Konzeption eines Verfassungsentwurfes entsprang dem prinzipiellen Wunsch nach der Abkehr von dem Notbehelf des Regierens vermittels präsidialer Notverordnung und der Zuwendung zu einer transparenten Lösung der Strukturprobleme im Wege einer Verfassungsreform im Sinne einer „konstitutionellen Demokratie".[110] Die entsprechenden Überlegungen, die sich auf einen breiten Konsens innerhalb der Verfassungsdiskussion stützen konnten, blieben aber eine folgenlose Episode. Offenbar erzwangen die immer deutlicher hervortretenden verfassungspolitischen Differenzen zwischen Schleicher und Gayl die Verschiebung dieses Vorhabens. Am 2. November 1932 notierte Schmitt in sein Tagebuch: „Um 5 kam Ott, sah nicht gut aus... Er soll für später die Verfassung machen, in Ruhe und ohne Gayl und das Reichsministerium des Innern".[111] Am 9. November hatte Schleicher dann im Kabinett gefordert, die Reformfrage „bei der außerordentlich gespannten Situation zurücktreten zu lassen".[112] Diese Wendung ermöglichte Schmitt die Rückkehr zu der ohnehin von ihm favorisierten Methode des Krisenmanagements ohne Verfassungsreform. Deshalb hatte er in der Langnam-Rede vom 23. November betont, dass es keinen Spielraum für große Verfassungsexperimente gebe und dem Ziel, die Reform auf dem Wege des Volksentscheids oder gar der Berufung einer Nationalversammlung zu verwirklichen, mit der Bemerkung eine Absage erteilt, dass das deutsche Volk derzeit keinen „Beruf" zur Verfassungsgesetzgebung habe. Eine Verfassung, so hatte er betont, sei schnell gemacht, was natürlich vor dem Hintergrund seiner ei-

106 AdR, Das Kabinett von Schleicher, Einleitung, S. LVIII.

107 Erstmals bei Pyta/Seiberth, Teil 2.

108 S. Pyta/Seiberth, 2. Teil, S. 10 f.

109 Ebd., S. 604.

110 Dazu ausführlich Pyta, Konstitutionelle Demokratie, S. 51. Zum Begriff der „konstitutionellen Demokratie" auch Schmitt, Der bürgerliche Rechtsstaat, 1928, in: Maschke 1995, S. 44–54.

111 Pyta/Seiberth, Teil 2, S. 604.

112 Niederschrift über die Ministerbesprechung vom 9. November 1932, AdR, Papen, Bd. 2, Dok. Nr. 200, S. 901 ff. S. auch Bay, S. 248.

genen Verfassungsentwürfe etwas belustigen muss – immerhin hatte er sich ja mehrere Tage damit herumgequält; es zeigt aber, dass Schmitt seinen Entwürfen selbst keinen besonderen Stellenwert beigemessen hatte. Dafür spricht auch, dass er sie an keiner Stelle je erwähnte. Im Nachlass sind die Entwürfe nicht vorhanden, und es ist sehr zweifelhaft, dass sie überhaupt je in die Form eines vorzeigbaren Entwurfes gebracht worden sind. Es wäre ohnehin fraglich gewesen, wie er hätte realisiert werden sollen, da Schmitt sowohl den illegalen Oktroi als auch den Weg über den Volksentscheid ablehnte. Vermutlich sollte der Entwurf daher eher als Richtschnur gelten, an dem sich die vorübergehenden Handlungen auf der Grundlage des Art. 48 orientieren konnten, um im Wege der Regierungspraxis die spätere Institutionalisierung zu präjudizieren.

Bedenken gegen eine Reform der Verfassung waren auch von anderer Seite vorgebracht worden. So hatte etwa der Historiker Hajo Holborn am 19. November im Reichsverwaltungsblatt betont: „Ich möchte [...] meinen, dass nötiger noch als die grundsätzliche organisatorische Verfassungsreform der Kampf um die Überordnung des Staates über die Wirtschaftsmächte sein wird.“[113] Der ehemalige Reichsfinanzminister Peter Reinhold (DDP) hatte kurz darauf im Schmittschen Sinne gemahnt: „Für eine Regierung, die nicht nur Stärke markiert, sondern innerlich wirklich stark ist, liegt wahrhaftig kein Grund vor, das Übermaß der Schwierigkeiten, unter denen Deutschland leidet, durch den Streit über Verfassung und Staatsform zu vermehren: wenn einmal ruhige Zeiten gekommen sind [...], wird die Stunde sein, wo man an Reformen herangehen kann, die [...] auf Grund der Erfahrungen der letzten Jahre sich als notwendig herausgestellt haben“.[114] Die liberale „Frankfurter Zeitung“ hatte bereits am 30. Oktober zu den Verfassungsplänen von Innenminister Gayl und dessen Bemerkung, dass der Gedanke des Einheitsstaates vorerst zurückgewiesen werden müsse, angemerkt: „Man kann auch als Anhänger des Einheitsstaates verstehen, dass in einer so fieberhaften Zeit wie der heutigen besonders tiefgreifende nationale Aufgaben vorläufig zurückgestellt werden müssen. Man fragt sich nur, ob das nicht auch für *andere* Verfassungsänderungen gelten müsste, von denen bestimmt zu erwarten ist, dass sie die Volksleidenschaften entfesseln und eine Wiederherstellung des inneren Friedens auf lange hinaus unmöglich machen werden. Das gilt wahrscheinlich von den Plänen, die Rechte des Reichstages einzuschränken, und wohl auch von anderen Gedanken, mit denen die Herren der Reichsregierung sich tragen.“[115] Der ehemalige preußische Finanzminister Hermann Hoepker-Aschoff bedachte am 20. Dezember 1932 in der „Vossischen Zeitung“ die Forderungen entsprechender Vorschläge mit dem Schlusswort: „Möge sich zunächst die Überzeugung durchsetzen, dass die Rechte der Volksvertretung in der Verfassung selbst ihre Schranken finden, und

[113] Hajo Holborn, Historische Voraussetzungen der Weimarer Verfassung und ihrer Reform, in: RuPrWvBl., 19. November 1932, Band 53, Nr. 47, S. 923.

[114] Peter Reinhold, Ein Winterkabinett, in: VZ, 27. November 1932, Morgen, S. 1 f.

[115] „Noch einmal Klassenwahlrecht? Herr von Gayl enthüllt die Regierungspläne“, in: Frankfurter Zeitung, 30. Oktober 1932, S. 1.

dass die Macht des Reichspräsidenten sich auswirkt, wenn die Volksvertretung arbeitsunfähig ist. Dann mag in ruhigerer Zeit eine besonnene Hand, und dann hoffentlich mit einer großen Mehrheit der Volksvertretung selbst oder durch Volksentscheid, die wirklich dringlichen Verfassungsänderungen durchführen; am besten, wenn die förmliche Verfassungsänderung nur das besiegelt, was inzwischen Rechtsüberzeugung des Volkes selbst geworden ist."[116] Diese Auffassung ging in die gleiche Richtung wie die von Schmitt geäußerten Vorbehalte und traf sich mit den Vorstellungen des Reichskanzlers Schleicher.

Der Gedanke der Gefährdung des inneren Friedens durch reaktionäre Verfassungspläne dürfte auch den Reichswehrminister bei seiner reservierten Haltung gegenüber diesen Vorstellungen geleitet haben. Deshalb war man wohl auf den Reformzug vorübergehend aufgesprungen, um zu verhindern, dass die von Reichskanzler und Innenminister großspurig angekündigten Reformvorhaben am Reichswehrministerium vorbeiliefen. Schleicher wollte offenkundig verhindern, dass die Entwicklung eine Eigendynamik entfalten und er womöglich als Stratege in den Hintergrund gedrängt werden könnte. Daher war er offenbar kurzzeitig darauf aus, mit einem eigenen Entwurf präsent sein, der die reaktionären Ziele Papens und Gayls ausklammerte und einen konsensfähigeren Weg bereitstellte. In der Öffentlichkeit war die Regierung auch in diesem Sinne in die Pflicht genommen worden. Der Berliner Historiker Friedrich Meinecke, der selbst im Winter 1918/19 vor der Nationalversammlung mit Verfassungsvorschlägen aufgetreten war, hatte sich im Oktober 1932 in einem großen Aufmacher in der „Vossischen Zeitung" in diesem Sinne geäußert: die Regierung solle nicht von dem Wege der Verfassungsreform überhaupt abgeschreckt werden. Nachdem sie ihn einmal beschritten habe, müsse sie, wenn sie ihre Autorität nicht verlieren wolle, auch weitergehen,[117] denn die „schon überscharf geschliffene Waffe" des Art. 48 reiche nicht mehr aus, um das Gewollte durchzusetzen. Daher seien „gewisse Änderungen der Weimarer Verfassung dringend erwünscht", um den „Missbrauch der parlamentarischen Rechte" zu verhüten. Es bestehe aber „größte Besorgnis", dass die Regierung das Pendel zu stark in die reaktionäre Richtung ausschlagen lassen könnte. Die Verfassungsreform müsse so ausfallen, dass sie auf Dauer von der Sozialdemokratie toleriert werden könne. Alles was darüber hinausgehe, sei eine „Sprengbombe mit Uhrwerk". Einen „maßvollen Umbau der Verfassung in autoritärer Richtung", der nur die Regierungsgewalt gegenüber den Parteien stärke, nicht aber der „Etablierung reaktionärer Gewalten" diene, könne die „Dynamik des öffentlichen Lebens" vielleicht vertragen. Die Regierung habe eine gewisse „moralische Macht" dadurch gewonnen, dass sie das offensichtliche Bestreben zeige, durch ein „konservativ autoritäres Regime" „Deutschland vor den Schrecken einer Nationalsozialistischen Parteiherrschaft zu bewahren". Die „latente Vernunftmehrheit" im deutschen Volke könne aber nur

---

[116] Hoepker-Aschoff, Verfassungsreform, VZ, 20. Dezember 1932, Morgen.

[117] Friedrich Meinecke, Ein Wort zur Verfassungsreform, in: VZ, 12. Oktober 1932, S. 1 f. Hier auch die folgenden Zitate.

dann „aktualisiert“ werden, wenn das „Misstrauen gegen reaktionäre Absichten oder Wirkungen des Reformwerks überzeugend widerlegt“ werde. Deshalb gelte es, einen „staatsrechtlichen Monismus“, der den Dualismus von Reichspräsident und Parlament überhaupt ersetze, zu verhindern. Man müsse „im Rahmen der Demokratie“ bleiben, und es dürfe an den „Fundamenten der Verfassung“ – Republik, Demokratie, Parlament und Parteien – „nicht gerüttelt“ werden. Deshalb schlug er vor, die „Ausartung von Parlament und Parteien“ durch „Stärkung von Recht und Macht des Reichspräsidenten und durch Schaffung einer wirksamen Gegeninstanz gegen den Reichstag durch ein wirkliches Oberhaus“ unter gleichzeitiger Reform des Wahlrechts und der Lösung des „preußisch-deutschen Problems“ zu bekämpfen.

Es kann angenommen werden, dass die kurzfristig anberaumte und etwas überraschende Initiative des Schleicher-Kreises bezüglich der Herstellung eines Verfassungsentwurfes eben diesen Sinn hatte, einen „maßvollen Umbau der Verfassung in autoritärer Richtung“, der nur die Regierungsgewalt gegenüber den Parteien stärke, vorzunehmen, aber die „Etablierung reaktionärer Gewalten“ zu verhindern, allerdings, anders als bei Meinecke, ohne die Errichtung einer zweiten Kammer. Deshalb sollte Gayl auch nicht an den Planungen beteiligt werden. In der Kabinettssitzung vom 25. November hatte Schleicher dann aber die Einstellung der Reichs- und Verfassungsreformbestrebungen durchgesetzt. Am 26. November waren diese Bestrebungen fallengelassen worden, ohne je in die Akten zu gelangen. Die Planungen waren wohl nicht zuletzt deshalb im Sande verlaufen, weil sich zwischenzeitlich der Gedanke eines intrakonstitutionellen Verfassungsumbaues ohne Verfassungsänderung als weit überlegen erwiesen hatte, denn die Reform der Verfassung barg, insbesondere wegen des unklaren Weges zu ihrer Verwirklichung, erhebliche Gefahren, die in der ohnehin krisengeschüttelten Zeit unabsehbare Folgen zeitigen konnten. Von dieser Erwägung geleitet war ja auch Schmitt immer wieder für eine „Rückstellung“ der Verfassungspläne eingetreten. Er vertrat die Auffassung, dass sich die Weimarer Verfassung im Wege der Schaffung von Präzedenzfällen – die bis an die äußerste Grenze des juristisch Vertretbaren gingen – in ihrem Bedeutungsgehalt werde wandeln lassen.[118] Schleicher, Schmitt und das Reichswehrministerium wollten – ungeachtet verschiedener taktischer Auffassungen – lediglich die „technischen Voraussetzungen für ein stabiles und handlungsfähiges Regierungssystem“ schaffen.[119]

Übereinstimmend mit Schmitt, allerdings von sozialistischer Warte aus und mit entsprechend vertauschten Vorzeichen, hatte auch dessen Schüler Otto Kirchheimer die Verfassungsreformpläne in der Krisensituation verworfen. Deshalb fragte er: „Ist eine isolierte Verfassungsreform, auch wenn ihre Intention noch so richtig und billigenswert wäre, sinnvoll?“[120] Er beantwortete diese rhetorische Frage mit dem Aufruf, die demokratischen Defizite durch die Veränderung des sozialen Sta-

---

[118] Berthold, Staatsnotstand, S. 93.

[119] Ebd., S. 94.

tus quo abzubauen. Volker Neumann konstatierte in Anschluss daran: „Schmitts Meinung zur Verfassungsreform ist der Kirchheimers im Grundsätzlichen verblüffend ähnlich." Die Übereinstimmung der beiden Autoren – bei sonst diametral entgegengesetzten Weltanschauungen – zeige sich nicht bloß in der „Ablehnung jeder Verfassungsreform", sondern auch in der „Option für eine politische Lösung der Krisenerscheinungen."[121]

Trotz alledem blieb die Forderung nach einer Verfassungsreform populär. Der ehemalige Reichsjustizminister Eugen Schiffer hatte etwa im März 1933 eine Artikelserie der DJZ zum Thema Verfassungsreform mit den Worten abgeschlossen und zusammengefasst: „Wir sind vor die Frage des Biegens oder Brechens der Verf. gestellt. Das Biegen kann nicht schrankenlos fortgesetzt werden, und das Brechen hat doch große Bedenken gegen sich."[122] Deshalb bedürfe es „dringend der Reparation und der Renovation" des wankenden „Gebäudes des Verfassungsrechts". Der konservative Staatsrechtler Tatarin-Tarnheyden hatte im November 1932 sarkastisch festgestellt: „Die Notwendigkeit einer Verfassungsreform ist heute in das Bewusstsein weiter Volkskreise eingedrungen. Es treten für sie Politiker ein, die einst die Formaldemokratie der Weimarer Verfassung für der politischen Weisheit letzten Schluss hielten."[123] Als Ziel der Verfassungsreform bezeichnete er die „Umbildung" des Staatswesens nach dem Vorbild der nordamerikanischen Union zu einer „im Wesentlichen gewaltentrennenden, d. h. konstitutionellen" Demokratie. Dazu bedürfe es keiner „rahmensprengenden Änderung der Reichsverfassung", denn die „Vorzüge der Weimarer Verfassung" seien „in mancher Hinsicht" „viel größer als die Feinde des Volksstaats gemeiniglich wahr haben wollen". Der mit „eminentem staatspolitischen Sinn" begabte Schöpfer des Verfassungsentwurfes habe sich eigentlich nur bei der Art der Bestellung der Volksvertretung, beim Parlamentarismus und bei der Stellung Preußens im Reiche „vergriffen". Deshalb sei die „Überspitzung der parlamentarischen Regierungsform" – unter „Rettung wesentlicher Elemente des Parlamentarismus" – zu „beseitigen". Auch der Zentrumsjurist Hans Peters hatte betont: „Die Notwendigkeit eines Verfassungsumbaus bildet eine Erkenntnis, die nicht nur von der Reichsregierung propagiert wird, sondern auch von allerweitesten Volkskreisen geteilt wird, mag auch das Wie der Reform noch so sehr im Dunkeln liegen."[124]

Ab dem Jahr 1930 gab es, wie Christoph Gusy urteilt, „eine Flut von Publikationen zum Thema ‚Verfassungsreform'"[125]. Dabei habe es eine „tendenziell abnehmende Fähigkeit der Republik [gegeben], der Lage angemessen zu begegnen".[126]

[120] Otto Kirchheimer, Verfassungsreform und Sozialdemokratie, in: Die Gesellschaft, Bd. 10, 1933, S. 31.

[121] Neumann, Verfassungstheorien politischer Antipoden, S. 246 f.

[122] Schiffer, Verfassungsreform. Zusammenfassung und Abschluss, in: DJZ, 15. März 1933, Heft 6, 38. Jg., Sp. 386.

[123] Edgar Tatarin-Tarnheyden, Verfassungsreform und Oberhausproblem, in: DAZ, 22. November 1932.

[124] Hans Peters, Der erste neue Verfassungsentwurf, in: Germania, 5. Oktober 1932, S. 1 f.

Insbesondere hätten sich die betont republikanischen Juristen mittelfristig in einem „schweren Dilemma“ gesehen: „Zur Lösung der aktuellen Krisen hatten sie eigentlich nichts beizutragen“.[127] Nicht nur aus der Perspektive ihrer Gegner seien die Republikaner nahezu als „Sachwalter des Status quo und damit der Krise“ erschienen. Allerdings war die Reform der Verfassung auch von sozialdemokratischer Seite diskutiert worden.[128] Der Gewerkschaftsanwalt Ernst Fraenkel konstatierte, dass in der SPD „nach einer mehr als zehnjährigen Periode der Verfassungsverherrlichung der Zustand der Verfassungsernüchterung eingetreten“ sei.[129] Die Partei wäre „schlecht beraten“, wenn sie der „Abkühlung ihrer Mitgliederschaft der Verfassung gegenüber nicht Rechnung tragen“ wolle. Und an anderer Stelle hieß es: „Weimarer Verfassung und Sozialdemokratische Partei sind keine siamesischen Zwillinge“.[130] Freilich hatte die „Gesellschafts“-Schriftleitung sich von Fraenkels Ausführungen distanziert. Man wolle sich die Einzelheiten der Vorschläge nicht zu eigen machen. Fraenkel ging allerdings auch in Schmittschem Sinne mit der Weimarer Verfassung hart ins Gericht – und das unter expliziter Berufung auf seine konservativen Gewährsmänner. Man müsse sich in der „gegenwärtigen krisenhaften Situation“ – er zitierte zustimmend Heckels Ausführungen zum „Verfassungsnotstand“, zur „Selbstausschaltung des Parlaments“ und zur „Verfassungsläh-

[125] Christoph Gusy, Selbstmord oder Tod? Die Verfassungsreformdiskussion der Jahre 1930–1932, in: Zeitschrift für Politik, Jg. 40, 4/1993, S. 402.

[126] Ebd., S. 403.

[127] Ebd., S. 405.

[128] Ein anderes Beispiel für die Übereinstimmung der links orientierten Anwälte mit konservativen Autoren in der Beurteilung der Situation ist auch der junge Franz L. Neumann. Dieser schrieb am 7. September 1932 an den „sehr verehrter Herr Professor!“: Meinen aufrichtigsten Dank für die freundliche Übersendung Ihres neuestens Buches ‚Legalität und Legitimität‘, das ich mit größter Spannung bereits zweimal gelesen habe. Ich stimme in dem kritischen Teil des Buches restlos mit Ihnen überein. Auch ich stehe auf dem Standpunkt, dass die parlamentarische Demokratie nur so lange funktionieren kann, wie die Durchführung des Prinzips der gleichen Chance möglich ist. Stellt sich heraus, dass dieser Grundsatz zur Gewinnung innerpolitischer Macht versagt, dann muss notwendig auch der parlamentarische Gesetzgebungsstaat handlungsunfähig werden. [...] Mit anderen Worten – will man nicht eine, scheinbar zwischen den Klassen stehende Staatsgewalt durch irgendwelche verfassungsrechtlichen Einkleidungen (Ständestaat, Oberhaus, Wahlrechtsänderung) stabilisieren, so bleibt für die beiden kämpfenden Gruppen nur das Streben nach politischer Alleinherrschaft übrig, mit dem besten Willen, auch bei Änderung der parlamentarischen Situation diese ihre Herrschaft nicht abzugeben. Das aber bedeutet das Ende des parlamentarischen Systems. Am Schluss Ihrer so ausgezeichneten Arbeit heben Sie hervor, dass der 2. Hauptteil der Weimarer Verfassung verdient, von seinen Widersprüchen und Kompromissmängeln befreit und nach seiner inneren Folgerichtigkeit entwickelt zu werden. Sie wissen, dass ich mich sehr lange, wenn auch nicht sehr eindringlich mit dem Versuch beschäftigt habe, einen solchen leitenden Grundsatz aus der Fülle der Widersprüche innerhalb des 2. Teils zu entwickeln, und dass ich in meinem Ihnen übersandten Buch erneut den Versuch unternommen habe. [...] Ich würde mich sehr gern bald wieder einmal mit Ihnen über diese Probleme unterhalten. Mit ergebensten Grüßen Ihr Franz Neumann.“ Abdruck in: Rainer Erd (Hg.), Reform und Resignation. Gespräche über Franz L. Neumann, 1985, S. 79 f.

[129] Fraenkel, Um die Verfassung, S. 311.

[130] Fraenkel, Verfassungsreform, S. 486.

mung“[131] – daran gewöhnen, „lieb gewordene Vorstellungen zurückzustellen‘.[132] Die wichtigste Frage sei, ob „diese Verfassung überhaupt noch Verfassung“ sei, ob sie nämlich überhaupt noch den ihr immanenten Zweck erfüllen könne, „eine Ordnung des staatlichen Daseins darzustellen“. Es sei nicht der Ort, ausführlich darauf einzugehen, wer die Schuld an der gegenwärtigen „Verfassungslähmung“ trage. Es heiße aber der „Sache der Verfassung den schlechtesten Dienst erweisen“, wenn man die Erweiterung der Macht des Reichspräsidenten bis hin zum Zustande der faktischen Diktatur auf den „Machtwillen des Präsidenten“ und der hinter ihm stehenden Kräfte zurückführen wolle. Wenn der Reichstag zur Bewältigung der ihm gesetzten Aufgaben unfähig werde, so müsse vielmehr ein anderes Staatsorgan die Funktion übernehmen, die erforderlich sei, um „in gefährdeten Zeiten den Staatsapparat weiterzuführen“.[133] Solange eine Mehrheit grundsätzlich staatsfeindlicher, in sich uneiniger Parteien im Parlament bestehe, könne ein Präsident, wie immer er auch heißen möge, gar nichts anderes tun, als den destruktiven Beschlüssen dieses Parlaments auszuweichen. Carl Schmitt habe unzweifelhaft recht, wenn er bereits vor fast zwei Jahren ausgeführt habe, dass die geltende Reichsverfassung einem mehrheits- und handlungsfähigen Reichstag alle Rechte und Möglichkeiten gebe, um sich als den maßgebenden Faktor staatlicher Willensbildung durchzusetzen. Sei das Parlament dazu nicht imstande, so habe es auch nicht das Recht, zu verlangen, dass alle anderen verantwortlichen Stellen handlungsunfähig werden.[134] In der Situation des „Verfassungsnotstands“ gehe es um eine „die Grundprinzipen der Verfassung achtende Verfassungsreform“, nicht aber um einen mit den Verfassungsprinzipien brechenden Verfassungswandel. Eine Reform in diesem Sinne müsse nicht in jedem Fall auf Ablehnung der SPD stoßen.[135] Vielmehr müsse – wenn einmal erkannt sei, dass ein Verfassungsnotstand, der nicht nur vorübergehenden Charakter trage, besteht – ein „starres Festhalten an der Verfassung“ abgelehnt werden,[136] denn man dürfe nicht in eine Situation gelangen, in der, wie er Schmitt zitierend feststellte, der Demokrat vor die Alternative gestellt wird, „auch gegen die Mehrheit Demokrat zu bleiben oder aber sich selbst aufzugeben“.[137] Deshalb betonte er: „Die blinde Verfassungstreue, der jedes Wort der Verfassungsurkunde tabu ist, läuft Gefahr, dass bei unberührter Verfassungsurkunde von der Verfassung selbst nicht mal mehr ein Schatten übrigbleibt. Verfassungstreue darf niemals zum Verfassungsfetischismus werden, wenn nicht im Ergebnis das Einstehen für die Demokratie die unbewusste und tragische Mitarbeit bei deren Beseitigung sein soll.“[138] Die

[131] Vgl. Heckel, Diktatur, S. 257 ff.

[132] Fraenkel, Verfassungsreform, S. 487

[133] Ebd., S. 488.

[134] So Schmitt in Hüter der Verfassung, 1932, S. 131.

[135] Fraenkel, Verfassungsreform, S. 490.

[136] Ebd., S. 491.

[137] Ebd. (Das Zitat bei Schmitt, Geistesgeschichtliche Lage des heutigen Parlamentarismus, 2. Aufl., S. 37).

[138] Ebd.

Reform der Verfassung sei, in Anlehnung an Schmitt,[139] so zu gestalten, „dass ein mehrheits- und handlungsfähiger Reichstag alle Rechte und Möglichkeiten, deren ein Parlament bedarf, behält, während ein Parlament, das nicht imstande ist, den maßgebenden Faktor staatlicher Willensbildung darzustellen, daran behindert wird, die anderen verantwortlichen Stellen handlungsunfähig zu machen." Das aktionsfähige Parlament in seiner Aktivität zu steigern, das aktionsunfähige Parlament aber gegen sich selbst zu schützen, das müsse der Sinn einer Verfassungsreform sein, welche die Verfassung vor ihren immanenten Gefahren zu schützen bestrebt sei. In diesem Sinne sei am „Herzstück" des parlamentarischen Systems eine „Herzoperation" durchzuführen. Auf weitergehende, an und für sich wünschenswerte, Korrekturen sei zu verzichten: „Für die Vornahme von ‚Schönheitsreparaturen' ist solange keine Zeit, wie das Fundament der Verfassung bedroht ist."[140]

Nachdem Fraenkel klar gemacht hatte, was seiner Meinung nach zu tun sei, blieb nur noch die Frage nach dem Weg der Verwirklichung dieser Vorschläge, denn die gegenwärtige Verfassungslage hatte, wie Fraenkel zupackend formulierte, einen „paradox-tragischen Charakter": „Der Ursprung der Schwierigkeiten, in denen wir uns befinden, ist in der Handlungsunfähigkeit des mehrheitsunfähigen Parlaments zu erblicken. Wäre mit dem bestehenden Reichstag eine Verfassungsreform möglich, so wäre diese Verfassungsreform überflüssig. Aus der Unmöglichkeit, die Verfassungsreform durch das Parlament durchführen zu lassen, ergibt sich deren Notwendigkeit", denn die Verfassungsvorschrift, nach der die Verfassung nur mit qualifizierter Mehrheit abgeändert werden könne, erschwere nicht nur für die Verfassungsfeinde die Beseitigung des Staatsgrundgesetzes, sie lege auch den Verfassungsfreunden schier unüberwindliche Schwierigkeiten in den Weg, die Verfassung durch Reform wieder lebensfähig zu machen.[141] In diesem Dilemma wusste auch Fraenkel nur die Ausflucht, die die konservativen Verfassungsreformer als Notweg im Auge hatten: „Es ist keineswegs illegal, beim Scheitern der Verfassungsreform im Parlament dem Volk die Entscheidung darüber anzuvertrauen, ob durch Änderung des Weimarer Grundgesetzes im einzelnen die Grundlagen [...] der bestehenden Verfassung gewahrt werden sollen."[142]

Wolfram Pyta betont angesichts dieser und ähnlicher Vorschläge: „Verfolgt man die verfassungspolitische Diskussion an der Jahreswende 1932/33 mit offenen Augen, so kann man nicht übersehen, dass prominente Stimmen nicht zuletzt aus den Reihen des Liberalismus für einen solchen Verfassungsumbau eintraten." Es habe also im Januar 1933 keineswegs an „verfassungspolitischer Phantasie" gemangelt, um „Kernbestände der Demokratie auch nach einer Entparlamentarisierung des Ver-

---

139 Die enge Anlehnung an Schmitt und die Tatsache, dass die Gedanken teilweise sehr denen ähnelten, die auch Horst Michael (s. S. 255 ff.) zusammen mit Schmitt entwickelt hatte, ist nicht verwunderlich, wenn man in Rechnung stellt, dass beide, Fraenkel und Michael, Schmitts staatsrechtliche Seminare besuchten (s. S. 86 FN 40 und S. 87).

140 Ebd., S. 497.

141 Ebd., S. 499.

142 Ebd., S. 500.

fassungslebens zu bewahren".[143] Und in der Tat war die Kritik am Parlamentarismus bis in liberale Kreise hinein vorgedrungen. Der Staatsrechtler Poetzsch-Heffter hatte in einem Beitrag zur „Reform des Parlamentarismus" die Gründe für das „Versagen" des „kunstvollen Systems" des Parlamentarismus diskutiert.[144] Dass ein Versagen vorlag, wurde dabei vorausgesetzt. Der Ausgleichsgedanke zwischen parlamentarischer und präsidialer Demokratie sei missachtet worden, da das Parlament versucht habe, Kompetenzen an sich zu ziehen und die präsidiale Gewalt auf eine „das Geschehen nur formell sanktionierende Repräsentation zurückzudrängen".[145] Von hier aus seien die „tiefen Wirkungen" ausgegangen, die im Volke die „allgemeine Abkehr vom Parlamentarismus" hervorgerufen haben. In „offener Parlamentskrise" sei die Volksvertretung sogar für ihre eigentliche Aufgabe, die Gesetzgebung, unfähig geworden. Ihren Höhepunkt habe die Entwicklung erreicht, als die Mehrheit des Reichstags selbst sich aus Gegnern des Parlamentarismus zusammensetzte.[146] Diese Entwicklung sei durch den preußisch-deutschen Dualismus verschärft worden. Und zwar nicht nur durch das Nebeneinander der beiden großen Parlamente, sondern auch durch die Lahmlegung des im parlamentarischen System angelegten Kräftespiels. In diesem Sinne sprach auch der Staatsrechtler Gerhard Leibholz von einem „offenen Versagen des Parlamentarismus".[147]

Achim Kurz bekräftigt, in Anbetracht der ausweglosen staatspolitischen Lage sei die Reform der Reichsverfassung immer dringlicher erschienen.[148] Die Anhänger einer solchen Verfassungsrechtsreform – von Sozialdemokraten bis hin zu den Ideologen des „Neuen Staates" – hätten u. a. eine Zurückdrängung des parlamentarischen Einflusses angestrebt. Angesichts der verfassungsfeindlichen Reichstagsmehrheit schien es als „reformpolitisches Mindestprogramm" insbesondere erforderlich, die Abhängigkeit der Reichsregierung vom parlamentarischen Vertrauen (Art. 54) zu verringern und ein Außerkraftsetzungsverlangen nach Art. 48 Abs. 3 zu erschweren. Doch selbst moderate Änderungsvorschläge (etwa von Ernst Fraenkel) hätten angesichts der parlamentarischen Lage keine Aussicht auf die notwendige Zweidrittelmehrheit im Reichstag gehabt. Deshalb folgert Kurz: „Die unbegrenzte Auslegung der Reichsverfassung schien nunmehr das letzte Mittel zur ‚Verfassungsrettung'".[149] Eine „‚kleine' Lösung" zur „Verfassungsrettung" habe die Uminterpretation einzel-

---

143 Pyta, Konstitutionelle Demokratie, S. 429.

144 Fritz Poetzsch-Heffter, Reform des Parlamentarismus, in: RuPrVwBl., 19. November 1932, Band 53, Nr. 47, S. 924 ff.

145 Ebd, S. 925.

146 Ebd.

147 Gerhard Leibholz, Die Wahlreform im Rahmen der Verfassungsreform, in: RuPrVwBl., 19. November 1932, Band 53, Nr. 47, S. 927.

148 Achim Kurz, Zur Interpretation des Artikels 48 Abs. 2 WRV 1930–33. Ein Überblick, in: Offene Staatlichkeit. Festschrift für Ernst-Wolfgang Böckenförde zum 65. Geburtstag, hg. v. Rolf Grawert, Bernhard Schlink, Rainer Wahl, Joachim Wieland, 1995, S. 410.

149 Ebd.

ner Bestimmungen geboten.[150] Sie entsprach den Vorstellungen der Verfassungsreformgegner, da sie einen weniger konfliktträchtigen und einfacher zu verwirklichenden Weg darstellte. Die entsprechenden Überlegungen im Zusammenhang mit den Staatsnotstandsplänen der Regierungen Papen und Schleicher sollen im Folgenden kurz umrissen werden, da sie auch für den Preußenkonflikt direkte Relevanz haben.

3. Die Staatsnotstandsplanung

Der Anlass für die Staatsnotstandsplanungen lag in dem Umstand begründet, dass Schleicher „keine systemsprengenden Restaurationspläne wie sein Vorgänger Papen hegte" und daher auch keine „neue Verfassung" benötigte, denn die geplante „Gewichtsverlagerung ließ sich auch durch den weiteren Ausbau der in der Weimarer Verfassung angelegten präsidialen Elemente erzielen". Die Anforderungen des Generals hätten damit, wie Wolfram Pyta herausstreicht, „innerhalb des verfassungspolitischen Gestaltungsspielraums" gelegen, den das politische System der Weimarer Republik eröffnete.[151] Die unterschiedlichen Konzeptionen charakterisiert er wie folgt: „Während Papen den Reichstag als Machtfaktor eliminieren wollte, um in der parlamentslosen Zeit die Weichen für eine neue, restaurativ-monarchische Verfassung zu stellen, lehnte Schleicher solche autoritären Verfassungsexperimente strikt ab. Für ihn stellte die Ausschaltung des Reichstags nur das der verfahrenen Situation angemessene Mittel dar, falls die Staatsmacht nicht an Hitler ausgeliefert werden sollte. An einer Perpetuierung dieses Zustandes und damit an einem Marsch in einen ‚Neuen Staat' zeigte der General kein Interesse."[152] Zwar habe auch Schleicher keine Sympathien für eine Rückkehr zum parlamentarischen System bekundet, wie es vor 1930 bestand. Doch zwischen der von ihm befürworteten Stärkung der Exekutive durch Ausschöpfung der in der Weimarer Verfassung liegenden präsidialen Möglichkeiten und dem von Papen anvisierten Systembruch klaffe „ein tiefer Graben". Deshalb distanzierte sich Schleicher in der „heiklen Verfassungsfrage" entschieden von allen Plänen einer autoritären Verfassungsreform, wie sie von Papen und Gayl öffentlich thematisiert wurden.[153] Wer aber, wie Schleicher, auf solche restaurativen Pläne verzichtete, der war für einen Ausweg aus der Staatskrise empfänglich, der die in der Weimarer Reichsverfassung angelegten präsidialen Elemente so verstärkte, dass die Kompetenz des Reichstags auf die Legislative und die Kontrolle der vom Reichspräsidenten ernannten Regierung reduziert wurde.[154] Dazu bedurfte es aber nicht der Ausarbeitung einer neuen Verfassung oder spektakulärer Verfassungsreformpläne, denn der Umgang mit Artikel 48 hatte

[150] Ebd., S. 411. Hier auch zu den Vorschlägen aus der Staatsrechtslehre, mittels „unbegrenzter Auslegung" dem Problem ohne eine rechtliche Regelung beizukommen.

[151] Pyta, Konstitutionelle Demokratie, S. 424 und S. 420.

[152] Pyta, Verfassungsumbau, S. 183. Zur Ablehnung reaktionärer Verfassungsexperimente auch das einschlägige Werk von Thilo Vogelsang, Reichswehr, S. 311.

[153] Pyta, Verfassungsumbau, S. 187.

[154] Ebd., S. 191.

eindringlich demonstriert, zu welchen Gewichtsverlagerungen innerhalb des Verfassungsgefüges die Weimarer Verfassung taugte, wenn man sich von einem positivistischen Verfassungsverständnis abkehrte. Schmitt habe, so Pyta, in seiner Programmschrift „Legalität und Legitimität" einem solchen „intrakonstitutionellen Verfassungsumbau" den Weg gewiesen. In Vorträgen habe er sich zudem ausdrücklich zu der Methode bekannt, die Stärkung der Exekutivgewalt „unter einer gewissen Ausnutzung von Interpretationsmöglichkeiten" und „ohne irgendeine Verfassungsänderung" herbeizuführen. Damit habe er der Politik einen „erheblichen verfassungspolitischen Spielraum" eröffnet, und gerade das habe ihn für den Schleicher-Kreis interessant gemacht. Deshalb schließt der Historiker mit einem für diesen Zusammenhang bemerkenswerten Satz, da er Carl Schmitts Einflussmöglichkeiten hoch bewertet: „Alle Anzeichen deuten darauf hin, dass Schleicher die Ratschläge Schmitts in seiner Politik beherzigte: seine Ablehnung von lauthals proklamierten, restaurativen Verfassungsexperimenten korrespondierte mit der für Schleicher ohnehin charakteristischen Vorliebe für möglichst geräuschlose, elastisch die bestehenden Möglichkeiten nutzende [...] politische Verschiebungen."[155] Zu diesem Zweck hätten Horst Michael und Schmitt den General im Januar 1933 mit juristischem Rüstzeug versehen. Ihr Ansatzpunkt griff Überlegungen aus einer breiten überparteilichen Diskussion auf, die sich am Unbehagen über die rein destruktive Kompetenz des Reichstags entzündet hatte, die Misstrauensvoten nach Art. 54 in destruktiver Absicht zu instrumentalisieren. Dabei offerierten sie der Schleicher-Regierung einen „politischen Ausweg, der zwar einen Verfassungswandel hin zu einem Präsidialsystem, aber keinen systemtranszendierenden Verfassungsbruch" zuließ.[156] Als Legitimationsbasis sollte der Eid des Reichspräsidenten dienen, mit dessen Hilfe Hindenburg in die Pflicht genommen werden und gleichzeitig jeder monarchischen Verfassungsänderung ein Riegel vorgeschoben werden konnte. Indem Hindenburg auf seinen Eid, „die Verfassung zu wahren", moralisch und politisch festgelegt wurde, eröffneten sich, so Pyta, „nur solche verfassungspolitischen Spielräume, die in der Verfassung selbst angelegt waren oder zumindest von ihr nicht ausgeschlossen wurden."[157] Mit der von Michael und Schmitt vorgeschlagenen – und unten ausführlicher zu erläuternden – Ignorierung destruktiver Misstrauensvoten, sei Schleicher ein politischer Kurs gewiesen, „der die Fernhaltung Hitlers von der Kanzlerschaft mit dem Umbau des politischen Systems hin zu einer präsidialen Demokratie verband".[158] Dieses Konzept, so die Schlussfolgerung Pytas, habe mit parteiübergreifender Zustimmung rechnen können. Außerdem – und das ist das Wichtigste – habe es den Reichspräsidenten aus der politischen Schusslinie genommen, in die er durch einen offenkundigen Verfassungsbruch geraten wäre. Damit hätte man Hitler letztlich der Möglichkeit beraubt, sich als ‚Hüter der Verfassung und Sachwalter der Legalität zu maskieren."[159]

---

[155] Ebd.
[156] Ebd., S. 192.
[157] Ebd., S. 193.
[158] Ebd.

Die von Schmitt in Übereinstimmung mit den Männern hinter Schleicher erwogene Verlagerung der Verfassungsgewichte in Richtung einer Stärkung der präsidialen Komponente durch interpretativen Verfassungswandel soll im Folgenden an der nach der Reichstagswahl vom 31. Juli 1932 begonnenen „Staatsnotstandsplanung" illustriert werden, da Schmitts Position im Preußen-Prozess mit diesen parallel ablaufenden Planungen eng verwoben ist. Nicht nur in der Preußenfrage, sondern auch bei dem Problem der destruktiven Reichstagsmehrheiten hatte Schmitt nämlich eine interpretative Lösung favorisiert.

Während die Regierung Brüning im Rahmen der verfassungsrechtlichen Ausnahmebestimmungen regieren konnte, bestand für Papen keine Möglichkeit mehr, die Regierung in „verfassungsmäßigen Bahnen" auszuüben.[160] Nachdem auch die Hoffnung auf eine Tolerierung durch die Nationalsozialisten zerplatzt war, waren die Bedingungen einer verfassungsmäßigen Ausübung der Regierungsgewalt vollständig entfallen: „Der Verfassungsstaat war seit dem Sommer 1932 blockiert."[161] Sollte die Regierungstätigkeit aufrechterhalten bleiben, musste der Reichstag „ausgeschaltet" werden. Dies konnte, da die Verfassung hierfür keine Handhabe bot, legal nur im Wege der Verfassungsänderung geschehen. Das Thema der Verfassungsreform war zwar älter als die Staatskrise des Jahres 1932, für die Regierung Papen war die Reform aber nachgerade zur Existenzbedingung geworden.[162] Die Verfassungsreform, die 1932 den einzig legalen Ausweg aus der Krise versprach, war aber demjenigen Organ anvertraut, das seine verfassungsrechtlichen Funktionen nur noch in negativer Hinsicht ausüben konnte und auf diese Weise die gesamte Staatsleitung blockierte. Die Umstände, die die Krise heraufbeschworen, hatten also gleichzeitig ihre Lösung verhindert. In dieser Situation war es nicht mehr damit getan, Vorschläge zur Verfassungsreform zu machen, es musste vielmehr auch angegeben werden, wie sie sich verwirklichen ließen.[163] Hinzu kam, dass die Weimarer Staatsrechtslehre zum großen Teil noch in der Tradition des juristischen Positivismus stand. Das bedeutete, dass die hinter dem Gesetz stehenden „Zwecke und Ideen" ebenso irrelevant wurden wie die vor ihm liegende soziale Wirklichkeit, auf die es sich regelnd bezog. Diese methodologische Beschränkung hatte gemäß dem Staatsrechtler Dieter Grimm zur Folge, dass die Staatsrechtslehre auf Veränderungen der Realisierungsbedingungen einer Norm interpretativ nicht zu reagieren vermochte. Sie sei in dem Dualismus von Textgehorsam und Verfassungsbruch gefangen gewesen, ohne aus dem Normziel Interpretationsalternativen ableiten zu können. Ein legaler Ausweg aus der Krise des Jahres 1932 habe sich auf dem Boden dieses Verständnisses

[159] Ebd., S. 193. Ebd. ff. auch Pytas Erwägungen darüber, warum dieser Vorschlag nicht umgesetzt wurde, wobei Pyta eine – von Papen beeinflusste – reaktionäre Haltung Hindenburgs als Ursache ausmacht.

[160] Grimm, 1992, S. 183.

[161] Ebd., S. 184.

[162] Ebd., S. 185.

[163] Ebd.

nicht finden lassen,[164] denn die positivistische Staatsrechtslehre konnte nur auf das in der Verfassung vorgesehene Instrumentarium verweisen und alle anderen Lösungen als Verfassungsbruch brandmarken. Die traditionelle Staatsrechtslehre musste somit vor der Krise „juristisch kapitulieren" und drehte sich vor dem Problem im Kreis.[165] Dagegen hatte es aber auch Juristen gegeben, die sich von dem formalen Verfassungsbegriff abkehrten und ihm einen materiellen entgegensetzten. Sie differenzierten zwischen den einzelnen im Verfassungsgesetz enthaltenen Vorschriften und der Verfassung in ihrer Gesamtheit, wie Johannes Heckel, oder zwischen Verfassung und Verfassungsgesetz, wie Schmitt. An einer rechtlich begründeten Alternative zur unbedingten Verfassungserfüllung, so das Fazit Grimms, habe es also nur gefehlt, wenn man der positivistischen Staatsrechtslehre folgte.[166] Allerdings habe diese mit ihrem rigorosen, weder auf den Zweck der Verfassung noch die jeweiligen Realisierungsbedingungen Rücksicht nehmenden Standpunkt die Politik ungewollt in die der uneingeschränkten Verfassungserfüllung entgegengesetzte Richtung getrieben. Die Situation habe die uneingeschränkte Erfüllung nicht zugelassen, aber gleichwohl politische Entscheidungen verlangt. Deshalb habe der Positivismus die Politik gezwungen, ohne Rücksicht auf verfassungsmäßige Bindungen vorzugehen. Insofern sei die Haltung der positivistischen Staatslehre einer Kapitulation vor derjenigen Faktizität gleichgekommen, die zu bekämpfen sie sich gerade vorgenommen habe. Deshalb sein Resümee: „Die aufs äußerste zugespitzte Lage des Jahres 1932 gibt daher auch den Blick auf die Voraussetzungen des Verfassungsrigorismus frei, der in der Logik des juristischen Positivismus liegt: Er ist an die Normallage gebunden, muss aber in Extremsituationen, in denen die uneingeschränkte Erfüllung sämtlicher Verfassungsvorschriften und der Fortgang der Staatstätigkeit in ein wechselseitiges Ausschließungsverhältnis geraten, zwangsläufig versagen. Die unbedingte Gesetzestreue führt dann zu Ergebnissen, die dem Normziel ferner stehen als ein begrenzter Regelverzicht."[167] Demgegenüber habe die nicht-positivistische Staatsrechtslehre einen Weg weisen können, der die Kluft zwischen den Handlungszwängen der Politik in der Ausnahmesituation und den verfassungsrechtlichen Bindungen der Staatsgewalt überbrückt habe.

Durch die „Binnendifferenzierung" zwischen den verfassungsrechtlichen Grundentscheidungen und ihrer konkreten Ausformung konnte in Situationen, in denen der Geltungsanspruch sämtlicher Verfassungsnormen aus zwingenden Gründen nicht gleichzeitig erfüllbar war, auf die Bindung an einzelne Vorschriften verzichtet werden, ohne dass deswegen die Bindung an die Verfassung überhaupt preisgegeben werden musste. Die Anwendung der bedeutungsmindernden Norm habe in einem solchen Konflikt unter dem Vorbehalt gestanden, dass sie zur Wahrung der Grundordnung noch beitrug, statt diese aufs Spiel zu setzen. Die Regelverletzung

164 Ebd., S. 187.
165 Ebd., S. 189.
166 Ebd., S. 196.
167 Ebd.

sei aber nur gerechtfertigt, wenn sie der Bewahrung und nicht der Umwandlung der Grundordnung diene. Sie dürfe nicht weiter gehen als zur Aufrechterhaltung der Staatstätigkeit unbedingt nötig.

Heinrich August Winkler hat die Frage aufgeworfen, ob es außer dem Staatsnotstandsplan, den das Kabinett Schleicher am 16. Januar 1933 beschlossen hatte, nicht noch eine Alternative zur Machtübertragung an Hitler gegeben habe, nämlich die „Ignorierung eines Misstrauensvotums des Reichstags, solange dieser keinen positiven Vorschlag zur Regierungsbildung machte".[168] Ein entsprechender Vorschlag aus der Reichskanzlei habe dem Kabinett am 16. Januar vorgelegen. Der Abgeordnete Wilhelm Simpfendörfer vom Christlich-Sozialen Volksdienst hatte am 24. Januar 1933 in einem Brief an Schleicher einen solchen Vorschlag unterbreitet. In seiner Darstellung der Weimarer Republik urteilt Winkler deshalb: „Mit Bekenntnissen zur Unverletzlichkeit der Verfassung war der Zustand der Verfassungslähmung nicht zu überwinden. Abweichungen von einzelnen Verfassungsartikeln waren unvermeidbar, wenn der Angriff der Verfassungsgegner abgeschlagen werden sollte. Die geringfügigste Abweichung wäre die Ignorierung von rein destruktiven Misstrauensvoten gewesen. Aber weder die Präsidialkabinette Papen und Schleicher noch die großen demokratischen Parteien zogen das Rettungsmittel dieses ‚milden' Verfassungsbruchs ernsthaft in Erwägung."[169]

Mittlerweile ist bekannt, dass dieser Weg sehr wohl und zwar systematisch in Erwägung gezogen worden war. Im Planungsstab Schleichers waren die juristischen Berater mit der Abfassung von Denkschriften befasst, die genau diesen Weg penibel auf dessen Realisierungsmöglichkeiten hin durchleuchteten. Kein anderer als Carl Schmitt hatte denn auch zusammen mit seinem Adlatus Horst Michael nachdrücklich eben dieses Verfahren an maßgebender Stelle angemahnt.[170] Aus nicht quellenmäßig bestimmbaren Gründen war die Regierung Schleicher diesem Vorschlag aber nicht gefolgt.[171] Bezüglich der Staatsnotstandspläne der Reichsregierung war Schmitt somit analog zu seiner Verteidigung der Preußenaktion verfahren: Er versuchte, die Regierung auf einen – bei einer weiten Auslegung – verfassungskonformen Weg zu bringen, der aber dennoch die notwendigen Handlungsspielräume eröffnete, um die drängendsten Probleme zu meistern. Dieser Spielraum sollte idealerweise auf rein interpretativem Wege erzielt werden.

---

[168] Winkler in der Diskussion zu Grimm, Ebd. S. 201 f.

[169] Winkler, Weimar, S. 607 f. Zu einem ablehnenden Ergebnis kommt die Prüfung von Helga Worm, Legalität und Legitimität – Eine fast vergessene „Vortragsnotiz" aus dem Reichswehrministerium, in: Der Staat 27, 1988, S. 90 ff.: „Aus diesen Erwägungen ist deshalb trotz der prekären verfassungspolitischen Lage im Januar 1933 der herrschenden Meinung zu folgen, die ihre Auslegung des Art. 54 Satz 2 WRV zwar als unbefriedigend, gleichwohl als die einzig rechtlich vertretbare ansah." (Ebd. S. 91). Letztlich werden zur Begründung dieser Auffassung aber wieder nur die Argumente der damals herrschenden Lehre vorgetragen.

[170] Pyta, Konstitutionelle Demokratie und Berthold, Staatsnotstand, wo die entsprechenden Dokumente abgedruckt und kommentiert sind.

[171] Dazu Pyta, Konstitutionelle Demokratie und Berthold, Staatsnotstand.

Die Reichsregierung hatte mit dem Eingriff in Preußen anfangs eine auf „Staatsräson“ (Papen) gestützte Aktion zur endgültigen Gleichschaltung Preußens mit dem Reich geplant. Nicht zuletzt durch den mäßigenden Einfluss der juristischen Berater um Carl Schmitt war sie allerdings von diesem Vorhaben abgerückt und hatte sich auf eine faktische Verlagerung der Kräfte beschränkt. Auch bei der sogenannten Staatsnotstandsplanung hatte die Reichsregierung im September 1932 zunächst eine die Verfassung überschreitende Aktion vorbereitet. Die Grundlage sollte die überpositive Berufung auf den Eid des Reichspräsidenten sein, Schaden vom Volke abzuwehren. Diesmal sollte, neben dem preußischen Landtag auch der Reichstag ausgeschaltet werden. Zudem war vorgesehen, bei zu erwartendem Widerstand die radikalen Parteien KPD und NSDAP zu verbieten. In dem Monat, in dem „Legalität und Legitimität“ mit seiner Warnung vor einer legalen Revolution im Buchhandel erschienen war, erwog Schleicher unter dem beratenden Zuspruch Schmitts ein Verbot der rechtsradikalen Partei. Hierfür war die Zusammenfassung der Machtmittel in der Hand des Reiches eine wichtige Voraussetzung. Dabei wollte Schleicher den Reichstag auflösen, ohne eine Neuwahl anzuberaumen, was zweifelsohne eine offene Verfassungsverletzung bedeutete. Es ist nicht bekannt, ob Schmitt diesen Weg konzipiert hatte, oder ob er ihn für gut befand. Man könnte vermuten, dass Schmitt selbst ein anderes Vorgehen präferiert hatte, denn bereits 1928 hatte er in seiner Verfassungslehre einen Weg beschrieben, mit dem man ein Parlament, das nur einig in der Negation war, an einer rein destruktiven Ausübung seiner Rechte hindern konnte. Sei ein Misstrauensbeschluss ein „bloßer Akt der Obstruktion“ bei sich offen widersprechenden Motiven, könne eine „Pflicht zum Rücktritt nicht bestehen“.[172] Was Schmitt hier vorgeschlagen hatte, war die Ignorierung von destruktiven Misstrauensvoten.[173] Wenn sich jedoch nicht sagen lässt, ob Schmitt einen sol-

[172] Schmitt, Verfassungslehre, 1928, S. 345.

[173] S. Berthold, Das Konstruktive Misstrauensvotum und seine Ursprünge in der Weimarer Staatsrechtslehre, in: Der Staat, Jg. 36. 1997, S. 81 ff. Mehr als einige unbestimmte Indizien lassen sich allerdings nicht finden, dass Schmitt diesen Weg im August/September Schleicher vorgeschlagen hatte. Ein Hinweis wäre ein nicht näher qualifizierbarer Brief von Dr. Erich Zwade vom 26. August 1932 (Institut für Zeitgeschichte, MA 251, s. auch Maschke (Hg.), 1995, S. 469, Anm. 12). Hier hieß es: „Die Reichsregierung hat bekanntlich bei dem Staatsrechtslehrer Prof. Carl Schmitt ein Gutachten darüber eingefordert, ob sie zurücktreten müsse, falls sie seitens des Reichstages ein Misstrauensvotum erhält. Soviel ich weiß, hat Prof. Schmitt das Verbleiben im Amte trotz des Misstrauensvotums als mit der Verfassung vereinbar erklärt.“ Dieses Gutachten existiert nicht. Es dürfte sich daher bei Zwade um ein Missverständnis handeln, denn auch er bezog sich nur auf Hörensagen: „Ich versuche heute durch einen Gewährsmann den Wortlaut des Gutachtens zu erhalten. Im Innenministerium lehnte man jedoch die Herausgabe des Textes ab.“ Allerdings ist es nicht ausgeschlossen, dass Schmitt sich in anderer Form gegenüber dem Innenministerium in diesem Sinne geäußert hatte. Dafür spricht, dass auch sein Gefolgsmann in juristischen Dingen, Horst Michael, am 22. August 1932 den Weg der Ignorierung destruktiver Misstrauensvoten gegenüber Gewerkschaftskreisen favorisiert hatte (Aktennotiz Pahls über eine Unterredung mit Michael vom 22. August 1932, AsD, Bestand ADGB, Mappe 9, s. auch Pyta, Konstitutionelle Demokratie, S. 188). In einem für Schmitt bestimmten Typoskript vom 14. November 1932 hatte der Rechtsanwalt am Kammergericht Dr. Hans Fritz Abraham mit dem Titel „Kein Ausweg aus der Staats- und Rechtskrise?“

chen Weg empfohlen hatte, so ist doch durch eine Aktennotiz Otts bekannt, dass Schmitt die Staatsnotstandsplanung des Reichswehrministeriums durch die Stützung auf den „Eid des Reichspräsidenten", wodurch echtes „Staatsnotrecht" entstehe, rechtfertigen wollte.[174] Diesen Weg hielt Schmitt also im August/September für gangbar, zumal feststand, dass Schleicher die Übergangszeit nicht für eine Transformation der Verfassung instrumentalisieren wollte und die Bezugnahme auf den Verfassungseid den Präsidenten an die Prinzipien der Weimarer Verfassung gebunden hätte.[175] Noch unter Brüning, am 4. November 1931, hatte Schmitt betont, dass man sich theoretisch der Anerkennung eines Staatsnotrechtes nicht mit „unbedingten, abstrakten Verneinungen entziehen" könne. Er fügte aber hinzu, es sei „selbstverständlich, dass dieses Notrecht nur für den äußersten Fall und nicht als Mittel des Staatsstreiches gelten soll".[176] Wie dem auch sei, es kam aus bekannten Gründen nicht zur Durchführung des Notstandsplans.[177]

Im November wollte Papen seinerseits die zuvor von Schleicher und dem Reichswehrministerium geplante Durchführung des Staatsnotstandes versuchen. Er scheiterte diesmal aber am Widerstand des „Schleicher-Kreises", der dieses Instrument nicht in die Hände der Verfassungsrestauratoren legen wollte, und dem von Reichswehrkreisen initiierten „Planspiel Ott".[178] Genau wie Schleicher lehnte auch Schmitt die Durchführung des Notstandsplanes, die er zuvor vertreten hatte, nun ab.[179] Im Januar 1933 erschien aber auch Schleicher die Lage so aussichtslos, dass er auf die zuvor von ihm verhinderten Pläne selbst zurückgreifen wollte. Es wäre zu erwarten gewesen, dass nun Schmitt, seiner bisherigen Maxime der bedingungslosen Unterstützung des Schleicher-Kreises folgend, diese Planung mit vorantrieb. In diesem Sinne äußert sich denn auch der Schmitt-Schüler E. R. Huber. Überraschenderweise irrt sich Huber aber genau in diesem entscheidenden Punkt, wie ein Papier

nach einem Gespräch mit Schmitt (Brief von Abraham an Schmitt vom 14. November 1932) u. a. geschrieben: „Man vertage im gegenwärtigen Zeitpunkt alle weittragenden Verfassungsprobleme und schließe die Lücke des deutschen Verfassungsrechts (gemeint ist das destruktive Misstrauensvotum nach Art. 54), sei es durch eine authentische Deklaration der Verfassung, sei es durch eine entsprechende Notverordnung". HStAD/RW265–430/3. Den Weg der Änderung des Art. 54 hatte Schmitt nie vertreten. Dagegen lassen allerdings die Passagen mit der „authentischen Deklaration der Verfassung" darauf schließen, dass er diesen Weg erwogen und in interessierten Kreisen diskutiert hatte. Ein weiterer Hinweis könnte die retrospektive Äußerung Schmitts sein, er habe sich zu den „Staatsnotstandsplänen" nur mit „großer Zurückhaltung geäußert" (Kommentar zu: C. S., Verfassungsrechtliche Aufsätze, S. 350).

[174] Vgl. Pyta, Verfassungsumbau, 1998.

[175] S. Pyta, Konstitutionelle Demokratie, S. 183, 190.

[176] Schmitt, Verfassungsstaat und Staatsnotstand, Rundfunkvortrag am 4. November 1931, Deutsche Welle. Typoskript, HStAD/RW265–204/5.

[177] Siehe Pyta, Konstitutionelle Demokratie. Detailliert zu dem Komplex Berthold.

[178] Vgl. Pyta, Vorbereitungen für den militärischen Ausnahmezustand unter Papen/Schleicher – Dokumentation, in: Militärgeschichtliche Mitteilungen, hrsg. vom Militärgeschichtlichen Forschungsamt Freiburg, Jg. 51, 1992, S. 385–428.

[179] So Huber, Reichskrise, 1988, S. 47 ff.

verdeutlicht, das der „Schmitt-Schüler"[180] Horst Michael am 20. Januar 1933 im Auftrag Schmitts konzipiert hatte.[181] Dessen Titel lautete: „Wie bewahrt man eine arbeitsfähige Präsidialregierung vor der Obstruktion eines arbeitsunwilligen Reichstags mit dem Ziel ‚die Verfassung zu wahren', bzw. zu retten."[182] Die streng juristische Argumentation dieses Papiers, dessen Inhalt eindeutig auf Schmitt zurückzuführen ist[183], soll wegen ihrer Wichtigkeit kurz zusammengefasst werden.[184]

Um Auflösung und Neuwahlen des Reichstags zu vermeiden, wurden zwei Wege vorgeschlagen: „I. den schweren Weg mit einem Maximum an Verfassungsverletzung, entweder Zwangsvertagung = Bruch mit Art. 24 oder Auflösung mit hinausgeschobenen Neuwahlen = Bruch mit Art. 25 Abs. 2. II. der mildere Weg, der ein Minimum an Verfassungsverletzung darstellt: die authentische Auslegung des Art. 54 in der Richtung der naturgegebenen Entwicklung (Misstrauensvotum gilt nur von Seiten einer Mehrheit, die in der Lage ist, eine positive Vertrauensgrundlage herzustellen)." Die Autoren des Papiers machten deutlich, dass sie in der gegenwärtigen Lage die Wahl des zweiten Weges für geeignet hielten. Sie begründeten dies damit, dass das Volk Neuwahlen im Grunde für zwecklos hielte und die Wirtschaft zudem dringend Ruhe brauche. Die Situation für den zweiten Weg sei günstig, weil die Staatsrechtslehrer fast einmütig der Meinung seien, dass ein arbeitsunfähiger Reichstag nicht das Recht in Anspruch nehmen könne, ohne weiteres Regierungen zu stürzen.[185] Der Weg des Verfassungsbruchs (Weg I) wurde dagegen als unsachgemäß ab-

---

[180] So „Das Zentrum", 4. Jg. 1933, Nr. 1/2, S. 25.

[181] Dazu Berthold, Staatsnotstand und Pyta, Konstitutionelle Demokratie.

[182] Der Zusatz „zu retten" war handschriftlich angefügt worden. Vgl. HStAD/RW265–5. Die Argumentation dieses Papiers fand auch Eingang in die Akten der Reichskanzlei, Das Kabinett von Schleicher, S. 241, Vortragsnotiz.

[183] Horst Michael, Oberassistent bei dem Historiker Erich Marcks sen. in Berlin, war kein Jurist und erstrebte zudem, ein „großes, von einheitlichem Geist getragenes Reformwerk". Vgl. auch den undatierten „Entwurf für eine Kundgebung des Reichspräsidenten" von H. Michael, 1932. HStAD/RW265–205, Nr. 13 und den undatierten „Vorentwurf zur Vorbereitung einer Denkschrift über die Weimarer Verfassung". HStAD/RW265–5/9.

[184] Das Papier ist mittlerweile bei Wolfram Pyta („Konstitutionelle Demokratie versus monarchische Restauration") und Lutz Berthold („Carl Schmitt und der Staatsnotstandsplan") abgedruckt und ausführlich kommentiert.

[185] In der Tat hatte sich eine ganze Reihe von Staatsrechtlern und Praktikern für eine Änderung des Art. 54 ausgesprochen. In dem Papier wurden genannt (hier auch die Nachweise): Thoma, Anschütz, Heckel, Koellreutter, Kaufmann, Herrfahrdt, Poetzsch-Heffter, Jellinek, Feller, Abraham. Bei den Politikern: Eugen Schiffer, Reinhold, Hoepker-Aschoff, Doehle, sowie die Gewerkschaftspolitiker Röhr, Fraenkel, Heller, Simons (zu den Fundstellen im Einzelnen der kommentierte Abdruck bei Pyta, Konstitutionelle Demokratie). Es wurde allerdings nicht betont, dass die meisten dieser Stimmen, allen voran die Staatsrechtler Thoma und Anschütz, eine interpretative Lösung des Problems ablehnten und eine Verfassungsänderung voraussetzten. In einem Leserbrief an das „Tage-Buch" vom 7.3.1931 war Anschütz der hier vertretenen Auffassung der Wirkungslosigkeit destruktiver Misstrauensvoten entgegengetreten. Anders als Schmitt sei er mit Thoma der Auffassung, dass eine solche Regelung „de lege ferenda" wünschenswert sei, aber „leider" nicht dem geltenden Recht entspreche. Diese Auffassung war ebenfalls von Paul Löbe, dem Reichstagspräsidenten, in einer Zuschrift vertreten worden. (Schmitts Handexemplar HStAD/RW265–7.)

gelehnt. Ein Misstrauensvotum, das nur in Aussicht steht, so die Argumentation, sei kein Staatsnotstand. Eine Ausschaltung des Reichstages gehe weiter als die sachliche Notwendigkeit erfordere: die Legislative werde vernichtet, ohne dass der Reichstag als Gesetzgeber versagt hat. Dem Reichstag sei damit die Möglichkeit praktischer Arbeit genommen. Den Verfassungsbruch wollten die Berater nur als eine *ultima ratio* anerkennen. Deren Anwendung komme erst in Frage, nachdem alle anderen Mittel versagt hätten. Aber auch politisch wurde der Verfassungsbruch abgelehnt. Als Begründung wurde angeführt, Weg I stehe im Widerspruch zu Schleichers ausdrücklichen Erklärungen gegen die Zweckmäßigkeit der Diktatur. Mit der Proklamation des Staatsnotstandes würde sich Schleicher seiner besten moralischen Stütze berauben. Der Weg I sei als „Maßnahme zur Rettung der Regierung" zu charakterisieren. Weg II habe dagegen offenkundig den Sinn, einer „Erziehung des Reichstags zu seinen eigenen Pflichten". Dieser Weg wurde im Sinne eines angestrebten Verfassungswandels empfohlen, da er eine „sinnvolle Korrektur" eines Verfassungsartikels bedeute, durch welche die Verfassung gerettet und wiederhergestellt, nicht aber durch Ausschaltung der Volksvertretung noch mehr lahmgelegt werde. Dieses Verfahren sei das verfassungspolitisch Gegebene und Notwendige und könne auf staatsrechtliche Forderungen aus allen Lagern gestützt werden. Als entscheidender Vorteil gegenüber Weg I erschien hier, dass dem Reichstag keine Gewalt geschehe. Ihm werde kein Recht genommen, sondern nur ein Missbrauch seiner Rechte nicht anerkannt. Die Kontrolle der Volksvertretung bleibe erhalten. Dies wurde als politisch wichtig angesehen, damit die Reichsregierung den Reichstag zu praktischer Arbeit anhalten und zur Verantwortung zwingen könne. Dadurch wäre nämlich gewährleistet, dass die Parteien nicht in das freie Feld hemmungsloser Agitation ausweichen könnten. Das Volk hätte die Möglichkeit, die Arbeit des Reichstags mit der Arbeit der Reichsregierung zu vergleichen. Die Frage der Durchsetzbarkeit dieses Vorschlages wurde positiv beurteilt: das Zentrum könne dieser Regelung nicht widersprechen, da sie noch praktischer und vernünftiger sei, als der Vorschlag eines Ermächtigungsgesetzes. Zudem bleibe der Weg des Verfassungsbruchs ja als ultima ratio offen, da die Reichsregierung sich nicht festlege. Als wichtigster Vorteil des „milderen Weges" wurde allerdings noch einmal betont, das Verfahren sei in Übereinstimmung mit den Erklärungen Schleichers gegen die Diktatur und mit seiner Absicht zu erziehen geblieben. Es würde sich somit deutlich von den Notstandsverfahren der DNVP abheben. Die Regierung könne von den Parteien nicht gezwungen werden, die letzten staatlichen Machtmittel nur zur Erhaltung ihrer eigenen Existenz einzusetzen. Die Conclusio dieser Argumentation lautete: „Der Weg II geht nicht über das verfassungspolitische Ziel hinaus, sondern trifft es unmittelbar".[186]

In diesem Sinne hatte Schmitt bereits zuvor versucht, auf den Reichspräsidenten einzuwirken. In „Stichworten" für eine Rede des Reichspräsidenten,[187] die er bereits

[186] Michael, Denkschrift, S. 6.

[187] Vgl. den „Entwurf für eine Rede des Reichspräsidenten" und die dazugehörigen „Stichworte", HStAD/RW265–206/6.

am 13. Januar 1933 an Innenminister Bracht geschickt hatte[188], führte er aus, dass in der gegenwärtigen „Atmosphäre des allgemeinen und selbstverständlichen Missbrauchs legaler Formen“ die „heutige Praxis des Art. 48 eine Art Notwehr der Regierung“ bedeute. Die Regierung sei gezwungen, auf den Missbrauch legaler Möglichkeiten mit einer Ausnutzung aller ihr zur Verfügung stehenden legalen Möglichkeiten zu antworten. Würde sie sich entschließen, diesen Faden abreißen zu lassen, würde sie von den sonderbarsten Hütern der Verfassung des Verfassungsbruches und der Illegalität bezichtigt werden. In dem „pathologischen Zustande“, in welchem „die einander feindlichen Parteien sich immer nur in einem Nullpunkt treffen“, sei der Reichstag keine „Volksvertretung im Sinne der Verfassung“. Es wäre unheilvoll, wenn der arbeitsunfähige Reichstag nun auch noch die Arbeit der Reichsregierung unmöglich machen könnte. Schmitt plädierte für die Ignorierung von destruktiven Misstrauensvoten und hoffte, darin einen Weg gefunden zu haben, den Reichstag als Gefahrenquelle auszuschalten und dennoch „den Faden der Legalität nicht abreißen“ zu lassen. Damit wollte er verhindern, dass sich die radikalen Parteien als „Hüter der Verfassung“ aufspielen könnten, um die Reichsregierung und den Reichspräsidenten mittels einer Präsidentenanklage vor dem Staatsgerichtshof der Illegalität und des Verfassungsbruchs zu bezichtigen.

Schmitt hatte die Situation im Auge, die tatsächlich wenig später eingetreten war, weil Schleicher an seinem Plan des Verfassungsbruchs festgehalten hatte. Der Zentrumsführer Kaas schrieb am 26. Januar 1933 einen Brief an Hindenburg, in dem er unter Nennung von Schmitts Namen vor den „Staatsnotstandsplänen“ der Regierung Schleicher warnte.[189] Er brachte damit seinen Protest gegen Schleichers Versuch, notfalls durch partiellen Verfassungsbruch eine Regierung Hitler zu verhindern, zum Ausdruck. Durch dieses Schreiben sowie durch ein Schreiben des preußischen Ministerpräsidenten Otto Braun wurde deutlich, dass Zentrum und SPD eventuell einer Präsidentenanklage von KPD und NSDAP das notwendige Zweidrittelquorum verschaffen würden. Kaas wollte eine Rückkehr zu parlamentarischen Regierungsformen erzwingen, was in der konkreten Situation die Ernennung Hitlers bedeutete. Dabei hatte Kaas, wie man heute weiß, Schmitt fälschlich als Urheber der Verfassungsbruch-Pläne bezeichnet,[190] denn tatsächlich hatte Schmitt mit seinem

[188] Vgl. Brief von Schmitt an Bracht vom 13. Januar 1933, HStAD/RW265–12835. Die Stellungnahme von Schmitt war von Bracht erbeten worden. Bracht antwortete am 17. Januar 1933 und bedankte sich für das „schätzbare Material“, das er allerdings in seiner Rundfunkrede vom 18. Januar nur „in vorsichtigen Anklängen“ verwenden könne. (HStAD/RW265–1976.)

[189] Abgedruckt u. a. in Germania, 63. Jg., Nr. 29 vom 29. Januar 1933: „Kaas an Schleicher und Hindenburg: Kein Staatsnotstand, sondern Notstand eines Regierungssystems!“, S. 1.

[190] Das Schreiben von Kaas und der Vorwurf gegen Schmitt wurden in dem Mitteilungsblatt der deutschen Zentrumspartei „Das Zentrum“, das sich mit der Ernennung Hitlers zum Reichskanzler und der dadurch entstandenen Situation beschäftigte, wiederholt und ausführlich erläutert. In einer polemischen Auseinandersetzung mit seiner „Freund-Feind-Theorie“ sowie mit den Schriften „Legalität und Legitimität“ und „Der Hüter der Verfassung“ wurden seine Lehren als willkürlich, vergröbernd und simplifizierend zurückgewiesen. Unter der Überschrift „Der Staatsnotstand“ hieß es gegen den „zeitweiligen Kronjuristen ‚autoritärer Regierungen‘“

Vorschlag einen quasi-„legalen" Ausweg aus der Krise aufgezeigt, der zwischen der vermeintlichen Alternative Legalität (= Ernennung von Hitler zum Reichskanzler) und Legitimität (= Verfassungsbruch zur Ausschaltung der radikalen Parteien im Reichstag) einen dritten Weg darstellte.

Schmitts Vorschlag mit einem „Minimum an Verfassungsverletzung" bot zwei unbestreitbare Vorzüge, die in diesem Zusammenhang gesteigerte Bedeutung erfahren. Seine Interpretation bot zum Einen „gute Aussichten", dass der Staatsgerichtshof sich bei der zu erwartenden Präsidentenanklage nach Art. 59 dieser Argumentation anschloss,[191] was bei Berufung auf ein „Staatsnotrecht" ausgeschlossen war, zum Anderen hätte die Schaffung eines solchen Präzedenzfalls ein Argumentationsmuster geliefert, um mit der Begründung, ein handlungsunfähiges Parlament habe nicht das Recht, zu verlangen, dass auch alle anderen verantwortlichen Stellen handlungsunfähig werden, auch die aus destruktiven Motiven resultierende Außerkraftsetzung der präsidialen Notverordnungen nach Art. 48 Abs. 3 aufzuheben. Wenn Schmitt der Meinung war, er könne dem Reichspräsidenten und der Regierung auf diese Weise einen offenen Konflikt mit der Verfassung ersparen, so muss betont werden, dass – unabhängig von der rückblickenden Bewertung – klar war, dass der Konflikt mit der herrschenden Meinung der Staatsrechtslehrer unvermeidbar blieb. Wie auch immer man die Durchsetzbarkeit der Ignorierung destruktiver Misstrauensvoten aber auch bewertet, Schmitt hatte mit diesem Plan nicht durchdringen können. Über die Motive Schleichers, die zur Ablehnung dieses Vorschlags führten, ist aktenmäßig nichts bekannt.[192] Vermutlich hatte das Debakel Papens am 12. September im Reichstag zu der Überlegung geführt, den Verfassungsfeinden im Parlament müsse ihre wichtigste Agitationsbühne entzogen werden.[193]

Pyta beurteilt den Plan jedenfalls wie folgt: „Der von Schleicher in Auftrag gegebene Entwurf einer Proklamation des Reichspräsidenten [von Horst Michael und Schmitt, Anm. d. Verf.], mittels derer Hindenburg die Ignorierung verfassungsmäßiger Parlamentsbeschlüsse vor der deutschen Öffentlichkeit zu rechtfertigen suchte, stellte gewiss eine verfassungspolitische Gratwanderung dar. Doch im Dezember 1932 war kaum ein anderer erfolgsträchtiger Weg vorstellbar, welcher dem Präsidialkabinett Schleicher ein reibungsloses Regieren ermöglichte und dabei unterhalb der Schwelle von Staatsnotstandsüberlegungen blieb, welche das natürliche Einfallstor für verfassungsübersteigende Restaurationspläne bildeten."[194] Er kommt zu dem Ergebnis: „Man wird daher konstatieren können, dass eine dieser Richtung fol-

---

Schmitt: „Wir können eine solche Bestimmung des Notstandes nicht für wissenschaftlich begründet und mit christlichen Moralauffassungen vereinbar halten". S. Das Zentrum, Mitteilungsblatt der deutschen Zentrumspartei, 4. Jg. 1933, Nr. 1/2, S. 24. Schmitts Handexemplar HStAD/RW265–430.

[191] So Berthold, Staatsnotstand, S. 41, 65 f.

[192] Zu unterschiedlichen Theorien über die Gründe der Ablehnung dieses Vorschlages kommen Pyta, Konstitutionelle Demokratie und Berthold, 1999.

[193] Zu diesem Schluss kommt auch Berthold 1999, S. 42.

[194] Pyta, Konstitutionelle Demokratie, S. 425.

gende Verfassungspolitik nicht nur den erfolgversprechendsten Ausweg aus der Staatskrise darstellte, sondern auch den Intentionen der Verfassung noch am nächsten kam."[195] Im Januar 1933 habe Schleichers „Konzept einer präsidialen, einer konstitutionellen Demokratie den letzten Ausweg zur Bewahrung demokratischer Strukturelemente in einer verfahrenen Gesamtsituation" bedeutet, „die als Alternativen sonst nur die politische Restauration oder die totalitäre Diktatur bereithielt".[196] Der beste Weg zur Verwirklichung dieses „präsidialen Systems", das nach dem Urteil von Fachleuten „eine Option zur Lösung in der deutschen Staatskrise" hätte darstellen können,[197] war eben der einer sinngemäßen, wenn auch extensiven Interpretation der Weimarer Verfassung, denn nur sie gewährte eine Bewahrung der verfassungspolitischen Grundentscheidungen und hielt die Rückkehr zum Status quo ante offen. Den Gegnern dieser Entwicklung blieb die Möglichkeit, auf gleichem Wege eine konstruktive Alternative zu etablieren, etwa durch Herbeiführung eines tragfähigen Konsenses im Reichstag, die konsequente Reparlamentarisierung zu betreiben. Die geltende Reichsverfassung bot, wie schon Schmitt und später Fraenkel betont hatten, einem mehrheits- und handlungsfähigen Reichstag alle Rechte und Möglichkeiten, um sich als maßgebender Faktor staatlicher Willensbildung durchzusetzen. Ein Einfallstor für restaurative Bestrebungen bot dieser Weg jedenfalls, ganz im Unterschied zu der Ausrufung des Staatsnotstandes, nicht.

---

[195] Ebd., S. 430.

[196] Ebd., S. 431 f.

[197] S. den Bericht über ein Kolloquium zur Politik der Präsidialkabinette von Rödder, Reflexionen über das Ende der Weimarer Republik, bei dem man im Tenor zu einem ähnlichen Ergebnis gekommen war. Das zitierte Fazit Ebd., S. 101.

VI. Ergebnis

Wie bereits in der Einleitung vermutet, ergibt eine detaillierte Betrachtung der Vorgänge im Sommer 1932, dass Schmitt tatsächlich uneingeschränkt ein „Mann Schleichers“ war und nicht den reaktionären Vorstellungen Papens und Gayls zugerechnet werden konnte. Daher liegt es auf der Hand, dass auch Schmitts Engagement für die Reichsregierung vom Schleicher-Kreis initiiert wurde. Dies lässt sich durch verschiedene Quellen, etwa das Tagebuch Schmitts, zeigen. Damit sind anderslautende Vermutungen, die bislang weitgehend vorherrschend waren, entkräftet. Das hat folgenschwere Konsequenzen für die Bewertung von Schmitts Engagement als Anwalt des Reiches. Der Schleicher-Kreis – mit dem Schmitt Ende 1931 in Kontakt getreten war, und dessen Zielen er bis Februar 1933 treu verbunden blieb – erblickte in dem Reichsvorgehen gegen Preußen nicht den Auftakt zu einer reaktionären Verfassungsreform oder die Entmachtung des politischen Gegners, sondern wollte vorrangig das drängendste Problem der Staatsarchitektur, den Dualismus Preußen-Reich, zumindest vorübergehend entschärfen und das Reich damit in seinem Kampf gegen die Krisensituation entscheidend stärken. Damit korrespondiert, dass das Vorgehen keineswegs eine Vorleistung an die Nationalsozialisten darstellte, sondern vielmehr die machtpolitische Grundlage für eine mögliche Bekämpfung dieser radikalen Partei. Der Zugriff auf Preußen hatte nicht zuletzt die Funktion, den Zugriff der NSDAP auf diese entscheidende Machtposition zu vereiteln und dem Reich gleichzeitig die dringend benötigten Machtressourcen, insbesondere die zahlenmäßig bedeutende Polizei, zuzuspielen. Im Zusammenhang damit wollte man aber keine restaurative Umgestaltung der Verfassung, sondern man beschränkte sich auf eine vorübergehende Zusammenfassung der Machtmittel Preußens und des Reiches in einer Hand mit Hilfe der diktatorischen Sondervollmachten des Reichspräsidenten. Eine solche Maßnahme war nicht nur zweckmäßiger für die Krisenbekämpfung als reaktionäre Abenteuer, sie traf auch unmittelbar das verfassungspolitische Ziel des Schleicher-Kreises: die Stärkung der Präsidialregierung ohne gefährliche Experimente. Deshalb versuchten die Reichsvertreter die Aktion als vorübergehende Maßnahme zur Krisenbewältigung umzudeuten und durch eine extensive Interpretation des Art. 48 die rechtliche Grundlage für dieses Vorgehen zu schaffen.

Mit einer erfolgreichen Durchsetzung dieser Interpretation wäre die Verfassung, in Bezug auf die Vollmachten des Art. 48, in einem wichtigen Punkt gewandelt worden, ohne dass man eine einzige ihrer Bestimmungen geändert hätte. Das traf sich genau mit den Vorstellungen des Schleicher-Kreises, denn dieser war nicht an einer Veränderung der Verfassung interessiert, sondern an einer organischen Verfassungsfortbildung. Dies hatte nicht nur Erich Marcks in einem Brief an Schmitt betont, indem er bemerkte, dass eine „ungeschriebene und organische Verfassungsentwicklung“ einer theoretischen und schriftlich niedergelegten vorzuziehen sei,[1] sondern auch Horst Michael bekräftigte in seiner Denkschrift für die Reichsregierung, das Ziel sei eine Stärkung der Exekutive durch Begrenzung des Reichstages auf Gesetzgebung und Kontrolle durch „Verfassungswandel“.[2] Eine solche Vorgehensweise unterschied sich grundsätzlich von den Plänen der Verfassungsreformer.[3] Michael hatte zudem die Devise vorgegeben: „Will man von der Verfassung abweichen, so kann es nur in der Richtung geschehen, auf die sich die Verfassung unter dem Zwang der Umstände und in Übereinstimmung mit der öffentlichen Meinung hinentwickelt“.[4] Das war zwar auf die „Staatsnotstandsplanung“ gemünzt und galt insofern nicht für den Reichseingriff vom 20. Juli, als hier nicht von der Verfassung abgewichen wurde, aber eine gewisse Parallele der Situationen ist nicht zu verkennen, denn der Art. 48 war auf Grund des fehlenden Ausführungsgesetzes ein Provisorium geblieben[5] und im Zuge der Ereignisse durch Staatslehre und Rechtsprechung immer extensiver ausgelegt worden. Diese „Verfassungsentwicklung“, so sahen es zumindest die Befürworter der Präsidialregierungen, stand ebenfalls unter dem „Zwang der Umstände“ und sollte daher interpretativ geschehen, also durch Evolution und nicht durch Revolution. In diesem Sinne versuchten die Prozessvertreter, die Preußen-Aktion zum Anlass für eine „Verfassungsentwicklung“ im präsidialen Sinne zu nehmen. Mit einem vollen Prozessgewinn wären nicht nur die Machtmittel der Regierung gewachsen, sondern auch die außerordentlichen Befugnisse. Dafür war es aber von entscheidender Bedeutung, dass sich die Interpretation in „Übereinstimmung mit der öffentlichen Meinung“ entwickelte, und deshalb sollten alle restaurativen Assoziationen streng vermieden werden. Der Reichseingriff wurde umgedeutet zu einer Aktion, die lediglich die vordringlichsten Verfassungsprobleme im Wege der Regierungspraxis vorübergehend lösen sollte. Nach diesem Argumentationsschema wurde nicht nur bei der Preußenaktion verfahren, sondern auch in den Fragen des Staatsnotstands und der Reichs- und Verfassungsreform. Der von Papen und Gayl beabsichtigte Auftakt zu einer umfassenden Reichsreform wurde daher ebenso gezielt konterkariert wie die Versuche, aus der Zwangsvertagung des Reichstags restauratives Kapital zu schlagen. Statt Verfassungsreform wollte man die Wandlung der Verfassung, um deren präsidial-plebiszitären Elemente zu Lasten des parlamentarischen Prinzips zu stärken. Diese intrakonstitutionelle Verschiebung der Gewichte hätte später, falls notwendig, als Grundlage für eine

[1] Marcks an Schmitt vom 11. Mai 1931, HStAD/RW 265–9024.

[2] Michael, Denkschrift, S. 4.

[3] Auch Michael hatte betont, die von Schleicher angestrebten Ziele würden sich „außerordentlich deutlich von dem Notstandsverfahren der Deutschnationalen abheben“, was als besonders wichtig angesehen wurde. (Michael, Denkschrift, S. 6.)

[4] Michael, Denkschrift, S. 4.

[5] Schmitt, Das Ausführungsgesetz zu Art. 48 der Reichsverfassung, Kölnische Volkszeitung, 30. Oktober 1926, Jg. 67, Nr. 805, S. 2.

Neugestaltung der Verfassung dienen können, die den erreichten Zustand legalisierte. Es ging Schmitt also, genau wie Schleicher, um eine „Weiterentwicklung der Verfassung" im autoritären Sinne, nicht aber um eine Verfassungsabkehr.[6] Die Grundentscheidungen und Strukturprinzipien der Weimarer Verfassung – Demokratie, Republik, bundesstaatliche Struktur, parlamentarisch-repräsentative Form der Gesetzgebung, bürgerlicher Rechtsstaat[7] – wären gewahrt geblieben. Das Regierungssystem der Weimarer Republik wäre durch die Verwirklichung dieser Pläne keineswegs geschwächt oder gar bis zur Unkenntlichkeit verwässert oder in sein Gegenteil verkehrt worden.[8] Man wollte, durchaus im Sinne Arnold Brechts, das „nächstbeste System" installieren, um zu verhindern, dass die Gegner der Verfassung das vom demokratischen Standpunkt Schlechteste an dessen Stelle setzen konnten. Deshalb betont auch Pyta, der Vorschlag Schmitts käme den „Intentionen der Verfassung noch am nächsten."[9] Außerdem zeichneten sich diese Vorstellungen eines intrakonstitutionellen Verfassungsumbaus dadurch aus, dass sie die Möglichkeit einer späteren Wiederherstellung parlamentarischer Regierungsweise nicht verschüttet hätten.[10] Die Gewichtsverlagerung innerhalb der Verfassung konnte durch einen Verfassungswandel in umgekehrte Richtung jederzeit wieder rückgängig gemacht werden, da ein handlungsfähiger Reichstag, wie Fraenkel im Anschluss an Schmitt betont hatte, alle Möglichkeiten behielt, um sich als *der* staatliche Machtfaktor durchzusetzen.

Greift man die in der Einleitung dieser Arbeit referierte These der Notwendigkeit einer „Re-Interpretation" der Präsidialkabinette auf, so lässt sich sagen, dass die Preußenaktion der Reichsregierung aus diesem Blickwinkel eine völlig neue, ja in ihrem Kern konträre Bedeutung erhält. Sie war nicht, wie bislang oft angenommen, eine Vorstufe der Machtergreifung Hitlers, sondern sollte vielmehr deren Verhinderung dienen. Hat man sich zu der Einsicht durchgerungen, dass die Präsidialkabinette durchaus nicht nur ein „Intermezzo mit feststehendem Ausgang" (Kolb/Pyta) waren, so muss bei der Suche nach der möglichen Alternative dem sog. „Preußenschlag" besonderes Augenmerk geschenkt werden. Ohne die Akkumulation der Machtmittel in der Hand der Regierung Schleicher wären sicher alle Versuche, mit Hilfe der juristischen Figur des „Staatsnotstandes" zu einer Lösung der Krise zu kommen, aussichtslos gewesen. Die auf einen Bürgerkrieg zutreibende Entwicklung im Reiche und in Preußen erzwang gebieterisch, dass nicht nur juristisch, son-

---

[6] Auch 1932 hatte Schmitt betont: „Wenn eine Verfassung die Möglichkeit zu Verfassungsrevisionen vorsieht, so will sie damit nicht etwa eine legale Methode zur Beseitigung ihrer eigenen Legalität, noch weniger das legitime Mittel zur Zerstörung ihrer Legitimität liefern". (Schmitt, Legalität, in VA, Sv. 311.)

[7] Schmitt, Verfassungslehre, S. 23 f.

[8] So Berthold, 1999, S. 74. Mit den aristokratischen Vorstellungen von einer ‚konservativen Revolution' hatten diese Sätze jedenfalls nur wenig gemein. Im übrigen hätten die Verfassungsgeber auch gar nicht die Absicht gehabt, eine rein parlamentarische Demokratie zu errichten.

[9] Pyta, Konstitutionelle Demokratie, S. 430.

[10] So Kolb/Pyta, 1992, S. 181.

dern auch machtpolitisch Vorsorge für eine drohende Konfrontation getragen wurde. Das zeigt, dass die Aktion gegen Preußen das Ringen um eine Alternative zur Machtübernahme Hitlers nicht nur flankierte, sondern dessen machtpolitische Grundlage darstellte. Dass diese „Waffe" wenig später in die Hände gerade des Gegners fiel, gegen den sie geschaffen wurde, gehört zur Tragik jener bis zuletzt unvorhersehbaren Entwicklung.

Im Hinblick auf die Fragestellung dieser Arbeit ergibt sich folgendes Ergebnis: der „Preußenschlag" fügt sich in das konzeptionelle Gerüst der parallel zur Prozessvorbereitung verlaufenden Staatsnotstandsplanungen nahtlos ein. Auch hier war Schmitt dem General von Schleicher zuzuordnen, der in beiden Fällen versuchte, die Ziele der restaurativen Verfassungsreformer zu hintertreiben; auch hier zielten die Bemühungen des Schleicher-Kreises nicht auf eine Erosion der Verfassung, sondern auf die Wiederherstellung geordneter Verhältnisse. Mit dem eingangs zitierten Ausruf von Schmitt: „trauig, deprimiert. Der 20. Juli ist dahin", den er in sein Tagebuch notierte, als die Ernennung Hitlers zum Reichskanzler in Aussicht stand, hatte es somit folgende Bewandtnis: Mit der Ernennung des Führers der stärksten parlamentarischen Fraktion zum Reichskanzler war alles gescheitert, wofür Schmitt in der Endphase der Weimarer Republik eingetreten war. Es war nicht nur die Staatsmacht an einen Verfassungsfeind ausgeliefert und damit auch der Sinn der Preußenaktion in sein Gegenteil verkehrt worden, sondern vielmehr auch der von ihm verfochtene Gedanke einer Stärkung der Präsidialgewalt zerstoben. Nicht zuletzt war durch die Alternative „Staatsnotstand oder Ernennung Hitlers" auch die von Carl Schmitt vertretene „Methode der Interpretationsmöglichkeiten" endgültig „dahin". Entkleidet man diese „Methode" von dem Generalverdacht der restaurativen Gesinnung, so bleibt eine Konzeption übrig, die sich im Sinne des Krisenmanagements auf die Durchführung des Unabwendbaren beschränkte. Diese Reduktion auf das Machbare hebt Schmitts Strategie von anderen ab. Auch wenn dieses Alternativkonzept letztlich an der Fehleinschätzung der Akteure scheiterte; – heute verdient diese Konzeption als realistische Alternative ernstgenommen zu werden.

Literatur

Adametz, Walter, Die Reichsreform, Allgemeine Grundlagen für die Abgrenzung der Zuständigkeiten zwischen Reich, Ländern und Gemeindeverbänden, in: Reich und Länder, Dezember 1932, Jg. 6, Heft 12, S. 297 ff.

— Die Rechte des deutschen Reichspräsidenten nach der Reichsverfassung, in: Reich und Länder, 1930, S. 31 ff.

Albertin, Lothar, Die Auflösung der bürgerlichen Mitte und die Krise des parlamentarischen Systems von Weimar, in: Eberhard Kolb/Walter Mühlhausen (Hg.), Demokratie in der Krise – Parteien im Verfassungssystem der Weimarer Republik, München 1997, S. 59 ff.

Altmann, Rüdiger/*Gross*, Johannes, Was bleibt von Carl Schmitt? Verfassungslehre als politische Wissenschaft, Frankfurter Allgemeine Zeitung, 4. Oktober 1986, Nr. 230.

Anders, Georg, Die Rechtsgültigkeit der Präsidial-Verordnung, Deutsche Allgemeine Zeitung, Jg. 63, Nr. 613, 30. Dezember 1924, Abend.

Anschütz, Gerhard, Die Verfassung des Deutschen Reiches von August 1919 (14. Auflage), Berlin 1933.

— Reichsaufsicht und Reichsexekution, in: Gerhard Anschütz/Richard Thoma (Hg.), Handbuch des deutschen Staatsrechts, 1930, Band 1, S. 363 ff.

— Der deutsche Föderalismus in Vergangenheit, Gegenwart und Zukunft, in: Veröffentlichungen der Vereinigung der Deutschen Staatsrechtslehrer, 1924, Heft 1, S. 11 ff.

— Das preußisch-deutsche Problem, Skizze zu einem Vortrag, 1922.

— Rechtsgutachten über die Frage, ob Kreditermächtigungen (RV Art. 87) durch Maßnahmen des Reichspräsidenten auf Grund des Art. 48, II RV erteilt werden können, in: Reichskredite und Diktatur. Zwei Rechtsgutachten von Dr. Gerhard Anschütz und Dr. Walter Jellinek, Tübingen 1932, S. 5 ff.

Badura, Alois, Gibt es ein überverfassungsrechtliches Staatsnotrecht?, in: Reichsverwaltungsblatt und Preußisches Verwaltungsblatt, 10.12.1932, Band 53, Nr. 50, S. 987 ff.

Bahne, Siegfried, Die Kommunistische Partei Deutschlands, in: Erich Matthias/Rudolf Morsey (Hg.), Das Ende der Parteien, Darstellungen und Dokumente, unv. Nachdr. 1960, 1984, S. 655 ff.

Ballestrem, Karl Graf, Carl Schmitt und der Nationalsozialismus – Ein Problem der Theorie oder des Charakters?, in: Oscar W. Gabriel u. a. (Hg.), Der demokratische Verfassungsstaat. Theorie, Geschichte, Probleme – Festschrift für Jan Buchheim zum 70. Geburtstag, 1992.

Bay, Jürgen, Der Preußenkonflikt 1932/33 – Ein Kapitel aus der Verfassungsgeschichte der Weimarer Republik, Erlangen 1965.

Becker, Josef, Heinrich Brüning in den Krisenjahren der Weimarer Republik, in: Geschichte in Wissenschaft und Unterricht, 1966, 17. Jg., S. 201 ff.

— Heinrich Brüning und das Scheitern der konservativen Alternative, in: Aus Politik und Zeitgeschichte, 31. Mai 1980, Band 22, S. 3 ff.

— Brüning, Prälat Kaas und das Problem einer Regierungsbeteiligung der NSDAP 1930–1932, in: Historische Zeitschrift, 1963, Band 196, S. 74 ff.

— Geschichtsschreibung im politischen Optativ? Zum Problem der Alternativen im Prozess der Auflösung einer Republik wider Willen, in: Aus Politik und Zeitgeschichte, 13. Dezember 1980, Band 50, S. 27 ff.

Benda, Ernst u. a., Idee und Wirklichkeit des Parlamentarischen in der Gegenwart, Kapitel des Handbuchs für Verfassungsrecht der Bundesrepublik Deutschland hrsg. von Benda, Maihofer, Vogel, 1994.

Bendersky, Joseph W., Carl Schmitt at Nuremberg, in: Telos, Summer 1987, No. 72, pp. 91 ff.

— The expendable Kronjurist, Carl Schmitt and National Socialism 1933–1936, in: Journal of Contemporary History, April 1979, Vol. 14, No. 2, pp. 309 ff.

— Carl Schmitt and the Conservative Revolution, in: Telos, Summer 1987, No. 72, pp. 27 ff.

— Carl Schmitt in the summer of 1932 – A reexamination, in: Revue européenne des sciences sociales, (ebenfalls erschienen im Canadian Journal of Political and Social Theory), July 1978, No. 44, pp. 39 ff.

— Theorist for the Reich, Princeton 1983.

Bentin, Lutz Arwed, Zur wirtschaftlichen Theorie des totalen Staates, in: Zeitschrift für Politik, 1972, Band 19 n. F.

— Johannes Popitz und Carl Schmitt, Zur wirtschaftlichen Theorie des totalen Staates in Deutschland, München 1972.

Benz, Wolfgang, Papens „Preußenschlag" und die Länder, Dokumentation, in: Vierteljahrshefte für Zeitgeschichte, 1970, Jg. 18, S. 320 ff.

Berthold, Lutz, Wer hält zur Zeit den Satan auf?, Zur Selbstglossierung Carl Schmitts, in: Leviathan – Zeitschrift für Sozialwissenschaft, 1993, Jg. 21, Heft 2, S. 285 ff.

— Das konstruktive Misstrauensvotum und seine Ursprünge in der Weimarer Staatsrechtslehre, in: Der Staat, 1997, Jg. 36, S. 81 ff.

— Carl Schmitt und der Staatsnotstandsplan am Ende der Weimarer Republik, Berlin 1999.

Bertram, Alfred, Rücktritt und Geschäftsführung von Ministerium und Minister nach der Verfassung der Länder und des Reichs, in: Archiv des öffentlichen Rechts, 1933, 23. Band, S. 129 ff.

Besson, Waldemar, Zur Frage der Staatsführung in der Weimarer Republik, in: Vierteljahrshefte für Zeitgeschichte, 1959, Jg. 7.

— Württemberg und die deutsche Staatskrise 1928–1933, Stuttgart 1959.

— Friedrich Meinecke und die Weimarer Republik, in: Vierteljahrshefte für Zeitgeschichte, April 1959, 7. Jg., 2. Heft, S. 113 ff.

Beyer, Hans, Erinnerung an die Verfassung, in: Tägliche Rundschau, 20. Januar 1933, Jg. 52, Nr. 17.

Biewer, Ludwig, Reichsreformbestrebungen in der Weimarer Republik. Fragen zur Funktionalreform und zur Neugliederung im Südwesten des Deutschen Reiches, Frankfurt a. M./Bern/Cincester, 1980.

— Der Preußenschlag vom 20. Juli 1932, Ursachen, Ereignisse, Folgen und Wertung, in: Blätter für deutsche Landesgeschichte, 1983, Jg. 119, S. 159 ff.

— Preußen in der Weimarer Republik, Eine Ausstellung des Geheimen Staatsarchivs Preußischer Kulturbesitz, Berlin 1982.

Bilfinger, Carl, Besprechung von Heinrich Held, Das preußisch-deutsche Problem, 1929, in: Archiv des öffentlichen Rechts, 1932, 21 n. F., S. 458 ff.

— Besprechung von Rudolf Henle, Einheitsstaat oder Länderstaat, 1930, in: Archiv des öffentlichen Rechts, 1932, 21 n. F., S. 461 ff.

— Notrecht, in: Deutsche Juristen-Zeitung, 1931, Jg. 36, Heft 22, Sp. 1421 ff.

— Das Reichsstatthaltergesetz, in: Deutsche Juristen-Zeitung, 1. Mai 1933, Jg. 38, Heft 9, Sp. 580 ff.

— Verfassungsumgehung, Betrachtungen zur Auslegung der Weimarer Verfassung, in: Archiv des öffentlichen Rechts, 1926, S. 163 ff.

— Reichsexekution – Zur Reform der Reichsverfassung, in: Deutsche Juristenzeitung, 1933, 38, Heft 2, Sp. 145 ff.

— Exekution, Diktatur und Föderalismus, in: Deutsche Juristen-Zeitung, 15. August 1932, 37. Jg., Heft 16, Sp. 1017 ff.

— Der Zwischenfall im Reichstag im Lichte der Verfassung, in: Deutsche Juristen-Zeitung, 1932, 37. Jg., Heft 11, Sp. 704 ff.

— Geschäftsordnung des Reichstags und ihre Änderung im Rahmen der Reichsverfassung, in: Deutsche Juristen-Zeitung, 1931, 36. Jg., Heft 6, Sp. 393 ff.

— Der deutsche Föderalismus in Vergangenheit, Gegenwart und Zukunft, in: Veröffentlichungen der Vereinigung der Deutschen Staatsrechtslehrer, 1924, Heft 1, S. 35 ff.

Blaschke, Heribert, Das Ende des preußischen Staates. Eine verfassungsrechtliche Untersuchung, Dissertation 1960.

Blümel, Willi/*Klein*, Hans H., Bibliographie Ernst Forsthoff, Festschrift für Ernst Forsthoff zum 70. Geburtstag hg. von Roman Schnur, 1972.

Blomeyer, Peter, Der Notstand in den letzten Jahren von Weimar, 1999 (Schriften zur Verfassungsgeschichte [Band]).

Böckenförde, Ernst-Wolfgang, Der verdrängte Ausnahmezustand (Carl Schmitt zum 90. Geburtstag), Zum Handeln der Staatsgewalt in außergewöhnlichen Lagen, in: Neue Juristische Wochenschrift, 20. September 1978, 31, 38, S. 1881 ff.

— Rezension von Hasso Hofmann, Legitimität gegen Legalität, in: Die öffentliche Verwaltung, Oktober 1967, Heft 19, S. 688 ff.

— Verhaltensgewähr oder Gesinnungstreue? Sicherung der freiheitlichen Demokratie in den Formen des Rechtsstaats, in: Ernst-Wolfgang Böckenförde, Staat, Verfassung, Demokratie – Studien zur Verfassungstheorie und zum Verfassungsrecht, 1991, S. 277 ff.

— Die Methoden der Verfassungsinterpretation, Bestandsaufnahme und Kritik, in: Ernst-Wolfgang Böckenförde, Staat, Verfassung, Demokratie – Studien zur Verfassungstheorie und zum Verfassungsrecht, 1991, S. 53 ff.

— Gerhard Anschütz, in: Ernst-Wolfgang Böckenförde, Recht, Staat, Freiheit – Studien zur Staatstheorie und Verfassungsgeschichte, 1991, S. 367 ff.

— Der Begriff des Politischen als Schlüssel zum staatsrechtlichen Werk Carl Schmitts, in: Helmut Quaritsch (Hg.), Complexio Oppositorum – Über Carl Schmitt, 1988, S. 283 ff.

— Anmerkungen zum Begriff Verfassungswandel, Wege und Verfahren des Verfassungslebens – Festschrift für Peter Lerche, 1993, S. 3 ff.

Bölling, H. G., Verfassungspolitische Strukturwandlungen, in: Reich und Länder, Juni 1932, Heft 6, S. 157 ff.

Bolaffi, Angelo, Verfassungskrise und Sozialdemokratie, Hermann Heller und die Kritiker der Weimarer Verfassung am Vorabend der Krise der Republik, in: Christoph Müller/Ilse Staff (Hg.), Der soziale Rechtsstaat – Gedächtnisschrift für Hermann Heller, 1984, S. 235 ff.

Boldt, Gottfried, Staatsnotwehr und Staatsnotstand (Referat und Aussprache), in: Zeitschrift für die gesamte Strafrechtswissenschaft, 1937, Band 56, S. 183 ff.

Boldt, Hans, Der Ausnahmezustand in historischer Perspektive, in: Der Staat, 1967, Heft 4.

— Die Stellung von Parlament und Parteien in der Weimarer Reichsverfassung. Verfassungstheorie und Verfassungswirklichkeit, in: Eberhard Kolb/Walter Mühlhausen (Hg.), Demokratie in der Krise – Parteien im Verfassungssystem der Weimarer Republik, 1997, S. 19–58.

— Der Artikel 48 der Weimarer Reichsverfassung, sein historischer Hintergrund und seine politische Funktion, in: Michael Stürmer (Hg.), Belagerte Civitas, 1985 (2. Aufl.), S. 288 ff.

— Die Weimarer Reichsverfassung, Bracher/Funke/Jacobsen (Hg.), Die Weimarer Republik 1918–1933.

— Politik, Wirtschaft, Gesellschaft, 1988, 2. durchges. Aufl., S. 44 ff.

Bolz, Fragen der Reichsreform. Zu einem Vortrag des württembergischen Staatspräsidenten in der Deutschen Hochschule für Politik, in: Stuttgarter Neues Tageblatt, 15. Dezember 1932, Nr. 587.

Booms, Hans, Die Deutsche Volkspartei, Erich Matthias/Rudolf Morsey (Hg.), Das Ende der Parteien, Darstellungen und Dokumente, unv. Nachdr. 1960, Düsseldorf 1984, S. 523 ff.

Braatz, Werner, Franz von Papen und die Frage der Reichsreform, in: Politische Vierteljahresschrift, September 1975, Jg. 16, Heft 3, S. 319 ff.

Bracher, Karl Dietrich, Parteienstaat, Präsidialsystem, Notstand. Zum Problem der Weimarer Staatskrise, in: Politische Vierteljahresschrift, 1962, Jg. 3, S. 212 ff.

— Der 20. Juli 1932, in: Zeitschrift für Politik, 1956, Jg. 3 n. F., S. 243 ff.

— Die Auflösung der Weimarer Republik. Eine Studie zum Problem des Machtverfalls in der Demokratie, 2. Nachdr. d. 5. Aufl. 1971, Düsseldorf 1984.

— Brünings unpolitische Politik und die Auflösung der Weimarer Republik, in: Vierteljahrshefte für Zeitgeschichte, April 1971, 19. Jg., Heft 2, S. 113 ff.

— Dualismus oder Gleichschaltung, Der Faktor Preußen in der Weimarer Republik, in: Bracher/Funke/Jacobsen (Hg.), Die Weimarer Republik 1918–1933 – Politik, Wirtschaft, Gesellschaft, 1988, 2. durchges. Aufl., S. 535 ff.

— /*Funke*, Manfred/*Jacobsen*, Hans-Adolf (Hg.), Die Weimarer Republik 1918–1933. Politik, Wirtschaft, Gesellschaft, 2. durchges. Aufl., 1988.

Bracht, Rundfunkansprache in der Reichsgründungsfeier des Deutschlandsenders, in: Vossische Zeitung, 19. Januar 1933, Nr. 31.

Braun, Otto, Von Weimar zu Hitler, 1949.

Brauweiler, Heinz, Von Brüning zu Papen, Deutsches Volkstum, Juni 1932, S. 504 ff.

Brecht, Arnold, Reich und Länder (Vortrag auf einer Tagung in Breslau vom 1. bis 4. Oktober 1930), Staatsbürgerkunde und höhere Schule, 1931.

— Entgegnung auf den Aufsatz von Rudolf Henle (Reich und Länder, 1930) „Provinzen oder Länder", in: Reich und Länder, 1930, S. 8 f.

— Die Beschlüsse des Unterausschusses der Länderkonferenz zum Organisationsreferat, in: Reich und Länder, November/Dezember 1929, S. 265 ff.

— Das Zuständigkeitsreferat für die Beschlüsse des Unterausschusses der Länderkonferenz, in: Reich und Länder, April 1929, S. 70 ff.

— Stationen der Reichsreform, in: Vossische Zeitung, Morgen, 21. August 1932, S. 1.

— Reichsreform und Notverordnung, in: Berliner Tageblatt, 28. August 1931, Jg. 60, Nr. 404, S. 1.

— Entwurf eines Gesetzes über die Reichsreform nach den Beschlüssen des Verfassungsausschusses der Länderkonferenz, in: Reich und Länder, November 1930, S. 135 ff.

— Der Traum vom mittleren Typ, in: Reichsverwaltungsblatt und Preußisches Verwaltungsblatt, 4. Januar 1930, Band 51, Nr. 1, S. 1 ff.

— Vorspiel zum Schweigen, Das Ende der Deutschen Republik, 1948.

— Mit der Kraft des Geistes, Lebenserinnerungen zweite Hälfte 1927–1967, 1967.

— Die Auflösung der Weimarer Republik und die politische Wissenschaft, in: Zeitschrift für Politik, Dezember 1955, Jg. 2 n. F., Heft 4, S. 291 ff.

— Gedanken zur Verantwortung für Hitlers Ernennung zum Deutschen Reichskanzler, in: Ferdinand A. Hermens/Theodor Schieder (Hg.), Staat, Wirtschaft und Politik in der Weimarer Republik – Festschrift für Heinrich Brüning, 1967, S. 383 ff.

Bremen, von, Verwaltungsreform ohne Verfassungsreform?, Reich und Länder, Juli 1929, 142 ff.

Bretholz, Wolfgang, Unlösbarer Widerspruch. Das umstrittene Gespräch zwischen Severing und Gayl, in: Berliner Tageblatt, 11. Oktober 1932, 61. Jg., Nr. 484, Morgen-Ausgabe, S. 1.

— Der „fingierte" Prozess. Vor der Entscheidung des Staatsgerichtshofs, in: Berliner Tageblatt, 18. Oktober 1932, 61. Jg., Nr. 495, Abend-Ausgabe, S. 1 f.

— General von Schleicher am Rundfunk, in: Berliner Tageblatt, 27. Juli 1932.

— Der Kampf um Absatz 1, in: Berliner Tageblatt, 15. Oktober 1932, 61. Jg., Nr. 490, Morgen-Ausgabe, S. 1 ff.

— Plaidoyers in Leipzig, in: Berliner Tageblatt, 17. Oktober 1932, 61. Jg., Nr. 493, Abend-Ausgabe, S. 1.

— Das neue Regime und die NSDAP. War der Kanzler zur Reichsexekution gegenüber Hitler verpflichtet? Auseinandersetzung vor dem Staatsgerichtshof, in: Berliner Tageblatt, 11. Oktober 1932, 61. Jg., Nr. 483, Abend-Ausgabe, S. 2.

— Die „Pflichtverletzung", Der Streit über die Grundlage der Reichsexekution vor dem Staatsgerichtshof, in: Berliner Tageblatt, 13. Oktober 1932, 61. Jg., Nr. 487, Abend-Ausgabe, S. 1.

— Prozess um Deutschland, in: Berliner Tageblatt, 11. Oktober 1932, 61. Jg., Nr. 483, Abend-Ausgabe, S. 1 f.

— Ein oder zwei Verfassungen?, in: Berliner Tageblatt, 14. Oktober 1932, 61. Jg., Nr. 489, Abend-Ausgabe, S. 1 f.

Breuer, Stefan, Rezension von Joseph W. Bendersky, in: Carl Schmitt – Theorist for the Reich, 1983, Kritische Justiz, 1984, Band 17, S. 110 ff.

— Rezension von Volker Neumann, Der Staat im Bürgerkrieg, 1980, in: Kritische Justiz, 1982, Jg. 15, Heft 3, S. 310 ff.

Brill, Hermann, Kämpfe um den Rechtsstaat, in: Die Justiz, November 1930, 96 ff.

Broszat, Martin, Die Machtergreifung. Der Aufstieg der NSDAP und die Zerstörung der Weimarer Republik, 1990, 3. Aufl.

Brügel, Johann Wilhelm/*Frei*, Norbert, Berliner Tagebuch 1932–1934, Aufzeichnungen des tschechoslowakischen Diplomaten Camill Hoffmann, in: Vierteljahrshefte für Zeitgeschichte, 1988, 36. Jg., 131 ff.

Brüning, Heinrich, Ein Brief, in: Deutsche Rundschau, 70 (1947), Heft 7, S. 1 ff.

— Memoiren 1918–1934, Stuttgart 1970.

Buchheim, Hans, Ausnahmezustand und totalitäre Diktatur, in: Ernst Fraenkel (Hg.), Der Staatsnotstand – Vorträge gehalten im Sommersemester 1964, 1965, 72 ff.

Bühler, Verdrängung der Demokratie durch Bürokratie und Korporationenstaat, in: Deutsche Juristen-Zeitung, 1. Mai 1931, 36. Jg., Heft 9, Sp. 589 ff.

Bumke, Erwin, Der Staatsgerichtshof zu Art. 48 Reichsverfassung, in: Deutsche Juristen-Zeitung, 1932, 37, 1, Sp. 1 ff.

— Reichsrecht oder Landesrecht?, in: Deutsche Juristen-Zeitung, 1. Mai 1932, 37. Jahrgang, Heft 9, Sp. 569 ff.

— (Hg.), Ausgewählte Entscheidungen des Staatsgerichtshofs für das Deutsche Reich und des Reichsgerichts gemäß Art. 13 Abs. 2 der Reichsverfassung, Verfassungsstreit Reich-Preußen, 1932, Heft 9.

Campe, v., Der Prozess Preußen contra Reich im Lichte von Rechtsstaat und Rechtsgefühl, in: Deutsche Juristen-Zeitung, 15. November 1932, 37. Jg., Heft 22, Sp. 1384 ff.

Carsten, Francis L., Reichswehr und Politik. 1918–1933, 1964.

Cato, Treu und Glauben in der deutschen Staatspraxis, in: Die Justiz, Januar 1933, S. 186–189.

Civis, Ein Nachwort zu Prof. Kelsens Kritik am Urteil des Staatsgerichtshofs, in: Die Justiz, November/Dezember 1932, VIII. Band, Heft 2/3, S. 91 ff.

Conze, Werner, Die Reichsverfassungsreform als Ziel der Politik Brünings, in Der Staat 1972, 11, S. 209 ff.

— Zum Sturz Brünings, Dokumentation, in: Vierteljahrshefte für Zeitgeschichte, 1963, Jg. 1, S. 261 ff.

— Besprechung von K. D. Bracher, Die Auflösung der Weimarer Republik. Eine Studie zum Problem des Machtverfalls in der Demokratie, 1955, in: Historische Zeitschrift, 1957, Jg. 183, S. 378 ff.

— Die deutschen Parteien in der Staatsverfassung vor 1933, Erich Matthias/Rudolf Morsey (Hg.), Das Ende der Parteien, Darstellungen und Dokumente, unv. Nachdr. 1960, 1984, S. 3 ff.

— Die Regierung Brüning, in: Ferdinand A. Hermens/Theodor Schieder (Hg.), Staat, Wirtschaft und Politik in der Weimarer Republik – Festschrift für Heinrich Brüning, 1967, S. 233 ff.

— Die Krise des Parteienstaates in Deutschland 1929/30, in: Historische Zeitschrift, 1954, Jg. 178, S. 47 ff.

Dannemann, Gerhard, Legale Revolution, nationale Revolution. Die Staatsrechtslehre zum Umbruch von 1933, in: Ernst-Wolfgang Böckenförde (Hg.), Staatsrecht und Staatsrechtslehre im Dritten Reich, 1985, S. 3 ff.

Dau-Lin, Hsü, Formalistischer und anti-formalistischer Verfassungsbegriff, in: Archiv des öffentlichen Rechts, 1932, 22. Band n. F., S. 27–53.

Decker, Georg, Ausbruch der Staatskrise, in: Die Gesellschaft, 1932, Band 9, S. 1 ff.

— Zwei Diktaturen, in: Die Gesellschaft, 1932, 9, 185 ff.

Demant, Ebbo, Von Schleicher zu Springer. Hans Zehrer als politischer Publizist, 1971.

Dierske, Ludwig, War eine Abwehr des „Preußenschlages" vom 20. Juli 1932 möglich?, in: Zeitschrift für Politik, 1970, Jg. 17 n. F., Heft 3, S. 197–245.

Dietrich, Hermann, Wohin geht der Weg?, in: Neue Badische Landeszeitung, 1932, 77. Jg., Nr. 489, Morgen.

Doehle, Heinrich, Ministerverantwortlichkeit, in: Leipziger Neueste Nachrichten, 22. September 1932, Nr. 266, S. 1 f.

Dorpalen, Andreas, Hindenburg in der Geschichte der Weimarer Republik, 1966.

Dresbach, August, Menschliches an und über Popitz, Ein Künstler unter den Finanzministern, in: Frankfurter Allgemeine Zeitung, 6. September 1958.

Dryander, v., Rezension von E. R. Huber, Reichsgewalt und Staatsgerichtshof, in: Deutsche Juristen-Zeitung, 1933, 38. Jg., Heft 1, S. 115.

— Die Reichsreform als Voraussetzung deutscher Gesundung, in: Reich und Länder, Juli/August 1931, 5, 7/8, 199 ff.

— „In außergewöhnlicher politischer Gefahrenlage", in: Deutsche Allgemeine Zeitung, 1. November 1932.

— Das Verhältnis von Reichs- und Landesgewalt, in: Deutsche Juristen-Zeitung, 1. August 1932, 37. Jg., Heft 15, Sp. 958 ff.

Ehmke, Horst, Grenzen der Verfassungsänderung, 1953.

Ehni, Hans-Peter, Bollwerk Preußen?, Preußen-Regierung, Reich-Länder-Problem und Sozialdemokratie 1928–1932, 1975.

Eichenhofer, Eberhard, 80 Jahre Weimarer Reichsverfassung. Was ist geblieben?, 1999.

Elbau, Julius, Das Wort hat der Reichstag, in: Vossische Zeitung, 14. August 1932.

Elz, Wolfgang, Rezension von Joachim Petzold, Franz von Papen – Ein deutsches Verhängnis, in: Frankfurter Allgemeine Zeitung, 29. Dezember 1995.

Erd, Rainer (Hg.), Reform und Resignation. Gespräche über Franz L. Neumann, 1985.

Erdmann, Karl-Dietrich u. a. (Hg.), Akten der Reichskanzlei, Das Kabinett v. Schleicher, bearbeitet von Anton Golecki, 1986.

— Akten der Reichskanzlei, Das Kabinett von Papen 1, bearbeitet von Karl-Heinz Minuth, 1989.

— Akten der Reichskanzlei, Das Kabinett von Papen 2, bearbeitet von Karl-Heinz Minuth, 1989.

Esche, Falk/*Grube*, Frank, Ernst Fraenkel – Reformismus und Pluralismus, Materialien zu einer ungeschriebenen Autobiographie, 1973.

Eschenburg, Theodor, Die Richtlinien der Politik im Verfassungsrecht und in der Verfassungswirklichkeit, in: Die öffentliche Verwaltung, April 1954, 7. Jg., Heft 7, S. 193 ff.

— Zur Ermordung des Generals von Schleicher, Dokumentation, in: Vierteljahrshefte für Zeitgeschichte, 1953, 1. Jg., S. 71 ff.

— Die Rolle der Persönlichkeit in der Krise der Weimarer Republik, Hindenburg, Brüning, Groener, Schleicher, in: Vierteljahrshefte für Zeitgeschichte, Januar 1961, 9. Jg., 1. Heft, S. 1–29.

— Franz von Papen, in: Vierteljahrshefte für Zeitgeschichte, 1953, Jg. 1, S. 153–169.

— Arnold Brecht (1884–1977), in: Jeserich/Neuhaus, Persönlichkeiten der Verwaltung, 1991, S. 397–401.

— Also hören Sie mal zu – Geschichte und Geschichten, Berlin 1995.

Eyck, Erich, Der geistige Kampf um die Reichsexekution. Carl Schmitts Auslegung des Artikels 48, in: Vossische Zeitung, 6. August 1932.

— Wer hütet die Verfassung?, in: Vossische Zeitung, 26. Juli 1932, S. 1.

Eßbach, Wolfgang, Das Formproblem der Moderne bei Georg Lukács und Carl Schmitt, in: Göbel u. a. (Hg.), Metamorphosen des Politischen, 1995, S. 137 ff.

F. L., Rezension von Horst Michael/Karl Lohmann, Der Reichspräsident ist Obrigkeit, 1932, in: Reichsreform, September 1932, 4. Jg., Heft 9, S. 113.

— Rezension von Ernst Rudolf Huber, Reichsgewalt und Staatsgerichtshof, in: Reichsreform, Dezember 1932, 4. Jg., Heft 12, S. 153.

Feder, Ernst, Der missbrauchte Diktaturartikel, Wie aus der Diktaturgewalt des Reichspräsidenten eine Diktatur der Bürokratie gemacht worden ist, in: Berliner Tageblatt, 17. Februar 1925, Nr. 81, S. 1.

— Das Diktaturgesetz, Eine unmögliche Vorstudie, in: Berliner Tageblatt, 19. Oktober 1926, Nr. 494, S. 1.

Fehling, Konrad (= E. R. Huber), Das Urteil des Staatsgerichtshofs, in: Deutsches Volkstum, 1. Dezemberheft 1932, S. 985 ff.

Fenske, Hans, Ilse Maurer/Udo Wengst (Hg.), Staat und NSDAP 1930–32. Quellen zur Ära Brüning, in: Die Verwaltung, 1983, 16. Band, S. 310 ff.

Figal, Günter, Der Intensitätsgrad des Politischen, Überlegungen im Anschluss an Carl Schmitt, in: Politisches Denken – Jahrbuch 1993, 1993.

Fijalkowski, Jürgen, Die Wendung zum Führerstaat. Ideologische Komponenten in der politischen Philosophie Carl Schmitts, 1958.

Finger, August, Der Staatsgerichtshof als Gericht über Anklagen des Reichstags gegen Reichskanzler, Reichsminister, in: Archiv des öffentlichen Rechts, 1925, 9. Band n. F., S. 289 ff.

Flor, Georg, Fragen des Ausnahme- und Staatsnotrechts, in: Juristische Rundschau, April 1954, Heft 4, 125 ff.

— Staatsnotstand und rechtliche Bindung, in: Deutsches Verwaltungsblatt, 1. März 1958, Heft 5, S. 149 ff.

Forsthoff, Ernst, Der Staatsrechtler im Bürgerkrieg, Carl Schmitt zum 70. Geburtstag, in: Christ und Welt, 17. Juli 1958, Jg. 11, Nr. 29, S. 14.

— Gerhard Anschütz, Gedächtnisrede zum 100. Geburtstag, in: Der Staat, 967, 6. Jg., Heft 2, 139 ff.

Fraenkel, Ernst, Chronik, in: Die Justiz, Februar/März 1932, Band 7, Heft 5/6, S. 275 ff.

— Verfassungsreform und Sozialdemokratie, in: Die Gesellschaft, 1932, Jg. 9, S. 486 ff.

— Um die Verfassung, in: Die Gesellschaft, 1932, Band 9, S. 297 ff.

Freund, Michael, Das Geheimnis der Machtergreifung, Die Drehscheibe Papen – Schleicher – Hitler (Rez. von Papens Memoiren), in: Die Gegenwart, 13. September 1952, S. 587 ff.

Friedensburg, Ferdinand, Fünfzehn Notverordnungen in zwei Jahren, in: Die Justiz, April 1933, S. 314 ff.

— Der Papen-Staatsstreich – Das Ende Preußens, in: Jahrbuch Preußischer Kulturbesitz, 1969, Band VII, S. 47 ff.

Friedrich, Carl Joachim, Dictatorship in Germany?, in: Foreign Affairs, October 1930, Vol. 9, No. 1, S. 118 ff.

Friedrich, Manfred, Die Grundlagendiskussion in der Weimarer Staatslehre, in: Politische Vierteljahresschrift, 1972, Jg. 13, S. 582 ff.

— Der Methoden- und Richtungsstreit. Zur Grundlagendiskussion der Weimarer Staatsrechtslehre, in: Archiv des öffentlichen Rechts, 1977, Jg. 102, Heft 1, 161 ff.

— Erich Kaufmann, in: Der Staat, 1987, 26. Band, 231 ff.

Friesenhahn, Ernst, Der Gegenstand der Entscheidung des Staatsgerichtshofs, in: Deutsche Juristen-Zeitung, 37. Jg., Heft 19, S. 1193 ff.

— Staatsgerichtshof und einstweilige Verfügung. Zu dem Urteil des Staatsgerichtshofs für das Deutsche Reich vom 25. Juli 1932, in: Reichsverwaltungsblatt und Preußisches Verwaltungsblatt, 24. September 1932, Bad 53, Nr. 39, S. 761 ff.

Fromme, Friedrich Karl, Von der Weimarer Verfassung zum Bonner Grundgesetz. Die verfassungspolitischen Folgerungen des Parlamentarischen Rates aus Weimarer Republik und nationalsozialistischer Diktatur, 2. unver. Aufl., 1962.

Fröhlich, Elke (Hg.), Die Tagebücher von Joseph Goebbels, Sämtliche Fragmente, 1987, Band 2 (1.1.1931–31.12.1963).

Fuchs, Richard, Besprechung von Carl Schmitts Verfassungslehre, in: Juristische Wochenschrift, Jg. 60, Band 11.

Funke, Manfred, Republik im Untergang. Die Zerstörung des Parlamentarismus als Vorbereitung der Diktatur, in: Bracher/Funke/Jacobsen (Hg.), Die Weimarer Republik 1918–1933 – Politik, Wirtschaft, Gesellschaft, 1988, 2. durchges. Aufl., S. 505 ff.

Gerber, Hans, Otto Koellreutter zum siebzigsten Geburtstag, in: Archiv des öffentlichen Rechts, 1970, 40. Band n. F., S. 370 ff.

Gerhart, Walter (= Waldemar Gurian), Um des Reiches Zukunft. Nationale Wiedergeburt oder politische Reaktion?, 1932.

Geßler, Otto, Die Träger der Reichsgewalt, 1931.

Giese, Friedrich, Besprechung von Kurt Wilk, Die Staatsformbestimmung der Weimarer Reichsverfassung, 1932, in: Reichsverwaltungsblatt und Preußisches Verwaltungsblatt, 19. November 1832, Bd. 53, Nr. 47, S. 939 ff.

— Zur Verfassungsmäßigkeit der vom Reich gegen und in Preußen getroffenen Maßnahmen, in: Deutsche Juristen-Zeitung, 15. August 1932, 37. Band, Heft 16.

— Beamtenrechtliche Auswirkungen einer Reichsexekution, in: Reichsverwaltungsblatt und Preußisches Verwaltungsblatt, 3. September 1932, Band 53, Nr. 36, S. 701 ff.

— Schicksalsstunden des Beamtenrechts, in: Deutsche Juristen-Zeitung, 1932, 37. Jg., Heft 2, Sp. 136 ff.

— Landes-Ministerpräsident und Reichs-Staatsgerichtshof, in: Deutsche Juristen-Zeitung, 15. Juni 1930, 35. Jahrgang, Heft 12, Sp. 785 ff.

— Die Verfassung des Deutschen Reiches, 1931 (8. Aufl.).

Glum, Friedrich, Vorschläge zur Änderung des organisatorischen Teils der Reichsverfassung, in: Deutsche Juristen-Zeitung, 1. November 1932, 37, 21, Sp. 1309 ff.

Goldschmidt, Hans, Die Lücken der Reichsverfassung von Bismarck bis Brüning, in: Reich und Länder, Dezember 1930, S. 283 ff.

— Bismarcks Stellung zum Dualismus Preußen-Reich, in: Deutsche Juristen-Zeitung, 1933, 38 Jg., Heft 4, Sp. 271 ff.

Graf Westarp, Zur Reform der Reichsverfassung. Reichsrat und Oberhaus, in: Deutsche Juristen-Zeitung, 1933, Jg. 38 Heft 3, Sp. 203 ff.

— Zur Wahl des preuß. Ministerpräsidenten, in: Deutsche Juristen-Zeitung, 1. Mai 1932, 37. Jg., Heft 9, Sp. 574 ff.

— Die rechtspolitischen Wirkungen des Leipziger Urteils, in: Deutsche Juristen-Zeitung, 15. November 1932, 37. Jg., Heft 22, Sp. 1378 ff.

Grantz, Friedrich, Neubau des Reiches. Die Ansichten einer Berliner Arbeitsgemeinschaft, in: Tägliche Rundschau, 23. August 1932.

Grau, Richard, Die Diktaturgewalt der Landesregierungen, in: Gerhard Anschütz/Richard Thoma (Hg.), Handbuch des deutschen Staatsrechts, 1932, Band 2, S. 295 ff.

— Die Diktaturgewalt des Reichspräsidenten, in: Gerhard Anschütz/Richard Thoma (Hg.), Handbuch des deutschen Staatsrechts, 1932, Bd. 2, S. 274 ff.

— Was kann notverordnet werden? Der Standpunkt des Juristen, in: Vossische Zeitung (Dritte Beilage), 23. Juli 1930, Nr. 174.

— Zum Gesetzentwurf über die Prüfung der Verfassungsmäßigkeit von Reichsgesetzen u. Reichsverordnungen, in: Archiv des öffentlichen Rechts, 1925, 11. Band n. F., Heft 2, S. 287 ff.

— Die Diktaturgewalt des Reichspräsidenten und der Landesregierungen auf Grund des Art. 48 der Reichsverfassung, 1922.

— Der Konflikt vor dem Staatsgerichtshof, in: Frankfurter Zeitung, 8. Oktober 1932, Nr. 754.

— Der Konflikt zwischen dem Reiche und Bayern über die Frage des Uniformverbots, in: Archiv des öffentlichen Rechts, 1933, S. 99 ff.

Grewe, Wilhelm, Deutschlands politische Form, in: Deutsches Volkstum, Juni 1932, S. 425 ff.

Grimm, Reichsreform und Außenpolitik, in: Deutsche Juristen-Zeitung, 1933, Jg. 38, Heft 1, Sp. 19 ff.

Grimm, Dieter, Verfassungserfüllung – Verfassungsbewahrung – Verfassungsauflösung. Positionen der Staatsrechtslehre in der Staatskrise der Weimarer Republik, in: Heinrich August Winkler (Hg.), Die deutsche Staatskrise 1930–1933 – Handlungsspielräume und Alternativen, 1992, S. 183 ff.

— Politik und Verfassung, in: Festschrift für Ernst Benda, 1995, S. 91 ff.

Gross, Raphael, Carl Schmitts „Nomos" und die „Juden", in: Merkur, Mai 1993, Heft 5.

— Jesus oder Christus? Überlegungen zur Judenfrage in der politischen Theologie Carl Schmitts, in: Göbel u. a. (Hg.), Metamorphosen des Politischen, 1995, S. 75 ff.

— Politische Polykratie 1936. Die legendenumwobene SD-Akte Carl Schmitt, in: Tel Aviver Jahrbuch für deutsche Geschichte, 1994, Band XXIII.

Gruchmann, Lothar, Nationalsozialistische Großraumordnung. Die Konstruktion einer „Deutschen Monroe-Doktrin", 1962.

Grueneberg, Horst, Reichsreform, die keine ist! (Zur Rede von Gayls über Verfassungsreform vor dem Verein der Berliner Presse), in: Tägliche Rundschau, 5. November 1932, S. 1.

Grünthaler, Mathias, Parteiverbote in der Weimarer Republik, 1995.

Grüter, Friedrich (= Ernst Forsthoff), Krisis des Staatsdenkens, in: Deutsches Volkstum, 1931, Heft 3, S. 169 ff.

Grund, Henning, „Preußenschlag und Staatsgerichtshof im Jahre 1932, 1976.

Grzesinski, Albert, „La tragi-comédie de la République Allemande", 1934.

— „Im Kampf um die deutsche Republik" – Lebensweg eines heute Staatenlosen. Manuskript der unveröffentlichten Memoiren, Institut für Zeitgeschichte, BA kl. Erw. 144 Nr, 1.

— Der Rechtsstaat in der Krise, in: Deutsches Volkstum, April 1932, S. 260 ff.

Günther, Albrecht Erich, Staat, Bewegung, Volk. Zur neuen Schrift Carl Schmitts, in: Deutsches Volkstum, 1933, 2. Novemberheft.

— Die Gleichschaltung, in: Deutsches Volkstum, Mai 1933.

— Sollen die Nationalsozialisten regieren?, in: Deutsches Volkstum, Mai 1932, S. 381 ff.

— Übergang oder Umbildung der Republik, in: Deutsches Volkstum, 1931, Heft 9, S. 702 ff.

— Wehrmacht und Politik, in: Deutsches Volkstum, November 1932, S. 865 ff.

— Zum Reichswehrprozess, in: Deutsches Volkstum, 1930, 2. Band, S. 868 ff.

— Zur Reichspräsidentenwahl, in: Deutsches Volkstum, April 1932, S. 286 ff.

Gundlach, P. Gustav, Der „neue" Nationalismus. Zu dem Buche von Walter Gerhart (= Waldemar Gurian), in: Germania, 18. Dezember 1932.

Gurian, Waldemar, Staatsrat Carl Schmitt, in: Deutsche Briefe 1934–1938 – Ein Blatt der katholischen Zukunft (ediert von Heinz Hürten).

— Zynische Gleichschaltung, in: Deutsche Briefe 1934–1938 – Ein Blatt der katholischen Zukunft (ediert von Heinz Hürten).

— Carl Schmitt, der Kronjurist des Dritten Reiches, in: Deutsche Briefe 1934–1938 – Ein Blatt der katholischen Zukunft (ediert von Heinz Hürten).

— Der NS-Kronjurist als Mohr.. , in: Deutsche Briefe 1934–1938 – Ein Blatt der katholischen Zukunft (ediert von Heinz Hürten).

— Die NS Treibjagd gegen NS Kronjuristen Carl Schmitt hat eingesetzt, in: Deutsche Briefe 1934–1938 – Ein Blatt der katholischen Zukunft (ediert von Heinz Hürten).

— Carl Schmitt gegen Carl Schmitt, in: Deutsche Briefe 1934–1938 – Ein Blatt der katholischen Zukunft (ediert von Heinz Hürten).

— Das Opfer Carl Schmitts, in: Deutsche Briefe 1934–1938 – Ein Blatt der katholischen Zukunft (ediert von Heinz Hürten).

Gusy, Christoph, Selbstmord oder Tod? Die Verfassungsreformdiskussion der Jahre 1930–1932, in: Zeitschrift für Politik, 1993, Jg. 40, Heft 4, S. 393 ff.

— Die Lehre vom Parteienstaat in der Weimarer Republik, in: Der Staat, 1993, 32. Band, Heft 1, S. 57 ff.

— Weimar – Die wehrlose Republik? Verfassungsschutzrecht und Verfassungsschutz in der Weimarer Republik, 1991.

— Die Weimarer Reichsverfassung, 1997.

Haenel, Albert, Deutsches Staatsrecht, Bd. 1, Die Grundlagen des deutschen Staates und die Reichsgewalt, Leipzig 1892.

Hamburger, Ernst, Zwei Porträts der deutschen Reaktion, in: Die Gesellschaft, 1932, Band 9, S. 313 ff.

— Der politische Standort des Staatsgerichtshofs, in: Die Gesellschaft, 1933, Band 10., S. 132 ff.

Hammerstein, Kunrat v., Spähtrupp, 1963.

Hanz, Stefan, Besprechung von Günter Maschke (Hg.), Carl Schmitt: Staat, Großraum, Nomos – Arbeiten aus den Jahren 1916–1969, 1995, in: Etappe, September 1997, Heft 13, S. 148 ff.

Haug, Hans, Die Schranken der Verfassungsrevision. Das Postulat der richtigen Verfassung als normative Schranke der souveränen verfassunggebenden Gewalt (Betrachtung zum Wiederaufbau einer materialen Rechtslehre), 1946.

Hayes, Peter, „A Questionmark with Epaulettes"? Kurt von Schleicher and Weimar Politics, in: Journal of Modern History, March 1980, Vol. 52, S. 35 ff.

Hebeisen, Michael Walter, Souveränität in Frage gestellt. Die Souveränitätslehren von Hans Kelsen, Carl Schmitt und Hermann Heller im Vergleich, 1995.

Heckel, Johannes, Diktatur, Notverordnungsrecht, Verfassungsnotstand, mit besonderer Rücksicht auf das Budgetrecht, in: Archiv des öffentlichen Rechts, Oktober 1932, Band 22 n. F., Heft 3, S. 257 ff.

— Das Urteil des Staatsgerichtshofs vom 25.10.1932 in dem Verfassungsstreit Reich-Preußen, in: Archiv des öffentlichen Rechts, 1933, 23. Band, S. 183 ff.

Hecker, Jan, Die Parteienstaatslehre von Gerhard Leibholz in der wissenschaftlichen Diskussion, in: Der Staat, 1995, 34. Band, S. 287 ff.

Heilbrunn, Otto, Rechte und Pflichten der geschäftsführenden Reichsregierung, in: Archiv des öffentlichen Rechts, 1932, 21. Band n. F., S. 385 ff.

— Das Gesetz über die Stellvertretung des Reichspräsidenten, in: Reichsverwaltungsblatt und Preußisches Verwaltungsblatt, 17. Dezember 1932, Band 53, Nr. 51, S. 1006 ff.

Heilmann, Ernst, Es gelingt nichts mehr, in: Das freie Wort, 25. Dezember 1932, 52. Heft.

— Nach Otto Wels – Otto Braun, in: Das Freie Wort, 4. Jg., Heft 38.

— Hindenburg gegen Nazidiktatur, in: Das Freie Wort, 21. August 1932, 34. Heft.

Helfritz, Verfassungswidrig! Das neue Verfahren für die Wahl des preußischen Ministerpräsidenten in seiner rechtlichen Bedeutung, in: Berliner Börsen-Zeitung, 24. Mai 1932, Nr. 237, Heft 5.

Heller, Hermann, Politische Demokratie und soziale Homogenität, in: Probleme der Demokratie – Politische Wissenschaft. Schriftenreihe der Deutschen Hochschule für Politik in Berlin und des Instituts für auswärtige Politik in Hamburg, 1928, 1. Reihe, S. 35 ff.

— Autoritärer Liberalismus?, in: Die Neue Rundschau, 1933, 44. Jg. der Freien Bühne, Band 1, S. 289 ff.

— Der Begriff des Gesetzes in der Reichsverfassung, in: Veröffentlichungen der Vereinigung der Deutschen Staatsrechtslehrer, 1928, Heft 4.

— Rechtsstaat oder Diktatur? 1919, in: Recht und Staat, 1930, Heft 68.

— Bemerkungen zur Staats- und rechtstheoretischen Problematik der Gegenwart, in: Archiv des öffentlichen Rechts, 1929, 16. Bd. n. F., S. 321 ff.

Henle, Rudolf, Provinzen oder Länder?, in: Reich und Länder, 1930, S. 4 ff.

Hennig, Eike, Politische Gewalt und Verfassungsschutz in der Endphase der Weimarer Republik, in: Rainer Eisfeld/Ingo Müller (Hg.), Gegen Barbarei – Essays Robert M. W. Kempner zu Ehren, 1989, S. 106 ff.

— Carl Schmitts „Legalität und Legitimität", Die politische Dezision im Jahr 1932, in: Hans-Georg Flickinger (Hg.), Die Autonomie des Politischen – Carl Schmitts Kampf um einen beschädigten Begriff, 1990, S. 129 ff.

Hensel, Albert, Grundrechte und Verfassungsreform, in: Deutsche Juristen-Zeitung, 1933, 38 Jg., Heft 1, Sp. 42 ff.

— Besprechung von Carl Schmitt, Freiheitsrechte und institutionelle Garantien der Reichsverfassung, in: Deutsche Juristen-Zeitung, 1932, 37. Jg., Heft 1, Sp. 105.

Hentschel, Volker, Die Sozialpolitik in der Weimarer Republik, in: Bracher/Funke/Jacobsen (Hg.), Die Weimarer Republik 1918–1933 – Politik, Wirtschaft, Gesellschaft, 1988, (2. durchges. Aufl.), S. 197 ff.

Hermens, Ferdinand A., Begegnungen im Dritten Reich, in: Hochland – Monatsschrift begründet von Carl Muth, 1966/67, Jg. 59.

— Schieder, Theodor, Staat, Wirtschaft und Politik in der Weimarer Republik, Festschrift für Heinrich Brüning, 1967.

Herrfahrdt, Heinrich, Reichsreform durch Notverordnung?, in: Reich und Länder, September 1931, Jg. 5, Heft 9, S. 257 ff.

— Reform des Parlamentarismus in den deutschen Ländern, in: Reich und Länder, 1930, S. 9 ff.

— Wege und Grenzen der Verfassungsänderung, in: Reich und Länder, November/Dezember 1929, S. 270 ff.

— Besprechung von Hermann Heller, Die Gleichheit in der Verhältniswahl nach der Weimarer Verfassung, in: Reich und Länder, November 1930, S. 203.

Herrmann, Besprechung von Gustav Giere, „Das Problem des Wertsystems der Weimarer Grundrechte", in: Reichsverwaltungsblatt und Preußisches Verwaltungsblatt, 26. November 1932, Band 53, Nr. 48, S. 958.

Herz, Carl, Reich und Länder nach der Reichsreform, in: Die Justiz, Januar 1930, Band 5, Heft 4, 193 ff.

— Der Kampf um Artikel 48, in: Die Justiz, September 1932, Band 7, Heft 12, S. 523 ff.

Heun, Werner, Der staatsrechtliche Positivismus in der Weimarer Republik. Eine Konzeption im Widerstreit, in: Der Staat, 1989, 28. Jg., Heft 3, 377 ff.

Hildebrandt, Klaus, Hitlers Ermöglichung und die preußisch-deutsche Geschichte, in: Michael Stürmer (Hg.), Belagerte Civitas, 1985, 2. Aufl., S. 368ff.

Hilferding, Rudolf, Zwischen den Entscheidungen, in: Die Gesellschaft, 1933, Jg. 10, Heft 1, S. 1 ff.

Hiller von Gaertringen, Friedrich Frhr., Monarchismus in der deutschen Republik, in: Michael Stürmer (Hg.), Belagerte Civitas, 1985 (2. Aufl.), S. 254 ff.

— Die Deutschnationale Volkspartei, in: Erich Matthias/Rudolf Morsey (Hg.), Das Ende der Parteien. Darstellungen und Dokumente, unv. Nachdr. 1960, 1984, S. 543 ff.

Hirsch, Paul, Verfassungs- und Verwaltungsreform, in: Die Justiz, Februar/März 1933, Band 8, Heft 5/6, 248 ff.

— Verfassungs- und Verwaltungsreform, in: Die Justiz, April 1933, Band 8, Heft 7, S. 297 ff.

Höner, Sabine, Der nationalsozialistische Zugriff auf Preußen. Preußischer Staat und nationalsozialistische Machteroberungsstrategie 1928–1934, 1984.

Hoepker-Aschoff, Hermann, Reichsreform, in: Der deutsche Volkswirt, 21. August 1931, Jg.5, Nr. 47, S. 1579 ff.

— Führung und Gefolgschaft, in: Blätter der Staatspartei, März 1932, Jg. 2, Heft 2.

— Verfassungsreform, in: Vossische Zeitung, 20. Dezember 1932, Morgen, Nr. 607.

— Nach dem Leipziger Urteil, in: Die Hilfe, 1932, Jg. 38.

— Das Ende des deutschen Föderalismus, in: Der deutsche Volkswirt, 21. April 1933, 7. Jg., Nr. 29.

Hösle, Vittorio, Carl Schmitts Kritik an der Selbstaufhebung einer wertneutralen Verfassung in Legalität und Legitimität, in: Deutsche Vierteljahrsschrift für Literaturwissenschaft und Geistesgeschichte, 1987, 61, Band LXI, S. 1 ff.

Hofacker, W., Verfassungsstreitigkeiten innerhalb eines Landes, mit Schlusswort von Ministerialrat Dr. Löwenthal, in: Reichsverwaltungsblatt und Preußisches Verwaltungsblatt, 18. Januar 1930, Band 51, Nr. 3, S. 33 ff.

Hoff, B., Bedeutungswandel des Art. 48 Abs. 2 RV., in: Die Justiz, Januar 1932, Band 7, Heft 4, S. 199 ff.

Hoffmann, E. H., Die Stellung zur Legislative und Exekutive im Deutschen Reiche und seinen Ländern. Eine rechtsvergleichende Betrachtung unter Gesichtspunkten politischer Dynamik, in: Archiv des öffentlichen Rechts, 1923, Band 5 n. F., S. 257 ff.

Hofmann, Hasso, Legalität gegen Legitimität, Der Weg der politischen Philosophie Carl Schmitts, 1964.

— Legitimität gegen Legalität (mit Vorwort zur dritten Auflage), 3. Aufl., 1995, S. I–XXX.

— Carl Schmitt oder die eigene Frage als Gestalt, Rezension von Joseph W. Bendersky, Carl Schmitt.

— Theorist for the Reich, 1983, in: Hasso Hofmann (Hg.), Recht – Politik – Verfassung (Aufsätze von Hasso Hofmann), 1986.

Holborn, Hajo, Die geschichtlichen Grundlagen der deutschen Verfassungspolitik und Reichsreform, in: Deutsche Juristen-Zeitung, 1933, 38. Jg., Heft 1, Sp. 3 ff.

— Historische Voraussetzungen der Weimarer Verfassung und ihrer Reform, in: Reichsverwaltungsblatt und Preußisches Verwaltungsblatt, 19. November 1932, Band 53, Nr. 47, S. 921 ff.

Holtfort, Werner, Praktische Vorschläge, das Bundesverfassungsgericht in eine demokratieangemessene Rolle zurückzuführen, in: Verfassungsgericht und Politik hrsg. von Wolfgang Däubler, Gudrun Küsel, 1979, S. 191–203.

Holtz, Dietrich, Realunion im Bundesstaat Ein Beitrag zur Reichsreformfrage, in: Deutsche Juristen-Zeitung, 15. Oktober 1932, 37. Jg., Heft 20, Sp. 1245 ff.

— Das Reichsreformproblem nach Inkrafttreten des Reichsstatthaltergesetzes, in: Reich und Länder – Monatsschrift für die Entwicklung der Verfassung, Verwaltung und Finanzen in Deutschland, Juli/August 1933, J. 7, Heft 7/8, S. 191 ff.

Huber, Ernst Rudolf, Carl Schmitt in der Reichskrise der Weimarer Endzeit, mit Aussprache, in: Helmut Quaritsch (Hg.), Complexio Oppositorum – Über Carl Schmitt, 1988, S. 32 ff.

— Bewahrung und Wandlung, in: Studien zur deutschen Staatstheorie und Verfassungsgeschichte, 1975.

— Zur Lehre vom Verfassungsnotstand in der Staatstheorie der Weimarer Zeit, in: Im Dienst an Staat und Recht – Festschrift für Werner Weber zum 70. Geburtstag, 1974, S. 31 ff.

— Die Stellung der Geschäftsregierungen in den deutschen Ländern, in: Deutsche Juristen-Zeitung, Februar 1932, 37. Jg., Heft 3, Sp. 194 ff.

— Reichsgewalt und Staatsgerichtshof, 1932.

— Die Rechtsfragen der Reichstagsauflösung vom 12. September 1932, in: Deutsche Juristen-Zeitung, 1932, 37. Jg., Heft 19, Sp. 1186 ff.

— Die Einheit der Staatsgewalt, in: Deutsche Juristen-Zeitung, 1932, 39. Jg., Heft 15, Sp. 949 ff.

— Bedeutungswandel der Grundrechte, in: Archiv des öffentlichen Rechts, 1933, 23. Band n. F., S. 1 ff.

— Dokumente zur deutschen Verfassungsgeschichte. Dokumente der Novemberrevolution und der Weimarer Republik 1918–1933, 1966, Bd. 3.

— Deutsche Verfassungsgeschichte seit 1789, Band VI, Ausbau, Schutz und Untergang der Weimarer Republik, 1981.

— Deutsche Verfassungsgeschichte seit 1789, Band VII, Ausbau, Schutz und Untergang der Weimarer Republik, 1984.

Huber-Simons, Tula/Huber, Albrecht, Bibliographie der Veröffentlichungen von Ernst Rudolf Huber, Göttinger Rechtswissenschaftliche Schriften, Festschrift für Ernst Rudolf Huber zum 70. Geburtstag, hrsg. von Ernst Forsthoff, Werner Weber u. a., 1973, Band 88, 385 ff.

Hürten, Heinz, Der katholische Carl Schmitt. Rezension von Andreas Koenen Der Fall Carl Schmitt – sein Aufstieg zum Kronjuristen des Dritten Reiches, 1995, in: Historisches Jahrbuch, 1996, Jg. 116, Band 2, S. 496 ff.

Isay, Ernst, Die Verfassungsgerichte zur Frage der Wahlgleichheit und der Beschränkung der Splitterparteien, in: Reich und Länder, September 1930, S. 77 ff.

Isensee, Josef, Karlsruhe ist nicht mehr unangreifbar. Das Bundesverfassungsgericht als eine leise bröckelnde Säule des Verfassungsstaats, in: Frankfurter Allgemeine Zeitung, 26. September 1996, S. 13.

Ishida, Yuji, Jungkonservative in der Weimarer Republik, Der Ring-Kreis 1928–1933, 1988.

Jacobi, Erwin, Reform des parlamentarischen Wahlrechts, in: Deutsche Juristen-Zeitung, 1933, Jg. 38, Heft 1, Sp. 37 ff.

— Die Rechtsverordnungen, in: Gerhard Anschütz/Richard Thoma (Hg.), Handbuch des deutschen Staatsrechts, 1932, Band 2, S. 236 ff.

— Die Diktatur des Reichspräsidenten nach Art. 48 der Reichsverfassung, in: Veröffentlichungen der Vereinigung der Deutschen Staatsrechtslehrer, 1924, Heft 1, S. 105 ff.

Jacobsen, Hans-Adolf, Militär, Staat und Gesellschaft in der Weimarer Republik, in: Bracher/Funke/Jacobsen (Hg.), Die Weimarer Republik 1918–1933 – Politik, Wirtschaft, Gesellschaft, 1988, 2. durchges. Aufl., S. 343 ff.

Jasper, Gotthard, Die gescheiterte Zähmung. Wege zur Machtergreifung Hitlers 1930–1934, 1986.

— Der Schutz der Republik, 1963.

Jellinek, Walter, Verfassungsneubau, in: Reich und Länder, Mai 1933, Jg. 7, Heft 5, S. 129 ff.

— Verfassungsreform im Rahmen des Möglichen, in: Reich und Länder, November 1932, Jg. 6, Heft 11, S. 267 ff.

— Verfassungsrettung, in: Reich und Länder, Januar 1933, Jg. 7, Heft 1, S. 1 ff.

— Rechtsgutachten über die Frage, ob Kreditermächtigungen (RV Art. 87) durch Maßnahmen des Reichspräsidenten auf Grund des Art. 48, II RV erteilt werden können, in: Reichskredite und Diktatur. Zwei Rechtsgutachten von Dr. Gerhard Anschütz und Dr. Walter Jellinek, Tübingen 1932, S. 5 ff.

— Das verfassungsändernde Reichsgesetz, Verfassungsdurchbrechung – Grenzen der verfassungsändernden Gewalt, in: Gerhard Anschütz/Richard Thoma (Hg.), Handbuch des deutschen Staatsrechts, 1932, Band 2, S. 182 ff.

— Der Leipziger Prozess, in: Reichsverwaltungsblatt und Preußisches Verwaltungsblatt, 12. November 1932, Band 53, Nr. 46, S. 901 ff.

— Wohlerworbene Besoldungsrechte der Beamten in Zeiten der Not, in: Reichsverwaltungsblatt und Preußisches Verwaltungsblatt, 16. Januar 1932, Band 53, Nr. 3, S. 41 ff.

— Reichskanzler und Überwachungsausschuss, in: Reichsverwaltungsblatt und Preußisches Verwaltungsblatt, 15. Oktober 1932, Band 53, Nr. 42, S. 821 ff.

— Die Einberufung des Reichstags, in: Reichsverwaltungsblatt und Preußisches Verwaltungsblatt, 1. November 1930, Band 51, Nr. 44, S. 699 ff.

— Die Reichspräsidentenfrage, in: Reichsverwaltungsblatt und Preußisches Verwaltungsblatt, 22. August 1931, Band 52, Nr. 34, S. 668 ff.

— Zum Konflikt zwischen Preußen und dem Reich, in: Reichsverwaltungsblatt und Preußisches Verwaltungsblatt, 27. August 1932, Band 53, Nr. 35, S. 681 ff.

— Besprechung von Carl Schmitt, Legalität und Legitimität, in: Deutsche Juristen-Zeitung, 1933, 38. Jg., Heft 1, S. 116.

— Beendigung der Geschäftsregierung als gesetzgeberisches Problem, in: Deutsche Juristen-Zeitung, 1933, 38. Jg., Heft 2, Sp. 150 ff.

— Scheinernennung zum Beamten, in: Reichsverwaltungsblatt und Preußisches Verwaltungsblatt, 13. Februar 1932, Band 53, Nr. 7, S. 121 ff.

— Das Verfassungsrecht auf dem 33. Deutschen Juristentag, in: Archiv des öffentlichen Rechts, 1924, S. 351 ff.

Joël, Reichsreform und Reichsfinanzverwaltung, in: Reichsverwaltungsblatt und Preußisches Verwaltungsblatt, 4.3.1933, 54, 10, 190 ff.

Junck, Geh. Justizrat, Nochmals das Reichsstatthaltergesetz, in: Deutsche Juristen-Zeitung, 1933, 38. Jahrgang, Heft 12, Sp. 795 ff.

Kaisenberg, Besprechung von Johannes Horion, Probleme der Reichsreform, in: Reichsverwaltungsblatt und Preußisches Verwaltungsblatt, 27. Juni 1931, Band 52, Nr. 26, S. 523.

— Besprechung von Fritz Poetzsch-Heffter, Grundgedanken der Reichsreform, 1931, in: Reichsverwaltungsblatt und Preußisches Verwaltungsblatt, 26. September 1931, Band 52, Nr. 39, 782 ff.

— Besprechung Reichskredite und Diktatur. Zwei Rechtsgutachten von Gerhard Anschütz und Walter Jellinek, in: Reichsverwaltungsblatt und Preußisches Verwaltungsblatt, 17. September 1932, Band 53, Nr. 38, S. 757.

— Besprechung von ausgewählten Entscheidungen des Staatsgerichtshofs für das Deutsche Reich, in: Reichsverwaltungsblatt und Preußisches Verwaltungsblatt, 1932, S. 998.

— Das Ermächtigungsgesetz, in: Deutsche Juristen-Zeitung, 1933, 38. Jg., Heft 7, Sp. 458ff.

— Rechtsfragen zum Volksbegehren und zum Volksentscheid, in: Reichsverwaltungsblatt und Preußisches Verwaltungsblatt, 5. April 1930, Band 51, Nr. 14, S. 221 ff.

Kaiser, Andreas, Die Staatsrechtslehre als Wegbereiter und Förderer der Machtübertragung vom Januar 1933. Das Beispiel Carl Schmitt, in: 1933 – Wege zur Diktatur, Ausstellungskatalog, Staatliche Kunsthalle Berlin und Neue Gesellschaft für Bildende Kunst, 1983.

— Preußen contra Reich. Hermann Heller als Prozessgegner Carl Schmitts vor dem Staatsgerichtshof 1932, in: Christoph Müller/Ilse Staff (Hg.), Der soziale Rechtsstaat – Gedächtnisschrift für Hermann Heller 1891–1933, 1984, S. 287 ff.

Kalischer, Wolfgang, Hindenburg und das Reichspraesidentenamt im ‚nationalen Umbruch' (1932–1934), Phil. Diss. Berlin 1957.

Kaufmann, Erich, „Probleme der Reichsreform“. Bericht über einen Vortrag in der Berliner Gesellschaft für Wissenschaft und Erziehung, in: Der Tag, 20. Dezember 1932, Nr. 304.

Kelsen, Hans, Wesen und Entwicklung der Staatsgerichtsbarkeit, in: Veröffentlichungen der Vereinigung der Deutschen Staatsrechtslehrer, 1929, Heft 5.

— Das Problem des Parlamentarismus, 1925.

— Wer soll der Hüter der Verfassung sein?, 1931.

— Das Urteil des Staatsgerichtshofs vom 25. Oktober 1932, in: Die Justiz, November/Dezember 1932, VIII. Band, Heft 2/3, S. 65 ff.

— Verteidigung der Demokratie, in: Blätter der Staatspartei, April 1932, Jg. 2, Heft 3/4, S. 90 ff.

Kempner, Robert M. W., Der verpasste Nazi-Stopp. Die NSDAP als staats- und republikfeindliche, hochverräterische Verbindung, 1983.

— Preußens Ende, Leserbrief zu Michael Stürmer, Wenig Staat – Deutschland ohne Preußen, Frankfurter Allgemeine Zeitung, 29. April 1991.

Kennedy, Ellen, Rezension von Joseph W. Bendersky, Carl Schmitt, Theorist for the Reich, 1983, in: History of political thought, 1983, Band 4, Nr. 1, Heft 3, S. 579 ff.

Kershaw, Ian, Der 30. Januar 1933. Ausweg aus der Staatskrise und Anfang des Staatsverfalls, in: Heinrich August Winkler (Hg.), Die deutsche Staatskrise 1930–1933 – Handlungsspielräume und Alternativen, 1992, S. 277 ff.

Kessler, Harry Graf, Tagebücher 1918–1937, 1961.

Kirchheimer, Otto, Verfassungsreaktion 1932, in: Die Gesellschaft, 1932, Band 9, S. 415 ff.

— Legalität und Legitimität, in: Die Gesellschaft, 1932, Band 9, Heft 7, S. 8 ff.

— Verfassungsreform und Sozialdemokratie, in: Die Gesellschaft, 1933, Band 10, S. 20 ff.

— Bedeutungswandel des Parlamentarismus, in: Jungsozialistische Blätter, Oktober 1928, Jg. 7, Heft 10, S. 305 ff.

— Weimar und was dann?, in: Jungsozialistische Schriftenreihe, 1930, S. 7 ff.

— Die Verfassungsreform, in: Die Arbeit – Zeitschrift für Gewerkschaftspolitik und Wirtschaftskunde, Dezember 1932, Jg. 9, Heft 12, S. 730 ff.

— Das Problem der Verfassung, in: Jungsozialistische Blätter, August 1929, Jg. 8, Heft 8, S. 232 ff.

— Strukturwandel des politischen Kompromisses, in: Helmut Dubiel/Alfons Söllner (Hg.), Wirtschaft, Recht und Staat im Nationalsozialismus – Analysen des Instituts für Sozialforschung 1939–1942, 1984, S. 285 ff.

— Zur Frage der Souveränität, in: Journal of Politics, 1944, Band 6, Nr. 2.

— Artikel 48 und die Wandlung des Verfassungssystems. Auch ein Beitrag zum Verfassungstag, in: Der Klassenkampf, 1. August 1930, 4, 15, 456–458.

— Die Verfassungslehre des Preußen-Konflikts, in: Die Gesellschaft, 1932, Band 9, S. 194 ff.

Kitz, Wilhelm, Reich und Länder mit besonderer Berücksichtigung des Problems Reich-Preußen, Reichsverwaltungsblatt und Preußisches Verwaltungsblatt, 19. November 1932, Bd. 53, Nr. 47.

Klein, Fritz, Drei Regierungen in Berlin ..., in: Deutsche Allgemeine Zeitung, 31. Oktober 1932, 71. Jg., Nr. 512, Abend, S. 1.

Klein, Hans H., Zur Berufung von Mitgliedern der Verfassungsfeindlichkeit verdächtigter Parteien und Vereinigungen in das Beamtenverhältnis, in: Festschrift für Ernst Rudolf Huber zum 70. Geburtstag, 1973, S. 75 ff.

Klepper, Otto, Das Ende der Republik, in: Die Gegenwart, 30. September 1947, 2. Jg., Nr. 42/43, S. 20 ff.

Knauth, Besprechung von Ottmar Bühler, Der heutige Stand der Verwaltungs- und Verfassungsreform, 1929, in: Archiv des öffentlichen Rechts, 1930, 18 n. F., S. 252 ff.

Knütter, Hans-Helmuth, Die Weimarer Republik in der Klammer von Rechts- und Linksextremismus, in: Bracher/Funke/Jacobsen (Hg.), Die Weimarer Republik 1918–1933 – Politik, Wirtschaft, Gesellschaft, 1988, 2. durchges. Aufl., S. 387 ff.

Koch-Weser, Erich, Die Präsidialgewalt, in: Vossische Zeitung, 5. Mai 1932.

Koellreutter, Otto, Besprechung von Carl Schmitt, Volksentscheid und Volksbegehren, in: Archiv des öffentlichen Rechts, 1928.

— Staatsnotrecht und Staatsauffassung, in: Deutsche Juristen-Zeitung, 1932, Jg. 37, Heft 1.

— Besprechung von Otto Braun, Deutscher Einheitsstaat oder Föderativsystem?, 1927, in: Archiv des öffentlichen Rechts, 1928, 14 n. F., S. 147.

— Verfassungsmäßige Diktatur?, in: Deutsche Allgemeine Zeitung, 21. Januar 1926, Jg. 65, Nr. 34, S. 1.

— Das Verhältnis von Gesetzgebung und Verwaltung als Problem der Reichsreform, in: Reich und Länder, Oktober 1929, 203 ff.

— Besprechung von Heinz O. Ziegler, Die moderne Nation, 1931, in: Archiv des öffentlichen Rechts, 1932, 21 n. F., 432 ff.

— Parteien und Verfassung im heutigen Deutschland, 1932.

— Der nationale Rechtsstaat. Zum Wandel der deutschen Staatsidee, 1932.

— Der nationale Rechtsstaat, in: Deutsche Juristen-Zeitung, 15. April 1933, 38. Jahrgang, Heft 8, Sp. 517 ff.

— Volk und Staat in der Verfassungskrise, 1933.

— Die politischen Parteien im modernen Staate, 1926.

— Der Sinn der Reichstagswahlen vom 14. September 1930 und die Aufgaben der deutschen Staatslehre, 1930.

— Der deutsche Staat als Bundesstaat und als Parteienstaat, 1927.

— Integrationslehre und Reichsreform, 1929.

— Staatsrechtslehre und Verfassungsreform, in: Tägliche Rundschau, 3. November 1932, Jg. 51, Nr. 258, S. 1 f.

— Besprechung von Hans Kelsen, Vom Wesen und Wert der Demokratie, 1929, Archiv des öffentlichen Rechts, 1929, S. 138ff.

— Rezension von Alfred Weber, Das Ende der Demokratie?, in: Archiv des öffentlichen Rechts, 1932, 21. Bd. n. F., S. 439 f.

Koenen, Andreas, Visionen vom Reich, Das politisch-theologische Erbe der Konservativen Revolution, in: A. Göbel u. a. (Hg.), Metamorphosen des Politischen, 1995, S. 53 ff.

— Der Fall Carl Schmitt. Sein Aufstieg zum „Kronjuristen des Dritten Reiches", Wissenschaftliche Buchgesellschaft Darmstadt 1995.

Kolb, Eberhard, Zwischen Parteiräson und staatspolitischer Verantwortung – Die Sozialdemokratie in der Weimarer Verfassung, Rez. von H. A. Winkler, Von der Revolution zur Stabilisierung. Arbeiter und Arbeiterbewegung in der Weimarer Republik 1918–1924, 1984, in: Geschichte und Gesellschaft, 1987, 13. Jg., S. 101 ff.

— Die Weimarer Republik, 3. durchges. und erg. Aufl., München 1993.

— Pyta, Wolfram, Die Staatsnotstandsplanung unter den Regierungen Papen und Schleicher, in: Heinrich August Winkler (Hg.), Die deutsche Staatskrise 1930–1933 – Handlungsspielräume und Alternativen, 1992, 155 ff.

— Walter Mühlhausen (Hg.), Demokratie in der Krise – Parteien im Verfassungssystem der Weimarer Republik, 1997.

Kondylis, Panajotis, Jurisprudenz, Ausnahmezustand und Entscheidung. Grundsätzliche Bemerkungen zu Carl Schmitts ‚Politische Theologie', in: Der Staat, 1995, Band 34, Heft 3, S. 325 ff.

Kraft-Fuchs, Margit, Prinzipielle Bemerkungen zu Carl Schmitts Verfassungslehre, in: Zeitschrift für öffentliches Recht, 1930, Band IX.

Krauß, Günther, Erinnerungen an Carl Schmitt, Teil 1, 1929–1931, in: Criticón Mai/Juni 1986, Band 95.

— Erinnerungen an Carl Schmitt, Teil 2, 1931–1933, in: Criticón, Juli/August 1986, Band 96.

— Zum Neubau deutscher Staatslehre – Die Forschungen Carl Schmitts, in: Jugend und Recht, 10. November 1936, Jg. 10, Nr. 11.

Kreutzer, Heinz, Der Ausnahmezustand im deutschen Verfassungsrecht, in: Ernst Fraenkel (Hg.), Der Staatsnotstand – Vorträge gehalten im Sommersemester 1964, 1965, S. 9 ff.

Krienen, Dag, Rez. von Wolfram Pyta, Gegen Hitler und für die Republik. Die Auseinandersetzung der deutschen Sozialdemokratie mit der NSDAP in der Weimarer Republik, 1989, in: Der Staat, 1991, 38. Band, S. 633 ff.

Kronheimer, Wilhelm, Der Streit um Art. 48 der Reichsverfassung, in: Archiv des öffentlichen Rechts, 1924, Band 46, S. 304 ff.

Krämer, Erich, Recht auf Diktatur? Zu v. Papens Rundfunkrede, in: Vossische Zeitung, 15. September 1932.

Kuenzer, Wahlreform, in: Deutsche Juristen-Zeitung, 1931, 36, 2, Sp. 120 ff.

Kurz, Achim, Demokratische Diktatur? Auslegung und Handhabung des Artikels 48 der Weimarer Verfassung 1919–25, 1992.

— Zur Interpretation des Artikels 48 Abs. 2 Weimarer Verfassung 1930–33. Ein Überblick, in: Rolf Grawert/Bernhard Schlink u. a. (Hg.), Offene Staatlichkeit – Festschrift für Ernst-Wolfgang Böckenförde zum 65. Geburtstag, 1995, S. 395 ff.

Köttgen, Arnold, Besprechung von Erich Schwinge, Der Methodenstreit in der heutigen Rechtswissenschaft, 1930, in: Archiv des öffentlichen Rechts, 1932, 21. Bd. n. F., S. 441 ff.

— Die achte Tagung der Vereinigung deutscher Staatsrechtslehrer, in: Archiv des öffentlichen Rechts, 1932, 21. Bd. n. F., S. 404 ff.

Kühn, Friedrich, Rezension zu Kurt Ritter, Die verfassungsrechtlichen Streitigkeiten vor dem Staatsgerichtshof, in: Archiv des öffentlichen Rechts, 1932, Band 21 n. F., S. 464 ff.

Kühnemann, Max E. F., Preußenkredite durch Reichsdiktatur?, in: Reich und Länder, März 1932, 6, 3, 59 ff.

— Kreditermächtigungen auf Grund des Art. 48 der Reichsverfassung. Eine Erwiderung auf Fritz Poetzsch-Heffter, in RuPrVwBl. vom 23. April 1932, in: Reichsverwaltungsblatt und Preußisches Verwaltungsblatt, 21.5.1932, Jg. 53, Nr. 21, S. 403 ff.

— Wohlerworbene Besoldungsrechte der Beamten in Zeiten der Not, in: Reichsverwaltungsblatt und Preußisches Verwaltungsblatt, 13.2.1932, Band 53, Nr. 7, S. 124 ff.

Laak, Dirk van/Villinger, Ingeborg, Nachlass Carl Schmitt, Verzeichnis des Bestandes im nordrhein-westfälischen Hauptstaatsarchivs, 1993.

— Eigentlich beliebig. Heinrich Meiers Versuch, Carl Schmitt als politischen Theologen vorzuführen, in: Die Zeit, 20. Januar 1995, Nr. 4.

Lammers, Besprechung von Hsü Dau-Lin, „Die Verfassungswandlung“, in: Reichsverwaltungsblatt und Preußisches Verwaltungsblatt, 25. Juni 1932, Band 53, Nr. 26, S. 517 ff.

Lamprecht, Rolf/Malanowski, Wolfgang, Richter machen Politik. Auftrag und Anspruch des Bundesverfassungsgerichts, 1978.

Landeck, Friedrich (= E. R. Huber), Kulturphilosophie und Politik, in: Deutsches Volkstum, Juli 1932, S. 589 ff.

— Die deutschen Parteien, in: Deutsches Volkstum, Juli 1932, S. 590 ff.

— Das Volk als Hüter der Verfassung, in: Deutsches Volkstum, Oktober 1932, S. 807 ff.

— Verfassung und Legalität, in: Deutsches Volkstum, 2. Septemberheft 1932, S. 733 ff.

Landfried, Christine, Bundesverfassungsgericht und Gesetzgeber, Wirkung der Verfassungsrechtssprechung auf parlamentarische Willensbildung und soziale Realität, 1984.

Larenz, Karl, Besprechung von Carl Schmitt, Verfassungslehre, in: Blätter für Deutsche Philosophie – Zeitschrift der Deutschen Philosophischen Gesellschaft, 1931/32, Band 5.

Lassar, Gerhard, Besprechung von Eugen Schiffer, Die neue Verfassung des Deutschen Reiches, 1932 und Georg Schreiber, Regierung ohne Volk, 1932, in: Reichsverwaltungsblatt und Preußisches Verwaltungsblatt, 19. November 1932, Band 53, Nr. 47, S. 938 ff.

— Der Stand der Reichsreform, in: Reichsverwaltungsblatt und Preußisches Verwaltungsblatt, 28. Juni 1930, Band 51, Nr. 26, S. 413 ff.

— Voraussetzungen der Reichsreform, in: Die Justiz, Juli 1930, Band 5, S. 642 ff.

Lauermann, Manfred, Begriffsmagie. „Positionen und Begriffe“ als Kontinuitätsbehauptung. Bemerkungen anlässlich der Neuauflage 1988, in: Hans-Georg Flickinger (Hg.), Die Autonomie des Politischen – Carl Schmitts Kampf um einen beschädigten Begriff, 1990.

Laufer, Heinz, Politische Kontrolle durch Richtermacht, Verfassung, Verfassungsgerichtsbarkeit, Politik. Zur verfassungsrechtlichen u. politischen Stellung und Funktion des BVG, in: Mehdi Tohidipur, (Hg.), 1976, S. 92 ff.

Leber, Julius, Ein Mann geht seinen Weg. Schriften, Reden und Briefe von Julius Leber, 1952.

Lege, Joachim, Neue methodische Positionen in der Staatsrechtslehre und ihr Selbstverständnis, in: Ernst-Wolfgang Böckenförde (Hg.), Staatsrecht und Staatsrechtslehre im Dritten Reich, 1985, S. 23 ff.

Leggewie, Claus/Meier, Horst, Republikschutzgesetz. Maßstäbe für die Verteidigung der Demokratie, 1995.

Lehnert, Detlef, Die Weimarer Staatsrechtsdebatte zwischen Legendenbildung und Neubesinnung, in: Aus Politik und Zeitgeschichte, 13. Dezember 1996, Band 51, S. 3 ff.

— Verfassungsdispositionen für die politische Kultur der Weimarer Republik. Die Beiträge von Hugo Preuß im historisch-konzeptiven Vergleich, in: Detlef Lehnert, Klaus Megerle (Hg.), Pluralismus als Verfassungs- und Gesellschaftsmodell, Zur politischen Kultur in der Weimarer Republik, 1993, S. 11 ff.

— Hugo Preuß als moderner Klassiker einer kritischen Theorie der „verfassten" Politik. Vom Souveränitätsproblem zum demokratischen Pluralismus, in: Politische Vierteljahresschrift, 1992, 33. Jg., Heft 1, S. 33 ff.

Leibholz, Gerhard, Regierung und Parlament, in: Reichsverwaltungsblatt und Preußisches Verwaltungsblatt, 9. Januar 1932, Band 53, Nr. 2, S. 21 ff.

— Reichsregierung und Reichsministergesetz, in: Deutsche Juristen-Zeitung, 1. November 1930, 35. Jahrgang, Heft 21, Sp. 1349 ff.

— Die Auflösung der liberalen Demokratie in Deutschland und das autoritäre Staatsbild, 1933.

— Die Wahlrechtsreform und ihre Grundlagen (mit Aussprache), in: Veröffentlichungen der Vereinigung der Deutschen Staatsrechtslehrer, 1932, Heft 7, S. 159 ff.

— Die Wahlreform im Rahmen der Verfassungsreform, in: Reichsverwaltungsblatt und Preußisches Verwaltungsblatt, 19. November 1932, Bd. 53, Nr. 47.

Lichtenstein, Heiner, Robert M. W. Kempner, Gegen Barbarei. Essays Robert M. W. Kempner zu Ehren hrsg. von R. Eisfeld/I. Müller, 1989, S. 20 ff.

Liermann, Hans, Besprechung von Ernst Friesenhahn, Der politische Eid, 1928, in: Archiv des öffentlichen Rechts, 1929, S. 448 f.

— Besprechung von Carl Schmitt, Der Begriff des Politischen, 1932, in: Archiv des öffentlichen Rechts, 1933.

Lietzmann, Hans, Vater der Verfassungsväter? Carl Schmitt und die Verfassungsgründung in der Bundesrepublik, in: Carl Schmitt und die Liberalismuskritik, hrsg. von Klaus Hansen/Hans Lietzmann, 1988, S. 107 ff.

Limberg, Bettina, Personelle Veränderungen in der Staatsrechtslehre und ihre neue Situation nach der Machtergreifung, in: Ernst-Wolfgang Böckenförde (Hg.), Staatsrecht und Staatsrechtslehre im Dritten Reich, 1985, S. 44 ff.

Lindenau, Besprechung von Thoma/Anschütz (Hg.), Handbuch des deutschen Staatsrechts, Band 2, 1932, in: Reichsverwaltungsblatt und Preußisches Verwaltungsblatt, 19. November 1932, Band 53, Nr. 47, S. 940.

Lindheim, Hermann von, Zu Papens Staatsstreich vom 20. Juli 1932, in: Geschichte in Wissenschaft und Unterricht, 1960, Jg. 11, S. 154 ff.

Litten, Jens, Geschmäht und auch bewundert. Über ein Gespräch mit Professor Carl Schmitt, in: Deutsches Allgemeines Sonntagsblatt, 28. Juni 1970.

Llanque, Marcus, Die Theorie politischer Einheitsbildung in Weimar und die Logik von Einheit und Vielheit, in: Rudolf Smend, Carl Schmitt, Hermann Heller, Göbel u. a. (Hg.), Metamorphosen des Politischen, 1995, S. 157 ff.

Löbe, Paul, Zur Krise des Parlamentarismus, in: Die Justiz, September 1930, Band 5, Heft 12, S. 728 ff.

Lösche, Peter, Parteienstaat Bonn – Parteienstaat Weimar? Über die Rolle von Parteien in der parlamentarischen Demokratie, in: Eberhard Kolb/Walter Mühlhausen (Hg.), Demokratie in der Krise – Parteien im Verfassungssystem der Weimarer Republik, 1997, S. 141 ff.

Löwenthal, Martin, Besprechung von Karl Löwenstein, „Erscheinungsformen der Verfassungsänderung", in: Reichsverwaltungsblatt und Preußisches Verwaltungsblatt, 2. Januar 1932, Band 53, Nr. 1, S. 18 ff.

— Der Umfang der Diktaturbefugnisse des Reichspräsidenten, in: Reichsverwaltungsblatt und Preußisches Verwaltungsblatt, 20.2.1932, Band 53, Heft 8, S. 144 ff.

— Besprechung von Hans Joachim Arnold, „Begriff und Verfahren der Verfassungsänderung nach der Weimarer Verfassung", in: Reichsverwaltungsblatt und Preußisches Verwaltungsblatt, 26. November 1932, Band 53, Nr. 48, S. 958.

Loewenstein, Karl, Zur Verfassungsmäßigkeit der Notverordnungen vom Juli und August 1931, in: Archiv des öffentlichen Rechts, 1932, 21 n. F., S. 124 ff.

Lohman, Karl, Bilanz, in: Reichsreform, Dezember 1932, 4. Jg., Heft 12, S. 147 ff.

— Die Waffe der Legalität, in: Der Ring, 9. September 1932, Jg. 5, Heft 37, S. 608 ff.

— Der Stand der Reichsreform, in: Deutsches Volkstum, 2. Februarheft 1933, S. 173 ff.

— Nothelfer des Systems?, in: Deutsches Volkstum, 2. Maiheft 1932, S. 416 ff.

— Reichstagsauflösung nach dem „Prinzip der Jeweiligkeit", in: Deutsches Volkstum, 1932, 1. Juliheft, S. 546 ff.

— Rezension von E. R. Huber, Reichsgewalt und Staatsgerichtshof, in: Reich und Länder, März 1933, Band 7, Heft 3, S. 95.

— Rezension von Carl Schmitt, Der Begriff des Politischen, 1932, in: Reichsreform, November 1931, 3. Jg., Heft 11, S. 226 ff.

— Rezension von Karl Loewenstein, Erscheinungsformen der Verfassungsänderung, 1931, in: Reichsreform, Juni 1931, 3. Jg., Heft 6, S. 133 ff.

— Rezension von Hans Freyer, Revolution von rechts, 1931, in: Reichsreform, Juni 1931, 3. Jg., Heft 6, S. 134 ff.

— Rezension von Carl Schmitt, Der Hüter der Verfassung, 1931, in: Reichsreform, Juni 1931, 3. Jg., Heft 6, S. 132 ff.

— „Preußen muss sein!", Besprechung der gleichnamigen Schrift von Wilhelm Stapel, in: Reichsreform, September 1932, 4. Jg., Heft 9, S. 103 ff.

Lübbe, Anna, Aus der Geschichte lernen? Eine Kritik pädagogischer Geschichtsschreibung am Beispiel von Bernd Rüthers, Wir denken die Rechtsbegriffe um ... Weltanschauung als Auslegungsprinzip, 1987, in: Rechtshistorisches Journal, 1988, Band 7.

Luppe, Stillstand der Reichsreform?, in: Die Justiz, Januar 1930, 5, 4, 212 ff.

Lympius, von, Die gegenseitigen Rechtsverhältnisse von Reich und Ländern bei der Handhabung des Art. 48 der Reichsverfassung, in: Reichsverwaltungsblatt und Preußisches Verwaltungsblatt, 23. Juli 1932, Band 53, Nr. 30, S. 581 ff.

M. D., Recht und Politik, Der Spruch von Leipzig, in: Germania, 26. Oktober 1932, 62. Jg., Nr. 298, S. 1 ff.

März, Wolfgang, ... nach rückwärts als Aufhebung, nach vorwärts als Sperre. Eine verfassungsgeschichtliche Miniatur zum Recht des Ausnahmezustands im Bundesstaat der Weimarer Republik, in: Gerhard Hufnagel u. a. (Hg.), Wege in die Zeitgeschichte – Festschrift zum 65. Geburtstag von Gerhard Schulz, 1989, S. 101 ff.

Maier, Hans, Geschäftsführende Regierungen, in: Die Gesellschaft, 1932, Band 9, Heft 12, S. 501 ff.

Marcks, Erich sen., Hindenburg – der Erhalter Deutschlands, in: Tägliche Rundschau, 25. August 1932, Jg. 51, Nr. 199, S. 1.

Maschke, Günter, Das Amt Rosenberg gegen Carl Schmitt – Ein Dokument aus dem Jahr 1937, in: Etappe, Oktober 1988, Heft 2.

— Positionen inmitten des Hasses. Der Staat, der Feind und das Recht – Der umstrittene Denker Carl Schmitt/Zu seinem Tode, in: Frankfurter Allgemeine Zeitung, 11. April 1985, Nr. 84, S. 25.

— Carl Schmitt in den Händen der Nicht-Juristen. Zur neueren Literatur, in: Der Staat, 1995, Band 34, Heft 1, S. 104 ff.

— „La légalité tue". Einige Bemerkungen, in: Dietrich Murswiek, Ulrich Storost und Heinrich A Wolff (Hg.), Staat – Souveränität – Verfassung, Festschrift für Helmut Quaritsch zum 70. Geburtstag, 2000, S. 193 ff.

Matthias, Erich, Hindenburg zwischen den Fronten, Zur Vorgeschichte der Reichspräsidentenwahlen von 1932 – Dokumentation, in: Vierteljahrshefte für Zeitgeschichte, 1960, Jg. 8, S. 75 ff.

— *Morsey*, Rudolf, Die Deutsche Staatspartei, Erich Matthias/Rudolf Morsey (Hg.), Das Ende der Parteien. Darstellungen und Dokumente, unv. Nachdr. 1960, 1984, S. 31 ff.

— Die Sozialdemokratische Partei Deutschlands, Erich Matthias/Rudolf Morsey (Hg.), Das Ende der Parteien, Darstellungen und Dokumente, unv. Nachdr. 1960, 1984, S. 101 ff.

Maus, Ingeborg, Zur Zäsur von 1933 in der Theorie Carl Schmitts, in: Kritische Justiz, 1969, Nr. 2.

— „Notrecht" und Gewalt, Ingeborg Maus, Zur Aufklärung der Demokratietheorie – Rechts- und demokratietheoretische Überlegungen im Anschluss an Kant, 1994.

— Bürgerliche Rechtstheorie und Faschismus. Zur sozialen Funktion und aktuellen Wirkung der Theorie Carl Schmitts, 1976.

Mayer, Hans, Verfassungsbruch oder Verfassungsschutz?, Staatsrechtliche Bemerkungen zum Konflikt Reich-Preußen, in: Die Justiz, September 1932, VII. Band, Heft 12, S. 545 ff.

Medem, Eberhard Frhr. von, Der wissenschaftliche Nachlass von Carl Schmitt. Information über Inhaltsübersicht und Zugangsmöglichkeit des im Hauptstaatsarchiv Düsseldorf lagernden Bestands, in: Helmut Quaritsch (Hg.), Complexio Oppositorum – Über Carl Schmitt, 1988, S. 25 ff.

Medicus, Franz Albrecht, Neuordnung von Reich und Ländern (Gleichschaltung), in: Reich und Länder, Mai 1933, 7, 5, 136ff.

— Zur Reichstagswahl, Reformgedanken und geltendes Wahlrecht, in: Reichsverwaltungsblatt und Preußisches Verwaltungsblatt, 23. August 1930, Band 51, Nr. 34, S. 541 ff.

— Besprechung von Dietrich Holtz, „Die Reichsreform", in: Reichsverwaltungsblatt und Preußisches Verwaltungsblatt, 26. November 1932, Band 53, Nr. 48, S. 958 ff.

Mehring, Reinhard, Zu den neu gesammelten Schriften und Studien Ernst-Wolfgang Böckenfördes, in: Archiv des öffentlichen Rechts, 1992, S. 449 ff.

— Carl Schmitts Lehre von der Auflösung des Liberalismus: Das Sinngefüge der „Verfassungslehre" als historisches Urteil, in: Zeitschrift für Politik, 38 n.F., 1991, S. 201 ff.

Meinecke, Friedrich, Ein Wort zur Verfassungsreform, in: Vossische Zeitung, 12. Oktober 1932, 1.

— Um Volk, Staat und Zukunft, in: Blätter der Staatspartei, März 1232, Jg. 2, Heft 2.

— Staatsräson, in: Vossische Zeitung, 29. Juli 1932, S. 1 f.

Meißner, Otto, Staatssekretär unter Ebert, Hindenburg, Hitler, 1952.

— *Wilde*, Harry, Die Machtergreifung, 1958.

Mendelssohn-Bartholdy, Besprechung von Leo Wittmayer, Die Weimarer Reichsverfassung, in: Archiv des öffentlichen Rechts, 1924, S. 106 ff.

Menzel, Walter, Carl Severing und der 20. Juli 1932, in: Die Gegenwart, 1952, 7. Jg., Nr. 168, S. 734 ff.

Menzerath, A., Staatsrecht oder politische Publizistik, in: Germania, 18. Dezember 1932, 62. Jg., Nr. 351.

Merck, Martin, Welche Rechte hat der deutsche Reichspräsident?, in: Reichsreform, Januar 1931, 3. Jg., Heft 1, S. 2 ff.

Michael, Horst, Hindenburg regiert!, in: Tägliche Rundschau, 18. August 1932, Jg. 51, Nr. 193.

— „Legal" und „Legitim", in: Berliner Börsen-Courier, 30. August 1932, 64. Jg., Nr. 403, S. 1 f.

— Naturrecht, Legalität und das Zentrum, in: Der Ring, 12. August 1932, Heft 33, S. 548 ff.

— *Glatzel*, Frank (Abdruck von Zuschriften), Ja und nein um die Verfassung. Die These von der Scheinkoalition, in: Vossische Zeitung, 2. September 1932.

— *Lohmann*, Karl, Vom Ordner des Reiches und seiner Verfassung. Auszug aus Horst Michael/Karl Lohmann, Der Reichspräsident ist Obrigkeit – Ein Mahnruf an die evangelische Kirche, 1932, in: Tägliche Rundschau, 25. August 1932.

— Entwurf für die Kundgebung des Reichspräsidenten, Manuskript 1932, HStAD/RW 265–206/13.

— Der Eid des Reichspräsidenten, Manuskript 1932, HStAD/RW 265422/9.

Milatz, Alfred, Das Ende der Parteien im Spiegel der Wahlen 1930 bis 1933, in: Erich Matthias/Rudolf Morsey (Hg.), Das Ende der Parteien, Darstellungen und Dokumente, unv. Nachdr. 1960, 1984, S. 743 ff.

Misch, Carl, Vom Hüter zur Quelle, in: Vossische Zeitung, 31. August 1932, Nr. 418, Abend, S. 1 f.

— Profile vom Preußen-Prozess, in: Vossische Zeitung, 14. Oktober 1932.

Möller, Horst, Parlamentarismus – Diskussion in der Weimarer Republik, Die Frage des „besonderen“ Weges zum parlamentarischen Regierungssystem, in: Demokratie und Diktatur – Festschrift für Karl Dietrich Bracher, hrsg. von Funke, Jacobsen, Knütter, Schwarz, 1987, S. 140 ff.

— Ein Konservativer zwischen den Zeiten. Um der Freiheit willen, in: Festgabe von und für Johannes und Karin Schauff zum 80. Geburtstag. Hrsg. von Paulus Gordan, 1983.

— Das demokratische Preußen, in: Otto Büsch (Hg.), Das Preußenbild in der Geschichte – Protokoll eines Symposions, 1981, S. 231 ff.

Mokre, Hans, Zum Begriff der Verfassung im materiellen und im formellen Sinn, in: Archiv des öffentlichen Rechts, 1932, Band 21 n. F., S. 222 ff.

— Besprechung von Wilhelm Jöckel, Hans Kelsens rechtstheoretische Methode. Darstellung und Kritik ihrer Grundlagen und hauptsächlichen Ergebnisse, 1930, in: Archiv des öffentlichen Rechts, 1931, 20. Bd. n. F., S. 123 ff.

Mommsen, Hans, Regierung ohne Parteien Konservative Pläne zum Verfassungsumbau am Ende der Weimarer Republik, in: Heinrich August Winkler (Hg.), Die deutsche Staatskrise 1930–1933 – Handlungsspielräume und Alternativen, 1992, S. 1 ff.

— Die Illusion einer Regierung ohne Parteien und der Aufstieg der NSDAP, in: Eberhard Kolb/Walter Mühlhausen (Hg.), Demokratie in der Krise – Parteien im Verfassungssystem der Weimarer Republik, 1997, S. 113 ff.

— Das Scheitern einer Republik. Heinrich August Winklers Geschichte der ersten deutschen Demokratie von Weimar, in: Die Zeit, 8. Oktober 1993, Nr. 41, S. 36.

Mommsen, Wilhelm, Hindenburg in der Geschichte der Nation, in: Blätter der Staatspartei, März 1932, Jg. 2, Heft 2.

Morsey, Rudolf, Zentrumspartei und Zentrumspolitiker im rückblickenden Urteil Heinrich Brünings, in: Gerhard Hufnagel u. a. (Hg.), Wege in die Zeitgeschichte – Festschrift zum 65. Geburtstag von Gerhard Schulz, 1989, 49 ff.

— Zur Geschichte des „Preußenschlages“ am 20. Juli 1932, Dokumentation, in: Vierteljahrshefte für Zeitgeschichte, 1961, 9. Jg., S. 430 ff.

— Der Beginn der „Gleichschaltung“ in Preußen, Adenauers Haltung in der Sitzung des „Dreimännerkollegiums“ am 6. Februar 1933, in: Vierteljahrshefte für Zeitgeschichte, 1963, Jg. 11, S. 85 ff.

— Hermann Pünder (1888–1976), Jeserich/Neuhaus, in: Persönlichkeiten der Verwaltung, 1991, S. 438 ff.

— Zur Entstehung, Authentizität und Kritik von Brünings „Memoiren 1918–1934“, 1975.

— Preußen, Reich und NSDAP 1930/32. Zur Publikation und Präsentation einer „bisher unveröffentlichten“ Denkschrift vom August 1930, in: Die Verwaltung, 1983, 16. Band, S. 507 ff.

— Die Deutsche Zentrumspartei, Matthias/Rudolf Morsey (Hg.), Das Ende der Parteien, Darstellungen und Dokumente, unv. Nachdr. 1960, 1984, S. 281 ff.

— *Matthias,* Erich (Hg.), Das Ende der Parteien 1933, Darstellungen und Dokumente, Unveränd. Nachdr. d. Ausg. 1960, 1984.

Morstein-Marx, Fritz, Besprechung von Karl Loewenstein, „Erscheinungsformen der Verfassungsänderung“, in: Archiv des öffentlichen Rechts, 1933, 23. Band n. F., S. 369 ff.

— Besprechung von Heinrich Herrfahrdt, Reich und Preußen – Vorschläge zur Verfassungsreform, 1928, in: Archiv des öffentlichen Rechts, 1930, Band 18 n. F., S. 142 ff.

Müller, Organische Reichsverfassungsreform, in: Deutsche Juristen-Zeitung, 1933, 38. Jg., Heft 8, Sp. 524 ff.

Müller, Ingo, Nürnberg und die deutschen Juristen, in: Gegen Barbarei. Essays für Robert M. W. Kempner, 1989, S. 257 ff.

Müller, Paul (=Waldemar Gurian), Entscheidung und Ordnung – Zu den Schriften Carl Schmitts, in: Schweizerische Rundschau – Monatsschrift für Geistesleben und Kultur, 1934/35, Jg. 34.

Münkler, Herfried, Die Schwierigkeiten mit Carl Schmitt, Rezension von Bendersky, Carl Schmitt, Theorist for the Reich, 1983, in: Neue Politische Literatur, 1984.

Mußgnug, Reinhard, Carl Schmitts verfassungsrechtliches Werk und sein Fortwirken im Staatsrecht der Bundesrepublik Deutschland, in: Helmut Quaritsch (Hg.), Complexio Oppositorum – Über Carl Schmitt, 1988, S. 517 ff.

Muth, Heinrich, Das Ausnahmerecht. Versuch einer rechtsvergleichenden Darstellung, 1932.

— Carl Schmitt in der Deutschen Innenpolitik des Sommers 1932, in: Historische Zeitung, Beiheft 1, Beiträge zur Geschichte der Weimarer Republik, 1971, S. 75 ff.

— Zum Sturze Brünings, Der agrarpolitische Hintergrund, in: Geschichte in Wissenschaft und Unterricht, 1965, Jg. 16, Heft 12, S. 739 ff.

— Schleicher und die Gewerkschaften. Ein Quellenproblem, in: Vierteljahrshefte für Zeitgeschichte, 1981, 29. Jg., S. 189 ff.

Nawiasky, Schwere Bedenken gegen die Reform des Reichstagswahlrechts, in: Deutsche Juristen-Zeitung, 1931, Jg. 36, Heft 7, Sp. 455 ff.

— Die gegenseitigen Rechtsverhältnisse von Reich und Ländern bei der Handhabung des Art. 48 der Reichsverfassung, in: Reichsverwaltungsblatt und Preußisches Verwaltungsblatt, 6. August 1932, Bd. 53, Nr. 32, S. 621 ff.

— Die Auslegung des Art. 48 der Reichsverfassung, in: Archiv des öffentlichen Rechts, 1925, 9 n. F., S. 1 ff.

— Wahlrechtsfragen im heutigen Deutschland, in: Archiv des öffentlichen Rechts, 1931, S. 161 ff.

— Die Gleichheit vor dem Gesetz im Sinne des Art. 109 der Reichsverfassung (Mit Aussprache), in: Veröffentlichungen der Vereinigung der Deutschen Staatsrechtslehrer, 1927, Heft 3.

— Reichsverfassungsstreitigkeiten, in: Archiv des öffentlichen Rechts, 1927, Band 51, S. 130 ff.

— Geschäftsregierung in den Ländern und Reichsverfassung, in: Deutsche Juristen-Zeitung, April 1932, 37. Jahrgang, Heft 8, Sp. 518 ff.

— Die Schaffung eines Oberhauses, in: Reichsverwaltungsblatt und Preußisches Verwaltungsblatt, 19. November 1932, Bd. 53, Nr. 47.

— Besprechung von Gerhard Anschütz und Richard Thoma, Handbuch des Deutschen Staatsrechts, 1929, in: Archiv des öffentlichen Rechts, 1930, S. 235 ff.

— Besprechung von Gerhard Anschütz und Richard Thoma, Handbuch des Deutschen Staatsrechts, 1929/30, in: Archiv des öffentlichen Rechts, 1931, S. 298 ff.

Neumann, Volker, Die Wirklichkeit im Lichte der Idee, in: Helmut Quaritsch (Hg.), Complexio Oppositorum – Über Carl Schmitt, 1988.

— Kompromiß oder Entscheidung?, Zur Rezeption der Theorie Carl Schmitts in den Weimarer Arbeiten Franz L. Neumanns, in: Joachim Perels (Hg.), Recht, Demokratie und Kapitalismus, 1984, S. 65 ff.

— Die innerstaatliche Feinderklärung. Eine Anmerkung zur Freund-Feind Theorie Carl Schmitts und ihrer Aktualität, in: Demokratie und Recht – Vierteljahresschrift, 1976, Jg. 4, Heft 4, S. 353 ff.

— Vom Entscheidungs- zum Ordnungsdenken. Carl Schmitts Rechts- und Staatstheorie in der nationalsozialistischen Herausforderung, in: Archiv für Rechts- und Sozialphilosophie (Beiheft), 1982, Nr. 18.

— Carl Schmitt und die Linke, in: Die Zeit, 8. Juli 1983, Nr. 28, S. 32.

— Verfassungstheorien politischer Antipoden, Otto Kirchheimer und Carl Schmitt, in: Kritische Justiz, 1981, 14, 235 ff.

— Der Staat im Bürgerkrieg. Kontinuität und Wandlung des Staatsbegriffs in der politischen Theorie Carl Schmitts, 1980.

Noack, Paul, Carl Schmitt. Eine Biographie, 1993.

Nowak, Johann Rudolf, Kurt von Schleicher – Soldat zwischen den Fronten. Studien zur Weimarer Republik als Epoche der innenpolitischen Krisen, dargestellt an Leben und Laufbahn des Generals und Reichskanzlers Kurt von Schleicher, 1969.

Ott, Eugen, Aus der Vorgeschichte der Machtergreifung des Nationalsozialismus. Vortrag vor dem Rhein-Ruhr-Klub am 19. Mai 1965, ungedrucktes Typoskript, RW/HStAD 422,9.

— Ein Bild des Generals Kurt von Schleicher: Aus den Erfahrungen seiner Mitarbeiter dargestellt, in: Politische Studien, 1959, Jg. 10.

Ottmann, Henning, Carl Schmitt – Leben und Werke, in: Karl Graf Ballestrem/Henning Ottmann (Hg.), Politische Philosophie des 20. Jahrhunderts, 1990, S. 61 ff.

— Ein Klassiker der Schmitt-Literatur, Rezension der dritten Auflage von Hasso Hofmann, Legalität gegen Legitimität mit neuem Vorwort, in: Politisches Denken – Jahrbuch 1993, S. 193 ff.

Papen, Franz v., Vom Scheitern einer Demokratie 1930–1933, 1968.

— Memoirs, 1952.

Peters, Hans, Der erste neue Verfassungsentwurf, in: Germania, 5. Oktober 1932, S. 1.

— Die Bedeutung des Leipziger Urteils, in: Germania, 27. Oktober 1932, 62. Jg., Nr. 299.

Piazolo, Michael, Das BVerfG und die Beurteilung politischer Fragen – Zu den Grenzen verfassungsrechtlicher Kontrolle, in: Michael Piazolo (Hg.), Das Bundesverfassungsgericht. Ein Gericht im Schnittpunkt von Recht und Politik, 1995, S. 243 ff.

Plehwe, Friedrich-Karl von, Reichskanzler Kurt von Schleicher, Weimars letzte Chance gegen Hitler, 1983.

Plog, Wilhelm, Der Herr Reichskommissar, in: Tägliche Rundschau, 16. Juni 1932, 51. Jg., Nr. 139.

Poetzsch-Heffter, Fritz, Zur Reichspräsidentenwahl, in: Deutsche Juristen-Zeitung, 1. Februar 1932, Jg. 37, Heft 3.

— Zur Denkschrift des Erneuerungsbundes über „Die Reichsreform“, in: Reich und Länder, Juni 1933, Jg. 7, Heft 6, S. 172 ff.

— Preußen und die Reichsreform, in: Reichsverwaltungsblatt und Preußisches Verwaltungsblatt, 26. September 1931, Jg. 52, Nr. 39, S. 765 ff.

— Die Reichsreform seit Abschluss der Länderkonferenz, in: Deutsche Juristen-Zeitung, 1933, Jg. 38, Heft 1, Sp. 8 ff.

— Das Gesetz über die Reichsreform, in: Reich und Länder, November 1930, S. 224 ff.

— Kreditermächtigungen auf Grund des Art. 48 der Reichsverfassung, in: Reichsverwaltungsblatt und Preußisches Verwaltungsblatt, 23. April 1932, Band 53, Nr. 17, S. 324 ff.

— Kann der Reichspräsident auf Grund des Art. 48 RVerf. die Reichsregierung beauftragen, Geldmittel im Wege des Kredits zu beschaffen?, in: Deutsche Juristen-Zeitung, 1932, 37. Jg., Heft 12, Sp. 767 ff.

— Der Spruch des Staatsgerichtshofes, in: Deutsche Juristen-Zeitung, 15. November 1932, 37. Jg., Heft 22, Sp. 1373 ff.

— Staatspolitische Würdigung der Entscheidung des Staatsgerichtshofs vom 25. Oktober 1932 im Konflikte des Reiches mit Preußen, in: Reich und Länder, Dezember 1932, Band 6, Heft 12, S. 309 ff.

— Verfassung und nationale Idee, Eine Verfassungsrede zum 11. August 1932, in: Reichsverwaltungsblatt und Preußisches Verwaltungsblatt, 13. August 1932, Band 53, Nr. 33, S. 641 ff.

— Reform des Parlamentarismus, in: Reichsverwaltungsblatt und Preußisches Verwaltungsblatt, 19. November 1932, Bd. 53, Nr. 47.

— ‚Rechtsgutachten zur Auslegung des Art. 48 der Weimarer Reichsverfassung‘ von Prof. Dr. Fritz Poetzsch-Heffter im Auftrage des Reichsinnenministeriums, HStAD/ RW 265–6.

— Im Kampfe um die Reichsreform, in: Deutsche Juristen-Zeitung, 1930, 35, 24, Sp. 1555 ff.

— Das vorläufige Gesetz zur Gleichschaltung der Länder mit dem Reich, in: Deutsche Juristen-Zeitung, 1933, 38, 8, Sp. 535 ff.

Pohl, Heinrich, Die Reform des Wahlrechts, in: Veröffentlichungen der Vereinigung der Deutschen Staatsrechtslehrer, 1932, Heft 7, S. 131.

Popitz, Johannes, Wer ist der Hüter der Verfassung?, in: Germania, 17. April 1931.

Preuss, Ulrich K., Vater der Verfassungsväter. Carl Schmitts Verfassungslehre und die verfassungspolitische Diskussion der Gegenwart, in: Politisches Denken – Jahrbuch 1993, 1993, S. 117 ff.

— Die Weimarer Republik, ein Laboratorium für neues verfassungsrechtliches Denken, in: Göbel u. a. (Hg.), Metamorphosen des Politischen, 1995, S. 177 ff.

— Das Problem einer zweistufigen Legalität, in: Ulrich K. Preuß, Legalität und Pluralismus – Beiträge zum Verfassungsrecht der Bundesrepublik Deutschland, 1973, S. 9 ff.

— „Freiheitliche demokratische Grundordnung“ als Superlegalität, in: Ulrich K. Preuß, Legalität und Pluralismus – Beiträge zum Verfassungsrecht der Bundesrepublik Deutschland, 1973, S. 17 ff.

Pünder, Hermann, Reich und Länder, in: Abendland, April 1928, Jg. 3, Heft 7.

Pyta, Wolfram, Vorbereitungen für den militärischen Ausnahmezustand unter Papen/Schleicher, Dokumentation, in: Militärgeschichtliche Mitteilungen, 1992, Jg. 51, S. 385 ff.

— Gegen Hitler und für die Republik. Die Auseinandersetzung der deutschen Sozialdemokratie mit der NSDAP in der Weimarer Republik. 1989 (= Beiträge zur Geschichte des Parlamentarismus und der politischen Parteien, Bd. 87). [*Gedruckte Fassung der Dissertation*]

— Landwirtschaftliche Interessenpolitik im deutschen Kaiserreich. Der Einfluss agrarischer Interessen auf die Neuordnung der Finanz- und Wirtschaftspolitik am Ende der 1870er Jahre am Beispiel von Rheinland und Westfalen, 1991 (= Vierteljahrschrift für Sozial- und Wirtschaftsgeschichte, Beiheft 97).

— Dorfgemeinschaft und Parteipolitik 1918–1933. Die Verschränkung von Milieu und Parteien in den protestantischen Landgebieten Deutschlands in der Weimarer Republik. Düsseldorf 1996 (= Beiträge zur Geschichte des Parlamentarismus und der politischen Parteien, Bd. 106). [*Teilw. zugl. Universität Köln, Habil.-Schr., 1994*].

— /*Richter*, Ludwig, Gestaltungskraft des Politischen. Festschrift für Eberhard Kolb, Berlin 1998 (= Historische Forschungen, Bd. 63).

— Besteuerung und steuerpolitische Forderungen des ostelbischen Großgrundbesitzes 1890–1933 in: Heinz Reif (Hg.): Ostelbische Agrargesellschaft im Kaiserreich und in der Weimarer Republik. 1994, S 361 ff.

— Ländlich-evanglisches Milieu und Nationalsozialismus bis 1933., in: Horst Möller/Andreas Wirsching, Walter Ziegler (Hg.), Nationalsozialismus in der Region. Beiträge zur regionalen und lokalen Forschung und zum internationalen Vergleich, 1996, S. 199 ff.

— Politische Kultur und Wahlen in der Weimarer Republik, in: Gerhard A. Ritter (Hg.), Wahlen und Wahlkämpfe in Deutschland, 1997, S. 197 ff.

— /*Kolb*, Eberhard, Die Staatsnotstandsplanung unter den Regierungen Papen und Schleicher, in: Heinrich August Winkler (Hg.), Die deutsche Staatskrise 1930–1933, 1992 (= Schriften des Historischen Kollegs, Bd. 26), S. 155 ff.

— Verfassungsumbau, Staatsnotstand und Querfront: Schleichers Versuche zur Fernhaltung Hitlers von der Reichskanzlerschaft August 1932 – Januar 1933, in Wolfram Pyta/Ludwig Richter (Hg.), Gestaltungskraft des Politischen, 1998, S. 173 ff.

— Konstitutionelle Demokratie statt monarchischer Restauration. Die verfassungspolitische Konzeption Schleichers in der Weimarer Staatskrise, in, Vierteljahrshefte für Zeitgeschichte 47 (1999), S. 417 ff.

— Rezension von Peter Blomeyer: Der Notstand in den letzten Jahren von Weimar, in: Zeitschrift für Geschichtswissenschaft, 48. Jg. 2000, Heft 2, S. 183 ff.

— /*Seiberth*, Gabriel, Die Staatskrise der Weimarer Republik im Spiegel des Tagebuchs von Carl Schmitt, in: Der Staat. 38. Band, Heft 3, S. 423 ff.

— /*Seiberth*, Gabriel, Die Staatskrise der Weimarer Republik im Spiegel des Tagebuchs von Carl Schmitt, in: Der Staat, 1999, 38. Band, Heft 4, S. 594 ff.

Quabbe, Georg, Die Interpreten des Ausnahmezustandes. Ein staatsrechtlicher Leitfaden für Diktaturbeflissene, in: Vossische Zeitung, 11. September 1932, Nr. 437, Morgen, Vierte Beilage.

Quaritsch, Helmut, Positionen und Begriffe Carl Schmitts, 1991 (1. Aufl. Berlin 1989).

— Souveränität im Ausnahmezustand, Zum Souveränitätsbegriff im Werk Carl Schmitts, in: Der Staat, 1996, Band 35, Heft 1.

— Complexio Oppositorum – Über Carl Schmitt, 1988.

Radbruch, Gustav, Staatsnotstand, Staatsnotwehr und Fememord, in: Die Justiz, Dezember 1929, Band 5, Heft 3, S. 125 ff.

Rebentisch, Dieter, Verfassungswandel und Verwaltungsstaat vor und nach der nationalsozialistischen Machtergreifung, in: Gerhard Hufnagel u. a. (Hg.), Wege in die Zeitgeschichte – Festschrift zum 65. Geburtstag von Gerhard Schulz, 1989, S. 123 ff.

Reinhold, Peter, Ein Winterkabinett, in: Vossische Zeitung, 27. November 1932, Morgen, Nr. 569, S. 1 f.

— Der Reichskommissar, in: Vossische Zeitung, 22. Juli 1932, S. 1 f.

Richter, Lutz, Die sechste Tagung der Vereinigung der Deutschen Staatsrechtslehrer, in: Archiv des öffentlichen Rechts, 1928, S. 441 ff.

Ritter, Emil, Der Weg des Politischen Katholizismus in Deutschland, 1934.

Ritter, Gerhard, Der deutsche Professor im „Dritten Reich", in: Die Gegenwart, 24. Dezember 1945, 1. Jg., Heft 1, S. 23 ff.

Rödder, Andreas, Reflexionen über das Ende der Weimarer Republik. Die Präsidialkabinette 1930–1932/33. Krisenmanagement oder Restaurationsstrategie?, in: Vierteljahrshefte für Zeitgeschichte, 1999, 47. Jg., Heft 1, S. 87 ff.

— Dichtung und Wahrheit. Der Quellenwert von Heinrich Brünings Memoiren und seine Kanzlerschaft, in: Historische Zeitschrift, Nr. 265, 1997, S. 77 ff.

— Weimar und die deutsche Verfassung. Zur Geschichte und Aktualität von 1919, hg. im Auftrag der Deutschen Nationalstiftung von Andreas Rödder. Mit Beiträgen von Helmut Schmidt, Karl Dietrich Bracher, Carl-Ludwig Holtfrerich, Horst Möller, Fritz Stern und Michael Stolleis, 1999.

— Weimar und die deutsche Verfassung. Eine Zeitreise durch die Geschichte, in: A. R. (Hg.), Weimar und die deutsche Verfassung, 1999, S. 11 ff.

— Zur Geschichte der Weimar-Forschung, in: A. R. (Hg.), Weimar und die deutsche Verfassung, 1999, S. 137 ff.

Rothfels, Hans, Besprechung von Carl Schmitt, Die geistesgeschichtliche Lage des heutigen Parlamentarismus, in: Historische Zeitschrift, 1930, Band 142.

Rüstow, Alexander, Interessenpolitik oder Staatspolitik?, in: Der deutsche Volkswirt, Zeitschrift für Politik und Wirtschaft, 11. November 1932, 7. Jg., 1. Halbband 1932/1933, Nr.6, S. 169 ff.

Rüstow, Alexander, Diktatur innerhalb der Grenzen der Demokratie, in: Vierteljahrshefte für Zeitgeschichte, 1959, Jg. 7. (dokumentiert von Waldemar Besson).

Rüstow, Alexander, Rede und Antwort, 1963.

Rüthers, Bernd, Aus der Geschichte lernen? Eine Erwiderung, in: Rechtshistorisches Journal, 1989, Jg. 8.

— Carl Schmitt im Dritten Reich, 1990, 2. Aufl.

— Entartetes Recht. Rechtslehre und Kronjuristen im Dritten Reich, 1989, 2. Aufl.

— Retter vor dem Antichrist? Carl Schmitt als politischer Theologe, in: Frankfurter Allgemeine Zeitung, 28. November 1997, Nr. 277. S. 15.

Rumpf, Helmut, Carl Schmitt und der Faschismus, Rezension von Ingeborg Maus, Bürgerliche Rechtstheorie und Faschismus, 1976, in: Der Staat, 1978, Band 17, S. 233 ff.

Säcker, Horst, Gesetzgebung durch das Bundesverfassungsgericht. Das BVerfG und die Legislative, Michael Piazolo (Hg.), Das Bundesverfassungsgericht. Ein Gericht im Schnittpunkt von Recht und Politik, 1995.

Schack, Friedrich, Besprechung von Ludwig Waldecker, Allgemeine Staatslehre, 1927, in: Archiv des öffentlichen Rechts, 1929, S. 459 ff.

Schade, Hans, Ersatz der Zustimmung des Reichstags zu Staatsverträgen im Wege des Art. 48 RV., in: Archiv des öffentlichen Rechts, 1932, 21 n. F., 364 ff.

Schaich, Klaus, Von der Notwendigkeit des Staates. Das wissenschaftliche Werk Ulrich Scheuners, in: Der Staat, 1982, 21. Band, Heft 1, S. 1 ff.

Schellenberg, Ulrich, Die Rechtsstaatskritik. Vom liberalen zum nationalen und nationalsozialistischen Rechtsstaat, in: Ernst-Wolfgang Böckenförde (Hg.), Staatsrecht und Staatsrechtslehre im Dritten Reich, 1985, S. 71 ff.

Scheuermann, Bill, Carl Schmitt and the Nazis, Review of Bernd Rüthers, Carl Schmitt im Dritten Reich, 1990, in: German Politics and Society, Summer 1991, Nr. 23.

Scheuner, Ulrich, Die nationale Revolution. Eine staatsrechtliche Untersuchung, in: Archiv des öffentlichen Rechts, 1933, 23. Band n. F., S. 261 ff.

— Carl Schmitt – heute. Rezension des Neudrucks der Verfassungslehre, 1954, in: Neue Politische Literatur, 1956, Jg. 1, Sp. 181 ff.

— Die Anwendung des Art. 48 der Weimarer Reichsverfassung unter den Präsidentschaften von Ebert und Hindenburg, in: Hermens/Schiede (Hg.), Staat, Wirtschaft und Politik in der Weimarer Republik – Festschrift für Brüning, 1967.

— Erwin Jacobi zum siebzigsten Geburtstag, in: Archiv des öffentlichen Rechts, 1970, 40. Band n. F., 369 ff.

Schiffer, Eugen, Besprechung von Gerhard Leibholz, Das Wesen der Repräsentation, 1929, in: Reichsverwaltungsblatt und Preußisches Verwaltungsblatt, 15.3.1930, Jg. 51, Nr. 11, S. 185 ff.

— Verfassungsreform, Zusammenfassung und Abschluss, in: Deutsche Juristen-Zeitung, 15. März 1933, Jg. 38, Heft 6, Sp. 385 ff.

— Aktuelles und systematisches zur Verfassungsreform, in: Reich und Länder, Februar 1933, Jg. 7, Heft 2, S. 37 ff.

— Besprechung von Carl Schmitt, Der Hüter der Verfassung, in: Deutsche Juristen-Zeitung, Literatur-Beilage, 1932, 37. Jg., Heft 10, Sp. 687.

Schmitt, Carl, Besprechung von Leo Wittmayer, Die Weimarer Reichsverfassung, in: Literaturblatt der Frankfurter Zeitung, 2.3.1923, Band 5, Heft 2.

— Staatsethik und pluralistischer Staat, in: Kantstudien, 1930, Band 35, Heft 1.

— Übersicht über die verschiedenen Bedeutungen und Funktionen des Begriffes der innerpolitischen Neutralität des Staates, 1931, Abdr. in: Schmitt, Positionen und Begriffe im Kampf mit Weimar – Genf – Versailles, 1940.

— Machtpositionen des modernen Staates, in: Deutsches Volkstum, 1933, 2. Märzheft.

— Die geistesgeschichtliche Lage des heutigen Parlamentarismus, Unveränd. Nachdr. der 2. Aufl. 1926, 1991.

— Neutralität gegenüber der Wirtschaft? (Bericht über den Vortrag: „Das Problem der innerpolitischen Neutralität des Staates"), in: Germania, 9. April 1930, Jg. 60, S. 2.

— Zur politischen Situation in Deutschland, in: Der Kunstwart, 1930, Band 49, S. 253 ff.

— Reichs- und Verfassungsreform, in: Deutsche Juristen-Zeitung, 1931, 36. Jg., Heft 1, Sp. 5 ff.

— Besprechung von Hans Carl Nipperdey, Die Grundrechte und Grundpflichten der Reichsverfassung, in: Juristische Wochenschrift, 1931, Jg. 60, Heft 23/24, S. 1675–1677.

— Einmaligkeit und gleicher Anlass bei der Reichstagsauflösung nach Art. 25 der Reichsverfassung, 1925. Carl Schmitt, Verfassungsrechtliche Aufsätze aus den Jahren 1924–1954 – Materialien zu einer Verfassungslehre, 1958, S. 15 ff.

— Zehn Jahre Reichsverfassung, 1929. Carl Schmitt, Verfassungsrechtliche Aufsätze, 1958, S. 34 ff.

— Der Begriff des Politischen, 1932, Erweiterte Ausgabe.

— Der Hüter der Verfassung, Berlin 1931.

— Der Begriff der modernen Demokratie in seinem Verhältnis zum Staatsbegriff, 1924, Abdr. in: Carl Schmitt, Positionen und Begriffe im Kampf mit Weimar – Genf – Versailles, 1940.

— Der Gegensatz von Parlamentarismus und moderner Massendemokratie, 1926, Abdr. in: Schmitt, Positionen und Begriffe im Kampf mit Weimar – Genf – Versailles, 1940.

— Staatsethik und pluralistischer Staat, 1930, Abdr. in: Schmitt, Positionen und Begriffe im Kampf mit Weimar – Genf – Versailles, 1940.

— Die Wendung zum totalen Staat, 1931, Abdr. in: Schmitt, Positionen und Begriffe im Kampf mit Weimar – Genf – Versailles, 1940.

— Der Hüter der Verfassung, in: Archiv des öffentlichen Rechts, 1929, Band 55, S. 161 ff.

— Reichstagsauflösungen, 1924, Abdr. in: Carl Schmitt, Verfassungsrechtliche Aufsätze aus den Jahren 1924–1954 – Materialien zu einer Verfassungslehre, 1958.

— Staatsstreichpläne Bismarcks und Verfassungslehre, 1929, Abdr. in: Carl Schmitt, Verfassungsrechtliche Aufsätze, 1958, S. 29 ff.

— Das Problem der innerstaatlichen Neutralität des Staates, 1930, Abdr. in: Carl Schmitt, Verfassungsrechtliche Aufsätze, 1958, S. 41 ff.

— Die Weimarer Verfassung (Vortrag auf einer Tagung in Breslau vom 1. bis 4. Oktober 1930), Staatsbürgerkunde und höhere Schule – Eine Vortragsreihe, 1931.

— Bemühungen um eine Reichsreform (Die Aussprache im Langnamverein, in: Kölnische Volkszeitung, 5. November 1930, Morgen, Nr. 563, S. 5.

— Das Reichsgericht als Hüter der Verfassung, 1929, Abdr. in: Carl Schmitt, Verfassungsrechtliche Aufsätze, 1958.

— Freiheitsrechte und institutionelle Garantien der Reichsverfassung, 1931, Abdr. in: Carl Schmitt, Verfassungsrechtliche Aufsätze, 1958.

— Wohlerworbene Beamtenrechte und Gehaltskürzungen, in: Deutsche Juristen-Zeitung, Juli 1931, 38. Jg., Heft 14, Sp. 917 ff.

— Starker Staat und gesunde Wirtschaft, in: Volk und Reich – Politische Monatshefte, Februar 1933, S. 81 ff.

— Schlussrede vor dem Staatsgerichtshof in Leipzig in dem Prozess Preußen contra Reich vor dem Staatsgerichtshof, 1932, in: Schmitt, Positionen und Begriffe im Kampf mit Weimar – Genf – Versailles, 1940.

— Das Leipziger Urteil, Bericht über einen Vortrag in der „Deutschen Gesellschaft 1914 Berlin", in: Berliner Börsenzeitung, 11. November 1932, Nr. 531.

— Carl Schmitts Epilog, Bericht über einen Vortrag von Schmitt über das Urteil des Staatsgerichtshof in der Preußensache, in: Vossische Zeitung, 11. November 1932.

— Eine Warnung vor falschen politischen Fragestellungen, in: Der Ring, 1930, Jg. 3, S. 844 ff.

— Das Zeitalter der Neutralisierung und Entpolitisierung, 1929, in: Schmitt, Positionen und Begriffe im Kampf mit Weimar – Genf – Versailles, 1940.

— Gesunde Wirtschaft im starken Staat, in: Mitteilungen des Vereins zur Wahrung der gemeinsamen wirtschaftlichen Interessen in Rheinland und Westfalen (Langnamverein), 1932, Heft 21, S. 13 ff.

— Die Stellvertretung des Reichspräsidenten, in: Deutsche Juristen-Zeitung, 1933, Jg. 38, Heft 1.

— Legalität und gleiche Chance politischer Machtgewinnung, in: Deutsches Volkstum, 1932, 2. Juliheft (Freitag, 15. Juli 1932).

— Besprechung der 3. und 4. Auflage des Kommentars von Anschütz zur Weimarer Reichsverfassung, in: Juristische Wochenschrift, 2. Oktober 1926, Jg. 55, Heft 19, S. 2270 ff.

— Das Ausführungsgesetz zu Art. 48 der Reichsverfassung, in: Kölnische Volkszeitung, 30. Oktober 1926, Jg. 67, Nr. 805, S. 2.

— Der bürgerliche Rechtsstaat, in: Abendland, April 1928, Jg. 3, Heft 7.

— Hugo Preuß – Sein Staatsbegriff und seine Stellung in der deutschen Staatslehre, in: Recht und Staat in Geschichte und Gegenwart, 1930, Band 72.

— Die Einberufung des vertagten Reichstags, in: Kölnische Volkszeitung, 23. Oktober 1930, Abend, Jg. 71, Nr. 542 b.

— Einberufung und Vertagung des Reichstags nach Art. 24 Reichsverfassung, in: Deutsche Juristen-Zeitung, 15. Oktober 1930, Jg. 35, Heft 20.

— Die Verfassungsmäßigkeit der Bestellung eines Reichskommissars für das Land Preußen, in: Deutsche Juristen-Zeitung, 1. August 1932, Jg. 37, Heft 15.

— Der Missbrauch der Legalität, in: Tägliche Rundschau, 19. Juli 1932.

— Konstruktive Verfassungsprobleme, in: Staat, Großraum, Nomos, hrsg. v Günter Maschke, 1995, 4. November 1932, S. 55 ff., ungedruckter Vortrag, HStAD/RW 265/291.

— Verfassungsstaat und Staatsnotstand, Rundfunkvortrag, Deutsche Welle, 4. November 1931, HStAD/RW-204, Nr. 5.

— Besprechung von Fritz Feller, Erschwerung des Sturzes der Reichsregierung und der Landesregierung ohne Änderung der Reichsverfassung, in: Juristische Wochenschrift, 1931, Jg. 60, Heft 23/24, S. 1679.

— Die staatsrechtliche Bedeutung der Notverordnung, insbesondere ihre Rechtsgültigkeit, Notverordnung und öffentliche Verwaltung (Vorträge in der Verwaltungs-Akademie, Berlin, 1. Dezember 1930), 1931.

— Die neutralen Größen im heutigen Verfassungsstaat, in: Politische Wissenschaft – Probleme der Demokratie (Schriftenreihe der Deutschen Hochschule für Politik), 1931, Zweite Reihe, Heft 10.

— Wohlerworbene Rechte, institutionelle Garantien und Staatsnotrecht – Verfassungsrechtliche Lehren von Prof. Carl Schmitt und Prof. Hans Kelsen, in: Deutsche Gemeinde-Zeitung und Provinzial-Zeitung, 1. November 1931, Nr. 21.

— Die Grundrechte und Grundpflichten des deutschen Volkes (§ 101, Inhalt und Bedeutung des zweiten Hauptteils der Reichsverfassung), in: Handbuch des Deutschen Staatsrechts, hrsg. v. Gerhard Anschütz und Richard Thoma, 1932, Band 2, S. 572 ff.

— Grundsätzliches zur heutigen Notverordnungspraxis, in: Reichsverwaltungsblatt und Preußisches Verwaltungsblatt, 27. Februar 1932, Band 53, Nr. 9.

— Ist der Reichskommissar verfassungsmäßig?, in: Deutsche Allgemeine Zeitung, 29. Juli 1932, Nr. 351.

— Mut zum Handeln! (Vortrag vor dem Langnamverein), in: Mitteilungen des Vereins zur Wahrung der wirtschaftlichen Interessen von Rheinland und Westfalen (Langnamverein), 1930, Nr. 4, Heft 19, S. 458 ff.

— Wohlerworbene Beamtenrechte und Gehaltskürzungen, in: Deutsche Juristen-Zeitung, 15. Juli 1932, 36. Jahrgang, Heft 14, Sp. 917 ff.

— Die Diktatur, Neusatz auf Basis der 2. Aufl. 1928, 6. Aufl., 1994.

— Verfassungslehre, Neusatz auf Basis der 1. Aufl. 1928, 7. Aufl., 1993.

— Die Diktatur des Reichspräsidenten nach Art. 48 der Reichsverfassung, in: Veröffentlichungen der Vereinigung der Deutschen Staatsrechtslehrer, 1924, Heft 1, S. 63 ff.

— Politische Theologie, Vier Kapitel zur Lehre von der Souveränität, Neusatz auf Basis der 1934 erschienenen 2. Aufl., Sechste Auflage, 1993.

— Legalität und Legitimität, 5. Aufl., Berlin, 1993 (1. Aufl. 1932).

— Legalität und Legitimität, Abdruck in Carl Schmitt, Verfassungsrechtliche Aufsätze aus den Jahren 1924–1954. Materialien zu einer Verfassungslehre, Berlin, 1958 (1. Aufl.), 1985 (3. Aufl.), S. 262 ff.

— Reich – Staat – Bund, 1933 (Antrittsvorlesung in Köln), Schmitt, Positionen und Begriffe im Kampf mit Weimar – Genf – Versailles, 1940, S. 217 ff.

— Weiterentwicklung des totalen Staats in Deutschland, 1933, Abdr. in: Carl Schmitt, Positionen und Begriffe, 1940 sowie Carl Schmitt, Verfassungsrechtliche Aufsätze, 1958.

— „Bund und Reich als Problem des öffentlichen Rechts“, Bericht über einen Vortrag zur Reichsgründungsfeier in der Deutschen Hochschule für Politik am 18. Januar 1933, in: Germania, 19. Januar 1933, Nr. 19.

— 1 Jahr deutsche Politik – Rückblick vom 20. Juli 1932 – Von Papen über Schleicher zum ersten deutschen Volkskanzler Adolf Hitler, in: Westdeutscher Beobachter, 23. Juli 1933, Jg. 9, Nr. 176.

— Rückblick auf ein Jahr deutscher Politik (Abdruck aus dem Westdeutschen Beobachter), in: Münchner Neueste Nachrichten, 29. Juli 1933, Jg. 86, Nr. 205.

— Das Gesetz zur Behebung der Not von Volk und Reich, in: Deutsche Juristen-Zeitung, 1933, Jg. 38, Heft 7.

— Der Begriff des Politischen, 4. Auflage, 1933.

— Staatsgefüge und Zusammenbruch des zweiten Reiches, in: Der deutsche Staat der Gegenwart, 1934, Heft 6.

— Das gute Recht der deutschen Revolution, in: Westdeutscher Beobachter, 12. Mai 1933, Jg. 9, Nr. 108.

— Das Staatsnotrecht im modernen Verfassungsleben (Bericht des Reichsgerichtsrats Dr. Brodführer über einen Vortrag von Schmitt Ende März in Weimar), in: Deutsche Richterzeitung, 1933, Jg. 25.

— Das Reichsstatthaltergesetz. Das Recht der nationalen Revolution, in: Schriftenreihe, herausgegeben von Dr. Georg Kaisenberg und Dr. Franz Albrecht Medicus, Mai 1933, Heft 3.

— Der Führer schützt das Recht – Zur Reichstagsrede Adolf Hitlers vom 13. Juli 1934, in: Deutsche Juristen-Zeitung, 1. August 1934, Jg. 39.

— Die deutsche Rechtswissenschaft gegen den jüdischen Geist, in: Deutsche Juristen-Zeitung, 15. Oktober 1936, Jg. 41.

— Positionen und Begriffe im Kampf mit Weimar – Genf – Versailles 1923–1939, Berlin, 1994, 3. Auflage.

— (Verhör in Nürnberg durch Robert M. W. Kempner), Hat Professor Carl Schmitt die Jugend vergiftet? Ich fühlte mich Hitler geistig überlegen. Das Dritte Reich im Kreuzverhör – Aus den Vernehmungsprotokollen des Anklägers, 1969.

— (Veröffentlicht unter Pseudonym Dr. Haustein), Gegenwartsfragen der Verfassung – Das Grundgesetz der Bundesrepublik Deutschland, kommentierter Abdruck in Klaus Hansen/Hans Lietzmann (Hg.), Carl Schmitt und die Liberalismuskritik, 1988.

— (unter Pseudonym Dr. Haustein), Das Grundgesetz der Bundesrepublik Deutschland, 3. Der Bund und die Länder, in: Der Eisenbahner – Fachzeitschrift für Unterricht und Ausbildung, 1949, Jg. 2.

— (unter Pseudonym Dr. Haustein), Das Grundgesetz der Bundesrepublik Deutschland, 1. Allgemeine Bedeutung des Grundgesetzes, in: Der Eisenbahner – Fachzeitschrift für Unterricht und Ausbildung, November 1949, Heft 11.

— (unter Pseudonym Dr. Haustein), Das Grundgesetz der Bundesrepublik Deutschland, 2. Die Grundrechte 1–19, in: Der Eisenbahner – Fachzeitschrift für Unterricht und Ausbildung, Dezember 1949, Jg. 2, Heft 12.

— (unter Pseudonym Dr. Haustein), Das Grundgesetz der Bundesrepublik Deutschland, 6. Rechtspflege, in: Der Eisenbahner – Fachzeitschrift für Unterricht und Ausbildung, 1950, Jg. 3.

— (unter Pseudonym Dr. Haustein), Das Grundgesetz der Bundesrepublik Deutschland, 5. Bundesgesetzgebung, in: Der Eisenbahner – Fachzeitschrift für Unterricht und Ausbildung, April 1950, Jg. 3, Heft 4.

— (unter Pseudonym Dr. Haustein), Das Grundgesetz der Bundesrepublik Deutschland, 4. Die obersten Organe der Bundesrepublik, in: Der Eisenbahner – Fachzeitschrift für Unterricht und Ausbildung, März 1950, Jg. 3, Heft 3.

— (unter Pseudonym: Präsident Dr. Haustein, Bielefeld), Gegenwartsfragen der Verfassung, in: Der Eisenbahner – Fachzeitschrift für Unterricht und Ausbildung, März 1949, Jg. 2, Nr. 3.

— Zugang zum Machthaber, ein zentrales verfassungsrechtliches Problem, 1947, Abdr. in: Carl Schmitt, Verfassungsrechtliche Aufsätze, 1958.

— Gespräch über die Macht und den Zugang zum Machthaber (Rundfunkübertragung im Abendstudio des Hessischen Rundfunks am 22. Juni 1954), 1954.

— Die legale Weltrevolution – Politischer Mehrwert als Prämie auf juristische Legalität und Superlegalität, in: Der Staat, 1978, Band 17.

— Das Problem der Legalität, Carl Schmitt, Abdr. in: Verfassungsrechtliche Aufsätze, 1958.

— Antwort an Kempner, 1947, in: Maschke (Hg.), Staat, Großraum, Nomos, 1995, S. 453 ff.

— Rundfunkgespräch mit Veit Rosskopf vom 1. Februar 1933, Abgedruckt in: Eclectica (Tommissen: Over en in zake Carl Schmitt), 1975, Jg. 5, Nr. 2.

— Carl Schmitt im Gespräch mit Dieter Groh und Klaus Figge, Zeitgenossen, Sendereihe des Südwest-Funks, Baden-Baden vom 6. Februar 1972, 18–19:00 Uhr, Abdruck in Tommissen (Hg.) Over en in zake Carl Schmitt, Eclectica, Economische Hogeschool Sint-Aloysius, Brüssel, 1975, Jg. 5, Nr. 2, Heft 21-22-23.

— Hitlers Machtergreifung vor 40 Jahren im Gedächtnis von heute – Eine zeitgeschichtliche Befragung von Ansgar Skriver, Ungedrucktes Manuskript der Sendung vom 30. Januar 1973 (Westdeutscher Rundfunk), 20.45–21.45 Uhr, II. Programm, Hauptabteilung Politik, 1973, S. 11–13, 18, 38 (Carl Schmitt).

— Von der TV-Demokratie – Die Aggressivität des Fortschritts, in: Deutsches Allgemeines Sonntagsblatt, 28. Juni 1970, Jg. 23, Nr. 26, S. 8.

— Briefwechsel mit Wilhelm Stapel, Schmittiana V, 1996.

— Briefe an Armin Mohler, in: Ders. (Hg.), Carl Schmitt – Briefwechsel mit einem seiner Schüler, 1995.

— ed. Günther Maschke, Staat, Großraum, Nomos, Arbeiten aus den Jahren 1916–1969, 1995.

— Glossarium, Aufzeichnungen der Jahre 1947–1951, ed. Eberhard Freiherr von Medem, 1991.

Schmitt, H., Die Frage Reich-Preußen und die übrigen Länder, in: Reich und Länder, November 1931, Jg. 5, Heft 11, S. 305 ff.

Schmoeckel, Mathias, Ortung und Ordnung, Carl Schmitt im Nationalsozialismus, in: Aus Politik und Zeitgeschichte, 13. Dezember 1996, Band 51, S. 34 ff.

Schneider, Hans, Das Ermächtigungsgesetz vom 24. März 1933, Bericht über das Zustandekommen und die Anwendung des Gesetzes, in: Vierteljahrshefte für Zeitgeschichte, 1953, 1. Jg., 3. Heft, S. 197 ff.

— Über Einzelfallgesetze, in: Forsthoff, Weber u. a. (Hg.), Festschrift für Carl Schmitt, 1959, S. 159 ff.

— Die Bedeutung der Geschäftsordnungen oberster Staatsorgane für das Verfassungsleben, in: Rechtsprobleme in Staat und Kirche – Festschrift für Rudolf Smend, 1952, S. 303 ff.

Schoenborn, Walther, Die Notverordnungen, in: Gerhard Anschütz/Richard Thoma (Hg.), Handbuch des deutschen Staatsrechts, 1932, Band 2, S. 300 ff.

— Sonstige außerordentliche Ermächtigungen, in: Gerhard Anschütz/Richard Thoma (Hg.), Handbuch des deutschen Staatsrechts, 1932, Band 2, S. 310 ff.

Scholz, Oliver R., Vater der Verfassungshüter?, in: Frankfurter Allgemeine Zeitung, 15.2.1989, Nr. 39, S. 3 N.

Schreiber, Georg, Volkspolitik und unabhängige Staatsführung, in: Germania, 12. Oktober 1932.

Schröder, Meinhard, Staatsrecht an den Grenzen des Rechtsstaates. Überlegungen zur Verteidigung des Rechtsstaates in außergewöhnlichen Lagen, in: Archiv des öffentlichen Rechts, 1978, Band 103, Heft 2, S. 121 ff.

Schüddekopf, Otto-Ernst, Das Heer und die Republik. Quellen zur Politik der Reichswehrführung 1918 bis 1933, 1955.

Schüle, Adolf, Einstweilige Verfügungen in der Staatsgerichtsbarkeit, Zu dem Urteil des Reichsstaatsgerichtshofes vom 25. Juli 1932, in: Archiv des öffentlichen Rechts, 1933, 23. Band, S. 163 ff.

Schulthess' Europäischer Geschichtskalender 1922–1934, München 1922–1934, N. F., 34 Jg. 1918–49. Jg. 1933.

Schultze-Plotzius, Fragen zur Reichsreform, in: Reich und Länder, Juli/August 1933, Jg. 7, Heft 7/8, S. 196 ff.

Schulz, Gerhard, Artikel 48 in politisch-historischer Sicht, in: Ernst Fraenkel (Hg.), Der Staatsnotstand – Vorträge gehalten im Sommersemester 1964, 1965, S. 39 ff.

— Bemerkungen zur Wegscheide zwischen parlamentarischer und autoritärer Entwicklung in der Geschichte der Weimarer Republik, in: Heinrich August Winkler (Hg.), Die deutsche Staatskrise 1930–1933 – Handlungsspielräume und Alternativen, 1992, S. 39 ff.

— Erinnerungen an eine misslungene Restauration. Heinrich Brüning und seine Memoiren, in: Der Staat, 1972, Jg. 11, S. 61 ff.

— „Preußenschlag“ oder Staatsstreich? Neues zum 20. Juli 1932, in: Der Staat, 1978, 17. Band, S. 553 ff.

— Über Johannes Popitz (1884–1945), in: Der Staat, 1985, 24. Band, S. 485 ff.

— Deutschland am Vorabend der großen Krise. Zwischen Demokratie und Diktatur 2, 1987.

— Von Brüning zu Hitler. Zwischen Demokratie und Diktatur 3, 1992.

— Erste Stationen und Perspektiven der Regierung Brüning 1930, in: Michael Stürmer (Hg.), Belagerte Civitas, 1985, 2. Aufl., S. 349 ff.

— Johannes Popitz (1884–1945), in: Jeserich/Neuhaus, Persönlichkeiten der Verwaltung, 1991, S. 406 ff.

— Die Suche nach dem Schuldigen, Heinrich Brüning und seine Demission als Reichskanzler, in: K. D. Bracher u. a. (Hg.), Staat und Parteien, Festschrift für Rudolf Morsey zum 65. Geburtstag, 1992, S. 669 ff.

Schulze, Hagen, Vom Scheitern einer Republik, in: Bracher/Funke/Jacobsen (Hg.), Die Weimarer Republik 1918–1933 – Politik, Wirtschaft, Gesellschaft, 1988, 2. durchges. Aufl., S. 617 ff.

— Die SPD und der Staat von Weimar, in: Michael Stürmer (Hg.), Die SPD und der Staat von Weimar, 1985, 2. Aufl., S. 272 ff.

— Otto Braun oder Preußens demokratische Sendung. Eine Biographie, 1977.

Schwab, George, The Challenge of the exception, An introduction to the political ideas of Carl Schmitt between 1921 and 1936, 1968.

Schwalb, Finanznot und wohlerworbene Beamtenrechte, in: Deutsche Juristen-Zeitung, 15. August 1932, 37. Jg., Heft 16, Sp. 1024 ff.

— Staatsgerichtshof für das Deutsche Reich, Einsetzung eines Reichskommissars für Preußen. Voraussetzungen zum Erlass einstweiliger Verfügungen. Art. 48, 19 RVerf., in: Deutsche Juristen-Zeitung, 1932, 37. Jg., Heft 17/18, Sp. 1152 ff.

— Die Einwendungen gegen das Staatsgerichtshof-Urteil vom 25. Oktober 1932 in der Preußensache, in: Die Justiz, Februar/März 1933, Band VIII, Heft 5/6, S. 217 ff.

— Zur Ausführung des Staatsgerichtsurteils in der Preußensache, in: Reichsverwaltungsblatt und Preußisches Verwaltungsblatt, 26. November 1932, Band 53, Nr. 48, S. 941 ff.

Schwarz, Hans, Legitimität ohne Legitimation (Rezension von Carl Schmitt, Legalität und Legitimität), in: Der Nahe Osten, 15. Dezember 1932, Heft 18.

Schwend, Karl, Die Bayerische Volkspartei, in: Matthias, Erich/Morsey, Rudolf (Hg.), Das Ende der Parteien, Darstellungen und Dokumente, unv. Nachdr. 1960, 1984, S. 457 ff.

Seiberth, Gabriel, Carl Schmitt und der ‚Preußenschlag', Diplomarbeit FU-Berlin, 1996.

— Das konstruktive Misstrauensvotum hat viele Väter, in: Frankfurter Allgemeine Zeitung, Briefe an die Herausgeber 09.09.1999.

Seifert, Jürgen, Verfassungsrechtliche Selbstbeschränkung, in: Mehdi Tohidipur (Hg.), Verfassung, Verfassungsgerichtsbarkeit, Politik, 1976, S. 116 ff.

Severing, Carl, Der Weg der Pflicht, Bemerkungen zur Preußenfrage, in: Vorwärts, 8. Mai 1932, 19. Heft, S. 1 f.

— Die Stunde, die nur einmal kommt, in: Die Gegenwart, 2. August 1952, 7. Jg., Nr. 161, S. 493 ff.

— 20. Juli 1932, in: Die Gegenwart, 31. Juli 1947, Nr. 38/39, S. 14 ff.

— Mein Lebensweg, Band II, Im Auf und Ab der Republik, 1950.

— Das Ende der Republik, Kräfte und Gegenkräfte, in: Die Gegenwart, 1. April 1948, 3. Jg., S. 17 ff.

Simons, Staatsgerichtshof und Verfassungsreform, in: Deutsche Juristen-Zeitung, 1. März 1933, 38. Jg., Heft 5, Sp. 321 ff.

— Die Stellung des Reichspräsidenten, in: Deutsche Juristen-Zeitung, 1933, 38. Jg., Heft 1.

— Der Schöpfer der Weimarer Verfassung, in: Reichsverwaltungsblatt und Preußisches Verwaltungsblatt, 25. Oktober 1930, Bd. 51, Nr. 43, S. 683 f.

Smend, Rudolf, Die Vereinigung der Deutschen Staatsrechtslehrer und der Richtungsstreit, Festschrift für Ulrich Scheuner zum 70. Geburtstag, hrsg. von Horst Ehmke, Joseph H. Kaiser u. a., 1973, S. 575 ff.

Söllner, Alfons, Kronjurist des Dritten Reiches. Das Bild Carl Schmitts in den Schriften der Emigranten, Jahrbuch für Antisemitismusforschung, 1992, Band 1.

— Linke Schüler der konservativen Revolution? Zur politischen Theorie von Neumann, Kirchheimer und Marcuse am Ende der Weimarer Republik, in: Leviathan, 1983, 2. Jg., S. 214 ff.

Sommer, Kritische Würdigung der Denkschrift des Bundes zur Erneuerung des Reiches, in Die Reichsreform. Allgemeine Grundlagen für die Abgrenzung der Zuständigkeiten von Reich u. Ländern, Reich und Länder, März 1933, Jg. 7, Heft 3, S. 78 ff.

Sontheimer, Kurt, Carl Schmitt – Seine „Loyalität" gegenüber der Weimarer Verfassung (Rezension der Verfassungsrechtlichen Aufsätze von 1958), in: Neue Politische Literatur, 1958, Band 3, Sp. 757 ff.

— Der antiliberale Staatsgedanke in der Weimarer Republik, in: Politische Vierteljahresschrift, 1962, 3. Jg., Heft 1, S. 25 ff.

— Der Tatkreis, in: Vierteljahrshefte für Zeitgeschichte, 1959, 7. Jg., 3. Heft/Juli, S. 229 ff.

— Zur Grundlagenproblematik der deutschen Staatsrechtslehre in der Weimarer Republik, in: Archiv für Rechts- und Sozialphilosophie, 1960, S. 39 ff.

— Schlüsselfigur der Konservativen Revolution. Der Fall Carl Schmitt. Andreas Koenens angestrengter Versuch, die Rolle des Staatsrechtlers als Wegbereiter des Dritten Reiches zu klären, in: Die Zeit, 13. Oktober 1995, Nr. 42.

Spruth, Botho, Uebergesetzliches Staatsnotrecht? in: Tägliche Rundschau, 27.12.1932, Jg. 51.

Stapel, Wilhelm, Der neue Staat, in: Deutsches Volkstum, April 1932, 269 ff.

— Rubrik Zwiesprache (zu Carl Schmitts Legalität und Legitimität), in: Deutsches Volkstum, September 1932, S. 774.

— Geht es noch mit der Verfassung? in: Deutsches Volkstum, 2. Juniheft 1932, S. 505 ff.

Steinbach, Peter/*Tuchel*, Johannes, Lexikon des Widerstandes 1933–1945, 1998.

Steinborn, Paul, Die Krisenmacher am Ziel, in: Berliner Tageblatt, 24. Januar 1925.

Stier-Somlo, Fritz, Die Reform des Reichsrats und die Problematik der rechtlichen Stellung des Reichspräsidenten, in: Archiv des öffentlichen Rechts, 1931, Band 20 n. F., S. 7 ff.

— Die zweite Tagung der Vereinigung der deutschen Staatsrechtslehrer, in: Archiv des öffentlichen Rechts, 1924, S. 88 ff.

— Besprechung von Carl Schmitt, Der Hüter der Verfassung, 1929, in: Archiv des öffentlichen Rechts, 1932.

Stolleis, Michael, Wandervogel auf Irrwegen. Ralf Walkenhausen verfolgt den Werdegang von Ernst Rudolf Huber, in: Frankfurter Allgemeine Zeitung, 25. März 1997, Nr. 71, S. L 23.

Strathmann, D., Vorschläge zur Wahlreform, in: Tägliche Rundschau, 23. August 1932.

— Das Notstandsrecht der Regierung, in: Tägliche Rundschau, 20. August 1932, Jg. 51, Nr. 195, S. 1.

— Holt fast!, in: Tägliche Rundschau, 18. August 1932, Jg. 51, Nr. 193, S. 1.

Straub, Eberhard, Der Jurist im Zwielicht des Politischen – Carl Schmitt und der Staat, in: Frankfurter Allgemeine Zeitung, 18. Juli 1981, Nr. 163.

— Der Fall Carl Schmitt – Facetten seines Denkens, in: Die politische Meinung, September/ Oktober 1988, Band 240.

Stritzke, Was gilt noch von der Weimarer Verfassung?, in: Deutsche Juristen-Zeitung, 1933, 38. Jg. Heft 18, Sp. 1163 ff.

Strupp, Karl, Das Ausnahmerecht der Länder nach Art. 48 IV der Reichsverfassung, in: Archiv des öffentlichen Rechts, 1923/24, Band 44/45, S. 182 ff.

Stürmer, Michael, Zur Vorgeschichte des Präsidialregimes am Ende der Weimarer Republik, in: Michael Stürmer (Hg.), Belagerte Civitas, 1985, 2. Aufl., S. 310 ff.

— Koalitionen und Oppositionen, Bedingungen parlamentarischer Instabilität, in: Michael Stürmer (Hg.), Die Weimarer Republik – Belagerte Civitas, 1985, 2. erw. Aufl., S. 237 ff.

— (Hg.), Die Weimarer Republik, Belagerte Civitas, 1980, 2. erw. Aufl.

Sündermann, Helmut, Das Dritte Reich. Eine Richtigstellung in Umrissen, Erweiterte Neuauflage 1964 (zuerst 1959)

Tatarin-Tarnheyden, Edgar, Verfassungsneubau zum völkischen Rechtsstaat, in: Deutsche Juristen-Zeitung, 1933, 38. Jahrgang, Heft 19, Sp. 1224 ff.

— Verfassungsreform und Oberhausproblem, in: Deutsche Allgemeine Zeitung, 22. November 1932.

— Das Urteil des Reichsstaatsgerichtshofes, in: Deutsche Allgemeine Zeitung, 30. Oktober 1932, 71. Jg., Nr. 511, S. 1 f.

Tilitzki, Christian, Carl Schmitt – Staatsrechtslehrer in Berlin. Einblicke in seinen Wirkungskreis anhand der Fakultätsakten 1934–1944, in: Etappe, Oktober 1991, Heft 7.

— Carl Schmitt an der Handels-Hochschule Berlin 1928–1933, in: Piet Tommissen (Hg.), Schmittiana, 1994, Band IV, S. 157 ff.

— Der politische Philosoph Richard Kroner. Anmerkungen zu einem Beitrag von Jendris Alwast, in: Zeitschrift der Gesellschaft für Schleswig-Holsteinische Geschichte, 1998, Bd. 123.

Tommissen, Piet, Festschrift für Carl Schmitt zum 70. Geburtstag, 1959, S. 273 ff.

— Bausteine zu einer wissenschaftlichen Biographie, Periode 1888–1933, in: Helmut Quaritsch (Hg.), Complexio Oppositorum – Über Carl Schmitt, 1988, S. 71 ff.

— Schmittiana I, Eclectica, Reeks monografieën uitgegeven door de Economische Hogeschool Sint-Aloysius, Brussel, 3. Auflage, 1990, 17de Jaargang, Nr. 71–72.

— Schmittiana II, Eclectica, Reeks monografieën uitgegeven door de Economische Hogeschool Sint-Aloysius, Brussel, 1990, 19de Jaargang, Nr. 79–80.

— Schmittiana III, Eclectica, Reeks monografieën uitgegeven door de Economische Hogeschool Sint-Aloysius, Brussel, 1991, 20de Jaargang, Nr. 84–85.

— Schmittiana, Band IV, Berlin 1994.

— Schmittiana Band V, Berlin 1996.

— Schmittiana Band VI, Berlin 1998.

— Schmittiana Band VII, Berlin 2001.

— Epirrhosis – Festgabe für Carl Schmitt, 1968, S. 739 ff.

— Carl-Schmitt-Bibliographie, 2. verbesserte Fassung, Festschrift Carl Schmitt, 1959, S. 739 ff.

— Ergänzungsliste zur Schmitt– Bibliographie von 1959, in: Epirrhosis, 1968, S. 739 ff.

— Zweite Fortsetzungsliste der Schmitt-Bibliographie von 1959, in: Revue Européene des scienes sociales, July 1978, No. 44, S. 187 ff.

Treviranus, Gottfried R., Zur Rolle und Person Kurt von Schleichers, in: Ferdinand A. Hermens/Theodor Schieder (Hg.), Staat, Wirtschaft und Politik in der Weimarer Republik – Festschrift für Heinrich Brüning, 1967, S. 363 ff.

— *Kern,* Fritz Prof., Gespräch über die Verfassung, in: Vossische Zeitung, 15. September 1932, Nr. 442, Morgen-Ausgabe, S. 1 f.

Triepel, Heinrich, Die Reichsaufsicht, Untersuchungen zum Staatsrecht des Deutschen Reiches, Berlin 1917.

— Streitigkeiten zwischen Reich und Ländern. Beiträge zur Auslegung des Artikels 19 der Weimarer Reichsverfassung, Festgabe der Berliner Juristischen Fakultät für Wilhelm Kahl zum Doktorjubiläum am 19. April 1923, Berlin 1923.

— Wesen und Entwicklung der Staatsgerichtsbarkeit, Veröffentlichungen der Vereinigung der Deutschen Staatsrechtslehrer, 1929, Bd. 5.

— Die Entscheidung des Staatsgerichtshofs im Verfassungsstreite zwischen Preußen und dem Reiche, Ein Schlusswort, in: Deutsche Juristen-Zeitung, 15. Dezember 1932, 37. Jg., Heft 24, Sp. 1501–1508.

Trumpp, Thomas, Franz von Papen, der preußisch-deutsche Dualismus und die NSDAP in Preußen, Ein Beitrag zur Vorgeschichte des 20. Juli 1932, 1963.

Ule, Carl Hermann, Zum Begriff des Kronjuristen, in: Deutsches Verwaltungsblatt, 15. Januar 1993, Jg. 108, Heft 2, S. 77 ff.

— Über die Auslegung der Grundrechte, in: Archiv des öffentlichen Rechts, 1932, 21. Band n. F., S. 37 ff.

— „Gerhard Anschütz, Ein liberaler Staatsrechtslehrer des Kaiserreiches und der Weimarer Republik", in: Der Staat, 1994, 33. Jg., S. 104 ff.

Unkelbach, Helmut, Ursachen des Zusammenbruchs der Weimarer Republik und ihre Lehren, in: Ferdinand A. Hermens/Theodor Schieder (Hg.), Staat, Wirtschaft und Politik in der Weimarer Republik – Festschrift für Heinrich Brüning, 1967, S. 393 ff.

Veek, Lothar (= Ernst Rudolf Huber), Verfassungsnotstan, in: Deutsches Volkstum, 1932, 1. Dezemberheft, S. 983 ff.

Vitzthum, Wolfgang Graf, Hermann Broch und Carl Schmitt, in: Gerhard Hufnagel u. a. (Hg.), Wege in die Zeitgeschichte – Festschrift zum 65. Geburtstag von Gerhard Schulz, 1989, S. 69 ff.

Voegelin, Erich, Die Verfassungslehre von Carl Schmitt, in: Zeitschrift für öffentliches Recht, 1931.

Vogelsang, Thilo, Neue Dokumente zur Geschichte der Reichswehr 1930–1933, in: Vierteljahrshefte für Zeitgeschichte, 1954, Jg. 2, S. 397 ff.

— Zur Politik Schleichers gegenüber der NSDAP 1932, in: Vierteljahrshefte für Zeitgeschichte, 1958, 6. Jg., S. 86 ff.

— Neuere Literatur zur Geschichte der Weimarer Republik, in: Vierteljahrshefte für Zeitgeschichte, 1961, 9. Jg., S. 211 ff.

Vogt, Martin, Parteien in der Weimarer Republik, in: Bracher/Funke/Jacobsen (Hg.), Die Weimarer Republik 1918–1933 – Politik, Wirtschaft, Gesellschaft, 1988, 2. durchges. Aufl., S. 134 ff.

Waldecker, Ludwig, Der Staatsgerichtshof zu Art. 48 Abs. 2 RV., in: Die Justiz, Januar 1932, Bd. 7, Heft 4, 173 ff.

— Zum preußischen Polizeiverwaltungsgesetz, in: Die Justiz, Juni 1931, S. 516 ff.

— Grundsätzliches zu Art. 48 Abs. 2 RV, in: Die Justiz, April 1931, S. 242 ff.

— Ein Reichskommissar für Preußen?, in: Die Justiz, Juli/August 1932, VII. Band, Heft 10/11, S. 427 ff.

— Zum 10. Oktober 1932, Ein Schlusswort, in: Die Justiz, Oktober 1932, Band VIII, Heft 1, S. 22 ff.

Walz, Werner, Die staatsrechtlichen Hauptfragen im Rechtsstreit Preußen gegen das Reich vor dem Staatsgerichtshof 1932, 1937.

Weher, Hans, Vom Notstand zum Volksentscheid?, in: Tägliche Rundschau, 27. August 1932.

— Preußen ohne Preußen, in: Tägliche Rundschau, 21. Dezember 1932, Jg. 51, Nr. 300, S. 1 ff.

— Das Ende des Staatsgerichtshofes, in: Tägliche Rundschau, 15. Dezember 1932.

Wehner, F., Legitimität und Verfassungsreform, in: Die junge Mannschaft, 1932, Heft 4, S. 88 ff.

Weimar, Wilhelm, Es gibt Staatsnotrecht, in: Tägliche Rundschau, 27.12.1932, Jg. 51, S. 305.

Weitzel, A., Reichsreform auf regionaler Grundlage, in: Die Justiz, November 1930, Band 6, Heft 2, S. 77 ff.

Welser, Frhr. v., Wer schafft den Einheitsstaat?, in: Reich und Länder, 1930, S. 304 ff.

Wengst, Udo, Staatsaufbau und Verwaltungsstruktur, in: Bracher/Funke/Jacobsen (Hg.), Die Weimarer Republik 1918–1933 – Politik, Wirtschaft, Gesellschaft, 1988, 2. durchges. Aufl., S. 63 ff.

— Heinrich Brüning und die „konservative Alternative", Kritische Anmerkungen zu neuen Thesen über die Endphase der Weimarer Republik, in: Aus Politik und Zeitgeschichte, 13. Dezember 1980, Band 50, S. 19 ff.

Wheeler-Benett, John W., Der hölzerne Titan. Paul von Hindenburg, 1969.

Widder, Erwin, Reich und Preußen, vom Regierungsantritt Brünings bis zum Reichsstatthaltergesetz Hitlers, 1959.

Wiegand, Hans-Jürgen, „Lehren“ von Weimar. Zur Kritik der traditionellen historisch- genetischen Interpretation von Korrekturen der Bonner Grundgesetzgeber an der Weimarer Verfassung, in: Die Freiheit und die Macht – Wissenschaft im Ernstfall, Festschrift für Adalbert Podlech hrsg. von Bernhard Schlink u. a., 1994, S. 157 ff.

Wieland, Claus-Dietrich, Carl Schmitt in Nürnberg, 1947, 1999, in: Zeitschrift für Sozialgeschichte des 20. und 21. Jahrhunderts, Januar 1987, Jg. 2, Heft 1, 96 ff.

Wilde, Harry, Der Röhm-Putsch. Ein Rückblick auf die Juni-Ereignisse vor 25 Jahren, in: Journal of Modern History, 1980, Vol. 52, S. 373 ff.

Winckelmann, Johannes, Die verfassungsrechtliche Unterscheidung von Legitimität und Legalität, in: Zeitschrift für die gesamte Staatswissenschaft, 1956, Band 112, S. 164 ff.

Winkler, Heinrich August, Weimar 1918–1933, Die Geschichte der ersten deutschen Demokratie, 2. durchges. Auflage, 1994.

— Die Lektion von Weimar. Wie die deutsche Sozialdemokratie der Ersten Republik scheiterte, in: Frankfurter Allgemeine Zeitung, 12. November 1984, Nr. 256, S. 7.

— Der Weg in die Katastrophe. Arbeiter und Arbeiterbewegung in der Weimarer Republik 1930 bis 1933, 1987.

— (Hg.), Die deutsche Staatskrise 1930–1933 – Handlungsspielräume und Alternativen, 1992.

Wirsing, Giselher, Hitlers letzter Gegenspieler. Wie kam es zum 30. Januar?, in: Christ und Welt, 23.1.1963, XVI. Jg., Nr. 4, S. 6.

Wissel, Manfred, Marsch durch die ländlichen Institutionen – Milieu und Parteien in den protestantischen Dorfgemeinschaften, zu Wolfram Pyta, Dorfgemeinschaften und Parteipolitik 1918–1933, 1996 (Habilitation), in: Frankfurter Allgemeine Zeitung, 21. März 1997, S. 11/68.

Wisser, Thomas, Die Diktaturmaßnahmen im Juli 1930 – Autoritäre Umwandlung der Demokratie?, in: Grawert u. a. (Hg.), Offene Staatlichkeit – Festschrift Böckenförde, Berlin 1995, S. 415 ff.

Wittmayer, Leo, Die Reichsexekution, in: Leo Wittmayer, Die Weimarer Reichsverfassung, 1922.

— „Einmaligkeit“ und „gleicher Anlass“ bei der Reichstagsauflösung nach Art. 25 der Reichsverfassung, in: Archiv des öffentlichen Rechts, 1925, 9. Band n. F., S. 87 ff.

— Einberufung und Vertagung des Reichstags nach Art. 24 Reichsverfassung, in: Archiv des öffentlichen Rechts, 1931, 20. Band n. F., S. 271 ff.

— Zur Auflösung des deutschen Reichstags, in: Archiv des öffentlichen Rechts, 1924, Band 46, S. 86 ff.

Wolgast, Besprechung von Gerhard Anschütz, Das preußisch-deutsche Problem, 1922, in: Archiv des öffentlichen Rechts, 1923, 5 n. F., S. 255 ff.

Worm, Helga, Legalität und Legitimität. Eine fast vergessene Vortragsnotiz aus dem Reichswehrministerium, in: Der Staat, 1988, Band 27, Heft 1, S. 75 ff.

Zahn, Die Reichstagsauflösungen, in: Deutsche Juristen-Zeitung, 1932, 37. Jg., Heft 13, Sp. 841 ff.

Zahn, Manfred, Öffentliche Meinung und Presse während der Kanzlerschaft von Papens, Dissertation Münster 1953.

Zboralski, Dietrich, Zur Stellung der Reichswehr-Generalität in den letzten Jahren der Weimarer Republik. Berichte und Bemerkungen, in: Zeitschrift für Geschichtswissenschaft, 1955, 3. Jg., Heft 6, S. 934 ff.

Zehrer, Hans, Rechts oder Links?, Die Verwirrung der Begriffe, in: Die Tat, Oktober 1931, Jg. 23, Heft 7, S. 33 ff.

— Regierung ohne Reichstag?, in: Tägliche Rundschau, 19. Juni 1932.

— Was soll nun werden?, in: Tägliche Rundschau, 5. August 1932.

— Das Kabinett Schleicher, in: Tägliche Rundschau, 4. Dezember 1932, Jg. 51, 286.

— Autoritär oder parlamentarisch?, in: Tägliche Rundschau, 24. Januar 1933.

— Rechts oder Links?, in: Tägliche Rundschau, 5. Februar 1933.

— Hindenburg und Kaas, in: Tägliche Rundschau, 29. Januar 1933.

— Papens Nachfolge, in: Tägliche Rundschau, 22. Oktober 1932.

Personenregister

Sachregister

Carl Schmitt und der Staatsnotstandsplan am Ende der Weimarer Republik

Von

Lutz Berthold

94 S. 1999 ⟨3-428-09988-5⟩ DM 72,– / sFr 64,– / ab 01. 01. 2002 € 36,–

Wie seit langem bekannt, pflegte Carl Schmitt, der umstrittene Staatsrechtler und Regierungsanwalt, spätestens seit dem Sommer 1932 enge Verbindungen zur Wehrmachtsabteilung, d. h. zu jenem Kreis politischer Offiziere, der von General Schleicher mit der Ausarbeitung des gegen die NSDAP gerichteten „Staatsnotstandsplans" betraut war.

Bislang unbekannte Dokumente aus dem Nachlaß erlauben jetzt eine wesentlich genauere Rekonstruktion der verfassungspolitischen Absichten und Aktivitäten Schmitts. In einem in letzter Minute formulierten Gutachten für die Regierung Schleicher entwarf Schmitt einen „Alternativplan", der geeignet gewesen wäre, Hitlers Ernennung zum Reichskanzler zu verhindern und einen *verfassungskonformen* Ausweg aus der Weimarer Staatskrise zu bahnen.

Aus dem Inhalt:

1. Die Geschichte des Staatsnotstandsplans — 2. Carl Schmitts Beteiligung am Staatsnotstandsplan — 3. Carl Schmitt und die Verfassungskrise der Weimarer Republik — Schluß: Carl Schmitt und das Problem der Verfassungsreform

Duncker & Humblot · Berlin